U0754171

教育公平与妇女发展

中国妇女研究会妇女教育专业委员会
第七届年会论文集

主 编／张李玺

副主编／刘 梦 周应江

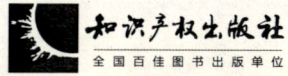

知识产权出版社

全国百佳图书出版单位

图书在版编目（CIP）数据

教育公平与妇女发展/张李玺主编. —北京：
知识产权出版社，2015.3
ISBN 978-7-5130-3013-7

Ⅰ．①教… Ⅱ．①张… Ⅲ．①妇女教育—高等教育—研究—中国
②妇女工作—研究—中国 Ⅳ．①G649.2 ②D442.6

中国版本图书馆 CIP 数据核字（2014）第 219439 号

内容提要

本文集是学者们围绕教育公平与妇女发展诸多领域和问题而展开的探索与思考，记录了广大妇女教育工作者精耕细作的足迹，展现了我国妇女教育发展所取得的经验和存在的问题，对于推进中国妇女教育事业的进一步发展具有积极作用。

责任编辑：张筱茶 杨晓红 责任出版：孙婷婷

教育公平与妇女发展

张李玺 主编

刘 梦 周应江 副主编

出版发行：知识产权出版社有限责任公司	网 址：http://www.ipph.cn		

出版发行：知识产权出版社有限责任公司　　　网　　址：http://www.ipph.cn
社　　址：北京市海淀区马甸南村 1 号　　　　邮　　编：100088
责编电话：82000860-8180　　　　　　　　　　责编邮箱：baina319@163.com
　　　　　82000860-8114　　　　　　　　　　　　　　　1152436274@qq.com
发行电话：010-82000860 转 8101/8102　　　　发行传真：010-82000893/82005070/82000270
印　　刷：北京中献拓方科技发展有限公司　　　经　　销：各大网上书店、新华书店及相关专业书店
开　　本：700mm×1000mm　1/16　　　　　　印　　张：28
版　　次：2015 年 3 月第 1 版　　　　　　　　印　　次：2015 年 3 月第 1 次印刷
字　　数：597 千字　　　　　　　　　　　　　定　　价：88.00 元
ISBN 978-7-5130-3013-7

出版权专有　侵权必究
如有印装质量问题，本社负责调换。

前　言

　　百年大计，教育为本；妇女发展，教育为先。"教育是民族振兴的基石，教育公平是社会公平的重要基础。"妇女享有公平的、更好的教育是妇女教育事业发展的重要基础。按照联合国教科文组织在《2003－2004 年全民教育全球监测报告》中所提出的，教育领域的性别平等不仅包括教育机会的平等，还包括教育过程和教育结果的平等。经过长期的努力，我国妇女教育事业取得了巨大成效，妇女受教育水平稳步提高，男女受教育差距进一步缩小，基本实现了在接受各级各类教育机会上与男性的平等。当前，我国妇女在教育领域面临的主要问题是在教育过程和教育结果上与男性仍然存在一定差距。

　　妇女教育可以被理解为针对女性所有个体进行知识传授、人格塑造和品德塑造的社会化过程，包括所有为女性提供或设计的教育活动，它涵盖了各种正规的、非正规的和非正式的教育形态，其教育对象包括各种年龄层次的女性在内。从接受教育的途径看，妇女教育可以在学校、家庭、社会上展开；着眼于终身教育体系的建构，继续教育、成人教育、远程教育等都可以在妇女教育体系中扮演重要角色。高等教育培养专门人才并进行科学研究和为服务社会，继续教育是继学校教育之后社会教育的一环，家庭教育则是学校教育与社会教育的基础。发展妇女教育事业，离不开学校教育、家庭教育和继续教育（社会教育）三者的有机结合和相辅相成。

　　"努力办好人民满意的教育，深化教育领域综合改革，大力促进教育公平"是党的"十八大"确立的重要战略部署。在全面深化改革开放的新形势下，深入研讨妇女教育领域的教育公平与妇女发展问题，对于促进男女平等基本国策的实施和实现两性在教育上的公平具有重要的意义。教育各个领域、途径与环节都有贯彻性别平等原则的重任，也都有诸多问题需要深入研讨。高等教育、继续教育及家庭教育是当前社会高度关注的教育领域，中国妇女研究会妇女教育专业委员会拟借第七届年会之机举行"教育公平与妇女发展"研讨会，为此专门进行征文，组织会员和学者聚焦于这三个领域进行专题研究。此次活动得到了社会各界热心人士的积极响应和热情参与，妇女教育专业委员会秘书处组织专家对论文进行筛选、评奖，本论文集为诸多学者研究成果的汇集。本论文集是学者们围绕教育公平与妇女发展诸多领域的问题而展开的探索与思考，记录了广大妇女教育工作者精耕细作的足迹，展现了我国妇女教育发展所取得的经验和存在的问题，对于推进中国妇女教育事业的进一步发展具有积极作用。学者们的研讨主要集中在以下几个方面。

一、高等教育中的教育公平与妇女发展

中国在校女大学生数量已经超过了男大学生，从这个角度看，女性接受高等教育的机会已经与男性接近，但是从招生到学生就业等不同环节，女性没有受到公平对待的情形还不少见。在本次会议上，不少学者通过大量的实证研究，从社会性别视角揭示了女大学生在入学、专业选择、职业规划与发展、升学和就业等方面所面临的困扰与障碍，并且探讨了解决此类问题的方式与途径。来自农村和贫困地区的女大学生在接受教育和个人发展过程中会面临更多的挑战，因此她们的成长也得到学者们的关注。高校教师被认为是女性的理想职业，但学者们的研究表明，高校女教师面临着事业与家庭的冲突、职业发展瓶颈的突破、学历与水平的提升等诸多难题，建立保障女教师获得平等发展机会的机制是解决此类难题的重要途径。性别平等原则和理念在各级各类教育课程标准及教学过程中得到充分体现，是促进妇女发展的重要目标，不少学者呼吁将社会性别意识引入高校课堂，加大对教育管理者社会性别理论的培训力度，在师资培训计划和师范类院校课程中增加性别平等内容，强化教育管理者的社会性别意识。高等教育的国际化是发展趋势，培养女大学生的国际视野、培养女大学生的领导力、借鉴国外女子院校的发展经验培养女性专业人才等，也成为本次会议关注的重要问题。

二、继续教育中的教育公平与妇女发展

继续教育是继学校教育之后面向所有社会成员的教育活动，特别是成人教育活动，是终身学习体系的重要组成部分。妇女教育从狭义上更多地被理解为对成年女性的教育，从这个意义上讲，保障妇女在继续教育中获得公平对待和平等发展是妇女教育的应有之义。学者们认为我国妇女继续教育还存在体系不健全、机制不够灵活等多方面的问题，特别是对于妇女干部、职业妇女、女性农民工、少数民族妇女等具有不同角色和基础的妇女缺乏有针对性、系统性的继续教育理论、机制和方法，迫切需要加以建立和完善。网络信息技术的发展为继续教育提供了新的机遇，同时也带来了挑战，对女性进行相关的知识与素养的教育，以及利用网络技术开展多样化的妇女继续教育，因此也成为学者所关注和研究的课题。不少学者指出，妇女继续教育应该采取适于成年女性特点的教学方式，提供妇女继续教育的机构特别是各个妇女干部学校和继续教育学院，应该紧密结合经济社会发展和妇女发展的需要，确立自身的课程体系和竞争优势与特色，加强相互合作与交流，共同承担起妇女继续教育的重任。

三、家庭教育与妇女发展

家庭教育与学校教育、社会教育一起构成了整个教育体系不可缺少的组成部分。毫无疑问，妇女在家庭教育中的地位与作用无可替代，但是时代的发展对千千万万的女性提出了挑战，其不仅要面临家庭与事业选择上的困扰，仅就母亲职责的承担而言还出现了诸多需要应对和解决的问题。家庭教育这一以往被妇女教育工作者和研究者忽视的领域，也逐渐引起学者的关注。本次会议上学者们不仅讨论了母亲角色与职责的演变、不同家庭教育观念的冲突，也研讨了单身母亲的自我发展、留守儿童的教育、女大学生的家庭美德教育和开展家庭内性教育等诸多家庭教育领域里的现实问题，更有学者主张从加强妇女教育入手，推进家庭教育的健康发展。家庭教育不仅仅关涉女性的成长与发展，期待更多的有识之士关注家庭教育、关注家庭中的女性，并为家庭教育与妇女发展创造更好的条件与环境。

四、妇女教育的其他相关问题

对妇女的教育可以在各个层面上进行讨论，因此对妇女教育问题的宏观关照和微观层面上的剖析都成为学者们研究此领域的不同视角。本次会议上，学者们深入阐释了在教育领域促进男女平等、落实教育公平的重要意义与价值，从而有助于提升人们在该问题上的认识；有不少文章围绕特定地区的女性教育状况展开分析，为解析和把握妇女教育问题提供了很好的切面；还有学者就如何为妇女实施特定内容的教育与培训进行了研究和经验介绍。这些问题的讨论丰富了本次会议的内容，拓宽了妇女教育研究的视野，也为今后开展进一步的研究与讨论提供了有益启示。

中国妇女研究会妇女教育专业委员会作为隶属于中国妇女研究会、由专门从事妇女教育理论研究与教学的机构及专家学者组成的全国性学术团体，始终以研究妇女教育理论、探索中国妇女教育的特点与规律、探讨当代妇女教育面临的各种理论与实践问题、推动中国妇女教育事业发展为己任。本会将继续关注妇女教育领域各种热点、焦点问题，继续围绕妇女教育领域开展多样化的学术交流合作与研究活动，期望广大妇女教育工作者以本会为平台，共同推动我国妇女教育事业的全面发展。

编者

2014 年 9 月

目　录

第一部分　高等教育中的教育公平与妇女发展

第二部分　继续教育中的教育公平与妇女发展

目　录

第三部分　家庭教育与妇女发展

第四部分　妇女教育相关问题

第一部分　高等教育中的教育公平与妇女发展

新目标　新阶段　新作为
——高校女性/性别教育推进思考①

西安培华学院女子学院　金沙曼　马帆

[摘要]《中国妇女发展纲要》是指导和推动我国妇女事业进步和发展的国家行动纲领。2011—2020年新《中国妇女发展纲要》凸显了对"妇女与教育"领域的重视，一是排位顺序提前，二是与国际妇女发展趋势衔接，三是明确高等学校开展女性教育的主要目标，四是策略措施具体。要实现对教育过程及结果性别不平等状况的改变，远比改变受教育机会的性别不平等更艰巨、更复杂、更精细，对高等院校教育发展提出了新要求，要从"无性别意识的教育"转变到"有性别意识的教育"：迫切需要制定性别平等教育法规，迫切需要正视当代大学生对性别平等教育的需求，迫切需要加强性别平等教育基础工程建设，迫切需要提高教育者的社会性别意识和能力。明确2011—2020年妇女与教育领域的新目标，认识我国妇女在教育领域面临主要问题的新阶段，才能充分发挥高等院校开展女性/性别教育的新作为，发挥好推进社会性别主流化的先锋作用，为提高妇女地位国家机制建设提供智库，为"以人为本"建设强国奠定坚实基础。

[关键词] 高校　女性/性别教育　目标　阶段　作为

通过国家制定和实施妇女发展纲要来推动妇女事业与经济和社会的同步发展，是我国发展妇女事业的成功经验。纲要确定的主要目标和策略措施，是指导和推动我国妇女事业进步和发展的国家行动纲领。明确2011—2020年妇女与教育领域的新目标，认识我国妇女在教育领域面临主要问题的新阶段，才能更好地发挥高等院校开展女性/性别教育的新作为。

一、新目标

自20世纪90年代开始，我国颁布实施了三轮妇女发展纲要，其中1995年制定和发布的《中国妇女发展纲要（1995—2000年）》（以下简称1995年《纲要》）是关于我国妇女发展的首部纲要，具有重要的里程碑意义。1995年《纲要》主要目标的基本实现，为21世纪的妇女发展奠定了良好的基础。《中国妇女发展纲要（2001—2010年）》（以下简称老《纲要》），确定了2001—2010年妇女发展的总目标和主要目标，同时，充分考虑第四次世界妇女大会《行动纲领》提出的妇女发展12个重要领域，借鉴世界上其他国家制定妇女发展规划的做法，以1995年《纲要》的实施成效为基础，根据我国妇女发展迫切需要解决的实际问题和2001—2010年

---

① 本文为课题项目：西安社会科学规划西安培华专项2013年重点课题《高校女性教育的特点与路径研究》的阶段性成果。

的可持续发展，确定了六个优先发展领域。

2011 年 7 月 30 日，国务院正式颁布实施了《中国妇女发展纲要（2011—2020年）》（以下简称新《纲要》）。与前两轮纲要相比，新《纲要》着眼于未来十年的时代背景，经济全球化将深入发展，国际竞争会日趋激烈，国际社会在推动人类发展进程中将更加关注妇女发展和性别平等；立足于到 2020 年的历史使命，是我国全面建成小康社会的关键时期，经济社会快速发展，既为妇女发展提供了难得的机遇，也提出了新的挑战；着力于进一步解决妇女发展面临的突出问题，按照国家经济社会发展的总体目标和要求，结合我国妇女发展和男女平等的实际情况，提出了2011—2020 年促进妇女发展和两性平等的七个发展领域和 57 项主要目标（老《纲要》是六个领域 34 项主要目标）。其中，新《纲要》凸显了对"妇女与教育"领域的重视，设定了在高等院校开展女性/性别教育的目标。

（一）排位顺序提前，充分体现"以人为本"的科学发展观核心

新《纲要》共设置促进妇女发展的七大重要领域，增设了"妇女与社会保障"领域；按照人的生命起点，将老《纲要》中"妇女与经济"的第一领域位置更换为"妇女与健康"；"妇女与教育"由老《纲要》第三位次提升为第二位，体现了妇女教育关乎民生问题，关乎民族兴旺、人民福祉和国家未来；新《纲要》将"妇女与法律"放在七大领域之末，作为促进妇女发展、推进两性平等的法律保护屏障。

（二）与国际妇女发展趋势衔接，充分体现党和政府在推进教育领域性别平等方面的坚定决心

新《纲要》将在"教育工作中全面贯彻性别平等原则"作为"妇女与教育"领域的第一主要目标明确提出，同时在第十项主要目标中提出"性别平等原则和理念在各级各类教育课程标准及教学过程中得到充分体现"，更为旗帜鲜明地将性别平等作为推动妇女在教育领域发展的核心目标。这一核心目标的设定，不仅是 2011—2020 年我国教育领域面临的新问题，也是北京《行动纲领》、联合国《消除对妇女一切形式歧视公约》等国际公约和文件的主要内容，也是 2011 年联合国第 55 届妇女地位委员会的优先主题和重要决议内容。

（三）明确高等院校开展女性教育主要目标，充分体现推动我国教育领域的性别平等向高层次发展要求

新《纲要》在"妇女与教育"领域设置了十项主要目标，涉及学前教育、九年义务教育、高中阶段教育、高等教育和继续教育等，涵盖了整个国民教育体系的所有阶段，也覆盖了女性生命周期的各个阶段，体现了终身教育的现代教育理念。其中第六项主要目标是：高等院校女性学课程普及程度提高。这一目标的确立，突出了高等院校在女性/性别教育中的责任与路径，使加强女性学理论研究、普及女性学课程、推动女性学学科建设成为推动高等教育领域性别平等教育的突破口。

（四）策略措施具体，为各项目标的实现提供有力支撑

新《纲要》七个领域共提出了 88 条策略措施，其中"妇女与教育"领域策略措施 14 条。首项策略措施是"在教育法规、政策和规划的制定、修订、执行和评

估中，增加性别视角，落实性别平等原则"。同时第 11、第 12、第 13 条就在高等院校和研究机构中"加强妇女理论研究和高等院校女性学学科建设""实施教育内容和教育过程性别评估""提高教育工作者的社会性别意识"等方面做出规定，以应对挑战，为主要目标的实现提供支撑和保证。

二、新阶段

妇女发展作为全球经济和社会发展的重要组成部分，受到国际社会的普遍重视。在过去的几十年里，国际社会为促进妇女发展与进步达成了多项协议，将妇女问题与全球政治、经济发展紧密相连成为国际社会的共识，消除经济全球化进程对妇女产生的不利影响正逐步纳入各国政府的重要议程。联合国教科文组织在《2003－2004 年全民教育全球检测报告》中指出，在教育领域内，性别完全平等是指除了教育机会的平等，还有教育过程和结果的平等。

其一，教育机会平等。指男女两性进入学校的机会相同，也就是家长、教师和整个社会在这个方面没有性别歧视。

其二，学习过程中的平等。指男女两性受到相同的对待和关注，在课程、教学方法和教学工具方面免受陈规旧习和性别歧视的影响，可以有相同的学业导向。在接受建议时也不受性别歧视，可以使用相同数量和质量的教育设施。

其三，教育结果平等。内部结果平等是指学习结果、受教育年限、学术资格和文凭不因性别而不同。外部结果平等是指工作机会相等，离开全日制教育以后男性和女性找到工作所花的时间相近，有相同资格和经历的男性和女性所取得的报酬相等。

从这个意义上说，当前我国妇女在教育领域面临的主要问题更多地反映在教育过程和教育结果方面，突出表现为就业性别歧视仍然存在，女大学生就业难问题已成为妇女教育亟待解决的重点、难点问题，成为社会关注的热点、焦点问题。我国妇女在教育领域所面临的重点问题已经从十几年前追求起点上的平等转向了追求教育方式和内容等教育过程及教育结果上的性别平等的新阶段，对高等院校教育发展提出了新要求，要从"无性别意识的教育"转变到"有性别意识的教育"。

（一）迫切需要制定性别平等教育法规

我国教育法规包括国家教育法律、教育行政法规、教育部门规章，以及相关法律。1995 年发布的《中华人民共和国教育法》，是教育领域的根本大法。《国家中长期教育改革和发展规划纲要（2010－2020 年）》（以下简称《规划纲要》）是进入21 世纪以来我国第一个教育规划纲要，是指导教育改革和发展的纲领性文件。《规划纲要》提出"以促进公平为重点，以提高质量为核心，全面实施素质教育，推动教育事业在新的历史起点上科学发展，加快从教育大国向教育强国、从人力资源大国向人力资源强国迈进，为中华民族伟大复兴和人类文明进步做出更大贡献"。

顺应时代潮流，国家把促进公平作为基本教育政策，这是因为教育公平是社会公平的重要基础。在前两轮纲要实施 15 年以来，特别是随着近十年来我国教育事业的发展，我国妇女的受教育权利得到较好实现，受教育机会大幅度增加，受教育水平稳步提高，基本实现了在接受各级各类教育机会上与男性的平等，男女受教育差距进一步缩小。而在新的发展阶段，要实现对教育过程及结果性别不平等状况的改变，远比改变受教育机会的性别不平等更艰巨、更复杂、更精细。这不仅需要将性别平等的理念和思想贯彻到教育全过程，也需要社会各个领域的性别平等状况都有切实的改善，通过妇女教育目标与国家教育法规全面对接，将教育公平原则具体化，加强法律保障、政府教育部门履职、各类院校积极作为，共同形成合力才能逐步得以实现。

借鉴其他地区推进性别平等教育经验，如我国台湾当局于 1993 年 6 月 23 日公布实施所谓"性别平等教育法"，我国台湾地区"教育部"作为该"法"之主管机关，1999 年委托台湾地区世新大学性别平等教育中心罗灿煐教授及其研究专业团队，依据"妇女政策纲领"及"妇女教育政策文件"等规定，编撰了全文近 5 万字的"性别平等教育文件"，拟定推动性别平等教育的短、中、长期计划，以协助各级政府与学校及其他教育相关机构，进行具前瞻性、统整性、系统性的性别平等教育，具体落实所谓"性别平等教育法"的规定与精神。

（二）迫切需要正视当代大学生对性别平等教育的需求

2014 年 7 月 8 日，《中国妇女报》新女学周刊推出的《共识与差异：当代大学生性别平等意识新解读》专题报告受到广泛关注。报告显示，大学生群体的性别平等意识存在因性别、学历、地域等因素造成的多种差异。接着又刊登了北京大学中外妇女问题研究中心魏国英教授撰写的调查报告，比较分析了北京大学生与北京居民性别平等观念与性别认知状况。权威调查比较分析表明，学历的提高，并没有必然地提升高校学生的性别平等意识。象牙塔中的生活反而使得高校学生不能够充分认识社会性别不平等的现状；高校学生虽然在性别关系上有更多思考，但在一些性别问题的判断和选择上却显现出某种价值分离和矛盾现象。

近期，我们进行了"高校女性/性别教育基线调查（西安地区）"项目，对西安部分高校发放了约 600 份调查问卷，就大学生对基本国策的知晓度、贯彻纲要的落实度、性别教育方法的认知度、关注问题的期盼度，以及加强措施的选择度进行调查。如在西安某大学，发放问卷 200 份，收回 176 份（其中女学生 130 份，男学生 46 份），其中，女学生中有近 48％的人不了解社会性别的概念，有 75％的人不了解《中国妇女发展纲要》；而在男学生中有 33％的人不了解社会性别的概念，有 52％的人不了解《中国妇女发展纲要》；明确"男女平等是基本国策"的女生占 34％，男生占 28％，多数都认为是一项重要举措、一项公共政策。在这次调查中，有近 70％的男女大学生意识到目前社会上还存在男女不平等，认为很有必要在高校开设女性/性别教育课程；大部分学生都是通过参加志愿者服务接触到女性/性别教育方面的培训，并且普遍认为收获较大，激发了自己关注性别平等的积极性。

（三）迫切需要加强性别平等教育基础工程建设

性别平等教育课程是性别平等教育的实质内容，亦为达成教育目标的具体策略与手段，更是教学时师生互动的重要媒介。因此，性别平等教育发展的基础工程是性别平等教育课程的设置。目前，高校开展的女性/性别教育课程多而杂，应在总结多年女性/性别教育经验的基础上，积极推动性别平等教育课程与教学研究，制订一套基本的、系统的、严谨的、科学的、实用的女性/性别课程体系，形成具有核心价值的、基础性的性别教育课程。

必须提供具有权威性的性别教育教材。教材是课程实施的主要依据，也是学生学习的主要资源，是影响学生行为、态度、观念形成的重要媒介。是否能够提供全面而准确的社会性别意识和观念信息，将直接影响学生性别观念的设立和行为的发展。国内相关研究显示，现行的许多教材在内容的编写选取上缺乏社会性别平等的意识，致使一些不利于男女平等、相对传统落后的男女角色定型观念在教育过程中没有明显改变，甚至在一定程度上被强化。对中国特色社会主义妇女理论、男女平等基本国策宣传得不够充分和广泛，也使学生在学习过程中不能正确理解和把握我国妇女发展的历史进程和突出特点。

（四）迫切需要提高教育者的社会性别意识和能力

教育中的性别平等，不仅是男女在入学机会上无差异，还包含男女在整个教学过程中不因其性别而受到区别对待，教学的内容和结果不是复制和强化现存的性别不平等，而是促进性别平等。因此，教育者的社会性别意识和能力如何，将直接关系性别平等原则能在多大程度上得以真正地贯彻和落实。很难设想一个具有不平等性别观念的教师能够向学生传递性别平等的理念和思想，能够在教育过程中秉持性别平等的理念、思想和原则来公正公平地看待学生的差异和成就。

来源于中国妇女研究网 2014 年 1 月 24 日的报道，中国妇女研究会召开专家座谈会呼吁，社会各界应凝聚男女平等共识、营造有利于女性发展的舆论环境。与会者认为，面向高校教师宣传男女平等基本国策，这对于营造有利于女大学生发展的校园环境至关重要。报道中指出个别高校教师将女性的价值定位于容貌和婚姻，有的大学教授在博士生面试时公开劝说女生先去找对象结婚，再考虑读博士。大学教师中男性居多，女大学生作为受教育者，在这种"关心学生"的言论环境下，常常会受到影响，怀疑自己的能力，以致阻碍自己的发展。

三、新作为

改革开放以来，我国高校女性/性别教育有了长足的发展，特别是 1995 年第四次世界妇女代表大会在北京召开，为中国学者研究女性课题提供了"社会性别""社会性别主流化"这一新的视角。经过将近 20 年的理论研究、本土化实践，适应新目标、新阶段，高校女性/性别教育将日益显示出激发正能量的作用。

（一）发挥推进社会性别主流化的先锋作用

"社会性别主流化"是英文"gender mainstreaming"直译过来的，是提高两性平等的一项全球性政策，旨在通过一些政策策略和方法实现男女双方在社会各个方面实质上的平等。1995 年世界妇女大会后，一些留学人员和国外学者、高校和科研机构的专家学者，一方面通过翻译西方女性主义原著，介绍西方女性主义的研究成果，另一方面运用社会性别的理论方法和概念范畴对中国妇女的历史与现状进行深入的研究与探索，力求发挥其对主流文化的断裂、颠覆与解构作用。2006 年，教育部将"女性学"列入了新设的本科专业，新《纲要》确定以"高等院校女性学课程普及程度提高"为主要目标，将对推进社会性别主流化发挥重要作用。

我国正经历"妇女问题"到"社会问题"的转型。借鉴国际妇女运动从"妇女参与发展"向"社会性别与发展"思路的演变，专家学者在倡导上也产生相应的策略转换，努力实现超越，侧重将社会性别视角贯穿到整个政策方案和所有项目的制订、实施、监察和评估过程。大学生处在特殊的成长阶段，他们的思想、心理、阅历、素质和能力等都处在待成熟期，具有很强的可塑性。女性/性别教育为同学们提供新的理论、方法和视角，为帮助大学生树立正确的性别意识，强化尊重、平等、包容、共赢的现代意识和行为能力搭建前沿平台，为推进社会性别主流化培育人才资源。

（二）为提高妇女地位的国家机制建设提供智库

一个国家是否具有不断完善的提高妇女地位的国家机制是判断其是否真正重视推动性别平等和妇女发展的重要标志。顺应时代潮流，我国将男女平等确立为基本国策，通过建立国家机制，提高妇女地位，推进性别平等，呈现坚持党的领导，贯彻落实广大妇女积极参与，政府主导，群众组织协同，社会广泛合作，依靠法律和制度建设保证男女平等方针政策的局面，奠定了依法推进社会性别主流化的基础，初步形成具有中国特色的执政党推动社会性别主流化的方式和途径。改革开放 30 多年来，我国提高妇女地位的国家机制在三个方面实现了重大突破：一是法律体系不断完善，二是组织机构体系基本完善，三是工作目标体系基本健全，为保障妇女在国家政治、经济、文化、社会和家庭生活中的平等地位和各项权利的行使，促进妇女事业与经济社会同步发展发挥了重要作用。但同时也存在精神动力和智力支持不足的问题。

高校能够为提高妇女地位的国家机制建设提供人才资源、智力支持和精神动力，在这一过程中扮演不可或缺的角色，这是因为高校拥有优秀的教育研究队伍和丰富的研究资源，集中了大批具有现代意识的高级知识分子，他们最具分析、辨别和批判的能力，既是社会性别理论的传播者，也是中国本土研究的主力军。依据中国妇女研究网相关研究机构介绍，目前全国共有妇女/性别研究专门机构百余所，多为1995 年世界妇女大会前后建立，高校中女性学者和妇联中实际工作者居多，经过十几年的发展，奠定了一定的基础。更重要的是，通过大学课堂，使研究的成果成为新的知识结晶，通过课堂传播给学生，让大多数学生有觉悟，有分析和批判能力，让他们走上社会后能够挑战、抵制歧视性的陈腐观念，使男女平等基本国策接地气，推进我们的社会不断提高实现社会性别主流化水平。

（三）为"以人为本"建设强国奠定坚实基础

性别文化是人类文化的重要组成部分，先进性别文化建设是先进文化建设的重要内容，也是社会主义精神文明建设的重要组成部分。中国作为发展中的大国，又正处在社会转型期，社会结构发生深刻变化，促进先进性别文化构建，引导、践行先进性别文化，抵制、荡涤落后性别文化，创造有利于妇女发展、有利于男女和谐发展的社会文化环境，必须依靠提高妇女地位的国家机制的力量，实施构建、倡导先进性别文化的国家行动计划，形成男女共同建构、共同认同、共同接受、共同推进的具有中国特色和时代内涵的先进性别文化。其中学校教育，尤其是高校教育发挥着高端载体和基础作用。

"掌握思想教育是团结全党进行伟大政治斗争的中心环节。"以人为本，实现中华民族的伟大复兴，对"人"自身、人与人、人与社会关系的认识，不可或缺地成为从"大国"到"强国"打牢思想基础的重要环节。性别教育作为多元文化教育的一部分，其重要意义在于从性别视角提出新的认识论、方法论，推动"性别不平等教育"发展为"性别平等教育"。在高校开展性别教育，传授正确的社会性别观念，有利于改变传统学科中的性别歧视，改变男女学生传统的社会性别观念定型，能使学生在质疑和挑战传统的知识体系中对知识进行再认识，改变支配人们认识世界的固有理论模式，使男女生都能接受全面、科学的知识体系，提高学习和创新能力，更多地从社会文化、意识形态、社会政治经济制度等领域来深化对女性/性别问题的认识，树立公平、人权、合作等现代意识，成为推动中国特色社会性别主流化的生力军，从而让两性都能在发展中获益。

参考文献：

[1] 习近平. 在北大考察：青年要自觉践行社会主义核心价值观 [EB/OL]. [2014-05-08]. www. xinhuanet. com.

[2] 宋秀岩.《中国妇女发展纲要（2011—2020 年）》学习辅导读本 [M]. 北京：中国妇女出版社，2013.

[3] 李慧英. 社会性别与公共政策 [M]. 北京：当代中国出版社，2002.

[4] 国务院新闻办公室. 中国性别平等与妇女发展状况 [EB/OL]. [2005-08-24]. www. gov. cn.

[5] 张黎明. 提高妇女地位的国家机制 [EB/OL]. [2007-07-05]. www. china. com. cn.

[6] 全国妇联国际部. 联合国妇女儿童重要文件汇编 [M]. 北京：中国妇女出版社，2008.

高考招生中的性别迷思^①

华中师范大学教育学院　王　珺

[摘要] 高考招录中的性别议题近年来受到广泛关注，一些高校及相关专业以国家利益、就业率、专业平衡、教学效果及社会效益等作为实施性别配额的"合理"依据应该受到质疑。事实上，"性别公平"与相关话语的纠结是一个被社会权力语词建构起来的伪命题，它反映了社会意识形态与权力关系对教育的操控。造成高考招录中性别问题的根本原因在于社会上的职业性别隔离和学科/专业的性别迷思。问题的症结不是这些因素之间的冲突，而是业已存在的社会性别观念及职业领域的性别隔离。职业是人们的经济身份，也是获取社会资源的基础，甚至是社会地位的表现，它并非性别中立，而是被塑造成适合男性或女性的工作，作为社会职业选择的前奏——高校的学科/专业存在不容忽视的性别意识形态，其中包含男尊女卑的价值等级观念，蕴含着深刻的文化内涵，它实际上是一种男性中心（优越）文化在学术领域的体现。这一问题不是进行简单的性别配额就可以解决的，而应该揭示其背后可能隐含着性别化逻辑以及观念、制度与结构上的原因。

[关键词] 高考招生　性别歧视　职业性别隔离　学科/专业的性别迷思

一、现象与问题

自 2005 年北京大学在小语种招录中涉嫌性别歧视，关于高考招生中的性别问题这些年来一直备受关注。2012 年，高考招生中男女生区别划线及限制男女生比例问题曾引起社会广泛讨论。2013 年 5 月，教育部公布了《2013 年普通高等学校招生工作规定》，其中"杜绝录取歧视"已被写入新版规定中。2014 年 6 月，教育部又颁发了《各高校不得擅自规定男女生录取比例》的通知，这一规定明确从政策层面缩小了招生性别比的特区，使得军事、国防和安全等"特殊院校与专业"招生中，女生能够与男生享有同等的受教育机会。

曾经备受关注的北京外国语大学、北京语言大学等多所"特殊"高校也不得不在 2013 年的提前批小语种招生中取消预设男女性别比例的做法。然而高考招生中的性别歧视现象并未因此消失。2014 年 7 月，广州女大学生黄叶韵子面对国际关系学院、解放军信息工程大学等院校在高考招录投档中男女生分数线相差悬殊的性别差异，致信习近平主席，呼吁"让妇女多参与军事和科技的学习和建设"。另据妇女传媒监测网络——一个为妇女争取权利的民间组织通过公开网站查阅了教育部规定出台后各高校 2013 年的招生计划，并发布了"2013 年'211'工程学校招生性别歧视报告"。报告显示：在全国 112 所"211"工程学校中，31 所高校不存在性别歧视，约占总数的 28%。总体上看，有 81 所，占七成以上"211"高校，在招生中存

---

① 国家社科基金教育学 2013 年度一般课题：大学生就业性别差异研究（课题批准号：BFA130035）。

在性别限制，其中 34 所属于直接违规。报告还指出，有 31 所"985"高校存在性别限制，约占总数的 79%。

面对当今各项反性别歧视的规定，许多大学为了保障学校的"性别平衡"确实煞费苦心，如国际关系学院招生办负责人的回应是"该校课业繁重，需要熬夜，女生的生理素质不够硬，因此提高分数线，让合适的人入学"；面对解放军信息工程学院理工类投档线女生与男生近 100 分的差距，其相关人员的解释是："军校招生中男生招生比例远大于女生，女生只占招生计划的 2%，所以分数高。"面对外界的质疑，各高校回应"该专业不适合女生就业"；或"为了调整专业中的男女比例"；或为了宏大而抽象的"国家利益"；或者为了避免"言多必失"的尴尬，干脆就不加回应而行"被默许了的潜规则"；等等。无论哪种说辞，处理结果大致相同：女生在"专业平衡""国家利益""就业考虑""教育效果""社会效益"等考量中利益直接受损。那么，这些话语是如何与教育性别公平纠结在一起的？这些"宏大叙事"何以与女性教育利益相冲突？问题的症结到底在哪里？给性别设限是维护国家利益、提高就业率、改善教育效果、平衡专业、增进社会效益的合适路径吗？解决问题的根本途径又在哪里？每一个招生季节来临时，这些问题总会凸显，并成为一个不容回避且亟须探讨的议题。

二、一个假命题：国家利益、就业率、专业平衡、教学效果与性别公平的冲突

面对高考招录中为"特殊专业""特殊人才""专业平衡"而进行性别比例设限的事实以及圈内人众所周知的"合乎情理"的潜规则，笔者把社会上各类区别对待的"合理性"进行梳理，大致可以归纳为以下几个方面。

（一）以"补偿弱势"的名义

近几年，有关"男孩危机"和"拯救男孩"的议题备受关注，有专家曾提出"中国 0 至 18 岁的男孩正面临着学业、体质、心理、社会适应力等各种危机"等研究结论。随着一些研究成果的推出，以"补偿弱势群体"的名义，给予男生降低入学标准的优惠待遇也颇受关注。这一思路的前提是需要弄清楚下列问题：男生是否是弱势群体？他们又是如何成为弱势群体的？谁应该为所谓的弱势群体提供补偿？补偿什么？以何种方式补偿？补偿多少？这些都是需要研究与回答的议题。只有把这些前置性的问题弄清楚了，才可能对症下药，不至于打错板子。或许，我们在此可以参考美国颇受争议的"平权法案"来分析该问题。

20 世纪 60 年代，随着美国黑人运动、妇女运动兴起的"平权运动"就是一个经典的补偿"弱势群体"的例子。该运动 1965 年由美国总统约翰逊发起，主张在大学招录学生、公司招收或晋升雇员、政府招标时，应该照顾少数种族和女性，目的就是补偿历史上对黑人和女性的歧视，把他们在历史上承受的痛苦折算成现实的利益。其中的高校录取制度成为"平权运动"的热点与焦点。有的大学，甚至明确地给黑人、拉美裔申请者"加分"或者对他们实行百分比定额制。这种善良愿望，虽促成了美国大学里各种族齐头并进的大好局面，然而从 20 世纪 70 年代开始，诸多争议不断，上美国最高法院去申诉大学"逆向歧视"的案子总能引起轩然大波。

"平权运动"争论的核心，正如众多社会问题的核心，是一个"程序性正义"和"补偿性正义"的矛盾。"程序性正义"主张将一个中立的程序用于任何社会群体，而无论结果如何。"程序性正义"的最大问题，就是对"历史""经济"和"文化"的无视。"补偿性正义"则主张根据历史、文化、经济条件有偏向地制定法律和政策，以保证一个相对公平的结果。但补偿性正义面对一个不可避免的操作性问题：由谁，如何，是否可能来计算鉴定一个人的历史、文化和经济遭遇？操作这种补偿性正义需要一个巨大的国家机器来整理、裁判历史和现实无限的复杂性，但这种裁判权一旦被权力机器劫持，"正义"与"公平"必将成为问题。

从美国"平权法案"的遭际来看，中国在高考招录中采取性别配额这种变相的补偿性原则（特别是对"男孩危机"）需要尤其谨慎，许多问题都需要切实研究与考量，而不是单纯实行一个招生性别配额就能解决问题。

（二）专业性别平衡与教育效果、教学经历的纠结

若论及专业的性别平衡，我们需要首先追问一些问题：如果报考某类特殊院校/特殊专业的男生过少，不利于或有损于"国家利益"，我们就要了解男生（特别是学业优秀的男生）为什么不会选择该特殊院校或特殊专业/学科；院校、专业/学科是如何陷入性别迷思的；谁应该为这种性别迷思负责，谁应该为国家利益受损埋单。从目前教育部及各院校的处理策略来看，极少有人深入研究这个问题，更谈不上分析其产生的原因以及制定相应的政策与制度来改善这种状况。

我们现实层面关注更多的是某个学科/专业的阳刚与阴柔气质。这实际上是个伪命题，人们经常论及女多男少专业所谓阳刚气不足、影响效果，表面上看起来似乎合理，毕竟女生太多了，需要性别调和，那么到底要调整到多大比例才算和谐？这些比例依据在哪里？如果没有科学的依据，这种调整本身就是不合理的。而且具体影响到了什么样的教育效果与教学质量？是否有明确和长期的研究报告可以支持这个结论？研究报告又是基于何种研究模式、方法以及视角？曾有媒体报道说教学中缺少了男性思维和男性视角，那么以高考限制女性入学的方式是不是就是唯一方式？教学模式、教学方法、教学评估是否无法改变？如果教学模式和方法以及考试或评价方式可以改变，这说明实行性别配额、限制入学就绝对不是唯一的方式，更不是合适的方法，而以这种方式去增加所谓的男性思维和男性视角就是不合理的，而且有违教育公平。

（三）大学生就业焦虑与压力

关于大学生就业的问题，其中就业性别歧视不容回避。校方普遍认为，女大学生就业难已经成为一个普遍的社会问题，大量的女毕业生会影响高校的就业率，而各高校及专业的就业率又向国家招生政策倾斜，特别是与招生指标分配密切相关，所以，高校为了自身发展考虑，不得已要调整男女比例，这其实就是一个歧视引发另一个歧视的问题，就业歧视导致了招生的歧视与女性受教育权的歧视。一个本身就不公正、不公平的社会现象能否作为一个合理的理由去支撑自身不公平的行为？而大学的责任不仅仅是招生及输送就业，还有责任和义务去承载一个社会公平、正

义与道德典范的责任。一个社会基本的公平和平等权利就是受教育权，一个国家未来的希望也在于教育，那么在教育上就不公平的大学怎么解释自己的社会担当呢？

以就业问题为理由的问题还在于：学校是否有权利去替学生选择道路？我们知道，人生的道路自己有自由选择权，任何人都没有权利去干涉。教育者、家长唯一要做的是"赋权"，也就是明确地告知学生会得到什么样的权利，有可能面临的问题是什么，这种赋权并不是替当事者去选择，而是指点他（她）知道自己可以做出的选择有多少种。比如备受争议的小语种专业，如果教育部门和高校在招生时能够将信息全面准确地告诉考生，该专业现在的培养情况、男女生比例情况、就业需求情况等，考生完全有可能根据这些情况进行理性选择，这也不需要学校分男女计划招生了。可问题是：这些信息从来没有人收集，更没有什么渠道能告知学生与家长，学生们选择专业时，往往缺乏全面信息的支撑，就只有靠"性别配额"来解决问题。

从以上几种对高考招生实行性别配额的"合理性"叙述来看，所谓的国家利益、专业平衡、教育效果、社会效益、就业考量等与性别公平之间的对立和纠结，实际上是一个被社会权力话语建构起来的伪命题，它反映了社会意识形态与权力关系对教育的操控。事实上，女性主义结构理论家早已尖锐地指出，意识形态正在主宰教育方面的各种标准，当被压迫群体的表现好于占主导地位的群体时，标准就会被修改。因而，当在考试或者获得学术荣誉方面女性的分数高于男性时，人们就会给女性增加更多的限制，而且考试和教学法的合法性也会受到质疑。

三、问题的症结：职业性别隔离与学科/专业的性别迷思

为什么男生（特别是学业优秀的男生）不选择某种特殊专业（或者说更多的女生选择某种特殊专业）？在专业与性别之间到底有什么微妙的逻辑联系需要关注？如果不从根本上找原因，并设计出合理的制度性解决方案，只靠招生录取中的依性别划线，或许会解决一时的困境，但却有违最根本的社会正义与教育公平的价值理念，这不是解决问题的根本途径。该问题主要的症结还在于社会上的"职业性别隔离"，由此才导致了高校的学科/专业陷入性别迷思，而在政策层面则以国家利益、就业考量、专业平衡、教育效果、社会效益的名义，与教育的性别公平之间建构起了一个相对立的伪命题。

（一）职业性别隔离

波琳·安德森（Pauline Anderson）就曾对个人的教育和职业选择的文献做过评论。她认为，个人教育与职业选择必须从社会和政治的脉络中去理解，而不能只从个人心理的因素去解释。哥特弗雷德森（Gottfredon，1981）提出的"职业生涯发展模式"具有较强的解释力，在其理论模式中，性别型态、声誉、兴趣三个维度是职业（或专业）选择最重要的因素，其中，职业声誉和个人的性别认同在选择职业（或专业）时有相同的重要性。在此，我们以"教师"职业为例来深入阐述这一问题。

事实上的"教职"如同社会上的许多职业一样，最早也是属于男性精英的。英

国在 1870 年时，男性教师的数目尚略高于女性（100：99），到了 1930 年，女性教师的人数已超过男性（100：366）；美国的情形也是这样，1840 年时只有 39％的教师是女性，但在 1930 年时，女教师的比例已经高达 89.5％。对于这种现象，爱泊（Apple，1986）认为是父权与经济因素共同作用所产生的结果。义务教育的推行，致使对教师的需求增大，基于成本的考量，因而大量雇用薪资只有男性教师三分之一到二分之一的女性教师。相比于其他工作（例如工厂），教学工作不仅社会地位较高，而且待遇稳定，工作环境也较好，因此教职的确为女性提供了一种更理想的工作机会。然而，也正是教师与母亲这两个角色内涵的连结，使得父权社会得以将女性扮演"母职"的角色期待借由"教师"的角色继续延续下去。当教职成为适合女性的工作之后，男性也逐渐退出教坛，转向其他因工业化带来的更理想的工作机会，或担任更高级的教育行政工作。早有研究者指出，女性集中的行业也恰恰是职业声望低的行业，甚至被称为半专业，如护士、社会工作与图书管理员等；其中，教职（特别是幼儿教师、中小学教师）也被解释为家务的延续，故被称为"女性真正的专业"，这就代表"教职"并非被公领域认可的"工作"，而是属于私领域的一部分，这也使得公私领域的意识形态得以继续维持不被挑战。

所以，社会上对女性承担家庭责任的期许也是女性选择"教职"的一个重要原因。在贝纳德（Bernard，1964）的研究中，就有很多女性为了兼顾家庭与专业的角色，选择一些在传统上与女性紧密联系的工作的例子，而尼尔森（Nelson，1986）也指出，在一个对女性角色有传统预设的情境中，教师是一项能融合家庭与工作承诺的职业。

已有的研究表明：男女进入不同的职业，与性别的社会期待有关。女性所从事的工作，倾向于确定她们养育、照顾和支持他人的社会期待。有各种理论也尝试解释职业隔离，与强调个人选择或结构因素不同，在大多数理论架构中，结果被认定是个人能力、性向与兴趣、持有证照，包括跟阶级相关的属性和接受教育的证书等这些布迪厄在其文本中称为"文化资本"的东西，以及决定进入特定行业和职位的通例与规则这些因素之间的折中。如同过去发展起来的许多职业选择理论，女性主义学者也主张：总体的社会与经济过程以不同方式影响了男性和女性，性别差异不是遭到忽视，而是以"自然主义"的方式加以解释。换句话说，是女性的"自然"天资，而非基于性别的歧视，被当成女性归属于女性主导职业聚集区的理由。

性别化认同在工作中产生和再造，而不是个人禀性中固定不变的性别认同进入不同的劳动力市场。越来越多的关于女性工作的个案研究，开始阐明各式各样"工作场所"的社会实践，显示女人被建构为"体现的"不同于被视为标准的男性气概，也正是因为女性/女性气质往往被视为与真正"工作"相悖离的异质性而阻碍了女性的发展。

因此，我们可以这样认为，职业并非性别中立，而是被塑造成适合男性或女性的工作，而那些不显著的新兴职业则往往通过对抗与协商建立其性别符码。职业是人们的经济身份，也是获取社会资源的基础，甚至是社会地位的表现。当一个男性职业在社会分层中快速下滑时，往往很快就会向女性开放其职业通道。事实上，高等教育中专业/学科的性别化与职业性别化是两个密切相关的议题。

（二）学科/专业的性别迷思

20世纪70年代以来，随着女性主义学术的兴起，高等教育中学科/专业的性别分化开始受到关注。从全球总的情况看，随着女性在高等教育中所占比例的增加，学科/专业的性别分化也日趋严重，虽然各国的情况并不相同，但女生在自然科学、工程和农业学科中的比例低于在各领域的总比例。相反的是人文学科，而法律和社会学科则与总注册率持平。教育和医学中女生人数高于各领域总注册率。这一现象在世界各地区——不论是发展中国家还是发达国家大致相同。事实上，大学中已形成了社会普遍认同的"男性学科"和"女性学科"。对于这种现象的理论解释，学术界主要有两种代表性的观点：一是基于男女两性生理差异和心理差异的本质主义阐释；二是社会建构论阐释。

本质主义主要以男女两性的生理差异和心理差异为认识基础来阐释学科与专业中的性别差异。从生理因素而言，研究者最为关注男女不同的荷尔蒙系统和左右脑的专门化。一些研究者指出，雄性荷尔蒙对性别差异具有直接或间接的影响。当他（她）们进入高等教育阶段，这种"本质性"的差异不可避免地表现在学科与专业的选择上。脑科学的研究进一步论证了性别差异的"本质性"。许多研究认为，男女在语言、空间和数学方面的能力差异主要归于大脑在一定年龄阶段的左右脑分工。也有大量研究证据表明，男女大脑半球存在差异，女性大脑的专门化比男性要早，所以女性的语言功能得到了早期开发。但由于空间能力和高水平数学能力的发展要晚于语言技能，女性早期大脑半球的专门化由于出现得太早而影响了其他能力的充分发展。所以，进入高等教育和学术体系之后，女性由于其"先天"能力的不足，"自动"放弃了某些涉及空间能力和高水平数学能力的"硬性"学科的学习。

从心理因素而言，心理学早期对两性心理差异的研究基本上受生物学的影响，也主要从生理特征上寻找依据。首先，以脑的形状和脑的不同区域的发展来解释成就和个性特征上的性别差异；其次，提出了"母性本能"的概念，这为高等教育中专门为女性设置一些与"母性"和"抚育"相关的学科提供了直接的依据；再次，提出了偏离性假设去解释男女差异，即认为男性在智力等某些特征上比女性更多地偏离常态，这一假设为解释高等教育中无论是"男性学科"还是"女性学科"中，男性在最有成就者中占据极高比例的现象，提供了直接的证据。

20世纪70年代以来，已经有大量关于性别差异的生物因素、心理因素的研究成果问世，并被教育学界广泛地引用。"但是可以说，在性别差异的生物因素方面，我们仍然是无知的。虽然已有的研究发现，生物因素使男女的某些行为倾向有所不同，但都未能通过研究来确定生物因素引起差异的程度和范围，也未能发现这些生物因素所影响的行为倾向中哪些更顽固，或更难以进行后天的改变。"所以，"我们的观点是，社会机构和社会实践不应该只是生物性的反映。……它取决于我们人类社会的选择，我们应该去选择对人类生活方式最有价值的社会实践"。正是基于这一认识，社会建构论者提出了另外一套解释模式，其中女性主义秉承建构论的基本思路，对于该问题有了自己的解读。

女性主义认为，所谓"男性学科"和"女性学科"的出现与划分并不是男女本性差异使然，也不是学科理性沉思的结果，而是社会意识形态、权力系统和利益基础在学科领域表现的结果，它是由社会文化建构的。

男性和女性适合学习什么学科完全是人为的，由于人类社会文化在早期就通过完备的观念系统、知识系统和制度系统将女性划归于低于男性的类别，所以女性在接受教育之初，就被置于与男性不同的知识领域，接受与男性不同的教育。关于这一思想，捷克教育家夸美纽斯在其名著《大教学论》中有专门的论述。在书中，夸美纽斯把男性和女性分成接受教育的不同类别，明确指出，"我们不主张这样教育女人，使她们的好奇倾向得到发展，而是要使她们的诚挚与知足能够增进，重要的是，一个女人应该知道和应该做的事情，是能够增进丈夫和家庭福利的事情"。所以，在早期的大学教育中，女性被认为应该学习的是"食品和营养、纺织品和衣着、健康和保育、住房设计和室内装饰、花园设计和应用植物学，以及儿童教育等专门为女性设计的科目"。女性主义学者弗里丹在《女性的奥秘》一书中，曾对这种以性别为指导方向的教育提出过嘲讽，她认为，"教育家们几乎不受下述论点的影响，这个论点是，'大学课程不应该被诸如烹调或手工劳动这样的学科污染或扩大'，这是不可思议的"。所以，早期高等教育专门为女性设置的"女性学科"并不是由于女性天生适合学习什么学科，而在于传统的社会文化希望通过学科把女性教育（或塑造）成什么。

所以，在女性主义学者看来，从学科上划分"男性学科"和"女性学科"，并不是先验的真理和不可变更的天条，而是一种与性别隐喻相对应的意识形态，其中包含着男尊女卑的价值等级观念，有着深刻的文化基础，它实际上是一种男性中心（优越）文化在学术领域的体现。研究者如果不考虑学科划分和不同性别在学科选择中体现出来的权力关系，仅将关注点放在男女生理差异或男女基于生理差异而"自主"选择的认识基础上，就会陷入本质主义的泥坑，重弹"男女天生有别"的老调，学科/专业以及未来职业路径上的性别隔离就会成为性别平等道路上一道无法逾越的屏障。

虽然高考招生主要依据考生的志愿选择，但学生个人选择也是历史、社会、文化相互建构的结果。尽管个人的职业（专业）选择必然存在个人兴趣与能力的特殊性，但这往往不全然是依照个人倾向或兴趣的选择，而是经由作为社会的个人和当时社会提供的就业条件相互作用而成的。所以，我们在关注问题的解决策略时，应该充分关照到问题的症结，才能对症下药。

四、路在何方

从以上分析来看，被一套看似"合理""合法""科学"话语所建构的"国家利益""就业率""专业平衡""教育效果""社会效益"与"性别公平"之间的纠结显然是一个被权力话语建构起来的伪命题，问题的症结不是这些因素之间的冲突，而是业已存在的社会性别观念及职业领域的性别隔离。因此，笔者认为，任何一所学校、任何一个专业招生区分男女都有违教育公平。学校或某学科/专业招收女生的数量大大超过了男生的数量，完全可以从其他方面解决问题，高考录取毕竟不是要搞平衡。现在尽管很多单位在就业时都希望要男生，但大前提不容改变，那就是：教育面前人人平等，无论是"弱势补偿""就业焦虑"，还是"专业平衡""教育效果"等都无法成为分性别区别对待的理由，现有的理由更是难以禁得住合理差别的检测。当拥有决策权力者仅仅因性别而不给女性充分的公民待遇，即不给女性平等的机会，以其个人天赋和才能去追求、实现并参与、贡献于社会，这显然与平等保护原则不相符合。从这个意义上讲，要破解高考招录中的性别迷思绝不是简单地进行性别配额，更不是无视、容忍和默许高校自主的"潜规则"，而是要从观念、政策、制度等层面去变革。大学，在这个进程中有义不容辞地宣传、促进性别公平的责任，而不是推诿、规避乃至合谋。

参考文献：

［1］女生致信习大大：高考招生性别歧视该禁止［EB/OL］. bbs. edu. 163. com. 2014-07-28.

［2］2013年中国的12个女权时刻——年度公开创新行动回顾［2014-01-03］. 女权之声143期.

［3］孙云晓，李文道，赵霞. 拯救男孩［M］. 北京：作家出版社，2010.

［4］肖巍. 女性主义教育观及其实践［M］. 北京：中国人民大学出版社，2007：109.

［5］ARDERSON P . Choice：Can We Choose It? ［M］// RADFORD J. Gender and Choice in Education and Occupation. London：Routledge，1998.

［6］GOTTFREDSON，L. S. Circumscription and Compromise：A Developmental Theory of Occupational Aspirations ［J］. Journal of Counseling Psychology，1981（28）：545-579.

［7］APPLE，M. Teachers and Texts ［M］. New York：Routledge，1986.

［8］ALTENBAUGH，R. J. Women's Work. In R. J. Altenbaugh（Ed. ），The Teacher's Voice ［M］. London：Falmer Press，1992.

［9］ACHER，S. Gender and Teacher's Work ［J］. Review of Research in Education. Washington，D. C. American Educational Research Association，1995（21）：99-162.

［10］BERNARD，JESSIE. Academic Women ［M］. University Park，Pennsylvania：Pennsylvania University Press，1964.

［11］FEIMAN-NELSON，S. & FLODEN，R. E. The Culture of Teaching. In M. C. Wittrock（Ed. ），Handbook of Research on Teaching ［M］. New York：Mamillam.（3rd ed），1986：505.

［12］史静寰. 妇女教育［M］. 长春：吉林教育出版社，2000：313.

［13］莱斯蕾·罗杰斯．大脑的性别［M］．李海宁，译．北京：生活·读书·新知三联书店，2004：73-82.

［14］强海燕．性别差异与教育［M］．西安：陕西人民教育出版社，2000：18.

［15］MOCCOBY，E. & JACKLIN，N. The Psychology of Sex Difference［M］．Standford，Calif：Standford University Press，1974：374.

［16］夸美纽斯．大教学论［M］．北京：人民教育出版社，1984：53-54.

［17］贝蒂·弗里丹．女性的奥秘［M］．南京：江苏人民出版社，1988：212.

高等教育与社会资本：性别视角下的审视

中国人民大学人口与发展研究中心　宋　严

中国人民大学人口与发展研究中心　宋月萍

中国人民大学社会与人口学院　李　龙

[摘要] 文章使用中国人民大学中国调查与数据中心"中国教育长期追踪调查"数据，分析大学生求职就业中所呈现出的性别差异，社会资本对大学生求职的影响及作用机制的性别差异。本文研究发现，女大学生社会资本存量，尤其是自致性社会资本存量并不低于男大学生，她们对于社会资本的利用程度也并不弱于男大学生。但社会资本对男女两性就业的影响体现出明显差异。相较于女性，社会资本对男性就业发挥更大作用。究其原因，刻板化的性别意识会阻碍社会资本对女大学生就业的促进作用，从而难以缩小大学生就业的性别差异。

[关键词] 社会资本　就业　性别差异

一、引言

社会流动是指人们在社会结构中关系和地位变化的现象，是个体或群体从一个阶级、阶层和职业向另外一个阶级、阶层和职业转变的过程，其反映社会结构的动态改变过程。教育是社会流动和社会分层的重要因素，尤其是高等教育，在技术更新、产业升级的背景下，已经成为进入国家政权系统或专业技术领域、实现社会经济地位转变的必要途径。可以说，在今天的中国，教育与劳动力市场的关系密不可分。不同的教育层次使劳动力市场分成相应的领域，劳动力市场的用人标准也往往根据学历制定。

鉴于教育与社会流动之间的关系如此紧密，高等教育对社会流动的影响机制一直以来都是教育学和社会学感兴趣的研究命题。尤其是在目前高等教育扩张、社会分化加剧的社会现实中，对教育改变命运的理解也更为复杂和多元。一方面，对不同群体的人，教育对其社会流动的影响存有差异；另一方面，教育作为人力资本信号，其对个人机遇的推动却依赖与外部因素（比如个人拥有的社会资本、宏观劳动力市场环境、就业制度以及来自劳动力需求方的区别对待等）的交织与契合，此时，高等教育不再是实现向社会流动的充分条件。因此，在制度区隔多元化和个人资本异质化的双重背景下，研究高等教育对社会流动的作用机制应因人而异，应纳入更多因素，其中，社会资本和社会性别制度是两个非常重要的维度。

社会资本是个人通过他们的成员身份在网络中或更广泛的社会结构中获取稀缺资源的能力（Portes，1998）。毋庸置疑，社会资本无论对教育机会，还是对个人社会流动，都非常重要（Bian，1997）。个人将社会资本用于社会流动的过程，但社会资本对男性和女性获得社会流动的支持途径和作用程度存有差异，从而影响着个人社会经济地位的获得。那么，不同类型的社会资本对男女大学生就业的影响模式及程度存在何种差别？这就是本文研究的问题。

二、文献综述

虽然学界对高等教育与社会流动的关系并未完全取得共识，但是学者们也都基本认同高等教育是影响个体社会流动的主要因素和重要途径（胡振京，2009；李淼、王岩，2010）。即便是在新世纪以来，高等教育逐渐步入大众化阶段，其与个体社会流动的关系趋于松散化的今天，高等教育作为一种相对重要的地位获得机制和相对公平的社会竞争机制，在个体社会流动中仍然扮演着不可替代的角色（向冠春、刘娜，2011）。高等教育对个体社会流动的影响通过其对个体"起点"社会流动的作用机制充分体现出来（胡振京，2009）。这里，我们定义的"起点"社会流动实际上是指个体代内流动的"起点"，是一个人一生中社会地位升降的"起点"。在现代社会，通常也就是个体完成学校教育，通过就业进入职场而发生的社会流动。换言之，从对大学生就业的研究中就能一窥高等教育对个体社会流动的影响。甚至可以认为，高等教育对大学生就业这种"起点"社会流动的影响要远剧烈于其他的个体代内流动，对其进行研究也更有代表性。

在对大学生就业所进行的诸多研究中，求职就业过程中的性别差异又成为学者的关注热点。相关研究认为当前女大学生就业困难问题在我国已经呈现显性化的发展趋势，已经成为长期存在且有增无减的严峻现实（戴明清、王克黎，2002；石春燕，2005；蔡昌森，2007）。有学者甚至总结出，相对于男大学生，女大学生在求职就业中更突出表现为高就业成本、高期望值、高依赖性的"三高"和低就业率、低就业质量、低收入的"三低"特点（胡莹、商虹，2009）。在对现状进行总结的同时，不少学者也从客观原因（外在因素）和主观原因（内在因素）等方面剖析了妨碍女大学生就业的各种体制机制，进而提出了具有针对性的解决方案（黄海群，2008；朱以财，2010）。

在分析大学生求职就业性别差异的既有实证研究中，视角往往更多地集中于大学生人力资本的性别差异方面。文东茅（2005）通过对1998年和2003年两次全国性高校毕业生调查数据的分析，总结出女大学生在学习成绩排名、英语学习水平以及毕业能否升学等诸多反映高等教育学业状况指标上均优于男大学生。岳昌君（2010）在其对高等教育与就业性别比较的实证研究中也揭示出大学生人力资本存量的性别差异，他认为女大学生相对于男大学生表现出"一好二少三低"的特点。这里的"一好"指的是女大学生的学业表现要更好[①]。这些研究基本都认为人力资本在大学生求职就业中的作用具有性别差异，女大学生在人力资本存量上并不亚于男大学生。而在人力资本存量上具有优势的女大学生却没有在求职就业中相应地获得优势，学者一般将其归因于就业市场仍普遍存在的性别歧视。

人力资本存量上的差异显然并不足以完全解释求职就业上的差异，这是因为在人力资本存量差异之外，求职者显然还存在社会资本存量上的差异，这种差异不容

---

① 岳昌君. 高等教育与就业的性别比较 [J]. 清华大学教育研究，2010（6）.

小觑。美国社会学家格兰诺维特（Granovetter）就曾经旗帜鲜明地提出："个人的求职行为，一如其他经济行动，是深深'嵌入'社会关系网络之中的，而绝非经济学所假设的依赖于一个'完全竞争的劳动力市场'来实现。"因此，有更多的学者开始探究大学生在求职就业中人力资本状况之外的社会资本状况，社会资本的视角也成为大学生求职就业研究中另外一个重要的视角。这些研究注重分析大学生求职就业中社会资本的影响因素以及社会资本的作用机制（钟云华、应若平，2006；马帅旭，2011）。但目前已有的研究成果更多侧重于理论分析，其不足之处主要在于实证的研究方法没有得到良好的运用，而且缺乏对大学生社会资本性别差异的比较研究。

有鉴于此，本研究将根据"中国教育长期追踪调查"（CEPS）于 2010 年对北京 15 所高校 2006 级（时年大四）本科学生进行的大规模问卷调查数据，从求职就业的行为、结果等诸方面对其中存在的性别差异进行比较研究，呈现当前不同性别大学生在求职就业时普遍关注的领域、采取的渠道和使用的方式等信息。由于近年来对大学生求职就业人力资本的性别差异已有相当多的关注，本研究的分析重点将放在大学生求职就业社会资本的性别差异这一方面，这样的研究将有助于我们对大学生求职就业的供需现状有一个更为全面充分的认识。

三、数据及方法

本研究所采用数据，来源于中国人民大学中国调查与数据中心常规调查项目"中国教育长期追踪调查"（CEPS）。该调查以北京市教委提供的北京市行政范围内所有教育部直属、其他中央部委或北京市所属非民办大学中的 2006 级和 2008 级全日制本科生学籍数据库作为抽样框，采用多阶段、概率与规模成比例（PPS）抽样的方法抽取 5100 名学生作为研究样本，并于 2009 至 2011 年连续三年开展了个人追踪调查。

调查共获得 2006 级在校大学生 2056 名，其中，男大学生 1058 名，女大学生 998 名。表 1 的统计数据显示，受访的男女大学生在生源地、户口类型等基本个人特征和班级排名、就读专业等人力资本特征等方面均表现出一定的差异。生源地为北京和户口类型为非农的女大学生所占比重均高于男大学生。对于人力资本特征，女大学生的平均班级排名更为靠前，波动也更小。大多数（69%）男大学生在理学、工学和医学等专业就读，而女大学生聚集于社会科学类（38%）以及人文科学类专业。值得一提的是，这种专业结构上的差异在引致大学生人力资本的结构性差异的同时，也会造成社会资本的差异。

表1 分性别大学生求职就业基本个人特征与人力资本特征描述

主要变量		全体		男		女	
		均值/比重	标准差	均值/比重	标准差	均值/比重	标准差
基本个人特征							
年龄（岁）		21.55	0.90	21.62	0.97	21.49	0.81
生源地	非北京	0.71	0.45	0.76	0.43	0.66	0.47
	北京	0.29	0.45	0.24	0.43	0.34	0.47
户口类型	农业	0.29	0.45	0.33	0.47	0.24	0.43
	非农	0.71	0.45	0.67	0.47	0.76	0.42
高校类型	北大、清华、人大	0.28	0.45	0.29	0.46	0.27	0.44
	部属"211"高校	0.36	0.48	0.40	0.49	0.32	0.47
	部属非"211"高校	0.12	0.32	0.10	0.30	0.13	0.34
	市属高校	0.24	0.43	0.20	0.40	0.28	0.45
人力资本特征							
班级排名（个人排名/班级人数）		0.41	0.25	0.47	0.26	0.35	0.22
就读专业	农学类	0.03	0.17	0.02	0.14	0.04	0.21
	理、工、医类	0.52	0.50	0.69	0.46	0.34	0.47
	人文科学类	0.16	0.37	0.08	0.27	0.24	0.43
	社会科学类	0.29	0.45	0.21	0.41	0.38	0.48
样本量（人）		2056		1058		998	

四、实证分析

（一）大学生求职性别差异

大学生求职结果存在显著的性别差异。临近毕业时，62%的男大学生（除考研、出国外）已经确定工作，比女大学生高出4个百分点。在已经确定工作的应届毕业生中，无论是在就业单位类型还是职业分布上，男女均存在明显差别。男大学生进入央企以及其他国有/集体企业的比例要明显高于女大学生，这类企业普遍福利待遇较高、工作更为稳定；而女大学生进入民营企业（1/3）以及外资、合资企业的比例则较高（参见图1）。从职业类型上来看，女大学生聚集于一般办事员、新闻文艺和体育工作者及教学人员等职业类型，而男大学生选择研究/开发人员、技术工人、企业经营管理人员、市场营销人员或者专业技术人员等技术、管理性岗位的比例则较高。就业单位及职业的差别直接导致男女大学生就业薪资的差别：男大学生平均起薪为2506元，比女大学生高出270元。

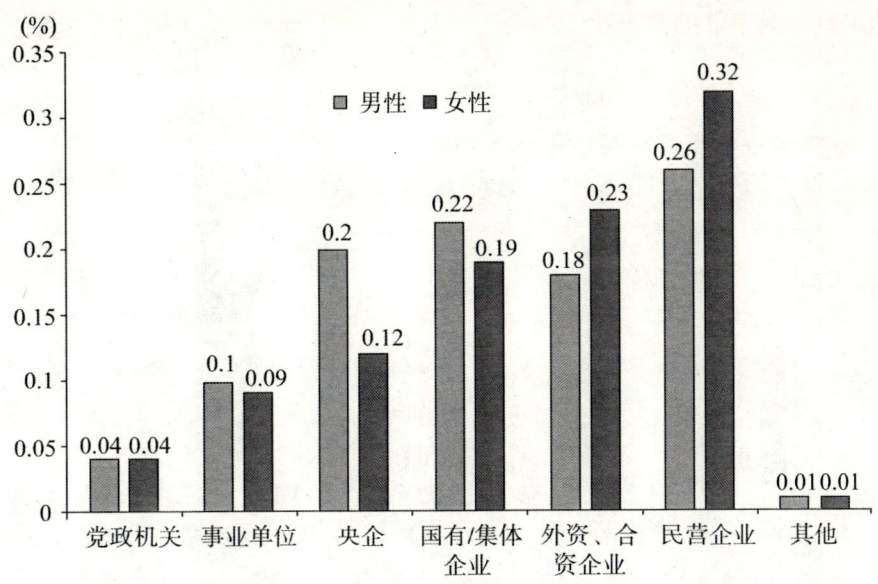

图1　分性别大学生就业单位类型比较

（二）大学生就业社会资本作用的性别差异

1. 大学生就业社会资本使用渠道差异

本文所定义的大学生在求职就业中的社会资本不但包含先赋性社会资本，也包含自致性社会资本。先赋性社会资本主要来源于血缘、遗传等先天性因素，其与自身亲属规模密切相关，存量不易改变；自致性社会资本更多依赖于自身努力以及各种类型的投资等后天性因素，这与自身非亲属规模关系密切，而其存量也可随自身社会网络的扩张而增加。值得一提的是，较之西方社会，社会资本在中国社会中的内容和形式显得更为复杂，地位和意义也更为重要。特别是在制度场的构建尚不完善、差序格局依旧发挥支配作用的当今社会，在求职就业中，社会资本的开发和利用也就发挥着重要的作用，大学生更不例外。

大学生在求职就业中，对于社会资本的运用存在显著的性别差异。比起男大学生，女大学生在求职就业中运用社会资本频度更高，男大学生通过正式化渠道获得就业机会的比例远高于女大学生，而女大学生更有可能动用自身的社会资本，依赖社会人情网络这种非正式求职渠道，一些正式求职渠道的作用反倒被削弱。

此外，我们通过分性别分析大学生获得现有工作采用不同渠道的差异能对这个问题有更深刻的认识（参见图2）。男大学生使用"公共社会资本"获取工作机会的比例远高于女大学生，而女大学生就业支持渠道相对局限于"私人社会资本"。对于男大学生而言，"专门面向毕业生的招聘会"是其获得现有工作的主要渠道，高出女大学生13个百分点；而对于女大学生而言，"家长、师长或朋友私人介绍"是其获得现有工作的主要渠道，高出男大学生5个百分点。而关于获得现有工作过程中是否获得他人的帮忙这个问题，选择有人帮过忙的女大学生所占比重为42.99％，比同类男大学生所占比重36.68％高6.3个百分点。这就反映出在求职就业市场上，女大学生更倾向于借助非正式手段获得相关职位，从而减小求职的难度和阻力。

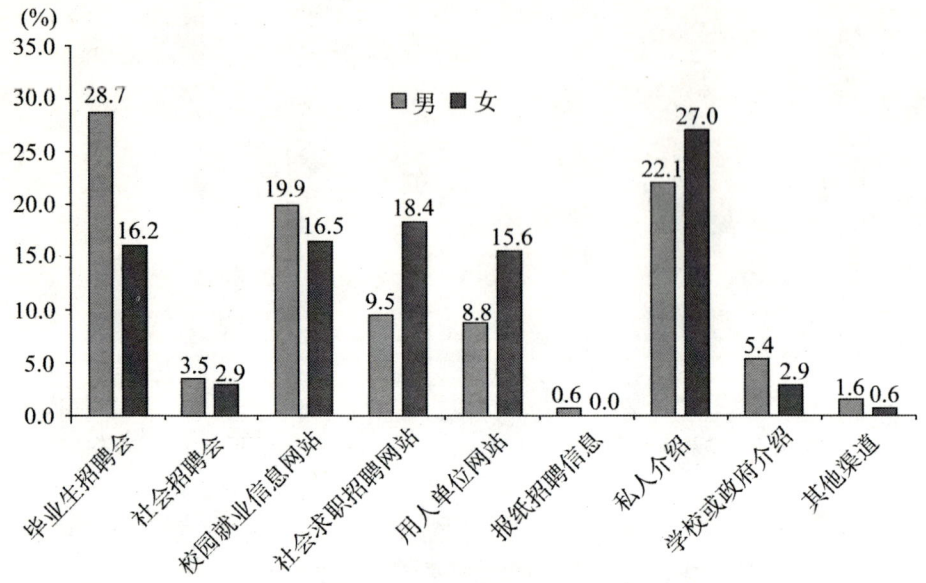

图2 分性别大学生就业社会资本使用渠道比较

2. 不同社会资本类型对男女大学生就业影响存有差异

男女学生在就业时对社会资本的依赖程度之所以存在差异，一方面可能是由于女大学生受到性别歧视等的心理暗示，在求职的心理认知上不具备男大学生的心理优势，更倾向于通过自身所具备的社会资本来获得就业岗位。而另一方面，也可能是由于女大学生相对于男大学生在社会资本存量及结构上存有差异。那么，先赋性社会资本和自致性社会资本在对男女大学生就业的影响作用上究竟存在何种差别？

对于先赋性社会资本，本文选用的衡量指标为父亲职业类型、父亲受教育程度和父亲平均月收入。一个人的职业、收入及其受教育程度对其所处社会分层与社会网络有着极为重要的影响，而父亲的受教育水平、收入水平及职业类型很大程度上决定着家庭社会经济地位，代表着子女先赋性社会资本存量的水平。自致性社会资本不但指个人建立、积累及拓展社会网络资源的能力，还包括动用有关社会资本的能力。对此，本研究选用的指标为政治面貌、学生干部经历、参加实习经历等。

在表2中，就父亲职业类型这一先赋性社会资本特征来看，随着父亲职业类型从初级劳动人员（这里主要是指农民和产业工人）到管理人员这一职业层次的逐步提升，男女大学生的就业率却大致呈现下降的趋势，并且女大学生下降得更快也更低，男女之间就业比例的差距也随之扩大。一般来说，对于父亲职业层次更有优势的大学生而言，其先赋性社会资本存量通常也会更高，然而他们的就业率并没有随之升高，这主要是由于其在职业选择中获得家庭背景的支撑而显得更为从容，其对这一社会资本存量的开发和利用也暂时较为有限，女大学生对这种家庭背景的依赖更为突出。

父亲受教育程度对大学生就业影响的性别差异也进一步印证上述论断。男大学生的就业率会随其父亲的受教育程度而提升。女大学生的这种提升则是有限度的，甚至在超出这一限度之后，随着父亲受教育程度的提高，其就业水平却有所下降。父亲受教育水平的提升代表大学生更高的先赋性社会资本存量，其对大学生求职就业有着显著的促进作用。而当父亲受教育程度高过某一水平，在找寻更高层次的工作时，家庭先赋性社会资本对女大学生就业的影响程度就开始减弱，男女差异更为显著。

表2　分性别、分社会资本的大学生就业率

主要变量		全体		男		女	
		均值/比重	标准差	均值/比重	标准差	均值/比重	标准差
先赋性社会资本特征							
父亲受教育程度	未受过正式教育	0.50	0.51	0.56	0.51	0.43	0.51
	小学	0.60	0.49	0.57	0.50	0.64	0.48
	初中	0.62	0.48	0.61	0.49	0.64	0.48
	高中（含职高中专）	0.60	0.49	0.62	0.48	0.58	0.49
	大学（含大专）	0.60	0.49	0.64	0.48	0.58	0.49
	研究生及以上	0.47	0.50	0.70	0.47	0.36	0.49
自致性社会资本特征							
政治面貌	中共党员（含预备党员）	0.60	0.49	0.63	0.48	0.58	0.49
	共青团员	0.60	0.49	0.62	0.49	0.59	0.49
	普通群众	0.56	0.50	0.71	0.46	0.24	0.44
担任学生干部经历	有	0.64	0.48	0.63	0.48	0.65	0.48
	无	0.56	0.50	0.62	0.49	0.50	0.50
参加实习经历	有	0.64	0.48	0.67	0.47	0.62	0.49
	无	0.55	0.50	0.58	0.49	0.51	0.50

从政治面貌这一自致性社会资本特征可以发现，求职的大学生中，中共党员（含预备党员）和共青团员的就业率水平差异不大。但是相对于普通群众而言，这两类政治面貌没有对男大学生求职就业表现出明显的促进作用，而对女大学生求职就业则具有显著的促进作用。对于担任学生干部经历和参加实习经历，具备这两种经历对女大学生求职就业的促进作用都要比男大学生显著得多。科尔曼曾经指出：

"社会资本的形成，依赖于人与人之间的关系按照有利于行动的方式而改变。"[1] 中共党员（含预备党员）和共青团员这两类政治面貌以及学生干部经历、实习经历，都在一定程度上促进人与人之间关系的构建、维护与发展，大学生可以由此获得较高的社会资本存量。具有这些社会资本存量的女大学生可以在与同性大学生的求职就业竞争中获取一定优势。

自致性社会资本对女大学生求职就业的作用更为显著，不在于其在女大学生中更为稀有，相反采用 t 检验对自致性社会资本特征指标的性别差异进行分析可以发现，男女大学生在学生干部经历（t 统计量的值为 -2.4271，P 值为 0.0076）、参加实习经历（t 统计量的值为 9.7680，P 值为 0.0000）具有显著差异，在政治面貌（t 统计量的值为 1.9058，P 值为 0.0567）方面不具有显著差异，女大学生比男大学生在这些自致性社会资本特征指标上具有优势。但不容忽视的是，对于这些具有自致性社会资本特征的各个指标而言，女大学生在各水平下的就业率普遍都低于男大学生。换言之，这种自致性社会资本特征的优势也仅仅是潜在优势，并没有完全转化为女大学生求职就业相对于男大学生的现实优势，也没有弥补女大学生求职就业相对于男大学生的"性别劣势"。

五、结论与讨论

人力资本存量和社会资本存量水平的高低正是大学生求职就业的竞争力所在。其中，社会资本存量及使用程度正是我们对大学生求职就业差异进行探究的切入点。大学生群体虽然在人力资本存量方面存在一定的差异，但相较于就业市场中的其他人口队列，他们的人力资本存量水平非常相近。因此，对于大学生这样一个人力资本存量水平非常相近、差别并不显著的群体[2]而言，社会资本存量水平高低及其开发利用程度在大学生的求职就业中发挥着相当重要的作用。

从这个角度出发来研究大学生求职就业中的性别差异，本文发现女大学生潜在的社会资本存量并不低于男大学生，她们对于这些社会资本的依赖程度也并不弱于男大学生。但为什么社会资本存量上这种"女不弱于男"却换来求职就业之中的"男远胜于女"？

问题的答案就在于女大学生对潜在社会资本的使用渠道和效益不如男大学生。其中存在的女大学生主观原因当然是不能忽视的一个方面，但更为关键的是社会并没有为女大学生在求职就业中有效使用社会资本创造外部环境。社会为大学生就业提供的公共社会资本渠道主要是提供信息来源，促进供需双方实现匹配。在劳动力市场上处于弱势地位的女大学生却难以通过公共社会资本方式实现就业，只能诉诸私人社会资本，通过个人额外的努力获得相应的机会。这说明公共社会资本（例如招聘会、学校政府组织的招聘等）并未能在传递信息、润滑供需的同时，纠正来自

---

① ［美］科尔曼. 社会理论的基础. 社会科学文献出版社，1999.

② 虽然人力资本存量在大学生群体中差别较小，但是专业类型和高校类型仍会显著影响大学生的人力资本存量，进而对其求职就业的结果产生影响，这一点同样不容忽视。

雇主的性别区别对待，女大学生在求职就业中也难以受益，而逐渐形成了对私人社会资本的高度依赖，以此来提升自身在求职就业市场上的竞争力。可见，这也是一个相互作用的过程，一旦形成对私人社会资本的高度依赖，女大学生也会更加注重积累和利用自身的社会资本存量，从这个角度理解，女大学生相较于男大学生的社会资本存量优势其实是其公共社会资本缺失的无奈之举。

社会发展至今天，仍然无法在就业市场中完全破除"男女有别"的性别桎梏。长期以来，我们对就业市场中受教育层次较低的女性弱势群体社会资本缺失问题给予了更多的关注，而对受教育层次较高的女大学生群体却有所忽视。但事实上，或者是由于传统社会观念的束缚，或者是基于企业利益最大化的考虑，在就业市场上，女大学生求职就业还是面临着诸多障碍。这些障碍使得女大学生所具备的人力资本存量得不到完全承认，而其社会资本存量更得不到有效开发利用。例如，社会对于同样担任学生会主席的男女大学生的认知中，对前者以肯定褒扬为主，而对后者却是质疑否定的成分居多。

身处就业劣势地位的女大学生，往往会付出更多的努力以促进自身人力资本和社会资本的积累，但事实上这并不是解决问题的关键。唯有从法律层面、政策层面破除"男女有别"的制度性歧视，给予女大学生求职就业更多的社会支持，才能打开问题症结，实现科学发展。

参考文献：

[1] 蔡昌淼．大学生就业的性别差异及对策研究［J］．黑龙江教育学院学报，2007（2）．

[2] 戴明清，王克黎．大学生就业的性别差异及对策研究［J］．黑龙江高教研究，2002（6）．

[3] 黄海群．女大学生就业的形势分析与对策思考［J］．中国高等教育，2008（10）．

[4] 李森，王岩．城乡二元结构下的社会分层与教育公平的相互影响［J］．理论与改革，2010（4）．

[5] 刘少杰．当代国外社会学理论［M］．北京：中国人民大学出版社，2009．

[6] 胡莹，商虹．大学生就业中的性别差异与生命关怀［J］．学校党建与思想教育：高教版，2009（7）．

[7] 胡振京．性别视角中教育与社会流动的关系摭探［J］．教育科学，2009（3）．

[8] 马帅旭．大学生就业社会资本运用探析［J］．长江大学学报：社会科学版，2011（4）．

[9] 石春燕．社会资本的性别差异——女大学生就业困境的社会学思考［J］．齐齐哈尔大学学报：哲学社会科学版，2005（9）．

[10] 文东茅．我国高等教育机会、学业及就业的性别比较［J］．清华大学教育研究，2005（5）．

[11] 向冠春，刘娜．我国高等教育与社会流动关系嬗变［J］．现代教育管理，

2011 (1).

　　［12］岳昌君. 高等教育与就业的性别比较［J］. 清华大学教育研究，2010 (6).

　　［13］张赋贤，王晨. 大学：社会分层与社会流动［M］. 北京：北京师范大学出版社，2007.

　　［14］钟云华，应若平. 从教育公平看社会资本对大学生就业的影响［J］. 湖南社会科学，2006 (1).

　　［15］朱以财. 女大学生就业影响因素分析——以江苏地区高校为例［J］. 高教发展与评估，2011 (3).

　　［16］科尔曼. 社会理论的基础［M］. 北京：社会科学文献出版社，1999.

高等教育中女性性别学科问题与教育公平关系的研究和探索

广东女子职业技术学院女性教育研究中心 孙小华 胡金凤

[摘要] 高等教育过程中存在的女性性别学科问题一直影响教育公平，这涉及教育的终极目标——课程体系、课程内容来源、知识本身等问题。女性性别学科问题的产生既有女性自然、生理方面的原因，也有社会文化方面的原因，我们认为其中最主要的原因在于过去的教育模式中存在男性中心主义倾向，某些学科体系的构建不适合女性学习。我们针对如何解决高等教育中女性性别学科问题进行了一些理论研究和实践探索。

[关键词] 女校特色教育 女性性别学科 教育公平 男性知识霸权 性别意识

女性受教育的程度，特别是接受高等教育的程度，是人类社会进步的重要标志。但是，高等教育过程中存在的女性性别学科问题一直影响教育公平，这涉及教育的终极目标——课程体系、课程内容来源、知识本身等问题。我们认为女性特色教育是解决这一不公平问题的关键所在。

一、高等教育中的不公平现象——女性性别学科问题

所谓高校课程中的女性性别学科，主要指社会普遍认为适合女性和女性相对集中的学科和专业领域。从全世界范围的高等教育来看，女性选择的专业与男性有明显的差异，形成一些"女性主导"的学科与专业领域，如人文、教育、社会科学等，在部分国家，这些领域的女性人数占到全部女大学生数的50％以上。各国的"女性主导"专业虽然有些差异，但女性数量很少的专业各国几乎相同，如学习计算机、数学和工程的女生就非常少，在大多数国家仅有不到5％的女生学习这些专业，全世界平均不足3％；女生选择自然科学专业的也很少，大部分国家不足全部女生的10％。由此可以看出，高等教育中的性别学科分化是存在的。

从表面上看，女性选择不同的学科，并接受这一学科的规范和训练，然后在社会分工体系中谋取不同的位置，完全是一个自我选择的过程和单纯的教育问题。实际上，这是一个非常复杂的社会问题。这种状况的产生有女性生理、心理方面的原因，也有社会文化、传统、习俗等原因。我们认为，其中最主要的原因在于过去的高等教育模式中存在不公平的男性中心主义倾向，或性别意识缺失，表现为某些学科的研究领域和对象、主题、内容、方法及结论等各方面都是符合男性中心的价值体系，其课程的范式主要是由男性创造和规定的，过于注重男性所关注的领域，女性及与女性相关的内容往往被排除在外，或加以贬抑、歪曲，"男性中心意识"视角下的学科体系的构建存在男性知识霸权，不考虑女性的思维习惯特点，造成了女性经验的无形化和边缘化，不适合女性学习，造成对女性的不公平。

"男性中心意识"视角下的某些学科体系的统一教材,"性别刻板定型"表现突出,直接体现了父权制社会的思想、意识和观念。教材的性别偏见包括:对女性的性别排斥,对男女两性的模式化,对女性地位的降低或贬低,对男性女性分别进行角色定位等。

在我国长期"无性别教育"的教育环境中,相当一部分女性的心理素质及人格特质存在一定的缺陷。在选择学科时,很多女性迎合男性文化积淀和社会传统观念对女性的要求,选择所谓的"女性学科",并将自己未来的希望寄托在男性身上,认同"学得好不如嫁得好",使自身潜力得不到发挥。

这样就导致知识构成上的不平等,从这个意义上说,"男性中心意识"视角下,学科、课程充当了一种性别意识的角色,而且成为这种性别意识正当性和合法化的一种手段,阻碍女性教育的公平发展。

二、女性特色教育在解决女性性别学科问题上不公平的理论研究

(一)女性特色教育是社会性别视角理论的一种实践

社会性别指两性在社会文化建构下形成的性别特征和差异,即社会文化形成的对男女差异的理解,以及在社会文化中形成的属于男性或女性的群体特征和行为方式。确立社会性别视角,有利于人类在认识自身和世界知识的理论中对女性的性别视角引起重视,有助于尊重和理解性别的不同意见、看法和经验,有助于人际关系的沟通和增进亲和力,有助于获得对人类和自身的新认识。目前我国高校的学科建设基本不考虑或极少考虑性别差异问题,可以说是无性别的教育。女性特色教育的社会性别视角是对无性别学科教育的纠偏。

(二)女性特色教育有助于实现教育公平

女性特色教育,不只是争取受教育机会的均等,而且是在人格塑造上启发女性的自主意识,为整个社会男女和谐发展创造条件,是在更深层次上和更科学的轨道上,为争取男女教育平等做出更大的努力。女性特色教育一方面为女性提供了更多的谋求社会职业发展的课程和学业的选择方式;另一方面,也在探索一种更加有利于女性发展的学科教育形式。

以女性特色教育的形式实现"赋教育以社会性别",就是要致力于实现教育民主化与平等这一重要的目标。课程的性别教育、性别公平的理念,是实现教育民主化与社会性别公平的组成部分和措施之一。同时,为女大学生提供一个认识自我和社会的女性视角,把个人感性的、下意识的性别经验提升为女性群体共同的、理性的自觉认识和行动,促进教育民主化与平等的进程。

(三)女性特色教育是有利于提高女性社会主体意识和能力的有效途径

社会中普遍存在形式上的男女平等和实质上的性别歧视,以及大学教育中根深蒂固的"男性中心意识"或无性别意识教育。在这种环境条件不能短期改变的情况下,女性特色教育能够为女性教育寻找一个适合自身发展的良好平台。女性特色教育有助于进行学科之间的交叉和融合,充分发挥女性在跨学科、交叉学科以及边缘学科发展中的优势,为女性创造更多的教育机会和更广阔的求学领域。

（四）女性特色教育有助于重构高等教育的社会性别价值观和性别秩序

大学不仅仅是传授高深学问的场所，同时也是一个制造社会性别的重要场所，高等教育在其间扮演的是一个复制社会性别并使之存续的角色。高等教育正是为社会的经济制度、政治制度、文化制度和社会性别制度提供了合理、合法的依据及认识论上的解释。面对当前高等教育中社会性别意识的淡薄或缺失，女性特色教育能够为重构高等教育作为塑造社会性别价值观与性别秩序的重要机制起重要的作用。

女性特色教育有助于真正建立高等教育所具有的完整的知识立场。我们认为，要想在中国社会贯彻现代意义上的社会正义与公平，同时在更高程度上实现知识、学术和教育领域中的平等权利，绝不能绕过知识学科领域的性别不平等问题。

（五）女性特色教育有助于树立包含女性人文关怀的大学文化精神

现在中国的女大学生，主要关心社会关系和美满的婚姻而不是事业发展，这是一种日益衰退的大学文化精神。大学生在学习、实习、生活和社团活动中，一般都不会存在对性别的特别关注或考虑，女生对这种大学文化的被动适应并不被自己或别人察觉，对此都习以为常。女性特色教育有助于培育新的良好的大学文化精神。

三、女性特色教育在解决女性性别学科教育不公平问题上的实践探索

我们认为，加强女性特色教育，改变学科构建上的男性中心意识和对女性的歧视，强化性别意识，培养女性自立、自强的精神特质，提高女性素质，才是解决女性性别学科问题的关键。

（一）女性特色教育可以开设适合女性生理和心理特点的专业

传统性别规范中，女性的气质特点表现为：肉体的、非理性的、温柔的、母性的、依附的、感情型的、主观的、缺乏抽象思维能力的，它总体上具有被动性的特征，适合扮演家庭照料者和社会服务者的角色。传统的性别等级观念的存在与社会性别意识的缺失是一个硬币的两个方面，导致高等教育学科体系中的性别盲点。由于教育研究领域对男性话语霸权的集体无意识，导致女性特色教育长期被忽视。

女性特色教育并不是认同传统性别规范，迎合社会对女性的职业需求，满足传统社会对女性的角色期待。在课程和专业设置上，不是要开设所谓的青春专业、服务类专业、淑女专业，而是要打破传统性别规范，开设适合女性生理和心理特点的专业，或者改造现有的学科内涵，改变所谓的男性学科原有的男性中心意识，使其适合女性学习。

（二）女性特色教育可以建构适合女性学习的学科体系

女性特色教育应该突出女性的特点，以女性的发展为本，可以根据女性身心特点、认知结构、思维模式来选择、建构适合女性学习的学科体系，把女性的特色教育渗透到环境中、教学中、活动中，培养女性进取、独立、创新、合作的时代精神，改变"性别意识缺失"的高等教育现状，对无社会性别意识教育进行有效纠偏，强化社会性别意识，消除性别偏见。

男女两性确实存在生理、心理上的差异，这是不容否认和忽视的。在情感表达方面，女性含蓄、细腻；在性格方面，女性耐心、细致；在认知方面，男性与女性智力发展差异并不大，但却存在发展的不平衡现象，主要是由于男女两性大脑优势半球发展不平衡，女性语言表达能力、形象思维能力较好，而男性的空间想象力、抽象思维能力和逻辑思维能力较强。

我们应结合理想地集合了男性和女性性别优点的"双性化"性别模式来进行性别学科的改造与构建，以尊重学生的个性发展为前提，针对女性的特点进行专门引导和教育。我们反对无性别之分的教育，男女虽然有别，但并非截然不同，即使是两极，也有其相连的共同之处，因此，重视性别教育差异不等于说要我们人为地去加剧两性之间的不同。理想的"双性化"性别教育模式从知识能力的发展来讲，强调取长补短，既具有性别特色，又能优化整体水平。一方面要利用女生的智力优势，促使其在文学、艺术等社会科学方面产生兴趣，施展才华；另一方面也要对一些所谓的男性学科进行改造，设法开创女性的空间想象能力、创造性思维能力以及动手操作能力等。其目标是促进女性健康而全面地发展。

（三）女性特色教育要逐步消除学科领域性别歧视

联合国教科文组织在《国际 21 世纪教育委员会报告综述》中提出：学会求知、学会做事、学会生存、学会共处乃教育的四大支柱。女性特色教育在学科建构上，要注重培养善于学习，勤于实践，勇于创新，敢于竞争，既会做事又会做人的高素质女性人才。

要想从根本上消除高等教育中的性别歧视，就必须触及那些仍然在高等教育中占据统治地位的知识形式和认知方式。以往高等教育中这种"男性"的规范性、客观性和中立性的知识立场，不可能成为完整的教育研究视角和立场。在高等教育领域补充一种以往历史上被践踏、被压抑、被忽视或丢失了的不同声音——女性的声音，是女性特色教育的重要职责和任务。

社会文化因素是造成学科分类和价值分层的重要根源，所以，从改造知识生产入手，去改造学科内的知识和学科本身，在学科领域逐步消除性别歧视，为消除社会中男女分工的等级性质甚至男女分工本身创造条件。女性特色教育要对学科知识进行清理，补充学科结构中的某些遗漏，把女性作为经验主体、思维主体和言说主体，使其包容女性和关于女性的知识，以此改变学科的性别属性，并对其价值进行重新认定，对学科的内涵予以新的阐释。经过改造，使学科与专业不再成为复制社会性别等级差序的工具。女校应该在解决女性性别学科问题、开展女性特色教育方面走在前列。广东女子职业技术学院在这方面做了有益的尝试，构建了女性特色教育模式的实践机制：在学科专业设置上注重发挥女性性别优势；课程安排上适合女性成才需求；针对女性特点进行教学改革，取得了较好的效果。其女性特色教育取得了很好的效果，近几年，毕业生总体就业率平均超过 98%，远高于广东省、全国高职院校的平均就业率，排在广东省高职院校的前列。根据跟踪调查，社会对学院毕业生总体评价较好，用人单位认为学院毕业生专业理论较扎实，业务能力较强，职业素养高，动手能力较强，爱岗敬业，吃苦耐劳，具有开拓创新精神。用人部门对学院学生的思想道德表现、社会适应能力、人文素质、协作精神和敬业精神等方面的评价满意度较高。

女性特色教育能够使男女学生平等地享有教育资源，是对女性受教育权利、发展权利、就业权利和社会参与权利的尊重，有利于女性人才的培养和女生潜力的发挥；有利于女性人才的成长和发展；有利于满足社会对女性以及女性对教育的需求；也有利于提高女性接受高等教育的整体水平。

参考文献：

[1] 吴宏岳，王世豪，席春玲．我国女校存在与发展价值研究 ［M］．武汉：华中师范大学出版社，2010.

高等教育中的性别问题

中华女子学院学报　杨　春

[摘要] 性别问题是高等教育中一个需要关注的问题。在高等教育中，主要存在三个方面的性别不平等：高等教育入学机会的性别不平等、高等教育过程中的性别不平等、高等教育结果的性别不平等。解决的办法包括建立和开设女性研究课程，研究有关女性方面的课题，提高教师的性别观，提高教师课堂上的教学质量，构建有利于女性发展的校园文化，完善反性别歧视等相关法律法规，完善生育保障等相关社会保障体系，实行同工同酬，增加就业培训和就业机会等。

[关键词] 高等教育　性别平等　构建

一、关注高等教育中的性别问题

高等教育中的性别问题是十分重要的。在人的全面而自由发展的视域下关注女性解放，关注高等教育中性别问题，具有非常重要的意义。在高等教育平等方面，主要存在三个方面的性别不平等：高等教育入学机会的性别不平等、高等教育过程中的性别不平等、高等教育结果的性别不平等。高等教育入学机会的性别不平等主要指的是，不同性别的入学机会在地区、城乡和阶层等方面存在差异。在高等教育资源人均不平衡的情况下，必然会存在不同性别进入高等教育的机会不平等，进入重点大学的机会不平等，进入各个专业的机会不平等的现象。高等教育过程中的性别不平等主要指的是，在高等教育的过程中，不同性别学生在教育资源、经济资源、社会资源和文化资源上不公平的现象。高等教育结果的性别不平等主要表现为不同性别学生就业机会的不平等。一般来说，在三个不平等中，高等教育过程中的平等问题与高等教育最紧密相关，也是高等教育中所要遵循的主要原则。高等教育通过实施公平这个原则，教书立人，可以改变高等教育入学机会和高等教育结果的性别不平等状况。所以本文在探讨高等教育性别公平问题时会更侧重于教育过程中的性别不平等问题。而且在高等教育过程中，处理性别平等问题时，不仅要注意提高人才培养的数量，还要注重提高人才培养的质量。

高等教育为社会提供高素质劳动力，是个体成长发展的重要环节。平等地接受高等教育权，是现代人权的必然要求，也是现代民主的重要内容。在教育过程中，要保持教育机会和教育过程以及教育结果的平等。高等教育要站在有利于学生身心发展的基础上，促进学生个体的发展。随着我国高等教育大众化进程的迅速推进，高等教育入学机会得到了极大的增加，高等教育资源为更多的人所共享，在相当大的程度上提升了高等教育的公平性，但从某种意义上讲，这种公平只是"量"的公平而非"质"的公平。

教育性别公平有宏观和微观两个层次上的公平。高等教育宏观层面上的性别公平，主要指的是教育制度、政策和规章制度中的性别公平，考虑的角度是群体的性别利益。微观层面的公平指的是师生实践交往过程中的性别公平，是教育过程中的性别公平，关注性别的个体利益以及个体人性发展上的公平。而个体性别公平是教育公平的本质内涵。目前，随着义务教育的普及以及大众化教育的深入，教育过程性别公平问题越来越受到重视，教育性别均衡发展正从外延式逐步走向内涵式发展，即从重视性别数量上的平等发展成重视性别质量上的平等。

二、高等教育中存在的性别问题

目前，受教育机会和入学平等是评价男女性别平等的一个重要指标。从教育部统计的关于高等教育各级各类学校女学生所占比例可以看出不同性别接受高等教育的情况。从本科专科接受教育的情况来看，女学生接受高等教育的机会基本上和男学生接受高等教育的机会平等，且每年都处于上升状态。2012 年普通本专科女学生所占比例为 51.35%，其中本科占 51.03%，专科占 51.84%。2011 年普通本专科女学生所占比例为 51.14%，其中本科占 50.40%，专科占 52.17%。2010 年普通本专科女学生所占比例为 50.86%，其中本科占 49.68%，专科 52.41%。但是从研究生的入学比例来看，女生和男生的入学比例则存在一定的差异：2012 年研究生女生所占人数比例为 48.98%，其中博士占 36.45%，硕士占 51.46%。2011 年研究生女生所占人数比例为 48.46%，其中博士占 36.13%，硕士占 50.89%。2010 年研究生女生所占人数比例为 47.86%，其中博士占 35.48%，硕士占 50.36%。从上面的数据可以看出，女生在本专科、硕士、博士三个层次中所占的比例呈递减趋势，说明女生在接受教育的层次上还存在一定的差别；接受高等教育层次越高，女性所占总人数比例越低。随着高等教育大众化的深入，女学生在入学数量上与男学生的差距会越来越小。但是在入学的学科和专业选择上还存在差距，主要表现为女生多选择文科，男生多选择理科。这种学科专业选择的观念，也促成今后从业中的性别隔离和薪酬差距。

从高等教育的过程来看，存在女性性别教育的忽视。高等教育"质"的公平要求我们在关注入学机会公平的同时，更要关注高等教育过程的公平性，即关注处于高等教育过程中的学生所接受教育的公平性。这包括高校学生的人格和权利是否得到了尊重，学生在高校是否接受到了合适的教育，学生分享到的高等教育资源是否公平，学生所得到的各种评价是否公正等。目前，教育过程中存在的性别不平等主要体现为：学校性别教育观念淡化，教师存在潜在的性别刻板印象，教学社会实践过程中提供的机会存在性别不平等现象。所以教师在教学过程中，要注重给女生提供更多的锻炼机会，在实验课中要给予女生更多尝试的可能。

从高等教育的结果来看，性别不平等问题集中体现在女大学生就业中。由于传统的性别刻板印象、用人单位的性别偏好、反性别歧视相关法律的不健全等致使男女大学生在就业机会、就业地位、就业条件等方面存在性别差异，这严重地侵犯了女大学生的劳动权、就业权和发展权。女大学生相对于同类男大学生来说普遍觉得工作稳定性差、正式编制比例少以及对工作满意度低。女性在事业发展的过程中还存在瓶颈问题，在高层位上谋职的女性很少，女性很难有晋升到高层的机会，这在韩国各个行业领域都十分明显。以韩国的银行业为例，2012年韩国国内四大银行——国民、新韩、友利和韩亚的正式职员中，女性员工占全体职员的48%。但女性高层人员的平均比重仅为4.8%。其中行长、副行长一级的高层人员没有一位女性。而在韩国公共部门，2013年1月公布的数据显示，韩国政府下属288个公共部门领导层中，女性领导仅占9.1%，其中半数以上（51.7%）的部门没有女性领导。

所以，目前高等教育在性别平等方面需要解决三个问题：打破男女入学机会的不平等，改善目前教育过程中的性别不平等（如忽视对女大学生的培养），解决教育结果的不平等（如女大学生毕业后的性别歧视）等。

三、高等教育中性别问题的解决方案

要解决高等教育中的性别问题，必须首先要改变传统性别观念，要从政治上、社会上、文化上和政策法规上改变女性的不平等地位。传统公共领域和私人领域的分化忽略了女性的主体地位，女性往往被排除在政治权力关系之外，但是公共领域的性别平等与不平等关系随着社会的发展变化而变化。现代意义上的性别平等不仅仅在于要实现两性平等的形式和内容，更要注重建构平等的制度和先进的性别文化。中国已经签署的《消除对妇女一切形式歧视公约》，将性别刻板定型列为隐性的性别歧视，所以认识高等教育中的性别问题的本质特点，厘清性别之间的差异，关注性别个体的不同，进行文化和制度上的重构，应当是中国推进性别平等的一项重要内容。

尽量增加不同性别、不同阶层接受高等教育机会平等的机会，这也是全面而自由发展社会主义社会的有机组成部分。男女之间的不平等现象已经被很多人意识到，两性之间的差异已经逐渐发展成为等级之间的差异，这样会导致女性受压迫、两性之间不平等的加剧，还关涉整个社会的文化体系，因为一个社会的进步可以用女性的社会地位来精确地衡量。所以要为更多的女大学生享有入学机会创造条件，特别是为贫困地区的女大学生提供更多的入学机会，从而消灭女性在地区、城乡、阶层之间的入学机会的差异。

性别不平等表现在社会生活的各个方面，其中最重要的就是教育领域的性别不平等。对于高等教育过程中的性别不平等问题，从教育的过程上来看，可以从下面的几个方案入手。

建立有利于性别发展的通识课程。课程建设主要包括通识教育、专业教育和性别教育，其中通识教育对于女大学生的文化素质教育起着十分重要的作用，可以塑造女学生的生存能力、分析能力、判断能力、转换能力、赏识能力、美育能力、伦理能力和道德能力等，促进女大学生摆脱过分专业化教育的束缚，从而更好更快地适应社会和经济的发展，将学生培养成现代化、国家化、全球化的通识人才。通识教育经历了相对于职业教育的文雅教育、相对于学修科目的共同科目教育、相对于专门教育的通识教育的发展阶段，目前通识教育正处于探索阶段，需要探讨通识课的教育理念、教育目标、教育体系和教育类型，从而形成具有系统性与多元性的通识教育体系，从而使通识教育更加全面、深入、丰富地进行文化素质等综合能力的教育。

进行有利于性别发展的学科建设。在专业课程建设中，学科建设和专业建设是高校建设的基石，科学知识的传承、学术的发展和创新以及专业人才的培养都离不开专业的建设，女子学院的专业设置要立足于长期的历史沉淀，立足于以往的课程设置和现有的师资水平、办学资金、人才和特色专业的建设培养计划、市场和社会的需求以及国内外同学科的发展状况等。同时，在学校的发展方面，特色课程至关重要，特色专业是立校之本，所以要加强特色专业设置和结构的研究，要探索女大学生实践和创新精神的培养之路，改变女大学生人才培养模式。其中，特色专业建设的基础是专业结构，核心是课程建设，关键是师资建设，同时要建立实习基地。

建立女性研究方面的课程。在构建的课程体系中可以研究下面的问题：探讨性别关系，包括性与性别研究、两性关系研究、妇女与性别研究、男性与性别研究；探讨婚恋关系，包括异性恋、同性恋；探讨性别与各个学科之间的关系，包括性别与环境、性别与历史、性别与文学、性别与体育、性别与传媒、性别与政治、性别与伦理、性别与哲学、性别与法律；探讨性别的各种话题，包括性别与女性主义、性别与医疗、性别与家庭、性别与空间、性别与多元文化、性别与权力、性别与知识、性别与科技、性别与社会、性别与批判思想等。这些课程可以给学生传播先进的性别意识，让学生更深刻地了解性别与社会存在的关系，思考改进性别不平等的可行性和方案，增加学生对社会存在的性别不平等权力结构的观察力和批判力，并将之应用于检讨现存体制中的性别偏见。

建立有关女性的研究课题。通过课题的形式探讨性别特性、性别认同、性别配置与性别关系等，也可以探讨社会与文化对性别的建构、操作以及影响等，并且将这些课题的相关研究成果转化到教学中来，引导学生通过研究检视日常生活中的性别关系，反省自身的性别经验，以便使学生能更深入探析性别意识对社会常规、文化风俗和社会结构等的影响。高校教师要加强高等教育中的性别问题研究，如男女同校学校中的男生和女生的发展状况及差异研究、单性别学校性别的发展状况研究、女性高等教育发展规律研究、高等教育学科专业的性别隔离研究、传统性别教育观与女性主义研究、高等教育对社会性别人格塑造模式研究、教师课堂教学中教育机会均等研究、双性化人格的培养研究和边缘女大学生的成长研究等。

提高教师的性别意识。目前教师的性别意识水平不高，主要表现在：教师受传统性别观念的影响较深，存在性别刻板印象，性别观不成熟，女性角色定位存在性别偏差，性别态度不公正等问题。因此，高校首先要从领导层面进行宏观调控，在高等教育的过程中加强关于女性观念的社会舆论导向，改变社会性别意识状况；要将性别意识纳入教育立法、教育政策中，并在具体的项目和方案中加以实施；同时对教师进行性别教育，提高教师对性别意识的关注。特别是针对教师存在的性别刻板印象、性别偏见和忽视性别教育等问题要加以重视和改变。由于高等教育中的"性别问题"长期处于隐性的状态，所以教师的潜意识和无意识的行为中会存在性别盲点，容易在教学过程中表现出性别偏差。所以，培养教师的性别意识是一个不容忽视的长期的主题。

提高教师课堂上的教学质量是关键，在这个过程中高水平教师的重要性更加凸显。高水平的人才培养质量必须建立在高素质的教师队伍基础上，没有高素质的教师队伍，课程的教学效果不可能实现最优化。一方面要营造尊师重教的良好氛围，大力宣传和褒奖学校的优秀教师，另一方面要加强对教师的管理，特别是对教师师德和教学水平的考核、评价、监督和引导。布鲁纳曾在《发现法教学理论》一书中提出"发掘学生智慧潜力、调动学生思维的教学主张"，对女大学生能力的培养很有启发。也就是说在教学过程中，应该注重培养女大学生的间接经验与直接经验相结合的能力，培养女大学生掌握知识与发展智力相统一的能力，培养女大学生在教学过程中知、情、意的统一。教师在教学的过程中要将教师主导作用与女学生能动性相结合，引导女大学生的学习动机，培养她们领会知识、巩固知识、运用知识和检查知识的能力，同时要增强女大学生与老师的接触时间和机会。

构建有利于女大学生发展的校园文化。校园文化虽然不像课程设置那样有形化、具体化，但是，校园文化潜移默化的作用对学生的培养十分重要。对于一个学生来说，大学四年校园文化的熏陶，比在学校直接学到了多少知识还要重要，因为校园文化可以塑造人的灵魂。校园文化由学校物质和精神财富的总和构成，包括校园的物质文化、制度文化、精神文化和行为文化等，充分体现了学校师生的价值判断，决定了学校的品位，是学校特色的重要组成部分。大学的使命包含培养负责任的公民，这不仅体现在课程设置中，也体现在校园文化的构建中。

女大学生的就业问题，则需要全社会普遍关注。就业性别歧视是由社会、企业、高校和女大学生自身诸多因素相互制约、相互联系、共同影响的结果。这种就业中的不公平现象不仅破坏了和谐社会的公平公正原则，而且阻碍了劳动力市场上人才的流动，致使人力资源配置不协调，造成社会资源的极大浪费。为了全社会的健康和长远发展，国家需要完善相关法律法规，如制定反就业歧视法规，完善相关的社会保障体系，如生育保障体系，并增强执行力度等。要实行同工同酬，增加就业培训和就业机会等，高校也应该为女大学生提供就业信息，建立就业平台，培养大学生的创业理念，树立爱岗敬业的观念等。只有共同努力，全方位、多角度地采取强有力的就业指导和促进措施，才能保证女大学生的公平就业权利，进而促进社会的和谐发展。

参考文献：

［1］周小李. 我国教育性别不平等问题研究的回顾与反思［J］. 上海教育科研，2007（3）.

［2］各级各类学校女学生数［EB/OL］. www. moe. gov. cn/publicfiles/business/htmlfiles/moe/s7567/201309/156890. html.

［3］刘宏伟，刘元芳. 高等教育助推阶层固化的社会资本分析［J］. 高教探索，2013（4）.

［4］高学历与低就业：韩国女性的职业困境［EB/OL］. www. chinadaily. com. cn/hqpl/zggc/2013-05-14/content_9027122. html.

［5］吕星宇. 教育过程公平研究：教育公平研究的新趋势［J］. 当代教育科学，2008（15）.

高等职业教育性别公平问题探析

天津大学教育学院　许艳丽　李　瑜

[摘要] 高等职业教育作为我国高等教育的重要组成部分，为社会培养了大批技术技能型高素质人才。高等职业教育是女性劳动者增强自身素质和职业能力的重要途径。但是，高等职业教育性别公平问题还没有引起社会的高度重视。本文从社会性别视角，分析高等职业教育中存在的性别不公平现象，从性别公平角度提出构建现代高等职业教育体系的对策与建议。

[关键词] 高等职业教育　女性　性别歧视　性别公平　社会性别

当前，我国正处在加快转变经济发展方式的关键时期，面对国内外经济社会发展格局的深刻变革，党的"十八大"报告明确提出，以科学发展为主题，以加快转变经济发展方式为主线，是关系我国发展全局的战略抉择。适应国内外经济形式新变化，加快形成新的经济发展方式，要更多依靠科技进步、劳动者素质提高、管理创新驱动。为落实这一要求，促进经济长期平稳较快发展和社会和谐稳定，迫切需要培养数以亿计的高素质技能人才作为支撑，迫切需要提供更加丰富的教育机会，满足人民群众素质提高的要求和全面发展的需求。高等职业教育是我国高等教育的重要组成部分，它以培养数以亿计的生产、建设、管理、服务等第一线技术应用型专业人才和熟练劳动者为目标。

党和国家高度重视高等职业教育的发展。2006 年国家教育部颁布《教育部关于全面提高高等职业教育教学质量的若干意见》（教高［2006］16 号），目的是正确引导构建新的高等职业教育办学模式，切实把提高高等职业教育教学质量放在首要位置。

目前，我国职业教育的发展正从规模扩张向内涵提升转型。《国家中长期教育改革和发展规划纲要（2010—2020 年）》明确提出了要创新职业教育模式以增强职业教育吸引力。国家教育部等六部门共同颁布了《现代职业教育体系建设规划（2014—2020 年）》，规划要求分两步实现建立现代职业教育体系，到 2020 年基本建成中国特色职业教育体系，在办好专科层次高等职业教育的基础上，发展与其他本科学校具有同等地位的应用技术型学校。

随着我国经济的高速发展，劳动力市场对高等职业技术人才的需求日益增加，高等职业教育的人才培养途径已经成为加快经济繁荣、社会发展和促进劳动就业的重要渠道，它在发挥重要社会功能的同时对我国高等教育改革也具有重要的启迪和促进作用。我国职业教育规模已居世界首位。全面提高办学质量，建设中国特色、世界水准、国际一流的职业教育，加快从职业教育大国向职业教育强国迈进，成为摆在我们面前的一项重大而紧迫的任务。许多理论问题和实践问题亟待解决。

女性作为我国社会经济发展的重要人力资源，随着我国男女平等基本国策的确立和女性受教育水平的提高，我国女性社会地位得到了显著提升。但是，高等职业教育中性别不平等问题依然存在。随着高等职业教育日益受到国家和社会的高度关注，高等职业教育性别公平问题，不仅关系高职女大学生个人的发展前景，更直接影响职业教育的可持续发展以及社会和谐。研究高等职业教育的性别公平问题，是落实科学发展观、构建社会主义和谐社会的客观要求，是贯彻落实男女平等基本国策、建设人力资源强国的重要内容，也是大力发展职业教育的关键。

一、高等职业教育对女性的重要性

高等职业教育肩负着培养现代高技能应用型人才的使命，在我国社会主义现代化建设进程中发挥着重要作用，女性接受高等职业教育在提高从业素质和社会参与能力的同时也将最终提升自身市场竞争力。

根据教育部发布的 2013 年全国教育事业发展统计公报显示，我国现共有普通高等学校 2491 所（包括 292 所独立学院），其中普通本科院校 1170 所，高职（专科）院校 1321 所，在各级各类学历教育中，普通本科教育和高等职业教育的女性比例均已超过男性。大力发展女性职业教育，重视高等职业教育中女大学生的教育公平以及全面提升高职女大学生的就业和市场竞争力成为国家提高生产力和劳动者素质的重要依托。

（一）高等职业教育是提升女性地位，落实男女平等基本国策的重要举措

高等职业教育作为我国实现高等教育大众化的重要力量，是我国建设人才强国的重要途径。女性接受高等职业教育能够提高自身的综合素质，将知识转化成直接生产力，在一定程度上比低知识层次的女性更具有就业优势，在提高女性社会地位的同时进一步实现了教育资源均等化，促进社会朝着正义、公平的方向前进。《中国妇女发展纲要（2001—2010 年）》指出，缩小男女受教育差距、提高妇女科学文化素质是妇女发展的决定性因素。教育作为提升女性社会地位和综合素质的根本，不论对于劳动力市场还是家庭都是一笔巨大的财富。女性接受高等职业教育能够为社会输入巨大的人力资本，实现自我价值，从而进一步促进男女平等；而男女平等国策的施行为女性享有平等的受教育机会创造了条件。因此，提高女性的综合素质与贯彻落实男女平等基本国策相辅相成。

（二）高等职业教育是提升女性就业创业能力，提高女性素质的重要途径

知识经济的到来以及第三产业的兴盛对传统女性的工作和生活产生了很大的冲击，女性面临着时代的挑战，新时代女性必须依靠知识和技能去面对市场竞争，提高自身素质。高等职业教育的发展，不仅提高了女性科学文化素质，而且拓展了其工作技能和生存空间。高等职业院校在兼顾经济发展需要的同时，结合女性在生理结构和思维发展上的优势，比如有着较强的语言、思维、交往和忍耐能力等，针对女性特质开展智能管理、旅游服务、外语商务等课程，这些课程不仅具有实用性，而且专业特色明显，在增加女性入学机会的同时也促使女性在社会竞争中具有更大的职业优势。高等职业教育帮助女性树立健康可持续发展的职业路径，使社会上劳动力比例更加合理，成为提高女性就业能力和综合素质的重要途径。

（三）高等职业教育是提升女性个人认同感，增强女性自信心的重要方法

男女平等基本国策的施行，在改变"男尊女卑"等一些传统社会观念的同时，提升了女性的个人认同感。女性在社会中的不自信可以归因为外在因素和内在因素，外因是社会等其他因素的影响，比如在求职市场的性别不公平待遇使女性自信心受挫等；而内因是女性自身的个人认同感不足，例如在传统社会，女性没有机会接受教育，自身知识层次水平不高，在社会竞争中因为没有优势而导致的自我轻视。高等职业教育在提高女性实践能力和综合素质的同时，能够增强女性的个人认同感，改变"女性无一技之长"的传统观念，增强女性自信心。

二、女性主义视角下高等职业教育领域的性别歧视问题

女性主义在西方社会兴起，致力于消除性别歧视，以实现男女平等为斗争目标。女性主义的思想基础十分庞杂，在诸多学派中，自由主义女性主义、马克思主义女性主义、后现代女性主义和激进女性主义思想对社会产生的影响较大。这些不同流派的女性主义尽管在理论来源、侧重点、方向以及策略上存在分歧，但有一个共同点，即对传统的性别观念、就业中的角色分配以及制度上存在的性别差异大加抨击。女性主义视角以实现妇女解放为宗旨，该视角下的教育理论比较集中地体现在批判传统教育中存在的性别偏见和追求社会公平化教育两个方面。女性主义致力于揭露教育资源分配中的性别不平等、质疑现代课程以及解构教学中的性别偏见，追求性别公平化教育。由于受到传统性别观念的影响，教育领域仍然存在性别歧视，主要分为隐性歧视、显性歧视和反向歧视。女性主义视角以女性特有的感知和逻辑思维表达着女性在参与教育中的特殊感受，强调教育中的性别公平，带有明显的性别立场和行动性。

（一）高等职业教育领域的显性性别歧视

高等职业教育中的显性性别歧视是指在教育机会获得和在受教育的过程中直接体现在语言、行为以及一些社会习惯中的性别不平等现象，这种社会偏见使女性长期处在压力之中，严重影响女性的身心发展。由于深受"女子无才便是德"的传统观念影响，过去很多女性被无情地阻挡在教育的门外。在改革开放 30 多年后的今天，虽然从国家统计局公布的数字来看，女性接受高等教育的比例甚至超过男性，但是在一些偏远地区，女童获得义务教育的权利都被无情地剥夺，她们根本没有机会受到更高层次的教育。这种因为性别歧视而直接将女性挡在高等教育门外的事例仍然屡见不鲜。

此外，社会对高等职业教育的定义是培养高级技术工人，社会传统性别文化认为女性气质与技术气质不匹配，导致女性不是出于自愿而选择高等职业教育，更多的是在进入普通高等教育失利后才进行的被动选择。社会对高等职业教育缺乏认同感，对接受高等职业教育的女性也缺乏正确的认识。

在高等职业教育的专业选择上，女性更愿意从事社会上认同的女性职业。传统技工技师等一般都是男性占主导地位，在某些专业上出现了不招收女性学生，或是招收女生比例很低的现象。例如，天津铁道职业技术学院 2014 年招生计划中，电

气化铁道技术、高速动车组驾驶与维修、铁道机车车辆（城市轨道）专业只招男生；高速铁路信号控制专业共招生 30 人，其中男生 25 人，女生 5 人；铁道通信信号专业共招生 30 人，其中男生 25 人，女生 5 人。因此，在高等职业教育专业选择中，女性选择范围较窄，选择受到的限制较多。高等职业院校培养学生常常只是按照培养男性学生的模式进行，女性学生在高等职业教育中不能获得适合自身发展所需要的培养方式。

人才市场中很多用工单位明确表示只招收本科及以上学历，并且不希望招收女性。同时，研究表明，由于女性要承担起生育和更多的家庭责任，使得女性在职业发展中得到的培训比例较低，职业发展前景不佳，以及终身学习的职业理念并未在高等职业教育女生群体中得到普及，在经济转型期间，女性在高等职业领域所经受的市场竞争和社会不公平待遇将不利于高等职业教育中女性的健康发展。

（二）高等职业教育领域的隐性性别歧视

高等职业教育中的隐性性别歧视是一种难以察觉的现象，它不像显性歧视那样很直接地对女性表现出不公平的态度，而是在高等职业教育领域以及高等职业教育发展中不自然流露出对女性的不重视或者忽视。在中国传统文化中，习惯以男性为中心，将女性作为男人的附属品，受到这种"性别刻板思维"的影响，导致高等职业教育中的女性在接受教育的过程中受到来自各方面的隐性压力。

职业教育与其他类型教育的教学方法不同，它以技术能力为中心，采用校企合作的办学模式。虽然女性在高等职业教育参与度上有了很大的提高，但是高等职业教育的专业设置还是以男性为主导，对提高女性技能方面的指导不足，并且在男女技术掌握程度上有着不同的标准，导致高等职业教育中女生职业技能提升空间有限。课程作为高等职业教育女性教育中最直接和集中的载体，并未受到高职院校的重视，在女性整体教育中存在着理念单一、内容薄弱等问题，这种隐性的歧视不利于高等职业教育女性的自我认识以及积极人生观和价值观的培养。

教师作为高等职业学校重要的人力资本，其自身的素质和对学生的教学态度都会对学校教育产生很大的影响。虽然女性教师在教育行业的从业比例非常高，但是可以发现，随着年级的增高或者教学难度的加大，女性教师的比例呈现下降趋势。另外，由于职业教育是以培养技能型人才为办学宗旨，教师更多地关注在某些专业表现突出的男性学生，忽视了高等职业教育中女性的职业发展和规划。在学校管理层中，女性管理者所占的比例甚微，这种在学校中存在的隐性的以男性权力为中心的模式，不利于高等职业教育的蓬勃发展。

（三）高等职业教育领域的反向性别歧视

高等职业教育中的反向性别歧视是一种隐藏最深、最不易被他人发觉的性别歧视，它假借对女性柔美形象的赞美，以在生活和学校教育中不被察觉的特征，打着善意或保护女性的旗帜，将女性禁锢在传统社会的性别框架之中。

当社会中人们过分强调女性与生俱来的优势和就业角色的理性定位时，不但使高等职业教育中的女性在专业选择和学业上受到禁锢，更使得她们对于就业前景的预估十分保守。女性被认为先天具有母性的特质，使得高职院校中护理、秘书、教育等专业中女性所占比例过高，而像土建大类、水利大类、制造大类、电子信息大类、材料与能源等专业，女生人数有限。这种专业男女比例的失调问题，一方面的确是因为在某些领域男性可能比女性更具有先天的优势，男女自然属性的差异是客观存在的；但更多的专业比如电子信息工程，不需要女性从事大量的体力劳动，而且在智力上对男女的要求也没有明显差异，造成此类专业不受女性青睐的原因更多地在于社会或者女性自身觉得这类工作不符合女性"纤柔"的气质类型，女性需要被男性保护，那些能够体现出女性细腻和耐心的职业比较适合自己。

反向歧视对高等职业教育中女性的心理产生了巨大危害。正如女性性别差异理论所提出的那样，我们所提倡的男女平等并不是要求女性在体力、身体素质上和男性同工同劳，或是在各方面给予特别的照顾，而是要让女性从业者与岗位相匹配，并给予适当的就业指导，让女性实现自身价值，消除高等职业教育中性别不公平现象。

三、促进高等职业教育性别公平的对策

高等职业教育作为促进社会和谐、男女平等，提高个人素质的有效途径，随着近年来的蓬勃发展，其对现代社会生活的作用更加明显。而借鉴女性主义教育理论来思考我国高等职业教育中的性别不公平问题，在结合我国实际国情的同时，还要进行本土化的探索研究，将性别公平理论与高等职业教育实践相结合，使我国高等职业教育的性别公平问题得以有效解决。

（一）国家应高度重视高等职业教育性别公平问题

在大力发展高等职业教育的战略中，国家和政府要具有性别公平意识。在提高女性劳动者素质、促进女性人力资源开发的同时，对现有的女子高等职业院校给予重点扶持并颁布相应的政策法规，最大限度地支持女性在高等职业教育中发展并且建立相应的示范培训基地，要消除高等职业教育的性别歧视，建立具有男女平等意识的现代职业教育体系，在制度层面重视高等职业教育中的性别不公平问题。此外，国家应该主动将生育成本社会化并且加大对女性的社会投入。受过高等职业教育的女性在劳动力市场上受到不公平待遇，很大程度上是因为女性的家庭角色，录用女性职工在无形中加大了企业的用工成本，所以政府应该主动为女性营造一个公平的市场环境，才能从源头上为高等职业教育中的女性解决性别歧视问题。

（二）社会应积极倡导公平的高等职业教育性别培养观念

在社会上树立正确的高等职业教育女性人才培育理念，消除社会对职业教育的偏见，以及打破对女性所从事职业的性别框架，提高高等职业教育女性的社会地位。第一，应改变社会上对于女性的传统观念，如男尊女卑、女性学习社会回报率低等错误认识，明确女性接受高等职业教育无论是对于社会经济的发展还是女性个人都有着积极的影响，消除社会中潜意识的偏见。第二，在提高社会对高等职业教育认可度的同时，还应树立正确的高等职业教育女性人才培养观念，鼓励企业招收具有良好素质以及学科基础和实践能力突出的高等职业教育女性，抛开传统社会中女性工作能力不如男性的潜在观念，营造一个公平的就业环境。

（三）高等职业院校应主动营造良好的性别公平教育氛围

高等职业院校应充分利用职业教育蓬勃发展的良好外部环境，主动吸纳女性学生，避免让"性别刻板效应"将女学生排除在一些专业之外。首先，高职院校中专业的设置应该合理，更新女性职业技术人才的培养理念，加强校企合作，不要以先入为主的观念去束缚高等职业教育女性的职业规划，营造一个和谐轻松的氛围，以培养出高新技术和现代管理领域的专业人才，使高等职业教育女性毕业生能在毕业后顺利找到正确的职业定位。其次，在高等职业院校课程设置上，不仅要避免隐性性别歧视，还要针对高等职业教育女性在学习过程中的矛盾与困惑，专门开设高等职业教育女性教育课程，以必修或者选修的方式设立，让高等职业教育女性的心理健康、社会性别以及素质和情感教育都能得到提高。最后，改变教育工作者的性别偏好，树立公平的性别教育观念。将社会性别意识纳入教师培训课程，增强教育者与被教育者的社会性别意识，营造公平的教学氛围。

（四）高等职业教育女性应树立正确的性别发展意识

首先，接受高等职业教育的女性应消除对高职院校和自身专业选择的不认可，消除自卑感，树立自尊、自爱、自强的性别观念，积极参与到高等职业教育中去，让高等职业教育真正成为解决女性就业、提高女性素质的重要途径。其次，当国家、社会、学校等各方面都为接受高等职业教育女性创造有利的学习、生活以及就业氛围时，高职女学生应该清楚地了解自身的优势和特长，在不断的学习进步中养成良好的心态和习惯。最后，应积极引导高等职业教育女性树立终身学习的理念，构建健康、充满生机和活力的就业观，真正让高等职业教育成为女性职业生涯发展的重要途径。

参考文献：

[1] 胡锦涛．坚定不移沿着中国特色社会主义道路前进，为全面建成小康社会而奋斗——在中国共产党第十八次全国代表大会上的报告 [R]．北京：人民出版社，2011：20.

[2] 刘春生，徐长发．职业教育学 [M]．北京：教育科学出版社，2002：1.

[3] 教育部．关于全面提高高等职业教育教学质量的若干意见 [Z]．2006-11-16.

[4] 中共中央，国务院．国家中长期教育改革和发展规划纲要（2010—2020年）[Z]．2010-07-08.

[5] 教育部等六部门．现代职业教育体系建设规划（2014—2020年）的通知 [Z]．2014-06-24.

[6] 国务院．中国妇女发展纲要（2001—2010年）[Z]．2001-05-22.

[7] 周同．近五年来女性主义认识论在中国的发展简述 [J]．妇女研究论丛，2013（5）：110-115.

[8] 孙文菁．女性主义教育学对我国高等教育改革的启示 [J]．浙江海洋学院

学报：人文科学版，2009（4）：104-106.

　　［9］黄三平．多元文化背景下的高职女性教育课程设计的探讨［J］．当代职业教育，2013（6）：27-29.

　　［10］胡振京．女性主义视角下的教育理论与实践［J］．外国中小学教育，2005（1）：6-10.

　　［11］陶言诚．高等职业教育校企合作人才培养模式现状及展望［J］．职教论坛，2013（23）：65-67.

　　［12］WANG Y，CHAO C Y，LIAO H C. Poststructural feminist pedagogy in English instruction of vocational-and-technical education［J］．Higher Education，2011，61（2）：109-139.

高校女性/性别教育"培华模式"
的构建思路及分析①

西安培华学院女子学院　郝西燕　王　翠　张金霞

[摘要] 根据中国教育部网站数据 2012 年统计，我国高校女性本专科、研究生人数均高于男性，据此可以认为：中国与许多发达国家一样，女性已经享有公平接受高等教育的权利。然而我国高校长期传统的无性别教育、无视或忽视女性特殊性的教育，已成为直接的或潜在的阻碍占半数以上女性成才和发展的阻力，更为凸显的就业等方面的不平等现象，使我国两性和谐发展失去了重要的基础和机遇。为此，在高校进行女性/性别教育具有特殊重要意义。在高校中设立女性/性别教育体系，在大学生培养方案中体现性别意识，在课程体系中设置女性课程，已成为高教改革面临的任务，是针对高等教育中性别不平等现象的重要措施之一。本文分析我国部分高校现已设立的女性/性别教育课程构架，提出"培华模式"的独特见解和构架，可对男女兼收综合类大学开展女性/性别教育课程体系的设置和实施提供思考和参照。

[关键词] 高校女性　平等　女性/性别教育　"培华模式"

一、研究背景

根据中国教育部网站数据统计：2012 年，全国大学普通本专科生一共有 2391 万余人，其中女生人数超过男生 64.78 万人，占 51.35％；全国硕士研究生人数 143 万余人，女硕士比男生多了 4 万人；全国成人本专科生一共 583 万余人，女生比男生多 50 多万人。对此，浙江大学教育学院教授刘正伟说，女生超过男生，是一种社会进步。笔者认为：中国女性本专科、硕士人数比例快速增加，体现女性与男性在入学机会、受教育层次、教育资源占有率等方面基本与男性享有平等的权利，但由此更凸显了女性就业等方面的不平等现象，且涉及人数众多、范围广泛。

发达国家高校开展女性研究和女性/性别教育已有几十年的历史，而中国除少数大学和女性专门学校（北京大学、厦门大学、中华女子学院、山东女子学院等）设置有系统的女性教育体系外，大多数综合类大学注重学科和专业建设，所设置的培养方向和教学内容鲜有涉及女性/性别教育，对于"男女平等、两性和谐发展"这类重大国策教育，更是被局限在政府管理部门的工作领域或方向之中而未能进入高校教育。长期以来，在社会固有的显性或隐性的性别歧视下，我国高校传统的无性别教育、无视或忽视女性特殊性的教育，已成为直接的或潜在的阻碍高校占半数以上女性成才和发展的阻力，其最突出的问题是：相对于男性来说，女大学生就业

---

① 本文为西安社会科学规划西安培华专项 2013 年重点课题《高校女性教育的特点与路径研究》阶段性成果。

更加困难，就业率也不如男生。不少女大学生在求职过程中遭遇"宁用武大郎，不选穆桂英"的性别歧视，而"单独二孩"政策的实施也"意外"地让性别门槛再次悄然抬高。高校现有的无性别教育更使我国失去了两性和谐发展国策教育的重要机遇和阵地，无疑使社会性别歧视长久存在。

在社会性别主流化的大背景下，近年发布的国家教育纲要和妇女发展纲要提出"在高校进行女性/性别教育"的要求，这是改革开放以后，特别是"九五世妇会"后，我国女性/性别教育得以长足发展的机遇，是消除高等教育中性别不平等的一项重要举措。随着中国教育事业的发展，无论是贯彻落实国家教育纲要和妇女发展纲要精神，还是面对女大学生比例增加的教育现状，在高校中设立妇女/性别教育体系，在大学生培养方案中体现性别意识，在课程体系中设置女性课程，已成为当今大学教育的新增亮点，更是从高校教育领域中建立两性和谐发展、破解女大学生就业困境之关键。

西安培华学院的女生数已占在校学生总数的70％以上，且逐年增长。西安培华学院认识到：学生男女两性的生理、心理、社会、就业竞争压力等方面的差异，要求高等院校在给予女性一般教育的同时，必须"因材施教"给予女性专门的教育，同时向男女两性和谐发展的教育扩展。

西安培华学院的女性教育，距今已有85年历史，与全国现已成立的十余所高等女子院校相比，其历史最长，而且具备早期女性职业培训、中期女大学生本科专业教育、现阶段男女兼收综合教育同时建制校属二级女子学院实施"专业教育＋女性素质教育＋职业生活技能培养"的办学经历，这为本研究提供了独特的视角和丰富的资料。本文在此背景下，归纳国内多所大学设置女性/性别教育的课程体系类型，以此为基础，分析西安培华学院女子学院的"专业教育＋女性素质教育＋职业生活技能培养"的"培华模式"，为高校开展女性/性别教育的培养方向和课程体系设置提供借鉴和探讨。

二、高校女性/性别教育课程的概念体系及课程构架类型

我国高校女大学生从中学时期起，已经获得较系统的生理性别教育，而"高校应在进行女大学生生理性别教育的同时，推进社会性别教育"提出较晚。"社会性别教育"与近年来国家教育纲要和妇女发展纲要提出的"女性/性别教育"同属一类概念或范畴，但后者更强调或更突出女性个体。

高校"女性/性别教育"课程的概念体系，是在"社会性别"这一核心概念之外突出女性性别、社会性别体制、性别规范、性征、女性气质、性别角色、性别社会化、性别认同、性别期望、性权力、性观念、生育制度、性别分工、性别歧视、职业性别隔离、家庭暴力、性暴力（所列概念参考了佟新《社会性别研究导论》一书各章末所列的"关键概念"）等概念，它们和人生哲学中的理想、人生价值、自由、幸福及励志话语中的人生定位、适应、素质、成功等概念，一起构成了高校"女性/性别教育"课程的概念体系。

基于上述概念体系，我国以女性教育为主的女子大学或院校，以全国妇联《章程》中"自尊""自信""自立""自强"的"四自"内容为原则，设立了"培养德智体美全面发展，具有'四自'精神、公益意识、知性高雅的女性人才"的办学宗旨和教育目标，而男女生兼有的综合类大学或职业类院校，也根据其办学方向和学生特质，制定出具有各自特色的女性/性别教育课程体系，本文将此课程体系归纳为以下几种类型。

（一）设立"女性学专业"培养高端女性领导与女性研究型人才

设立"女性学"专业，其课程体系分为公共必修课、专业基础课和专业选修课。培养方向把提升女性领导力作为重要环节，开设领导力开发与团队建设、演讲与口才、成才女性个案研究、性别与公共政策等一系列有利于促进领导力培养的专业课程。这是一种偏重女性精英的教育，涵盖"女性/性别教育"课程概念体系中大多数内容，培养方向为高端女性领导与女性研究型人才。

（二）专业教学＋女性学相关理论和研究课程

在原专业教学培养方案之外，增设女性/性别方向的学科性课程，形成专业教学＋女性学科教学体系。所开设课程是对原学科领域的一个扩展，从历史学、教育学逐步发展到社会学、文学、心理学、管理学、法学、哲学、传播学等众多分支领域。此类课程注重学科性，偏重理论学习与研究，是文科类研究型大学的一个特色，但并未作为一个教学体系进入学校整体主流视域。

（三）设立传统性、实用性"淑女教育"课程体系

本课程体系把培养"淑女"作为主要的目标定位，认为"淑女"特质是女性必备的优良综合素质。该课程体系较多受女性传统角色的固化影响，课程设置主要围绕社会大众认为适合女性从事的职业特点和性格特征展开，如烹饪课、家政课、刺绣缝纫课、育儿课、形象设计课、形体塑造课等，以期达到"淑女"气质的塑造。课程设置强调女红、女颜、生活技能，有较强的实用性、趣味性。社会职业培训学校多设置此课程体系，部分职业院校、应用型大学将此类课程作为学生第二课堂或选修课开课，仍属非主流教育。

（四）应对就业歧视、把提升女性就业率作为课程设置目标

课程体系凸显应对女大学生就业和学历考试压力的课程，比如求职心理素质培训课；女大学生相关专业领域的实操技能训练；扩大求职视角和职业方向课程；加强接人待物、办事、健体、审美、创造等方面训练和考评；学历提升考试培训等。其目的是让女大学生扬长避短地发挥女性性别优势，提高就业率，所有课程虽未进入主流，但关乎学校女大学生就业率的提升，仍受重视，学生也能主动接受。

（五）与教学模块对应的综合性实验实训教学体系

专设"女大学生综合素质教育实验实训中心"，内设若干实验实训室，女性/性别教育课程以模块形式组合，比如，性别研究与教育模块、语言能力训练模块、心理健康指导模块、形象气质培养模块等。"女大学生综合素质教育实验实训中心"资金投入较高，师资需高标准配备，仅个别高校具备设置能力。

（六）女性/性别教育 A、B、C 课程体系

以 A、B、C 标定课系，面向全校女大学生开设。

女性课程体系 A（必修课），包括女性形象学、女性保健学、女性人际礼仪、女性法规案例实务、女性心理透视与调适、女性与成才等课程；女性课程体系 B（公共选修课），包括女性自我认知、公关礼仪、女性形象学、插花技艺、中国茶道、女性法律案例实务、女性心理透视与调适、女子健美、女性保健学、女性文学鉴赏等课程；女性系列课程 C（公共必修课），属于现代家政学范畴，包括婚姻与家庭、儿童与青少年教育、环境美化、营养与保健、家庭文化生活、家庭经济管理。这是偏重实用性和技能性的理想教学体系。但因其自成体系、课目多、课时量大，很难并入男女兼收综合类大学主流教学体系中。

三、高校女性/性别教育"培华模式"构建思路及基本内容

（一）"培华模式"构建基础

西安培华学院男女生兼收，开办有本、专科专业 60 余个，涵盖财经、商贸、文学、艺术、法律、医学、电子、信息、建筑九大职业门类，在校生高达三万人，其中女学生人数占 70％以上，形成女性/性别教育的庞大学生基础；2010 年西安培华学院建制的二级学院女子学院及"一所两基地"（西安培华学院女性教育研究所、陕西妇女/性别研究与培训基地、男女平等基本国策宣传培训基地）成为实施女性/性别教育的主体；女子大楼教室和实训室是女性/性别教育的培训基地，使女性/性别教育具备了充足师资来源以及更宽泛、更社会化的教学硬件；相对应的规范性文件和条例如《西安培华学院女性综合素质培养学分认定与管理办法》《西安培华学院大学生综合素质学分认定与管理办法》《关于女子学院实施 PBL 教学法和案例教学法的批复》《培华女大学生特色培养教学计划》《女子学院教师教学质量考核七项评价指标体系》等，形成"培华模式"建立和运行的保障体系。

"培华模式"是基于上述基础的、具有培华特色的女性/性别教育体系，是对西安培华学院女性/性别教育培养方向及课程体系整体构架的总称，其综合了各高校女性/性别教育课程体系的基本特征，又有独到见解和发展。

（二）"培华模式"总体框架及构建思路

"培华模式"的教学主体为校属二级学院的女子学院。模式框架中包含三个层面：一是以全校各二级学院的本科、专科女学生为对象，从新生一年级开始按照每专业班选拔 30～40 名女学生建制"女子班"，与各二级学院平行授课实施"专业教育＋女性素质教育＋职业或技能培养"；二是开展全校各专业、各年级女性/性别教育通识课；三是开展全校学生参与的性别教育或培训。

课程设置三大教学模块："内修""外塑""才技"。"内修"模块使女学生具备良好的思想道德素质、强烈的民族自豪感和责任感、健全的心理、传统美德和现代新女性观念；"外塑"模块旨在提高女大学生审美素质，树立形象美认识，塑造形象气质和个性魅力，奠定完美自我的基础；"才技"模块通过生活技巧、传统才艺、工作技能等课程，使学生在毕业证之外获得一项或多项被社会、单位更青睐的基本技能。通过理念层次上的内在修炼，外在形象的模仿和培训，增加女生职业特长与性别魅力的培养，加快女生从学生到社会角色的转换，使其具备较强的就业竞

争力。

教学分为三种方式：课堂教学、女性综合素质提升培训项目、女性优势职业实训/国考培训。课堂教学在教室由专业教师完成授课，分为"女性/性别通识教育"课和"女性特色实训课"两大课类。女性综合素质提升培训项目含两项主要内容，一是大讲堂/讲座，二是女性社会实践活动。大讲堂利用报告会的方式，由知名学者、社会优秀女性、妇女工作者等作为主讲人，突出先进性和表率作用，不仅能给学生以启迪和正能量，而且具有一定的学术性，可以扩展学生的视野和思路。社会实践活动，是一项由学校、女子学院、省妇联共同组织的有计划、有目的、深入实际与深入社会的公益事业、集会、会议、社交活动等。省妇联的大学生假期志愿者服务活动安排在假期，活动以女子班学生为主，吸纳全校男女学生参与，以此培养学生参与社会活动，促进女大学生社会化，使学生提前了解社会的现实需要，扩大社会视野，提高自身对经济和社会发展现状的认识，对提高女大学生就业能力，培养团队协作精神、提升女性领导力有极好的教学价值。女性优势职业实训/国考培训，系由女子学院配合学校实训中心进行的以突出女性优势职业为原则的职业和就业实训，该教学或以"企业冠名班"形式在本科女子班第七、第八学期实施，专科班第五、第六学期实施。

"培华模式"课程目标：培养女大学生的社会性别意识，强调女性的知性、尊严与力量、价值取向和发展潜能，使女大学生在接受原学院专业教育的同时，获得合理的自我认识和清醒的社会认识，从社会性别的角度明确适合自己性别的发展方向，拓展胸襟和能力，使优秀潜能得到挖掘，特长得以发挥，具备优美的女性体格，高雅的女性行为举止，成为人格独立、品德高尚、气质优雅，富有科学精神和生活情趣的内外兼修应用型人才。

"培华模式"培养方向：一是"女性综合素养方向"，二是"女性文化创意方向"，三是"女性涉外文化方向"。"女性综合素养方向"的"内修""外塑""才技"三大模块课程，突出女性性别特征、建立社会性别意识、提升综合素质，课程选择学生感兴趣、实践技能性强而专业教学未涉及的课目，充分体现培华学院的女性教育特色，并通过全校学生选修和参与方式，以点带面，以女子班带动推进全校女大学生素质教育。"女性文化创意方向"包括女性茶艺文化训练与表演、女性体育艺术类训练与表演、女性声乐与合唱艺术训练与表演等项目，旨在集中有艺术、体育天赋及专长和爱好的女大学生，在"内修"课程的基础上，通过具有文化艺术特定内容的"外塑""才技"教学和训练，使学生的艺术和体育天赋得以挖掘、个性得以彰显、特长得到最大限度的发挥，不仅能参加校内外大型表演活动，而且具备一定编导、创作、组织活动的能力。"女性涉外文化方向"包括东西方女性文化比较、涉外礼仪与民俗、丝绸之路国家文化与女性手工艺、艺术欣赏中的性别视角、女性与现代传媒等课程和项目，旨在使学习人文艺术类、外语类的女大学生，在接受女性基本素质教学和训练的基础上，通过学习具有国际性、开放性、现代化的内容，开拓国际视野，增强比较意识，提高鉴别能力和借鉴能力，为学生所学的人文、语言、艺术专业发展服务，培养面向世界、面向未来、面向现代化的女性人才。

（三）"培华模式"课程构架与学分、结业认定和管理

课堂教学："女性/性别通识教育课"作为培华学院女性/性别教育通识板块并入全校公共选修课体系，具体课目有"大学生性别平等教育""女性与法律""女性心理教育""女性学"等，供全校学生选修，女子班学生必修。"女性特色实训课"属于女子班专设的"外塑""才技"课堂教学，由女子学院组织教学，在女子学院实训教室小班授课，具体课目有："女性社交礼仪""女大学生必备营养基础与健康知识""茶文化与茶艺表演""女子化妆基础""中国书法鉴赏与基本技能训练""女子防身术基本常识"等。上述课程学分均与学生学籍管理的公选课学分对接，凡修女子学院课程体系的学分，等同于完成学籍管理要求的公共选修课学分，执行依据《西安培华学院学籍管理制度》。

女性综合素质提升培训项目：包括"女性素质培养特色大讲堂/讲座"和"女性社会实践活动"。这两部分的学分认定和管理与《西安培华学院大学生综合素质学分认定与管理办法》中的"技能学分"和"实践学分"对接，即：学生在校期间，每听满5次"女性素质培养特色大讲堂/讲座"，并对其中某一主题进行深入学习研究，撰写不少于2000字的学习体会或小论文一份，经评定后可计1学分；学生参加"女性社会实践活动"连续1周或间续2周以上者计1学分；假期参加省妇联公益志愿服务活动或平时参加青年志愿者公益志愿服务活动连续1周或间续2周以上者计1学分。鼓励男学生参与此项培训项目，并获得相应学分。

女性优势职业实训/国考培训：包括女性优势职业国家职业资格证书考取、"企业冠名"班学习和结业、校企合作项目开发以及文化活动举办和参与取得成果者，按学校学籍管理文件规定计入相应学分。

女子班结业要求：女子班学生，凡修满"女性特色通识课""女性特色实训课"、大讲堂等实践活动，并获得相应学分，可获得"西安培华学院女子学院结业证书"。

四、基于"培华模式"对高校开展女性/性别教育问题思考

2006年，教育部将"女性学"列入了新设的本科专业，有专家认为：与女性/性别研究有关的高校课程及其教学，在一定意义上已纳入了学科主流，但笔者认为，女性/性别教育仍未进入主流教育视域，据了解，在我国多数男女兼收的大专院校并没有将女性/性别教育贯穿本校教育体系中，原因是多方面的。基于对"培华模式"的分析和总结，就高校开展女性/性别教育提出以下思考和建议。

高校开展女性/性别教育，其课程体系设计的出发点，绝不是为开课而开课。必须制订一套系统的、严谨的、科学的、实用的女性/性别课程体系，课程设计和开设的基本出发点是为全校女大学生的发展服务，为全校女大学生未来发展奠定理论基础和方法基础，不可过于狭窄、虚空。"培华模式"整体构架和以点带面的方式正是基于此思路。

女性/性别教育课程目标不可能完全在学校课堂上依靠教师授课而达到，政府

妇联组织和社会提供的女性实践、研究、继续学习的空间更为重要。目前陕西省妇联已经在西安培华学院设立了两个妇女研究基地，成为学校开展女性/性别教育和研究的重要平台。

一个院校、一个地区、一个民族，女性教育应有各自特色，是否需要国家教育管理机构制定统一的培养方案和教学大纲，是否需要统一教学模式，有待商榷和进一步探讨。我国高校开展女性/性别教育的主体是男女学生兼有的大专院校，也是女性/性别教育开展较为薄弱的环节，在普通高等院校中如何实施女性/性别教育，这涉及教材编写、教学计划修改、师资配备、课程安排、班额调整、正常教学秩序的维持等一系列问题。

女性/性别教育在男女兼收综合类大学属非学历非专业教育，因此，引导学生在女性/性别教育课程和其他课程之间进行选择和侧重很重要，只有建立起严格的学分认定和管理机制，让女性/性别教育管理并入学历教育管理轨道，包括师资管理体制，才能保证女性/性别教育不流于形式。

男性和女性作为社会组成部分的两个性别，两者之间的和谐是和谐社会的重要基础，因此，高校开展女性/性别教育应该把教育视角从单纯的女大学生群体扩展到男大学生之中。当前高校性别教育最为空白之处就是两性共同的性别教育和性别视角研究。

参考文献：

[1] 沈奕斐. 被建构的女性：当代社会性别理论 [M]. 上海：上海人民出版社，2005.

[2] 李银河. 两性关系 [M]. 上海：华东师范大学出版社，2005.

[3] 中国妇女教育发展报告（1978—2008）[R]. 北京：社会科学文献出版社，2008.

[4] 郑新蓉. 教育与性别 [M]. 北京：教育科学出版社，2005.

[5] 苏芊玲，等. 两性平等教育的本土发展与实践 [M]. 台北：女书文化出版社，2003.

[6] 周春燕. 韩国梨花女子大学的女性教育及其对我国的启示 [J]. 文教资料，2006（10）.

性别视角下的大学生职业规划现状及影响因素分析

——基于2011年女大学生典型群体调查数据的实证研究

中华女子学院性别与社会发展学院　石　彤　周旅军

[摘要] 本研究基于2011年女大学生典型群体调查数据发现，对大学生群体规划毕业后去向的显著影响因素包括年龄、户口类型、是否为独生子女、目前就读的年级、学科门类、自评综合能力量表、自己期望的最高学位、父母期望中的最高学位、是否找过工作、职业规划量表和政治面貌，而且，各自变量的影响作用在不同性别群体中表现各异。以上发现可以为相关政策制定和评估提供实证基础，促进大学生群体尤其是女生的顺利就业和职业发展。

[关键词] 大学生　职业规划　性别视角

一、研究背景

女大学生作为大学生中愈来愈庞大的群体，就业选择与就业困难问题是学术界关注的教育公平与妇女发展的重要议题（张晓丹、何代忠、盛锦等，2009）。解决难题既可以从外部环境如劳动力市场的性别格局着手，也可以从大学生自身的观念开始。不难理解，高校引导大学生进行合理的职业生涯规划，对于提升就业率和就业水平具有积极的意义（兰亚明，2010）。这或许是解决大学生就业难问题的有效途径，也是高校帮助和扶持学生的可行方式（陆洪，2013）。

尽管已有文献对大学生的职业规划状况包括毕业去向、择业意愿等在不同时期都有讨论，但在大学生职业规划的影响因素分析方面尚有较大的考察空间。原因在于，不少研究在内容上评论多于反映现实，不多的实证研究也只有少数能够建立在大样本基础上，分析方式也常止步于简单的描述性分析或列联表呈现。此外，由于性别意识的缺乏，女大学生就业难的困境得不到特别扶持而难以有效改善。因此，立足于性别视角，运用最新的有一定典型代表性的调查数据对丰富的可能因素进行作用上的检验有利于澄清认识，具有相当的理论和实践意义。

二、数据来源

本研究使用2011年第三期"中国妇女社会地位调查"的女大学生典型群体调查问卷数据。该调查将国家统一招收、全日制在读的高校本科生、硕士生和博士生作为受访人群进行专门调查。本研究为保证结论的简约和可靠，暂仅涉及本科生。

调查的时间为2011年4月20日至2011年5月20日，采用三阶段配额抽样法，主要根据东中西部地区的差异，"985"高校、"211"高校和其他普通高校的区别，妇女/性别研究培训基地的状况，以及男女性别比例进行抽样。第一阶段选取了南京、武汉、西安、兰州和北京五个城市为样本；第二阶段选取了北京大学等15所学校为样本，这15所院校满足了"985"高校、"211"高校、其他普通高校、文科主导院校、理科主导院校、综合类院校、妇女/性别研究培训基地等条件，具有较强的典型性；第三阶段抽样是在各个学校中采取分学历层次、性别、专业大类和年级方法进行的配额抽样，最终得到高校本科生样本 2822 份，其中男性为 1383 人，占 49.0%；女性为 1439 人，占 51.0%。

三、模型设定

调查问卷问及受访者"目前，您对毕业后的生活有何打算"，回答选项包括没想过、直接工作、国内升学、出国留学、自主创业和没想好这六种，考虑到现实意义，并为方便统计模型结果的解释，在纳入模型作为因变量时归并简化为"没想过或没想好""升学"和"就业"三类，其中以"没想过或没想好"为基准类，对该题进行多项逻辑斯蒂回归（Multinomial Logistic Regression）分析。此种分析方式适用于因变量为具有两种以上取值的分类变量。

综合相关文献的处理方式与调查问卷本身可提供的信息，最终在模型中纳入以下 13 个自变量。

（1）年龄。

（2）进入大学前的户口类型：包括农业户口和非农业户口，参照类为农业户口。户籍制度导致就业市场中的户口歧视。缺乏所在城市的户籍会使来自农村的大学生更可能从事少有社会保障的工作（王新、江楠，2013）。对这些客观障碍的认识会影响大学生对自身职业生涯的规划以做出现实的选择（周骏宇，2007）。

（3）是否独生子女：参照类为非独生子女。居民收入的增长使独生子女的就业速度放慢，而独生子女由于生活环境的相对优越而存在较高的保留工资水平（张建武、崔惠斌，2007）。

（4）目前就读的年级：以大一为参照类。随着就读年级的增加，大学生本人对社会的认识也在不断深化，更有能力思考自己的未来，尤其是随着毕业季的到来，何去何从是必须面对的现实问题。另外，学校也会相应地给予辅导和支持，使学生能够更为理性地作出抉择。

（5）目前所在的学科门类：区分人文社会科学和自然科学，并以自然科学为参照类。在市场经济日益成熟的今天，不同学科的毕业生因符合市场需求的程度不同而就业情况千差万别（楚江亭，2001；邓峰、孙百才，2014；刘红斌，2012）。

（6）自评综合能力量表：问卷中原题为"与同龄人相比，您如何评价自己在下列各方面的表现"，具体方面包括专业基础知识、实践/操作能力、创新能力、心理承受能力、团队合作能力、组织协调能力、交流沟通能力、人际交往能力、书面表达能力、抗挫折能力、计算机水平、外语水平等 12 项，而评价的选项包括很弱、比较弱、一般、比较强和很强，相应的赋值从弱到强为 1 至 5。对量表进行信度分析发现内部一致性系数在 0.8 以上，有相当的可靠性，因此取各方面自评分数的均值作为量表取值。

（7）自己期望的最高学位：包括不确定、本科、硕士和博士四项选择，参照类选为"不确定"。

（8）父母期望中的最高学位：包括没有要求、本科、硕士和博士四项，参照类为"没有要求"。

（9）是否找过工作：参照类为"没有找过工作"。显然，找过工作的大学生会更清楚当前劳动力市场的情况，更了解自身的优劣。

（10）职业规划量表：问卷中原题为"以下描述符合您的情况吗"，具体描述包括"我对自己未来的职业发展有明确规划""我希望拥有一份事业，而不仅仅是工作""我希望自己在事业上能有所作为""我对自己未来的职业发展充满信心""为了成就一番事业我愿意付出艰辛的努力""工作中获得成就感对我来说至关重要"，而符合的程度可从非常符合、比较符合、一半符合、不太符合、很不符合中进行选择，相应的赋值从非常符合到很不符合为1至5。对量表进行信度分析发现内部一致性系数在0.8以上，有相当的可靠性，因此取各方面自评分数的均值作为量表取值，分值越低则大学生的职业规划越积极。

（11）政治面貌：包括共青团员和共产党员（包括预备党员），参照类为共青团员。

（12）婚姻和家庭观念量表：问卷中原题为"您赞同以下关于婚姻和家庭的说法吗"，具体说法包括"我愿意为了照顾孩子牺牲个人事业的发展""我愿意为了照顾家中长辈牺牲个人发展""我愿意为了配合夫妻感情牺牲个人发展""男人应以事业为主，女人应以家庭为主""挣钱养家主要是男人的事情""相夫教子是女人最重要的工作""男人也应该主动承担家务劳动"[①]"对妻子而言，更重要的是帮丈夫成就事业""丈夫的事业发展比妻子的发展更重要""女研究生应该享有产假和生育医疗服务"[②]，而赞同的程度可从非常赞同、比较赞同、不一定、不太赞同、很不赞同中进行选择，相应的赋值从非常赞同到很不赞同为1至5。对量表进行信度分析发现内部一致性系数在0.8以上，有相当的可靠性，因此取各方面自评分数的均值作为量表取值，分值越高则大学生的婚姻和家庭观念越现代。

（13）就读大学是否重点院校：参照类为"不是重点院校"。学校是培养大学生能力的主体组织，一般而言，重点院校的就业率高（陈永杰，2011；黄敬宝，2010；庞荣，2013）。

表1列出样本数据中上述重要变量的基本情况，由于在不同变量上有着不同的缺失值分布，因此对每个变量以有效样本数为基础计算各统计量。

---

① 由于该题与其他大部分题目在观念上不同，故对此题的取值进行反序计算，以保证最终得出的信度系数合理。

② 由于该题与其他大部分题目在观念上不同，故对此题的取值进行反序计算，以保证最终得出的信度系数合理。

表1　样本的描述性统计

	女			男		
	均值/比例（%）	标准差	中位数	均值/比例（%）	标准差	中位数
对毕业后生活的打算						
没想过或没想好	15.9	—	—	13.7	—	—
升学	44.2	—	—	38.6	—	—
就业	39.9	—	—	47.7	—	—
年龄	21.0	1.485	21.0	21.4	1.486	21.0
户口类型						
农业户口	46.6	—	—	58.1	—	—
非农业户口	53.4	—	—	41.9	—	—
是否独生子女						
否	53.1	—	—	60.4	—	—
是	46.9	—	—	39.6	—	—
目前就读的年级						
大一	31.4	—	—	24.5	—	—
大二	25.1	—	—	26.5	—	—
大三	21.9	—	—	27.2	—	—
大四	21.5	—	—	21.8	—	—
学科门类						
自然科学	39.6	—	—	52.0	—	—
人文社会科学	60.4	—	—	48.0	—	—
自评综合能力量表	3.40	0.476	3.417	3.43	0.462	3.417
自己期望的最高学位						
不确定	20.1	—	—	20.2	—	—
本科	8.1	—	—	10.3	—	—
硕士	48.4	—	—	37.3	—	—
博士	23.4	—	—	32.2	—	—
父母期望中的最高学位						
没有要求	24.8	—	—	26.8	—	—
本科	10.4	—	—	9.6	—	—
硕士	52.1	—	—	41.7	—	—

续表

	女			男		
	均值/比例（%）	标准差	中位数	均值/比例（%）	标准差	中位数
博士	12.7	—	—	21.8	—	—
是否找过工作						
否	34.6	—	—	41.5	—	—
是	65.4	—	—	58.5	—	—
职业规划量表	2.07	0.582	2.00	1.96	0.569	2.00
政治面貌						
共青团员	71.5	—	—	73.1	—	—
共产党员	28.5	—	—	26.9	—	—
婚姻和家庭观念量表	3.71	0.610	3.70	3.21	0.523	3.20
就读大学是否为重点院校						
否	45.0	—	—	52.2	—	—
是	55.0	—	—	47.8	—	—

四、主要发现

以上初步分析表明，在大学生群体中，男女生都有相当多的人没想过或没想好对毕业后生活的打算，比例分别为13.7%和15.9%，女生中的比例略高于男生。

除从性别角度描述现状外，我们还分不同性别群体对高校本科生规划毕业后去向的影响因素进行多项逻辑斯蒂回归分析。从表2的模型参数可以看出，在控制了其他变量的情况下，各自变量的影响作用在不同性别群体中表现各异。具体而言，对大学生群体规划毕业后去向有统计显著性的影响因素包括以下几项。

（1）年龄：女生群体中相应的参数（0.807）小于1说明，与基准类"没想过或没想好"毕业后去向相比，年龄越长，女生越少考虑继续升学；在男生中，这一因素的作用并不显著。而且，在所有群体中，它对大学生考虑是否就业也没有影响。

（2）户口类型：相对于农业户口的女生，非农业户口女生更少考虑就业。

（3）是否独生子女：相对于非独生子女的男生，独生子女男生更少考虑就业，也就是说，相对于基准类"没想过或没想好"毕业后去向，选择就业的可能性只有非独生子女男生的53.3%。

（4）目前就读的年级：相对于大一，随着就读年级的递增，女生中选择毕业后升学的可能性大幅上升，尤其是大四时的可能性是前者的5.32倍。从就业选择来看则改变不大，大三、大四有此选择的可能性大于大一时的2倍；对于男生来讲，该因素仅在大三与大一比较时显现出差异，毕业后想继续升学的可能性是大一时的近4倍。

（5）学科门类：相对于自然科学，人文社会科学中的男生想在毕业后继续升学的仅占前者的 61.4%。

（6）自评综合能力量表：对于男女生而言，越认为自己能力比同龄人强，越有可能选择毕业后继续升学，可能性分别提升到原来的 2.214 倍和 1.694 倍。

（7）自己期望的最高学位：不管男女生，只要自己期望的最高学位达到硕士或博士，都会比"不确定"自己在这方面的想法的学生更可能选择继续升学；同样，不难理解，对男生而言，如果只是期望本科毕业，那么毕业后选择就业的可能性就要提升近 3 倍。

（8）父母期望中的最高学位：该因素仅对女生有效，如果父母只期望女生达到本科水平，那么她们在毕业后就业的可能性会是父母"没有要求"者的 3.16 倍。

（9）是否找过工作：对于男生而言，找过工作会提升他们在毕业后选择就业的可能性至未找过工作者的 1.545 倍。

（10）职业规划量表：模型中的参数无一例外地表明，具有积极能动的职业规划会使大学生更明确自己要在毕业后选择升学或就业。如果职业规划量表往消极的方向倾斜 1 分，那么对于女生而言，继续升学的可能性只有原来的 35.8%，而就业的可能性也只有原来的 47.9%，男生相应变化为原来的 46.4% 和 41.7%。

（11）政治面貌：对于女生而言，相对于共青团员，身为共产党员会使她们只有前者 62.4% 的可能性选择就业。

表 2　高校本科生规划毕业后去向的影响因素分析
（多项逻辑斯蒂回归分析模型，基准类为"没想过或没想好"）

	女		男	
	升学	就业	升学	就业
年龄	0.807 *	1.152	0.946	1.177
	(0.081)	(0.109)	(0.092)	(0.122)
户口类型				
非农业户口	1.200	0.623 *	0.965	0.757
	(0.283)	(0.146)	(0.244)	(0.205)
是否独生子女				
是	0.810	0.823	1.064	0.533 *
	(0.175)	(0.187)	(0.283)	(0.142)
目前就读的年级				
大二	2.301 * *	1.467	1.517	1.254
	(0.605)	(0.416)	(0.440)	(0.367)

续表

	女		男	
	升学	就业	升学	就业
大三	5.137＊＊＊	2.293＊	3.928＊＊＊	2.021
	(1.878)	(0.846)	(1.376)	(0.760)
大四	5.320＊＊＊	2.830＊	2.100	2.405
	(2.226)	(1.187)	(0.911)	(1.078)
学科门类				
人文社会科学	0.854	0.984	0.614＊	0.701
	(0.169)	(0.202)	(0.133)	(0.149)
自评综合能力量表	1.694＊	1.584	2.214＊＊	1.559
	(0.435)	(0.393)	(0.623)	(0.397)
自己期望的最高学位				
本科	1.628	11.288	0.328	3.768＊＊
	(5.882)	(37.128)	(0.499)	(1.840)
硕士	2.953＊＊＊	1.163	3.022＊＊＊	1.647
	(0.754)	(0.278)	(0.934)	(0.486)
博士	3.769＊＊＊	0.652	3.308＊＊＊	0.911
	(1.081)	(0.191)	(1.044)	(0.279)
父母期望中的最高学位				
本科	0.777	3.160＊＊	0.677	1.843
	(0.356)	(1.246)	(0.349)	(0.834)
硕士	1.298	0.985	1.006	0.857
	(0.309)	(0.236)	(0.273)	(0.228)
博士	1.393	0.812	0.914	0.809
	(0.494)	(0.304)	(0.263)	(0.241)
是否找过工作				
是	0.824	1.304	0.863	1.545＊
	(0.160)	(0.273)	(0.195)	(0.340)
职业规划量表	0.358＊＊＊	0.479＊＊＊	0.464＊＊＊	0.417＊＊＊
	(0.069)	(0.088)	(0.096)	(0.080)
政治面貌				

续表

	女		男	
	升学	就业	升学	就业
共产党员	0.685	0.624 *	1.816	1.331
	(0.166)	(0.146)	(0.559)	(0.397)
婚姻和家庭观念量表	1.107	1.023	1.242	0.941
	(0.192)	(0.190)	(0.260)	(0.183)
就读大学是否重点院校				
是	1.172	0.777	1.217	0.825
	(0.221)	(0.155)	(0.272)	(0.182)
Pseudo R^2	0.192		0.190	
有效样本数	1259		1164	

注：* $p < 0.05$，** $p < 0.01$，*** $p < 0.001$。单元格内系数为 Exp (B)，括号内参数为标准误，是以 Bootstrap 方式计算 500 次之后的结果。

五、结论与讨论

高校作为学生教育的主体组织，相对于影响就业的宏观环境而言，应该更有能力改变学生自身以改善群体的就业现状，这就取决于对有效影响方式的认识和理解。究竟哪些与学生相关的因素影响他/她们对未来的规划？有无必要针对不同性别开展职业规划教育？这些都是高校教育工作者需要面临和解答的现实问题，也是本研究力图从当前发现中寻找答案的关注重点。

统计模型表明，有必要充分认识大学生先赋背景与自致因素的作用。具体而言，研究发现，在毕业后去向上，对女生做出升学规划有显著影响的因素包括年龄、目前就读的年级、自评综合能力量表、自己期望的最高学位和职业规划量表；影响就业规划的因素则是户口类型、目前就读的年级、父母期望中的最高学位、职业规划量表和政治面貌。

在男生群体中，影响升学规划的显著因素有目前就读的年级、学科门类、自评综合能力量表、自己期望的最高学位和职业规划量表，而影响就业规划的因素包括是否独生子女、自己期望的最高学位、是否找过工作和职业规划量表。

在详析各自变量的作用方向及程度后，我们谨慎提出以下可能有利于促进就业难问题解决的政策和措施建议。

（1）加强大学生的职业规划能力建设和择业观念引导。数据显示，没想过或没想好毕业后生活的大学生比例并不低，需要及时掌握思想情况，尽早做出相应的辅导。

（2）关注城市户口和独生子女群体的职业规划，避免该类大学生因家境较好或依赖原生家庭而不愿如期进入劳动力市场实现经济独立。

（3）注重培养大学生对自身能力的自信，对于期望获得更高学位的大学生要积极鼓励，因为本科毕业后的继续深造也有利于将来满足高端劳动力市场的需求，实现高质量就业。

（4）构筑与学生家长间的联系网络。研究发现，父母期望显著影响学生对未来的设想，有必要通过先进技术手段如微信公众平台来与父母保持互动，及时沟通，从而使家长的观念尽可能与学校的培养目标保持一致。

（5）在职业规划教育方面有必要区分不同性别群体，有针对性地进行辅导和扶持工作，尤其是与党建工作相结合。数据表明，女大学生中的党员群体更少可能考虑毕业后升学或就业，这说明她们可能遇到更多的困难或观念上的障碍。

本研究站在性别视角，以实证方式揭示出最新的大学生对毕业后去向规划的状况及其影响因素，为在新时期、新形势下设计与大学生职业规划相关的政策和措施提供了可靠依据。不过，定量研究虽然有其在探求因素间影响上的便利，但对这些因素在真实社会环境中发挥作用的机制难以一问究竟，有必要深入开展后续的实质性研究，才能更好地澄清认识，促进大学生群体尤其是女生顺利就业和职业发展的实现。

充分发挥第二课堂作用 培养女大学生领导力
——以山东女子学院为例

山东女子学院院长 范素华

[摘要] 因性别差异，女性领导者和男性领导者的领导行为存在差异，在领导力培养中必然各有特点。在高校，课堂教学是女大学生领导力培养的重要平台，同时，作为课堂教学的延伸，第二课堂也是不可缺少的培养载体。为此，山东女子学院在第二课堂上进行了许多尝试，在关注女性特质的基础上，对女大学生以"自尊、自信、自立、自强"精神为培养核心，外塑形象、内强素质、强化爱心教育，提高女性魅力。同时，注重改变传统社会性别定位，通过过硬的专业能力培养、社会活动的积极参与、创新创业能力和责任心的培养，增强了女大学生社会适应力，沟通、协调能力和担当责任的勇气，提高了其领导能力。

[关键词] 女性领导力 第二课堂 女性领导魅力 领导能力

新加坡国立大学李光耀公共政策学院与亚洲协会联合发布的《上升到顶端：亚太地区女性领导力调查报告》曾证实：全球成长最快、最猛的力量是妇女。[①] 20 世纪下半叶以来，全世界各地、社会各个领域都迅速涌现出大量杰出的女性领导者，但是较之于男性，女性领导力的发展在巨大历史机遇中依旧存在明显的困境，从第三期"中国妇女地位调查"看，女性在人才发展中仍面临一些突出问题，主要表现在各级决策领域女性比例仍然偏低，地厅级、省部级及以上干部中女性比例分别仅为 13.3% 和 10.4%[②]。而女性社会地位提高，需要她们参与社会竞争，包括参与组织管理并在组织管理中更好地发挥其管理能力，影响和带动组织的前进。但是来自传统男权社会的性别角色的刻板印象，缺乏对女性担当领导者的认同。在社会支持系统相对缺乏的情况下，作为培养高层次人才的高校，尤其是女子高校，应在青年女性领导力培养中发挥积极作用。

一、关于女性领导力

（一）女性领导力

女性领导力是伴随着越来越多的女性领导者的涌现而出现的一个概念，其作为领导学的一个概念，是从自然生理差异角度来关注性别对领导力的影响。它是指女性的领导能力，特指领导力的载体和领导活动的主体是女性，这一主体的变化源于社会生活的发展和变化。随着社会的发展，人们对女性的认识不再囿于生理特征和家庭角色，越来越多的人从管理和领导的角度深刻思考女性所起的作用，以及如何更好地发挥女性作用的问题。

---

① http://www.trainingmag.com.cn/Article/Articledetail/264619968387.aspx.

② 宋秀岩，甄砚. 新时期中国妇女社会地位调查研究（下卷）. 北京：中国妇女出版社，2013：565.

女性领导力是从性别出发，对女性作为领导者领导活动的研究，但其研究成果，如女性领导力的领导风格又是一个非性别的产物或去性别的产物，其直接指向领导行为。所以，这就产生了"女性领导力"这一概念的本义和喻义之别。女性领导力的本义就是指以女性为主体的领导活动，而女性领导力独特的喻义是指带有"女性技巧"或"女性特征"的领导行为，具有这种领导行为的领导者可以是女性，也可以是男性。所以，从更加有利于领导绩效提高的角度看，女性领导力有普及的意义。

（二）女性领导力特征

女性领导力带有女性技巧的领导特征，打破了男性领导力话语权的垄断地位。女性领导力特征与男性相比主要表现在两个方面，一是优势特征；二是差异特征。具有女性特质的人性管理、人本管理、共享管理等管理模式因为吻合了时代发展的潮流，已成为引领 21 世纪风格的主流模式。

女性管理者较之男性群体，对细节的注重、团队的组建更具有自己独特的建设性。她们的团队意识高于男性管理者，工作的柔性力较男性管理者要强。女性领导者的民主决策能力、沟通力和非权力性影响力更强。女性领导的特点是感情温柔，细腻特殊，对细节极其关注，可以合理恰当地处理家庭关系和自己扮演的角色；女性给予他人关爱是一种天性，出自本能，时刻抓住机遇和员工交流，善于关注和解决属下的实际难题，更好地挖掘与培养女性的这些因性别特质而更容易形成的领导特征，有助于女性领导力领导效能的有效发挥。同时，女性领导力培养中还应力避形成狭隘、霸道、平庸等人格特征。

二、充分发挥第二课堂对培养女大学生领导力的作用

在对女大学生领导力的培养中，应以拓展女性禀赋资源和改变传统社会性别角色定位为切入点，最后落脚于女性魅力和领导能力的培养。该系列的培养活动，从课堂内外角度看，既包括课堂中进行的相关理论知识培养，又包括课堂外的实践能力培养，第二课堂是其有效载体。

（一）第二课堂是女大学生领导力培养的有效平台

就高校而言，人才培养活动大部分是在校内课堂中进行的。随着高校应用型人才培养办学定位的确立，第二课堂更加成为人才培养的重要课堂。

所谓"第二课堂"，是相对于第一课堂而言的，具体是指课堂之外开展的学习与实践活动。和课堂教学目标一样，第二课堂服务于人才培养目标的实现，同时又服务于第一课堂，它是学生专业理论教学知识学习在课堂外的拓展。同时，第二课堂也是学生综合素质、社会适应能力提高，优秀潜质得到挖掘和提升的途径之一。就内容来说，它服务于但又不受教学计划和教学大纲的限制，比课堂教学有更大的伸缩性；就形式和方法来说，它有很大的灵活性；从教学内容上看，它是素质教育不可缺少的部分；从形式上看，它生动活泼、丰富多彩，它的学习空间范围非常广阔，可以在校内，也可以在社会、企业、家庭，等等。

第二课堂既可扩大学生在知识领域中的兴趣，又可培养学生观察问题、科学分

析问题的能力以及实际操作的动手能力，并且可激发他们刻苦钻研的精神。具体到领导能力的培养，通过第二课堂可以使学生在实践活动中学习沟通技巧，培养责任意识、团队合作与创新精神，提高协调能力和全局把握能力。丰富多彩的第二课堂会成为女大学生个人魅力和领导力提升的一个有效平台。显然，第二课堂所能达到的效果，是课堂教学所不能代替的。

（二）第二课堂是女大学生领导力培养的有效载体

如前所述，女大学生领导力培养的落脚点在于女性领导魅力和领导能力的培养，作为在校学生已达万人、女生比例占90％以上的山东省唯一一所女子普通高等学校，山东女子学院做了系列探讨（见图1）。

1. 提升综合素质，拓展女性禀赋，培养魅力女性

现代特质理论认为，领导是一个动态的过程，领导者的性格特征是在实践中形成的，是可以训练和培养的。优良领导特质是可以培养的，如果我们对导致女性领导成功的特质加以注意并有意识地培养，则可以提高其领导力。

（1）以"四自"精神为核心，提升女大学生适应能力

"自尊、自信、自立、自强"是中国特色新女性文化的精髓，是新时代高素质女性人才必备的基本素质。山东女子学院坚持育人为本、德育为先，以优秀的文化塑造人，积极营造具有女性特色的校园文化，形成了"坤德含弘、至善尚美"的校训、"自强不息、百折不挠、求实创新、不断攀登"的女院精神，以及"严谨治学，言传身教"的教风和"勤学慎思，求真敏行"的学风。

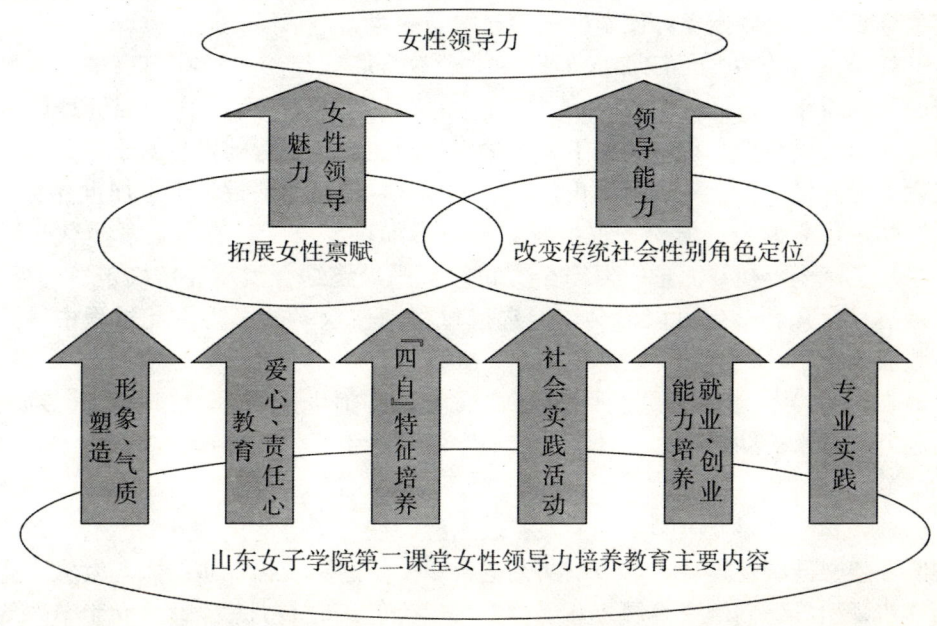

图1　山东女子学院第二课堂女大学生领导力培养体系

山东女子学院发挥女校优势，遵循女大学生的身心发展特点和教育规律，采取多种形式，有针对性地对学生进行"四自"精神教育，帮助女生克服自身弱点，引

导她们正确认识自己，树立自信心，提高成才意识，增强社会竞争力。对于新生，通过"学长同行——高低年级对口交流""助理班主任"等途径加强入学适应、学习指导等教育，引导新生主动实现社会角色、奋斗目标、思维方式和生活方式的"四个转变"。在整个教育过程中，注重以成功女性为典范，通过举办"女性成长与成才"专题报告会，开展"百年新女性""百名中华女英烈""中国十大杰出母亲"事迹展，举办"自尊、自信、自立、自强，做文明大学生"演讲比赛，开展"巾帼不让须眉"主题讨论活动，引导学生既有自知之明，又有自爱之心，更有自强之力，通过自身的不懈努力，不断提高素质、增强自信。

开展先进的性别意识教育。先进的性别意识教育是指在承认两性差异前提下的性别公平教育，即没有性别偏见与歧视，没有传统性别定型，符合女性身心发展的教育和教学模式。学校在人才培养中始终贯彻"四自"精神，外塑形象、内强素质，提升女院女生魅力。课堂内、外结合。课堂内，2011年学校启动了公共基础课和公共选修课改革，在原有课程基础上调整和充实了"女性与社会、文化艺术修养、科学健身与综合素质、语言训练"四大女性特色教育模块，开设了"女性学""女性形象设计""现代礼仪""形体训练""女子健美操"和"瑜伽"等女性特色课程。课堂外，通过富于女性特色的社团活动、校内外社会活动，培养学生的社会性别意识和女性气质修养。开展举办了女性魅力大赛、女大学生书法摄影作品展、女大学生手工作品大赛、音乐舞蹈大赛和微电影大赛。其中"盛世佳音"山东女子学院第一届主持人大赛通过丰富多彩、生动活泼的美育教育活动，引导学生发现美、鉴赏美、表现美、创造美，使学生在参与中受教育、得感悟、提素质。

2012年，山东女子学院加入了世界女子教育联盟，参加了在南京举行的世界女子教育联盟年会，并在大会上介绍学校办学经验。2013年，作为亚洲地区唯一一所受邀的女子高校，首次选派了2名学生参加在迪拜举行的世界女子教育联盟学生代表大会并做发言。到目前为止，山东女子学院已派出两批学生参加世界女子教育联盟学生代表大会。值得一提的是，每年参加世界女子教育联盟学生代表的选择，采用了"全校初赛海选—复赛全方位培训—最终综合素质评审确定"的模式，尽管最后只有几名学生可以参会，但选拔过程却使众多的学生在此过程中得到培训、收获颇丰。

2013年，学校建立了"清照讲堂"，面向全体师生开展系列探讨、宣传妇女/性别问题的学术活动，主办了"尚美读吧"活动，引导学生多读书、读好书，提升内在修养。

另外，学校针对女大学生最关心、最困惑、最想了解的问题开展教育，帮助她们解除疑惑、开阔视野。邀请济南文艺电台"文静健康夜话"主持人与女大学生面对面交流，引导她们健康发展。开展"女大学生健康教育月""魅力女生节"等活动，使她们了解自己，有意识地进行自我塑造。

（2）以女大学生综合素质教育实验实训中心为载体，强化软、硬件建设，提高女性人才培养的系统性针对女性特征的系统培养，需要系统的载体。山东女子学院自 1998 年开始着手建立女大学生综合素质教育实验实训中心，尤其是近几年来，中心加大建设力度，累计投资近千万元，共设有近 30 个实验实训室，总价值近两千万元。该中心以服务为宗旨，引领先进的社会性别意识，为适应社会发展对女性人才知识、素质和能力结构的需求，紧紧围绕学生能力培养和综合素质提高，以培养学生的实践能力和创新意识为主线，在基本能力、专业素质、研究创新等方面进行优化设置，构建起了分层次、模块化的女大学生素质培养体系。在模块化体系中，设置了旨在培养女大学生以平等的性别意识去观察、分析和批判社会现象的能力，并知法、懂法、学会用法律的武器保障女性权益的性别研究与教育模块；旨在培养女大学生语言表达能力、交际能力及对外交流能力的语言能力训练模块；旨在培养女大学生健康的心理及健全的社会人格的心理健康指导模块；旨在塑造女大学生的良好形象、高雅气质，提升学生审视美、创造美的能力形象气质培养模块。这四大模块将培养女性优秀特征整合于一体，对女大学生女性特征培养、综合素质提高起到了有效作用。该中心于 2011 年获批山东省高等学校实验教学示范中心。

另外，学校还建有女大学生素质教育研究基地，该基地现已成为山东省首批青少年素质教育重点研究基地。

正是通过软硬件皆备、有系统的载体建设，使山东女子学院的女大学生综合素质培养体现出较强的目标指向性，学校以"女大学生综合素质教育实验实训中心"为依托，全方位提升了女大学生综合素质。在服务于课堂教学的同时，中心进行妇女干部培训，组织女大学生开展各类社会服务、志愿服务，开展社区法律咨询、心理咨询等活动，展示了女大学生良好的形象，达到了女大学生综合素质整体提升的目标。

（3）通过第二课堂进行爱心教育，关心学生心理健康，培养健全人格

山东女子学院坚持爱心教育，关心、爱护学生，并促使其内化为学生的自尊、自爱和学生之间的互助、互爱之情，最终升华为对国家、对民族的大爱。学校通过开展各种活动，培养学生的爱心意识。学校成立了爱心基金会，救危济困，互助友爱；定期开展"让爱心传递，让真情延续"捐书义卖活动；建立"大学生爱心超市"，家庭经济困难学生可以凭"劳动积分卡"免费领取必需的生活物品和学习用品，及时获得帮助。学生在充满爱的氛围中，相互帮助，得到成长。2008 级会计学院张倩倩同学从小患有小儿麻痹症，行动只能靠轮椅，全班同学几年如一日轮流照顾该同学。她本人乐观向上，加入励志协会并积极参加各项活动，于 2010 年获得了国家励志奖学金。三年来，在学校的关怀和老师的关心帮助下，该生于实习期间自主创业开办了小型快递公司，成为校园励志明星，她所在班级也被评为省级先进班集体。

学校为建立完善的心理健康教育网络，健全心理危机干预机制，开展了心理健康教育活动，构建了富有女性特色的心理健康教育体系。发挥心理健康协会、青年志愿者协会的作用，鼓励家庭经济困难学生积极参加社团活动，在活动中增强学生

的自信心。在实践教学中，注重师生情感互动，以情感熏陶为主，教师以自身的真情实感去感染学生，用母爱般的雨露滋润学生的心田。充分利用"师生恳谈室""心理咨询室"等场所，开展教育与咨询活动，教会学生自我调控、自我鼓励，及时消解不良情绪和心理困惑，提高学生自知、自觉、自助的能力。

2. 通过课堂外专业实践活动提升专业能力并进行领导力培养

在女大学生领导力培养中，学校遵从了"两条腿推进"的思路，一是通过专业能力提高，使学生在组织中更快建立职业地位，从而得到更快的成长；二是通过指向性明确的定位培养，进行领导力培养。

大量的研究显示，在领导岗位的女性领导者中，占比例最高的是专业型领导，她们很多是专业方面的佼佼者。优秀的专业能力是女性领导者走向领导岗位的基础助力，是其获得尊重和地位的前提，课堂内的专业教育对学生专业水平提高是必不可少的。但仅有理论的学习，而没有课堂外的应用性学习，必然是空中楼阁，实践操作能力是人们将知识转化为物质力量的凭借，通过课堂外专业实践活动，实现理论与职业岗位的零对接，使学生专业水平得以更快提高，从而使她们更快地从组织中脱颖而出，成为管理者，这对于女性领导力的提升有着重要意义。

近几年来，学校高度重视应用型人才培养，将学生专业能力提升落到实处，把专业人才培养由课堂内引申到课堂外。按照应用型人才培养的要求，学校加强了与企业在专业设置、人才培养、课程设置、实践教学及就业等多方面的深度合作，建立校企联合人才培养机制，在课堂教学外，与企业深度合作，通过学生见习、"定岗实习""订单班"定向培养等形式，大大提高了学生的岗位适应能力，实现了专业能力的实际提升。近些年来，学校各专业在校外建立了一批优质合作基地，仅2013年就派出3800多名学生到合作企业实习，充分发挥了校企合作在培养应用性人才等方面的作用，学生们在企业进行专业实习的同时，沟通、协调能力得到了提升，有了一定的团队合作意识。

另外，学校还与一些企业合作，岗位定位直接指向企业管理干部，培养目标明确。例如，学校已与山东净雅食品股份有限公司、济南十八家家悦超市、山东凯瑞集团有限公司、百盛必胜客餐厅、凯瑞酒店管理有限公司等多家企业合作建立储备管理干部订单班。为学生的职业生涯发展设立了一个较高的起点。目前，该订单班的毕业生均已在合作企业管理岗位就职。

3. 培养就业、创业能力，提升社会适应力

具有较强就业、创业能力者，一般有着较强的专业能力、沟通能力、协调能力和对事物全局的把握力，这些潜质对有效的领导力的形成有着重要的作用。尤其是创业能力，一个成功的创业者，往往拥有优秀领导者所具备的创新精神和领导力。

就业工作是衡量学校办学是否成功的一个重要指标，长期以来学校非常重视就业、创业工作。针对女大学生就业面临的严峻形势，除专门开设具有女性特色的就业指导课外，还在课堂外举行了大量活动，通过与学生互动，推进了就业。如举办"职业生涯规划大赛"，帮助女大学生调适择业心理，规划职业生涯，提高就业能

力；开展多形式、多渠道的就业服务，举办了十余项女性特色职业资格培训鉴定项目（如秘书、育婴师、插花员、导游员等）；已连续六年与山东省人力资源和社会保障厅联合举办大型就业招聘会——"女大学生专场招聘会"，此外每年还举办多次形式多样的小型专场招聘会，平均每年为女大学生提供约 1.3 万个就业岗位；建立就业基地，帮助学生就业；建立就业帮扶机制，对家庭经济困难的毕业生，给予更多的关心和帮助，重点指导、优先推荐，帮助她们解决求职过程中的实际问题。通过不断拓宽就业渠道、完善就业指导与服务体系，学校近三年就业率不断提高，2011 年毕业生优质就业率为 28.27％，总体就业率为 97.74％；2012 年毕业生优质就业率为 39.78％，总体就业率为 98.34％；2013 年毕业生优质就业率为 54.27％，总体就业率为 96.16％。2012 年，学校被省人力资源与社会保障厅、省教育厅评为"山东省高校毕业生就业工作先进集体"。

多方向拓展，加强女大学生创业能力培养。学校成立了大学生创业教育指导委员会，制定了《关于开展大学生创业教育的实施意见》，并将 KAB 创业课程列为学生专业选修课。在第二课堂平台，学校通过组织优秀成功女性创业报告会等系列活动，为学生提供个性化指导；举办大学生创业实践大赛，帮助大学生积累创业经验；启动巾帼创业论坛，邀请知名企业人力资源管理经理、校外就业指导专家来校指导，帮助女大学生调适择业心理，设计职业生涯，助力青年学生创新创业。通过第二课堂的系列活动，培养和提高女大学生的创新意识和就业、创业能力。学校还在校内开辟了大学生创业基地，划分专门区域用于大学生创业项目的孵化和开展，现已有 20 余个以女大学生为主体的优秀团队入驻创业基地。学校重视大学生创业见习基地建设，有针对性地给予大学生创业指导，目前已在全省建成了浪潮集团大学生就业创业基地、新泰实验幼儿园就业创业基地等 28 个青年就业创业见习基地。目前，学校是全国 KAB 大学生俱乐部成员单位，被团中央、全国青联、国际劳工组织授予"大学生 KAB 创业教育基地"称号。学生参加全国第三届"青年恒好·中国梦"大学生公益创业方案大赛获十佳奖项；参加省第八届"挑战杯"大学生创业计划大赛，获二等奖 2 项、三等奖 10 项，学校荣获"山东省优秀组织单位"称号。

创业能力的提升，是学生适应力增强的最好证明，山东女子学院出现了一批优秀的女性创业者，她们经营有道，领导有效，呈现出较强的领导力。

4. 通过各种社会实践活动，培养女大学生服务社会、勇于担当的责任心

大学生积极参加各种社会实践活动，可以使她们了解社会、认识社会，在社会实践中培养她们的社会责任感，从而在组织中具有责任意识和担当精神。

作为女子学院，学校在学生爱心培养、社会责任感培养中，开展了一系列具有女校特色的大学生志愿服务活动。学校出台了《山东女子学院大学生社会实践管理办法》，将大学生社会实践纳入教学计划和人才培养方案。

近年来，分别在济南、临沂、潍坊等地建立大学生思想政治教育实践基地 17 个，组织了以"科学规划谋发展，身体力行献青春"为主题的社会实践活动，特别是在革命老区开展的"弘扬红嫂精神，争做时代新女性"等社会实践活动取得了很

好的效果，引起了广泛的社会反响。每年暑假，参加社会实践活动的学生超过 98%。

近年来，在每年的暑期"三下乡"社会实践活动中，学校共有 7000 余名师生分赴全省各地参与实践，面向农村留守妇女儿童等群体开展丰富多彩的科技文化艺术活动，如在农村成立"彩虹留守之家"活动站、大学生关爱农民工子女志愿服务基地、共筑农村留守儿童温暖之家等，受到了人民网、中国青年网、大众网、腾讯网、搜狐网等多家新闻媒体的关注，产生了良好的社会反响。积极开展敬老助残、法律援助等志愿服务活动，加强对留守妇女儿童、孤寡老人等弱势群体的帮扶，累计服务 1339 人次。

学校注重挖掘并开发、利用学生的能力与才艺特点，积极服务社会，展示山东女子学院学生魅力。每年利用假期组织学生下乡义演，从事义教并以志愿者身份参加齐鲁新苗大赛、童博会等大型活动；组织"全运会""世博会""亚沙会"志愿服务活动，并被"亚沙会"组委会确定为"第三届亚沙会颁奖礼仪指定单位"。在各种志愿者活动中，学校注重人人参与，如在"亚沙会"志愿者选拔中，学校动员学生人人参与，在选拔中培训，所有学生均得到了相应培训，获得了相关能力的提高。学生在各种社会活动参与中不仅得到了成长，社会责任感、适应力也得到了提高，表现出较强的竞争力，仅以 2013 年为例，学校女大学生获得了国家级竞赛一等奖 15 项、二等奖 16 项、三等奖 33 项、优秀奖 18 项，获得省级竞赛特等奖 1 项、一等奖 28 项、二等奖 39 项、三等奖 54 项、优秀奖 39 项；另外有 4 篇学生论文获得了省级优秀奖。

在实际工作中，每个从业者都会不同程度地需要在组织中发挥管理或协作才能，现代社会职业表明，不仅领导干部、管理人员应当具备管理、协作才能，其他专业人员也应当具备。素质的提高、能力的提升是领导力的本源，女性领导力提升需要高校在女性人才培养中给予机制的关注，形成体系化的支撑系统，建立全方位的女性领导力培养机制。学校通过第二课堂为女大学生提供了领导能力提升的平台，使其提高了情商，拥有了健全的人格、乐观积极的心态，提升了内在气质和个人魅力，培养了适应综合性工作的能力。

参考文献：

[1] 乔恩·L. 皮尔斯，等. 领导者与劳动过程 [M]. 北京华网翻译公司，译. 北京：中国人民大学出版社，2003.

[2] 蒋莱. 女性领导力的现状及发展趋向 [J]. 山西师大学报：社会科学版，2012（7）.

[3] 蒋莱. 性别刻板印象及其对女性领导发展的影响 [J]. 中国浦东干部学院学报，2009（9）.

[4] 郭丽双. 女性管理学概论 [M]. 北京：清华大学出版社，2011.

全国大学生考研意愿的性别差异研究

南京师范大学社会发展学院　王晓焘

[摘要] 教育的性别不平等已广受教育社会学和社会分层研究的关注，研究肯定了性别不平等的存在，但是也肯定这种不平等正在逐渐弱化。已有研究仅仅关注本科及以下的教育阶段，对于本科以上的更高等教育少有涉及。本研究利用"大学生发展状况调查（2008 年）"，考察大学生在是否考研问题上的性别差异。本研究的数据结果表明：（1）在"后本科"教育阶段，性别不平等仍然存在，需要引起足够的重视；（2）男女两性大学生的考研实践可能并不完全相同，至少男大学生的考研意愿并不受制于其家庭背景，而女大学生的考研意愿受到家庭背景的显著影响。这一结果进一步表明了性别不平等的存在。

[关键词] 大学生　考研意愿　性别差异

一、问题的提出

教育的性别不平等问题一直为教育社会学和社会分层与流动研究所关注，时至今日，已有多项经验研究揭示了女性在教育获得中的劣势地位，同时，不少研究也表明，这种性别不平等正呈现不断缩小的趋势。不少研究也将教育的性别不平等议题与政策、城乡、家庭与背景等联系在一起，使得我们对教育性别不平等问题的理解更为深入。

但是，已有研究对教育的关注集中于从小学到本科阶段，如吴愈晓的研究表明，从总体的教育获得上来看，女性的相对弱势地位是相当明显的；但从不同教育层次的入学机会来看，小学升初中阶段女性的教育获得弱势显著，初中升高中同样如此，但是在高中升大学阶段，女性和男性之间，在其数据模型中，并没有形成显著差异。换句话说，教育（升学）性别不平等在低教育层次最为严重。

上述研究的结果相当有意义，但是随之而来的问题是，在更高一级的教育获得中，即研究生阶段，性别不平等如何表现呢？

已有研究几乎没有关注过"后本科"阶段，确实，即便中国的高等教育已经进入大众化阶段，进入研究生教育的人数还是相当少的。但本研究认为有两个原因值得我们对"后本科"阶段的教育性别不平等进行相关研究。

第一，尽管在比例上研究生始终是所有教育中最小的，但是其绝对人数确实在中国大量快速增长。根据教育部的统计数据，2009 年全国毕业硕士研究生 322615 人，2010 年 334613 人，2011 年 379705 人，2012 年达到 434742 人。求职环境的变化、求知的需要、教育扩招的继续都使得硕士研究生同样成为教育中需要得到关注的群体；而与上述吴愈晓的研究中提及的教育层次越低性别不平等越明显的趋势不同的是，硕士研究生教育中的性别议题可能具有其特殊性。

第二，硕士研究生阶段虽然仍然在求学与受教育的阶段，但是与本科及本科前教育阶段不同的是，其混杂着生活、工作与学习/教育，即在硕士教育过程中，对于在已有研究中被认为对教育性别不平等有重要影响的相关变量，包括家庭背景、城乡分割、身份地位、社会阶层等，都比其他教育阶段有更多的涉及。因而，在这一教育阶段集中考察性别不平等可能更容易在理论上形成新的对话。

因此，本研究的核心问题在于：在后本科的硕士教育阶段，其中的性别差异如何表现。遗憾的是，本研究并没有找到合适的数据来直接刻画硕士相关教育，因此，作为一种权宜，本研究关注的是本科生是否愿意考研，即本科生考研意愿中可能的性别不平等。本研究将借助 2008 年"大学生发展状况调查"来进行相应的分析。

二、文献综述

尽管考研一直被认为是社会热点问题，即"考研热"，但是对考研的研究却远没有实现应有的关注。现有的研究主要集中于对考研动机或者说考研原因的论述，遗憾的是，几乎所有的研究都走向两个极端：或者简单套用理论，或者仅仅进行简单描述。

郑军和阳光的研究就是简单说理的代表，其研究局限于理性选择理论来讨论大学生的考研动机，甚至对理性选择理论进行了梳理。但是，其论述缺乏相关经验证据的支持。

简单进行描述的研究也比较多，这些研究尽管都设计了一些社会调查，但是对于调查结果仅仅取百分比，并且往往将数据分析和理论论述交杂在一起，甚至说理的成分高于经验的分析。

相对而言，比较重要的研究是在投资—回报理论的观照下，熊倪娟等人对考研进行的经济学和社会学分析。借助中华英才网的薪资调查数据，熊倪娟等人表明，考研是一种理性的、有利可图的行为，且其不仅带来更高的收入，还有更高的社会地位。遗憾的是，这一研究并没有对其中的性别差异进行区分，而在其理论框架下，性别不平等不仅重要，而且关键。

直接涉及考研中性别不平等问题的研究主要有以下两个。

一是张永对师范类本科生考研意向的研究。在他的数据结果呈现中，考研意向并不存在性别之间的差异，因此张永的这一结论是粗糙的。应该注意到，张永仅仅关注师范生，并且其性别差异的揭示依赖的是双变量统计分析，而在缺乏控制变量的情况下，这一结果是存疑的。

二是李艳的研究。她集中关注于女大学生，并且将女大学生的考研（热）视作社会问题，因为女大学生的考研可能与女性的性别歧视、社会流动、社会保障、高等教育和女大学生价值观等因素紧密联系在一起。非常遗憾的是，尽管李艳搜集到了很多访谈资料，但是其重理论论述而非访谈资料的整理分析，使得其研究并不能书写女大学生考研的生命故事。

从上述已有研究而言，考研问题的研究尚处在一个比较初步的阶段。相对严谨的研究还比较少见，尤其缺乏比较规范的经验研究，特别是量化的社会调查研究。

因而，本研究将致力于弥补这些方面的不足，借助大规模社会调查数据和多元统计技术对大学生的考研意向进行更为细致的讨论。

三、研究设计与测量

本研究的数据来源于南京大学社会学系"大学生发展状况调查（2008 年）"。该项调查由南京大学社会学系风笑天教授主持，在全国范围内的 27 所高校进行问卷调查，问卷由在校本科生填答。

该问卷调查分两个阶段进行。第一阶段，分层抽取高校。以所在区域和高校类型为主要维度在全国分层抽取 27 所高校，这 27 所高校覆盖了东部、中部和西部地区，包括了综合性大学、财经类大学、师范类大学等多种类别的高校。根据网大教育 2008 年中国大学排行榜，样本高校最高排名第 5 位，最低排名第 442 位，平均排名第 168 位，中位排名第 147 位。第二阶段，在被抽取高校中随机抽取学生。在被抽取高校相关人员的帮助下，每个高校随机抽取了 100 名本科生作为被调查对象。抽样过程基本上采用整群抽样法，在所选高校中随机抽取了 2～5 个班级，再对被抽取班级的所有学生进行问卷调查。问卷由受过专业培训的调查员统一指导与发放，被调查者自己填答，实际调查过程尽可能做到当场填答、当场检查、当场回收。

"大学生发展状况调查（2008 年）"详细地询问了被调查本科生的毕业打算，也对被调查者的学习生活状况以及家庭背景等多有涉及。数据最终的有效样本为 2818 份。本研究关注大学生的考研状况，但无力涉及出国读研等复杂状况，因而，将样本中期望出国留学的个案排除在外，并且用 listwise 的方法删除了相关变量填答并不完全的个案，实际分析的样本为 2256 份，其中男大学生 1038 份，女大学生 1218 份。

本研究的因变量是被调查者是否考研，为简单的二分测量：1＝考研，0＝直接找工作。由于因变量是分类变量，本研究将在具体的分析中引入 Logit 模型。

本研究的核心自变量为性别，虚拟变量引入，男性＝0，女性＝1。

本研究引入的其他变量包括以下四组：（1）人口学控制变量。包括年龄和是否为独生子女，年龄为定距测量，直接测量 2008 年时被调查者的周岁年龄。（2）家庭背景控制变量。包括家庭城乡来源、父亲受教育程度和父亲所在行业。家庭城乡来源是一个虚拟变量，来自城市＝0，来自乡镇＝1；父亲受教育程度由父亲学历转换而来，测量的是父亲总的受教育年限，其中小学＝6，初中＝9，高中及中专＝12，大专＝15，大学及以上＝16；父亲所在行业则引入虚拟变量，测量父亲的行业是否为优势的垄断行业，其中以非垄断为参照组。（3）父母教育期望。虚拟变量，分为三组：大学及以下、硕士、博士或出国留学，其中大学及以下组为参照组。（4）大学经历控制变量。本研究引入三个虚拟变量：是否有过兼职经历，本专业是否好找工作（自评），成绩是否满意（自评）。其中，兼职经历分为有、没有两组，有兼职为参照组；本专业是否好找工作分为好找、一般、不好找三组，其中好找为参照组；成绩是否满意分为满意和不满意两组，其中满意为参照组。

本研究也在具体的模型控制中引入了被调查者所在学校虚拟变量，但是在具体的结果中，该变量结果没有呈现。

四、结果与分析

表1中首先呈现了各主要变量的描述性统计结果，分类变量呈现了频率分布，而连续变量呈现了均值状况。表1对两种性别进行了分别呈现，并且进行了简单的统计比较（双变量）。

表1　相关变量描述性统计

变量	男性	女性	p 值
是否考研			
是（%）	44.1	41.5	0.217
否（%）	55.9	58.5	
年龄（岁）	20.94	20.63	0.000
是否为独生子女			
是（%）	35.6	41.9	0.003
否（%）	64.4	58.1	
城乡来源			
城市（%）	35.2	46.2	0.000
乡镇（%）	64.8	53.8	
父亲受教育年限（年）	10.78	11.36	0.000
父亲行业			
垄断（%）	24.2	28.4	0.021
非垄断（%）	75.8	71.5	
父母教育期望			
大学或以下（%）	40.9	42.9	0.263
硕士（%）	46.7	46.8	
博士或出国留学（%）	12.3	10.3	
是否兼职			
是（%）	51.8	58.0	0.004
否（%）	48.2	42.0	
专业是否好找工作			
好找（%）	33.2	18.6	0.000
一般（%）	31.2	32.2	

续表

变量	男性	女性	p 值
不好找（%）	35.5	49.2	
成绩是否满意			
满意（%）	40.8	50.6	0.000
不满意（%）	59.2	49.4	

注：样本量＝2256，其中男性＝1038，女性＝1218。表中连续变量呈现的是均值，离散变量呈现的是频率分布。p 值检验的是各变量在男女之间的统计差异。"被调查学校"变量并未呈现。

　　关注表 1 前三行可以看到，被调查男大学生中有 44.1% 的人有考研的打算，而被调查女大学生中有 41.5% 的人有考研打算，尽管男大学生所占比例略高，但是两性之间的差异并没有达到统计显著。因此，如果仅仅简单对两性进行比较，有可能因忽略变量偏差导致性别平等的错觉。下文中本研究将引入相关变量，更为细致地来探索这一差异。

　　当然在表 1 中已经可以很明显地看到，尽管考研意愿的性别差异并不显著，但是这建立在男女两大学生群体在诸多变量并不平等的基础之上的。具体来说，男大学生在年龄上显著高于女大学生；男大学生中的独生子女比例也显著低于女大学生；男大学生中来自农村地区的比例显著高于女大学生；或许正因为如此，男大学生在家庭背景上也显著弱于女大学生：相对于女大学生，男大学生的父亲受教育程度显著更低，其父亲在垄断行业的比例也更低。尽管如此，在父母的教育期望上，两性大学生之间并不存在显著差异，样本中，约 47% 的男女大学生父母期望自己的孩子达到硕士研究生学历。而在大学表现自评中，女大学生的优势明显。相对于男大学生，女大学生兼职的比重显著更高；女大学生对成绩的满意度也明显更高。但是在对工作的态度上，女大学生认为自己的专业难找工作的比例达到约 50%，这远高于男大学生的约 36%。

　　下文中，本研究将在对上述差异有足够关注的状况下，再来细致考察男女两性大学生的考研意愿。本研究将拟合两种模型，首先是混合性别模型，然后是分男大学生和女大学生的单性别模型。这是一种保险的策略，男女大学生不同的发展过程也许会导致将男女两性放在一起的模型承受相当大的风险。具体模型见表 2。

表 2　分性别对是否考研进行估计的 Logit 模型

变量	模型 1		模型 2-1		模型 2-2	
	系数	稳健标准误	系数	稳健标准误	系数	稳健标准误
常数项	3.232 **	1.004	2.219	1.442	3.593 *	1.545
性别（男=0）	−0.279 *	0.108				
年龄	−0.163 ***	0.042	−0.122 *	0.061	−0.180 **	0.064

续表

变量	模型 1		模型 2-1		模型 2-2	
	系数	稳健标准误	系数	稳健标准误	系数	稳健标准误
是否为独生子女（是＝0）	−0.252 *	0.118	−0.119	0.171	−0.357 *	0.169
城乡（城市＝0）	−0.387 * *	0.114	−0.186	0.167	−0.601 * * *	0.162
父亲受教育年限	0.021	0.022	0.049	0.032	−0.013	0.032
父亲行业（非垄断＝0）	0.236†	0.130	0.128	0.197	0.456 *	0.180
父母期望（大学及以下＝0）						
硕士	1.367 * * *	0.109	1.260 * * *	0.163	1.535 * * *	0.154
博士或出国留学	1.627 * * *	0.171	1.596 * * *	0.240	1.724 * * *	0.253
是否兼职（是＝0）	0.175†	0.104	−0.078	0.156	0.433 * *	0.147
专业是否好找工作（好找＝0）						
一般	−0.112	0.134	−0.129	0.187	−0.085	0.201
不好找	−0.324 *	0.137	−0.531 * *	0.204	−0.133	0.198
成绩是否满意（满意＝0）	−0.484 * * *	0.100	−0.598 * * *	0.148	−0.429 * * *	0.142
模型卡方	432.05 * * *		194.89 * * *		260.89 * * *	
自由度	38		37		37	

注：因变量为是否考研（是＝1，否＝0）。模型 1 是性别混合模型，样本量 2256；模型 2-1 是男大学生样本模型，样本量 1038；模型 2-2 是女大学生样本模型，样本量 1218。模型中"调查学校"变量并未呈现。†，*，* *，* * *分别表示在 0.1，0.05，0.01，0.001 显著性水平下显著。

表 2 中有三个不同的模型，最左列的模型 1 为混合性别模型，右列的模型 2-1 和模型 2-2 则分别针对男大学生和女大学生。与表 1 不同的是，模型 1 中可以非常清晰地看到，考研意愿具有显著的性别差异：当控制其他变量不变的情况下，女性大学生的考研意愿比男性低 24%。这一结果暗示，在进行考研的相关决策时，女大学生仍然处于相对劣势地位。

模型 1 中也呈现了其他变量对是否考研的相关影响。具体来说，年龄对考研意愿有负面的影响，当其他变量不变时，年龄每增长 1 岁，考研的可能性就会降低 15%；相同条件的非独生子女比独生子女的考研几率小 22%；家庭背景是影响大学生考研意愿的重要变量。在其他变量不变的情况下，乡镇来源大学生比城市来源大学生的考研几率小 32%；尽管父亲的受教育程度没有形成显著的影响，但是父亲在垄断行业工作的大学生，在相同条件下，比父亲在非垄断行业工作的大学生考研几率大 27%。父母的教育期望对大学生的考研意愿有非常明显的正面影响，在其他变量不变的情况下，父母期望为硕士的比期望为本科或更低的考研几率大 292%，父母期望为博士或出国留学的也比期望为本科或更低的考研几率大 409%。大学生本身在大学的表现也很重要。在其他变量不变的情况下，没有兼职经历的大学生考研的几率比有过兼职者大 19％；认为自己专业不好找工作的比好找工作者考研几率要小 27％；而成绩不满意的大学生考研几率也比成绩满意的大学生要小 38％。

模型 1 的结果，如果以一种理性主义的视角来看待，暗示我们，考研意愿是与大学生的资源联系在一起的。简单来说，资源越是充足，大学生越可能进行考研的决策。模型 1 中可以看到，大学生本身在家庭背景、自身条件、大学生活学习状况越出色，其考研的几率相对也越大。特别是对于专业，以往常常有一种意见认为考研可能是专业不适合工作时候的一种出路与选择，模型 1 的结果则表明这种看法并不正确。实际上，专业越是好找工作，大学生对于就业/考研的选择余地就越大；而专业越是不好找工作，大学生的考研意愿反而更低。

模型 1 的结果尚不能很好地将不同性别的大学生的考研意愿及其影响很好地呈现出来，因此，模型 2-1、模型 2-2 的分性别模型使得本研究能够进一步进行考研意愿的性别分析。简单来说，模型 2-1 和模型 2-2 提示我们，在男女大学生群体中，考研意愿的形成机制并不是完全相同的。

从模型 2-1 和模型 2-2 中可以看到，模型 1 中很多相关变量并没有在男女大学生群体中形成完全相同的影响，模型 1 中是否为独生子女、生源地为城市或乡村、父亲是否在垄断行业以及是否进行过兼职的显著影响，实际仅仅发生在女大学生群体中，这些变量在男大学生群体中并没有显著作用。而模型 1 中专业是否好找工作实际上仅仅对男大学生有影响。

具体来说，在模型 2-1 中，当其他变量保持不变时，男大学生年龄每增长 1 岁，其考研的可能性会下降 11％。是否为独生子女，以及男大学生的家庭背景对其考研意愿没有显著影响。父母期望的影响仍然是显著的，当其他变量保持不变时，父母期望为硕士的男大学生比期望为本科或更低的考研几率大 253％，父母期望为博士或出国的男大学生同样比期望为本科或更低的考研几率大 393％。是否有过兼职经历对男大学生而言并不会对其考研意愿产生影响。但是在相同条件下，工作不好找专业的男大学生比工作好找专业的男大学生考研几率小 41％，而成绩不满意的男大学生比成绩满意者考研几率小 45％。

从模型 2-2 中可以看到，当其他变量保持不变时，女大学生年龄每增长 1 岁，其考研的可能性会下降 16％。同等条件的非独生子女女大学生比独生子女女大学生的考研几率要小 30％。家庭背景对于女大学生考研有着显著的影响。同样条件的乡镇女大学生考研的可能性比城市女大学生要低 45％。而当其他变量不变的情况下，父亲在垄断行业工作的女大学生比父亲不在垄断行业工作的女大学生考研几率大 58％。父母的教育期望会带来影响。父母期望为硕士的女大学生比期望为本科或以下的女大学生考研几率大 364％，父母期望为博士或出国留学的女大学生则比期望为本科及以下的女大学生考研几率大 461％。而当其他变量保持不变时，没有兼职过的女大学生比有过兼职的女大学生考研几率大 54％，对自己成绩不满意的女大学生考研几率相对于对自己成绩满意的女大学生要小 35％，专业是否好找工作没有形成显著的影响。

模型 2-1 和模型 2-2 分性别对考研意愿进行估计后，其结果表明女大学生相对于男大学生受到的考研限制更多；尽管资源对于男女大学生来说都相当重要，但是显然女大学生更为明显地受制于以家庭背景为中心的先赋性资源，这使得女大学生在考研意愿上相对于男大学生处于劣势地位。

五、结论与讨论

本研究试图在硕士研究生入学这一层次上来讨论高等教育中的性别差异或者说是不平等。集中于"考研意愿"这一中心变量，本研究运用南京大学社会学系"大学生发展状况调查（2008 年）"的相关数据，以 Logit 模型定量化地表明：

（1）即使到了"本科后"教育阶段，对于性别差异的考量仍然具有相当重要的意义，尽管简单比较会发现男女大学生具有相似的考研意愿比例，但是更为严谨的数据呈现确实表明，在是否考研这一问题上，男女大学生确实存在显著的差异，并且男性大学生相对于女大学生处于优势地位。

（2）不仅如此，男女大学生考研意愿的实践并不是完全相同的。本研究的数据结果确实发现，男性大学生在考研意愿的选择上并不受家庭背景的显著影响，而女性大学生仍然受制于家庭背景。因此，本研究实际上进一步揭示了女性大学生在更高等教育选择上的相对劣势地位；并且提示我们，要深入挖掘两性大学生的不同考研意愿实践，需要分别对两性的实践进行更为细致的讨论。

这些结论要求我们在至少以下几个方面进行进一步的讨论。

首先，对男女大学生在考研意愿上的性别不平等进行进一步的讨论。已有研究已经表明了性别教育不平等实际上主要发生于教育的早期阶段，而到"本科后"教育阶段出现的性别不平等该如何理解？一个应有的解释路径是聚焦于教育发生的社会过程。本科后教育相对于本科及之前的教育复杂性更为明显，而其社会性别不平等的发生也牵涉更多的社会过程，尤其是在以学校为中心的教育制度之外，牵涉了包括就业、家庭、婚姻等在内的多种社会过程，只有对这些社会过程进行更为细致的解读，才有可能使我们对本研究所展示的社会不平等状况有更为深刻的理解。

其次，两性大学生不同的考研/工作实践过程需要得到进一步的探索。大量研究总是习惯于在同质性假设下简单揭示性别之间的差异，但是这种解释路径忽视了两性大学生完全不同的社会实践和社会后果。本研究虽然区分了两性大学生的不同模型，但是对于何以产生这种不同实践的机制尚缺乏讨论。进一步的研究有必要深入讨论具体实践对于两性的不同意义和过程，真正理解本研究所希望讨论的"社会性别"过程。

最后，本研究对于大学的学习生活过程，即大学中的表现对于进一步教育的意义仍然缺乏足够的认识。模型中已经看到了，两性在相关变量上的系数和显著度有所不同，但是本研究没有对此做出足够清晰的阐释。更为重要的是，本研究对于大学的具体生活与其进一步教育或者与就业之间的关系的讨论尚显得模糊。有一点是明确的，社会生活中对于学生考研的主流观点未必是完全正确的，值得研究者进行深入推敲。

此外，本研究的主要遗憾集中在以下两个方面。

第一，本研究简单化了考研与就业之间的关系。从本研究的数据呈现来看，我们进行了就业与考研的二分测量，这种考研与就业之间非此即彼的关系在现实大学生实践中并不能完全满足。非常可能的是考研与就业过程相互交叉，大学生可能既准备了考研（也即有了考研意愿），也准备好进入劳动力市场。这实际上使得数据中对于考研意愿的测量是虚高的。进一步的研究需要深入理解就业与考研之间的关系，将对考研的理解置入更为准确的参照组中。

第二，本研究对考研的考量仅仅局限于考研意愿，即是否想考硕士研究生。简单地说，是否想考研和是否真正考研是存在相当大的差异的。我们也见到很多大学生报名研究生入学考试，但最终只是走个过场甚至弃考。这使得本研究问题的讨论在因变量的测量上也并不坚实。以未来的意愿来进行测量，无论怎么看风险和偏差都太大，进一步的研究还是要以回溯性的方式考察"是否参加了考研"或者"是否是硕士"代之，以期获得更为准确的结果。

"90后"大学生榜样认同中的性别失衡

南京农业大学农村发展学院　王小璐

[摘要] 以往对青少年榜样教育的研究多关注于榜样示范作用的式微，忽视了榜样认同中性别失衡的困境。本研究认为从后一问题切入，能够突破集体主义、个人主义等静态分析范式的禁锢，更好地厘清榜样教育中的性别话语及榜样教育中存在的问题。为此，本研究采用个案访谈和焦点小组的方法，对"90后"大学生的榜样认同展开了分析。结果发现，榜样认同中的性别失衡是国家向度与市场向度在性别话语建构中合谋的产物，折射出两者既冲突又重合的复杂图景，从而影响了大学生的榜样认同及其性别气质的自由发展。

[关键词] 感动中国　大学生　榜样认同　性别缺失

一、问题的提出

榜样建构一直以来都是我国道德教育的传统样态，但近来有关榜样教育陷入困境的议论不绝于耳。其中，讨论最多的是青少年对主流社会所树立的榜样的认同度不高，出现了"榜样宣传红火、榜样学习冷清""传统榜样影响减退、新生榜样难以深入人心"等现象。① 对于榜样教育认同中的这些困境，大多数研究者认为可以从两个方面去理解，一方面是当前教育者所塑造的榜样无法适应现有的社会转型和时代精神，另一方面是新媒体的迅猛发展促进了青少年自主意识的增加及多元价值观的形成。② 也有研究者将青少年中榜样衰落、偶像泛滥的现象，归结为集体主义对个体主义的让渡。③ 这两种解释无疑对理解青少年榜样教育的困境具有一定的启发，但这种静态式的分析却也容易禁锢我们对榜样教育的反思。

另外，相对以往研究者对榜样教育成效甚微的关注，较少有研究者关注榜样教育中的性别缺失及青少年榜样认同中的性别失衡问题，而这可谓是榜样教育中的隐形困境。有研究者对中小学德育教科书所进行的内容分析可知，男性榜样占据了绝对的优势，凸显了教育者在树立本应不存在性别差异的道德楷模的过程中所具有的男性道德优越感。④ 而中国青少年研究中心在全国范围所做的"少年儿童的偶像与榜样"的大型调查结果也显示，中小学生中男生和女生所选择的前10位榜样无一例外都是男性，"母亲"作为最靠前的女性榜样仅排第13位。⑤ 那么，青少年榜样认同中的性别失衡与榜样示范效应式微之间是否存在某种关联？本研究期望通过对性别失衡的探究，超越传播—接受、集体主义—个人主义的对峙，从新的视角去解

---

① 李蕊. 当前榜样认同的"疏离"困境及提升策略. 中州学刊, 2014 (1).
② 罗雯瑶. 转型期青少年榜样的失落与重构. 基础教育研究, 2010 (11).
③ 于森. 榜样再现与偶像生产：媒体引导个体价值取向的机制及困境. 湖北社会科学, 2011 (4).
④ 杨黔敏. 中小学德育教科书中的榜样人物分析. 教育评论, 2009 (1).
⑤ 孙宏艳. 少年儿童偶像与榜样接纳状况及对榜样教育的启示. 教育科学研究, 2012 (12).

读榜样教育所存在的问题。

事实上，本研究是对"青年榜样的性别建构与比较"研究的延续。在前期的研究中，我们已经以"感动中国"节目为例，对自 2002 年以来的 110 组榜样人物及其先进事迹进行了内容分析。结果表明，"感动中国人物"中女性榜样数量仅占总人数的 1/4，且男性与女性的分布存在较大的不同，男性榜样主要集中在职业道德范畴，而女性职业道德榜样则屈指可数。为了进一步厘清主流媒介在榜样媒介形象宣传中的性别建构，我们还选择了男女两位事迹类似的职业道德榜样展开了符号学的分析。研究发现，尽管女性形象的塑造较之以往有所突破，但主流媒介在对其身份进行定位的过程中仍不自觉地使用了传统的性别文化标签，凸显了国家与市场不同向度相互交叠与冲突的复杂图景。而且，二重性的性别话语叙述方式使得传统的性别文化规范得以更为隐蔽地存在。

上述的分析都是基于研究者对媒介形象的解读所形成的编码，那么作为榜样教育重要主体的大学生，他们是如何进行解码的呢？他们是否接受主流媒介所建构的道德榜样？又是否能够感知到主流媒介在道德榜样建构过程中所折射出的性别话语？本研究希望通过个案访谈和焦点小组的方法，对当代大学生的榜样认同加以探讨，从而与前期的研究成果进行对话与观照。

二、研究方法与资料收集

以往关于青少年榜样认同的实证研究所采用的方法多是结构式问卷，其优点是能够在一定程度上反映青少年群体对榜样接纳的总体概况和普遍特征。但这种方法的缺点也同样明显，因为结构式问卷的设计多是基于研究者自身的考量，选项具有一定的主观性和诱导性，且难以通过有限的答案选项洞察青少年对榜样认同的真实态度及原因。尤其是本研究聚焦于大学生榜样认同中存在的性别失衡困境，就更期待以开放式的问题获得他们的直接表述及实际想法。

因此，本研究将首先采用个案访谈的方法，分别了解大学生对于榜样概念及范畴的理解，并就他们对历年来"感动中国人物"的认知度及认同度进行调查。其次，本研究将根据个案访谈结果编制焦点小组提纲，选择参与个案访谈的大学生组成焦点小组，引导他们就榜样认同中所涉及的问题展开自由讨论。最后，本研究将放映"感动中国"中男女两位职业道德模范的颁奖视频，观看结束后再次引导询问大学生对榜样的评价，以期发现他们在榜样性别话语建构过程下的接受程度及自然解读。

本研究的对象是来自南京农业大学的本科生，抽样的方法为配额抽样法。根据年级、性别及是否为党员/学生干部等变量，我们分别在大一及大三年级招募了 24 位大学生进行个案访谈，其中男女各半，党员/学生干部及非党员/学生干部各半。个案访谈过程中由研究者进行全程录音，之后逐字逐句如实转换为文本文件并编码。之后，我们在参与个案访谈的大学生中随机选择了 4 名男生和 4 名女生进行了焦点小组的讨论，讨论过程同样由专人记录与编码。

三、研究结果

(一) 大学生对"榜样"概念的认知

谈及大学生对榜样的认知，不可避免地涉及对另一个相关概念即"偶像"的辨析。有研究者认为，"榜样"与"偶像"都是被特定个体（或群体）所认同并受到极度尊敬、钦佩或极其欣赏、喜爱和向往的形象化的人格符号，两者的差别在于，前者是社会主流媒介建构出来的，而后者是青少年自发选择与接受的。为了厘清大学生自身对榜样概念的界定，本研究依据受访大学生的回答进行了编码。在他们看来，榜样与偶像的差别主要体现为以下七个方面（见表1）。

表1 大学生对榜样与偶像概念的理解

维度标号	榜样	偶像
1	作为目标存在	被包装出来的
2	可学习的、值得学习的	值得欣赏的，但不一定要向他（她）学习
3	通常是指某些人的集合或某个人的某个方面	通常是指某个具体的公众人物
4	被社会普遍认同的	自己主观喜欢并接纳的
5	高尚的精神与品格是其主要特征	吸引人的外表或才艺等是其主要特征
6	形象正面，对其品质及道德修养要求苛刻	不对其品质和道德做要求，宽容度高
7	有疏离感，只了解人物的某一点	有亲近感，可能存在互动且知之甚微

从访谈可以发现，大学生们对"榜样"与"偶像"之间的区别具有较为清晰的认知，远远不只体现在选择的自主性方面。他们认为"榜样"是被社会普遍认同的，作为可学习、值得学习的目标存在，学习的对象可以是很多人身上所体现出来的某种精神也可以是某个人所具有的突出品质，而这种精神或品质通常是指高尚的道德。所以榜样的形象一定是正面的，容不得半点的瑕疵。但同时大学生们认为与榜样之间存在一种精神上的距离感，他们对榜样的了解往往仅限于宣传报道的事迹。

与之相反，"偶像"多半是被包装出来的明星，其往往具有吸引人的外表和才艺，这对大学生而言是最具吸引力的地方，但他们只是欣赏并没有迫切地模仿或成为偶像的打算。另外，大学生们会通过各种渠道去收集与偶像相关的所有信息甚至通过社交网站等发生互动，也不介意他们是否存在负面报道，对他们来说，"偶像会整合自己所有好的趣味、恶的趣味，把他（她）当成一个活生生的人看待""偶像活得开心，我就开心，他活得有差错，我也会难过"。

由此可见，从"榜样"和"偶像"的类别、特征和属性来看，前者属于国家向度所倡导的意识形态产物，而后者更有可能是市场向度所推崇的消费主义商品。从访谈中我们可以看到，当前大学生更乐意接受市场向度的偶像而不是国家向度的榜样人物，主要的原因是认为榜样的作用不大。在谈及榜样作用的衰减原因时，他们的观点可以归纳为三点：（1）当前社会很浮躁，较少会有人去关注榜样；（2）能成为榜样的人太少，有些榜样还会曝出负面新闻使得社会信任度降低；（3）榜样宣传的渠道狭窄，主流媒介的宣传方式难以接受且缺乏持久性。

（二）大学生对"感动中国人物"的接纳

为了更具体地了解当前大学生的榜样接纳，本研究向 24 位访谈对象分别询问了"你是否有榜样"以及"现在你最崇拜的榜样是谁"的问题。结果如表 2 所示，有 14 位大学生表明自己没有榜样或者想不起来，占访谈人数的 2/3。男生与女生、学生干部与非学生干部之间在是否有榜样的回答上大致相同，但不同年级的大学生的回答却有明显不同。

表 2　访谈对象对榜样的选择

个案编号	性别	年级	是否学生干部	最崇拜的榜样
1	男	大三	否	没有
2	男	大三	否	想不起
3	男	大三	否	没有
4	男	大三	是	没有
5	男	大三	是	没有
6	男	大三	是	自己
7	男	大一	是	没有
8	男	大一	是	值得学习的人
9	男	大一	是	周恩来
10	男	大一	否	想不起
11	男	大一	否	榜样有很多
12	男	大一	否	没有
13	女	大一	是	姑姑
14	女	大一	是	杨澜
15	女	大一	是	没有
16	女	大一	否	纳达尔
17	女	大一	否	温家宝
18	女	大一	否	芮成钢
19	女	大三	是	张爱玲
20	女	大三	是	没有
21	女	大三	是	周恩来
22	女	大三	否	没有
23	女	大三	否	没有
24	女	大三	否	没有

表 2 清楚地显示，大一学生大多有崇拜的榜样，大三学生却普遍表示自己目前

没有榜样。这说明大学期间个体的人生观、世界观和价值观在进一步地发展、变化，对榜样的接受和认同具有更高的自主性。有人表示"我没有什么榜样，最讨厌的就是和别人变得一样"，还有人认为"小时候的那些榜样都是老师、父母要求我学习的，其实我自己什么都不了解。长大之后，自己看得多了，发现有些榜样事迹就是被编出来的，那还有什么值得学习的"。

为了进一步探究大学生对"感动中国人物"的认知与态度，本研究制作了一份调查表，罗列了"感动中国"创办以来所有的青年榜样及其主要事迹（共 38 例），请接受访谈的大学生填答"是否了解"及"是否认同"。结果表明，大学生对"感动中国人物"的了解度一般，其中认知程度最高的大学生也仅知晓 23 例青年榜样及其事迹，认知程度最低的大学生表示只听说过 12 例。

从访谈对象对榜样人物的认同程度来看，访谈对象在了解了榜样人物的事迹后对大多数榜样都持较为肯定的态度，但是对以下四类"感动中国人物"所传达的精神内涵却不甚认同：第一类是牺牲自我的慈善家（如丛飞），第二类是因本职工作得到嘉奖的人（如传递奥运圣火的运动员吉吉、姚明、刘翔、"尖兵战士"何祥美），第三类是事迹不真实的榜样（如捐肾救母的田世国），第四类是日常生活中的普通人（如为爱唤醒丈夫的罗映珍、谢恩的残疾孩子黄舸）。而且值得注意的是，在不提及"感动中国人物"的前提下，访谈对象中没有人将任何一位"感动中国人物"视为自己的榜样，这说明大学生对"感动中国人物"的认同度并不高。

大学生们对榜样的认同并没有呈现出明显的性别差异，其原因在于"感动中国"本身所塑造的女性榜样本身极为有限，但从他们自主选择的榜样分布上可以看到榜样认同中性别失衡的存在。具体来说，在"感动中国人物"之外那些被大学生明确作为榜样列出的人物基本上都是公众人物，有政治名人（周恩来、温家宝）、文化名人（杨澜、芮成钢、张爱玲）、体育名人（纳达尔），只有一位同学将日常生活中的普通人（自己的姑姑）视为榜样。之所以选择这些人物作为自己的榜样，访谈对象表示是对榜样的人生态度及生活方式比较欣赏，能够从中汲取正能量以帮助自己明确目标。从大学生所提及的榜样中，我们发现男生所选择的榜样都是男性，女生中除了三位选择"姑姑""杨澜"及"张爱玲"作为自己的榜样外，其他女生所选榜样也均为男性。

（三）大学生对"感动中国人物"性别形象的认知

那么，大学生是否对不同性别的"感动中国人物"具有不一样的态度呢？本研究在个案访谈的基础上组织了一次焦点小组的讨论，在为大学生们播放了任长霞及罗阳两位"感动中国人物"的颁奖视频之后，主持人询问大家"看过视频后，你们最深的感受是什么"。

针对这一问题，男大学生与女大学生的态度确实存在差异。

"这是两个特别大义的事例。但是我觉得特别遗憾，就是在家人方面，如果是我的话我就做不到（为了工作牺牲了家人）。我觉得最大的泪点就是提起我的父母，所以真的很佩服他们，觉得他们奉献得太多了。"（C14，女）

"我初中的时候，一个同学跟我讲，一个好老师不是一个好妈妈，一个好妈妈不是一个好老师。"（C22，女）

"我觉得不管怎样，家对于每个人都是有牵挂的。像任长霞，说她来了就破了多少多少案件，然后被夸成了包青天。她是一个人带动了一个集体，我们是不是对她要求过多了，导致她分身乏术，无暇顾及家庭。"（C17，女）

"我看的时候感觉特别佩服，有的时候真要做出一点东西来就要舍弃一些东西。就像我老家一所中学的校长，为了改变学校的校风，每天很早去学校，很晚回家，但所有人都感觉到了这所学校发生了变化。"（C8，男）

"当（一个人）感觉被需要的时候，特别是感觉这个社会可能比家庭更需要他的时候，他就会做出一些伟大的事情。"（C3，男）

从大家的自由发言来看，尽管大家对两位兢兢业业坚守在各自工作岗位并鞠躬尽瘁的职业道德楷模都表示出佩服及尊敬，但女生更多地关注到对家庭及家人的愧疚，男生则认为这种为了工作为了事业所作出的家庭牺牲是不可避免的，也是可以接受的；且女生为榜样人物所惋惜的家庭牺牲也更多地针对女性榜样任长霞有感而发，而非作为男性榜样的罗阳。无疑，大学生们观看两例"感动中国人物"事迹后的感受受到了颁奖视频叙述符号及语言组织的影响。无论是肖像类符号，还是象征类符号或指示类符号，主流媒介在制作和传播媒介信息的过程中仍不可避免地代入传统的社会性别意识，其文本中不言而喻的信息是，女性的职业发展必然会阻碍其对家庭职责的担当。

随后的自由讨论中，我们进一步询问大学生"当你们自己遇到工作和家庭冲突的时候，会作出怎样的选择"。有女生回答"我觉得我会选择家庭，我从小被教育女孩子不要那么拼，家庭还是更加重要的"（C17），男生多回答"可能男生选择工作的多一点，女生会比较恋家"（C8），当然也有少数男生认为"我会更偏向于家庭，因为我爸也觉得要先照顾好家庭"（C12）。由此可见，主流媒介在榜样宣传中的性别话语建构，之所以能够被大学生尤其是女性大学生所接受、认知，在很大程度上受到了传统性别观念的影响。

四、结论与思考

本研究通过个案访谈、焦点小组等方法，就大学生对榜样概念的理解、榜样的选择以及榜样性别形象的认知展开了分析和讨论。结果表明，目前大学生在榜样认同上一方面重偶像、轻榜样，另一方面对女性榜样的认同度不高。实际上，大学生榜样认同中的这两种困境并不是孤立存在的，它们是一个问题的两个向面。外显困境与内隐困境相互勾连，折射出国家向度与市场向度在榜样建构中不同性别话语的交织，以及由此而产生的个人在性别观念上的摇摆与纠结。本研究将从以下三个方面加以阐释。

首先，从国家向度来看，在榜样的选择与塑造上存在"去性别化"与"性别刻板印象"并存的特征。作为社会主流文化意识形态无疑需要维持"男女平等"的基调，但遗憾的是这种平等是建立在男性标准上的平等，同时主流媒介中暗藏的"性别刻板印象"的注脚表明，女性榜样还面对承担牺牲家庭和家人的苛责，因此也就不难理解为何在榜样教育中女性榜样稀缺。

从市场向度来看，全球化浪潮裹挟下的"消费主义"与"娱乐主义"充斥着人们的社会生活，女性有了更多自由选择的机会与空间成为偶像。然而与国家向度中的话语体系一样，消费及娱乐至上的商品社会中，性别话语权仍然由男性所主宰，所以不乏符合男性趣味的女性偶像存在，有时这种"取悦男性"甚至恶俗的性别话语还会有损女性偶像的正面形象，使之难以达到榜样的高度。

综上所述，尽管从表面上来看国家向度的榜样建构与市场向度的偶像生产势不两立，榜样的示范效应不断被偶像光环所侵占和蚕食，但细致分析可知，两者在性别话语的建构上存在互补与合谋交叠的复杂关系。一方面，国家向度对性别气质简单抹杀，市场向度对性别气质高调宣扬；另一方面，在两个向度下都潜伏着传统的性别意识。因此，在接受了性别观念指示器的讯息下，当代大学生无疑会陷入对性别的"迷思"之中，并在"二元对立"与"多元化"的性别话语之间徘徊，限制了其自由发展的空间与机会。

城乡文化冲突视角下的农村籍
贫困女大学生心理教育

江苏大学文法学院　王春林

[摘要] 农村籍贫困女大学生从乡村来到城市，由于经济需求不一、社会关系简繁以及文化传统导致的文化冲突有可能使她们出现心理问题。不公平感、紧张焦虑感、自我封闭感以及从众感这些心理问题的出现，影响了高等学校正常的教学秩序和人才培养质量。为此，高等学校应当高度关注农村籍贫困女大学生心理问题教育，引导她们树立正确的人生观，教育她们熟练掌握与人交往的技巧，加强她们的心理辅导和关怀，教育她们确立正确的择业观。

[关键词] 农村籍贫困女大学生　文化冲突　心理问题　教育

农村籍贫困女大学生从乡村来到城市，这既是一种人口流动，同时也是一种文化上的迁移，她们必须面对城乡文化冲突。"文化冲突"是美国学者索尔斯坦·塞林（Thorsten Sellin）在 1938 年首先提出的，他认为，当不同规范准则出现在相邻文化地区时，或当一个文化集团的人移民到另一个集团领域时，相对立的文化冲突就会产生。由于乡土文化与城市文化的对立，部分农村籍贫困大学生在城市文化的冲击下，评价自身行为的标准失去了统一尺度，显得有些无所适从，产生一些心理问题。据北京高校学生心理素质教育研究课题组最新的一项调查显示：在北京市大学生中有 16.5％ 的学生存在中度以上的心理卫生问题，其中边远农村的学生比例最高，为 19％，高于城市学生。这些农村贫困大学生中包括大量的农村籍贫困女大学生。心理素质是人在认知、情感、意志、兴趣等品质上的特征，良好的心理素质是一个人正常生活和工作学习的必要条件。高等教育是在完成中等教育的基础上进行的专业教育，是培养高级专门人才的社会活动。因此，掌握农村籍贫困女大学生的心理特点，解决她们的心理问题，提高她们的心理素质是我国高等教育的重要任务之一。

一、农村籍贫困女大学生面临的常见文化冲突

（一）经济需求不一导致的文化冲突

在经济上，经济欠发达的农村地区经济落后、商业萧条，仍然以农业为主要生产方式，市场经济发育不良。乡村劳动是以体力劳动为主的简单经济活动，社会分工不明确，经济发展水平较低。农业文化所创造的物质产品，主要用于满足基本的生活需要，物质文化比较贫乏，人们的经济需求相对简单。而城市经济门类齐全，功能完备，经济结构上以第二、三产业为主，经济相对发达，基础设施较为完备，居民生活比较便利。农村籍贫困女大学生来到城市就读后，对生活有着更高的要

求，但她们所获得的生活费用较少，在严酷的社会现实面前，她们的心理承受能力就显得较弱，所以她们对现实表现出较低的满意度。

（二）社会关系简繁导致的文化冲突

在社会关系上，农村居民十分注重家族关系，亲属之间的交往是农村居民人际关系极重要的方面，依附、重视家族关系，重亲情、轻法理是传统农村社会的普遍心态，亲属间的互助则是我国农村传统的、较为普遍的社会经济协作形式。传统的中国农村地区是基于血缘关系的宗法伦理社会，家族伦理是农村社会道德的基础和核心，以"孝"为核心的伦理观是农村社会道德的支柱。而在城市，人们从事不同的职业并分化为不同的阶层，呈现出多元化的特点。城市居民的社会结构是由职业、级别、职称、文化水平和身份地位等因素决定的，大多从事固定的职业，工作与生活相分离，工作时间具有分割性，日常时间安排较具节奏性和条理性，社会行为受法律法规、规章制度及公共道德约束。流入地家庭规模一般呈现小型化、结构简单化，在构成上多为核心家庭，人们有更多的精力和时间投入家庭外的社会活动。农村籍贫困女大学生在上大学前的交往方式主要是基于亲缘、地缘关系的交往，其交往方式是群体行为、文化与生活习惯上的同一性，心理上的安全感和信任感以及职业上的相似性等多因素共同作用的结果。以亲缘、地缘关系结成的社会关系网络，不仅强化了农村籍贫困大学生与主流社会的隔离，同一群体的密切交往也为其亚文化价值观、道德观在群体内的扩散创造了条件。这种熟人圈子既是一种个人的精神后盾，同时也必然地会对个人形成诸多约束体系，要求个人的行为必须符合乡村生活的规则和评判标准。

（三）文化传统导致的文化冲突

在我国，目前的农村文化尤其是经济欠发达地区农村文化仍然深受我国传统家族文化的影响。而我国传统家族文化有以下八个特点：血族性、聚居性、等级性、礼俗性、农耕性、自给性、封闭性和稳定性。深受传统家族文化影响的人们彼此从熟悉到信任，信任使人们的交往增加安全感，减少相互猜疑的麻烦。农村籍贫困大学生来到城市就读后，在他们面前呈现出的是现代社会文化，这种文化也具有八个特点：社团性、流动性、平等性、法制性、工业性、交易型、开放性和创新性。深受家族文化影响的农村文化与更具现代社会特征的城市文化差异是很大的，两种异质文化的撞击和冲突伴随农村籍贫困女大学生进入城市不可避免地发生了。农村籍贫困女大学生刚进入城市，在认识上、价值观念上不能完全城市化，处于强烈的文化冲突之中，处于矛盾和困惑状态。

二、文化冲突下农村籍贫困女大学生的常见心理表现

（一）不公平感

公平和公平感是两个范畴，公平与否是一种客观现象，可用一个既定的、公认的法规、准则来判断和衡量。而公平感则属于一种主观现象，是一种情感体验。作为客观存在的现象"公平"，它是人们进行公平判断的外在信息源，而公平感则是人们内部动机、观念、需要等综合加工的结果。不公平感由两种因素决定：第一是事实的不公平，第二是比较的不公平。公平感带有较大的主观性。公平感不是孤立的，其心理变化有其深刻的社会历史背景，我国有"不患寡而患不均"的绝对平均主义历史传统，而改革开放以来我国逐渐打破了原有的分配模式，产生了贫富不均的社会现象。在现实生活中，人们在和他人的攀比中来判断社会是否对自己不公平。农村籍贫困女大学生在到高等学校上学前，其生活在家乡，经济不发达，人们的收入普遍较低，加之信息相对闭塞，比较容易满足那种生活状态。一旦被高校录取，来到经济相对发达的城市，生活环境发生了极大改变，将自己的生活与城市居民生活条件进行比较，会产生不公平感。由于不公平感的产生，极少数农村籍贫困大学生甚至会对家庭条件好的同学产生反感和排斥心理，具体表现为强烈的愤怒、严重的对立甚至敌对情绪。在家庭条件好的同学的富裕生活和优越感面前，内心充满失望，布满了烦躁、愤怒，被剥夺感特别强烈。

（二）紧张焦虑感

农村籍贫困女大学生由于家庭经济困难导致其学费和生活费一般不能得到很好的保障，这样就会使她们的生活处于困境中。学费得不到保障，担心无法顺利完成学业，即使申请助学贷款也担心不能如期偿还贷款而导致毕业时学校扣留毕业证件而影响顺利就业，担心生活费没有着落而影响其上学时的日常生活起居。即使家庭保障了她们求学时所需的费用，往往还要为家庭担忧。由于出生在贫寒的家庭，农村籍贫困女大学生往往深知父母劳动艰辛，挣钱不易。而且父母为了保障自己能顺利上学往往生活非常节俭，即使生病了也不就医，这样，农村籍贫困女大学生也会产生担心家庭的紧张焦虑心理。来自城市的同学家庭拥有的社会资源较多，就业较为容易。而那些农村籍贫困女大学生家庭几乎没有社会资源，加之有一部分农村出身的大学生当初就怀着考上大学跳出农门以光宗耀祖，再回到农村会被乡亲们认为是没出息的想法，这样她们又会因担心毕业时能否顺利就业而产生紧张焦虑心理。

（三）自我封闭感

能够进入高校就读的农村籍贫困女大学生都是家乡的风云人物，经过十多年的苦读，她们来到高校后，面对新环境带来的新挑战，原本的优势和心理平衡被逐渐打破，发现自己原来只是众多大学生中的一员。而且来自城市和经济发达地区的大学生在读中小学时，所在地区中小学更为重视素质教育，学生综合素质得到了提高，往往都有一定的技艺，人际交往能力也较强，进入高校后很快融入新的环境，很快适应大学生活。农村籍贫困女大学生在进入大学后，由于存在这些不足，她们中很多人对自己满怀信心和希望，开始新的拼搏。但也有部分农村籍贫困女大学生自信心受到一定的挫伤，最终导致自我评价失调，产生自我封闭感。这样，她们就不能与人坦诚地交流思想，不愿意主动接近同学和老师，思想情感不能得到及时沟通和充分表达，使得很多农村籍贫困女大学生人际关系不协调，学习、生活中出现了问题往往未能及时解决。

（四）从众感

从众感是指社会个体在社会群体的无形压力下，在自己的知觉、判断、认识上不知不觉或不由自主地与多数人保持一致的社会心理现象。由于部分农村籍贫困女大学生知识、经验都不足，缺乏分析、独立思考的能力，在遇到问题需要解决时，自我认为"少数服从多数，一般是不会出问题的"，于是在遇到问题时不顾是非曲直地一概服从多数，不喜欢独立判断和决策。从众感的产生使得这些农村籍贫困女大学生的社会化提升速度缓慢，甚至迟滞。

三、解决农村籍贫困女大学生心理问题教育策略

（一）高等学校应当高度关注

在我国，高等教育要坚持以大学生为本，重视大学生的生活、学习、组织、合作、创新及自我调节能力等各种能力的全面均衡发展。为此，高等学校要解决好农村籍贫困女大学生的心理问题，建立完善的心理健康师资队伍。联合国教科文组织曾对学校心理学工作者的资格和训练提出三项要求：一是具有教学文凭和教师资格证书，二是具有五年以上的教学经验，三是系统修完有关心理学课程。高等学校要通过各种途径有计划地加强心理健康师资队伍建设，充分保证心理健康师资队伍的数量和质量。从事心理素质教育的教师要明白心理教育是学校素质教育的重要组成部分，要不断学习以更好地充实自己，从而能够针对学生的心理问题给予适当的解决策略。学校可以开设心理健康教育必修、选修课程，开展心理健康教育专题讲座，通过网络、板报等多种形式进行心理健康教育。在进行心理健康教育时，老师和学生之间可以选择实时或非实时的交流方式，也可以根据需要选择不同的交互方式，如电子公告栏、BBS、QQ、聊天室、电子邮箱、飞信、微信、网络视频和手机短信等。在这种教学情境中，师生之间、学生之间的信息可以即时传递和反馈。老师也可以通过电子邮箱、飞信、短信等向学生发送有关心理健康材料，这种方式令学生在学习时间上掌握比较灵活，但反馈情况不如在线教学及时。学校要组织师资力量做好农村籍贫困女大学生的心理关怀和辅导工作，必要时可以进行单独面向农村籍贫困女大学生群体的封闭式教育和辅导，改善她们的自我认识，增强她们的自信心。

（二）高校心理健康教育内容

1. 引导农村籍贫困女大学生树立正确的人生观

在高等教育繁荣发展的背后，高素质人才培养的重要性日益凸显出来，农村籍

贫困女大学生正处于人生观形成的关键时期，要加强对她们的人生观教育，帮助她们树立正确的人生观，引导农村籍贫困女大学生正确认识自我，做到客观公正地评价自我，不要妄自菲薄，对提高其综合素质具有重要的现实意义。在高等学校，对大学生的人生观教育应当做到经常化、系统化，将科学社会主义理论与我国社会主义市场经济的实践结合起来，培养她们适应社会需求的基本素质。

2. 教育农村籍贫困女大学生熟练掌握与人交往的技巧

掌握与人相处的技巧是成功交往的必要条件。与人相处的技巧是一门高深的艺术，一旦掌握高超的与人交往技巧，可以唤起别人与你友好相处的热情，打通与他人接近和沟通的渠道，密切交往对象之间的关系。高校要有针对性地举办一些有关交往技巧的讲座，教育农村籍贫困女大学生尽量去了解别人，真诚地赞赏他人，掌握捕捉对方观点的能力，要懂得容纳别人，能设身处地为他人着想。同时鼓励农村籍贫困女大学生主动热情地与人交往，在交往实践中逐渐熟练掌握交往技巧。要充分发挥自己的长处，客观地评价他人，认真学习他人的长处从而弥补自己的不足之处，要以真诚的态度与他人交往。而良好的个性是成功与他人交往的前提，这离不开高等学校的正确教育。

3. 加强农村籍贫困女大学生的心理辅导和关怀

高等学校在对农村籍贫困女大学生进行物质帮助的同时，要积极对她们进行必要的心理关怀和辅导，帮助她们消除自卑感，能够充分地了解自身的长处与缺陷，并对自己的能力作出适度的评价，教育她们生活的目标不能脱离现实环境，而要切合社会实际情况，在合乎社会规范的前提下能够有限度地发挥个人的个性和满足个人的基本需求，能够适度地发泄情绪和控制情绪，从而保持人格的完整和谐及建立良好的人际关系，并在和谐的人际关系中充分发掘自身潜力。教育她们正确理解和表达自己的情绪，用积极健康的情绪直面周围的人和事，随着情形的变化要适时对情绪进行成熟理性的调节。

4. 教育农村籍贫困大学生确立正确的择业观

农村籍贫困大学生只有具有了职业生涯发展自主意识，确立正确的就业观，才能理性地规划自身未来的发展，并努力提高就业能力和生涯规划能力。为此，高等学校要教育大学生认真剖析自我，充分认识和了解自我，认清自身现状，了解自身特质以及各种职业的要求，明确自己的职业目标和努力方向，将自身的发展和社会实际相结合，调整自身的发展，为将来进入社会奠定基础。大学生职涯规划是把一定的或变化着的事实，同具体的、历史的、不断变化着的自我，以及自我的需要联系起来。因此，高等学校要重视对农村籍贫困女大学生职业生涯规划的教育。大学生职涯规划教育总是体现主体性的教育，并伴随着主体的变化而变化。高等学校要教育农村籍贫困女大学生打破从一而终的就业观，不断提高自身就业能力和就业水平，使自己的就业能力得到与时俱进。

四、结语

良好的心理素质在促进农村籍贫困女大学生全面素质的提高中起着非常重要的作用，健康的心理是她们全面发展必须具备的条件和基础。为此，加强对农村籍贫困女大学生的心理素质教育，全面提高她们的素质是高等学校所面临的重要任务。高等学校要不断加强对农村籍贫困女大学生的心理健康教育，使她们不断更新观念，超越自我，这样才能保证高等学校培养人才的质量。

参考文献：

[1] 王昊. 论农村大学新生的心理适应 [J]. 求索，2004（10）：174-175.

[2] 徐新林. 在校农村大学生再社会化问题研究 [J]. 河南社会科学，2003（2）：89-92.

[3] 王沪宁. 当代中国村落家族文化——对中国社会现代化的一项探索 [M]. 上海：上海人民出版社，1991：29.

[4] 王春林. 农民工犯罪研究 [M]. 北京：中国政法大学出版社，2013：111.

[5] 张巧念. 大学生职业生涯规划教育的理性诉求与价值实现 [J]. 湖北社会科学，2011，25（2）：185-188.

社会性别视阈下的女大学生职业发展探析

西安培华学院女子学院 潘迎丽

[摘要] 近年来，随着高等教育的日益普及，大学生，特别是女大学生就业形势越来越严峻。女大学生就业难问题已引起社会各界的广泛关注。女大学生就业难是由多种因素综合造成的，本文从社会性别的视角下，来研究女性就业问题，对当前女大学生就业的现状及原因进行了分析，并有针对性地提出解决该问题的对策思考。

解决女大学生就业难题是一项需要全社会参与的工程，只有以高度的责任感关心女大学生就业，政府、高校、用人单位增强服务意识，优化就业环境，拓宽就业渠道，打破所有制约女大学生就业的壁垒，才能实现长期性、制度化的女大学生用工机制。同时，女大学生也要从自身方面多加考虑，努力提升自身各方面的能力，转变就业观念，增强自信心和独立意识，培养积极主动的择业、创业精神，只有这样才能在现如今这样的环境下争得一席之地，实现自己的人生理想和价值。

改革开放 30 多年以来的经济快速增长把我国带入有史以来最有活力的繁荣时期，也带入中国高等教育普及化时期。截至 2014 年 7 月 9 日，全国高等学校（不含独立学院）共计 2542 所（包括民办普通高校 444 所），2014 年全国普通高校毕业生人数达 727 万人，较 2013 年增加 28 万人，全国高校在校女大学生的比例已达 45.7%。尤其值得我们教育工作者关注和思考的是：在社会转型和市场经济条件下，女大学生的就业安置工作引起多方关注。由于在生理、心理等方面有着与男生不同的特点，女大学生的职业发展既有共性，也存在个性。这就向我们高校提出了一个非常现实的问题，即在教育教学实践中如何把当前的诸多社会问题与"因性施教"的教育原则有机地结合起来，如何在实现教育公平的同时，正视性别差异，重视对性别差异规律的研究，创新教育理念和教学内容，培养和造就社会主义现代化事业需要的职业型、应用型的高质量、高素质的女性人才。

随着实现 2015 年联合国千年发展目标截止日期的临近，如何继续推进男女平等、赋予女性更多权利，受到国际社会的普遍关注。国际社会对社会性别的研究提出了保障女性平等获得经济资源、平等参与经济发展、减少就业性别歧视和职业隔离和提升妇女的经济地位等研究方向。同时，社会性别也为我们研究与探讨女大学生职业发展公平提供了新的视角。

一、社会性别教育与高等教育发展

（一）性别平等教育

人类社会自诞生至今，尚未有过毫无社会差异的历史，男女两性的不平等使占人口一半的女性潜力得不到应有的发挥，传统的社会性别观念禁锢了女性的发展。树立平等的性别意识、摈弃传统的社会性别观念绝非易事，但也绝不是摈弃不了。

当前，高等教育应推广性别平等教育，即性别敏感教育，指不同的性别在接受教育的全过程中，在教育各个领域均享有平等的机会和权利，均能站在公平的立足点上发展其潜能，不因生理、心理、社会和文化等性别因素而受到限制。《联合国教科文组织的2003—2004年全民教育全球监测报告》综合了受教育的权利、教育中的权利和教育后的权利等三个方面权利平等的意义，郑重提出："在教育领域内，性别完全平等意味着：机会平等"。指的是男童和女童进入学校的机会相同，也就是家长、教师和整个社会在这个方面没有性别歧视。学习过程中的平等是指男童和女童受到相同的对待和关注，在课程、教学方法和教学工具方面免受陈规旧习和性别歧视的影响，可以有相同的学业导向。在接受建议时也不受性别歧视，可以使用相同数量和质量的教育设施。结果平等是指学习结果、受教育年限、学术资格和文凭不因性别而不同。外部结果平等是指工作机会相等，离开全日制教育以后找到工作的时间相同，有相同资格和经历的男性和女性所取得的报酬相等。

性别教育原则指在教育方法上要重视性别差异。平等不等于相同，要防止以男女平等为理由忽略女生发展的特殊性。从我国目前推行性别平等教育的实践经验来看，应多将注意力集中于男女两性入学机会是否均等、课程内容是否存在性别偏见、教学内容是否具有性别敏感性、师生互动中的性别差异等方面。性别平等的教育模式更多地停留于同化模式、缺陷模式而非多元模式、社会正义模式，关注给予男女学生相同的教育机会与资源，或针对面临特殊问题的女童进行友善的教育救助和补偿，这些行为常常以男性为教育参照的标准，无法撼动既定的教育价值体系。进一步导致我们在融入性别视角的课程与教材改革方面，往往只是在男性文化中心和价值标准的架构下简单添加和补充杰出女性的典范、事迹和相关的性别主题，只有符合男性规范标准者方可出现在课程中，如女科学家、女性作家、女医生等，无法引导学生从不同的文化观点和视角来看待概念、议题和问题。

尊重不同地域、年龄、职业、阶层、民族和性取向等的女性群体的多元经验，在社会、文化、历史、政治和经济脉络中分析女性的经验，针对女大学生心理上的历史积淀、现实中的文化陷阱以及可能存在的认知特征差异、个性发展差异，采取相应的教育方法，更有效地帮助女大学生克服成才障碍，提高成才素质，促进女大学生的成才。

（二）就业性别文化建设

在我国社会转型过程中，就业领域的性别文化建设促进着性别文化的变迁，同时又反作用于经济改革和经济发展。一方面，性别平等和男女两性共同参与社会经济活动已经得到人们的广泛认同；另一方面，在参与社会经济活动过程中，社会赋予两性不同的期待，两性表现出不同的行为特征、习惯以及兴趣和偏好，女性与男性相比在就业领域仍处于弱势地位。究其原因，无论是个体就业观念、职业选择还是外部社会环境，都渗透着就业性别文化的影响。

第一，建立有利于促进两性平等的教育体制及教育决策支持系统。建立性别平等的教育体制及教育决策支持系统，是实现教育目标的组织保证。《中国妇女发展纲要（2011－2020年）》已把女性人力资源能力建设问题列入工作的重点领域，提出女性教育与整体教育同步发展的指标。但要落实预期目标还需要相应的教育体制和决策支持系统，因此，需要采取如下措施：一是在各省教育厅建立两性教育平等的统筹管理机构；二是提高教育决策系统的性别比例，确保女性平等参与教育行政工作、政策制定和决策参与；三是增强教育咨询顾问系统的社会性别意识。各级教育部门的教育决策智囊机构，要将性别分析纳入政策研究和咨询过程，促进两性教育平等发展；四是健全教育信息统计系统的性别统计指标，完善教育信息统计制度。

第二，建立健全女性教育法制保障体系。教育法制化是现代国家教育发展的重要特征，只有运用法律的形式规范教育领域中的各种关系，女性教育的发展才有法律上的保障。政府应从宏观调控的角度加强立法管理，通过建立健全体现性别平等和保障妇女受教育权利的法律法规体系、建立完善女性教育执法监测监督制度，实现教育领域性别平等的重要目标与任务，使法律上的男女平等成为事实上的性别公平。

第三，完善教育政策性别平等运行机制。制定专门的政策和计划，提高女性接受各层次教育的比重；制定鼓励女性接受教育的优惠政策，提高女性参与教育的层次；采取特别措施，改变学科领域性别分布不均衡现象，提高高新技术和现代管理领域的女性专业技术人才的比例。通过制定女性教育规划及特殊政策，改变目前女性与男性在接受教育的比重、层次等方面所存在的性别差异。

第四，建立多样化、多途径、多层级和符合中国国情的女性教育体系。在专科、本科、研究生等教育中，充分关注妇女教育，形成多类型、多层级性别结构合理的高等教育体系。发展面向从业女性的开放性的继续教育，提高各类从业女性适应社会主义市场经济的能力。

第五，加强性别教育，深化教育教学改革，切实提高女性教育质量与水平。如何在教育中实现社会性别公平原则，为男女两性创造充分发展和成才的良好条件，是当前中国教育改革和教育发展的重要课题之一，也是妇女教育研究的重要任务。一是深化女性教育研究，探索女性教育规律，建立女性教育学，以学科建设促进教学与研究的进一步深入。二是整合女性研究队伍，健全女性教育研究机构，统筹规划研究当前女性教育的主要问题，推行性别公平化教育，以促进妇女教育理论和实践的发展。三是在教育系统对教师进行性别意识培训，并在制订教学计划、教育内容和教学方法的改革方案中传播正确的性别观。

（三）高校职业规划教育

调查显示，高校职业规划教育应从大一新生入学就开始着手，直至他们顺利毕业，即贯穿学生的整个大学生涯，普及整个大学校园。这是一种发展性的就业辅导工作理念。在这一过程中，学校要自始至终不断地促进学生合理就业的形成，逐步提高他们的择业能力和就业技巧，以收到水到渠成的效果。

第一，针对不同性别的大学生进行分类指导。男大学生和女大学生群体差异较大，要开展相应的个性化指导，帮助不同性别的大学生提高择业自主性，明确生涯目标。鉴于此，可用团体辅导的方式对不同性别的大学生分别进行职业生涯教育。团体辅导具有明确的目标性，能够把一类具有共同特点的女生聚集起来，成员间可以很好地互动反馈，在某种程度上，职业规划团体辅导的作用并不低于个别咨询，而且由于人力成本较低，使得其效率更高。针对不同性别大学生的身心特点，团体辅导可有效解决其存在的共性问题，使其减轻心理压力，提高自信心，形成清晰的自我认知，明确目标。鉴于我国高校生涯辅导从业人员的实际情况，建议团体辅导主要使用结构性生涯团体，如生涯探索团体、生涯决定团体等，在有特别需要的情况下可有针对性地使用非结构性生涯团体。

第二，对不同性别的大学生建立个人职业生涯档案。女大学生存在性别压力问题，在进行职业生涯心理测试的同时，应有计划、有意识地对其进行社会性别意识教育，帮助女大学生树立性别平等意识，用社会性别的眼光来观察和分析社会现象，消除不同性别大学生成长中的文化壁垒和障碍。利用能力测验、职业兴趣测验、价值观测验、态度测验、人格测验等心理测验，帮助不同性别的大学生全面了解自己的个性、能力、职业兴趣和社会态度等心理特质，并逐渐形成个性化的职业生涯档案，为学生个人生涯规划积累素材。由于社会刻板印象的消极影响、大众传媒的误导和教师传统性别观念等因素的不利影响，女大学生的传统社会性别观念还比较强，这阻碍了她们对自己的正确认识，影响了其职业规划，学校应该通过开设社会性别方面的课程或讲座，帮助女大学生了解社会性别的形成、发展过程，学会用社会性别视角观察、思考、分析和评价社会现象，填补学生的性别盲点，使学生的自信心得到提升，以此帮助女大学生形成正确的自我认知。

第三，针对不同年级、性别分阶段实施全程式辅导。职业生涯规划类课程对于大学生树立良好的职业生涯规划意识和做好个人的职业规划具有十分重要的作用。职业生涯规划是根据个人对自身的主观因素和客观环境的分析，确立自己的职业生涯发展目标，选择实现这一目标的职业，以及制订相应的工作、培训和教育计划，并按照一定的时间安排，采取必要的行动实施职业生涯目标的过程，是一个包含了生涯目标确定、措施实施以及目标实现的长期的过程，也是不断发展的过程。因此，大学生职业规划辅导应该是针对不同年级、性别的，分阶段、贯穿教育全程的辅导。

二、社会性别与大学生就业

(一) 女大学生就业现状

根据联合国的调查，全世界没有一个社会，女人享有与男人同等的机会；女人工作时间比男人长，平均薪资仅为男人的二分之一到四分之三；女人从事家务劳动的时间比男人高出数倍，却经常遭受家庭暴力；等等。长期以来，男性的教育投资回报率明显高于女性。欧美国家女性就业率虽已达六成，瑞典更高达八成，但就业的性别隔离现象仍普遍存在于各国，一半的职业妇女工作于服务业，"女性工作"成为技术层次较低、薪资较低工作的代名词，全球管理阶层职位中女性仅占 6%。

中国随着社会转型和经济体制的转轨，女性就业问题也越来越突出。在现实生活中，我们常常耳闻目睹这样一种社会现象：在求职中常常男性优先，而下岗却女性优先；社会重要岗位常常优先考虑男性，而家庭主要家务却优先想到女性；很多大龄下岗女工，既要承担繁重的家务劳动，又要面临激烈的市场竞争，她们承受着经济和精神的双重压力；特别是近些年来，高学历女性就业难的问题越来越突出。女性就业状况的恶化不仅损害女性的利益，还将进一步强化社会重男轻女的观念。

从总体上看，男女不平等主要体现在三个层面：制度层面，有些制度对女同志不利，如男同志 60 岁退休，女同志 55 岁退休；思想层面，传统文化中的不平等思想，如"男尊女卑、男外女内"等；经济层面，受生产力发展水平的影响形成的不平等，如市场资源分配中的性别倾向让男性处于强势地位，以致市场重心明显地向男性倾斜，而女性在市场资源分配中的弱势地位使其在社会分层中整体下滑。

女大学生就业不平等主要体现在两个方面，一是女大学生就业率比男大学生低；二是女性就业层次比男性低。据统计，在相同条件下，女毕业生就业机会大约只有男毕业生的 87.7%。男女生在高等教育阶段的学业成绩和毕业后的就业收入等方面并没有显著差距，但就业率方面女性则明显低于男性。女性就业层次也明显低于男性。女性在一些对知识与技术要求较高的行业所占比例偏低，在科学研究和综合技术服务业，女性只占该行业职工人数 36.98%；在金融保险业，女性只占职工总人数的 39.53%；国家、党政机关和社会团体女性供职人员更少，只占 22.65%。

（二）女大学生就业问题

2014 年，全国普通高校毕业生达 727 万人，较 2013 年增加 28 万人。据统计，从 2009 年毕业生求职者人数突破 600 万大关以来，求职者数量逐年增加，就业形势更加严峻。目前有很多 2012 届的毕业生由于在校园招聘中未解决就业问题，被迫把目光放到社会招聘中，而社会招聘大多需要一定的工作经验，这也导致很多毕业生花费了很多时间精力却依然无法解决就业问题。

当前，大学生就业问题确实暴露出一些教育体制、专业结构、就业制度、就业政策和劳动力市场建设等方面的问题。这些问题的存在加剧了大学生就业形势的严峻程度，而女大学生就业更难。一是女性受教育程度总体低于男性。统计数据显示，女性新增的高等教育机会更多集中在专科层次。二是女性专业选择面窄。大多女性选择文学、法学以及经济学等专业，而社会提供的与这些专业相关的就业机会并没有显著增加。三是性别歧视。在招聘国家公务员和事业单位人员的过程中，一些国家政府部门、事业单位及国有大中型企业也不遵守男女平等的基本国策和有关男女平等就业的法律。四是职业限制。在招聘过程中，许多职业都被贴上了性别的标签，如高层管理者、技术负责人等岗位被贴上了男性岗位的标签；服务人员、文秘等又被贴上了女性岗位的标签，人为地造成了性别隔离。

除了客观方面的制约导致女性就业困难，从主观方面看，还有以下一些因素。

1. 择业观滞后

在计划经济时代，上大学意味着光宗耀祖和身份的跃迁，是天之骄子而不是布衣平民，就业由国家统包统分，而且包当干部，没有竞争也没有现在就业中隐含的性别歧视，安全、稳定且有很强的集体归属感与荣誉感。而如今，这种就业模式已一去不复返，自主择业、双向选择是当今与未来就业的趋势与主流。但部分女生不能因时而变，传统的就业思维模式依然盘踞在脑海，就业时盲目地追求职业的声望，过分地计较单位的性质、工作环境及个人的身份；认为自谋职业没面子，到新经济组织中去没保障，动手操作的、实践性的、服务性的工作有失尊严，一次就业渴望享用终身，缺少多次就业的意识；一旦求职遇挫，则埋怨没有门路，生不逢时，所学专业不抢手，许多的就业机会就在这犹豫徘徊中失去。

2. 就业观错位

表现在不切实际，不适度地自卑与自信，就业的期望值过高或过低，不能客观地分析自己和社会。面对不可回避的就业竞争，有些女生认同社会对女性的偏见，自卑意识浓厚，畏首畏尾，表现怯懦，缺少自我推销的勇气，求职时有"保镖"相伴，做决定时犹豫不决，难以取得用人单位信任；有的甚至不敢与招聘单位洽谈，求职面试时呆板拘谨，一旦谋职失败则一筹莫展，长久走不出自卑的阴影，忧郁而迷茫，变得更加不自信；高估自己则是夸大自我实力，择业期望值过高，向往中心城市和高薪水，愿作"白领"而不屑于作"蓝领"，好高骛远；农村户籍的女生则普遍存有跳出"农门"改变身份的想法，毕业后宁愿漂泊于城市也不愿回到落后但又需要知识和文化的故乡；或虚荣心严重，与同学相攀比，高不成低不就，挑三拣四，从而人为地窄化就业空间。

3. 强求社会公正

"男女平等"是我国的一项基本国策，女性与男性享有同等的就业与择业的权利也是我国劳动法规中的基本内容，但传统文化中性别歧视依然存在于今天的职场与社会，公开地表示不要女生、相同的条件要男不要女，或人为地抬高女大学生就业的门槛，"性别"这一不以人的意志为转移的东西成为女大学生就业所遭遇的第一道障碍。据江苏省妇联的调查显示：就业中有 55.5% 的女大学生遭遇了就业歧视。女大学生对性别歧视的社会环境深恶痛绝，特别渴望男女能在平等的基础上竞争，这是合情合理的，而且这也必将成为社会发展趋势。但这一现象的形成是漫长历史文化积淀的产物，消除它也非朝夕可就，如若一味地强求社会公道与公平，并为此而忿忿不平，以为滔滔者天下皆然，夸大阴暗面，否定光明面，就会形成一种极不理性的就业心态，就业的路也会因之变得漫长而坎坷。

三、改善女大学生就业困境的对策

（一）提升女大学生职业素养，鼓励其勇于接受挑战

1. 了解自身的兴趣和性格，明确职业发展目标与方向

在学校的帮助引导下，大学生从一开始就需要逐步认清自我，发现和了解自己的性格、兴趣和专长，并针对自己的专业作出规划，明确发展方向和目标，以便及早进行合理的职业生涯规划和职业定位，有效指导未来就业。

2. 分析就业形势，保持适度的就业压力感和就业焦虑度

毕业生应逐步接触和了解当前的就业状况，明确就业形势，增强危机感和竞争意识，自觉地从提高自身就业能力、提高自身素质等方面为就业做好准备而努力学习。"事预则立，不预则废"，对于就业形势具有这种充分认识和心理准备，找工作时才能继续保持自信，勇敢地面对社会的抉择，积极参与市场竞争。

3. 正确对待求职成败，树立科学的挫折观

当前就业形势下，找工作受挫成为经常的事情。女大学生要正视性别歧视和压力，增强就业自信与竞争实力。女大学生在求职就业中时常会遭遇性别歧视，如许多用人单位在招聘中竟然明确表示"只要男生"或"同等条件下男生优先"，这种现象导致在校女大学生的就业压力感更大，就业自信心更低。当今大学生就业方向逐渐呈现出多元化的趋势，专业对口虽已不再是绝对的择业标准，但专业仍然是影响就业最主要的因素。所以，在大学期间，女大学生应用积极的心态面对自己所学的专业；在就业期间，应树立正确的就业观念，发挥自身优势，改变人们的偏见心理；在心理上要有自信心，敢于竞争，克服自卑、胆怯等不良心理状态；在职业岗位上，应自信自强，克服依赖心。只有凭自身的实力才能改变社会的偏见，从而赢得社会认同并实现自身价值。

（二）高校实施性别教育，加强就业指导

1. 高校性别教育要侧重培养女大学生的自我发展意识，满足她们发展的基本内在需求

将女大学生职业能力建设与学校课程建设有机结合，如开设相关女性学课程：马克思主义妇女观、女大学生成才学、女大学生职业生涯指导、职业女性形象设计与现代礼仪等。加强女大学生理论学习建设。

2. 合理进行职业期望与定位，树立科学的就业观念

合理就业观的形成不会一蹴而就，而是需要一个循序渐进的过程。因此，结合职业教育，通过就业观和就业政策的宣传教育和引导动员，使学生逐步树立大众化择业观念；立足现实，合理进行职业期望与定位，并不断加强自主创业和服务西部

的就业意识；要认识到不管形势如何严峻，多一些理性认知和选择，就会多一份成功的希望。

3. 进行就业心理辅导，提高职业规划能力

学校就业辅导应当给予她们特别的关注和指导，要帮助她们消除自身具有的女性角色歧视和弱势群体感的自卑心理，鼓励她们敢于去尝试；以一种平等、积极、自信、挑战的心态参与竞争；要帮助她们结合自身特点进行合理的职业定位；要激励她们从各方面加倍努力发展和完善自我，增强自身的就业竞争实力；要协力呼吁社会消除性别歧视，给予女性平等就业的权利和机会。

作为女大学生职业能力提升的基础训练，可以运用社会工作的理念方法，以女大学生职业能力成长小组为具体介入方式，制订详细的小组计划，对介入效果进行评估，不断总结介入的经验；通过提供心理健康教育，对女大学生进行个性化、辅导式的职业能力提升咨询服务；创建平台和实习基地，增加女大学生的工作锻炼机会，增加劳动体验、就业体验和挫折体验；针对不同年级女大学生的特点，研究职业能力建设训练计划。

（三）在法律、舆论等社会层面提供有力保障

通过立法建立没有性别歧视的用人政策。除特殊行业外，对低于 50％ 女性录用比例的用人单位，增加生育基金、养老保险及相关项目的额度，以鼓励用人单位录用女性。女性若遇到用人单位以性别为由拒绝录用，可用法律来保护自己的权益，希望法律工作者、政府有关部门和妇女组织为女毕业生就业提供保护和相关援助。建议政府和人事组织部门采取有效措施，对一切性别歧视问题进行监督和干预，维护女性求学、求职以及劳动报酬方面的权益。

全社会应确立生育的社会价值。完善现有的福利制度，以国家政策确立生育的社会价值，并制定与之配套的社会保障制度。政府可以向女职工较多的部门提供政府贷款或政府补贴，或者将纳税额度与单位女职工的比例挂钩。用人单位应纠正性别歧视的观念，改善高校女生发展的客观环境，在就业、发展方面给予她们平等的权利。

此外，大众传媒在很大程度上影响着受众性别观念的形成，因此，要发挥大众传媒社会性别文化的导向功能和教育功能，媒体工作者要首先自觉地检视自身的性别观念，主动地接受社会性别理论的培训。

参考文献：

[1] 梁成洪. 职业女性心理健康状况探略 [J]. 广西社会科学，2005（12）：182-185.

[2] 孟庆梅. 当代我国社会差异与成人教育机会均等问题研究 [J]. 职教通讯，2007（3）.

[3] 唐娅辉. 论教育政策与性别平等 [J]. 湖南行政学院学报（双月刊），2007（5）.

［4］赵慧娟，郭永玉．性别差异研究的四种取向［J］．西南师范大学学报：人文社科版，2003（5）．

［5］陶春芳，蒋永萍．中国妇女社会地位概观［M］．北京：中国妇女出版社，1993．

［6］张晨芸，韦澍一．社会变革与妇女进步［M］．长春：东北师大出版社，1995．

［7］王宇．从高校知识女性发展的困惑看社会性别教育策略［J］．黑龙江高教研究，2006（8）．

［8］李方．新女性创业前要搞"兵棋推演"［J］．创业指导 INSTRUCTOR 就业与创业，2008（3）．

［9］何建华．职业女性的工作——家庭冲突及其平衡策略［J］．人才开发，2008（12）．

［10］代静亚，童素霞．职业女性的心理调适［J］．科技创新导报，2008（35）．

［11］刘睿，丁威．双性化现象与女性性别角色变化分析［J］．重庆科技学院学报：社会科学版，2008（1）．

妇女国际交流中女大学生跨文化思维的培养

中华女子学院　饶　军　史晓春

[摘要] 妇女国际交流日益频繁，而参与者的跨文化思维培养是涉及人文素质教育的一项长期系统性工程，它关系国际交流间良好国家形象的塑造、国际事务话语权的增强以及国家文化的传播等战略层面的问题。本文结合当今跨文化中的文商理论，从国家外交战略和妇女国际交流的层面进行理论分析，试图通过高校实际案例的解析，探索相应的实践教育模式，找出具有针对性的解决方案。

[关键词] 妇女国际交流　跨文化思维　文化智商　女大学生

一、妇女国际交流和跨文化思维的国家战略意义

中国是联合国《消除对妇女一切形式歧视公约》（CEADW）最早的缔约国之一。该公约中明确提到："缔约各国应采取一切适当措施，消除在本国政治和公众事务中对妇女的歧视，特别应保证妇女在与男子平等的条件下……参加有关本国公共和政治生活的非政府组织和协会。"第 8 条指出："缔约各国应采取一切适当措施，保证妇女在与男子平等、不受任何歧视的条件下，有机会在国际上代表本国政府参加各国际组织的工作。"国家倡导妇女"把握世界文明进步大势和我国深化改革开放进程，拓展国际视野，培养世界眼光，以开放、自信、包容的姿态面向世界，宣传中国妇女发展成就，加强中外妇女交流合作，学习借鉴各国妇女工作的有益经验，为国际妇女运动健康发展做出中国贡献"（宋秀岩，2013）。

有关国际间人员的有效交流，2003 年美国学者柯理思（C. Earley）及他的同事在人类学家霍尔（E. Hall）的跨文化理论研究基础上，针对 IQ、EQ 理论，通过实践和调研，在 2005 年系统性地提出了 CQ（Cultural Intelligence ）即"文化智商"理论，简称"文商"。它是指一个人在智商和情商基础上能够"成功地适应一种不属于自己的陌生文化的能力"，其目的就在于"在跨文化环境中能够具有敏锐的意识并运用这种能力有效地解决问题"（Earley and Ang，2003）。相对于 IQ 和 EQ 而言，CQ 指在跨文化情景中能够有效互动的能力。这个概念很容易理解，但是如果要达到高水平的文商，则需要时间和努力。

了解文化及跨文化的相关知识是必要的，但仅仅掌握各个国家或各个地域的文化差异知识是远远不够的，更重要的是在遇到一个新的跨文化情境时能够有效地进行跨文化交流，即使我们不了解文化差异的内容是什么，也可以通过某些技能去了解。另外，在跨文化情境中，要主动地意识到文化的各种差异，并分析自身的知识和感受。一个文化上智能高的人必须具备以下几个方面素质（David, C. T. & Kerr, Inkson，2009）：一是知识（knowledge），主要包括文化及跨文化活动的基础知识，如文化的概念和特征、国家文化和全球文化、主要的文化价值观、文化的多样性和文化如何影响行为等；二是 正念（mindfulness），主要包括全神贯注地观

察情境、站在对方的角度理解情境、有意识地调整意识形态以适应情境；三是技能（skills），主要包括处理人际关系的技能、容忍不确定性、移情性、感性敏度和适应能力等，这些技能还包括从适应不同跨文化情境的成熟行为技能中选择出一个合适的行为。三者的相关性如图 1 表示。

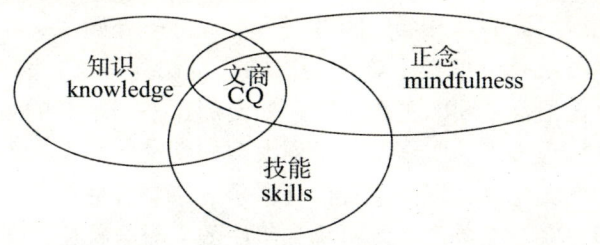

图 1　资料来源：Thomas and Inkson（2004），饶军、史晓春制图（2014）

文化差异在全球合作中的作用是非常明显的。有数据显示，目前世界上共有 5000 多种不同的文化群体。群体间的这些"文化差异"给国际间的交流造成许多障碍，严重影响国际间的交流和合作。任何跨文化和跨地区的协作中，对地域差异和文化差异的考虑都是国际合作能否取得成功的先期条件，这也对在跨文化环境中的工作人员提出了新的知识和能力要求。考虑一个人的文商，对其文商测评则可以应用于跨国际交流项目人员招聘和选拔跨文化人才的环节，也可以对现有跨文化环境中人员的跨文化智能进行考核，以对其进行有针对性的培训，从而提高其跨文化能力，实现跨国际合作的目标。另外，如果想在现在这个"地球村"中成功地实现机构或个人的顺畅交流，我们必须在自身知识和对文化的敏感基础上，学习如何灵活地适应所面对的每一种文化情景。

二、妇女国际交流如何服务于国家整体外交战略

（一）举办和参与大型国际交流活动，进一步增强话语权

1988 年中国妇女第六次全国代表大会通过的《中华全国妇女联合会章程》总则中规定："妇联是联系妇女群众的桥梁和纽带"。为在中外交流与合作中促进中国妇女/性别平等发展和扩大国际影响，全国妇联已经与 150 多个国家的 700 多个妇女儿童组织建立了友好联系，获得了联合国经济和社会理事会咨商地位，当选联合国消歧委员会委员，成为具有广泛国际影响的妇女组织。全国妇联在广泛开展妇女民间外交、协助政府外交工作的同时，促进了中外妇女和性别平等事业的发展，为构建性别平等的和谐世界做出贡献。（曲雯等，2006）

自 2003 年以来，"全国妇联积极参与联合国有关机构和国际组织举办的国际会议，举办、承办多项大型国际活动，在国际多边舞台宣传中国和中国妇女事业的进步，彰显负责任的大国形象"（全国妇联国际联络部，2008）。

第十一届妇代会报告指出"扩大对外交往，增进与世界各国妇女的友谊。妇女民间外交是党和国家外交事业的有机组成部分"，提出"妇联组织要自觉服从服务于国家总体外交大局，在更高层次、更大范围、更广领域推进我国妇女的对外交往"，并着重强调加强对外传播"增进国际社会对我国发展和妇女进步的了解，为

营造有利于我国和平发展的国际环境做贡献"（宋秀岩，2013）。

（二）发挥妇女民间外交优势，服务国家总体外交

妇联执行中国独立自主的和平外交路线和妇女民间外交为国家总体外交服务、为国家经济建设服务、为儿童服务的指导方针，充分发挥妇女民间外交相对稳定、内容广泛、形式灵活的优势，开展民间外交活动，把中外妇女交流纳入国家对外交往的总体框架。在国家外交框架下，全国妇联通过民间外交，参加多边妇女事务，协助政府建立和改善国家之间的关系。配合外交部在不同时期的工作重点和重大外交活动，全国妇联精心策划和实施了一系列大型妇女交流活动，如举办了中法、中巴、中泰、中俄妇女文化周，以及中日妇女牵手北京、首届中国—东盟妇女论坛等活动。同时，全国妇联与在各国妇女机构和组织的交流合作中加大了双边高层互访力度，协助政府建立和改善国家之间的关系。近年来，全国妇联邀请了数十个国家首脑、总统夫人、政府部长来访，妇联主要领导先后率高级别代表团出访。一些外国领导人高度评价中外妇女交流为促进国家关系的发展起到了牵线搭桥的作用。（全国妇联国际联络部，2008）

（三）主动作为，积极推动高层女性政治对话

全国妇联在重视开展与各国妇女组织机构交往的基础上，积极拓展与各国政府议会及联合国机构在性别平等领域的交流与合作交往中注重做重点国家、重点组织和重点人物的工作，加强与女性领导者和知名女性的对话和交流。

（四）推动区域妇女合作，努力塑造负责任大国的良好形象

区域合作是有效协调国家利益、应对全球化和融入世界的重要途径，全国妇联根据国家总体外交部署，紧紧抓住机遇，多次派团参加亚太经合组织妇女与经济论坛、东亚性别平等部长级会议和中非民间论坛等活动，加强与区域内国家妇女、妇女组织和机构的交往，推动妇女领域活动的改革，优化我国妇女发展的区域环境。（全国妇联国际联络部，2008）

三、针对女大学生跨文化思维培养的实践案例

中华女子学院作为全国妇联直属的唯一全日制本科院校，承担着为国家培养妇女高等教育人才的重大历史使命。从延安时期的妇女干部培训开始，在党和国家的重视和关怀下，经过几代人的努力，学校励精图治，开拓前进。作为全国妇联对外交流的重要窗口，学校充分发挥了在"为经济社会发展服务，为妇女发展服务，为妇女国际交流和政府外交服务"中应有的作用，并在国际上产生了重要的影响。

（一）运用专业技能，创造师生服务外交环境

在1995年第四次世界妇女大会期间，上百个国家与地区的妇女代表团来学校参观，对学校评价很高，一致称赞这是中国妇女地位受到国家高度重视的体现。近年来，先后有几十个国家和地区的妇女代表团来校访问。国家元首和政府首脑中如叙利亚总统夫人、卡塔尔王后、美国国务院全球妇女事务无任所大使等，都先后与我校师生座谈或发表演讲。学校师生在"北京＋5"（世妇会后5年工作总结会）、"北京＋10"（世妇会后10年工作总结会）等重大国际会议及国际交流活动中担任

专题组主持人，或做大会专题发言。学校正日益成为世界各国了解中国政府重视妇女教育和妇女发展的重要窗口。

（二）女大学生跨文化思维培养的测评方式

根据上文所提及理论，对文商的测评可以采取心理测量量表，也可以通过跨文化活动进行情境模拟测试（参见表1）。

表1　文商三纬度示意表

文商纬度	指代意义	表现方式
脑 head	思考能力	面对目前文化情况的理解力
心 heart	激励动力	激励自身去适应变化的动力
身 body	行动能力	调整改变自身行为的行动力

来源：Earley, C., Ang, S., & Tan, S.（2006）. 饶军、史晓春制表（2014）

"身"层面就是学员需要集中精力的地方，如言语行为。其他人，比如缺乏信心，害怕犯错误，那就需要培训"心"的部分，激励自己的"心"。在上述文商管理培训中，其优势就是区别对待每个管理者，而不是假设所有培训人员都一样。

文商理论在中华女子学院的教学实践中是如何应用的呢？我们利用案例教学法和实践教学法，结合和针对女大学生具有的敏感、激励和行动力的学习特质，利用全国妇联的支持和首都北京的国际都市优势，在以下情境中创造跨文化交流的氛围，将跨文化思维培养的课堂延伸至课堂以外，甚至到校门之外，以CCS模式（课堂Classroom—校园Campus—社会Society），使师生们将课程活学活用，完成从理论到实践又到理论的良性循环。具体实施的案例如下。

1. 大使论坛

自2012年以来，学院共举办15届"中华女子学院大使论坛"，以及首届巴基斯坦文化周活动，先后有冰岛驻华大使柯思婷、巴基斯坦驻华大使马苏德汗以及前联合国副秘书长沙祖康、前驻美大使李道豫、前驻日大使徐敦信和中国前驻外大使章启月、施燕华，以及前驻外大使李凤林、张志军、鲁培新、马灿荣、徐贻聪、翟建国等接受邀请，以亲身经历同师生们分享他们丰富的跨文化交流经验，使女大学生们能够有机会亲耳聆听国际风云的变幻和各种跨文化危机的处理。

2. 商务部援外项目

作为国家一项重要外交策略，由商务部主办、中华女子学院承办的商务部对外援助项目——"商务部亚洲发展中国家女官员参与社会管理能力建设研修班"和"商务部非洲发展中国家女官员参与社会管理能力建设研修班"分别于2013年和2014年在中华女子学院开办。学校积极安排师生承担研修班的接待及口笔译工作，各部门协调配合，顺利完成任务。通过参与接待和翻译工作，以及与来自几十个不同国家、不同肤色、不同文化背景的研修班学员们的交流，女大学生们亲身参与跨文化交流的实践，随时准备解决突发的跨文化情境中的问题，为大家提供了难得的实战机会。这个项目利用文商理论，组成了一个高效团队。团队领导者知道成员各自的优势和劣势，可以把人员很好地组合在一起。擅长"心"部分的学员和擅长"身"和"脑"部分的学员分工不同，把人组合在一起就成了一个三者兼备的整体团队，解决问题十分快速有效。

3."女性参与公共服务"大学生领导力培训班

文商理论包括头脑、心与身体三部分。有些管理者在某一部分还不错，但是在其他两项上存在缺陷。所以，培训管理者应该针对他们掌握不好的部分进行重点教育和指导。

由中华女子学院与美国七姊妹学院开展的"女性参与公共服务"项目旨在提高全球政府机构和组织中妇女的地位，以培训和辅导的形式，帮助女性领导脱颖而出，建立和保持女性领导国际联络网，形成女性政治领导的跨文化视野等。该项目已经在美国、东南亚及非洲等多个国家和地区成功实施。2013年和2014年学校组织外事办、外语系、管理学院等相关部门顺利完成该项目的翻译、协调和管理工作。正如文商学者柯理思（C. Earley）所言，CQ的真谛是找出不同文化间的共同性。管理者领导不同文化背景的团队，如果团队由来自不同国家的八个人组成，CQ要做的就是在八个人中找到共性，建立他们彼此合作的基础，使团队成功。这是以世界最先进的管理理论为视觉的跨文化人才合作培养模式的探究，通过课内综合测评、语言测试等选拔出80名合格女大学生，先后参与了该项目培训，这对她们今后的职业生涯和人生发展都将产生深远影响。

4.国际区域经济合作峰会的志愿者系列活动

2011年妇女议题被纳入APEC正式框架并提升为部长级活动，全国妇联派出由书记处领导带队，专家学者、企业家和非政府组织成员组成的代表团参加了会议所有活动。在高级别政策对话会上，代表团介绍了中国妇女创业、妇女参与创新型经济增长等领域的经验，其中中国妇女创业故事获得与会代表的高度赞赏和一致好评。很多经济体代表不仅表示要学习中国经验，而且在其他分会上主动宣介中国成就，获得了更多国家的关注。代表团还借助多边会议积极开展双边会晤，利用各种场合和机会广交朋友、厚植友谊，与重要国家政府机构和妇女组织加强交往，拓展合作。为提高参与质量，代表团在文件磋商和规则制定修改中建言献策，表明我方既坚持原则又灵活务实的态度，有效维护了我国利益，平衡了各方力量。

中华女子学院组织和选拔近百名女大学生作为会务志愿者和翻译人员，参与上述论坛及系列活动，使女大学生们有机会亲身参与和体验高级别的政府间国际交流学术活动，将跨文化交流的知识运用到实际中去，通过亲身实践，解决各种问题，真正做到学以致用。

四、结论

目前对文商的结构模型尚没有统一的看法，文商各个构成维度之间的关系还有待进一步验证。文商测评的工具及方法，如心理测量量表或者非心理学评价技术与项目，还有待进一步研究。而当文化冲突成为一个影响成败的关键因素时，毫无准备的机构和个人是无法轻松处理这些问题的。尤其在当今国际化的社会交往日益频繁的情况下，为了使人员间的沟通减少语言和非语言的各种障碍，化解误会、增进了解、提高效率，真正实现国际交流的顺畅化目的，有必要在本科教育的理念和实践中重视和逐步培育女大学生的文化智商，并进行相应投入，探索和建立相关的教学模式、教育机制，培养女大学生的跨文化思维能力，完善人才培育的机制，以达到国家教育规划纲要所要求的全面提高国民素质的最终目标。

参考文献：

［1］EARLEY，P. C.，& ANG，S. Cultural intelligence：Individual interactions across cultures ［M］，Stanford：Stanford University Press，2003.

［2］EARLEY，P. C.，ANG，S. & TAN，J. S. CQ：Developing cultural intelligence at work ［M］. Stanford：Stanford Business Books，2006.

［3］EARLEY，P. C. & MOSAKOWSKI，E. Cultural Intelligence ［J］. U. S. A：Harvard Business Review，2004（10）.

［4］KERRI ANNE CrOWNE. What leads to cultural intelligence? ［J］. Business Horizons，Volume 51，Kelley School of Business，Indiana University，2008（3）：391-399.

［5］http：//www. un. org/chinese/esa/women/cedawtext. htm.

［6］曲雯，陈慧平. 妇联在承担政府推进性别平等职能中的作用研究 ［J］. 妇女研究论丛（增刊），总第 77 期，2006（12）：110.

［7］全国妇联国际联络部. 与时俱进、开拓创新、努力开创妇联外事工作新局面 ［J］. 中国妇运，2008（10）：6-8.

［8］宋秀岩. 高举旗帜凝心聚力，团结动员各族各界妇女为实现中国梦而奋斗 ［N］. 中国妇女报，2013-11-01.

女生课堂
——基于性别视角的职教德育工作初探

湖北省妇女干部学校　朱本林

[摘要] 职业教育包括中高等职业教育和继续教育。职业院校和职业培训机构的在校生中，女生是一个数量庞大的群体，但职教机构很少根据女生的需要和问题开展针对性教育。女性教育的主要内容属于德育范畴，本文探讨了在职业院校以德育选修课和学校社会工作两种形式开展女生道德教育的优缺点。

[关键词] 职业教育　女生　德育　学校社会工作

一、职业院校在校生的性别结构

我国的职业教育是一个庞大的体系，办学形式多种多样。按注册入学的不同方式，可分为中高等职业教育和继续教育；按学历层次，可分为高等教育和中等教育；按办学主体，可分为公办学校和民办学校。

职业教育是一种对我国女性的发展有着深远影响的教育形式。职业教育的办学规模占我国中高等教育办学规模的一半，在中高职学校的生源中，女生又占有半壁江山。2012年，我国中高等教育的总体办学规模及在校女生所占比例的具体情况见表1。

表1　2012年我国各级各类院校在校生人数

	合计（人）	男学生人数	女学生	
			人数	占学生总数的比重（%）
一、高等教育				
普通本专科	23913155	11632665	12280490	51.35
本科	14270888	6988925	7281963	51.03
专科	9642267	4643740	4998527	51.84
成人本专科	5831123	2661724	3169399	54.35
本科	2475495	1100397	1375098	55.55
专科	3355628	1561327	1794301	53.47
网络本专科生	5704112	2881785	2822327	49.48
本科	2002698	950780	1051918	52.53
专科	3701414	1931005	1770409	47.83
二、中等教育				
高中阶段教育	45952782	24027889	21924893	

续表

	合计（人）	男学生人数	女学生	
			人数	占学生总数的比重（%）
高中	24815911	12556312	12259599	49.4
中等职业教育	21136871	11511373	9625498	45.54

表 1 的数据主要反映了学历教育及女生占比的情况。2012 年，高等学校在校生总人数（不含研究生）为 35448390 人，其中在校女生总数为 18272216 人，占高校在校生总人数的 51.5%；高校在校生中的高职高专生（含普通专科、成人专科、网络专科，下同）有 16699309 人，占高校学生总数的 47.11%；高职高专生中女生为 8563237 人，占高职高专生的比重为 51.28%。需要说明的是，专科层次的院校绝大部分为高等职业院校，如湖北省专科层次学校共有 55 所，其中仅两所冠名为"专科"，其余均为职业技术学院，其他各省市区的情况差别不大。高中阶段的在校生总数为 45952782 人，其中中职生为 21136871 人，中职生占高中生总数的 46%；高中阶段在校女生总数为 21924893 人，占高中生总数的 47.71%；其中中职女生为 9625498 人，占高中阶段女生的比重为 43.9%。从以上数据可以看出，在高等教育中，无论是普通教育还是职业教育，女生都占有约一半的比例；在高中阶段，女生更多地选择了普通高中。中高等职业教育中的女生总人数高达 18188735 人，是一个非常庞大的群体。同一资料显示，2012 年女生在普通高中、普通本科、全日制硕士中所占比例分别为 49.41%、51.05%、51.46%。在全日制博士、在职硕士生中所占的比例分别 36.45%、34.71%，所占比例偏低。

表 2 统计了职业培训机构中的生源结构和产业分布情况。由于职业培训机构中关于学员结业并没有统一的标准和口径，我们以注册学生数为基数进行统计。在培训的所有学员中，女生占注册学生总数的 48.17%。培训的女学员中，选择第一、二、三产业的人数分别占 40.5%、13.8%、45.7%，近八成的培训学员选择了农业和服务业。

表 2　职业技术培训机构基本情况

	学校数（所）	教学班	结业生数		注册学生	
			计	其中：女	计	其中：女
总计	123766	506604	48233605	23232301	45673538	21999187
按培训形式：资格证书培训	114	1242	5947477	2610830	5807820	2623972
岗位证书培训	250	12586	10183930	4741012	9405896	4392493
按产业结构：第一产业类培训	576	7646	20892594	9735806	19024032	8902708
第二产业类培训	270	5720	7118984	3394986	6515151	3034302
第三产业类培训	1450	28573	20222027	10101509	20134355	10062177

资料来源：教育部 2012 年教育统计数据

从以上数据可以看出，在我国的普通教育和职业教育体系中，男女比例大体上是均衡的，在入学机会方面，不存在明显的性别歧视，但在非学历培训中存在明显的行业隔离。

二、职业教育中的公平问题

职业教育是我国教育体系中相对薄弱的一环，无论中考高考，招生时总是放在最后一个批次，生源参差不齐，办学实力不强，对学生吸引力不够。能否从各方面提高职业教育的成效，确保在中高等教育的各个环节实现性别平等的教育原则，直接影响着大量受过中高等职业教育的女性。

教育平等的含义包含四个方面：第一，人即目的，人受教育的最终目标是个体自由和谐地发展；第二，教育权利平等；第三，教育机会均等，包括均等的入学机会、均等对待、均等的学业成功机会；第四，差别性对待，要对每一个个体给以不同的教育待遇。（袁振国，2004）

从以上含义出发，我们可以简要分析一下职业教育中三个方面的平等问题。

首先是教育目的的表述。在现行的关于教育目的的表述方面，职业教育与普通教育存在较大的区别。在所有办学形式中，职业教育的工具化色彩最重，受此影响，从国家的方针政策到各职业院校的教学文件，"以就业为导向，提升职业教育对……行业的支撑能力"几乎成为描述教育目的的经典语言，把职业教育的目的彻底社会本位化，似乎职业教育的目的就是使受教育者能够早日进入某个需要她们去支撑的行业。教育目的的偏差使得职业院校的人才培养规格与普通院校存在很大不同。这种不平等不属于性别间的不平等，但影响全社会对职教生的整体评价。

其次是在教育机会均等方面。如前所述，无论是普教还是职教，女性在入学机会方面享有与男性均等的机会。在教育过程中均等对待方面，现有资料显示，从专业设置、课程设置、教材内容等方面来看，女生并没有受到均等对待。

最后是关于差别性对待问题。职业教育体系中的女生有很多属于自身特有的问题与需求，需要给予差别性对待。在这些需求中，有些属于宏观理论与政策法规层面的教育需要，如社会性别主流化、男女平等的基本国策、妇女儿童权益保障、"四自"精神教育；有些属于微观层面的个体需求，如人格培养、学习与职业生涯的可持续性。从一些地方院校的调查统计资料来看，职业院校女生在某些指标方面比男生表现得要好，如非法药物滥用率、网络成瘾倾向和网络成瘾率、缺课率、饮酒醉酒率，女生整体低于男生，但问题仍然严重；在某些方面表现得比男生要差，如体育参与程度低、心理问题包括抑郁症和焦虑症检出率高、网恋参与程度深、自卑感强、专业与职业中明显的性别隔离、职业成就动机不强。这些与女性权益保障密切相关的学习内容，在现有的课程体系中没有找到一席之地。

这些问题大部分属于传统的德育范畴。按照差别性对待的原则，职业院校应当有针对性地开展女性德育教育，但无论是在顶层制度设计还是在实践活动中，我们极少看到这方面的例子，仅有少数中高等女子院校如中华女子学院、山东女子学院、湖南女子学院、兰州女子中专开设了相应的课程。在职业院校的"两课"教学体系中涉及的内容并不多，更谈不上有针对性，需要另找合适的解决方案。

在寻找新的德育途径时，必须考虑以下因素：一是教学内容主要涉及女性德育问题，二是其中的教学内容不适合在男女生混合编班的班上进行教学，三是由女教师任教更为合适。综合考虑这些因素，在单独的空间面向女生进行德育教育成为一种最合适的解决方案。本文所说的女生课堂，就是指专门针对女生进行的女性道德教育活动。既然女生面临着共同的且不同于男生的问题和需求，单独组织女生开展"补短"教育完全符合教育公平原则。

三、女生课堂的开设方式

德育的实施途径有两种，一种是直接的德育教学，以课堂教学的方式进行德育；另一种途径是间接的道德教育，通过在日常生活和学科教学活动中进行渗透来实现德育的目的。相应地，女生课堂也有两种开设方式。

（一）以德育选修课方式开设的女生课堂

"两课"中的德育课就是按照这种学科教学的模式设立的。按照教育部的规定，德育课无论在中职还是高职高专院校，都是各专业必修的公共基础课，也是国家统筹程度最高的课程，由教育部统一确定课程大纲、课程设置与教学安排、教材规划。要另行开设选修课，必须由教育部审批后方可实施。其优点是知识比较系统，效率高，在目前中高职院校课程繁多、学生学习负担重的情况下是一种比较现实的选择。缺点之一是要开设女生德育选修课，很难绕开顶层的制度设计；缺点之二是重理论轻实践，学生获得了德育的知识，但不一定培养了美德（袁振国，2004），违背了德育是一门实践学问的本质属性，会导致德育课考试得高分但品行并不优良的异常现象。

作为一门并非面向全体学生开设的德育课程，女生课堂显然只能以选修课的形式开设，但中职院校现有的选修课是《心理健康》，高职院校现有的选修课是《当代世界经济与政治》，女生课堂的内容显然不能安排进现有的选修课程体系中去，只能单独开设新的德育课程。新开德育课程，首先要由学校向教育部门申请进行试点，编制新的教学计划，制订教学大纲，编写的教材要经过专门审批，试点成熟后再进行推广。从以上前置程序来看，这一工作在财力、物力、专业水平、组织管理工作上有很高的要求，以单个学校的实力从事这项教学改革会有相当大的难度。比较可行的方式是由教育部门或者由教育部门联合妇联、共青团等群团组织共同组织教学改革试验，以项目形式由部分职业院校负责实施。

（二）以学校社会工作方式开设的女生课堂

职业院校的女生面临的问题既有认识问题，也有情感和价值问题，以讲授德育知识为主的德育课不一定是最佳选择。以学校社会工作方式开展道德教育是一条更可行的途径。早在2002年上海浦东新区进行学校社会工作试点时，学校社会工作就被定位为"学校德育工作的有益补充"。在中国大陆，目前学校有德育教师、学科教师、心理教师、班主任、团委少先队工作者和后勤保障人员为学生服务，也是间接德育的重要渠道。与传统间接德育工作相比，学校社会工作作为一种新型的间接德育模式，在服务理念、工作取向、工作方法等方面有一定的优势。到目前为止，已有部分院校以学校社会工作实务形式成功地开展了间接德育工作，实施内容涉及新生适应问题、高校贫困生心理救助、学生健全人格培养、职业生涯规划、大学生弱势群体的心理支持、女生性别意识教育和女生就业支持等。

针对女生的学校社会工作跨越社会工作实务的两个传统领域：妇女社会工作和学校社会工作。妇女社会工作是运用社会工作专业价值观、工作原则、技巧和方法，从妇女的经验出发，来分析和理解她们的处境和需要，提供专业服务，从而促进女性的全面发展和性别平等。（刘梦，2008）开设女生课堂，就需要了解女性共同的需要和问题，遵守妇女社会工作的基本原则，掌握妇女解放与发展基本理论和性别分析、赋权等妇女社会工作方法。缺乏妇女社会工作的视角，会使女生课堂失去针对性。学校社会工作是在学校实施的社会工作服务，主要功能是满足学生的五大类需要：一般性需要、特殊性需要、预防性需要、改善性需要与发展性需要。（许莉娅，2009）女生课堂需要将两种社会工作服务有机结合，根据需要选择不同的理论和工作模式。

举办者不同，针对女生的学校社会工作有不同的侧重点和切入点。由政府部门主办的学校社会工作，女生课堂可能只是其中的一个工作环节。由妇女维权组织举办的女生课堂中，女性教育会成为工作的重点。举办者不同，女生课堂切入学校体制的方式也会有所不同，由政府部门组织学校社会工作时，社工机构和社工的经费来源能得到保障，工作容易常态化，也更容易与学校现有的学生工作机构和教学部门实现对接。而无论选择哪一种社会工作方法，能否实现资源对接，是能否顺利推进各个工作程序的关键。由社会组织或群团组织以项目化方式举办专门的女性社会工作，其优势和缺点正好相反。由政府部门和妇联等组织共同举办针对女生的学校社会工作项目，是一个更好的选择。

参考资料：

［1］刘梦．妇女儿童社会工作简明教程［M］．北京：中国妇女出版社，2008.

［2］袁振国．当代教育学［M］．教育科学出版社，2004.

［3］许莉娅．学校社会工作［M］．高等教育出版社，2009.

关于女大学生"就业难"的问题探讨

重庆工商大学　廖西平

[摘要] 大学生就业难的问题已经成为社会关注的热点，尤其是女大学生的就业问题，更成为焦点。其原因是多方面的，既有社会上某些组织单位的性别偏见，也有女生自身存在的问题。如何解决这些问题，使女生能够顺利就业，并能学以致用，为国家和社会多做贡献，是我们广大教育工作者必须认真思考的课题。本文就此提出一些参考意见。

[关键词] 女大学生　就业难　解决方法

一、前言

自从 20 世纪 90 年代末以来，大学毕业生的人数逐年剧增，2014 年已超过 700 万人。就业压力剧增，尤其是女生，更是面临就业难的挑战。她们虽然毕业时大都能就业，但就业质量难以保证。很多女生找不到专业对口的工作，只好降低要求，到服务、事务性的岗位就业，如宾馆饭店、旅行社、汽车 4S 店、公司前台接待等，毫无专业、技术可言，白白浪费四年大学所学的知识，从而造成大学教育资源的巨大浪费。如何让女生能够顺利就业，并发挥专业知识，学以致用，确实需要全社会来关注、思考。

二、就业现状

由于社会上存在传统的偏见，总认为"男比女强"，加上男女性格、体质上的差异，很多企业愿意招收男生，找各种借口拒招女生。据资料介绍，在调查访问的女生中，有 80% 的女生在求职过程中遭遇过性别歧视，有 34% 的女生有多次被拒的经历；另有资料表明，在对河南 100 家用人单位进行调查后，在他们提供的 700 个岗位中，有 53% 明确限制招收女生，仅有 35% 的岗位要求招收女生，其他岗位没有限制。

在这种大环境下，很多女生为了就业，被迫放弃专业，降低要求凑合就业。即使找到理想的单位，她们也往往被安排做一些事务性的工作，才能得不到发挥。

总之，女生就业难不仅体现为工作难，还表现为就业质量差，往往安排去做与专业无关的事务性工作，才能得不到发挥。那么，如何来破解这个难题，真正实现男女平等，一视同仁，使广大女生能充分就业，发挥她们的才干，为国家和社会做出应有的贡献？

三、多管齐下，共同担当

对于女大学生就业难的问题，全社会从政府、单位到舆论、个人，都要积极行动起来，承担起自己的责任。

首先，政府部门和舆论要大力提倡"男女平等"的就业观点。虽然现在是市场经济，政府的指导性政策法规对企业用人并无具体束缚力，但是政府和舆论可以引导社会取向。政府既可以指导大学生就业，也可以指导企业用人。政府不仅可以出台相关政策法规，保障女生的合法就业权益，还可以指导、监督各企事业单位在招人上的公平合理，不得歧视女生，鼓励企事业单位尤其是事业单位多招女生，像金融、投资、外贸和学校等单位。对于厂矿企业，除了个别岗位外，女生完全能与男生一样工作。女生也有自身的优势，她们遵守纪律，细心认真，亲和力强，能够虚心听取同事的意见。至于女性要生小孩，要休产假，那是全体女性的权利，必须得到法律的保障，任何人没有任何理由以此为借口拒招女生。

女生在总体上比男生学习认真，成绩也好于男生。虽然学习拔尖的女生不多，但是差生却比男生少。那么，为什么有的单位总是偏向男生呢？主要原因有以下几点。

（1）有些女生怕吃苦，比较娇气，遇到困难就爱打退堂鼓；

（2）少数女生心高气傲，批评不得，爱闹情绪；

（3）不少女生追求生活享受，不思进取，不爱继续学习钻研，工作上得过且过。

因此，针对这些现象，女生要努力克服自身的缺点，在各方面不弱于男生或超过男生，才能赢得用人单位的青睐。具体地说，女生应该做到以下几个方面。

（1）培养"自尊、自强、自立"的时代精神，锻炼自己的人格品质；

（2）刻苦学习，努力探索和实践，树立爱学习、爱劳动的新风尚；

（3）不断拓展知识面，努力提高综合素质，积极参加集体活动和社会实践活动，培养提高自己的专长和能力。

此外，政府和学校应该积极鼓励女生投身祖国建设的一线工作。现在很多女生都想到工作轻松、工资福利好的国家机关事业单位，追求舒服的工作和生活，不想到艰苦、偏远的企业单位。实际上，越是艰苦的单位，越能锻炼自己的能力，也越需要大学生。所以，一方面，女生要克服自身缺点；另一方面，政府和学校要大力宣传"好儿女志在四方""我为祖国献青春"的奉献精神，还要鼓励女生自主创业，广大的天地同样是大展宏图的好地方。

四、结语

在就业竞争日益激烈的今天，女大学生的就业难问题必须引起各级政府部门、社会、单位及大学生本人的高度重视。女大学生就业质量的好坏也直接影响社会的和谐进步。女大学的就业问题不单单是高校亟须解决的难题，更应该引起社会各界的关注。政府与高校双管齐下，从内树立女大学生正确的就业观，从外加大对女性就业的权利保障力度，多方位、多角度引导就业方向，争取让每个女大学生都能在各自的工作岗位上发挥自己的才能，展现自己的职业魅力。

参考文献：

［1］陈凯，张安东．就业难背景下应用型本科院校女大学生就业问题思考［J］．法制与经济，2013（10）：87．

［2］周向科．女大学生就业难问题浅析［J］．河南农业，2011（10）：11．

浅谈高校女性高科技人才成长的外部环境

湖北省妇女干部学校　朱耀平

武汉大学哲学院　朱晓璇

[摘要] 高校女性高科技人才成长的外部环境，是指高校女性高科技人才自身素质以外的、对其成长产生影响的一切因素的总和。外部环境的优劣在较大程度上影响着高校女性高科技人才的成长。我国社会主义制度的建立，使广大妇女在社会生活各个方面都获得了与男性同等的权利，从整体上为高校女性高科技人才的健康成长创造了良好的外部环境。但是我们也应看到，由于传统观念和市场经济负效应的影响，高校女性高科技人才成长的外部环境确实还存在许多问题。因而，在发展社会主义市场经济的新形势下，有必要进一步加强宣传教育，不断净化高校女性高科技人才成长的舆论环境；逐步完善培养选拔工作机制，不断优化高校女性高科技人才成长的组织环境；解除个人后顾之忧，为高校女性高科技人才成长营造良好的家庭环境。

[关键词] 高校女性　高科技人才　成长环境　优化

高校女性高科技人才成长的外部环境，是指高校女性高科技人才自身素质以外的、对高校女性高科技人才成长产生影响的一切因素的总和。外部环境的优劣在较大程度上影响着高校女性高科技人才的成长。应该说，我国社会主义制度的建立，使广大妇女在社会生活的各个方面都获得了与男性同等的权利，从整体上为高校女性高科技人才的健康成长创造了良好的外部环境。但是我们也应看到，由于传统观念和市场经济负效应的影响，高校女性高科技人才成长的外部环境确实还存在许多问题。因而，在发展社会主义市场经济的新形势下有必要进一步改善和优化高校女性高科技人才成长的外部环境。

一、破除传统世俗偏见，不断净化舆论环境

社会舆论对高校女性高科技人才的健康成长有着十分重要的影响。中国经历了漫长的奴隶社会和封建社会，"男尊女卑"的思想观念对全民族的影响很深，至今"重男轻女"的传统观念在社会上还有一定的市场，人们对妇女从事高科技事业仍然抱有偏见，认为"强女不如弱男"。特别是有些高校对女性科技人才也存有世俗偏见，认为女性在科研开发等领域远不如男性，因而没有把培养选拔高校女性高科技人才工作摆在应有的位置。在培养选拔高校女性高科技人才的实际工作中，有的高校强调女性高科技人才负担重；有的强调女性高科技人才培养期长、使用期短；有的将女性高科技人才的生理特点看成弱点；有的认为女性高科技人才的脑力和体力不如男性；有的对女性高科技人才求全责备，过于苛求；有的甚至用封建的眼光来看待和评论女性高科技人才的私生活和社交活动；有的还以近几年女性高科技人才受聘率低为借口，认为女性高科技人才在市场经济条件下，一旦失去保护，就竞争不过男性，因而不"欢迎"女性高科技人才，认为用女不如用男。上述偏见和做法，不仅影响人们对高校女性高科技人才的评价，而且对高校女性高科技人才的个性和心理发展也形成了严重的困扰和压力，强化了高校女性高科技人才的自卑心理，降低了高校女性高科技人才的期望值，从而严重地影响了高校女性高科技人才潜在才能的充分发挥。因而，要促进高校女性高科技人才健康成长，必须破除传统世俗偏见，净化舆论环境。

净化舆论环境，必须加强宣传教育，把握舆论导向。首先，要大力宣传马克思主义妇女观。使人们充分认识到妇女在创造人类文明，推动社会发展中的伟大作用，逐步树立文明、进步的妇女观。还要提倡尊重妇女、宣传男女平等，消除社会意识中"男尊女卑""男主女从"的世俗偏见，努力形成尊重妇女的社会风尚。其次，要大力宣传高校优秀女性高科技人才。各级党组织尤其是高校党委要利用广播、电视、报刊、网络等舆论工具，广泛宣传在改革开放和发展社会主义市场经济中做出突出贡献的高校优秀女性高科技人才的先进事迹，为高校女性高科技人才"正名"，转变社会上一些人对高校女性高科技人才的偏见。再次，大力宣传高校女性高科技人才培养选拔工作做得好的典型，总结和推广他们的经验和做法，增强各级党组织尤其是高校党委培养选拔高校女性高科技人才的自觉性。最后，要大力宣传"四自精神"，使高校女性高科技人才真正树立起"自尊、自信、自立、自强"的新女性意识，克服自卑、脆弱、依附、狭隘的心理弱点。还要鼓励她们向传统的世俗偏见发起冲击，以新的精神面貌勇立科技创新的潮头，用自己的优秀业绩来证实女性存在的价值。

二、完善培养选拔机制，不断优化组织环境

高校女性高科技人才的成长，离不开党组织的教育和培养，良好的组织环境是高校女性高科技人才健康成长的重要条件。我们党历来重视培养选拔高校女性高科技人才工作。截至 2013 年年底，我国科技人力资源中女性已超过 2400 万人，占科技人力资源总量的 39%。但是，目前也存在一些令人担忧的问题：一是高校女性高科技人才在我国高校高层次人才中所占的比例与高校女教师占高校教师总数的比例不相称。"高层次女性科技人才凤毛麟角，两院院士、973 首席科学家、'长江学者'中，女性仅分别占 5%、4.6% 和 3.9%"，与庞大的高校女教师群体相比反差较大。根据《中国教育统计年鉴 2012》，我国普通高校专任教师共计 1440292 人，其中女教师 680918 人，占总人数的 47.28%；正高级职称教师共计 169423 人，其中女教师 48151 人，占总人数的 28.42%；博士生导师共计 13720 人，其中女博士生导师 2112 人，占总人数的 15.39%。可见，具有正高级职称的女教师和博士生导师人数及所占比例明显偏低。二是在高校担任领导职务的女性高科技人才比例很低。目前，全国"985"大学中，只有一位女校长。三是高校女性高科技人才后备力量严重不足。"1999 年至 2008 年获得教育部'长江学者奖励计划'资助的 1479人（不含社会科学部分）中只有 76 名女性工作者；1994 年至 2006 年入选中科院'百人计划'的 1286 名科技工作者中，仅有 90 名女性科技工作者；1994 年至 2009

年，获得自然科学基金委员会'国家杰出青年科学基金'人才计划的 2019 人中仅有 122 名女性科技工作者。"要解决上述问题，就必须进一步加强和改进高校女性高科技人才培养选拔工作，不断优化高校女性高科技人才成长的组织环境。

（一）各级党委和组织部门尤其是高校党委及妇联组织要高度重视高校女性高科技人才的培养和选拔工作

各级党委和政府尤其是高校党委要把高校女性高科技人才的培养和选拔工作列入议事日程，定期分析研究本地区高校的女性高科技人才情况，制订培养选拔高校女性高科技人才的长远规划，分年度提出工作目标，加强指导和督促检查。组织部门应设专人或专门机构负责培养选拔高校女性高科技人才的工作，为高校女性高科技人才培养选拔工作逐步走向正规提供组织保证。

各级妇联作为妇女的"娘家"，比较了解妇女的愿望和要求，熟悉各方面的妇女人才，应当把发现、培养和推荐高校女性高科技人才作为自己的一项重要职责，积极协助党委组织部门做好相关工作。

（二）加强培育和选拔高校女性高科技人才的工作

当前，除了继续利用国内外著名高校和科研机构等对高级女性高科技人才进行业务培训外，还应采取目标管理、压担子、传帮带、定向培养等多种形式加强培养锻炼，重点提高高校女性高科技人才在科研中的创新能力。

各级党委和组织部门尤其是高校党委要知人善任，不拘一格选拔人才。一是建立女性人才信息系统，大面积、多层次地利用推荐、自荐、选举、招聘等各种形式发现、选拔女性人才，为高校女性高科技人才创造自我表现和公平竞争的机会。二是坚持标准，大胆起用高校女性高科技人才，为高校女性高科技人才施展自己的才能提供"舞台"。三是科学使用高校女性高科技人才，使她们的才智和能力得以充分发挥。

（三）适当采取保护政策，优化高校女性高科技人才参与平等竞争的环境

目前，高校女性高科技人才成长的外部环境明显劣于男性，对高校女性高科技人才实行保护政策，是为了对高校男女性高科技人才事实上的不平等进行适当调节，它有利于竞争机制的日臻完善，提高高校女性高科技人才对公平竞争的认同和参与意识。对高校女性高科技人才实行保护政策，主要体现在三个方面：一是全面实行相同的退休年龄政策。目前，我国绝大多数高校女性高科技工作者的退休年龄为 55 岁，比男性提前 5 年，加上女性在生育期的时间耗费等，科研生涯较男性少10 个年头，这对高校女性科技工作者成为高端科技领军人才的影响是致命的。二是对于承担了更多家庭责任的高校女性高科技人才，应当在时间上给予一定的补偿。比如，"为处在生育年龄的女教师，在承担课题的年限上，放宽 2～3 年，也就是一个 3 年的课题可以延长为 4～5 年，或者一些受年龄限制的基金、项目，为女教师放宽 2～3 年的年龄限制，等等"。三是高校在培养和选拔高科技人才的工作中，要坚持高校女性高科技人才优先的原则。如：在招聘录用高科技人才时，同等条件下，要优先录用高校女性高科技人才；在推荐高科技人才进修、培训时，同等条件下，要优先推荐高校女性高科技人才；在提拔高科技人才时，同等条件下，要

优先提拔高校女性高科技人才；等等。四是规定女性在科技领域高层次人才中的比例。例如，在两院院士、"973"首席科学家、"长江学者"等的评选中，规定女性席位的比例不得低于30％。当然，对高校女性高科技人才实行保护政策，绝不意味着对高校女性高科技人才可以降低要求，相关政策应当在满足选拔的基本标准的基础上适当对女性倾斜，而且保护的范围和程度也要考虑社会心态的承受力，不能过"度"，以免引起"逆反心理"。

三、解除个人后顾之忧，营造良好家庭环境

营造良好的家庭环境，可以减轻高校女性高科技人才的家庭负担，缓解工作与家务劳动的矛盾。高校女性高科技人才既是科学家，又可能是家庭主妇，既要完成科研工作，又要承担家务劳动。目前，我国家务劳动社会程度不高，加之受传统观念的影响，大多数男子很少承担家务，女性成为家务劳动的主力军。湖南省统计局《第三期中国妇女社会地位抽样调查湖南省主要数据报告》显示，"已婚在业女性工作日平均每天用于家务劳动的时间为122分钟，比已婚在业男性多81分钟；休息日平均每天家务劳动时间长达205分钟，比男性多122分钟"。据我们调查，一些中、青年高校女性高科技人才家庭负担更重，她们上有老、下有小，都需要照顾。许多高校女性高科技人才白天忙科研，晚上干家务，一天只能休息六七个小时，长期"超负荷"运转。由于家务劳动耗费了太多的时间和精力，高校女性高科技人才看书学习的时间明显比男性少，也就影响了她们素质的提高和全面发展，降低了她们成长的速度。从目前的社会现状和经济条件来看，高校女性高科技人才的这个矛盾虽然不能彻底解决，但只要多方做工作，还是可以使矛盾逐步得到缓解的。首先，要在全社会范围内进行文明进步的家庭观教育，消除人们头脑中"男主外、女主内"的陈腐观念，树立尊重妇女、丈夫和妻子共同分担子女教育和家务劳动的风气，并把这项任务列入社会主义精神文明建设的重要内容，要求各级党委和政府真正抓落实。其次，大力发展家庭服务业，促进家务劳动社会化，使高校女性高科技人才逐步从繁重的家务劳动中解脱出来。最后，各级领导要关心高校女性高科技人才的家庭生活。对夫妻之间有矛盾的，应尽量做好疏导工作，鼓励丈夫支持妻子的工作，为妻子的事业发展做出适当的牺牲。对家中确实有实际困难的，应予以特殊对待，想办法加以解决，以解除高校女性高科技人才的后顾之忧。

参考文献：

[1] 梁捷，李海秀.女高科技人才为何凤毛麟角 [EB/OL].www.gmw.cn/01gmrb/2010－05/14/content_1120690.htm.

[2] 洪蔚.女性科学家成长：一个喜忧参半的现实 [N].科学时报，2010-04-01，A2.

[3] 湖南省妇联，湖南省统计局.第三期中国妇女社会地位抽样调查湖南省主要数据报告 [R].www.hntj.gov.cn/jjjc/lgjc/analyse/201203/t20120326_91972.htm.

教育公平与女性专业人才培养机制创新
——以同济女子学院为例

同济女子学院　徐　红　王春燕

[摘要] 教育公平就是要保证性别、社会经济地位和种族等个人和社会因素不妨碍人达到其能力所允许的教育高度。落实教育公平必须建立有利于女性发展的人才培养机制。面向未来的女性专业人才培养机制必须从四个方面来着手创新：一要建立培养目标协同机制，由学校和学院共同制订人才培养方案，努力培养能够适应和引领未来发展、具有国际竞争力的女性专业人才；二要建立教师队伍协作机制，通过多种方式和途径，实行高校和社会师资的流动与互聘，为女大学生提供最优化的师资配比；三要建立资源共享机制，高校和政府部门及社会组织要共同构筑女性创新人才培养的合作平台，为培养学生创新思维、提高学生实践创新能力提供条件；四要建立合作管理机制，建立起符合学生发展需要的双重培养机制，进行女性专业人才的协同管理，满足学生全面发展的需要。

[关键词] 教育公平　女性专业人才　人才培养机制

一、研究的背景与意义

在 2007 年经济合作与发展组织（OECD）有关教育公平的报告中，教育公平的定义为："教育公平有两个含义。第一个含义是公正（fairness），就是要保证性别、社会经济地位和种族等个人和社会因素不妨碍人达到其能力所允许的教育高度。第二个含义是覆盖（inclusion），就是要保证每个人都受到基本的、最低标准的教育。例如，每个人都应该能读、写和做简单的算术。"这也就意味着教育公平一是要做到"因材施教"，二是要保证每个人都能够受到最低标准的教育。

进入 21 世纪后，西方学术界提出了"给每一个人平等的机会，并不是指名义上的平等——机会平等，而是要肯定每一个人都能受到适当的教育，而且这种教育的进度和方法是适合每个人的特点"的观点。这也就意味着教育公平是使学生最大限度地获取知识，并突出学生作为个体所具有的个性。

从教育活动过程来看，教育公平可分为教育起点公平、过程公平和结果公平。起点公平是指每个人不受性别、种族、出身、经济地位和居住环境等条件的影响，均有开始其学习生涯的机会；过程公平是指教育在主、客观两个方面以平等的方式对待每一个人；结果公平即教育质量平等。

我们认为，要落实教育公平的方针，必须为女性专业人才的成长创造合适的条件。女性和男性相比，在许多方面都具有独特性，女性人才培养应遵循独特的培养规律。只有努力实现女性专业人才培养模式的创新，才有可能为新世纪造就一大批国家和社会所需要的女性领军人才。

何谓女性专业人才？洪艺敏认为，本科教育是基础性的教育。本科教育所培养的毕业生不可能一就业就成为社会的高层次人才。本科教育只能培养具有发展潜能的人才，能成为社会高层次人才的胚子。因此，她提出的女性专业人才指的是工作在社会各个领域，具有强劲发展潜能的女性人才，日后将成为社会各个领域的管理者和领导者。

中国女性人口总数占全部人口的一半，因此女性人才资源的储量占全国人力资源的一半。但由于各种文化、历史、社会、学校和家庭，乃至女性自身的原因，女性在专业人才中所占的比例较小，这势必造成中国人力资源的浪费。近年来，伴随着社会经济文化和高等教育事业的不断发展，越来越多的女性走出传统家庭角色的桎梏，成为专业人才队伍中的重要组成部分。高等学校作为人才荟萃、智力密集，最能产生新知识、开发新技术、倡导新文化的产、学、研联合体，在培养女性专业人才的过程中发挥着重要作用。女大学生是中国女性高层次人才后备力量的重要组成部分。

事实也有力地证明了这一点。改革开放 30 多年来，我国高等教育领域一个有目共睹的现象是：女大学生人数迅速增长和优秀女性大学毕业生在毕业生总数中所占比例迅速提升。就拿同济大学来说，20 世纪 80 年代理工类专业中女生所占比重一般不会超过 1/4，土木和机械类专业每班的女生人数常常在五人以下；而近年来，除了机械、土木等少数几个专业以外，绝大多数理工类专业男女学生比例基本上维持在 1∶1 的水平，文科类专业女生所占比重则达到 70％以上；特别是在以往男生比例占绝对优势的建筑学、城市规划和艺术设计专业，女生比例在直线上升，如艺术设计专业一个班级的 88 位学生中，女生占了 66 位，男生只占 22 位，且成绩优秀者中女性占了 90％以上。如果从优秀毕业生的角度看，女生的优势地位尤其明显。如经济与管理学院行政管理专业的毕业生成绩排名中，前 20 名都是女生；在免试直升研究生的优秀毕业生中，女生占了 100％。

据笔者观察，很多在中学阶段学习成绩拔尖的女生进入大学以后，在她们身上体现出极其强烈的自我肯定意识和自强自立的性格。多年的家庭和学校教育使不少女生形成了自身优于或至少不输于男生的强烈自尊意识。但对于女性的独特个性和性格魅力的形成却缺乏足够的了解，从而导致女生的培养机制在很长一段时间里完全等同于男生。直到走上社会以后，许多女生才意识到社会性别意识的强烈反差，这对她们未来的发展或多或少会产生一些影响。在这种环境条件不能在短期内改变的情况下，女子学院如能结合女性特点为她们搭建起一个适合个性发展与专业发展的良好平台，构建起一整套符合女性人才发展规律的培养机制，就能从根本上帮助她们弥合高校与社会对女性专业人才的不同看法导致的差距，更好地促进高层次女性专业人才的发展。因此，女子学院教育是提高女性社会主体意识和能力的有效途径，也是培养高层次女性专业人才的重要平台。

二、女性专业人才培养模式与培养机制解读

"人才培养模式"在我国教育界出现的时间是 20 世纪 90 年代。1994 年，国家教委在《高等教育面向 21 世纪教学内容和课程体系改革计划》中提出"未来社会的人才素质和培养模式"问题。1996年，第八届全国人民代表大会第四次会议批准的《中华人民共和国国民经济和社会发展"九五"计划和2010年远景目标纲要》提出，改革"人才培养模式"，由"应试教育"向全面素质教育转变。龚怡祖教授指出："所谓人才培养模式，就是在一定的教育思想和教育理论指导下，为实现培养目标（含培养规格）而采取的培养过程的某种标准构造式样和运行方式，它们在实践中形成了一定的风格或特征，具有明显的系统性和规范性。"刘英和高广君则认为，"人才培养模式"是在一定的教育理念指导下，高等学校为完成人才培养任务而确定的培养目标、培养体系、培养过程和培养机制的系统化、定型化范型和式样。也就是说，人才培养模式是一种关于人才培养的四大要素——人才培养目标、人才培养体系、人才培养过程和人才培养机制的"范型"和"式样"。

与人才培养模式相对应的是"人才培养机制"这个概念，它强调的是高等学校作为人才培养主体，应该建立起一整套完善的制度体系和运作规程，为人才培养提供完善的发展动力。

目前，在我国高校中，女大学生的主体是"90后"。"90后"女大学生的成长背景与上一代人明显不同，她们身上所表现出来的价值观念与行为方式的变化折射出中国社会特定时期的社会历史变化，主要表现在以下几个方面。

（一）关注社会主流思想，价值取向务实

"90后"女大学生对社会的认知比她们的前辈更加丰富和趋于理性，她们积极关注国家各种大事和社会现实问题的解决，了解到更多中国社会的主流思想和价值观。在市场竞争的压力下，多种复杂的利益关系造成她们非常注重自己在社会中的实际地位和切身利益，而不太相信理想信仰的力量。她们越来越趋向追求实惠实用，重视物质生活质量，具有强烈的自我实现意识和务实的价值取向。

（二）以自我为中心，追求思想独立

随着市场经济的快速发展和信息资源的不断开放，"90后"女大学生的生活环境也比"80后"更加优越，她们大都是独生子女，一出生就成为家庭的中心，深受父母和长辈的宠爱，已经习惯了更多地关注自我，崇尚自我，以自我为中心，追求自我利益。她们更强调主观感受和个体意识，对生活的质量和品位有更高的标准，她们更习惯于经过亲身实践来接受前人的结论，很少盲目认同某种价值观，表现出强烈的思想独立意识。

（三）善于用网络获取信息，同时容易产生空虚感

网络时代是"90后"女大学生的生存环境特征。因特网的便捷、开放和低成本，使她们迅速掌握了利用网络获取信息和知识的本领。接受信息的方式趋向多元化，有利于扩展她们的知识面，开阔其视野。正是互联网带来的这种便利，使得"90后"女大学生在获取知识信息方面出现"浅阅读"文化现象。大部分的信息通过音像、图文和其他网络语言获取，符合她们追求个性、强调效率、注重时尚的心理特征。过度地依赖网络使她们的虚拟沟通能力远远超过实际的沟通能力，影响她们在现实生活中与他人的交往能力，也很容易产生一种空虚感。

（四）容易接受新事物，具有较强的创新能力

开放多元的社会发展为"90后"女大学生的成长提供了更多选择的机会，为她们展示自我能力创造了更广阔的舞台。她们不再满足于因循守旧，而是渴望突破传统，打破常规，张扬个性。因而"90后"女大学生大都崇尚创新精神，具有创新意识和较强的创新能力，这恰恰适应了21世纪对于创新的需求。

因此，如何对"90后"女大学生群体开展有效的教育和培养就成为我国高等学校人才培养的重要课题。与此相对应，高层次女性专业人才的培养机制也应在原有基础上有新的突破。

三、同济女子学院女性专业人才培养机制创新

通过对同济女子学院成立14年来的女性专业人才培养经验的总结，我们认为，面向未来的女性专业人才培养机制必须从四个方面来着手创新：一要建立培养目标协同机制，由学校和学院共同制订人才培养方案，努力培养能够适应和引领未来发展、具有国际竞争力的女性专业人才；二要建立教师队伍协作机制，通过多种方式和途径，实行高校和社会师资的流动与互聘，为女大学生提供最优化的师资配比；三要建立资源共享机制，高校和政府部门及社会组织要共同构筑女性创新人才培养的合作平台，让学生到社会实践基地和社会化研究基地进行学习和体验，为培养学生创新思维、提高学生实践创新能力提供条件；四要建立合作管理机制，建立起符合学生发展需要的双重培养机制，充分利用专业学院和女子学院的不同特性，加强学院间的沟通配合，进行女性专业人才的协同管理，满足学生全面发展的需要。

2008年，随着同济大学步入第二个百年的开始，为更好地体现新时期同济大学人才培养机制的新探索，学校对现有的学科体系进行了重新评估和整合。学校相关部门认为，狭窄的专业学习培养模式不应该是同济女子学院的培养方向，女子学院应该建立更大的发展平台，把培养高层次女性专业人才作为工作的重心。在2008年1月召开的关于加强女性人才培养工作的校长专题会议上，校领导提出了女子学院新的办学方向，那就是开展女性特色教育和女性综合素质培养，开拓面向社会的功能与品牌。会议决定，为了充分发挥女子学院的办学特色，从2008年起女子学院不再单独进行招生，改为在相关专业学院招收的新生中选拔"女性特色班"来进行培养。这就大大扩展了女子学院的人才培养空间，使全体同济女生成为女子学院的服务对象，为新形势下同济女子学院人才培养机制的创新开辟出一条全新的道路。

通过对同济女生所做的一系列调研，我们发现，当代女大学生具有很强的自我肯定意识和自强自立的性格，她们对大学生活普遍充满期待，希望在就学期间除了牢固掌握一定的专业知识、打下扎实的专业基础外，也能够参加更多的提高自己综合素质的活动，尤其是女生所感兴趣的文学、艺术、音乐、舞蹈、演讲、表演、形体、女红、插花、烹饪、家政和理财等各种活动。同时，她们也希望通过一定的途径参与更多的有关职业生涯设计和就业指导方面的培训，为将来成为一名国家建设所需要的人才做好充分的准备。

如何培养 21 世纪所需要的高层次女性专业人才和优秀女性领导者？我们的观点是：创新培养理念、提升培养层次、构建培养平台、拓宽培养渠道，以创新的精神努力探索高层次女性专业人才的培养规律，从培养学生树立全新的社会性别意识和自尊、自信、自强的观念入手，通过形式多样的特色课程体系和素质提升项目，让大学女生在学习专业知识的同时，获取更多现代女性应该具备的素养，确立对未来充满自信的人生观和价值观，努力掌握多方面的知识技能，为将来成为优秀女性领导者打下扎实的基础。

在高层次女性专业人才培养机制创新过程中，同济女子学院的基本思路是：改变以往女子学院只设有少量专业，完全依托同济大学各专业院系的师资承担本科教育的传统模式，面向全校女生搭建起一个在先进社会性别意识指导下，具有现代意识和创新精神的女性特色教育平台；创设以"同济女子书院"为品牌的女性素质提升教育基地，有针对性地对同济女生进行道德情操、人文素养、传统文化、音乐艺术、形体气质、公关礼仪和家政理财等综合性的素质修养教育，使广大女生掌握牢固的专业基础，同时树立起自主、自立、自信、自强的独立意识和奋发向上的生活目标，提高她们的领导能力和管理能力，全面提升女性的创新意识和创新能力，培养更多的未来社会所需要的优秀女性精英人才，努力构建起具有同济特色的高层次女性专业人才创新培养机制。

同济女子学院对高层次女性专业人才培养机制的定位是：立足同济实际，在各院系新生中通过自愿原则选拔一批优秀女生组成"高层次女性专业人才培养特色班"，创设以"同济女子书院"为品牌的女性素质提升教育基地，以创新的姿态扎扎实实地分步骤实现同济女子学院培养模式主体结构的转型，不断扩大专业的师资队伍、编写系列女性特色课程教材、设计学生所欢迎的素质提升培训项目，力争和更多的院系进行多层次的合作，吸引更多的妇女领袖和社会知名人士进入校园，共同以创新精神构筑同济女性专业人才培养新模式。

在同济女子学院 14 年的发展历程中，我们深刻地认识到，女子学院的成立在综合性高等学校中开辟了一个崭新的女性高层次专业人才的培养平台。女院以全新的人才培养理念和创新精神努力打造一个适应"90 后"女大学生需要的发展空间，为有志于成为未来社会女性领导者的优秀女生开辟一条充分发展自身潜力的成长捷径。

（一）让具有远大抱负的优秀女生获得更加丰富的知识熏陶

同济女子学院"高层次女性专业人才培养特色班"的学生能在专业学习之余，通过女性特色课程的学习扩展全方位的知识领域。30 多门女性特色课程涵盖了哲学与法学、文学与历史、心理学与管理学、生活与艺术各个门类的课程，完全打破了大学学科门类的制约，让女生们在更加广泛的学科领域里了解各种知识，拓展眼界，培养多领域的兴趣爱好，为她们获得丰富的现代知识素养提供了很好的条件。

（二）让优秀女生的综合素质得到迅速提升

同济女子学院"高层次女性专业人才培养特色班"的学生在大学四年的学习期

间，每学期能够参加一个素质提升培训项目，如"学生领袖素质培训""国学国乐素养提升培训""职业素养提升培训""创意技能提升培训""艺术素养提升培训"等。这些都大大拓展了女大学生的眼界，让她们在外出参观、听讲座和课外研修过程中对新时代优秀女性的综合素养有了全面的了解，对如何成为未来的女性领导者有了全新的感悟，对她们自身潜能的充分发挥产生了极好的引导效应。

（三）为优秀女生提供广泛的沟通和交流平台

同济女子学院"高层次女性专业人才培养特色班"每年从全校十多个学院中招收女生，她们来自不同的学科专业，有着截然不同的学科背景。如果没有女子学院这样一个沟通平台，许多学生可能在大学期间从来不会相遇。在同济女子学院的大家庭里，来自各专业的女生们开始一同学习，一同讨论，一同开展丰富多彩的文娱体育活动，一同组织女生自己的活动平台——"同济大学女生文化节"。在沟通和交流中，女生们开始了解不同学科学生的特点，学着和性格不同的女生交往。女子学院团学联的学生们更是在共同筹划女生节的忙碌过程中建立了彼此间的深厚友谊。同济女子书院建立在学生社区中，从诞生的那一天开始就承担起重要的文化交流平台的作用。女性俱乐部不定期的影视播放和女性沙龙等各种生动有趣的活动，为来自不同专业的学生提供了一个交流的大平台。女生们在交流中增进了感情，扩大了交往面，认识了许多新朋友，大大拓展了学生之间的文化交流渠道，为她们培养起包容性的社会交往能力提供了很大的帮助。

（四）为优秀女生提供全方位的国际视野和文化体验

同济女子学院不断创造条件，让女性特色班学生开展国际化交流和外来文化的体验，如美国驻上海总领事的演讲和美国大学校长的座谈为女生们用英语开展国际对话提供了良好的契机。目前，女院与美国历史悠久的女子高等学府圣约瑟夫学院和日本福冈女子大学签订了合作协议，筹划开展多领域的交流与合作，为特色班女生开拓了通过暑期班开展国际互派学生交流的渠道。作为一所国际化的综合性大学，同济目前有近千名外国留学生。由于缺乏专门的沟通渠道，外国学生们很难直接和中国学生交往。女子学院的创建改变了这种状况。同济女子学院和同济大学国际文化交流学院建立了密切的合作关系，两院联合主办的"中外女生畅谈未来"等女性沙龙活动，不但为中国学生提供了了解外国文化的好机会，而且创造条件让外国学生学着用中文与中国学生交谈。这种一举两得的做法得到中外学生的一致好评，为扩大中外文化交流提供了更加广阔的渠道。

四、结语

随着我国经济与社会的不断发展，受教育人口基数不断增加，教育公平的理念已在全社会取得了广泛的共识。高等教育机构培养出的女性专业人才近年来有很大幅度的增长，性别平等的意识比以往任何时候都得到政府与社会的重视。为更好地实现教育公平的理念，开放与融合应成为21世纪女性专业人才培养机制创新的主题。女子学院的人才培养机制也应积极地走出一条和以往的女子学院截然不同的道路，其核心思路就是打破传统女子学院封闭式办学的模式，实现女子学院培养机制的融合性与开放性相结合的目标。融合性，就是实现专业学习和女性特色课程学习相结合的教育模式，运用在综合性大学中开设女性特色班的方式，使女生在日常学习中既能实现男女同学共同探索专业的难题，又能在女性特色班中找到志同道合的姐妹，共同实现女性综合能力的拓展；开放性，就是大大扩展女子学院的发展空间，建立政府、企事业单位和学校共建机制，走出女子学院只搞少数适合女性特点的专业教育的封闭圈，采用走出去、请进来的方式，让学生有机会接触各种不同的社会角色，通过创新教育和职业教育相结合的方式，把女性的综合素质提升和职业生涯规划紧密结合起来，为高层次女性专业人才的培养搭建起一个更大、更新的平台。

在今后几年中，同济女子学院希望通过不断调整培养目标和改革教学培养模式，使全校所有专业的女生都能分享女性特色课程的教育和女性素质提升项目的培训；在夯实专业知识的基础上，让每一个女生都能通过知识的熏陶和综合能力的提高完善自己作为新时代女性所必须具有的自主、自信、自立、自强的意识；树立为国家建设奉献自己才华的远大理想，为我国未来女性领导者的培养做出自己的贡献。

参考文献：

[1] http：//baike. baidu. com/view/21982. htm? fr＝aladdin.

[2] 洪艺敏. 我国女子院校高层次女性人才培养的探讨 [J]. 中国大学教学，2011 (7).

[3] 石彤，李洁. 高等教育过程中性别差异的国际研究——兼论对中国女性高层后备人才培养的启示 [J]. 妇女研究论丛，2012 (1).

[4] 龚怡祖. 论大学人才培养模式 [M]. 南京：江苏教育出版社，1999：16.

[5] 刘英，高广君. 高校人才培养模式的改革及其策略 [J]. 黑龙江高教研究，2011 (1).

社会性别视角透视高校思想政治教育的现状

青岛农业大学　　刘建凤

[摘要] 高校思想政治教育的根本任务是培养高素质的人才。随着高等教育的发展，女大学生人数的增多，要求高校思想政治教育必须与时俱进，尊重个性发展、全面发展，社会性别教育也就成为高校思想政治教育的题中应有之义。反思和批判高校思想政治教育中的性别缺失，已成为教育公平的民主诉求和两性和谐发展的客观需要。当我们借助社会性别的视角审视高校思想政治教育的现状时，发现无论是教育主体、教育客体，还是教育内容、教育环境，都存在不同层面、不同程度的社会性别缺失现象，应当引起全社会的关注。"给男生松绑，还女生本来"，社会性别教育无疑将成为高校思想政治教育新的生长点。

[关键词] 社会性别　思想政治教育　现状

高校思想政治教育的根本任务是培养高素质的人才，随着高等教育的发展，女大学生人数的增多，要求高校思想政治教育必须与时俱进，尊重个性发展、全面发展，社会性别教育也就成为高校思想政治教育的题中应有之义。反思和批判高校思想政治教育中的性别缺失，已成为教育公平的民主诉求和两性和谐发展的客观需要。

一、教育主体社会性别意识的缺失

教师工作在高校思想政治教育的第一线，直接与学生长时间接触，他们在课堂上传授的书本知识、个人经验，在课堂外的言谈举止、为人处世，无时无刻不在感染、引导着学生，对学生的人格塑造和终身发展意义重大，其社会性别意识对大学生人生价值观的形成具有不可低估的作用。但是，"高校男女教师对传统的性别观念显示了令人惊讶的接受程度，大多数人都认为男女的分工是合理的，是基于男女的生理差异"。他们或有意或无意地忽略后天社会对性别的建构，不考虑男女大学生的兴趣、爱好、志向以及职业选择，却在延续着传统的性别角色。课堂上，教师与男生的交流多，对其评价更直接、更准确、更客观，而与女生的交流少，对其评价更倾向于委婉；课堂外，教师往往把难度大、需要深度调查或要求更多创新的任务分配给男生，而把查找资料或总结前人成果等难度较小的任务分配给女生。教育主体就是这样将自身继承的传统性别意识自觉或不自觉地渗透到教学行为中，运用到教学实践中，从而强化了学生的性别刻板印象，使之优势更明显，劣势更突出，久而久之，学生便会慢慢失去本可以塑造成健全人格的那部分特质，形成与传统文化相一致的人格特质。

二、教育客体社会性别意识的缺失

大学阶段，是青年学生性别角色选择与准备、人格完善与定型的关键时期。作为独立存在的个体，当代大学生只有在正确客观地认识自我、评价自我之后，才能找到适合自己的发展途径，促进自身的全面发展。但是，当代大学生或多或少、或强或弱受到传统文化和传统性别观念的影响，加之社会职业、劳动分工、个人经验和成长经历等多种因素的综合作用，他们的社会性别意识普遍缺失，对两性在社会中的关系、地位、责任、权利等认识仍以传统定位为主，对两性的角色类型认识也表现出了混淆和无意识，对性别气质的差异存在刻板印象。尤其是女大学生受传统性别意识的影响更为严重，在自我认知、自主意识、竞争意识和成就动机等方面普遍比男大学生要差，常常把自己定义为弱者置于依附地位。甚至相当一部分女生不同程度地存在盲目的自我否定、自我贬低、自我封闭、自我开脱、自我放任、自我冲突等问题，她们把现有的性别差异当作一种宿命来接受，遵循社会化的轨迹来打磨自己、改造自己。在文化习俗、社会规则和内在观念的多重束缚下，女性的价值取向、人生目标和社会作用都受到了极大的束缚和羁绊，这不仅是女性的悲哀，更是全社会的悲哀。

三、社会性别教育内容的缺失

（一）学科、专业上的性别隔离

学科是人类知识的产物，长期以来，由于地位、权力掌握在男性手中，自然而然知识生产的过程也掌握在男性手中，男性成为学科化知识的局内人，而女性在被高等教育接纳之初，便被排除在知识体系以外，理所当然成为学科化知识的局外人。随着女性在高等教育领域所占比例的增加，学科与专业的性别分化也日趋严重，高等教育中已形成了社会普遍认同的"男性学科"和"女性学科"。这里所说的"男性学科"和"女性学科"并不是两个学理性概念，只是人们经验上的称谓而已。平等的受教育机会带给男女两性的却是不平等的结果，女生多被录取到文秘、师范、医护等"较适合"女性的专业中，这些专业被人称为"妇女家庭角色的社会延伸"，而男生多被集中到工程、建筑、计算机等"较适合"男性的专业中，甚至有的专业出现了"和尚班""尼姑班"。其实，这种学科、专业上的"性别隔离"或"性别分流"现象，不是由生理性别所决定的，而是社会对男女角色期望的产物，带有强烈的偏见色彩，没有任何科学依据，它完全是一个人为的过程，是在重弹"男女天生有别"的老调，其中包含着男尊女卑的等级观念，实际上是男权文化在学术领域的体现。反过来，这种学科、专业上的"性别倾斜"，却强化了人们关于这些学科、专业上"性别适宜"的刻板印象，进一步加剧了某些学科、专业内的性别不均衡和性别歧视。

（二）教科书中的性别失衡

教科书是文化的传承，是一定社会价值观、文化标准的反映。大学生在与教科书的经常性互动中，不断建构着自己的学术性经验和非学术性经验，教科书中的性别倾向对学生性别观念的影响是不容忽视的。MacDonald、Walker 等归结了女性在教科书中受到的四种不公平：要么被忽视（教科书即使提到女性，和男性出现的次数和频率相比，也只处于配角地位，而非各领域的积极参与者），要么被省略（教科书对女性的角色和活动略而不谈，如历史教科书就不提女性对历史的贡献），要么被歪曲（教科书描述的女性在本能上是依赖的，由生物性决定的，必须由男性作为媒介才能参与社会活动；而且女性是次等的、被动的、家庭取向的，缺乏智慧、能力、冒险性和创造性，这样她们只能从事职位较低、收入较少、较不需要技术的次级的工作），要么被刻板化（教科书描述严格的男女有别的特征，而且男主外、女主内，女性的主要活动是在家务方面，抛头露面、外出谋生是不得已的，也是不自然的）。从文字到图片，教科书所呈现的是一个男性占统治地位的世界，其内容存在相当比例的男权意识、刻板印象和文化偏见，学生不经意间就会遵照教科书所描述的形象来思考和行为。久而久之，这种男女性别的不平等将被认为是正常的、理所当然的，社会中既存的性别不平等现象将通过教科书这种"观念载体"得以延续。

（三）课程设置上的性别边缘化

课程是高校进行思想政治教育的主要渠道，是教育教学活动的核心，如果在课程中缺少社会性别视角和性别平等内容，学生将会被灌输社会性别不平等的思想，影响他们的终生。现行高校的课程范式主要是由男性创造和规定的，以男性中心的价值体系为依据，其研究领域、教育内容及教学方法往往是按照男性的认知和思维来设置的，课程内容过分注重男性关注，而对女性议题则多被排除、贬抑、歪曲，从而造成女性经验的无形化和边缘化，导致知识构成上的两性不对等。从这个意义上讲，课程实际上是强化了传统的性别角色和性别不公平成见。对当代大学生的思想政治教育主要是通过两课的方式来进行，包括《马克思主义基本原理概论》《毛泽东思想、邓小平理论和"三个代表"重要思想概论》《中国近现代史纲要》《思想道德修养与法律基础》等，但是这些课程中，都没有明确涉及社会性别意识教育的内容。大多数高校不仅没有专门的课程来进行社会性别教育，也没有开设与社会性别教育相关的必修课或选修课，这就使得两性价值观、性别平等意识在整个思想政治教育体系中几乎处于一片空白。

四、社会性别教育环境的缺失

校园文化是高校进行思想政治教育的重要平台，它以润物细无声的熏陶，潜移默化地影响着当代大学生形成与之相适应的道德素质和品格特征。

（一）校园环境文化的性别失真

苏联教育家苏霍姆林斯基说："教育应当使每一堵墙都说话。"可见，宣传板报是大学的文化表象，其质量高低直接影响师生的心理与作为。环顾大学校园里催人奋进的雕塑画像和名人名言，女性人物屈指可数，放眼望去几乎全是男性成功人士，似乎历史车轮的滚滚向前全部应归功于男性，而女性在历史长河中难觅身影，是被历史遗忘的可怜儿。在这样的文化环境中，男生很容易找到肯定自己的动力和榜样，而女生得到的更多的是否定自己的理由和依据。

（二）校园媒体文化的性别偏向

随着科学技术的发展，网络迅速发展成为高校思想政治教育的新阵地，但这一新兴的媒介却广泛地存在并传播着传统社会的性别规范与角色定型。娱乐、时尚、购物等五花八门的网络信息在不经意间变相地宣传着"男尊女卑""男外女内""干得好不如嫁得好"等观念，将女性的生存空间限制在家庭里，将女性的生命意义限制在相夫教子上，促使男女大学生自觉认同传统观念和传统角色，从而严重扭曲了两性的价值观，给青年学子适应现代社会、追求人生价值和发展健全人格带来了负面影响。

（三）校园学生组织的性别差异

高校中的各级各类学生组织，是学生进行自我管理和参与社会活动的重要平台。但在这些学生组织中，女生参与的机会和获得的资源与男生相比偏低。以学生会为例，主席、各部部长等主要职务大部分由男生担任，女生任闲职、副职的情况居多；男生多集中于体育部、网络部等竞争性强、技术含量高、富于创新精神的部门，而女生则多集中在女生部、文艺部等表演性强、竞争压力不大、技术要求不高的部门。这其实是社会上"男主女从""男将女兵"性别格局的缩影，是传统"角色分工"和"职业隔离"性别观念的延伸。

（四）校园学生活动的角色定型

高校通过组织开展丰富多彩的学生活动，帮助学生更好地实现自我管理、自我锻炼，参与社会活动，建立人际关系，发展个人能力。而以社会性别视角分析这些学生活动，我们发现，男生更多地参加创业大赛、篮球赛、网页设计等竞技性强、比较激烈的活动；而女生大多参加礼仪大赛、文艺晚会、宿舍装饰等竞技性弱、比较温和的活动。男女生参加的校园活动带有鲜明的传统角色定型，强化了传统的性别意识，存在传统的刻板印象，在一定程度上限制了男女大学生的发展空间。

综上，当我们借助社会性别的视角审视高校思想政治教育的现状时，就会发现其中蕴含着相当程度的性别色彩，无论是教育主体、教育客体，还是教育内容、教育环境，都存在不同层面、不同程度的社会性别缺失现象，应当引起全社会的关注。"给男生松绑，还女生本来"，社会性别教育无疑将成为高校思想政治教育新的生长点。

参考文献：

［1］陈文．性别意识教育在大学生人格塑造中的意义［J］．江汉大学学报，2006（4）．

［2］许烨．大学生性别意识现状及教育反思［D］．湖南大学教育科学研究院，2010：25．

［3］李国华．人类性别意识的演变及趋势［J］．中华女子学院学报，1999（3）．

［4］唐晓燕．社会性别视阈下的高校思想政治教育研究［J］．广东技术师范学院学报，2012（4）．

将先进性别意识教育纳入高校
《中国近现代史纲要》课初探

西北政法大学马克思主义教育研究院　崔兰平

[摘要] 将先进性别意识教育纳入《中国近现代史纲要》教学，对培养大学生的先进性别意识十分重要，与《中国近现代史纲要》课的教学目标并行不悖。纳入的路径包括在国情教育中融入性别视角；在中国人民为中国独立富强、为中国的近现代化而奋斗的历史讲授中融入先进的妇女思想和妇女运动的内容；在揭示近代以来中国历史和人民为什么做出"三个选择"的过程中凸显对妇女群体为什么和怎样做出了"三个选择"；在讲人民大众对中国独立富强、发展进化做出历史性贡献的过程中注重对妇女贡献的强调等。将先进性别意识教育纳入《中国近现代史纲要》教学，需注意科学确定各章的着力点和案例的选择与打造。

[关键词] 先进性别意识教育　《中国近现代史纲要》课　必要性　路径

本次年会的议题之一是高等教育的教育公平与妇女发展。我认为对国民开展先进性别意识教育是教育公平的内在要求，而在高校开展先进性别意识教育则是对国民进行先进性别意识教育的制高点，将先进性别意识教育纳入思政课教学则是对大学生进行先进性别意识教育的重要途径。近些年，我所从事的科研工作中的一个重点，是探讨将先进性别意识纳入高校思政课教学的问题。2013年，我将汇集这一思考的论文提交给中国妇女研究会2013年年会，并在大会上做了主题发言。高校各门思想政治课都有各自的内容和特点，探讨将先进性别意识教育纳入各门思想政治课的内在规律是将先进性别意识纳入高校思想政治课的必然要求。《中国近现代史纲要》（以下简称《纲要》）是高校的四门思政课之一，如何将先进性别意识教育纳入这门课程？本文即是对这一问题的初步思考，不当之处请同仁批评指正。

一、将先进性别意识教育纳入《纲要》教学的必要性

先进性别意识是汇集人类社会争取性别平等的积极成果，反映两性平等发展的内在规律，体现"人"的发展宗旨，顺应性别关系科学构建的内在要求的一种意识。其特点是能科学地认识性别，并善于从性别的视角去观察和认识社会并将认识转变为社会行动，认识到现实社会中存在的性别不平等现象，努力促进社会的性别平等、性别和谐与两性平等发展。所谓将先进性别意识纳入高校的《纲要》课教学，就是《纲要》课教学中引入性别视角，通过相应的教学内容促进与帮助学生树立先进性别意识。

将先进性别意识教育引入《纲要》课教学与《纲要》课的教学目标并行不悖。《纲要》课教学的直接目标是使学生做到"一个明白""两个了解""三个选择"。"一个明白"是使学生明白中国近现代史就是中国人民为中国实现近现代化而努力和奋斗的历史；"两个了解"是使学生了解国史、国情；"三个选择"是帮助学生深

刻领会中国的历史和人民为什么和怎样选择了马克思主义，选择了中国共产党，选择了社会主义道路。由于性别压迫和妇女发展的迟滞是旧中国落后的一个标志，争取性别平等和妇女发展是中国文明进化的重要标志和条件，是中国争取近现代化的重要构成，《纲要》教学中纳入含有先进性别意识教育的教学内容能进一步展示近现代人民大众为中国独立富强和中国近现代化而进行的努力和奋斗；妇女群体由于利益得到维护而爱戴和支持中国共产党，进而接受马克思主义妇女理论，拥护走社会主义道路。妇女群体做出的"三个选择"在中国历史和人民做出的"三个选择"中很有代表性。从性别视角观察妇女这个群体为什么和怎样选择了马克思主义，选择了中国共产党，选择了社会主义，能更深刻地揭示中国历史和人民为什么和怎样做出了"三个选择"。

　　将先进性别意识纳入《纲要》课也与该课设置的根本目标相符合。《纲要》课教学的根本目标是：着眼于引导和帮助学生掌握马克思主义的立场、观点和方法，确立建设中国特色社会主义的共同理想，树立正确的世界观、人生观、价值观和道德观，为中国特色社会主义建设培养四有新人，即培养人格健全、心理健康、具有个性的全面发展的人。具有社会主义理想信念也是一种素养，具有社会主义理想信念的人也会具有全局意识、大局观念、平等意识和关爱意识，关心社会的弱势群体，所以具有社会主义理想的人应该是反对性别歧视、追求性别平等的，所以对受教育者进行先进性别意识教育是树立中国特色共同理想的需要。从思想政治课的道德目标上看，先进性别意识教育的本质是帮助大学生确立科学的性别观念和行为，而大学生的性别观念和行为是大学生道德素质的有机构成，他们的性别意识、态度和性别角色的定位，不仅关系他们自身的成长和发展，还将直接影响和谐社会的建设和发展。因此，将先进性别意识纳入《纲要》教学，可以培养大学生先进的性别观，解决他们成长发展中的困惑，帮助他们健康地成长。可见先进性别意识教育对于《纲要》课教学并不是可有可无，更不是额外负担，而是深化《纲要》教学的需要。《纲要》课教师应该认识到这一点，发挥先进性别意识教育的积极性、主动性，先进性别意识教育纳入《纲要》课教学才能落实到实处。

　　将性别意识纳入高校《纲要》课教学，对受教育者具有重要的先进性别意识教育意义。首先，《纲要》课对学生进行先进性别意识教育有其独特的优势。《纲要》课是以史进行思想教育的思想政治课，这个"史"也是中国的近现代化史。由于中国近现代化史蕴含着性别关系和观念的近现代化，所以，该课能为进行先进性别意识教育提供生动的素材和丰富的资源，发挥出其他思想政治课所起不到的教育作用。其次，可借助《纲要》课教学在培养学生的素质方面的重要地位而显示先进性别意识教育的重要性，引起人们对该教育的重视。再次，可扩展先进性别意识教育的受众面。《纲要》课是必修课，将先进性别意识纳入高校《纲要》课教学，可保证在校生都接受先进性别意识教育，不会留下教育盲点。最后，可通过显性教育和隐性教育相结合的方式强化先进性别意识教育。以《纲要》课教学为载体的先进性别意识教育达到教学效果的途径并非局限于教学内容。其实，教学内容是显性教育，其所起到的教育作用是毋庸置疑的。此外，其还有两种隐性的教育作用，其一是借助国家思想政治教育主阵地的威慑力，使受教育者感到它是主流声音，是不可轻视、不可抗拒的，对受教育者具有强行植入的作用。其二是教师所具有的先进性别意识及其对性别平等和性别和谐的追求对学生具有示范作用。这是一种潜移默化，但又是不可低估的影响。如果一位教师给学生讲授女性学，学生会认为他是在为完成教学工作而讲授；如果教师将先进性别意识自主纳入思政课教学之中，学生会认为他是在为了追求而讲授。两者对学生的影响是不同的，后者的教育作用是双重的，对学生的示范性影响可能更深远。

二、将先进性别意识教育纳入《纲要》课教学的路径

如何将先进性别意识纳入高校《纲要》课教学？对此，笔者的初步思考如下。

首先，在国情教育中融入性别视角。国情教育是《纲要》课的基本任务之一。近代中国最大的国情是——中国是一个半殖民地、半封建社会，中国人民大众受帝国主义、封建主义的压迫，中国政治、经济文化十分落后。而新中国成立后，中国的基本国情是贫穷落后，毛泽东将其形容为"一张白纸"。社会主义制度确立直至当前，中国的最大国情是处于社会主义初级阶段。在介绍近代中国国情时，介绍妇女遭受政权、族权、神权、夫权的四重压迫，更能显示封建主义对人民大众的压迫及压迫的残酷性，及其对中国发展的严重制约。其实五四时期先进分子们已经这样做了。五四时期先进分子们反传统，反封建主义，一个切入点就是抨击封建主义对女性的戕害，进而强化人们的反封建意识。我们应以其为借鉴，在介绍当今中国最大国情时，也应提及现实中存在的性别不平等问题，以加强说明中国处于社会主义初级阶段。可见，在国情教育中加入性别视角有助于增强国情教育的效果。

从进行先进性别意识教育的角度讲，这种教育能够使学生认识到性别不平等、妇女遭受压迫是近代中国严重的社会问题，其与封建主义以及贫穷落后相依相伴，是一种极不合理的社会现象，有碍中国的发展进步；认识到今天的中国由于处于社会主义初级阶段，封建主义遗毒尚未彻底肃清，中国还不够发达，离中国式的现代化还有一段路程，性别不平等在某种程度上还存在；认识到争取性别平等是中国发展进步的内在要求，但也是一项艰巨的任务，从而增强受教育者的性别敏感度，为其树立先进性别意识奠定基础。

其次，在中国人民为中国独立富强、为中国的近现代化而奋斗的历史讲授中融入先进的妇女思想和妇女运动的内容。《纲要》课的又一重要任务是展现中国人民为民族独立、国家富强，为实现中国的近现代化而奋斗的历史过程。由于妇女解放的程度是人类社会发展进化的标尺，性别平等与妇女发展是中国现代化的标志和条件，所以近代以来任何先进的阶级、政党、社会团体和个人，但凡追求中国发展进步者，都会关注妇女群体，思考改善这个群体的处境，提出解放妇女的一些思想或者进行某些相关的实践。这些都是近现代中国人民大众追求中国近现代化的重要构成。介绍这些思想和实践，更能揭示中国人民为中国近现代化所付出的努力。

从先进性别意识教育的角度讲，介绍近现代中国各种先进的妇女思想和妇女运动实践，有助于学生认识争取性别平等、妇女发展与中国文明进步、中国现代化、中华民族振兴的内在关系；认识国家意识、民族意识与先进性别意识的内在关系；认识到随着人类社会的发展和历史的演进，真正意义上的为民族、为人民利益而奋斗就必须排除性别歧视，争取性别平等，从而使受教育者在向理想型人才奋斗的过程中，自觉树立起先进性别意识。

再次，在揭示近代以来中国历史和人民为什么做出"三个选择"的过程中凸显妇女群体为什么和怎样做出了"三个选择"。《纲要》课的又一重要任务是引导学生认识近代以来中国历史和人民为什么和怎样选择了马克思主义，选择了中国共产党，选择了社会主义。实践表明，中国共产党之所以赢得人民的爱戴和支持，是因为中国共产党代表了中国先进生产力发展的要求，代表了中国先进文化的发展方向，代表了中国最广大人民的根本利益。教材从中编开始，直至下编，主要介绍中国共产党的新民主主义革命、社会主义革命和社会主义建设实践，以展示中国共产党的"三个代表"重要思想。实际上，中国共产党不仅代表中国最广大人民的根本利益，也关注和维护中国人民的当前利益、即时性利益。人民由不同的社会群体构成，不同的社会群体有不同的利益诉求，这些都是人民的当前利益。说中国共产党关注人民的当前利益主要是关注这些不同群体的即时性的特殊利益诉求。揭示党在不同时期对不同人民群体的即时性特殊利益的关注和维护，有利于深化对"三个选择"的认识。说到人民中的不同群体，女性群体最具有代表性。女性被另类化、边缘化是随着家庭私有制的产生而产生的，是人类社会在相对长的历史时期存在的普遍现象。在旧中国，女性是一个亟待被拯救的群体，因为在积贫积弱的中国，女性遭受着最为残酷的性别压迫。中国共产党诞生后不仅在设定的终极奋斗目标中明确了解放妇女的内容，而且在不同时期对妇女利益予以特殊的关注，真诚而有效地维护了妇女的利益。无论在战争年代还是在和平时期，中国共产党维护妇女利益的特点是将这一工作纳入中国革命和建设工作的全局，从而使妇女工作能够得到强大的社会支持，拥有良好的社会环境和可借助的杠杆，进而使妇女运动获得实效，所以中国共产党赢得了妇女群众的爱戴和支持。剖析妇女群体做出"三个选择"的原因具有深化对"三个选择"认识的意义。

从先进性别意识教育意义角度讲，凸显妇女群体为什么和怎样做出了"三个选择"，可以引导学生认识妇女利益与人民利益的一致性；认识执政党和社会决策层具有先进性别意识对其履行社会职责的重要性，进而认识社会性别主流化的重要性。这一方面对受教育者树立先进性别意识具有潜在的促进意义，也有利于培养未来的社会决策者关于性别意识方面的必备素质。

最后，在讲人民大众对中国独立富强、发展进化做出历史性贡献的过程中注重对妇女贡献的强调。中国近现代史也是中国人民为了中国的独立富强及中国的近现代化而奋斗的历史，《纲要》课需要展现人民的这些历史性贡献。其中，妇女群体的贡献要加以特别强调。这不仅是因为妇女群体的贡献具有代表性，更在于这种介绍有利于受教育者加深对妇女群体的历史作用的认识，反思歧视女性的荒谬性和危害，认识对女性歧视与压迫造成的巨大的社会损失，认识到争取性别平等和妇女发展的重要意义，认识到社会性别主流化的重要意义，进而自觉抵制性别歧视，自觉融入争取性别平等和妇女发展的社会活动及历史进程中。

三、将先进性别意识教育纳入《纲要》教学需注意的两个问题

首先，科学确定各章的着力点。上编综述和中编综述是关于旧中国的国情教育，性别意识教育的着力点是介绍中国妇女遭受性别压迫的情况，具体包括生理上、心理上遭受的压迫和遭受的社会压迫等。上编三章讲述的是旧民主主义革命时期中国人民争取国家的独立、富强，实现近现代化的历史活动。这三章进行先进性别意识教育的着力点应设定为三个：一是在中国的近代化开启之后中国性别观念的逐步进化及与之相伴随的妇女运动。二是妇女群众在反帝反封建斗争中的历史性贡献，包括在反对外来侵略斗争中，在太平天国革命中，在戊戌维新运动中，特别是在辛亥革命中的贡献。囿于时期限制，妇女群众的这些贡献可点到为止，但不能不介绍。三是五四新文化运动时期的妇女解放思想和实践，其中要特别介绍早期马克思主义者关于"社会主义能根本解决妇女问题"的观点。中编五章着重讲授中国共产党领导人民大众进行新民主主义革命的实践活动，主要是揭示人民做出"三个选择"的原因。这五章进行先进性别意识教育的着力点可设定为两个：一是中国共产党对妇女利益的维护；二是妇女群众对新民主主义革命的贡献。中国共产党维护了妇女的利益，才赢得了妇女群众的认可和支持。妇女的历史性贡献包括土地革命战争时期的各种贡献、对抗日战争及该时期根据地建设的贡献和对解放战争的贡献。下编的三章进行先进性别意识教育的着力点可设定为两个：一是在社会主义革命和建设时期、改革开放新时期，中国共产党对妇女利益的维护及其成果；二是中国妇女在社会主义革命和建设过程中的重要贡献，在改革开放新时期的社会贡献。

其次，要注重案例的选择。围绕各着力点展开的教学并不是现象的罗列，而是通过实例突出重点，所以选择的案例一定要生动、新颖，富有代表性。譬如说明中国共产党代表妇女利益，新民主主义革命时期可以以各时期根据地反对打骂妇女的实践活动为例；新中国成立后可以以新婚姻法的颁布和贯彻为例，以缠足、娼妓的彻底废除为例，也可以以国家实行男女同工同酬为例。再譬如说明中国妇女的历史性贡献，抗战时期可以以大生产运动中妇女的贡献为例，也可以通过李林烈士、八女投江等事例说明妇女对抗战的直接参与及做出的巨大牺牲。讲案例最好有情节，要注意情境的酿造。

以上是自己极不成熟的想法。关于如何将先进性别意识纳入《纲要》教学，需要《纲要》教师的实践与摸索，当然这又要以《纲要》教师对这一工作的深刻认识和高度自觉为前提。为此需要探索的是如何使《纲要》教师对将先进性别意识纳入《纲要》教学高度重视。囿于篇幅，本文对此不再展开。将先进性别意识纳入《纲要》教学的思路属于初探，极不成熟。之所以谈此想法，意在发出呼吁，引起同行的关注和思考，希冀《纲要》课教学与中国妇女事业实现某种结合，以促进性别平等与妇女发展。

以辅导员视角探析女大学生就业心理及策略

重庆工商大学数学与统计学院　吴　卫

[摘要] 女大学生就业难问题已经受到社会的广泛关注，作为大学生人生导师的辅导员，对女大学生的就业指导应从入学之初开始，贯穿整个大学生涯。通过危机意识培养、有计划有步骤的就业教育、就业心态培养，加强社会调控、制度调控、教育调控以及心理调控和自我调控，可以有效解决女大学生就业心理困惑问题，并提出社会、学校和家庭三个层面的女大学生就业心理干预建议和个体自身应对策略。

[关键词] 女大学生　就业心理　干预策略

就业指导工作是高校工作的重中之重，是关系高校生存、发展与壮大的重要环节。高校辅导员作为大学生最直接的管理者和服务者，是大学生职业梦想的启发者和制订职业生涯规划的参谋者，也是大学生提高求职方法与技巧的指导者，在大学生就业指导工作中发挥着重要的作用，成为就业指导工作的骨干力量。因此，加强辅导员的管理和提高辅导员的自身素质具有重大意义。辅导员要时刻严格要求自己，培养端正的思想品行、高尚的职业道德，做学生的典范；要以渊博的学识使学生信服；关爱学生，尊重学生，平等交流，密切师生关系，做学生生活学习中的知心朋友；要具备坚定的政治立场，加强理论学习，做到理论与实践相结合，成为学生的指导者和引路人，指导学生制订人生规划和职业规划。

女大学生作为大学生中一个重要的群体，有着鲜明的性别特征和独特的成长规律，了解她们的就业心理，引导她们健康成长，具有非常重要的现实意义。然而，受到种种历史原因和现实条件的制约，女大学生就业相对于男大学生来说更为艰难。妨碍女大学生就业的因素很多，而心理因素是其中一个重要的方面。

一、就业心理表现

(一) 自卑心理

自卑心理一般指人们由于某些方面的缺陷或不足而产生轻视自己、认为不如他人的心理。由于性别原因，现实中女大学生在参加用人单位招聘时备受冷落，自尊心受到严重损害，往往会形成"女生学习再好，将来也难找到好单位"的性别自卑感。当她们面对一些就业机会时，有一种走向社会的恐惧心理，往往过低估计自己的知识和能力水平，畏首畏尾，优柔寡断，缺乏竞争勇气和必胜信心，不能向用人单位充分展示自我，从而坐失良机。有的缺乏适应社会的能力，对即将面临的工作岗位能否接纳自己产生一种强烈的恐惧感，对自己的前途和命运缺乏信心。

(二) 依赖心理

依赖心理在女大学生中普遍存在。在就业过程中，她们顾虑重重，缺乏主动参与和竞争的意识。潜意识中有一种"等、看、靠"的思想，不能主动向用人单位推销自己和依靠自身的努力去赢得用人单位的青睐，而是寄希望于学校、地方毕业生就业主管部门或家庭，从而使自己在就业中处于劣势。

（三）焦虑心理

焦虑是一种紧张不安并带有恐惧体验的情绪状态。择业是人生中的一次重大转折，面对纷繁复杂的社会和严峻的就业形势，面对理想与现实、考研与就业、国家需要与个人意向等多元职业选择，对于具有较高择业期望值而又无社会经验的女大学生来说，是一个让她们十分困惑的难题，容易造成心理失衡，产生焦虑心理。焦虑使她们精神负担加重，紧张烦躁，心神不宁，萎靡不振，想离开学校又怕离开学校，认为自己能力不行，不能适应社会，或者根本就没有主动尝试过找工作，对前途没有信心，在激烈的就业竞争面前采取逃避态度，有的甚至赋闲在家，加入了"啃老族"的行列。

（四）盲从心理

能够拥有一份体面、名声好的工作一直是人们的愿望。部分女大学生对就业问题没有自己的见解和主张，在寻找就业单位时，往往缺乏对自己的客观评价，忽视自己的个性、爱好、素质与特长，也不考虑用人单位是否适合自己，而是盲目地拿身边同学的择业和就业标准来定位自己的择业和就业标准，把区域和薪资作为求职取向，一窝蜂地挤向所谓的"热门"行业和"热门"单位。这种盲从心理，使得不少女大学生迟迟难以就业。

（五）求实惠心理

在市场经济大潮的冲击下，追求实惠也成为女大学生的普遍价值取向。机关、事业单位特有的福利待遇等优惠条件，使她们趋之若鹜。在实惠心理的驱动下，甚至有少部分女大学生依靠婚姻谋出路，出现了"曲线就业"的畸形就业现象。她们把人生幸福寄托在"找个好丈夫"上，认为"学得好不如嫁得好"，一味注重身材、美容、穿着打扮等外在形象，而忽视大学期间的知识积累、能力培养和综合素质的提高。

二、干预策略

女大学生因就业难而产生的心理问题已成为影响女大学生心理健康和高校校园和谐稳定的一个重要因素，在一定条件下心理问题有可能转化为心理危机，出现自杀、攻击他人等极端事件。解决女大学生就业心理问题，不仅需要女大学生自身积极转变就业观念、积极调整心理状态，也需要社会各相关部门采取积极的应对措施，逐步完善大学毕业生就业市场服务体系，做好女大学毕业生的就业服务工作，建立联动的女大学生就业服务体系和相应的女大学生就业心理危机干预机制。笔者建议从以下几个方面进行支持与统和。

（一）社会环境支持

首先，政府要做好女性、女大学生就业理念引导工作。引导社会大众主流的价值观、就业观和人才评价观，在文化传播和社会宣传方面，通过影视传播、媒体推介和社会舆论推出就业及创业人物时，要考虑女性的积极影响力，塑造有文化、有知识、有能力的女性人物，树立女性积极形象。招聘单位或企业对女大学毕业生拒绝的主要原因是考虑单位的长远经济利益。女大学生就业后面临着结婚和生育的现实问题，而目前我国规定，女工因怀孕和生育以及产假期间不能工作带来的经济损失由单位承担，这就意味着女性职工越多，单位的额外支出成本越大。对于以经济利益为目标导向的单位来说，同等条件下自然不想接收女大学毕业生。解决这一现实问题的出路在于国家政策的引导，应使生育成本社会化，即女性职工的生育成本由社会承担，解决单位聘用女性的后顾之忧。如设立社会统筹的女性生育保障基金，同时对招聘女性职工较多的单位或企业给予经济补贴，消除用人单位雇用女性员工增加的额外支出，从政策上促进女性就业，促进女大学生就业。其次，政府要建立完善的就业指导和服务体系。而对于女性毕业生来说，除了在宣传上逐步消除传统观念的弊端，更要在针对女大学生的服务上做好工作。如建立专门的针对女大学生就业的公益性就业信息平台，实现信息发布、查询、交流和远程面试的一体化服务，把用人单位和大学毕业生联系起来。还要进一步完善劳动力市场的信息分析工作，强化劳动力市场对大学生的刚性需求，做好与教育、人事部门及高校的信息沟通，对于需求女大学生较多的单位，可组织专门的招聘会、洽谈会等，成为用人单位和女大学毕业生之间的桥梁与媒介。

（二）家庭环境支持

家庭首先要尊重大学生子女就业时的自主选择。女大学生要考虑到自己的专业性质，要注重就业后的专业发展和个人成长空间，避免因眼前暂时的经济利益而错失发展性强和成长空间大的单位。女大学生要结合自身个性能力、特长与兴趣爱好等择业，要综合分析个人因素与职业岗位需求进行择业，避免好高骛远，过分集中于所谓的热门岗位去竞争，错失适合自己的就业机会。家长要充分考虑当前就业形势，支持子女"先就业，后择业，再创业"的应然选择，避免因家庭亲子冲突而导致子女不能进行理性选择或因犹豫不决而影响按时就业。

其次，在社会环境、就业形势和就业期待的认识方面，家长要发挥自身的指导作用，利用自身社会阅历和经验在选择工作地点、工资收入方面给出建议，避免女大学毕业生因其对社会环境关注程度不够，对就业形势乐观估计而对就业抱有过高期待；家长要与时俱进，更新自身就业理念，学习和把握国家就业政策，了解更多的就业信息，结合自身家庭结构和特点，给出合理化建议，促进子女积极就业。

（三）学校系统支持

首先，做好女大学生就业指导工作。高校应开设专门的大学生就业指导课程，不断更新和完善大学生就业指导的教材和课程设置内容，不断探索有成效的女大学生就业指导方法；应把毕业阶段的就业指导与日常大学生职业生涯规划教学相结合，将对大学生的择业和就业指导贯穿于整个大学阶段。高校要建设专业的职业指导工作队伍，从学科建设、职称评定、职务待遇等方面，为高校专职就业指导人员建立一整套制度，解决其个人发展的后顾之忧，以确保队伍的稳定性；不断通过技能培训和继续教育，提升队伍的理论水平和专业技能。

高校还要做到为女大学生搭建就业平台，鼓励她们走出校门；主动和学生专业对口的企业联系，做好人才和企业需求的沟通联络，协调企业接收女大学生，为女大学生就业积极创造条件。

其次，心理健康工作部门要做好对女大学生就业焦虑的专业心理干预。从心理学团体辅导结果可以看出，专业的就业心理干预对女大学生克服择业焦虑、减少因就业危机带来的躯体症状具有显著效果。第一，团体心理干预小组具有对小组成员的接纳性与成员间的互动性。心理干预活动过程中的自我介绍、人际信任训练、择业角色扮演、合作与分享等活动内容能增进成员间的了解和信任，进而使成员们能够彼此接纳，互相帮助，获得心理与精神支持，得到理解与沟通。小组成员通过交流降低了就业焦虑与负性情绪，从而降低了就业心理危机感。第二，个体的认知改变对调整就业心理危机起到重要作用。在团体活动中，小组成员因其被接纳，产生了和谐、温暖的人际交往氛围，这种感受会使成员降低与人交往的焦虑感，逐步改变交往感受，进而改变对交往的价值认知。心理学认知理论认为，人们的心理问题和心理危机是由个体不合理或扭曲的认知造成的，心理危机干预的要点就是以理性认知替代非理性的思维方式，改变个体的不合理认知。第三，在高校的女大学生就业心理危机干预中，要能够把干预的短期效果与长期的良好认知和行为习惯培养有机结合起来。一般的心理干预小组活动取得短期的心理治疗效果很明显，但对疗效的保持缺乏有效手段。高校作为培养人才的基地，可以在大学新生阶段就开始对女生，尤其是对心理有问题的女生进行长期的心理干预，培养其健康健全的人格，提升女生的心理承受能力，在前期的心理健康教育和就业指导教育中融入就业心理辅导的内容。提前介入，既为心理健康教育的延续和自我教育机制的形成奠定基础，又能够有效预防毕业时就业心理危机的产生。

（四）个体层面的自我支持

首先，女大学生需要在微观层面构建自己的社会支持网络，要在学习和生活中主动和老师、同学、家人以及朋友交流和沟通，从各个方面获得就业所需的信息支持、情感支持和经济支持。家人和亲友提供的信息具有直接和实用的特性，同时，其精神支持、心理支持和经济支持有利于降低女大学生的就业压力，缓解就业焦虑。社会支持的缓冲理论模型认为，社会支持可以缓冲压力事件对身心状况的消极影响，保持或提高个体的身心健康水平，从而有利于个体对压力事件的积极解决。

其次，女大学生加强自身能力培养和素质提高，是顺利就业的根本因素。在女大学生和用人单位的双向选择中，人力资本的作用是根本性的，所以女大学生要努力提高自己的人力资本。可通过努力取得优良的专业成绩，大学期间注意锻炼处理人际关系的能力，提升自己的沟通能力、沟通技巧和团队协作精神，在人际沟通和交往中能够学习他人之所长，提升自我意识，从而形成理性而客观的自我认知，以在就业进程中做到"知己知彼"，有效实现自身和工作岗位的良性匹配，促进成功就业。

最后，积累社会实践经验，参加大学时代的社会实践活动或假期走入社会，也是女大学生提升自己实践能力与就业人力资本的有效途径。

艺术教育与女性发展

——美术教育对女性的影响

重庆民生职业技术学院　乔洪娟

[摘要]　我国自古"男尊女卑"的传统文化，使得女性在各个方面的认同度非常低。随着社会的不断进步，女校的发展使更多的女性开始意识到自己的价值，体会到实现自我价值的意义；女性接受美术教育的机会也越来越多，并且美术教育给女性带来了新的面貌。全社会精神文明建设及艺术事业的繁荣发展在其中起到独有的重要作用。

[关键词]　美术教育　女性发展

中国五千年的文明造就出许多杰出的女性，但是绝大多数女性受"男尊女卑"传统文化的影响，缺乏与男性一样平等的接受教育的权利，美术教育更曾是一般女性不能涉足的领域。随着社会的不断进步，女性接受高等教育机会增加的同时，女性接受美术教育的机会也越来越多，并且美术教育给女性带来了新的面貌。

一、传统女性生活与女性美术教育萌芽

中国传统文化在构造阶级等级的同时确立了"男尊女卑"的性别秩序和价值观，传统思想认为"女子无才便是德"，造就了中国妇女在传统社会里没有经济地位和社会地位，也没有独立的人格。女性的事业主要是教育子女、做家务、刺绣、剪裁之类，中国传统社会对于女性的要求以"德、言、容、工"四个方面来衡量，其中的"工"即为女红活计。再加上传统手工业在当时高度发展，女红在这个时期才从普遍的意义上真正广泛地流行起来。女红艺术从其发生、发展、艺术形态、艺术功能，以及艺术符号和艺术内涵等方面，始终与女性群体的生活关系紧密相关。女红的发展为以后女性美术教育的发展奠定了基础。女性在生活中创造了"针线活之类"的艺术，这类传统艺术的积淀逐渐形成了女性的生活情感心理与生活价值姿态。在漫长的历史进程中，女红艺术的生命价值远远超越了其艺术本身，它成为女性约定俗成的习俗生活方式，成为女性表达生活、寄托情感、祈求吉祥兴盛的重要载体。

二、教会学堂与女性美术教育发展

随着第二次鸦片战争，中国沦为半殖民地半封建国家，外国传教士注意到中国女性低下的社会地位及精神束缚。为在中国各大口岸城市扩展教会势力，教会女校发展迅速，从沿海发展到内地，各国传教士在中国各大通商城市如广州、福州、厦门、宁波、上海建立了教会女学堂。开办女校使西方文化能够顺利传播，教会女学堂不收学费、提供衣食住宿，许多贫苦人家的女儿得到了更多受教育的机会。教会女学堂进行了一些类似女塾的课程设置，除了必修的宗教课程之外，大多为职业化的谋生技术知识。再加之传统中国的女红等技术的加强，从教会女学堂毕业的学生

都能以一技之长在社会上谋生。到 1876 年，基督教教会在我国就办有女校 121 所，招收学生 2101 人，但几乎没有专门从事美术教育的学校。女校的发展使更多的女性开始意识到自己的价值，体会到实现自我价值的意义。与此同时，女性的社会地位从这个时期开始得到一定的提高。这一时期的女性也开始认识到美术教育给她们带来的发展前景，这也为日后的女性美术教育奠定了牢固的基础。伴随着我国社会的不断发展，美术教育发展开始逐步正式地走入女性的视觉中。

三、美术教育与女性发展

五四运动后，女性解放运动也由此拉开了序幕。更多的女性可以从封建牢笼里脱身而出，可以有更多的自由，比如对婚姻平等、自我价值的实现等。由此可见，教育与女性发展密切相关，女性受教育程度不高制约着女性的发展，影响着女性参与社会各项事务的权利与作用。

美术教育在女性教育中可谓重要的组成部分。在美术界，近代女画家、设计师人数越来越多，如虽屡遭世俗重压却从未放弃对艺术追求的潘玉良，著名的女画家兼设计师李珊菲，美术家兼建筑设计师林徽因等。20 世纪初，越来越多的人认识到兴女学的重要性，兴办职业女学堂之风蔚然成势。在西方，女艺术家日益活跃，西方美术史上很早就有了女性的身影，如美国、俄罗斯、德国、马来西亚等。女性在艺术上展现出越来越大的影响力。现代社会的发展带来了女性教育的新思维，美术教育也因此拉开序幕，由传统向现代转型。先进知识分子纷纷呼吁发展女性美术教育，由此女性美术教育萌生新芽。但是由于我国当时正处于社会动荡时期，文化进步陷入迟滞状态，造成中国女性现代艺术教育无法与西方相比拟。

在当代社会快速发展的形式下，女性艺术家成为中国美术事业不可或缺的一支重要力量。但由于各种活动中女性美术家所占的比例有限，不能满足女性美术教育的快速发展。随着社会对女性的认同感增加，女性艺术家在艺术上展示出自己独特的视角、表述方式等，使得女艺术家的聪明才智得到充分发挥，使她们的艺术潜能不断得到发掘，更为全社会的精神文明建设及艺术事业的繁荣发展起到其独有的重要作用。

应用技术大学转型背景下高校女教师继续教育对策研究①

山东女子学院　马　蕾

[摘要] 随着经济全球化、市场一体化的发展，特别是在应用技术性大学转型的形势下，高校教师继续教育面临新的环境和新的机遇。高校教师继续教育应按照建设现代职业教育体系和推进高等教育分类管理的要求，创新教育理念，健全运行机制，进一步完善高校教师的培训制度和机制，增强教育实效性，注重需求分析，构建多元化模式，采取多种方式，有计划、有步骤、有针对性地开展高校教师的继续教育，不断探索高校教师继续教育的新思路。

[关键词] 高校女教师　继续教育　转型背景　现状　对策

教师继续教育是在现代教师培训的基础之上发展而来的、专门致力于教师专业发展的新兴教育活动。我国的教师继续教育自 20 世纪 70 年代末开始发展，至今已经历了近 40 年的风雨历程，取得了一定的成效。随着社会变革速度的加快，知识经济时代的到来，人们对知识的需求也更加迫切。面对日新月异的社会发展，"一朝执教，终身为师"的观念已不能适应现代社会高速发展的需要，教师继续教育显得尤为迫切。

一、应用技术大学转型背景分析

2013—2014 年连续两年我国高校毕业生每年超过 700 万人，被称为史上最难就业季。面对一方面社会对优秀人才求贤若渴，一方面毕业生又找不到工作的现象，矛头指向我国高等教育结构的失衡，即当前我国高等院校结构中，学术型大学比重过高，而应用技术型大学比重过低的现状。从我们现在高职和高等教育本科来讲，40％的高职，60％的本科。而欧洲国家的大学结构中，80％是应用技术型大学，20％是学术型大学②。过于热衷培养学术型人才，忽视应用技能型人才的培养，正是我国大学生就业难的根源所在。

为了扭转这一局面，《国家中长期教育改革和发展规划纲要（2010—2020 年）》提出"促进高校办出特色，建立高校分类体系，实行分类管理"的要求。为落实纲要的要求，在教育部推动下，以应用技术大学类型为办学定位的地方本科院校等单位发起成立了应用技术大学联盟，围绕建立应用技术型大学的目标，促进联盟成员更好地服务区域经济社会发展，为推动地方高校转型发展和高等教育分类办学提供有益的探索。

---

① 本文系 2014 年度国家教师科研基金"十二五"规划重点课题《高等学校女教师继续教育面临的困境与对策研究》的阶段性成果。

② 陈庆滨. 教育部推动成立应用技术大学联盟 开启地方高校转型大幕. 中国广播网，2013 年 6 月 29 日。

应用技术大学是学习借鉴发达国家举办应用技术大学的有益经验，创造一个为地方经济发展，直接对接地方经济发展要求的专业群。应用技术大学转型为高校教师教学研究的方向提出新的目标。高校教师除了具备必要的专业学科知识和一定的科研能力外，还需具备较好的专业实践能力和动手操作技能。但长期以来高校偏重学术性专业教育，高校教师继续教育也缺少实践技能方面的培训，导致高校教师知识与能力发展不平衡，这势必影响人才培养的结构和规格。

应用技术大学强调的是应用二字，虽然大学不是为了应用而生，然而这类大学确实是为应用而服务。就业导向对高校教师的知识、能力和素质提出了新的要求。教师必须产教结合，具有较强的教学方式驾驭能力和社会关系沟通能力，不断挖掘教学空间，将课堂搬到生产一线，这为高校教师继续教育提出新的目标。

二、高校女教师继续教育现状分析

近年来，随着我国高等教育规模的扩张，高校教师队伍迅速发展，专任女教师人数也日益增长。据统计，1999 年我国高等教育开始扩招时，普通高校女教师为15.9 万人，占专任教师的 37.35％。2012 年普通高校女教师为 68.1 万人，占专任教师的 47.28％。[①] 十多年的发展使高校女教师成为一支重要力量。

高校扩招也使高校教师的继续教育面临重重困境。从总体看来，我国高校教师继续教育仍存在一些问题。诸如相关政策法规对教师继续教育规范程度有限，忽视非学历的技能培训，特别是教育教学技能培训，缺乏完善的考核机制，忽视师德素养等综合素质考核。这是高校教学不能完全适应经济社会发展需要的原因之一，也是高校教师队伍特别是女教师水平亟待提高的重要影响因素。

（一）规章制度不健全影响高校女教师继续教育的深度

发达国家视教师继续教育为推动社会终身学习与事业发展的先驱，制定法规和实施计划并划拨专款推进教师继续教育。《中华人民共和国教师法》第七条第六项规定：教师享"有参加进修或者其他方式的培训"的权利；第十九条规定："各级人民政府教育行政部门、学校主管部门和学校应当制定教师培训规划，对教师进行多种形式的思想政治、业务培训。"《国家中长期教育改革和发展规划纲要（2010—2020 年）》也提出了"构建体系完备的终身教育，学历教育和非学历教育协调发展，职业教育和普通教育相互沟通，职前教育和职后教育有效衔接。继续教育参与率大幅提升，从业人员继续教育年参与率达到 50％以上"的规划。

但由于没有统一的有关高校教师继续教育的规章制度，缺乏对高校教师继续教育运行机制的顶层设计和长远规划及系统研究，高校教师继续教育在运行中出现主管部门和教育机构责任、权利不清现象，造成教育资源的分配不均，培养模式和力度差别甚大，有的校方将经费更多用于对高层次人才引进方面，教师继续培训的机会被缩减，继续教育经费使用率低下。目前高校教师在深造、进修时，校方往往要求个人支付相应的费用，并以进修人不在岗为由扣除津贴，这对经济较为拮据而又

---

① 教育部网站 http：//www.moe.edu.cn/公布的 1999 年及 2012 年中国教育统计数据。

较多考虑家庭事务的女教师来说，只能望而却步。

（二）继续教育途径有限影响高校女教师继续教育的广度

目前，高校教师开展继续教育的首要途径是通过到著名高等院校进行深造或参加专门培训机构举办的课程进修、专项培训、讲座和研讨班等，提高教师的理论素养，开拓科研视野，获取更高层次的专业学历、学位，促进教学水平的进一步提高。其次是利用学校自身拥有的教育资源对本校教师在教学理论、教学实践中遇到的新问题、新情况进行的再教育，以及诸如现代教育技术、心理健康教育甚至师德师风等方面的系列再教育。再次是教师通过自主参加广播电视或网络课程等远程教育培训，获取相关的知识和技能。

综观目前高校教师继续教育模式设计，一是存在人才培养结构不明确、规格不清晰问题；二是注重学历、专业等学术性专业教育，缺乏必要的教育教学技能特别是非学历的实践操作技能方面培训；三是忽视了培训对象的个体需求差异，也忽视了教学实践多元化对培训对象的差异化需求。高校女教师在学历专业方面一般与男教师不相上下，但在实践操作技能方面往往较为逊色。同时，继续教育模式没有考虑女性与男性截然不同的生理特点，以及女教师由于受到繁重家务的困扰，没有时间和精力去提升自己的学历技能的状况。

（三）缺乏完善的考核机制影响高校女教师继续教育的力度

发达国家高校教师通过继续教育可提高学历，取得学位及加薪晋级，这样可以大大提高在职教师继续教育的积极性和进修的有效性。我国高校继续教育缺乏有效的激励政策，高校教师对继续教育的重视程度不够，忽视培训成效，导致继续教育流于形式，达不到实质性效果。

从下表可以看出我国普通高等学校女教师在 1999 年与 2012 年，正高级、副高级、中级、初级、无职称共五类职称所占的百分比[①]。

男女教师职称比例对比表

年份	项目	合计数	正高级	副高级	中级	初级	无职称
1999	总数	425682	39359	125900	156390	83196	20837
1999	女教师人数	158974	5933	37896	65359	39855	9931
1999	女性百分比	37.35%	15.07%	30.1%	41.79%	47.9%	47.67%
2012	总数	1440292	169423	412692	576013	209811	72353
2012	女教师人数	680918	48151	179871	298751	115940	38205
2012	女性百分比	47.28%	28.42%	43.58%	51.87%	55.23%	52.8%

从表中可以看出，1999 年，我国高校女性教师人数占教师总数的 37.35%，其中正高级职称占 15.07%，副高级职称占 30.1%，中级职称占 41.79%，初级职称和无职称各占近 50%。至 2012 年，女性高校教师人数比例已经上升到 47.28%，

---

① 教育部网站 http：//www.moe.edu.cn/公布的 1999 年及 2012 年中国教育统计数据。

初级和无职称比例已各占 50%以上，中高级职称比例略有上升，但与男教师相比，中级职称没有显著差距，副高级职称有 12.84%的差距，正高级职称差距最大，为 43.16%。

显然，我国高校女性教师正高级职称比例仍然较低。原因主要是虽然高校提供的晋升机会增多，但女教师要获取这些晋升机会，需要付出更多的时间和精力。特别是在高级职称评聘这一块上，许多专任女教师更是疲于奔命。她们原来的学历、学识水平与高级职称所要求的标准相差悬殊，而由于自身种种原因，又不能及时去深造学习。因为继续教育首先不是只需要一定的时间就可以进行，而是要求全身心地投入，进行国内外的学术交流；其次不是仅靠已有的知识就可以进行，需要不断更新知识，更需要创新的意识与敢于批判的精神。这些对男教师而言，并不困难。因为男教师只要事业有成，即使为家庭付出的时间和精力很少，也可能得到社会的赞赏。而对于女教师，家庭角色和社会角色是分离甚至是对立的，往往面临更多的投入选择。于是在这种职称的重压下，很多女教师只能望洋兴叹。

三、转型背景下高校女教师继续教育对策研究

应用技术大学的建设目标为高校教师继续教育带来新的环境和新的机遇。学习借鉴发达国家举办应用技术大学的有益经验，调整继续教育人才培养结构，促进高校教师队伍全面、协调、可持续发展，最终推动高等教育的分类办学和特色发展。

（一）健全高校女教师继续教育的运行机制

从目前高校教师继续教育的情况来看，高校教师继续教育的机制不完善，缺乏权威性的政策指令，没有专门的监督管理机构，缺少科学合理的激励体制，致使高校教师继续教育没有真正融入高等教育的改革发展之中，无法形成教学、管理、个人职业生涯发展、科学研究多位一体的体系。

因此，应建立跨部门继续教育协调机构，制定继续教育规划和组织实施办法，将继续教育纳入总体发展规划，统筹指导继续教育发展。同时加强继续教育监管和评估，促进用人单位为从业人员提供继续教育。健全继续教育激励机制，鼓励多种形式接受继续教育，从而为高校女教师继续教育提供选择途径。

（二）增强高校女教师继续教育的实效性

当前高校教师继续教育缺乏实效性，各高校教师的继续培训形式较为单一，主要侧重于对学历的补偿教育，落脚点为提高学历层次、扩展学科知识范围、提升教学水平，忽视了教学实际操作技能方面的培训。而应用技术大学以就业为导向，要求根据市场需求和区域经济发展需要，培养学生的职业素养，提高学生的就业竞争力。

因此，高校继续教育要适应市场变化和竞争的要求，深化校企合作，开展继续教育。在校企合作方面加强合作力度和深度，建立企业参与的办学机制，深入推进产教融合、校企合作。特别是针对高校女教师采取灵活多样的教育教学合作模式，通过与国际或地区间的高校、企业组织、社区、政府等进行项目合作、交流，学者访问、交换等方式，开发社区教育资源，开展区域间和国际教育协作、项目合作交流等，同时加强网络建设，以充分整合资源，获得更多的支持和教育资源。

（三）提高高校女教师继续教育的灵活性

高校继续教育一般为接受对象统一安排培训内容、方案等，忽视了教师的个性化和多样化需求。特别是对高校女教师而言，因为职位、年龄、性别、学科等的不同，其需求有着很明显的差异性。这种将继续教育模式的多样化限制在一个小范围内的做法使得高校教师继续教育的现实满足与多元化需求存在很大的差距。

因此，应构建灵活开放的继续教育体系，建设以互联网为载体的现代远程教育体系，开放继续教育及公共服务平台，为学习者提供方便、灵活、个性化的学习条件，以满足高校女教师多元化需求。同时建立继续教育学分积累与转换制度，实现不同类型学习成果的互认和衔接，激励高校女教师积极参与继续教育，不断提升自身素质，实现高校女教师全面、健康、可持续发展的目标。

总之，随着经济全球化、市场一体化的发展，特别是在应用技术大学转型的形势下，高校教师继续教育面临新的环境和新的机遇。高校教师继续教育应按照建设现代职业教育体系和推进高等教育分类管理的要求，创新教育理念，健全运行机制，进一步完善高校教师的培训制度和机制，增强教育实效性，注重需求分析，构建多元化模式，采取多种方式，有计划、有步骤、有针对性地开展高校教师的继续教育，不断探索高校教师继续教育的新思路。同时整合教育资源，加大教师培训的力度，改善教师队伍结构，提高教师素质，保证教学质量，走出高校扩招带来的高校教师继续教育的困境，促进高校教师继续教育全面、协调、可持续发展，最终实现学校的发展。

参考文献：

［1］禹旭才.高校女教师的发展困境：社会性别视角的审视［J］.大学教育科学，2012（5）.

［2］杨艳艳.高校教师继续教育模式［J］.教育与职业，2012（26）.

［3］刘意涛.高校教师继续教育的发展进度与培训建议分析［J］.继续教育研究，2012（6）.

［4］艾晶，张洪阳.高校女教师职业发展困境与对策研究——以S大学为例［J］.沈阳工程学院学报：社会科学版，2013（1）.

［5］李文.影响高校女教师工作满意度的因素及对策分析［J］.继续教育研究，2012（12）.

性别视角下高校女教师事业家庭的冲突和协调

重庆工商大学　王　静

[摘要] 随着我国高等教育的持续发展，高校女教师队伍日益壮大，她们承受的教学科研的压力与日俱增。受传统思想和观念的影响，高校女教师在面对事业发展压力的同时，还不得不承担养育子女和照顾家庭的重任。与男教师相比，她们面临着更为明显的事业与家庭的冲突。女教师一方面在高校的教育、科研和管理事业中，处于边缘化的境地；另一方面，因为追求完美，以过高的标准要求自己，又不自觉地使自己陷于"E型陷阱"之中。这种事业与家庭的矛盾冲突产生的根源，在于社会、家庭和女教师自身。因此，要平衡女教师事业与家庭的冲突，使其协调持续发展，首先需要改善社会文化环境，实现社会性别公平；其次是高校要创设公平职业环境，促进女教师事业的良好发展；最后是女教师应发扬女性主体意识，实现自身的全面发展。

[关键词] 性别　高校　女教师　冲突　协调

近年来，随着我国高等教育的持续发展，高校女教师队伍日益壮大，她们正逐渐成为高等教育事业的中坚力量，在学校的教学科研工作中发挥着越来越重要的作用。据《全国教育事业发展统计公报》的数据显示，十多年来，高校教师中 30 岁以下的女性比例高达 49.3%，男女教师比已经下降到 1.18。面对信息时代的挑战，教育改革的不断深化和人才培养模式的推陈出新，高校教师工作任务大幅增加，承受的教学和科研压力与日俱增。受传统思想的影响，绝大多数女教师在忙于教学和科研工作的同时，还需要操持家务、养育子女、赡养老人等。与男教师相比，她们面临着更为明显的事业与家庭冲突。如果高校女教师不能很好地协调工作与家庭的关系，就可能给她们带来工作和生活的双重打击，导致教学质量下降、无力承担科研任务、与同事关系疏离、家庭关系紧张和生活质量恶化等。因此，探析高校女教师的事业与家庭冲突问题，探究其事业与家庭的协调策略具有重要意义。

一、高校女教师事业家庭冲突的表现形式

事业、家庭冲突是指职业角色和家庭角色的要求不相容而产生的一种角色冲突，即人们在投入了一个角色之后，很难再投入另一个角色中。高校女教师的事业家庭冲突主要表现在职业发展边缘化和"E型女性"的角色冲突。

(一) 女教师职业发展的边缘化

所谓女教师职业发展的边缘化，是相对于高校男教师而言，女教师不仅在话语权、发展权、社会声望和资源分享等方面明显处于劣势，而且在精神与心理上也处于劣势。女教师在高校的职业发展边缘化，主要体现在以下几个方面。

1. 科学研究的边缘者

相当一部分女教师没有真正进入学科或专业领域，男性所处的中心位置使得他

们比女性有更多的机会获得科研基金和晋升的机会。女教师大量聚集在教学领域，并且在教学课程或等级上存在明显的性别差异。即课程层次越高，女性的课时就越少，尤其是教授研究生课程的女教师明显少于男教师。在理工科课程方面，承担教学任务的女性比男性少得多。与此同时，在高校，女性从事科学研究的数量和质量都弱于男性。调查结果显示，男性人均主持的国家级课题是女教师的 4.37 倍，省级课题是女教师的 3.32 倍，校级课题是女教师的 1.40 倍；在科研项目研究中，女性大多充当参与者的角色；在著作出版方面，女教师的人均数同样远远低于男教师。女教师参加各种学术交流的机会远远少于男教师。此外，在参加各层次的学术会议、加入各类学术团体等方面，女教师的人均数也远远低于男教师。

2. 学术权力的边缘者

其一，在高校"学术权力"集体中，女教授、女博士比例低，女教师话语权微弱。从全国范围看，女性仅占教授总数的 25.6％。"教授处于大学的核心地位，在过去的 30 年间，教授控制着课程和学位，并继续保留着他们大部分权利。"尽管中国的大学教授还不能享受到国外大学教授那样大的权利，但相对于低职称的教师而言，他们是最有话语权的。其二，女博士比例低。从全国看，女博士仅占博士总数的 25.6％。其三，女学科带头人比例低。从全国高校看，女性博导仅占博导总数的 12.8％。可见，从教授到博士再到博导这一"学术权力"集体中，女性处于明显的劣势。此外，在各高校学术委员会、学位评定委员会、职称工作领导小组等把持着种种学术权力的组织机构中，女性更是呈现出学术权力发展的困境。

3. 行政管理层的边缘者

虽然大学高层管理中男性独领风骚的状况已成历史，但从整体上看，高校中高层女性管理者的人数还十分有限，女性的话语权还很不充分。2007 年，中国人民大学"中国大学校长素质研究"课题组，通过对国内 1792 所各级各类高等院校的校长的调查，结果显示：大学校长中女性占 4.5％；高校女性领导很少处于权威、重要岗位，如大学校长、院长等职务。由此可见，随着社会的发展与高等教育的改革，高校女性管理者的边缘化地位并没有得到明显的提升。这在客观上可能导致对女性利益的忽视，不利于女教师获得公平发展的职业环境。

(二)"E 型女性"的角色冲突

"E 型女性"是由心理医生布莉克首次提出的。"面面俱到，扮演好每一个角色的 E 型陷阱"是部分承受巨大压力的女性会遭遇的困境。"E 型女性"现象在高校女教师中存在较为普遍。众所周知，30 至 40 岁是女性做出教学、科研成果的关键时间段，然而与此同时，她们肩负着的照顾家庭、抚育孩子、赡养老人等责任却明显阻碍其获得继续教育的机会，抑制女教师的教学、科研、职务职称与学术的发展，与男教师在教学、科研等方面产生性别分化。在现实生活中，接受高等教育水平越高的女性，在 E 型陷阱里的角色冲突矛盾越为突出。女教师肩负多种社会角色，多种角色难免产生冲突，这种不可避免的角色冲突在很大程度上会影响她们的身心健康，努力兼顾家庭与事业的女性会不自觉地陷入困惑中：全力奉献家庭，好像牺牲了个人前途；倘若专注于事业，又感觉愧对家庭。在事业与家庭的关系中，传统性别分工进一步加深了女教师的两难抉择。当她们全身心投入教学科研中时，就与社会所界定的正常女性脱离；当她们一心一意照顾家庭时，就远离了自己的事业前途。

二、高校女教师事业家庭冲突产生的根源

高校女教师事业家庭的冲突首先来自社会。中国几千年的封建伦理纲常之"夫为妻纲"的强化，形成了"男主外、女主内"的落后性别分工模式，使得女性成为社会乃至家庭中的"第二性"。20 世纪 50 年代，我国政府提倡妇女走出家门，虽然是落实男女平等的一大举措，但由于没有提倡男性进入私人家务领域，"男主外、女主内"社会家庭模式并没有得到彻底改变。正如穆勒所指出的，"社会伦理的双重标准伤害妇女，妇女被颂扬的大多数'美德'，实际上都是妨碍妇女人格发展的消极性特征"。如果女性坚持自己的意愿，执著追求事业的成功，就会被指责为"不像女人"。社会对于女性的低期望值，也加大了女性成才的阻力，人们总期望男性在各个领域取得更大成就，并赞赏这些领域中取得成功的男性，而对女性就缺失这种期望，并对在一些领域取得成功的女性，则冠以"出风头""非贤妻良母"，对高校女教师也同样如此。

高校女教师事业家庭的冲突其次来自家庭。由于生理的原因，女性确实有着与男性不同的利益诉求。女性不仅要和男性同样成为物质和精神财富的创造者，还要承担人类繁衍的特殊使命。这使一部分女教师自然而然地认为照顾好家庭是其首要职责。为了照顾好家庭，她们不得不选择平稳生活为理想目标，从观念上抑制自主意识，贬低自我价值；同时把大量的时间和精力花费在照顾儿女和家务上。上海市教育系统妇女委员会等组织 2003 年 2 月发布的"上海高校女性人才的研究与对策"中显示，家庭中主要由妻子做家务的占被调查者的 66.1%，主要由丈夫做家务的仅占 11.4%。繁重的家务劳动，常常使她们本应用于学习和进修的时间不得不被挤掉，这直接阻碍了她们对事业的追求，束缚了聪明才智和创造力的发挥，生活和事业的矛盾十分突出。

高校女教师事业家庭的冲突最后来自自身。高校女教师自身的思想观念和认识局限是造成她们事业家庭冲突的最大主观因素之一。在传统社会观念的环境中成长起来的知识女性始终逃脱不了传统性别意识的束缚，她们的人格特质一般不像男性那样坚定、执著和毫无顾虑，容易受"男主外、女主内"观念的影响，渴望得到男性的庇护与照顾，不愿在事业上付出太多努力。有相当一部分高校女教师不是抱有"干得好不如嫁得好"的思想，就是怀着"牺牲自己事业发展保全家庭和睦"的心态。她们一些人安于现状，信心不足，不能够正确认识自身的能力和价值，在工作中缺乏主动挑战的勇气，缺少前进的动力和冲劲，在事业上找不到奋斗的目标和方向。还有一些人因时间精力不济，常常顾此失彼，成为"跷跷板上的女人"。她们处于"渴望成功"又"避免成功"的两难境地，受着"被撕成两半的折磨"。

三、高校女教师事业家庭冲突的协调策略

20 世纪中期，法国的波伏娃就指出，"女性的彻底解放，有赖于政治与经济情

况，有待于传统习俗的改变"。虽然传统观念的转变是一个艰难的过程，但应该看到传统的性别观念和分工已经成为高校女教师事业家庭和谐发展的一种反向拉力，使得她们难以充分参与高等教育，难以独自照顾家庭。因此，消除传统性别观念和分工对高校女教师事业家庭造成的负面影响，并非只是妇女的个人私事，它也需要整个社会和高等学校的参与、关注和协调。

（一）改善社会文化环境，实现社会性别公平

传统性别分工不仅将妇女限制在家庭里，更主要的是把她们排斥在社会制度和社会活动之外，使女性在社会活动和公共事务中成为一个从属的、依附的、无声的群体。因此，消除传统性别分工，就是要消除父权制社会的意识形态，从根本上、从哲学的层面上批判男女主客体相分裂的思维方式，将社会性别意识纳入决策主流，在社会发展实践层面有效促进和实现男女平等，以改善社会文化环境。决策者在制定决策时应充分考虑政策对两性造成的影响，坚持男女平等、共同发展、共同受益的原则，切实制定有利于经济社会与女性群体发展相协调的政策；摈弃传统性别文化和社会偏见对知识女性发展的压制，赋予妇女参与社会自由发展的权利。中国妇女在实现自身解放的过程中，其角色责任由"主内"变成了"主内亦主外"，而男性的性别角色态度和期待仍处于传统保守的状况。在把女性送入公共生活领域的同时，也要提倡男性进入私人家务范围。当高校女教师接受男性的"贤妻良母"的家庭角色期待时，高校男教师和女教师的丈夫也应坦然接受女性对他们"贤夫良父"的家庭角色期待，以实现第四次世界妇女大会提出的口号——"分一半家务给男性，分一半权利给女性"，真正实现男女两性平等、和谐发展。

（二）创设公平职业环境，力促女教师事业的良好发展

高校女教师的地位和生存状态，并没有随着女教师人数的增长而同步提升和改善。我国高校要实现男女教师平等参与教育和发展自我的目标，还有很长的路要走。高等教育对已有性别制度和性别分工的挑战是不彻底的，一方面，它改变了女性单一的主内角色，将其引向社会生活；另一方面，它又保留了女性的主内角色，在一定程度上依然复制传统的社会主导与从属模式。我们认为，改变女教师的不利地位，关键还在于消除对女性的传统刻板印象，改革男性中心主义的制度安排。高校应该以积极的心态应对女性化的发展趋势，通过建立和健全有效的竞争机制和激励机制，改善女教师的生存状态，为她们的职业发展创设更为公平的环境。鼓励更多的女性从事教育科研和管理服务，适时制定鼓励女性参与各项工作的制度与方案，充分发挥高校女教师的潜能与才华，增加女教师的话语权，并就其工作给予科学合理的评价。此外，要结合女性自身的特点，制定适合女教师的培养、培训政策，有计划、有步骤、有目标、分批次地做好女教师的继续教育工作，保证女教师在协调好人师、人妻、人母等多重角色的基础上，提高职业道德素养、专业素质、心理素质等综合素质，适应新形势的发展。

（三）发扬女性主体意识，实现女教师的全面发展

所谓女性主体意识，就是女性能够自觉意识并履行自己的历史使命、社会责

任、人生义务，又清醒地知道自身特点，并以自身的方式参与对自然与社会的改造，肯定和实现自己的需要和价值的意识。明确主体意识是女性对自身价值的认可和追求理想的起点。高校女教师要转变传统观念，培养"自尊、自信、自立、自强"精神，对自身价值重新认识、重新评价、重新设计和重新创造，积极参与社会竞争，敢于应对各种挑战，塑造新世纪新女性奋发图强、开拓创新、建功立业的崭新形象。同时，努力克服多重角色的束缚，处理好家庭和事业的关系，在事业角色上追求"刚性"，在家庭角色中追求"柔性"，在事业和家庭的双重角色中寻求"弹性"，摆脱多重角色的困扰。要加强自身业务学习，及时追踪科技与发展前沿，扩充知识容量，不断调整、更新原有的知识结构，增强综合能力素质。要有良好的自我定位，合理规划自己的人生。在激烈的竞争中要克服女性偏于保守、传统、墨守成规等思想，创造性地开展工作。不断提高社会适应能力和自我调节能力，从容面对各种压力，适当宣泄紧张情绪，缓解心理压力，保持良好的心理状态，实现女性自由而全面的发展。

四、结语

高校女教师作为女性中一个具有代表性的群体，她们的生存与发展状况或多或少地以不同的方式，反映着时代的变迁与社会的文明和进步。然而，高校女教师事业和家庭的冲突，说明女教师的生存状态与发展环境并没有随着其人数的增长而同步优化。因此，我们需要高度重视高校女教师发展中存在的问题，高度关注高校女教师的利益诉求与未来的发展趋势，通过观念更新、制度重构和宣传教育等方式，通过社会、学校、家庭和个人的共同努力，为高校女教师的发展创设更为公平与宽松的环境，进一步推进女教师事业和家庭的和谐发展。

参考文献：

［1］高耀明，黄思平，夏君．高校女教师的生存状态分析：以上海市为例［J］．高等教育研究，2008（8）．

［2］苟亚春．高校女教师职业倦怠研究［J］．西南民族大学学报：人文社科版，2008（11）．

［3］张建奇．关于高校女教师工作状况的调查［J］．集美大学学报，2005（6）．

［4］程芳．高校女教师职业发展状况障碍因素及发展策略［J］．教育探索，2010（11）．

［5］禹旭才．中国高校女教师发展研究述评［J］．黑龙江高教研究，2008（1）．

基于"三个平等"下的高校女教职工职业发展问题分析及对策研究

山东大学 朱桂英 鲍 红

[摘要] 高校女教职工作为我国宝贵的人力资源,是一支不可忽视的重要力量,应该引起全社会特别是高校的高度重视。但是由于种种原因,女教职工在职业发展过程中,受到很多因素的影响,导致其发展不利。本文借助"三个平等"指导思想,从权利平等、过程平等和结果平等三个方面,对女教职工的职业发展环境和状况进行分析,提出了相应的对策。

[关键词] 高校女教职工 "三个平等" 职业发展

习近平总书记在同全国妇联新一届领导班子集体谈话时,提出了"三个平等"的思想,即要确保妇女平等依法行使民主权利、平等参与经济社会发展、平等享有改革发展成果,为新时期落实男女平等基本国策指明了方向,提供了理论依据。

一、国家男女平等政策理论上基本得到落实

我们党始终坚持把实现妇女解放和发展、实现男女平等写在自己奋斗的旗帜上,始终把广大妇女作为推动党和人民事业发展的重要力量,始终把妇女工作放在重要位置,无论是从女教职工的数量、女教职工组织的设立,还是法律法规方面,都明确保障了女性平等参与经济社会发展的权利。

(一)相关法律法规确保了女教职工职业发展的平等权利

《中华人民共和国宪法》(以下简称《宪法》)、《中华人民共和国妇女权益保障法》(以下简称《妇女权益保障法》)和《女职工劳动保护特别规定》等法律法规的颁布,都充分保障了妇女享有与男性平等的权利。女教职工作为妇女的重要组成部分,自然享有以上法律规定的平等权利。

《宪法》第四十八条第一款规定:"中华人民共和国妇女在政治的、经济的、文化的、社会的和家庭的生活等各方面享有同男子平等的权利。"第二款规定:"国家保护妇女的权利和利益,实行男女同工同酬,培养和选拔妇女干部。"

为了进一步保障妇女的合法权益,促进男女平等,充分发挥妇女在社会主义现代化建设中的作用,国家采取必要措施,逐步完善了保障妇女权益的各项制度、法规,消除对妇女一切形式的歧视,保护妇女依法享有的特殊权益,分别于2005年12月1日、2012年4月18日颁布了《妇女权益保障法》和《女职工劳动保护特别规定》。

十八大报告在"统筹推进城乡社会保障体系建设"部分特别提到,"坚持男女平等基本国策,保障妇女儿童合法权益"。同时在"深化干部人事制度改革,建设高素质执政骨干队伍"部分还提到,"加大培养选拔优秀年轻干部力度,重视培养选拔女干部和少数民族干部,鼓励年轻干部到基层和艰苦地区锻炼成长"。

习近平强调,做好党的妇女工作,关系到团结凝聚占我国人口半数的广大妇女，关系到为党和人民事业发展提供强大力量，关系到巩固党执政的阶级基础和群众基础，必须坚持男女平等基本国策，充分发挥我国妇女伟大的作用。

（二）高校为女教职工的发展提供了较好的环境

据调查，绝大多数高校都设立了妇女工作委员会或女职工委员会，简称妇委会或女工委，配备了专门人员做高校女教职工的工作，各基层工会也都设立了女工委员。通过专兼职人员，传达上级组织、学校党委的要求和精神，反映广大女教职工的呼声和诉求，力所能及地帮助女教职工解决困难，扫除其发展障碍，保证其顺利发展。

各级妇女组织正在认真贯彻落实第十一次全国妇女代表大会精神，领会习近平总书记讲话精髓，对照党中央新要求和广大妇女新期待，以作风建设的实际成效推进妇女事业发展。力争通过立体化、多层面的组织体系最广泛地把广大妇女吸引过来、凝聚起来，让广大妇女在身边就能找到妇联组织，得到及时帮助，把妇联组织当作可以信赖和依靠的地方。

（三）高校女教职工队伍逐渐壮大

近几年，随着高等教育的不断发展，女教职工队伍逐渐壮大。据教育部统计，2012年年底，全国高校女教职工人数已近104万，占全国高校总教职工人数的46.1％，已接近半壁江山。可见，高校女教职工已经成为高等教育战线上一支不可忽视的重要力量，是我国宝贵的人力资源之一，她们在不同的地区、不同的岗位为我国高等教育事业的发展做出了卓越的贡献。

（四）女教职工自我发展意识不断提高

良好的教育加自身的勤奋是高校女教工成才的基础。早期良好的家庭教育、完整的学校教育、明确的人生目标、自身的勤奋刻苦，为她们筑就了良好的基石。同时，她们在职业培训与终身学习上观念超前，深知职业培训对提高自身素质的重要性。在当今经济全球化、信息网络化的学习型时代，她们渴望通过终身学习促进自身素质的不断提高，取得更大的成绩。

二、职业发展过程不平等现象明显

（一）发展速度缓慢

一般来讲，教师职业发展都要经历五个阶段：适应与过渡期、分化与定型期、突破与退守期、创造与智慧期和成熟与维持期。通过调查，女教职工适应能力较强，都能较好地度过第一个时期，即适应与过渡期，甚至有时比男教职工还出色。从事管理人员的硕士工作3～4年、博士1～2年都能达到正科级职务、中级职称。但在第二个时期即分化与定型期，女教职工的发展速度明显比男教职工缓慢，大多数男教职工硕士5～6年、博士3～4年就能升为副处级干部或副教授职称，而女教职工却寥寥无几。因为在这个时期，女教职工要经历孕期和哺乳期，消耗很大的精力和体力，无形中形成了弱势，影响了其他几个阶段的发展，导致发展速度缓慢。

（二）发展阻力较多

高校女教职工在职业发展、实现自身价值等方面依然受诸多因素的影响。

1. 传统观念的影响

中国的传统文化博大精深、影响深远，虽然随着社会的发展也发生了很大的变化，但千百年来形成的"男主外、女主内"的两性家庭角色分工模式，深深地积淀在人们的头脑中，仍然根深蒂固地影响着现代社会和人们的观念。高校女教职工尽管既接受了现代化的教育又传播着现代化的教育，但传统社会观念展现出来的独特影响对她们的职业发展仍然造成了很大的阻碍。其一，学校各级领导的一把手绝大部分是男性，在他们的意识中，喜欢基于自己生理范畴做出评判或选择，显然对女性不利。其二，高校女教职工不仅在学校和社会上要面对挑战，在竞争中求生存和发展，同时还受到传统观念影响，在家里要努力成为贤妻良母。

2. 家务劳动的困扰

现实中多数女教职工恪守传统社会性别观念的行为规范。据调查，高校知识女性一般承担着 80％的家务劳动，但劳动成果却被排除在经济学家的价值计算之外。而且在中国社会现有的发展水平上，双职工家庭的双方都全身心投入事业中还有很大的困难，一是因为很难找到适合的保姆，二是因为费用较高、经济压力较大，那么教育孩子、赡养老人、买菜、做饭、洗衣服、打扫卫生等诸多"后勤"方面的劳动就义不容辞地落在了家庭成员中的妻子身上。家庭与事业难以两全是阻碍她们事业成功的一个重要因素。

3. 生理心理特点的束缚

大部分高校女教职工都想用出色的工作和优异的成绩展现自身的价值，赢得社会的尊重。但是，她们面临着不容回避的现实问题，一是生育的问题，二是生育时间的问题，三是随着二胎政策的放开，要不要二胎的问题，等等。这些问题都要牵扯女教职工很大的身心精力，甚至需要她们中断一年以上的工作，原来学到的知识、掌握的技能与技巧，在一定的程度上"生锈"，深造进修、出差学习、教学、科研、管理等美好的设想都会因生育小孩、应付琐碎繁杂的家务劳动而被推迟或取消，但工作的职责和任务并没有因此而减少。在比男性更艰苦地证明自己价值的过程中，一些女教职工开始厌倦超负荷的工作，在思想上不愿意再做进一步的发展，不得已放弃事业提升和拓展的机会。此外，高校女教职工的生活环境相对封闭，生活、工作中的人际交往也比较单纯，遇到烦心事也不易排解。这些因素容易造成高校女教职工职业疲劳，成为女性自身发展的内在障碍。

（三）发展压力较大

在教学、科研和管理工作中，高校女教职工作为一个特殊的社会群体，因其广博的科学知识、丰厚的文化底蕴、强烈的自我发展意识，比普通职场女性面临更大的工作与社会的压力。

1. 自我发展与照顾家庭之间的矛盾与压力

从古至今，尽管时代环境背景和条件不同，女性始终摆脱不了教育子女和照顾家庭的重任，这是女性生理结构和社会环境使然，高校女教职工同样无法避免上述责任。虽然从理论上讲，女性在现代社会获得了和男性的平等地位，女教职工也打破了男性对知识的垄断权，从而掌握了更多的话语权和职业独立性；但女性在以男性为中心的社会里，仍然无法与男性完全平等。她们既要在学校承担繁重的教学、科研和管理任务，还要在家庭负担起烦琐的照顾家庭的重任，当然还要和男教职工在同一起跑线上竞争，她们所面临的压力和由此产生的焦虑可想而知。

2. 自我心理认知和性别角色期待的矛盾和压力

在高校中，虽然女教职工作为高知群体，表面上她们获得了和男教职工同等的从事教学、科研和管理的权利，比起一般社会女性而言，自我心理认知比较高，对自我的性别意识有着更积极的看法。她们经过十几年的学习和拼搏，曾经出类拔萃，工作以后非常渴望在各方面获得较大的发展，取得与男教职工同样出色的成绩，成为事业的强者。但社会对她们的性别角色期待却是传统的贤妻良母，希望她们支持丈夫的工作，处理好家庭的事情，不要在乎个人的职称和职务，只要家庭幸福、丈夫小有成就、孩子出色就算成功了。其实最理想的模式是既做事业强者又做贤妻良母，但在现实中往往会产生难以协调的矛盾，女性即使超负荷地付出，也很难做到所谓的"两全其美"。"贤妻良母"的女性性别角色期待在我国已经根深蒂固，这种期待因职业发展与家庭角色矛盾突出给女教职工造成无形的压力。

3. 学校"无差异性"政策给女教师带来的隐性压力

在高校政策的制定上，既没有对女教职工的歧视政策，也没有对女教职工的特殊关怀性政策，而是采取了一种"无差异性"的表面上的平等性政策，在职称晋升和职务晋升等方面，男女教职工均无差异。作为一名在知识层面上与男人比肩的女教职工，且不说生理压力和家务劳动的压力，单就女教职工与男教职工同工同酬、"顶了半边天的妇女"在工作中的压力和由此引发的心理健康等问题就不能不去面对，比如社会变革的急剧，教学体制改革和生源竞争的激烈，院校实行的效益挂钩、竞争上岗、末位淘汰等制度，都给女教职工增加了"风刀霜剑严相逼"的压力。

三、职业发展结果不平等问题突出

(一) 实际地位偏低

近年来，高校招聘的人员一般都是博士，只有辅导员和试验管理员允许招聘少部分硕士。她们具有较高的整体素质，是中国妇女中主体意识最强的一部分。但与男性相比，女教职工取得成功并创造突出业绩的却很少。一般来讲，高校女教职工的状况呈现出"四多四少"的现象，即教学好的多，科研强的少；副教授多，正教授少；硕士生导师多，博士生导师少；副职干部多，正职干部少。同时，各种评审委员会中女性人数也较少，她们一般没有话语权、决定权等，实际地位偏低。

(二) 收入水平较低

目前，大多数高校的收入分配政策都与职称、职务挂钩，教职工的收入除了基本工资外再加上岗位津贴。岗位津贴的多少要依教职工的教学工作量、带学生的数量、科研论文的多少、承担项目的多少和职务职称的级别而定。综合看来，女教职工的收入基本在平均数以下，相比男教职工较低。

（三）优秀人数较少

在高校女性群体中，高学历、高职称、高级别的女性毕竟在比例上远远低于男性教职工，高校女教职工在科研能力、政治参与的积极性和对学校的影响力上，都与男教职工无法相比。

据有关资料统计，具有正高级职称的女教师不到三成，比例为28.57％；硕士生导师217911人，其中，女硕导70793人，比例为33％；博士生导师13720人，其中女博导2112人，比例为16％。来自国家自然基金委信息中心的数据显示，截至2014年4月，国家杰出青年基金设立20年来资助3004人，其中女性256人，仅占8％左右。中国科学院院士750人，其中女院士45人，占比为6％。中国工程院院士807人，其中女院士36人，占比为5％。可见，高校女教职工多数处于人才金字塔的中低部，优秀人数较少。

四、对策

（一）制定有针对性的保护政策

学校在制定有关政策时，要打破"无差异性"的表面政策平等性，切实体现出对女教职工的关怀，在可能的情况下，使相关政策能向女教职工有所倾斜。如在教师评聘的标准上，男女教师在同等条件下，优先考虑女教师的发展；在学校科研基金项目申请方面，为中青年女教师保留一定的名额和比例；等等。国家自然基金委从2011年开始，将女性申请青年科学基金的年龄从原先的35岁以下放宽到40岁以下。2012年又将新设立的优秀青年基金申请年龄调整为男性38岁以下，女性40岁以下。近来，一个明显的变化是，女性资助率（获资助者占申请者的比例）达到13.62％，比男性还高出三个百分点，改变了过去长期低于男性0.5％～3.9％的局面。

（二）成立专门的服务机构

成立妇女工作委员会，在人员和财力方面给予保证。学校下设四个专门服务女性的中心，即妇女理论研究中心、妇女权益法律保障中心、女性心理咨询中心和家政服务中心，探究高校女职工的发展规律和影响因素，维护女教职工的权益，排解女教职工的心理压力，力所能及地帮助女教职工解决工作、学习和生活中的矛盾和问题，缓解职业发展与家务劳动的矛盾，助力女教职工快乐工作和职业发展。

（三）提高女教职工的自我主体意识和成就动机

高校女教职工要不断提高自我主体意识和控制能力，正确认识自身的价值，充分发挥自己在教学、科研和管理工作中的重要作用，善于归隐，感受工作中的快乐和幸福，适时掌控自己的情绪，保持旺盛的自我发展意识，激发和传递正能量，取得更大的成绩。

参考文献：

[1] 王翰林. 习近平在同全国妇联新一届领导班子集体谈话时的讲话 [EB/OL].
[2013-10-31] . news. xinhuanet.com/video/2013－10/31/c＿125632159.htm.

[2] 中华人民共和国宪法 [EB/OL] . [2012-11-19] . www. iolaw. org. cn/

showLaws. asp? id.

[3] "十八大"报告 [EB/OL]. [2012-11-19]. www. xj. xinhuanet. com/2012—11/19/c _ 113722546. htm.

[4] 杨慧. 从"三个平等"看 80 后女大学生就业问题 [EB/OL]. www. wsic. ac. cn/hotcommentary/85637. htm.

[5] 教育部统计数据. 各级各类学校女教职工、女专任教师数 [EB/OL]. [2012]. www. moe. gov. cn/publicfiles/business/htmlfiles/moe/s7567/201309/156880. html.

[6] 卢真金. 教师专业发展的阶段、模式、策略再探 [EB/OL]. www. pep. com. cn/rjqk/kcjcjf/200712/201101/t20110106 _ 1008732. htm.

[7] 邹德芳,邹雯. 社会性别视角下高校女教师的发展 [J]. 轻纺工业与技术, 2012 (3), 112-114.

[8] 郭黎岩. 张靓新高校女教师心理压力与应对方式的调查研究 [J]. 中华女子学院学报, 2010, 4 (2): 24-28.

[9] 刘月平,郭淑梅. 社会性别视角下高校女教师职业发展障碍调查研究 [J]. 当代教师教育, 2012 (4): 73-77.

[10] 湖南工程学院工会. 关于当前高校女教工现状的几点思考 [EB/OL]. [2010-10-28]. gonghui. haue. edu. cn/info/news/content/1100. htm.

[11] 高捷. 女博士比女院士多 原因何在? [EB/OL]. [2014-05-24]. news. xinhuanet. com/edu/2014—05/24/c _ 1110840215. htm.

[12] 促进工作和家庭平衡,实现高校女教职工发展 [EB/OL]. wenku. baidu. com/link? url.

[13] 钱兵,翟媛媛. 成就动机归因理论与教师自我发展意识 [J]. 徐州教育学院学报, 2006 (1): 98-100.

高校女教师职业发展的代价与补偿

广东惠州学院科研处　徐丽萍

[摘要] 高校女教师承担着多种社会职能。面对有限的精力与多重的社会职能，当她们专注追求职业发展时，往往会付出社会家庭层面和个体身心层面的代价。从新女性主义视角出发，适当调整现有的高校职称晋升标准将有助于减少高校女教师职业发展的代价。

[关键词] 高校女教师　职业发展　差别对待

自 20 世纪末开始，关于高校女教师的研究引起了国内学者的极大关注；高校女教师的发展现状、障碍与趋势等成为研究的焦点。然而，研究者们一方面指出，我国高校仍然是一个男性中心主义组织，女教师职业发展环境需要改善；另一方面在为女教师职业发展指明道路时又以男性的标准去要求女教师。这种对男女平等的误解是以女性声音的失落为代价的，仍然是一种男性中心主义的研究视角。试图以一种男性中心主义的研究视角去突破高校男性中心主义的组织属性，无异于痴人说梦。本文旨在从代价－补偿的视角，立足于女性自身的特性去解析高校女教师的职业发展问题，试图为高校女教师的职业发展构建一个公平的理论基石。

一、高校女教师职业发展的代价

社会中的每一个人都承担着多种的社会职能。在学校这一社会组织中，高校女教师要承担教学与科研的任务，在家庭这一社会组织中女教师要承担抚育子女、照顾家庭、赡养老人等任务。然而，任何个体的时间和精力都是有限的，当其在承担某一职能的过程中投入过多的时间和精力时，必然难以在另一职能的承担中投入足够的时间和精力，这也就是通常人们在分析女教师的职业发展过程中提出的"工作家庭冲突"的概念。其实，不仅仅是工作与家庭之间存在冲突，其他的社会职能或社会角色之间也会存在冲突。每一种社会职能和社会角色的完满实现都是社会个体所欲求的，但往往并不能同时实现。所谓鱼与熊掌不可兼得，必然要舍弃一些，这些舍弃的就是为了实现某一种社会职能而必然要付出的代价。如果硬性地想要去获得所有社会职能和社会角色上的成功，只有付出更大更多的代价。美国女作家西尔维娅·普拉斯曾用文学语言形象而生动地描述了人（主要是女性）的这一境况："无数个丰满的果子，一个是丈夫、孩子和家庭；一个是名诗人；一个是名教授；一个是名编辑；还有无数其他……我坐在树上饿得要命，但下不了决心吃哪一个，吃了一个就等于放弃其他。我看着看着，结果树上的果子干枯了，纷纷落到地上。"人类社会生活中的任何选择，不管出于什么样的选择背景，都是需要付出代价的，问题只在于这些代价是否是我们能够承担的。高校女教师对职业发展的追求同样是一种社会生活的选择，同样要付出代价，而首先就要清楚这些代价是什么。

高校女教师职业发展的第一个代价是社会与家庭层面的代价。作为母亲的女教师在家庭中的地位与职能是不可替代的。首先，母亲在生育、哺乳等方面的天然条件，决定了母亲比父亲在婴儿生长发育过程中要付出更多的时间和精力，承担更多的责任。母亲是婴儿最初接触外界事物的媒体和中介，婴儿通过母亲提供的感觉、知觉刺激，提高感觉、知觉能力认识外界事物；婴儿在与母亲的语音交流中促进了语言的发展；在亲子互动中，母亲的行为和示范作用对婴儿社会交往能力和风格打下最初的烙印，为婴儿社交技能的发展和完善提供最初的经验；母婴关系是婴儿社交技能形成的基础。母亲不仅在物质上满足婴儿温饱的需要，而且母婴之间的互动质量对婴儿的身体健康、智能开发和社会发展起着至关重要的作用。其次，干净整洁、整齐有序、温馨舒适的家是每个疲惫紧张的心灵得以舒缓滋养的港湾，而在"家"的营造上，女性也有着男性难以比拟的优势。每每提及此项，很多人（包括众多的现代女性）都会认为打扫卫生、洗衣做饭、缝缝补补、铺床叠被等，都是琐事，没有什么价值可言。既然现代社会讲求男女平等，那么女人就应该去做一些更有价值的事情。事实上，这样的观点本身已经是对社会不同分工的歧视，社会分工不同导致了不同的社会工作，工作之间本没有高低贵贱之分，但是人们却习惯性地带着社会分工的歧视观念去要求男女工作上的平等。社会分工要求的是适性原则，哪个或哪些群体更适应去做什么工作或能够更有效率地去做某项工作，那么这个个体或群体就自然地被分配到此项工作中。一般而言，绝大多数家庭事务交由女性承担是更有效率的，这也是由女性细腻的社会情感与动作技能所决定的。最后，在照顾家人（主要是赡养老人）方面女性也优于男性。这可以说是母性的社会历史经验与作为母亲的个体经验天然使其具备这种优势。极端地说，男性与女性之间声音的差异，也使得女性更具有亲和力。

抚育子女、营造家庭环境、赡养老人这三项职能表面上只限于家庭范围，实则具有重大而深远的社会价值。孩子是社会的未来，家是社会最基本的组织单元，老人是每个社会个体未来的镜像。没有教养良好的孩子，就没有社会的未来；没有和睦温馨的家庭，也就不会有稳定和谐的社会；老无所依的社会，让每一个人都感觉不到自己的归宿。这三项职能的实现同样需要大量时间与精力的投入。如果我们的高校女教师都将自己大部分精力和时间投入自己的职业发展上，也许上述三项职能的非充分实现（甚至是未实现）就会是必然的代价。有人说，难道两者不可兼得吗？也许有人可以做到，但恐怕不是大多数人可以做到。毕竟几乎每所高校都为教师设置了每年的最低教学与科研任务标准，而且这些任务标准呈逐年上升的趋势，更重要的是这个任务标准虽然是要求老师完成的最低标准，却不是以教师群体中的能力最低水平而设置的。笔者所接触的不同高校教师群体论及此事时，几乎有70％的人会为完成这些教学科研任务而紧张、犯愁。可见要轻松地实现职业发展，然后留有充分的时间和精力去抚育子女、照顾家庭、赡养老人对大多数人而言是不现实的。或者有人会提出，这三项职能应该由男女共同分担。确实，无论是在抚育子女、营造家庭环境，还是赡养老人上，男性也有着其不可推卸的责任和不可替代的作用，然而，正如前文所述，女性在这三项职能的实现上具有比较优势，因而具有更为重要的价值。俗话说"宁死当官的爹，莫死讨饭的妈"，充分地展现了民间智慧对母亲重要性的认识。另外，在赡养权的争夺上，法理上更偏向于母亲则充分展现了社会科学对母亲价值的承认。现在的问题是，让女教师去追求或过度地追求职业发展而放弃上述三项职能的实现是否是我们能够承担得起的代价。

高校女教师职业发展的第二个代价是个体身心层面的代价。2011年上海复旦大学青年女教师于娟因患癌症逝世，从确诊到死亡不过一年半的时间。她的一篇名为《为什么是我得癌症》的日志引起了社会上极大的共鸣。日志中写道："我曾经试图做个优秀的女学者。虽然我极不擅长科研，但是既然走了科研的路子就要有个样子。我曾经的野心是两三年搞个副教授来做做，于是开始玩命想发文章搞课题，我非常地迷茫：实现了做副教授的目标下面该干什么……为了一个不知道是不是自己人生目标的事情拼了命扑上去，不能不说是一个傻子干的傻事。"于娟的经历正展示了高校女教师过度追求所谓的职业发展而付出身体健康的代价。被网友称为博导妈妈的石秋杰老师也是英年早逝，留下无限惋惜与唏嘘。人们在赞美她们、怀念她们的时候是否认真地反省她们何以致此？是什么让这些最美的女教师英年早逝，留下无限悲思？通过对她们工作经历的考察，多少能够推测出高校女教师对职业发展的过度追求所导致的身体伤害。

在心理水平上，既有的研究指出，有65.5％、62.0％、51.7％的高校女教师存在一定程度的情感耗竭、人格解体、个人成就降低现象。就广东省而言，陈植乔的调查研究指出，35～45岁女教师的心理健康问题较为严重。这些调查数据在一定程度上揭示出高校女教师在谋求职业发展过程中所付出的心理代价。其实即便不用这些调查数据，只需设置一个情景问题，大概就能感受到高校女教师在职业发展上可能付出的心理代价：当你在职业发展上获得成功的同时，发现自己的孩子却因为母爱缺失而走在人生的阴影之中，你作何感想？能用你的成功弥补孩子的失败或家庭生活的失败吗？事实上，这一问题也指出所谓个体身心层面的代价，并不是由高校女教师个体承担的，它同样会延伸至社会和家庭层面的代价范畴。

二、高校女教师职业发展的补偿

如果站在高校女教师职业发展的需求角度上，抚育子女、营造家庭环境、赡养老人等职能的未充分实现是职业发展的必然代价，那么，换一个角度，高校女教师在职业发展上的不利也正是她们为社会和家庭发展做出重大贡献所付出的代价。正是她们在抚育子女上的尽心尽力，才织就了社会的未来，为家庭带来新生；正是她们经营着"家"的空间与氛围，才不至于让家人辛苦劳作一天后还要面对一个肮脏凌乱、失序嘈杂的家，才构筑了和谐社会的基石；也正是她们对老人的悉心照顾，才让家人无后顾之忧，也让社会群体获得老有所依的安全感和归属感。当然，这些贡献并不能仅仅归功于女教师群体，准确地说应该是整个社会女性。然则考虑到当前女教师群体数量的巨大以及女教师社会身份所具有的榜样和示范性，她们的社会贡献自然也就不容小觑了。当我们转换视角，将高校女教师在职业发展上的不利视为她们做出社会贡献的代价之后，我们的问题也相应地发生了转换：是让高校女教师一心谋求职业发展而承担社会、家庭和个体身心上的代价；还是让高校女教师放弃职业发展而全身心地实现家庭职能；或者有没有更好的制度设计能够让绝大部分女教师既能获得职业发展上的自尊，又能在家庭职能的实现上投入更多的时间和精力？

为了职业发展而放弃家庭职能的实现，或因过劳而导致身心受损，恐怕都是不易承担的代价。然而，让高校女教师放弃职业上的发展重新回到家里，甘当家庭主妇，这恐怕又是一种倒退。自民国初期始，我国高校女教师的出现始终具有非常的象征性意义，是女性解放和男女平权的象征，更是男女平等和女性解放的体现。女性不仅要从传统的简单劳动中解放出来，更能从事高精尖的脑力劳动；她们不再是等待着被启蒙的无知无智群体，而成为知识与智慧的传授者。如果倡导高校女教师放弃职业发展，回归家务，不仅是人才的浪费，更是否定了数十年的妇女解放运动的成果，在社会发展的轨道上，无疑是一种倒退。从高等教育自身的健康发展而言，女教师也是高校教师队伍中不可或缺的组成部分。如果受教育者群体是男女合校的，那么教育者群体也必然应该是男女共同构成的。毕竟，随着年龄的增长，个体的社会性别意识日渐清晰，同性师生交往与异性师生的交往呈现出明显的差异；师生交往对于学生成长的重要性已经无须多言。就此而论，各个层次的高校女教师是高等教育活动健康展开的要素之一。显然，现在要做的只能是寻找第三条道路，既让高校女教师获得一定的职业发展，又让她们能够有时间和精力去实现家庭职能。我们认为这条道路还是可以从制度设计上予以实现的。

在家庭职能的实现中，几乎绝大部分事务都是伴随着孩子的出生、成长而发生变化的，也就是说家庭职能实现中时间与精力的投入并不始终一样，呈现出比较明显的阶段性特征。需要投入较多时间和精力的阶段基本上集中在从孩子出生到高考完毕这个时期。那么，从制度设计上减轻高校女教师在这个阶段中的职业发展压力无疑是可走的第三条道路。事实上，如果以职称晋升为标准，高校女教师的职业发展也是呈阶段性的。当然，需要指出的是职称晋升显然不是职业发展的唯一标准，但是就现实而言，它却是最具代表性的一个标准。

通过笔者与所接触高校女教师群体的访谈获悉，在职称晋升上，副教授一级可以说是最大的关卡。因为就当前绝大部分高校的职称晋升制度而言，讲师的评聘对于每个教师而言都不存在太大的压力，很多学校只要教师具有博士学位，入校之后即评聘为讲师，即便是需要参评的教师，学校对于晋升讲师的教学和科研标准要求也不会太高，基本上是无须耗费多少时间和精力便可达到的。从讲师到副教授，便从中级职称跨入了高教职称的行列，因此很多学校对于晋升副教授的条件要求是比较严格的。对于大部分老师而言，也不是轻而易举就可以满足这些要求的。更重要的是，在访谈中笔者发现，很多高校女教师对于能够达到副教授这一级别表现出相当满意度，或者说满足感；既向往之，又满足于此。坦言"这辈子当个副教授就可以了"的女教师不乏其人。从讲师晋升到副教授的这个阶段也正是实现家庭职能最耗费时间和精力的阶段。因为这个阶段的女教师年龄多处于27～40岁之间，家里孩子年龄尚小，要么处于幼、小阶段，要么处于中学阶段的"青春期"，都是孩子人生中的比较关键的时期。参照家庭职能承担的阶段性与职业发展（职称晋升）的阶段性，结合我们制度设计拟实现的目标，第三条道路的实现无疑应该以副教授的晋升标准为着力点。我们认为，在晋升副教授的职称标准上应该遵循性别差别原则，即副教授的晋升标准在男女教师之间应该呈现一定的差异，应该适度降低女教师晋升副教授的标准。

职称晋升标准往往可以简单地概括为两条：一是科研标准；二是教学标准。在科研和教学标准中又包含着质和量的标准。我们所说的适度降低女教师晋升副教授的标准则主要集中在降低量的标准上。这种量的标准的降低不仅仅是出于家庭职能实现的考虑，同时也是出于女性生理特性的考虑。众所周知，生理特性决定女性每个月可工作的时间少于男性，如果要求男女完成同样的工作量，实质上意味着女性要承担更重的工作压力。可惜的是，这么一个简单的事实却一直被我们的制度设计者和女教师群体本身所忽视。若有人提出降低女性工作标准，反而容易招致"性别歧视"的指责。

三、注脚：差别对待与性别歧视

在上述的制度设计中至少有两个问题需要进行进一步的注解：一是为什么降低副教授的职称标准，而不降低教授的职称标准；二是降低高校女教师的职称标准是不是一种性别歧视。

对于第一个问题的回应除了前面说过的"补偿"和"阶段性对应"两个原因之外，其实还涉及对"男女平等"的理解。传统的男女平等观是一种形而上学的平等观，无视男女之间客观现实的差异性，而一味地要求男女之间呈现出完全的无差别性。正如新女性主义者指出的，这种所谓的男女平等，实际上是旨在让女性通过进入男性的领域、以男性的标准来要求自己来获得解放。而这是对男女平等的一种误解，因为获取这样的平等意味着女性失落了自己的声音。新的男女平等观应该是在正视性别差异基础上，既从人的高度强调女教师作为"人"、作为"整体生命"发展与男性共同的权利与需求；又从性别的视角关怀女教师发展的独特问题和独特需求。正是考虑到女教师的独特性，我们才提出降低职称标准这一设计。同样，正是基于新的男女平等观，我们才强调不降低教授的职称标准。原因在于，新的男女平等观其实强调的是女性的平等权利，强调女性拥有与男性同样的权利，从而为女性发展其潜能提供机会。用郑也夫教授的话说就是，它对女子的态度是"上不封顶，下不保底"的。教授职称的高标准正是秉持一种"上不封顶"的态度，也是给女教师证明自己的潜能提供一个机会。而且考虑到家庭职能实现的阶段性，此时的家庭事务也随着孩子的逐渐独立而减少，女教师在家庭事务上投入的时间和精力也可以相应地减少，从而在职业发展上投入更多的时间和精力。

言及此处，对第二个问题的回应也已十分明朗了。显然，降低高校女教师副教授的职称标准不是一种性别歧视，它是对女教师社会贡献的一种补偿，是一种在尊重男女客观差异的基础上做出的公平设计。

参考文献：

[1] 李小江．夏娃的探索 ［M］．郑州：河南人民出版社，1988：289.

[2] 苟亚春．高校女教师职业倦怠研究 ［J］．西南民族大学学报：人文社科版，2008 （6）：263-266.

[3] 陈植乔．高职教师职业紧张情况调查分析 ［J］．赤峰学院学报：科学教育版，2011 （1）：133-134.

[4] 柏隶．平等与差异：西方后现代主义女性主义理论 ［C］//鲍晓兰．西方女性主义研究评介．北京：三联书店，1995：10.

[5] 郑也夫．男女平等的社会学思考 ［J］．社会学研究，1994 （2）：108-113.

主体意识视域下马克思主义妇女观
在高校的"三权"建构

河南理工大学性别与发展研究中心　刘　娜

[摘要] 网络通信技术及交通运输业的迅速发展加速了全球化进程，与此同时带给人们的是精彩纷呈的文化世界，各种文明的冲突与价值观的碰撞对当代大学生的思想所造成的混乱与迷茫似乎难以避免，加之选择与决策的自由为大学生主体意识的充分发挥提供了广阔的空间，因此必须对其加以正确的引导。通过对所在院校的大学生个体访谈、集体座谈的形式了解到，今天的大学生们在性别自我认知和自我发展方面存在很多障碍。高校先进性别文化建设关乎大学生正确性别观念的树立，关乎正确的性别自我认知、和谐人际关系以及个人发展，巩固马克思主义妇女观的领导权、管理权、话语权是搞好校园先进性别文化建设的保障。

[关键词] 马克思主义妇女观　主体意识　高校　"三权"建构

转型期的中国在内部制度发生深刻变革的同时面临全球化、国际化和信息网络化的外部环境，身处其中的人们无论主动也好，被动也罢，思想认识、思维方式、行为态度都必须随之发生相对快速的自我调适，有的人追逐于潮流，有的人顽固于坚守，有的人茫然不知所措，但无论如何，社会现实的改变必然推动着人们思想上的变革，这也是唯物主义者认定的一条不变的定律。伴随着中国的改革开放和现代化进程的飞速发展，伴随着社会主义市场经济体制的发展和完善，人们的主体意识、竞争意识、创新意识、公正意识都得到了极大程度的催化。整体社会环境的变化不可能不影响到青年一代尤其是象牙塔里面刻苦研读的学子，他们是积极汲取以往人类生存经验的群体，他们是迫切需要社会生存能力的群体，他们更是勇于变革社会现状的群体，因而这个群体面对海量的信息会产生最为积极的思考。

一、当代中国大学生主体意识觉醒与自我性别认知

中国高校的使命是培养有共产主义理想的社会主义接班人，这就意味着需要把马克思主义的理论武器交给这个将会决策中国未来的知识精英群体。尽管马克思主义理论是不断被实践证明着的科学的革命的理论，它希望人们能拿起它作为变革世界的武器，而且实践证明这种理论是变革世界非常有力有效的武器，尤其是中国革命和建设的实践，确立了马克思主义理论在中国的领导权、管理权和话语权。然而，事情的发展并非中国主流意识形态的主体所认为的那样理所当然，恰恰是思想政治教育所致力于培养和引导的"主体意识"反过来使主流意识形态工作的领导权、管理权和话语权面临挑战。曾有人论述，大学生主体意识的培育是把双刃剑。然而，主体意识觉醒还是符合人类认识发展总趋势的。因而，面对大学生主体意识

的增强，意识形态工作者绝不应该也不可能阻挡这种思想认识的进步，而是应该采取更多的措施对其思想进行引导。

主体意识是指人在实践过程中逐渐对自己存在的认知，认知自己和周围事物的关系、认知自己在可能想到的一个时空中的位置，认知自己在那个位置上所应该承担的使命和价值，并能够自觉地履行自身生命的价值和社会责任。一个主体意识清晰的人能够认知自己的特点及其在时空整体的价值，能够以特有的方式自觉自主地参与时空演变发展的过程，这其实是马克思所说的人的复归——复归到"自然的人"的状态，也是马克思理论的逻辑起点和归宿——人的自由全面发展。

简单而言，主体意识是对自我存在状态和性质特征的一种认知。"人"作为一种存在，其本质规定性体现在三个方面：首先，"人"是相对独立的生物个体，这里体现的是人的生物性，也有学者称之为生理性、动物性。其次，人能用抽象思维把握世界。抽象思维能力是人的意识区别于并高于高等动物思维和心理的独特性表现，这里体现的是人的"精神性"。最后，"人"是社会关系的产物，具有"社会性"，正如马克思所说："人本质上是其社会关系的总和"，马克思主义认为人的社会性是人的本质规定性。如果将以上分析看作对"人"的本质的静态分层进行描述，那么如何理解人类整体？如何看待人类社会无穷无尽地生生不息？马克思主义认为，事物发展的动力在其自身所包含的矛盾。中国哲学中常用"阴阳"表达矛盾二因素的辩证运动，认为万物之所以能够衍生，全在于其阴阳属性内在包含着演变的动力。"矛盾"也好，"阴阳"也好，异曲同工地揭示了事物发展的动力和趋势。人作为万物之灵而共属万物，具备着和万物同样的根本属性，即"阴阳属性"，这可以在人的本质规定的任何一个层次得到说明：生物性有男有女，医学、生物学、解剖学等根据人体不同的生理特征划分"男性"和"女性"；社会性有男有女，社会学、人类学等大部分人文社会科学根据人的不同的行为、语言、角色、分工等划分"男人"和"女人"；精神性有男有女，心理学根据性格气质、思维方式、情绪变动找到"男性"与"女性"之间的差异。因此，如果说把对人的认识看作一个立体结构，那么任何一个层面都离不开纵向的性别维度。阴阳属性像是一根主线牵动着研究者们的分析过程，也是所有有关"人"的研究所绕不开的分析框架或者逻辑起点。由此，作为主体意识觉醒和作用的基础，自我认知必然涉及性别维度。然而，随着现代意义上的"科学"与"学科"的建构与发展，各个学科在分工研究中不可避免地肢解了对人的认识，人们对"有性的人"的认识往往在三个层面上混乱纠缠、模糊不清，在性别特征的共性与差异之间"张冠李戴"：在某个层面的差异被放在另一个层面无限夸大，例如生物性层面的差异被夸大在社会劳动分工领域所造成的"男女同工不同酬""行业性别隔离"现象等；或者在某些领域的共性被放大到另一个层面而无视差异的存在，例如在某些公共设施的设计领域，社会性层面对"人权"的共性要求被夸大到某些公共设施建筑设计领域无视男女生理结构特征差异而追求绝对等同（还有对工作能力的评价用绝对同等的评价标准，女性毕竟有生育期）。同时还必须注意到，无论差异与共性，都必须结合人类社会的历史境遇，必须认识到某一性别特征差异的社会历史性。

二、社会发展失衡与受限的发展空间呼唤性别文化环境的净化

对性别差异与共性的认识必然影响人类的行为实践过程，扭曲的性别认知导致社会发展失衡与发展空间受限。李小江在《夏娃的探索》中指出："随着妇女日益向社会的深度和广度进军，妇女问题日益突出。人们已经明显认识到，古老的文明并不完美，它只是一个跛足巨人。这不仅是因为以男人为中心的历史观、价值观、伦理观造成了人类意识中心的偏移，更重要的是，它在整体框架结构上的残缺不全。"悉数长期以来人类社会的发展，经济领域看重的是社会性的生产劳动，而承担着"人"自身的再生产重任的女性由于被限定在私人领域，其劳动是没有社会价值的；政治领域，对生活在其中的所有人的公共事务的决策在这里形成，然而一向是缺少甚至是没有女性声音的；思想文化领域基于其抽象、升华、凝练社会生活的特点，往往远离具体的生活而高于生活，局限在家庭中的女性被排除在社会性和政治性事务之外，加之扭曲的性别教育，因而社会意识形式的诸领域更是少见女性的身影。当现代化的进程把女性卷进社会劳动力市场以后，"众多妇女问题面之于世，使社会搔头，从此唤醒科学的良知；男女两性对生存和共处的空前迷茫，迫使人们反思历史的缺失和科学的缺憾"（杜芳琴、王向贤，《妇女与社会性别研究在中国》）。人们开始基于社会发展来思考女性的地位、价值以及两性的互动关系，不仅是女性意识觉醒的妇女开始用自己独特的经验和视角审视、质疑和批判理性科学的偏颇和缺失，主张社会公平正义的进步人士也纷纷携手加盟，并提出解放妇女、男女平等、性别公正等主张。然而理论通过路线、方针、政策对实践施加影响并不是那么容易。男女平等的基本国策在我国的确立已有近 20 年之久，但仍有许多妇女问题存在于各个领域，妇女参政比例、职业性别隔离、就业性别歧视、拐卖妇女儿童、性侵、家暴等给女性发展造成了障碍。传统的性别观念形成了性别文化领域的偏差，这种偏差有可能导致人们对自我及他人的性别身份的错误认知，继而发生各种各样的内心冲突和人际交往矛盾。先进性别文化是"一种主张男女两性人格和尊严受到平等对待，保障男女两性参与政治、经济、教育、社会、文化和家庭生活的权利和机会平等，提倡男女两性在社会和家庭生活中平等相待、和谐相处、良性互动、共同发展的文化"（谭琳）。先进性别文化的构建需要科学的世界观和方法论的指导，需要以马克思主义理论为基础。马克思主义妇女观以及马克思主义妇女理论是以辩证唯物主义和历史唯物主义的世界观和方法论研究妇女问题的理论成果，是马克思主义理论体系中关于"有性的人"的理论部分。今天我们已经能够理性地认识到性别问题应当说是男女同构、男女共有，但妇女研究在对"有性的人"的研究中占很大比例是历史也是时代造就的，"正像历史上男人创造并占有社会，男性中心尺度便成为历史提供的最便当的现实尺度；女人在社会中的历史性失落和对自然的'性角色'的执著，使妇女研究和研究妇女成为当代人剖析'有性的人'的最便当的视角"。李小江的这句话指出了"有性的人"由女性主义率先敏锐感知，"有性的人"的研究多是妇女问题的原因。因而也可以说马克思主义妇女观构成了马克思主义性别观的主体内容，运用辩证唯物主义和历史唯物主义的世界观和方法论回答和解决现实生活中出现的两性问题，马克思主义性别理论会不断得到丰富和发展。

三、用马克思主义妇女观引领高校先进性别文化建设

大学生主体意识在发展过程中需要科学的理论作为指导才能形成正确的世界观、人生观和价值观。理论来源于实践并指导实践，正确的理论引实践于成功之路，而错误的理论陷实践于失败迷途。大学阶段是世界观、人生观和价值观形成的重要时期，同时，大学生是未来社会掌握知识、具有文化素养的重要群体，他们在未来中国社会发展方向上有着很强的决策力和影响力。因而，高校的意识形态工作和中国命运息息相关。主体意识的增强，有助于青年学生主观能动性的发挥和创新意识、实践能力的培养，对大学生的自我完善以及全面成才无疑有积极的促进作用，因而，培育和引导大学生的主体意识长期以来作为思想政治教育的一个重要内容并且初见成效：主体意识的日益觉醒和强化成为社会转型时期大学生思想变化的主要趋势，也是当今大学生的主要特点。然而强烈的主体意识并不等于良好的主人翁精神。在大学生思想变化的过程中，合理进步性与模糊不稳定性是并存的，既有积极进取的一面，也有消极阻碍的一面，因而恰恰是主体意识的增强可能会使主流意识形态在大学生中的传播与灌输面临挑战。

性别文化与性别观念是影响自我认知的重要因素，需要马克思主义妇女观引领先进性别文化建设及大学生的性别教育。主体意识是人类与高等动物在思维和意识方面的重要区别之一，它是人们在处理自身与周边世界关系的过程中形成和发展起来的有关自身、他者及各种关系的认知和觉悟。主体意识会随着主体社会实践的发展而不断得到强化和发展，社会性的实践越是深入和广泛，就越是能够产生出强烈的主体意识。随着职场、政界、教育等社会领域对女性的开放与接纳，女性主体意识不断得到提升。同时，自我认知作为主体意识的基础，任何时候都离不开性别的维度。无论男女，认知自我都必须从各个层面对自己进行性别的划分和归类。这样一来，已有的性别文化与性别观念直接影响大学生对自我的认知及其主体意识的形成与发挥。因而，对大学生进行性别教育、净化性别文化环境不仅有助于大学生正确认知自我、挖掘自我、发挥自我、展示自我，更有利于男女两性把握恰当的交往、相处与协作，有利于和谐校园的建设。而这种正向性别教育实践及先进性别文化的构建与传播都需要科学的理论作指导，马克思主义妇女理论的科学性与实践性特征使得其成为承担此重任的不二选择。马克思主义妇女理论是马克思主义理论体系不可分割的有机组成部分，它产生于世界各国妇女争取自身解放的实践之中，是依据辩证唯物主义和历史唯物主义的基本观点、立场、原则和方法建立起来的，是对世界各国妇女运动实践经验的概括和总结。所以，我们在今天构建中国特色社会主义妇女理论的实践中，始终应该保证马克思主义妇女理论的指导地位，充分发挥其解放妇女、推动性别平等的实践价值。

在中国改革开放和融入全球化的今天，马克思主义妇女观在性别文化领域的主导权受到挑战。在争取男女平权、妇女解放、性别公正和两性和谐发展的实践过程中，产生和发展了许多女性主义理论。马克思主义妇女观在中国妇女运动的实践基础上逐步确立了自己在解决中国妇女解放和两性和谐发展问题上的指导地位。然而，面对当代中国众多的两性问题和西方女性主义思潮的汹涌激荡，马克思主义妇女观如何保持其在性别文化领域的领导权、管理权和话语权是迫切需要思考的问题。已有的研究成果给予我们很好的可借鉴素材和依据。一方面，在性别学领域，有部分学者对马克思主义妇女观与西方女权主义理论进行比较研究，他们指出两种理论不仅在研究对象、终极目标、部分观点上具有一致性，还具有相互补充促进、相互借鉴吸收的联系性；同时也指出两者在指导思想、发展模式及妇女解放、性别公正的实现途径等许多根本性问题上存在很大的差异性。西方女权主义理论以资产阶级的人权理论为指导，相对于以辩证唯物主义和历史唯物主义为指导的马克思主义妇女观具有狭隘性、静止性、片面性。它们强调男女对立、排斥甚至痛恶男性，站在女性的圈子里就女性存在而谈女性，孤立地看待剥削现象中的性别压迫，抽象地谈女性的人权和解放。而马克思主义妇女观站在人类整体利益的基础上谈女性问题，它强调男性及男女两性的关系对女性解放和发展的影响，强调私有制是性别压迫的根源，强调女性解放与人类整体解放的一致性。而今天社会主义市场化的中国深受资产阶级自由主义的影响，在性别文化领域也同样遭遇女权主义的激荡。女权主义自身所带来的资产阶级的个人本位、个人主义及自私自利的气息是西方人二元对立的思维方式在对待男女两性关系方面的体现，这种对男女对立、冲突、矛盾等关系的强调与解读让很多具有"天人合一"思想的国人们难以接受。中国传统文化中强调"孤阴不生、孤阳不长""万事万物皆有阴阳和合而成""万物负阴而抱阳"，强调阴阳属性的对峙、对应及互促、互补，强调其统一性和整体性。因而，无论从本质上还是策略上而言，中国的女性解放和发展及两性平等和谐都需要一种辩证的、发展的、整体性的思维方式和理论作为指导。此外，在意识形态领域，如何保持马克思主义理论的"三权"问题在学界多有讨论，这些研究成果对于中国特色社会主义妇女理论的建构及其作用的发挥有着重要的借鉴意义。比如保持理论的科学性与先进性，以能动的方式解决现实问题、挖掘其现实意义，保持党对主流意识绝对的领导权，加强对网络、媒体和文化市场的管理，对创新方式进行宣传、解释和疏导，等等，这些同样适用于马克思主义妇女观在性别文化领域"引领"作用的发挥。

马克思主义妇女观必须以与时俱进的理论特征来保持在性别文化领域的话语权、管理权和领导权，无论从内容上还是形式上都必须把"创新"贯穿于先进性别文化的构建和传播的整个过程。具体到高校性别文化建设及大学生性别教育问题，应该根据当代大学生的特点及其成长发育的规律，按照社会主义国家对接班人的培养需求，去探索先进性别文化建设的有效途径。从内容上，我们应该紧密结合当代大学生思想状况的实际来构建马克思主义妇女理论富有时代性的话语体系，让学生能够用他们所熟悉的语言和情境去接受马克思主义妇女观潜移默化的影响。从形式上，我们应该结合大学生思想发展的规律，设计富有积极性的互动参与模式，让学生们以愉悦的心情积极地参与到性别观念转变的喜闻乐见的形式中。

江泽民在 1990 年发表《全党全社会都要树立马克思主义妇女观》的讲话，对马克思主义妇女观的地位和主要内容做出了科学的概括："中国共产党用以指导妇女运动的理论，是马克思主义的基本原理及其妇女观。马克思主义的妇女观，是运用辩证唯物主义和历史唯物主义的世界观、方法论，对妇女社会地位的演变、妇女的社会作用、妇女的社会权利和妇女争取解放的途径等基本问题做出的科学分析和概括。这种妇女观，是马克思主义理论体系的组成部分。"讲话概述了马克思主义妇女观的主要内容包括五个方面：第一，妇女被压迫是人类历史发展到一定阶段的社会现象，这种现象是一定历史条件的产物，因此它必将被新的历史条件下的男女平等所代替。第二，妇女解放的程度是衡量普遍解放的天然尺度，妇女解放必须伴随全体被剥削被压迫人民的社会解放而得到实现。第三，参加社会劳动是妇女解放的一个重要先决条件。第四，妇女解放是一个长期的历史过程。由法律上的男女平等达到事实上的男女平等，任务十分艰巨。第五，妇女在创造人类文明、推动社会发展中具有伟大的作用，"尊重妇女，保护妇女，是社会进步的一个重要标志，是文明社会应有的法律规范和道德风尚"（江泽民．"三八"国际劳动妇女节 80 周年纪念大会上的讲话［N］．人民日报，1990-03-08.）。

如果能够深入理解马克思主义妇女观的内容，结合现实境遇去思考当今社会问题，会发现很多问题都能够从性别视角得到解释和不同程度的解决。笔者曾经通过对所在院校的大学生个体访谈、集体座谈的形式了解到，今天的大学生在性别自我认知和自我发展方面是存在很多障碍的。比如，在社会劳动分工领域，学生们关心性别对获得高层职位是否有影响，职位性别限制是性别歧视还是性别能力差异，性别差异对创业是否有影响及有哪些影响，大学生创业意向的性别差异及影响因素有哪些；在性别刻板印象对行为的约束方面，学生们关心社会评价对男生造成的巨大压力，女生学习理工科面临的课业压力和就业压力，男女大学生面临的职业生涯设计和选择等问题；在两性社会性别角色与社会分工的矛盾和冲突方面，学生们关心如何看待女生不会洗衣做饭、如何为家庭角色做准备的问题，男性下属和女性领导的相处艺术、女性领导日益增多的原因以及如何正确评价女性领导的团队组织；在个人修为和素养方面，学生们关心什么是高素质女性以及如何成为高素质女性，大学生应该进行哪些知识储备和能力培训来塑造自己的形象；最后是关于两性交往方面，学生们关心如何正常、理性、以一颗平常心与男/女生正常交往，女生如何保护自身安全，两性面对情感问题如何解决，应该建立什么样的爱情观和婚恋观。马克思主义妇女理论必须紧密结合所有这些现实生活中的问题，帮助学生们解决学习生活中的疑惑和困难，才能不断提升理论的解释力和权威性。因此，作为马克思主义妇女理论的建构与传播者，学者们应具备问题意识，注重行动研究，从身边的问题切入，以解决问题为动力和目标，在此基础上总结经验和教训，最终上升为理论形态去指导更多的实践，不断推进马克思主义妇女理论的发展和完善、性别公正和两性和谐发展实践的进步。

谈国外女子高校办学特色对我国
女子高校发展的借鉴意义

山东女子学院　杨　荣

[摘要] 在当代社会，发展女性高等教育是促使妇女解放与发展走向更深层次的必经之路，而社会的多元化发展让教育的多元化探索成为可能。虽然从世界整体范围上说，当代女性高等教育在很大程度上是以男女合校的方式进行，单纯的女子高校从数量上说不占优势，而且有的女子高校今天还面临着很多发展困境，但是毋庸置疑，无论国内还是国外，女子高校在探索妇女解放实践道路方面发挥着不可替代的作用，而且她们在发展女性高等教育、加快妇女解放进程上具有更高的自觉性和推动热情。比较中外女子高校办学特色，可以更好地为中国女子高校发展提供经验参考，因而具有重要的意义。

[关键词] 全球化　女子高校　办学特色

在当代社会，发展女性高等教育是促使妇女解放与发展走向更深层次的必经之路，而社会的多元化发展让教育的多元化探索成为可能。从世界整体范围上说，当代女性高等教育在很大程度上是以男女合校的方式进行，单纯的女子高校从数量上说不占优势，而且有的女子高校今天还面临着很多发展困境，但是毋庸置疑，女子高校在探索妇女解放实践道路方面却发挥着不可替代的作用，而且她们在发展女性高等教育、加快妇女解放进程上具有更高的自觉性和推动热情。

探索国外女子高校的办学特色可以为国内女子高校的发展提供有益的借鉴经验。当代每一所女子高校都有自己独特的发展历史，她们在男女合校的大趋势中、在全球化的教育格局中仍然能够坚持办女子高等教育，都围绕特色在努力把女子高校打造成为女子高等教育的优质品牌和最佳教育平台，在探索女子高等教育发展规律的途径上锲而不舍，这份热情和努力有目共睹。国外大多数女子高校都是立足本国高等教育发展现状，教育理念、教育方式都是在适应本国女子高等教育发展现状基础上设置的，中国女子高校的办学历史由于在新中国成立后大都中断，目前存在的女子高校在发展的道路上一直处于探索期，非常需要借鉴国外的已有经验，从而打造自身的办学特色。

一、国外主要的女子高校办学特色研究

（一）美国女子高校办学特色研究

美国是一个女子高等教育发达的国家，其女子高校办学历史悠久，无论数量还是质量在世界女子高校中都排在前列，享有良好的办学声誉。美国是一个尊重多元文化的国家，美国的女子高校在今天全球化的教育背景下保持自己办学特色、发掘

自身女子高等教育潜力的努力和成效也赢得了社会的认可与尊重。贯穿美国女子高校发展进程的一个重要信念就是女性是有价值的，而由于社会对女性的全部价值并没有完全相信，那么，专门为女性创建的女子高校将延续其使命，这是从初创到发展成熟期都在坚守的信念。尽管当代美国女性高等教育的主体是在混合高校完成，但也不能保证女大学生能够因此获得进入所有领域的平等机会，而女子高校则总是竭力地为美国女性提供通往各领域的可能。

1. 校校联合办学，增加开放包容度

当代美国女子高校早已不是初创期的封闭式办学，在轰轰烈烈的公民权运动及妇女运动开展之后，禁止性别歧视的法律法规渗透到高等教育领域，以追求男女平等为理由要求男女混校的主张占据主流。男子大学和女子大学纷纷改组为男女混合大学。在这种情况下，很多女子高校主动做出调适，多数都与附近的学校合作，通过加强与男女合校的联系，开展互相学习和互换项目。比如韦尔斯利、史密斯、蒙特·霍尔约克等学院都有交流项目，学生可以在其他学校学习一学期或一年。韦尔斯利学院与麻省理工学院签订协议，即在本校学习三年后继续在麻省理工学院学习两年，可以获得工学学士学位。蒙特·霍尔约克学院和艾穆赫斯特学院、史密斯学院、汉普郡学院以及麻省州立大学艾穆赫斯特本部一起组成著名的五校联盟，学生可在五校中自由选课。一些女子高校与许多名校有密切的联系，它们的学生毕业后往往被推荐到哈佛大学、普林斯顿大学的研究所或职业学院继续攻读学位，培养出了大批高素质的女性人才。这种调适让女子高校能够既保持自身的独立与特色，又能够让学生共享优质的教育资源，具有更为开放包容的办学风格。

2. 扩大招生对象，进行多元化办学

随着终身学习、继续教育以及为工作职业的频繁更换做准备等观念的深入人心，人们对接受教育的时间与目的等观念的变化也影响了美国女子学院的发展。为不同种族和民族的女性服务是女子高校的一个重要使命，许多女子高校都自觉地扩大了教育范围，不断探索发展职业教育、继续教育和职业资格教育的道路。她们面向非适龄女性设立了教育计划，并招收少数民族学生和外国留学生。这种多元办学方式也是女子高校在外部环境不利的情况下为了生存，为了吸引和留住女大学生而采取的补充方式。美国女子学院在培养大龄女性学生方面具有很强的经验和能力，女子学院致力于广泛的女性研究工作，其成果不断付诸实践，这为满足大龄女生的教育需求提供了保证。很多女子学院都有专门针对大龄女生的学习项目，例如，史密斯学院的"索菲亚·史密斯学者项目"，蒙特·霍尔约克学院的"弗朗西斯·帕金斯项目"，以及阿格尼斯·斯科特学院的"重返大学校园项目"等都是这方面的典范。里吉斯女子学院、罗斯蒙特女子学院、圣玛丽亚女子学院开创的学习计划如周末大学、暑期大学，也使更多的大龄女性有机会受到高等教育。尽管有人为此批评女子高校为了应对经济窘迫而采取了这些挽救措施，但不可否认，在教育全球化的时代，在推崇终身学习的社会中，这种开拓多元办学的做法是值得肯定的。

3. 重视女性领导力的培养

对学生领导力的培养与重视是美国教育理念中的重要内容。领导力指的不仅仅是对他人的领导，更重要的是自我领导的能力。女子高校对女生的一个重点培养内容就是女性领导力。美国女子高校十分强调师生之间的交流，强调小课堂，大多数美国女子高校师资力量雄厚，学校规模小，几乎任何一个学生都有机会和教授交流，都有锻炼领导能力的机会。这种领导力的培养包括性别意识教育、沟通能力教育、分析和解决问题能力教育、合作能力教育、全球教育与国际教育等方面的教育内容。如美国圣·凯瑟琳大学其办学目标就是培育具有领导能力和影响力的女性人才。女子高校有独特的氛围，在这里女性更容易成为领导者，变得更优秀。大多数女子高校校长是女性，这些女性领导在女生性别角色社会化的过程中发挥着潜移默化的作用。女子高校能为女生提供更多机会让她们锻炼领导才能、树立自信心。

4. 使命感与危机感并存的女子高校发展战略

美国的女子高校规模一般较小，大多是私立的女子学院，其规模大的大概有四五千名学生，小的只有近百名全日制学生。在社会上人们常常忽视女子高校的存在，因为它们代表了极少数的高等教育机构，而且在其中接受教育的女性比例也很小，但是女子高校的存在确实给高等教育带来一些有益的启示。林红在其硕士论文《20世纪美国女子高等教育若干问题初探》中提到，在美国，面对社会上一些对女子高校办学必要性的质疑，人们开始广泛展开对女子高校教育状况的研究，并对其教育的优势特点进行了总结，认为女子高校的女大学生之所以容易成功，主要归功于女子学院的七大教育特点：一是向学生表述和传达以女性为中心的理念；二是要给女性定出较高的期望值，并相信她们能取得成功；三是要让学生感觉到她们在学校、家庭和社会上的重要地位；四是给学生树立坚强的和正面的典型；五是给妇女提供更多的机会让她们参与领导活动；六是要把女性考虑在课程内；七是营造安全的氛围，使女性能够在其中成为关键的群体。事实上，这也不仅仅是美国女子高校的教育特点。作为高等教育的少数派，在世界范围内很多女子高校都在努力追求实现自身的存在价值，在积极探索现实可行的特色发展之路上从不懈怠。

大滨庆子在《21世纪女性高等教育与女子大学生存战略的跨国分析》中谈到，发展危机中的日本女子高校向美国女子高校汲取经验过程中，了解到美国女子院校的校长普遍有这样的观念：女子大学的使命在于为女性提供发挥领导角色的培训机会，启发她们的潜力，并营造男女共学学校所不能享受到的良好学习环境，指导女性尊敬自我，实现自我价值，促进思维发展及行动，使女性敢于挑战性别偏见，将自己的才智更好地贡献给人类社会。① 女子高校的领导者们所具有的这种发展女性高等教育的使命感实际上正是引导着女子高校向成功发展的推动力。

总体来说，作为发展历史悠久、成果辉煌的美国女子高校在当代全球化教育环境下积极顺应时代环境的变化而采取的各种办学措施都是值得我们借鉴的经验。研究美国女子高校的办学特色，也是期待着这些经验能够变成丰富我们自身办学特色的一笔宝贵财富。

（二）日本女子高校办学特色

日本女性高等教育源于近代，由女子高等师范学校、日本女子大学校等各女子专门学校来承担。"二战"前，日本政府一直实行以贤妻良母为核心的女子教育，在教育目标、内容、层次和体制上都奉行男女有别原则，从而导致日本女子高等教育与男子高等教育分离。1945 年，日本在战后进行教育改革，采取两种模式变革女性高等教育：一方面根据教育机会平等的原则，要求所有男子大学开女禁，变成男女混合学校；另一方面延续传统女校，并将它们中的女子专门学校升格为女子大学，通过多渠道保障女性接受高等教育的机会。但是在 20 世纪六七十年代日本经济高速发展时期，产生了男子上大学、女子上短期大学和女子大学的基本格局。而且为适应"男主外、女主内"的社会现实，女生集中在人文科学、教育、家政三大学科学习，男生则偏向于社会科学、工学等实用性强的领域。"二战"后，由于日本经济高速发展，日本高等教育也从"精英"教育走向大众化。自 20 世纪 50 年代开始，日本女子高校进入发展高峰期。1951 年至 1971 年年底，四年制的女子大学从 34 所增加到 82 所；短期大学（实质上是女校）从 180 所猛增到 486 所。② 到 1997 年，日本有大学 489 所，短期大学约 520 所，高等专门学校 65 所。日本女子大学集中在大学和短期大学，其中，女子大学 96 所（国立 2 所、公立 5 所、私立 89 所），短期女子大学 300 多所，分布在 24 个都、道、府、县中。日本两所国家女子大学———御茶水女子大学和奈良女子大学，都设置了有博士课程的研究生院。私立女子大学的规模与学术现状也不逊色，绝大多数设有研究生院，并开设博士研究生课程。③ 日本女性高等教育由此走上规模化道路，同时女子高校是培养新娘和家庭主妇的场所的观念也蔓延开来，形成了性别偏差现象。

从 20 世纪 80 年代开始，日本女子高校的发展遭遇了危机，很多女性开始选择男女混合大学，而社会对女子高校的存在也有所怀疑："单一性别的女校能否顺应时代潮流？能否合乎性别平等精神？女大是否只是培育贤妻良母的场所？"在这种

---

① 大滨庆子. 21 世纪女性高等教育与女子大学生存战略的跨国分析，见女性高等教育的发展与创新———专家教授笔谈. 中华女子学院学报，2006（1）.

② 杜祥培. 国外女子大学的历史、现状和发展未来. 广西社会科学，2006（6）.

③ 大滨庆子. 21 世纪女性高等教育与女子大学生存战略的跨国分析，见女性高等教育的发展与创新———专家教授笔谈. 中华女子学院学报，2006（1）.

越来越高的质疑声中,那些靠国家拨款的国立、公立女子大学成了首先被攻击、整编的对象。综合大学的附属女子学院也由于经费困难而面临合并的问题。近代以来,在女性高等教育领域发挥主导作用的女子大学开始困惑,不得不想办法进行改革,重新开始审视其生存意义、教育理念、社会角色定位及其教学内容。美国女子高校在面对危机时一部分做出了改为男女共学的决定,而日本的著名女子大学则没有实行这种变革,它们认为学校的特色、个性、创新更重要,认为战略性地坚持举起女校旗帜更有利于今后发展,而轻易改为男女共校则是选择自我淘汰的道路。

怎样发展日本女子高校?大滨庆子的文章《21 世纪女性高等教育与女子大学生存战略的跨国分析》中对日本女子大学校长的调查表明,对女大发展有必要的措施是除了"鲜明的大学特征"外,还需要完善教学内容、方法、课程及科研体制。日本女子大学目前重点开设女性学、社会性别研究等特色课程,家政学科等传统学科改称"生活科学学科",以使更多的人愿意接受这门课。他们还根据当代女性的多样化兴趣与就业上的需求,增设以往被视为男性本位的社会科学、理工科等学科,试图扩充专业,提高总体科研水平。

对于目前女子大学的优点,大滨庆子在文中谈到的是集中在能够"有效地发挥女性素质的教育,专门研究女性固有的问题","培育女性的领导能力和主体性、独立意识"。这表明当前日本的女子大学使命已从过去的培养贤妻良母完全转移到培养社会参与型的、积极发挥作用的女性以及实现性别平等、提高妇女社会地位的妇女运动目标上来。此外,为了克服性别单一的偏差,她们还加强了综合大学间的联系,实施互动培养,同时向周围居民开放,为社区、为女性的终身教育做贡献,以此提高女大的社会声誉。从发展趋势上来说,大滨庆子认为日本的女子大学有可能在基本的专业设计、教学内容及科研水平上与其他综合大学趋同化,而在更好地满足女性的需求,使女性与社会紧密挂钩,为女性提供良好的教学环境,培养出优秀女性人才等方面,发挥男女共学学校所没有的自身优势。

(三)韩国女子高校办学特色

在 20 世纪 70 年代,只有 25% 的韩国女性接受大学教育,而今这一比例已经上升到了 72%,达到世界一流水平。[①] 韩国女子大学的数量起伏变化较大,1970 年为 46 所,1980 年上升到 68 所,到 2000 年下降至 16 所。[②]

韩国具有 118 年校史的梨花女子大学是世界上最大的女子大学,"学校现有本科在校生 26000 余名,研究生 5000 余名,教授 700 余名,拥有医药学院、商学院、工学院等在内的 14 所学院,66 个系,32 所研究中心和 13 所研究生院。该校的法律、公共管理等学科在国际上一直名列前茅,特别是在性别研究方面,尤其具有自

---

① 周春燕.韩国梨花女子大学的女性教育及其对我国的启示.文教资料,2006,4(上旬).

② 郑桂珠.印度独立后女子高等教育发展研究.厦门大学,2006.

己的传统和风格"①。梨花女子大学是一所享有国际声誉的综合性女子大学,在韩国大学中的排名一直稳居前十位。

梨花女子大学以基督教精神与真善美之理想为底蕴,是一所专为女性提供高等教育的机构,其最大的教育特色就在于其女性教育。梨花女子大学人文学科和科学技术并重,尤其强调人文精神和社会关怀。她所实施的女子高等教育其专业和职业追求是改造社会、关怀公共事务,或者是成为高科技含量的某方面的专家,而不是为继续延续差别性教育而形成性别职业隔离的那种因性施教。从教育理念上来说,梨花女子大学追求的最高教育理念就是"真、善、美"。丰富的智慧和知识、美好的德行、高尚的情操、综合的人性教育正是梨花女子大学追求的教育理念。从教育实践上看,梨花女子大学始终关注女性的发展,在一个特定的文化环境中培养更多的具有自尊、自信、自立、自强精神,具有自我发展意识的女性。该校重视妇女学科的发展,1975 年就启动了妇女学研究项目,并在学校开展了一系列有关社会性别意识的教育课程。如今梨花女子大学颁发妇女学硕士学位,并提供女性学博士学位课程。经过 100 多年的女性教育实践,梨花女子大学在性别研究领域取得了令人瞩目的成就。梨花女子大学设立的"梨花全球合作项目"(EGPP)提供全额奖学金,其目的是为各国培养未来的女性领导者。② 梨花女子大学还注重学生综合素质特别是学术能力的培养,为女性提供了一个更为宽松的发展环境。学生有机会开办自己的广播站和宣传橱窗,可以组建自己喜欢的各种社团并担任全部的策划和管理工作。梨花女子大学对女性智慧和无限潜能的信任,使其相信学校如果提供与男性一样的一流的理工科教学条件,女性一样可以成为优秀的科学技术人才,其最先设立了韩国女子工科大学,增设多种科目的专门研究。而梨花女子大学的女性在理工科取得的突出成就也用事实证明了梨花女子大学所坚持的信念是正确的。梨花女大突出的办学特色在韩国发挥着巨大的引领作用。

(四)印度女子高校办学特色研究

在印度,女子高等教育初期发展以私立学校为主。20 世纪二三十年代,公立女子学院在全印各地相继建立起来。1920 年,印度成立了最早的女子大学——S·N·D·T女子大学。它是由印度政界、商界泰斗以及虔诚的印度教信徒捐款而成立的。1916 年,在德里专门为女性建立了第一所女子专业学院——拉迪哈丁女子医学院。该学院的创办表明女性不仅仅可以在普通高等教育中获得发展,也开始在专业高等教育领域取得进步。1924 年,由社会家建立了因陀罗普拉斯塔学院,1930 年由全国妇女大会创建了欧文女子学院等。印度 1947 年独立后新建立一大批女子学院,女子学院的数量逐年增加,女子就学率稳步提高,逐渐缩短了男女之间的差

---

① 周春燕. 韩国梨花女子大学的女性教育及其对我国的启示. 文教资料,2006,4(上旬).
② 周春燕. 韩国梨花女子大学的女性教育及其对我国的启示. 文教资料,2006,4(上旬).

距。印度在 20 世纪 60 年代还曾发动过一个建立女子学校的运动。为了鼓励保守的父母送女儿上学，运动中提倡从高中到大学实行男女分校。这个运动使创办女校取得了一定的成功。"到 2005 年，印度共有女子学院 1849 所，20 年来以平均每年近57 所的速度增加。"① 在许多国家女子院校逐渐减少的情况下，印度的女子院校却呈现出蓬勃发展的趋势，为女性提供了许多接受高等教育的机会，促进了印度女子高等教育的发展。同时，男女混合学校已经为越来越多的女生及家长所接受，混合院校中女生比例也不断提高。

印度目前仅有 4 所女子大学，此外，还有一定数量的女子学院。印度女性接受高等教育的途径较为多样，表现出以女子院校为主、男女共学院校为重要补充的特征。女子大学与女子学院一起作为女性接受高等教育的主要场所，培养了一大批服务社会的新女性，推动着社会的进步。

印度的女子高校在办学特色上体现出如下一些特征：强调增加女性接受高等教育的机会、通过教育为女性赋权并唤醒女性自我意识、促进女性发展、重视女性参与社会发展以促进社会进步。印度的女子大学科类设置较为完善、课程开设较为丰富，以高等普通教育为主，专业高等教育较为薄弱，女子院校大多注重女校特色和女性传统角色，开设人文社会科学、家政、教育学等传统女性优势学科课程。而工程技术、法律、商业等男性优势学科则较少。女子院校意识到性别研究的重要性，开展了妇女研究，有利于促进女性发展与性别意识的传播。女子高校在坚持教学、科研、服务社会中，都认识到女性参与社会发展的重要性，因此女子高等教育目标也都体现出促进女性发展以服务社会的特点。今天，印度女子大学在基于印度历史、社会、文化的脉络和响应时代要求的基础上，积极主动地进行包括提高教育、科研水平，完善继续教育、社会教育的改革，使女性在教育、医疗、护理、卫生等领域能发挥更大的作用。

二、国外女子高校对我国女子高校办学特色的借鉴与启迪

考察国外主要的女子高校的办学特色，我们发现，大多数女子学院是基于女性受教育歧视的历史而建立的，所以在当代接受男女混校教育以促进男女平等意识的推广成为高等教育的主流，这也是很多女子高校开男禁变成男女混校的基本原因。但是，今天女性受各种歧视的状况虽然弱化了，但并没有彻底结束，男女混校的女生在很多方面因追随了男性教育方式而丧失了对女性优势和女性潜力的发掘，因此遵循着历史沿袭而存在的女子高校都要面对主流来重新确定自身的发展重点和发展方向，这也是全世界女子高校保持特色并开拓创新的一个重要任务。

西方特别是美国女子高校在面对危机的现实中采取各种措施努力站稳脚跟，以

---

① 郑桂珠. 印度独立后女子高等教育发展研究. 厦门大学，2006：32.

真正的女性优势和女性特色来发展自身，更注重的是培养杰出女性以证实女性教育可以让女性更优秀。东方社会比如日本、印度女性受歧视的历史与现实更为严重，所以女子高校的任务不仅仅是培养杰出女性，而且要承担普及女性高等教育的任务。日本和印度的女子高校毫不回避对家政等继续传统女性角色的科目的开设，同时也有开展精英式女子教育的女子大学。因社会上对女性歧视较西方更为严重的现实，东方女子高校还扮演着呼唤女性自强自立，鼓励女性走出家门、投入社会关怀的责任承担的角色，在办学过程当中常常要特别强调女性实现自立自强的重要性。这种特点，实际上与中国的状况有一定相似之处。在中国，封建传统思想根深蒂固、影响深远，中国的女子高校在发展特色的过程当中往往不得不考虑理想与现实之间的距离，只有在把握好现在的前提下，才能做好对未来发展目标的规划。

无论东方还是西方，也不管每所女子高校各自的办学特色是什么，很重要的一点就是，大家都在立足本国的历史现实，适应本国的女子高等教育发展阶段，努力为提升本国的女子高等教育水平服务。同时要具备国际视野，适应教育全球化的现实，加强交流与合作。在世界女子高校发展的历史上，无论哪个国家、哪个阶段都充满了矛盾和冲突，在缩小男女两性不平等待遇的斗争中，女性所走过的每一步都是阻力重重，这是全世界女子高校在发展中都不得不面对的现实。直到今天，妇女在大学教育中还处于劣势，而女子高校需要面对现实来对自己的办学特色做最恰当的定位。女子高等教育的问题不是新问题，我们需要用更多的宣传和更扎实的努力去强化特色，提升办学层次，让更多的人关注女子高校的存在。面对共同的发展问题，互相帮扶、加强合作与沟通也是世界女子高校能够采取的最佳应对方式。我们期待世界各国女子高校在联合发展的基础上更加有所作为，更加焕发光彩。

韩国女性的高等教育与职业发展

中国传媒大学媒介与女性研究中心　王　琴

[摘要] 随着社会发展，韩国女性普遍接受高等教育，新式职业女性越来越多。女性的职业发展受到很多文化传统和社会环境的影响，韩国女性高等教育发展很快，这为女性的职业发展提供了很好的教育基础。但同时，由于传统观念的影响和社会保障机制的缺乏，很多韩国女性在结婚之后为了更好地照顾家庭，往往辞去工作担任全职主妇。高学历和低就业率，难以突破的职场玻璃天花板，以及家庭角色和生育难题，都是韩国女性职业发展的现实问题。

[关键词] 韩国女性　高等教育　女性职业

女性的职业发展是女性在社会中拓展个人领域，实现自身价值的重要途径。在韩国，全职主妇在中老年女性中比较普遍。近年来，随着韩国社会对女性发展的促进，韩国女性的独立观念大大提升。年轻一代女性的职业观念已经发生了很大的变化，不少人希望摆脱传统的家庭角色，致力于职业发展，在家庭生活之外有更多的社会活动空间，多方面实现自己的人生价值。由于母亲一代大多是家庭主妇，上一辈的遗憾也对年轻人的观念有所触动，成为促进女儿一代职业观念发生转变的直接力量。

在新时期，很多韩国女性希望做个经济独立的职业女性，即使结婚成家后，她们也多希望能继续工作。女性普遍认为经济独立才能获得更高的社会地位，职业发展可以拓展个人的社会价值。此外，在近年韩国社会经济低迷的状态下，已婚女性进入职场也是提升家庭收入、充实家庭经济的必要保障。

一、职业女性的发展困境

韩国的女性高等教育较为发达，这为女性的职业发展提供了很好的基础。但同时，韩国社会对于女性的职业发展缺乏完善的保障机制。很多结婚前是"朝九晚五"的职业女性，到结婚之后，为了全心照顾家庭，只好辞去工作，专门相夫教子。

（一）高学历与低就业

韩国女性接受高等教育的情况十分普遍，这也是韩国社会多年来对女性教育推动和重视的结果。经济合作与发展组织（Organisation for Economic Cooperation and Development，OECD）在 2012 年 6 月发布的《两性平等报告》中指出，韩国女性高等教育普及率一直有稳步的提高，韩国女性的大学升学率从 1990 年的 31.9％大幅提升至 2010 年的 80.5％，达到世界最高水平。从发达国家女性的大学升学率来看，美国 73％、瑞典 70％、英国 60％、法国 54％。①

---

① 社论．让韩高才妇女顶起半边天．（韩）朝鲜日报，2012-06-08.

韩国各大高等院校中女生的比例都不低。根据韩国女性政策研究院发布的性别信息统计系统（Gender Statistics Information System）的统计，2010 年韩国专科学校的女生占 39.7%，大学本科的女生占 38%，研究生阶段的女生占 48.1%。[①]此外，韩国还有不少的女子大学，专门培养女性人才。

韩国女性虽然普遍接受了高等教育，但高学历女性进入社会工作的比率却并不高。经合组织（OECD）与韩国女性政策研究院在 2013 年 1 月发布了一项针对韩国职业女性的调查，数据显示，2011 年，韩国高学历女性就业率仅为 60.1%，在经合组织 33 个成员国中位列末席。而经合组织成员国中，高学历女性的就业平均值是 78.7%，其中最高的是挪威，女性就业率高达 89.4%。[②] 这说明韩国近四成的女性在接受高等教育之后并不到社会中就业，高学历女性的知识和能力无法全面发挥，贡献于国家和社会。这本身就是一种令人深思的社会现象。

此外，韩国女性的工作保障也不容乐观。韩国职业女性中，有 27.7% 的职位为临时雇用人员，工作待遇不稳定，福利保障也无从谈起。而经合组织成员国中女性从事临时雇用职位的平均值为 12.5%，韩国的数据大大超出这个均值，达两倍以上。另外，韩国男女雇用率差距率为 29%，这意味着大量的女性被男性挤压了工作职位，女性就业难的问题普遍存在。[③]

（二）职场玻璃天花板

韩国女性的低就业率使得女性失去了很多参与社会经济活动的机会。而对于那些有机会进入职业领域发挥自己才能的女性而言，同样面临着职业发展的重重阻碍。

据联合国开发计划署发布的《2009 年人类发展报告》称，关于性别赋权指标（Gender Empowerment Measure）的数据中，韩国女性专业技术人员的比例为 40%，女性议员的比例为 14%，女性高层官员和管理人员的比例为 9%，女性部级以上高官的比例为 5%。可以看出，韩国女性的就业比率偏低，进入职业高层的女性更是凤毛麟角。玻璃天花板的存在阻隔了女性的职业上升渠道。

而在男女同工同酬这一方面，韩国女性面临的境遇也令人担忧。数据显示，韩国男女平均薪酬比例为 2∶1。女性的收入基本是男性的一半，这意味着男人还是韩国家庭的经济支柱，女性的社会经济地位相比男性还有很大的差距。

女性很难晋升到职场高层，这在韩国各个行业领域都十分明显。以韩国的银行业为例，2012 年韩国国内四大银行国民、新韩、友利和韩亚的正式职员中，女性员工有 30960 名，占全体职员的 48%。但女性高层人员的平均比重仅为 4.8%。其中行长、副行长一级的高层人员中没有一位女性，本部长级别的女性有 11 位。[④]

此外，在韩国其他的大型企业中，情况也如出一辙。根据《朝鲜日报》向韩国

① 数据见韩国 GSIS 官方网站，http://gsis.kwdi.re.kr.
② 金起弘. 韩高学历女性就业率经合组织排名垫底.（韩）朝鲜日报，2013-01-21.
③ 金起弘. 韩高学历女性就业率经合组织排名垫底.（韩）朝鲜日报，2013-01-21.
④ 申水晶. 女性副行长零位……怎么回事？（韩）东亚日报，2013-01-21.

288 个公共机构中资产超过 10 万亿韩元的 13 家大型国企进行的数据调查，13 家企业的全体员工中，女性所占比率为 14.9%，这些企业中 81 名全职高管全部是男性。[①]

另据韩国公共部门 2013 年 1 月 15 日公布的数据显示，韩国政府下属 288 个公共部门领导层中，女性领导仅占 9.1%，其中半数以上（51.7%）的部门没有女性领导。其中，15 个部门女性领导的比率达到 30%。在所有部门中，国土海洋部（1.8%）、金融委员会（约 0.92%）、企划财政部（0）等部门的下属机构女性领导较少，保健福祉部（18.4%）、文化体育观光部（15.8%）、雇用劳动部（13.1%）等下属机构女性领导较多，仅有 5.6% 的公共部门由女性担任"一把手"。[②] 大量的统计数据体现了韩国女性的职业位置普遍较低，职业前景不容乐观。

二、职业女性的生育难题

生育是女性的天职，也是女性对家庭对社会最重要的奉献。女性必须经历的生育门槛，也对韩国女性的职业发展产生了很多不利影响。

从女性的经济活动参与率来看，不同年龄段的女性有较大的差异，这一差异也主要是以婚姻和育儿为分水岭。根据经济合作与发展组织（OECD）2013 年发布的就业数据，在韩国的职业女性中，女性临时工的比例接近 40%，约 289.5 万名。此外，在相对稳定的女性正式员工中，25～29 岁年龄段的女性有 82.1 万名，但是 30～34 岁年龄段的女性只有 63.4 万名。[③] 而韩国统计厅于 2012 年 6 月 26 日发布的统计调查显示，25～29 岁的女性参与经济活动的比率为 71.4%，居于各年龄段之首；而 30～34 岁女性参与比率则大幅下降，只有 55.4%。[④]

这些数据表明，很多育龄妇女没能延续自己的职业生涯，这部分女性在 30 岁以后因结婚、生育而离开工作岗位。这一状况也和韩国社会中女性在结婚之后纷纷辞职，变成全职主妇的社会风气基本吻合。

生育孩子对于女性而言，不仅仅是没有充裕的时间和精力投入工作，也意味着女性在经济收入上有所下降。调查显示，有孩子的职场女性的薪资不仅低于职场男性的薪资，也低于没有孩子的职场女性薪资。经济合作与发展组织（OECD）2012 年 12 月公布的工资差距报告中，韩国未生育的女性的平均工资比男性低 13%，已生育的女性的工资更低，比未生育女性的工资低 33%。这在 OECD 成员国中排第二（日本第一，37%）。[⑤]

可以看到，随着女性教育的发展，高学历的职业女性越来越多，女性职业发展的初期男女工资差距不大。但是，一旦职业女性面临怀孕生子，职业生涯就受到很

---

① 罗志弘，朴秀缋. 女性顶起半边天？韩企高层仍是男人天下. （韩）朝鲜日报，2013-01-15.

② 韩媒：韩国公共部门女性领导比例仅占 9.1%. http://world.people.com.cn/n/2013/0115/c1002－20210616.html.

③ 金起弘. 韩高学历女性就业率经合组织排名垫底. （韩）朝鲜日报，2013-01-21.

④ 韩爱兰. 疲惫的职场妈妈，31% 对生活不满意. （韩）中央日报，2012-06-27.

⑤ 李尚勋. 根据是否有子女 职场女性薪资差距达到 33%. （韩）东亚日报，2012-12-19.

大的影响。甚至有韩国学者的研究指出：如果韩国职业女性结婚生子，将损失 1.4 亿韩元，其中 1.3 亿韩元是生育带来的损失，另外 1000 万韩元则是因心理不安、因结婚而疏远朋友关系等无形中造成的损失。[①] 在今天的韩国，生育问题对于韩国女性的职业发展是一个巨大的门槛。

三、职业女性的家庭压力

在韩国，女性在结婚之后，需要承担的家庭任务并不轻松。在大男子主义盛行的韩国，主妇是很辛苦的一个角色。家庭中女性持家是一直以来的传统文化，所以家务活主要是女人的责任。无论是否工作，妻子都要承担主要的家务劳动。据韩国统计厅的调查，韩国女性每天付出无偿劳动（包括家庭劳动在内）2 小时 53 分钟，是男性（36 分钟）的 4.8 倍之多。[②]

韩国每年中秋、春节等传统节日都是家族团聚的大日子，而大家族团聚的所有活动及饮食料理，都由家庭中的媳妇们进行准备。主妇们担负节日饮食和活动指挥的重任，劳动量很大，但男人们是不会施以援手的，因为这是女人的事。此外，韩国人很重视祭祀祖先，每逢过世亲人的忌日，都要举行很隆重的祭祀仪式。祭品的准备，仪式的筹备，也都主要由家中的主妇来完成。根据韩国的传统，祭祀桌上的食物一般需要由家人亲手制作，这使得主妇的劳动强度大大提高。主妇虽然在家务活动中费心操劳，但是在韩国的传统文化中，女性的家庭地位很低，比如女人是不能上家庭聚会的主桌的，祭祀也是不能参加的。近年来，很多传统的习俗发生了改变。韩国女性的家庭地位有所提升，但是在家庭中操劳的命运依然没有改变。

即使在今天的韩国社会中，每逢中秋和新年的家族聚会都让家中的主妇不堪重负，以致出现了一种"儿媳节日症候群"，繁重的家务让主妇们心力交瘁，不堪忍受。甚至在每次重大节日的家庭聚会后，韩国夫妇的离婚率都会上升。

在养育孩子方面，韩国女性更是承担了主要的责任。在韩国的家庭中，家中长辈并不会帮着儿女照顾孩子。而且韩国家族礼俗十分严格，父母地位尊崇，在传统的大家庭中，媳妇都要小心地伺候公公婆婆。如果要请育儿保姆，照顾孩子的人工费用异常昂贵，基本上只有富豪之家才有能力负担。此外，韩国社会中对于养育孩子的社会保障机制还不完善，幼儿的保育机构比较缺乏，很难长期把孩子托付给这样的保育机构。因此，一旦有了孩子，女性就很难继续安心从事职业工作。大部分的女性不得不辞掉工作，在家中照顾儿女。

由于近年来韩国经济不景气，一些女性也开始选择在生育孩子之后继续工作，因为单靠父亲一人的工资难以维持全家人的生计，在生活的压力下，妈妈进入职场的现象逐渐增多。但是，"职场妈妈"对生活的满意度不高。韩国统计厅于 2012 年 6 月发布的调查结果显示：职场妈妈在经济、职业和健康等整体状况的主观满意度

[①] 禹石镇．财政政策作为低生育对策，对女性生育、劳动供求和结婚的影响，转引自李镇硕．职业女性结婚生子会损失 1.4 亿韩元．（韩）朝鲜日报，2007-06-28. 该研究利用在 1998—2004 年间，面向 5000 多户家庭进行的调查资料为基础，使用经济学技巧推算了女性在消费和假期、子女养育数量等方面的价值。

[②] 韩爱兰．疲惫的职场妈妈，31% 对生活不满意．（韩）中央日报，2012-06-27.

上的不满意率为 30.6％，满意率为 24.1％；可以看到，近三成的职场妈妈承担着生活和工作的压力，对生活现状表示不满。这主要是因为职场妈妈承受着工作劳动和家务劳动的双重压力。职场妈妈除了承担工作的责任外，在家庭中的家务负担也丝毫不能减轻。数据显示，负责家务的全职妈妈占 89.9％，职场妈妈为 86.5％。[1]

关于夫妻双方分担家务的观点，韩国女性和男性的意见也有很大差异。调查显示，60.9％的女性认为"如果妻子也上班，丈夫应该共同分担家务和子女教育"，但只有 35.3％的男性赞成这一观点。[2] 所以，面对社会文化的故习，"职场妈妈"既要工作，又要照顾家庭，烦琐劳累的家庭劳动大部分都由女性承担，生活压力自然更大。

作为职场妈妈，在子女的教育问题上也不能怠慢。韩国人文社会研究会育儿政策研究所的一份研究报告指出，在韩国双职工夫妇中，丈夫在子女教育上所花费的时间不到妻子的一半。该调查是 2010 年针对 1802 名儿童的父母展开的。调查显示，抚养一名三岁子女的双职工夫妇中，丈夫每天照顾孩子的时间平均只有 1.3 小时，而妻子却有 3.5 小时。即使周末丈夫花费 4.1 小时在子女的教育上，也还是远远少于妻子所花费的时间（7.5 小时）。全职主妇平时教育孩子的时间为 6.9 小时，周末更是长达 7.5 小时。[3]

总体来看，韩国女性普遍拥有较高的学历，这是韩国女性高等教育发展的重要成果。但是，女性高等教育普及后，女性职业发展依然面临着很多困境。这些困境也是由多方面的社会原因造成的。

首先，源于社会中"男主外、女主内"的传统性别观念。虽然随着社会的发展，韩国女性越来越多地从事职业工作，女性的社会地位比传统社会也有了很大提高，但在韩国"已婚女性就是家庭主妇"，"女性受教育就是为了更好地持家"的社会风气依然存在。在很多韩国人看来，照顾家庭是女性最重要的责任，职业工作并不是女性生活的"正途"。

其次，女性就业缺乏社会制度的支持和社会福利政策的保障。韩国政府虽然出台了一系列女性发展的政策法规，但是针对女性职业发展的支持还不足。由于韩国没有完善的保育机制，设施不全，费用昂贵，很多女性在生育之后被迫选择辞职在家养育孩子。根据经合组织的报告，韩国 25～29 岁女性就业率达 70％，而 30 岁以后的就业率降至 55％，明显是因为女性生育的压力。[4] 要想让更多女性参与经济活动，在职业领域获得发展，需要减轻女性生育和养育负担，保障职业女性在生育期的就业权益。

① 韩爱兰．疲惫的职场妈妈，31％对生活不满意．（韩）中央日报，2012-06-27．
② 朴秀莲．双职工育儿：爸爸不如妈妈的一半．（韩）中央日报，2012-06-11．
③ 同上．
④ 社论．让韩高才妇女顶起半边天．（韩）朝鲜日报，2012-06-08．

论英国学科性别隔离

浙江师范大学田家炳教育科学研究院　薛仪婷

[摘要] 在当下，社会性别平等对每个国家而言已然成为一个核心发展目标。在过去的 25 年里，女孩和成年女性面临的劣势以最快的速度减弱，但性别不平等仍然占据着某些领域，即使是发达国家也未能幸免。早期的性别隔离研究始于对劳动力市场的关注。20 世纪初，西方学者指出，性别隔离现象的影响已经进入高等教育领域，此后越来越多的研究者参与到相关探讨中。本文论述了当前英国学科性别隔离横向与纵向的现状，并分析了深藏于背后的原因。

[关键词] 英国　学科　性别隔离

在高等教育的发展历程中，性别偏见是普遍的、久远的，也是国际性的。从严格意义上的高等教育机构（12 世纪的中世纪大学）的诞生到 1833 年美国奥博林学院首次招收 4 名女生入学，历时 700 余年。从 19 世纪中期以后，世界各国陆续以各种形式向女性开放高等教育系统。20 世纪下半叶，世界许多地方女性在权利、教育、健康和劳动回报四大领域之中取得巨大的进步。在支持女性的合法权利和保障女性平等的全球共识的推动下，教育领域发展繁荣的局面也让世界为之震撼和喜悦。更多的女性开始识字并且接受教育，男女之间的教育差异大大缩短。对于年轻一代，初等教育的入学性别差异几乎消失了，而中等和高等教育取得的成果也是巨大的。在世界上的大多数国家和地区，女性在高等教育方面甚至略胜一筹，女性高等教育入学率的增长速度也高于男性。在欣喜于这巨大的进步和成功的同时，许多女性面临的冰冷现实提醒我们，性别平等的进步在某些方面依然停滞不前、境况严峻。高等教育的性别隔离是一种对女性的歧视，限制了女性进入高等教育的某些领域，并在职业领域继续扩大这一隔离，是性别不平等在高等教育领域中的一个缩影。本文通过分析 women and men in science engineering and technology；the UK statistics guide 2010 这一报告的相关数据，分析了当前英国学科横向性别隔离与纵向性别隔离的现状，并分析了现象背后存在的原因。

一、性别平等与学科性别隔离

（一）性别平等（Gender Equality）

性别平等指的是与女人和男人相关的社会、行为、文化的特点、预期和规范。社会的性别平等指的是这些因素如何决定男性与女性之间的关系以及由此造成的权利差异。性别平等观认为男女在偏好和态度上的差异在很大程度上是后天习得的，而并不是由于两性内在的不同。性别平等旨在追求所有人都能平等、自由地发展自己的个人能力，不受限制地做出选择；社会对男性和女性的相似点和差异性给予平等的理解和尊重；社会中的男性和女性有平等的条件来实现自身的人权，有平等的权利和机会为社会的经济、政治、文化等发展做出贡献或者从中获取利益。长期以来，男女和女性将社会的规范和预期内化从而导致了两性之间的差别，并通过代际传递将这种态度和规范延续下去，形成了一种恶性循环。

（二）学科性别隔离（Gender Segregation）

学科（discipline）最初概念与学习有关。在古拉丁文中，discipline 一词兼有知识（知识体系）和权力（孩童纪律、军纪）之义。学科制度化的进程与高等教育密切相关，学科在很大程度上已然成为高等教育学术活动与教学活动的重要载体和不可缺少的组织结构。学科在制度化进程中，不仅遵循着知识的内在逻辑，成为学术共同体成员开展知识游戏的舞台，而且还"通过统一性的作用来设计边界"。从这个角度看，高等教育最初排斥女性的历史与"女性和关于女性的知识被排拒于诸学科门外"颇有一定意义的联系。基于学科的视角来剖析高等教育领域的性别隔离，具有重大的意义。

学科性别隔离主要指某一性别的人口在某些学科和专业上的高度集中，形成了与另一性别人口的学科专业隔离状态。它主要是从歧视的角度关注女性为什么集中于某些所谓的"软性学科"之中，而游离于某些所谓的"硬性学科"之外。从全世界范围的高等教育来看，目前已形成一些"女性主导"的学科与专业领域，如人文、教育、社会科学和伪科学等。在部分国家，这些领域的女性人数占全部女大学生人数的40％以上。各国的"女性主导"专业虽然有些差异，但对于女性数量很少的专业，各国几乎相同。学习计算机、数学和工程的女生非常少，在大多数国家仅有不到5％的女生学习这些专业，全世界平均不足3％；女生选择自然科学专业的数量也很有限，在大部分国家该数量不足全部女生的10％。由此可以看出，高等教育中的性别选择分化是很清楚的。更进一步说，高等教育中已经形成了社会普遍认同的"男性学科"和"女性学科"。学科在高等教育领域是一种与性别隐喻相对应的意识形态，其实质是一种男性中心的文化传统在高等教育和学术领域的体现。而对于学科"男性化"和"女性化"的划分和认定是造成学科性别隔离的重要因素，也是社会性别等级在高等教育领域渗透、延伸的主要表现形式之一。

二、英国学科性别隔离

（一）相关概念界定

1. 学科

联合国教科文组织在 1997 年修正和完善的国际教育标准分类（International Standard Classification of Education，ISCED）中，将高等教育的学科分为以下十类：一般学科，教育，人文与艺术，社会科学、商业与法律，自然科学（理学），工程技术，农业，健康与福利，服务及未分类学科。其中各学科下又细分若干专业（见表1）。

表1　联合国教科文组织关于学科的划分

序号	学科分类	下属专业
1	一般学科	基础专业、识字与计算、个人发展（如行为能力、组织能力等）
2	教育	教师培训和教育科学（如课程设计、教育测量、教育研究等）

续表

序号	学科分类	下属专业
3	人文与艺术	艺术（如美术、表演、图形及视听等）、人文（宗教、语言学、历史等）
4	社会科学、商业与法律	社会科学（经济学、政治学、社会学等）、新闻与信息科学、商业与管理、法律
5	自然科学（理学）	生命科学、物理学、数学与统计、计算科学
6	工程技术	工程与工程贸易、制造与处理、建筑与构造
7	农业	农业、林业、渔业、兽医
8	健康与福利	健康（医学、医疗服务、护理、牙医）、社会服务（如咨询类等）
9	服务	服务业（如餐饮服务等）、交通服务、环境保护和安保服务
10	未分类学科	一些未知和未分类专业

资料来源：International Standard Classification of Education，1997，UNESCO.

2. 高等教育

国际教育标准分类（ISCED）是收集关于教育体系的国际比较统计资料的工具。本文中高等教育的标准是参照联合国教科文组织发布的《国际教育标准分类》（International Standard Classification of Education，ISCED）中的 ISCED5（ISCED5A 和 ISCED5B）和 ISCED 6 两个层次。前者相当于大学本（专）科教育和硕士层次的教育，后者相当于博士层次的教育。

3. 学科横向性别隔离和纵向性别隔离

学科横向性别隔离是指男女性在学科间的不均分布或在某些学科内的集中程度，即女性集中在某些学科和专业，而男性则集中在另一些学科与专业。学科纵向性别隔离指学科内男女性资历水平的不均分布，并且在高等教育的不同层面，两性的分布也不均衡。学科纵向性别隔离关系到男性和女性在科学层级内的位置。有关学科性别隔离的内涵及形成的相关背景，文章第一部分已阐述，此处不予赘述。

（二）英国学科性别隔离横向比较

在世界各地，由于贫困、文化程度低以及法律、制度、政治和文化环境等限制因素，很多女性无法参加社会科学技术领域的工作。英国 UKRC 发布的 women and men in science engineering and technology；the UK statistics guide 2010 这一报告中重点关照了女性在科学、技术、工程和数学（Science，Technongy，Engineering and Mathematics，STEM）学科的参与情况。在英国，学习科学、技术、工程、数学的女性本科生和研究生仅占总人数的 33.2% 和 34%，其中学习计算机科学、工程和技术的女性人数则更少。超过一半的女性本科生在科学、技术、工程、数学四大领域中所学习的学科为生物科学、物理科学和与医药相关的学科，而有超过一半的男性本科生所学习的学科为工程与技术、计算机科学和自然科学。而在研究生群体中，这种学科分布状况与本科生群体类似，每年有 70.4% 的男性研究生所学习的学科为科学、技术、工程和数学。在 2007—2008 年，英国有超过 100 万的女性本科生和 75.7 万的男性本科生，在研究生阶段，女性研究生的比重占全体学生的 53.8%，人数已经超过男性。女性在本科和研究生阶段学习科学、技术、工程和数学四大学科的人数，在 2003—2004 年、2007—2008 年均有所增长。但即便如此，女性无论是本科还是研究生阶段在科学、技术、工程和数学学科的参与程度依旧不容乐观，学科性别横向隔离依然存在。表 2、表 3 说明了 2006—2012 年入学女性在各学科所占的比重，其中教育、人文与艺术、农业、健康和福利、服务学科入学女生所占的比重较大，教育、健康与福利两大学科，入学女性所占的比重超过 70%。社会科学、商业和法律学科入学女生人数较男生略多，整体保持平衡状态。相比之下，入学女性在理学、工程与建筑学科的比重则较低，其中工程制造与建筑这一学科入学女性比重不到 20%。2007—2008 年，在科学、技术、工程和数学学科，男性本科生人数为 28.8 万，女性本科生人数为 14.3 万，仅为男性本科生的 1/2。表 4 显示，2007—2008 年，英国女性本科生数量在计算机物理学、数学、计算机科学、工程与技术、建筑建造与规划学科人数所占比重都不高，其中计算机科学、工程与技术专业女性所占比重均不到 20%。在研究生阶段，这几大学科低参与度的情况也依旧存在。

表 2　英国各年份入学女性在各学科所占比重

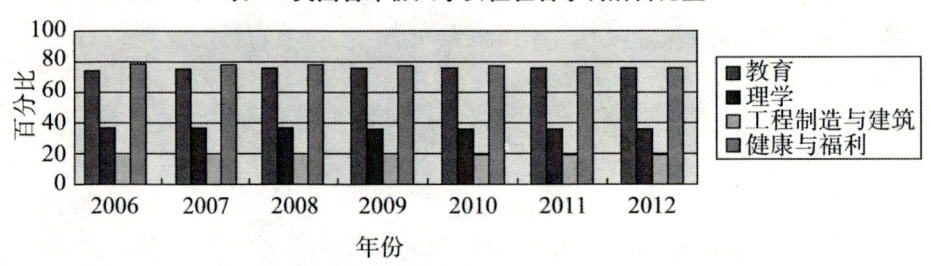

表 3　英国各年份入学女性在各学科所占比重柱形图

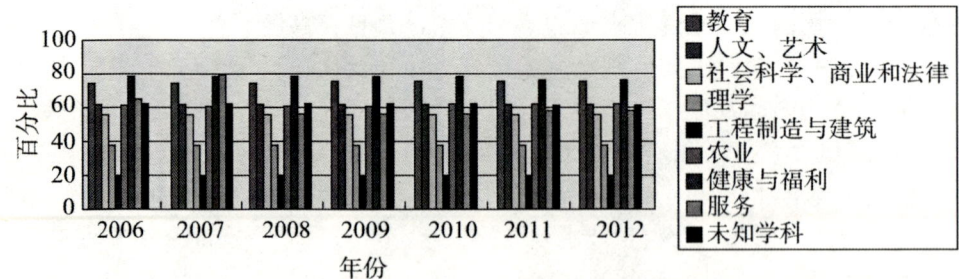

表 4　2007—2008 年英国女性本科生数量及在各学科所占比重

学科	医学相关专业	生物科学	物理学	数学	计算机科学	工程与技术	建筑建造与规划
人数（万）	2.27	3.83	2.7	1.15	1.47	1.54	1.35
占百分比（%）	65.6	50.4	42	39.6	19.4	14.9	28.1

（三）英国学科性别隔离纵向比较

2012－2013年，英国本科阶段和研究生阶段（全日制）女性所占比重分别为53.1％和54.5％，均超过总体的一半。而进入博士研究生阶段，这种优势就不复存在。从表5可以看出ISCED 6层次，即博士研究生层次的女性所占比重明显减少，不超过50％。2012－2013年，英国高等教育领域共有38.2515万名工作人员，其中教研人员共有18.5585万人，占总体的48.5％。女性教研人员共计8.267万人，占总体的44.5％。教授共计1.788万人，其中女性仅占21.7％。表6是英国STEM科研人员（专职人员）各层级男女性别人数。从表中的数据可以清晰地看出英国STEM科研人员（专职人员）各层级男女性别人数的差距。表7显示了2004－2005年、2007－2008年STEM科研人员（专职人员）女性所占比重，这组数据也印证了表6的数据所反映的现实。英国STEM科研人员（专职人员）各层级女性人数远远少于男性人数，且层级越高差距越大。在研究员这一层级，女性比重占30％左右，而到教授这一层级，女性科研人员（专职人员）比重仅仅占不到10％。

表5　英国高等教育毕业生学历层次女性所占比重

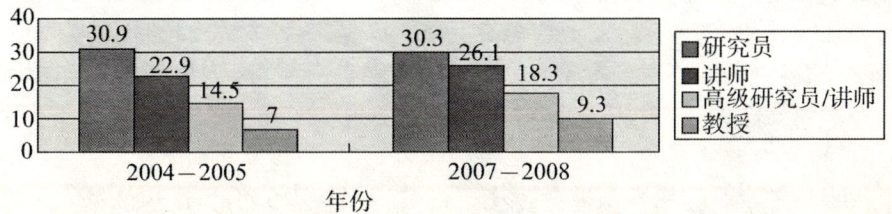

表6　英国STEM科研人员（专职人员）各层级男女性别人数

	研究员	讲师	高级研究员/讲师	教授
2004—2005年				
女性	4 855	2 295	1 155	345
男性	10 840	7 740	6 805	4 565
2007—2008年				
女性	5 375	2 065	1 790	540
男性	12 355	5 845	8 010	5 265

表7　英国2004—2005、2007—2008年STEM科研人员（专职人员）女性所占比重

三、结语

在世界各国，虽然各级学校入学率正在上升，女孩和妇女仍然面临着接受教育的障碍，尤其是与自然科学和工程技术相关的各层次教育。在高等教育中，女性接受的科教课程要比男性少。即便是在自然科学和工程技术领域，女性主要参与生物和生命科学的相关专业，但很少参与计算机科学甚至"更困难"的物理、工程等领域。自然科学和工程技术领域的性别比例是与男女受教育状况和水平的差异直接相关的。从女性接受高等教育以及专业选择的趋向来看，女性更多地集中于教育、人文、社会科学领域，而较少选择理工科专业。在自然科学领域中，又以生物学、医学、心理学专业的女性居多，而在物理学、数学、工程技术等专业中女性比率则远远低于男性，且这种反差还随着学历、学位的升高而增大。在此领域的学术人员的性别差异也较为明显。女性在自然科学和工程技术领域的学术人员人数偏少、职位偏低，女性学术人员的比率明显低于男性，并且这种比率变化与职称变化的方向相反。也就是说，职称头衔越高，女性所占比率越小，形成一个以男性为顶端、女性为底层的金字塔形的结构。

（一）学科的性别意识形态

学科作为高等教育学术活动和教学活动的重要载体，一向以价值中立的形象存在。直至以曼海姆为代表的知识社会学问世后，人们才开始将其视为特定于历史时空的形式，认识到知识可能是建构在意识形态或利益基础之上的。福柯则提出了知识权力观，强调学科是控制人的一种工具，是"生产论述的操控体系"和主宰现代生活的种种操控策略与技术的更大组合。学科是人类学术知识的一种产物，就像知识是被建构的一样，被什么人建构，如何建构，建构来作何用，这是学科都必须回答的问题，它同时也是一种社会实践，而且是一种高制度化的社会实践。女性主义认为，长期以来，知识的专门化、知识生产的组织化都集中在男性的身上，是一种男性群体的产品。他们的知识身份与他们的社会身份、社会地位以及拥有的权利密切相关，正是这种权利影响着知识的生产和运作，也因此成为学科化知识的局外人。女性因为被排除在知识体系之外，理所当然地成为学科化知识的局内人。在培根"新哲学"的讨论中，首次将科学知识与权利联系起来，充满了男性科学家与女性化之间性的结合的比喻，确立了科学对自然的控制和支配的目的，并通过隐喻的表达将它与男性对女性的统治和征服相对应。基于上述论述，科学知识及在此基础上形成的学科具有一种社会文化属性。从这一角度，理解科学知识即必须理解科学与社会文化及政治权利之间的关系。在以男性为中心的社会文化中，性别与科学作为一种社会制度，通过与权利的关系而相互作用、相互建构，它们可视为文化中这种权利关系的结果和反映。在现代教育体系中，与科学相关的学科成为"男性学科"，并在学科中占据绝对的优势，而这种优势的获得是因为男性掌握和控制了社会的权力，而女性无疑在权力的博弈中处于弱势地位。

（二）生物决定论

生物本质观主要以男女两性的先天生理差异和智力能力为认识的基点，阐释学科中的性别差异。许多研究认为，男女在语言、空间和数学成绩等方面的差异主要归于大脑在一定年龄阶段的左右脑分工。大量的研究表明，男女大脑半球存在差异，这种差异就不可避免地表现在学科与专业的选择上。科学研究是一种高级的认知活动，在智力才能和思维方式上有特殊的要求，而女性在这些方面的天然劣势使她们在科学研究的能力和兴趣上都与男性存在明显的差距。在关于性别的定型观念中，男人和女人是以他们建立在生物学的基础上的男性气质和女性气质来定义的，其中男性气质包含主动、进攻、坚强、理性和抽象等特征，而女性气质包含被动、退缩、柔弱、情感和直觉等特征。这种差别客观上决定了男女性之间的社会地位和角色分工，男性更适合从事较为理性的职业，更易成为组织者和领导者；而女性更富于感性，容易被情绪影响和左右，因而她们更适合从事有关个人情感的活动。生物决定论认为，女性气质与科学追求之间是互相排斥的。学习自然科学、工程技术等学科，意味着必须摆脱主观情绪的干扰，理性地思考。而女性是感性的，会以自身的感受作为认知的出发点。从这一角度来说，女性不适合学习自然科学等学科，也不会对此产生兴趣，因而更不适合从事相关领域的科学研究。"科学的"与"男性的"之间存在一种神秘的对等关系，"科学的＝客观的＝男性的"被看成不证自明的等式。

（三）反思

通过对英国学科尤其是 STEM 学科的性别隔离问题的横向和纵向对比，我们可以发现，英国学科内的性别隔离依然比较严重。在自然科学和工程技术学科，男性占有绝对的优势，而女性多集中在教育、健康福利等学科。相关研究表明，总体而言，男孩和女孩在数学能力的表现上大体相当，在其他与科技有关的课程上仅存在细微的差别。2003 年，国际教育成就评价协会（IEA）发起的国际教育评价研究和评测活动（TIMSS）提交的《世界科学报告》、经济合作与发展组织国际留学生评估项目（PISA）等都证明了上述结论。因此，能力表现上的性别差异并不是更多地来自先天的生理差别，它与家庭、学校氛围、社会文化价值观、社会意识形态的联系更加密切。而之所以出现"男性学科"和"女性学科"并不是男女的生理差异使然，也并非学科理性沉思的结果，而是社会意识形态、权力分配、利益基础在学科领域表现的结果。"女性应该知道和应该做的事情，是能够增进丈夫和家庭福利的事情。"但从历史上看，"男性学科"和"女性学科"的划分并非从来如此。除了早期专门为女性开设的学科或专业，如健康、保育、食品与营养等，现代意义上的"女性学科"都是女性进入高等教育系统后，逐渐在男性主导的文化传统和学术传统中形成的。其反映的实质是一种与性别隐喻相对应的意识形态，包含着一种男尊女卑的等级观念，是一种男性中心的文化在高等教育和学术领域中的体现。性别隔离的问题仍然在全世界范围内存在，学科性别隔离只是其存在的一个缩影。我们必须清楚地认识到，无论在哪个国家，女性都是该国人力资源一股重要的力量，她们是科技和创新人才的重要组成部分。将更多的女性纳入自然科学和工程技术等领域，对国家的长远发展是百利而无一害的。在第四届北京世界妇女大会上，联合国科学技术发展委员会提出了八条建议，随后被联合国经济社会理事会（ECOSOC）采用，其中"确立在科学与技术教育方面平等""为妇女从事科学技术事业扫清障碍""使科技决策具有更多的性别意识"等值得我们深思并纳入决策制定的考量范畴。在 1993 年，英国政府白皮书就高度强调了科学、工程、技术（SET）对国家经济发展的重要性，明确了妇女是国家最为巨大的财富和潜在的人力资源。在此背景下英国政府出台了一系列相关政策，一些相关部门也为此做了许多研究，推动女性在科学、工程、技术学科领域的发展。2000 年发布的科学与创新白皮书（Science and Innovation White Paper）旨在促进更多的女性选择科学相关领域作为职业，制订科学大使计划（Science Ambassadors Scheme），推动女性在科学、工程、技术学科领域的参与度。格林菲尔德的评论（Baroness Greenfield's Review）、2001 科学年、试点计划（Pilot Mentoring Scheme）、雅典娜计划（The Athena Project）等都旨在让更多的女性选择科学、工程、技术学科领域，并在这些领域发挥她们的自身才能，为国家发展做出贡献，实现自身价值。此外，应该转变学科的刻板印象，学校、家庭都应该做出努力，鼓励女性进入科学领域，帮助她们建立在自然学科、工程技术等学科以及未来就业的成就动机，提高她们对于这些学科的期望和信心。

参考文献：

[1] 王珺. 阅读高等教育：基于女性主义认识论的视角 [M]. 天津：天津人民出版社，2007.

[2] 世界银行. 2012 年世界发展报告：性别平等与发展 [M]. 北京：清华大学出版社，2012.

[3] 王俊. 论高等教育中学科专业的性别隔离 [J]. 高等教育研究，2005，26（7）：57.

[4] 史静寰. 妇女教育 [M]. 长春：吉林教育出版社，2000：310.

[5] International Standard Classification of Education，1997，UNESCO [EB/OL]．http：//www. unesco. org/education/information/nfsunesco/doc/isced _ 1997. htm，2014-06-13.

[6] Gill Kirkup，Anna Zalevski. women and men in science engineering and technology；the UK statistics guide 2010 [M]. The UKRC. 45-51.

[7] http：//data. uis. unesco. org/Index. aspx？DataSetCode ＝ EDULIT _ DS&popupcustomise＝true&lang＝en，2014-06-13.

[8] Student Introduction 2012/13 [EB/OL]. http：//www. hesa. ac. uk/content/view/3129/＃sex，2014-06-13.

[9] Free Online Statistics-Staff [EB/OL]. http：//www. hesa. ac. uk/index. php？option＝com _ content&view ＝ article&id ＝ 1898&Itemid ＝ 634，2014-06-13.

[10] 联合国教育，科学及文化组织. 科技与性别问题全球报告 [M]. 青岛：青岛出版社，2008.

[11] Michel Foucault，The Archaeology of Knowledgy，translated by

A. M. Sheridan Smith, New York：Pantheon，1972：224. 转引自华勒斯坦等著，刘健芝等译. 学科·知识·权利［M］. 上海：三联书店，1999：13.

　　［12］ Michel Foucault, The Archaeology of Knowledgy, translated by A. M. Sheridan Smith, New York：Pantheon，1972：224. 转引自华勒斯坦等著，刘健芝等译. 学科·知识·权利［M］. 上海：三联书店，1999：5.

　　［13］刘霓. 西方女性学［M］. 北京：社会科学文献出版社，2001：102.

　　［14］吴小英. 科学、文化与性别：女性主义的诠释［M］. 北京：中国社会科学出版社，2000：46.

　　［15］夸美纽斯. 大教学论［M］. 北京：人民教育出版社，1984：53-54.

第二部分　继续教育中的教育公平与妇女发展

对发展妇女干部教育培训工作的思考

湖南省妇女干部学校　唐娅辉

[摘要] 改革开放以来，妇女干部教育培训的成绩有目共睹。但是，我们也要清醒地认识到，随着社会的发展，对妇女干部教育培训的需求也不同程度地存在于某些不相适应的地方。因此，探讨新形势下妇女干部教育培训的障碍性因素，寻求有效的突破，为妇女干部教育培训的更大发展扫除障碍具有重要的理论和现实意义。本文认为制度设计缺陷、培训机构缺位、受训对象动因不足是制约妇女干部培训工作发展的主要因素。所以，要从思想观念的创新、教育立法的创新、管理机制的创新、培训方式的创新和队伍建设的创新等方面来创新和发展妇女干部教育培训工作。

[关键词] 妇女干部　培训　创新　发展

一、制约妇女干部培训工作发展的因素分析

在新的形势下，妇女干部培训在发展中遇到了新的瓶颈。其中，来自制度因素的制约是影响妇女干部培训发展的主要原因。

（一）制度设计缺陷制约了妇女干部培训工作的开展

1. 干部教育培训制度规范不到位

在妇女干部教育培训工作中，目前除中共中央颁发的《干部教育培训工作条例（试行）》外，还缺乏相应的法规和制度体系与之配套。全国妇联虽然在 2008 年公布了《关于进一步加强妇联干部教育培训工作的若干意见》，对培训妇联干部的指导思想、总体目标、主要任务、培训方式等作了明确的规定，但是缺乏切实可行的操作性和权威性，使妇女干部教育培训工作从某种意义上讲（基层尤为普遍），还取决于当地党委和政府的重视以及妇女干部自身的认知程度，带有比较浓厚的"人治"色彩。特别是妇女干部参加教育培训的权利和义务不明确，使已有的定期培训制度、调训制度得不到落实。

2. 干部教育培训激励机制不到位

妇女干部教育培训作为一项系统工程，必须在管理上建立起科学配套、规范有序的激励与约束机制。虽然全国妇联《关于进一步加强妇联干部教育培训工作的若干意见》中提出建立培训考核奖励机制，"在每一次培训中对学员出勤情况和学习成果进行定性与定量相结合的考核，将考核成绩记入个人培训档案，对成绩优秀者实行奖励"，[①] 而目前的状况是，培训的主管部门妇联管什么，培训部门妇女干部学

---

① 全国妇联. 关于进一步加强妇联干部教育培训工作的若干意见. http://www.ledict.com.cn/ledict/show.asp? ArtID=79389，2008-12-12.

校训什么，培训对象妇女干部学什么，妇女干部培训后怎么使用等，职责不清，界定不明，还没有形成"管、训、学、用"相结合的良性互动的科学工作机制，结果造成"管、训、学、用"相脱节。同时，各级妇联组织参训的情况也没有纳入工作目标考核范围，组织与不组织一个样。

3. 干部教育培训监督机制不到位

缺乏监督的权力容易导致腐败。同样，缺乏监控的妇女干部培训工作也会导致流于形式，效率低下。时下，在培训机构逐步社会化的过程中，各级妇联及妇联的各部门出于自得利益的考虑都自行培训干部，各高校也利用地域和人才优势抢占培训阵地，使得妇女干部教育培训存在多头培训、重复培训的现象，造成了人力、物力、财力的浪费，也使培训效果大打折扣。如何规范办学机构，有效监督是十分必要的举措。

4. 妇女干部教育培训经费不到位

经费不足是影响当前妇女干部教育培训最大的共性问题，特别是基层妇联干部教育培训经费往往难以保障，严重制约着培训质量和效益的提高。一是经费投入缺乏刚性约束。对于干教经费的投入渠道、投入方式、投入数额等问题缺少明确具体的规定。二是经费投入分配不均衡。妇女干部教育培训经费投入的大小，取决于各地财政收入的状况、各部门领导的重视程度以及培训单位和参训者本人的争取力度。在不同年度、不同地区，妇女干部教育培训经费的投入呈现出不均衡的状态。

（二）培训机构缺位影响了妇女干部培训工作的开展

1. 培训机构生存的压力

妇女干部学校是在妇联领导下培养妇女干部的学校，是培训轮训妇女干部的主要渠道。其基本任务是：培训轮训各级妇联干部、女性领导干部及女性后备干部；承办妇联举办的专题研讨班；围绕国际国内出现的妇女发展中的新情况新问题开展性别研究，推进妇女理论的创新；针对改革开放和社会主义现代化进程中的重大理论和现实问题，对妇女干部开展马克思主义中国化最新成果的理论宣传，开展党的路线、方针、政策的宣传；开展其他形式的妇女干部继续教育和培训；同国内国（境）外妇女教育、研究等机构和组织进行合作与交流。显然，从妇女干部学校的性质和职能来看，教育培训妇女干部是妇女干部学校的使命之所在。但是，由于大多数学校不属于全额拨款单位，寻求自身发展机遇成为当务之急。于是，妇女干部学校与女子中学、女子中专、女子职业学校等合并，形成了"一套班子、多块牌子"的办学格局。体制形式上的"创新"虽然在一定程度上缓解了妇女干部学校的"生存压力"，但是它对妇女干部学校培训妇女干部的主渠道、主阵地的作用无疑是一个极大的冲击，削弱了妇女干部学校的功能和地位。

2. 培训管理不到位

一是主管部门缺乏对妇女干部教育培训工作的指导、协调、督促、检查和评估，跟踪问效管理的力度较弱，不能及时发现和解决培训活动中的薄弱环节与存在的问题，不能形成联动机制，营造良好环境，促进工作落实。二是缺乏科学的培训计划。在坚持差别化培训、个性化教学，按需培训、贴近实际，尤其是科学设置培训班次，分层次、分岗位、分类别地组织妇女干部培训教育，努力做到针对不同的层次对象，落实不同的培训方法和施教内容方面还有较大的距离。三是培训视野不宽。对妇女干部的培训仍然存在"单一途径"的封闭式，缺乏"多种渠道"的开放式。针对干部对新知识、新技能的大容量、高质量、全方位的需求，在积极整合和因势利导地发挥培训资源优势，有效选择利用较高层次施教机构的培训条件和师资力量开展培训活动方面存在差距。

3. 培训内容缺乏针对性

从教学内容上看，由于缺乏统编教材，内容随意性很大，培训内容与经济社会发展需要和妇联干部学习培训需求贴得不够紧，内容不够新，"上下一般粗、左右一个样"的问题还没有得到彻底解决。方法不够活，针对性和实效性还不够强，有的培训内容陈旧且缺乏性别意识。这种培训格局，对于基础不同、需求不同的参训对象来说，不可避免地影响其学习情绪和学习效果。这种培训的循环往复，不仅造成了人力、物力、财力的浪费，而且大大降低了培训的吸引力。

4. 师资队伍素质不高

按照干部教育培训工作条例的有关要求，教师的配备应遵循素质优良、规模适当、结构合理、专兼结合的原则，并且要求教师必须为人师表，具有良好的思想政治素质和职业道德修养、较高的理论政策水平、扎实的专业知识基础，有一定的实际工作经验，掌握现代教育培训理论和方法，具备胜任教学、科研工作的能力。对比这一要求，各省妇女干部学校无论是在教师的数量还是质量上都存在差距，不能满足培训需要，具有一定的滞后性。大多数学校的教师身兼数职，每天忙于教学与行政工作，很少有时间静心看书学习，更谈不上调查研究；教师进修学习的机会少，其原有的知识储备已难以满足培训妇女干部对新知识的需求。妇女干部学校现有的师资力量成了制约我们大规模培训妇女干部的"瓶颈"。

5. 培训效果评估不科学

妇女培训效果评估方面存在不科学的方面：一是培训效果评估走过场，没有采取有效措施和办法对学员培训后的收获进行考核评价。尽管有的学校运用结业论文或调研报告方式测查学员运用知识分析、解决问题的能力，但难以深入分析学员培训后能力提升的情况。二是培训效果评估方法缺乏科学性，没有明确的培训考核指标体系。培训结果没有准确、统一的标准，干部培训后的知识、素质达到什么程度，没有一定的标准来衡量。三是培训考核结果对学员的影响不大。培训效果评估对学员没有直接影响，干部所在单位没有真正将学员培训效果作为提高待遇、晋升的依据。四是缺乏对学员培训需求的深度调研，对于培训是否满足学员培训需求或者满足学员需求的程度，在哪些方面满足了学员的培训需求，学员还有哪些潜在需求等，没有行之有效的措施和办法。培训效果评估不能提供富有价值的信息，对于改进培训难以起到实际效果。评估往往只停留于学员对培训的满意度、对课程或教师授课的满意率等表面的量化指标，缺乏深度。

（三）受训对象动因不足影响了妇女干部培训工作的开展

在妇女干部教育培训中，被培训对象不愿参加培训，参加培训后学习热情或积极性不高是影响培训实效性的又一大因素。从主观上看，一是某些妇女干部认识上存在偏差，存在"说起来重要，忙起来不要"的现象，满足于一知半解、浅尝辄止，甚至认为学习与提高、学习与发展、学习与使用没有必然的联系；二是对学习存在畏难情绪，缺乏学习的愿望和良好的习惯，存在厌学情绪；三是缺乏危机感，对由于经济、社会急剧发展而要求自身素质不断提高的趋向认识不够；四是一些培训对象有借培训之机进行休息和旅游的思想，因而并不用心学习和研讨，而对吃、住、行、玩等较为关注；五是有些干部认为是为完成培训任务凑数的，缺乏培训的积极性和主动性；六是实用主义和机会主义严重，一些妇女干部并不缺乏学习热情，也能够引经据典、研文析辞，但总是断章取义、择其所需，甚至移花接木，这种学习上的实用主义和机会主义态度，使她们学会了不少低俗的处世哲学和公关本领，精通了避重就轻、明哲保身的技巧，这样的"学习"及其后果，与我们要求加强妇女干部学习的初衷是完全相悖的。上述这些现象，必然影响受训者的积极性，培训实效可想而知。

二、创新和发展妇女干部教育培训工作

在新的历史时期，如何适应形势发展对妇女干部提出的新要求，探索妇女干部教育培训工作新思路，是各级干部教育工作者亟待研究和解决的新课题。

（一）思想观念的创新——建立促进妇女干部教育发展的决策支持机制

建立妇女干部教育培训体制及教育培训决策支持系统，是实现妇女干部教育培训目标的组织保证。《中国妇女发展纲要（2010—2020 年）》已把女性能力建设问题列入重点工作领域，提出女性教育与整体教育同步发展的要求。但要落实预期目标，还需要相应的教育体制和决策支持系统，因此，需要采取如下措施。

一是提高妇女干部对教育培训工作的认识。妇联作为党联系妇女群众的桥梁和纽带，作为社会发展的重要支柱，其工作千头万绪，但加强妇女干部教育培训工作至关重要。二是在教育培训工作中树立人本化理念。就是把妇女干部全面发展作为妇女干部教育培训工作的出发点和落脚点，确认教育培训是妇女干部应该享受的权利和福利，不断满足妇女干部个人多层次的需求和实现妇女干部的全面发展。要使广大妇女干部真正学为所需、学有所获、学以致用、学有所成。三是增强组织部门和干部教育工作者的社会性别意识。《中国妇女发展纲要（2010—2020 年）》把增强教育者和被教育者的社会性别意识问题列入国家妇女发展的宏观政策，这不仅说明了相关部门的性别公平化教育已引起国家的关注，而且体现了国家关于男女平等基本国策的理念在组织、教育领域的进一步深化。通过在组织部门和教育系统对教育培训的管理者和教师进行性别意识培训，提高干部教育培训决策系统的性别比重，以确保女性平等参与干部教育行政工作及政策的制定；制定专门的政策和计划，提高女性干部接受各层次教育培训的比重，保证有较多的女性干部进入各培训机构参加培训；在制订教学计划、教育内容和教学方法的改革方案中传播正确的性别文化。

（二）教育立法的创新——建立健全妇女干部教育发展的法律保障机制

教育法制化是现代国家教育发展的一个重要特征，在许多发达国家，法律在促进教育现代化和决策民主化方面发挥了重要作用。只有运用法律的形式来规范干部教育培训中的各种关系，妇女干部教育培训工作的发展才有法律上的保障。因此，政府应从宏观调控的角度加强立法管理，完善保障妇女合法权益的社会保障体系，使法律上的男女平等成为事实上的性别公平。

要建立健全体现性别平等的法律法规体系，保证培训工作有序管理、有法可依；要依法维护各级各类妇女干部参加教育培训的合法权益，保证教育培训工作的开放性和有序性；要建立与完善妇女教育培训执法监测监督制度，疏通多种监督渠道，及时听取各方面意见，及时发现并解决妇女干部学校在教育培训中出现的新问题；要加强妇女教育培训法律法规的宣传教育，使所有公民都能自觉尊重女性的教育权，鼓励、支持女性干部珍惜自己并使用继续教育权利，学会运用法律武器维护自己的合法权益。

（三）管理机制的创新——提高培训机构健康发展的良性循环机制

第一，完善妇女干部教育培训工作机制。各级组织部门和各级妇联要积极转变观念，"由管微观向管宏观转变，由管具体事务向管方向、管政策转变，适度减少直接举办的培训班次，切实加强整体规划、宏观指导、协调服务、督促检查和制度规范。要从参训人员、培训内容等方面统筹安排党委组织部门调训和妇联自主调训，切实解决有的干部重复调训、有的干部多年不训和重要岗位干部调训难的问题"。①

第二，建立培训机构的考评认证机制。要由具有权威的政府主管部门出面组织专家组，定期对各类培训机构及培训质量进行评估和跟踪问效，建立资格认证制度。新建的妇女干部培训基地必须通过资源评估和审批，确定培训机构的资质等级，把好培训市场准入这一关，确保资质好的培训机构能公平进入、平等竞争，以帮助有实力、有业绩、有发展潜力的妇女干部培训机构提升竞争力，把原本各自为战的资源统一起来，培植名校，形成龙头，而对缺乏资质信度的培训机构则应毫不留情地拒之于培训市场之外，真正做到以评估促建设，以评估促规范，以评估促发展。

第三，建立可行的考核激励约束机制。在建立和实行以考核制度为主体的干部理论学习激励约束机制过程中，应始终注意把握两点，即坚持以考促学，不做表面文章，不搞形式主义；坚持从实际出发，构建考查、考试、考评"三位一体"的综合考核体系。

一是建立岗位任职培训考核约束制度。各级妇女干部教育培训的主管部门应根

---

① 全国妇联．关于进一步加强妇联干部教育培训工作的若干意见．http：//www. ledict. com. cn/ledict/show. asp？ ArtID＝79389，2008-12-12.

据形势的发展和岗位的需要，结合各级各类妇女干部岗位职务规范，提出各级各类妇女干部应具备的政治理论素养、文化知识水平和工作能力要求等任职资质，定期组织妇女干部参加任职资质测试，对于不能通过任职测试的，建议组织部门不予提拔。二是建立科学的教育培训考核制度。妇女干部教育培训主管部门应当结合实际，从妇女干部参训的不同形式、不同类别出发，制定严密的考试考核制度。考试考核情况要通过某种形式反馈给干部主管部门，并在一定范围内通报。三是建立干部教育培训与使用相结合的制度。务必坚持妇女干部培训与使用相结合的制度，提高干部培训的使用率和干部使用中的培训率。在培训对象的确定上要与妇女干部任用相结合，在对拟选拔任用妇女干部进行资格预审时，要把其参加干部教育培训的情况作为重要条件之一，教育培训没有达到一定要求的，一般不予提拔任用。在进行干部任前公示时，应把妇女干部受教育培训的情况作为公示的内容之一，接受社会各方面的监督。

(四) 培训方式的创新——建立分层次、分类别的妇女干部教育培训格局

培训方式是提高培训质量、实现培训目标的重要手段。妇女干部学校要遵循教育规律，按照教育培训要提高妇女干部素质和能力的要求，改进传统的以教师为中心、以教材为中心、以教室为中心的教育教学模式，推进培训方式的创新，形成分层次、分类别、多渠道、多形式、重实效、充满活力的教育培训格局。

第一，以调动学员的学习积极性为出发点，建立与学员需求相符合的培训方式。要从以接受性教学为主转变为以研究式教学为主，以教与学的良好互动为载体，充分发挥教师的主导作用和学员的主体作用，调动"教"与"学"两方面的积极性。广泛组织学员开展研究讨论，使学员在研究中深化学习，在讨论中解决问题，将教学过程变为一个激活思想、自由互动、分享成果、不断提高的过程。

第二，以提高学员解决实际问题的水平为重点，建立与培训内容相符合的培训方式。积极开展案例式教学，选择实际工作中遇到的真实事例，进行专题研讨，引导妇女干部深入思考、独立研究和相互讨论，从而提高分析问题、解决问题的能力。统筹利用各种教育资源和现代化教育手段，不断拓展教育培训空间。采取参加实践、外出考察、加强与国内外培训机构的合作交流、以训换训等手段，使学员创新性地获取知识，增强提高学员解决实际问题和宏观决策的能力。

第三，以增强学员学以致用的能力为目的，建立与学员成长相适应的培训方式。不断加强理论培训与实践培训相结合，促进学员"学"与"用"的结合。要引导学员带着工作和思想实际问题参加教育培训，运用所学内容思考和解决经济社会发展实际问题和个人思想实际问题。积极开展体验式教学，将学员置身于改革开放和经济社会发展的现实场景中，让学员分析事件，体验事件，从中得到启发。

(五) 队伍建设的创新——造就一批业务精、作风正的高素质教研人才

队伍建设是妇女干部教育培训机构发展的关键。要根据教学科研、行政管理、后勤服务工作的需要，建立一支素质优良、规模适当、结构合理、适应新时期妇女干部教育培训要求的教师和管理人员队伍。

1. 以培养和选拔学科带头人、学术骨干和青年后备骨干为重点

一流的学科队伍，要以一定数量的学科带头人和青年学术骨干作支撑。根据学校学科建设布局的总体需要，制定相应政策，加大投入力度，通过多种方式努力培养和选拔好一批政治立场坚定、理论功底扎实、勇于开拓创新、善于联系实际的学科带头人、学术骨干和青年后备骨干。

2. 以调整和优化学科队伍的整体结构为主线

要在现有学科队伍的基础上，结合重点学科（重点扶持学科）、发展学科的不同需要，通过人才整合、人才培养和人才引进等措施，进一步优化学科队伍的结构，努力改善学科力量分散、学科带头人和优秀后备人才缺乏等状况，建设学科队伍结构与学科建设布局相适应、相协调的良好局面。

3. 以提高学术水平和扩大社会影响力为导向

一方面要加强对教师的教育培训工作，鼓励教师在职攻读硕士、博士学位，提高学校专任教师中具有硕士、博士学位的人数比例，有条件的培训机构要选派优秀的中青年教师出国（境）培训，不断提高教研人员的整体素质和学术水平。另一方面要加大教学科研力度，通过采取相应的制度措施，引导大家关注和研究经济社会发展中的重大理论和现实问题，关注妇女发展中的问题，以高质量的学术成果，扩大妇女干部学校的社会影响力。

营造良好的妇女干部教育培训的社会环境需要一个较长的过程，需要政府行政、法律手段的干预，社会舆论的正确导向以及妇女干部主体意识的觉醒。因此，未来中国妇女干部教育培训工作的进一步发展及妇女地位的进一步提高将有赖于整个中国社会文化的良性演进。

村落转型中的女性发展与教育现状

——以北京市 B 村为例[①]

安徽省妇女干部学校　丁　玉

[摘要] 我国正处于社会转型阶段，城镇化的社会变迁已有悄然兴起之势。本文基于对北京市周边村落的观察，重点关注在村落转型当中女性的发展状况，并对其受教育情况和家庭教育中的责任进行一定的阐述分析。虽然在社会补偿等具体政策制定及落实过程中并未出现明确的性别不公正现象，但是女性的社会参与程度明显低于男性，家庭的日常照料成为女性的首要责任。该村落的女性和男性平等地享有接受教育的权利及资源，但在和村民关系紧密的再就业教育培训中依然存在诸多问题。在家庭教育、家庭策略中，更为看重女性群体的责任。最后，笔者针对所发现的相关问题提出相应的思考与建议。

[关键词] 村落转型　女性发展　教育

一、问题的提出

女性人口的发展和社会的发展变化密切相关。"十二五"规划指出，把符合落户条件的农业转移人口逐步转为城镇居民作为推进城镇化的重要任务。这种城镇化的进程使得大量女性群体成为城镇化进程所覆盖的主体。2010 年，中国女性人口中，非农业户口比率为 28.9%，且女性非农业户口增加人数快于男性。[②]

中央党校李慧英教授认为，妇女发展是社会发展中的重要组成部分。[③] 关于妇女发展的研究，孙淑清从权利、教育等方面梳理了欧洲妇女的地位发展变化，指出欧洲发达国家在改善妇女地位方面虽取得了一些进展，但仍不尽如人意；在教育方面，欧洲许多国家女子已享有和男子同等的受教育机会，且未来的发展是迅速的；[④] 在发展中国家的妇女发展状态上，胡传荣对包括我国在内的发展中国家女性发展与社会发展做了相关论述：妇女是社会生产的一支主力军，但是在生产中的角色、文化水平、经济独立仍受到较多局限，提出教育是妇女提高社会地位、最终实现男女平等的重要依托；[⑤] 在针对国内妇女发展的相关研究方面，熊郁认为，改革开放以来，妇女的就业率、受教育程度显著提高，观念意识发生深刻变化，城乡之间仍有一定差距，并提出提高教育水平、增强参与意识和竞争能力是争取性别平等与适应社会发展的要求。[⑥]

---

① 本文为中国社会科学院国情调研项目"农村基本公共服务研究"的阶段性成果之一。
② 蒋永平. 中国女性人口总体状况. 2008—2012 年：中国性别平等与妇女发展报告.
③ 李慧英. 妇女发展与社会发展. 新疆大学学报（哲学社会科学版），1997 (3).
④ 孙淑清. 欧洲妇女发展研究. 人口与经济，1993 (6).
⑤ 胡传荣. 发展中国家农村妇女发展的经验及启示. 国际观察，1995 (4).
⑥ 熊郁. 当代中国妇女地位研究——中国改革开放与妇女发展. 南方人口，1994 (1).

可见，一方面，女性发展是包含了女性教育、就业等多方面权利和地位的发展；在女性发展的困境中，许多学者把教育作为促进妇女发展的一条重要渠道。另一方面，妇女的发展是需要融入国家利益格局中的发展，具有鲜明的时代烙印。

回顾相关研究，在我国加速城镇化建设的背景下，关注失地现象及农民工群体较多，而其中大多缺少性别研究的视角。在妇女发展的研究中，虽有个别学者做过宏观论述，但总体而言，对村落转型中的妇女发展领域关注较少。本文基于2013年在北京市B村采集到的调查数据，探讨在城镇化的社会变革中，在一个村落中生活的妇女群体的发展现状、变化和机遇；尝试在村落转型背景下分析该村女性的受教育情况，并对家庭教育和女性责任等方面进行探讨。

B村是北京市郊区的一个行政村落，是当地镇政府的所在地，距离区政府约8千米，有京承高速公路从村旁经过。以村政府所在地为中心，半径1000米范围内有8辆公交车通行，可达区政府及北京市区，交通较为便利。在经济发展方面，改革开放以来，伴随着周边工业园区的建设，B村的主要生产方式也在悄然发生着变化。伴随着土地不断被征收，当地村民的收入来源从以农业为主转向以第二、三产业就业为主。截至目前，村民的农耕用地绝大多数已被征收，从原来的5000多亩土地到现在只剩下1400亩。在人口构成方面，B村现有220户左右，本村村民1700多人，外来人口约2200人，80％以上的人都来自北京以外的农村地区，基本呈现外来人口大于本村人口的"倒挂"现象。可见，B村已然是大中型城市周边城镇化建设的一个典型村落缩影。笔者于2013年7—8月间在B村对村干部、村民进行访谈，并通过参与式观察具体融入当地人的日常生活当中。

二、村落转型中的女性

（一）村落转型与妇女群体变化

在城镇化的进程中，最直接的表现之一是土地的流转。B村村民多数已失去土地，只有少量村民还剩下人均不到1亩的土地。对于土地的收购，村民们享受到一定的土地补贴：1998年以前户口在B村的村民可享受1亩地16万元的补偿标准。截至目前，共征收2次土地，共计补偿失地村民每人11.2万元。多数村民已从以土地耕种为核心的生活方式中解放出来，在就业领域中转向第二和第三产业。

城镇化引起的人口聚集和生产方式变化引发的人口流动，在村落转型中的所呈现的主要是外来女性人口的增加与原村女性人口的减少。从年龄层次来看，本村女性村民以中老年女性为主，而青年女性多集中在外来群体中间。究其原因，其一是失地之后为了保证有稳定的收入来源而离开农村；以及伴随着受教育程度的提高所引起的职业走向变化使得本村的青年女性多倾向于前往北京市内或怀柔区内谋职。其二是本村的中老年女性对于快节奏的城市生活的适应程度有限，且习惯于村落中以血缘联结为主走村串户的生活方式。在离开原有的生活土地之后，她们大都将失地补偿款及低保等国家补助作为日常生活的资金来源。其三是周边产业园区吸引了大量的外来务工者，罐头厂、服装厂等工厂吸引了大量的外来女工，因而在B村及其周边村庄租房居住成为一种常态。B村交通较为便利，医疗卫生、教育、物流等设施相对完善，在地理位置上成为居住地首选。此外，还有部分随家人（丈夫或成年子女）来此处居住的外来女性。值得一提的是，在 B 村经营开设的超市、水果店、维修店等商铺甚至 B 村菜市场的商贩大多为来自全国各地的外来人口。

（二）村落转型对妇女发展及教育状况的影响

1. 村落转型中妇女的社会保障

《北京市建设征地补偿安置办法（148 号令）》对被征地农民的权益做了较为详细的规定，失地农民享受一次性就业补助费、养老保险、医疗保险等优惠政策。从社会保障的角度看，在实际政策落实过程中，B 村的女性村民享有和男性村民同等额度的失地补助金。

补助金所带来的一个有意思的现象是该村男性单身人群的减少，而女性独身或丧偶老人群体的再婚意愿大多并未受到补助金发放影响。究其原因，主要是传统的社会性别观念对家庭中的性别分工侧重于男性在经济实力上高于女性；更看重女性在料理家务劳动中的责任。因此，女性在获得了失地补助金后既有了经济保障又兼具持家能力，而家庭重组不仅会涉及子女亲朋等多方面利益关系，还可能受到周遭人群的非议，故女性群体受其影响不大。

从农民身份到失地农民身份在户口上主要体现在"农转非"的标志，这种标志所带来的最直接的影响是"非农"户籍性质带给 B 村村民的社会保障力度增强。由于能够转成"非农业"的名额有限制，并不是所有实质性的失地农民都可以在户籍上反映出其现在已经成为"非农业"的身份。在"农转非"的操作过程中也基本不存在基于社会性别的不公正现象。"农业"转"非农业"的户口更换过程中，B 村所采用的具体方式是抓阄决定哪些村民能够跻身于"非农业"群体中并享受到高于"农业"户口的相关补助。"吃商品粮"的群体每月能够拿到 1500 元的补助金，医药费报销额度可达 80％。

土地流转降低了土地对于 B 村人的束缚。B 村的房屋多为四合院构造，因而在当地村民尤其是青年群体人口流出之后，吸引了许多外来的租房客，房租因此成为部分家庭的经济保障之一。这种经济保障对于拥有住房的中老年女性群体，尤其是处于相对弱势地位的独自居住的老年女性群体是有重要意义的。一方面，这部分群体拥有了较为稳定的收入来源；另一方面，租房客亦给房东带来许多精神上的慰藉和日常生活中的部分照料，这种密切交流的互动方式弥补了子女和亲友不在身边的空虚。同时，在与租房客互动解决日常问题的同时，这部分女性群体往往被认为是有能力的人，能够获得积极的自我评价。

外来务工女性以体力劳动者居多，其工资收入普遍在 1000～3000 元之间。做生意者依据商业性质不同，从小吃摊点的人均年收入 1～2 万元到小卖部人均年收入 36 万元左右，跨越性较大。而从外来女性群体的社会保障角度考量，在获得高于人口流出地的物质保障的同时，她们所享受到的社会保障受到户籍制度限制而与本村女性有所差异。例如，在医疗保障方面，尽管入了新农合保险，但是考虑到地理位置、时间、工作和家庭等多方面的限制，多数外来务工女性在面对日常生活中的疾病时依然选择自费医疗。

2. 村落发展与妇女发展

显然，B村的城镇化转型较大幅度地提高了该村村民的物质生活水平。

在硬件设施方面，B村拥有平整的水泥马路，公交路线从中穿过，村口即设有站点。不只是邮局，快递业务亦可直通B村，这在许多农村地区是不存在的。B村拥有商业街，从菜市场、早点摊、日用品店到餐厅、服装店、手机维修店一应俱全，几乎囊括了人们日常生活的方方面面。该乡镇的镇医院坐落在B村，可以满足居民的看病需求。同时，B村拥有从幼儿园到中学的一整套教学场所、设施。此外，老年活动站及健身场所的建立使得村民拥有固定的休闲健身场所。家家户户都通自来水和电。

在村庄的社会福利层面，针对特殊困难群体，该村发有养老助残券，80岁以上老人和残疾人每月享有100元在本村固定消费点如饭店、超市的消费额度。在普及化的福利上，村民只要交纳100元的费用即可享受有线电视服务，能够收到60多个电视频道，其余的相关费用支出由村里支付。此外，政府的普及性福利，如乘车优惠、最低生活保障、农村医疗保险、义务教育阶段免学费等政策，符合条件的村民也一并享有。

因而，生活在B村的女性基本上脱离了"日出而作、日落而息"的传统农村生活模式，在时间支配及活动选择方面呈现出多元化的发展态势。和同村的男性相比，她们基本上平等地享受到了村庄发展所带来的共同成果。

村中的老年活动中心免费对村民开放，每日下午四五点钟开始，一直持续到晚上。40多人在场所内跳广场舞，参与者几乎清一色为本村的中老年女性。同一时段，活动室内还有跳交谊舞的村民。此外，女性广泛参与各种集体活动，如舞龙队、学习编织技能等。

然而，B村的女性发展依然受到一些传统习惯的制约。在村庄事务管理方面，村长、村支书等村庄主要的行政领导均为男性。此外，在村民的生活作息模式方面，家庭照料依然被看作家庭中的女性所应该承担的主要责任，如照看（孙）子女、洗衣、做饭等。赋闲在家的女性以中老年女性为主，她们的闲暇时间主要集中在打牌、走亲串户、健身等方面。与此同时，同一年龄段的男性则偏好于"干点别的事情"以增加家庭的收入来源，如开车载客、做点小生意等。

3. 村落转型对于本村女性职业转变及受教育状况的影响

根据全国第六次人口普查数据显示，农村地区女性就业率表现出经济越发达，女性就业率越低；经济越落后，女性就业率越高的特点。与东部、中部、西部相比，京津沪农村就业率的性别差异最大。[①] 微观到一个具体的村落村情，B村显然符合这一特点：在城镇化背景中，在国家和村庄补助、外乡人租房房租等一系列经济支持下，村民们不需要辛苦劳作，其日常基本需求就很容易得到满足。正如上文

---

① 杨慧. 中国女性就业状况. 2008—2012年：中国性别平等与妇女发展报告.

提到，村民家庭有了一定的经济积累亦享有较为完善的基本生活保障，其家庭经济危机感较弱。为了避免"游手好闲"的"帽子"以及"主外"的社会偏好，男性群体依然延续了工作以赚取额外经费的生活方式。而女性群体中尤其是中老年女性群体则以赋闲居家为多。

在访谈中，笔者发现，多数受访者的受教育程度不高，且伴随着年龄的增长，最高受教育程度呈现下降趋势。而受到男女平等基本国策、独生子女政策、经济发展水平、教育普及程度等相关因素的影响，该村家庭策略中的性别偏好选择已不明显，多数家庭支持子女接受尽可能高的教育并以高教育水平和好工作为荣。该村在20世纪70年代以后出生的群体，无论男女均获得家庭支持求学受教。

值得一提的是，我国政府正处于鼓励居民自主创业和再就业的社会背景中。十八大报告指出："要推动实现更高质量的就业。就业是民生之本……要做好以高校毕业生为重点的青年就业工作和农村转移劳动力、城镇困难人员、退役军人就业工作。加强职业技能培训，提升劳动者就业创业能力，增强就业稳定性"[①]。具体来看，一系列相关优惠政策、关于创业的培训及"4050"人员再就业的相关培训层出不穷，诸如国〔2005〕36号《国务院关于进一步加强就业再就业工作的通知》、京人社能发〔2012〕34号《关于开展创业培训工作有关问题的通知》等，北京市乡镇企业局、北京市妇女联合会、北京市科学技术协会关于实施《京郊农村"4050"人员培训就业工程》的意见中更是提及妇女的培训和再就业：通过加强培训和指导，提高农村"4050"妇女的劳动和创业技能，带动农村"4050"妇女的就业增收。

在这种社会背景下，部分B村的女性参与了相关的教育培训。而事实情况是，该种类型的教育模式对B村因失地而赋闲的"4050"女性群体实际影响不大。尽管学习并通过考核，结果却偏离了教育本身的目的：大多数参训者在受教之后仍然不愿意自己创业，有些依然会受到工作招聘中的种种歧视。

究其原因，其一是培训内容并不符合村民的实际需求，部分针对农村的培训以农业知识为主，这与普遍失地的B村村情不相符。其二是上文已提到的女性村民本身经济相对富足之后，对接受继续教育用于再就业或创业的动力不大。其三是部分培训侧重于学习本身，对于应用于实践的后续跟进不足。例如B村妇女参与编织培训，但结果是不了了之，并未出现相关产业及就业机会。再者，许多培训仅流于形式，带有应试教育的色彩。有的村民学习开办幼儿园的相关培训课程，教师在授课过程中便告知了考题，尽管最后通过考试拿到结业证书，但实际生活中依然不会去开幼儿园。参加此类教育培训的直接好处是可以少缴纳三个月共计450元的养老保险金和领取每月800元的失业金。此外，部分工作更青睐于招纳青年群体和农业户籍的群体，对"农转非"的中老年女性有门槛限制。

---

① 新华网．十八大报告（全文）．http：//www.xj.xinhuanet.com/2012－11/19/c＿113722546＿7.htm.

4. 家庭教育与女性责任

从村民的生育意愿来说，村民们基本遵守独生子女政策，大多数家庭对于新生儿没有性别选择偏好，认为"生男生女都一样"。部分村民认为，现在的社会不需要种田出体力，不像从前家家必须有男性劳动力。当然，亦有个别家庭为了生男孩选择超生。社会抚养费第二胎约被征收十几万元，第三胎则要缴纳二十多万元。2012年该村仅三户超生。有受访者向笔者倾诉其前夫因其生不出男孩与其离婚，其改嫁之后为现在的丈夫家庭生了一个男孩，其前夫再婚后又获得了一个女孩。言语之间，无论是受访者本身还是其前夫在价值观念上均以生男孩"传宗接代"为荣。当然，大多数家庭由于受金钱上的制约不愿选择超生。年轻的父母适应城镇化的趋势，成为第二或第三产业的一员，所面临的环境已非传统农业时代的慢生活节奏。抚育子女所要花费的大量时间精力、希望给子女提供较为优渥的物质成长条件亦是制约生育的原因之一。

由此可见，大多数年轻的家庭在子女成长过程中并不面临家庭资源分配上的性别权衡问题。而问及村中年长的女性时，多表示在自身成长历程中，在家庭子女较多而资源不足的情况下，家庭策略是优先考虑家中男孩的发展。

入户访谈期间正值学生暑假，笔者发现不少在外工作的 B 村年轻群体将自己的孩子放在父母的家庭中过暑假，以（外）祖母照料（外）孙子（女）居多。由女性照料子女的情况在外来务工群体中亦有显现。若孩子在家乡读书，父母双方必须有一方在家照顾孩子，而不能同时外出务工时，多会由女性承担起养育孩子的责任。笔者也碰到携在外地读书的子女来 B 村和自己的丈夫团聚的女性，在工作和养育子女不能兼顾时，家庭策略多选择由女性承担起照料子女日常生活的责任。可见女性的思想教育观念和行为模式对于孩子的影响是潜移默化和深刻的。

尽管在 B 村生活的年轻女性基本已无文盲现象，但是其对于子女的培养方法上多是寄托于学校教育。接受教育最主要的目的是：在家庭决策中期望子女通过学校教育途径改变农民的社会身份，"进城找一份体面的工作""长大不要嫁给农村人"等。主要方法是尽可能地满足学校围绕学生素质教育提升和行为规范培养等方面提出的要求，具有一定的盲从心理。例如，将孩子的学习成绩归于自觉，缺少鼓励教育以及恰当的引导方式。这种"靠天收"的教育思想往往忽略了孩子在成长过程中的其他需要，轻则在学业上无法得到预期的效果、辍学，重则误入歧途。

三、小结与讨论

综上所述，在城镇化村落转型的社会背景下，多数村民受到城市发展、土地流转的影响，脱离第一产业，户籍身份发生转换。在社会保障方面，女性村民和男性村民一样由此享受到一次性的土地补偿金和其他相关优惠政策，享受到村落发展所带来的一系列成果。B 村延续了"男主外、女主内"的传统观念，更为关注女性在家庭照料层面上所发挥的作用，女性公共参与度较男性低。具体到就业和教育培训层面，部分女性失地之后参与创业等教育培训项目，但从实际效果来看，很多培训远未达到预期教育目标；在实际再就业过程中也存在性别、户籍、年龄等隐形门槛。在家庭教育层面，多数家庭的性别偏好现象已不明显。相对于资源稀缺且兄弟姐妹数量众多的本村中老年女性群体，现时女性和男性拥有同等的受教育机会，青年群体中几乎不存在文盲女性。从学生家长的视角来看，家庭策略中更为强调女性在养育子女中的作用，而这种照料更多的是基础层面的日常生活照料，对于子女教育中的思想引导、行为规范方面的重视不足。

笔者认为，村落发展和女性发展是相辅相成的。一方面，作为村民群体，女性和男性一样享有村落发展所带来的发展成果和社会保障；另一方面，只有女性得到更为公平的发展，一个家庭才能得到全面的发展，由此进一步推动村落的发展。例如，在问及"在家庭中谁说了算"这一问题时，多数家庭表示：小事情上无所谓，大事情上商量着来。B 村女性由于获得失地补助及工作薪资，具备一定的经济实力，再加上接受教育以及在第二、三产业供职增加了她们获取信息的渠道和能力，由此在家中掌握部分话语的主动权，增强了家庭应对外部危机和风险的能力。

在妇女教育方面，从受教育机会来看，B 村女性和男性享有同等的受教育权利，实际情况中也享有同等的教育资源。而从实际效果来看，以 B 村女性再就业过程中接受较多的创业培训为例，这种类型的成人培训中还存在诸如教育偏离目标、流于形式、后续跟进不到位等问题。针对这种短期培训所出现的相应状况，笔者建议在培训初期加强对受训对象需求情况和市场需求情况的调查，设立实操性强的课程及其考核模式。在组织各类培训结束后，设立后期跟进、评估环节。

在家庭教育方面，应使男性主动参与到子女的日常生活当中，因为价值观的形成和行为习惯的培养往往是言传身教和潜移默化的。具体来看，在宏观层面应关注缓解家庭成员身处异地的措施，即根据区域情况制定相关政策，以打破教育资源的区域不均衡现状。在中观层面，将社会性别平等的观念纳入学校和家庭教育当中，培养受教育者对传统观念及社会现象中的性别敏感意识。在个人层面，父亲和母亲双方的家庭角色在子女成长过程中均是不可或缺的，孩子的健康成长需求远高于简单的日常生活照料。与此同时，使父母双方意识到家庭教育的重要性并采用适合的教育方法是必要的，诸如建立家长学校，利用闲暇时间对父母双方培训家庭教育的方式方法。

尽管 B 村的女性较之以往在社会保障、受教育权利、就业文娱等多方面选择上有了较大的发展，但将社会性别意识纳入村民的具体生活当中依然任重而道远。

女性网络媒体素养教育研究

山西省社科院　刘碧田

[摘要] 互联网作为人类生存的一个新的技术平台，由于其所带来的一系列全新体验，曾被视为一个真正民主和平等的场所。事实上，它的崛起的确为女性的生存发展拓展了空间，为女性打破男权文化建构下的话语体系、重构女性话语空间提供了新的契机，从而加快了男女两性平等的进程，促进了女性的自我发展。但是，互联网毕竟只是一个载体，是现实生活的延伸，其对女性形象的刻画和呈现依然真实地反映出根深蒂固的传统性别秩序，现实生活中的两性不平等状态在网络中依然存在。那么，如何处理网络中的性别问题，如何看待网络世界与个人的关系、虚拟世界与真实生活的关系、真实自我与虚拟自我的关系，这些成为女性网民网络生活中的重要问题。而网络素养水平的高低则直接影响着女性网络生活的质量。因此，如何提高自身的网络素养，让女性在有目的、主动性的探究活动中，提高自身的发展能力，成为一个值得研究的重要课题。

[关键词] 女性　网络媒体素养　教育

据第 34 次中国互联网发展状况统计报告，截至 2014 年 6 月，我国网民规模达 6.32 亿，男女网民比例为 55.6∶44.4。① 如此庞大的女性上网群体，她们的网络素养水平不仅影响着互联网的健康发展，而且决定了自身网络生活的质量，这不能不引起我们的重视。

一、互联网中的性别问题

作为人类生存的一个新的技术平台，网络媒介的崛起客观上为女性的生存发展拓展了空间，为增加她们的话语权提供了新的机遇。但是，互联网毕竟只是一个载体，其所带来的网络化生存仍然是建立在现实的人类社会生活基础之上的。它并不能从根本上改变社会性别结构和社会性别关系，这注定了网络空间的性别问题将长期存在。

（一）"使用与满足"：网络女性的"伪觉醒"

"使用与满足理论"认为，受众是根据个人的满足和需求来选择使用媒介，他们对媒介的需要不同，使用就不同，也会产生不同的效果。这一原理同样适用于网络的性别行为，即网络个体的性别主体意识是由网络个体的需求决定的。在传统的媒体传播中，女性只能被动地"观看"，不能与之进行互动。但是，网络媒介的交互性却改变了这一状况，它使女性受众在看的同时也可以制造或选择自己"被看"的内容，女性"被看"的视觉欲望得到了前所未有的满足。但与此同时，一种"伪觉醒"现象也出现了。比如以性体验写作闻名网络的"木子美""流氓燕"，大肆宣

---

① 第 34 次中国互联网发展报告. http：//www.cnnic.net.cn/hlwfzyj/hlwxzbg/hlwtjbg/201407/P020140721507223212132. pdf.

扬自己"魔鬼身材"和"天使容貌"的"芙蓉姐姐"，以露胸和写胸出名的"二月丫头"，"智商前300年、后300年无人能及"的"凤姐"，"中国第一裸模"干露露以及"炫富无上限"的郭美美……这些女性借助网络媒介的威力，通过出位的言行举止和暴露女性隐秘而一夜成名。这种"网络女体盛"对于女性的网络形象显然起着十分巨大的负面影响，甚至加深了男性对女性的歧视。曾有网友点评此现象："女性在网络上可以比男性成名快的另外一个原因……在网络上女性比男人可以多出卖一样东西，那就是身体。"①

（二）"沉默的螺旋"：网络女性的"失语"

"沉默的螺旋"指这样一种现象：人们在表达自己想法和观点的时候，如果看到自己赞同的观点属于"多数意见"，就会积极参与进来；而发觉自己的观点属于"少数意见"，便可能会为了防止孤立而保持沉默。意见一方的沉默造成另一方意见的增势，如此循环往复，形成了一方越来越大声疾呼，而另一方越来越沉默的螺旋式过程。具体到互联网上，由于男性主导着在线的讨论，网络女性的话语范围仍然局限于传统的女性视角触及的领域，她们无力将个体经验与政治的、社会的和现实的经验相结合，以对抗男性在话语权力中的霸权地位。这种"意见环境"的营造，使得女性更加"沉默"，并直接导致了网络上女性话语权的缺失。事实上，如果女性关注的领域永远只是私人化的，那么女性的地位和位置便永远是边缘化的，永远不能进入社会的中心话语圈，永远只是自怨自艾的一群。女性对现实的认识和评价，对现实的参与和决断，关系到这一群体是否能从边缘向中心转移，这正是女性主义最关心的问题②。

（三）"形象设置"：网络女性的"定格化"

议程设置理论的核心是"新闻媒体影响'我们头脑中的图像'"，而"形象设置"则是"新媒体影响'我们头脑中的形象'"③。由于互联网特有的结构和技术条件，网络传播媒介具有更突出地为公众"设置形象"的能力。它们通过不断强化这种形象，使之深刻地内化于受众的心中。近年来，随着女性上网人数的高速增长，网络中女性参与度越来越高，网络的"粉色空间"渐成气候。但是，由于现实社会对女性地位和形象的"刻板成见"，这种根深蒂固的性别不平等关系也深刻地反射在网络媒体对女性的角色定位上——漂亮的、具有性吸引力的时尚女性或者温柔的贤妻良母。通过考查各类型大型门户网站的女性频道和女性专业网站，如搜狐女人、新浪女性、瑞丽女性网、爱美网等，可以发现，这些网络为女性提供的服务多是关于时尚、服饰、亲子、美容、情爱、星座、食谱和家庭等，很少有关于女性人生发展、自我价值实现的信息。毫无疑问，网络媒体对于女性角色的这种"定格化"和"刻板化"，将女性塑造为一种男人的附庸，大大贬抑了女性的独立性和自

---

①　陈黎，许青红，徐海屏. 你必须认识的五名网络女红人. 时代人物周报，2005-6-13.

②　单晓红. 欲望都市：大众传播中女性话语的矛盾表达. 传播学论坛，2005（4）.

③　郭镇之. 关于大众传播的议程设置功能. 国际新闻界，1997（3）.

主性。

（四）"数字鸿沟"：网络女性的"分化"

"数字鸿沟"又称为信息鸿沟，即"信息富有者和信息贫困者之间的鸿沟"。建立在计算机技术、通信网络技术和虚拟现实技术等基础上的互联网，它的使用需要具备一定的网络知识技能和实践理解能力。但是，由于地域、年龄、文化程度、经济收入和婚姻状况等因素的制约，每个人对于网络信息的使用和分享并不是平等的。这条"数字鸿沟"不仅表现在女性网民与男性网民之间，也存在于女性网民内部之间。相较而言，城市的、年轻的、学历较高的女性是网络信息的"富有者"，而农村的、老年的、文化程度较低的女性则是网络信息的"贫瘠者"。由于后者的信息化知识和网络运用能力极低，随着信息技术的发展，她们之间的信息鸿沟不但不会被填平，反而将越来越大。这些老年女性和农村弱势女性在信息社会中将会越来越落伍，她们基本上被剥夺了利用网络进行积极发展的机会和权利。这部分女性群体的缺席，必将导致女性在网络社会中发展的不完整性和残缺性。

二、女性网络素养教育的二重建构

网络媒介素养是指人们了解、分析、评估网络媒介和利用网络媒介获取、创造信息的能力。[①] 当今时代，网络生活已成为女性的一种重要生活方式，而广大女性的网络素养低下则严重影响了她们的生活指数。为此，提升女性网络素养教育可谓刻不容缓。

（一）第一重建构：确立女性网络素养教育的内容体系

网络素养教育是面向女性终身学习与发展的教育，其核心是让女性通过探究性、建构性地参与网络实践活动，形成对网络媒介的正确认识和态度，培养她们利用网络建构对自身的理解、发展自我认知与生存能力的一种教育。具体而言，女性网络素养教育的内容体系大致应该包括以下几个方面。

1. 发展关于媒介的思想

在信息社会，认识媒介将会成为生存的必要条件之一。[②] 女性网络素养教育的重要目标之一就是帮助她们形成对网络性质和功能的正确认识，能够比较完整和客观地评价网络的性质、功能和局限，正确认识其与传统媒介传播特点的区别，发展全面的媒介思想。

2. 建立对网络媒介信息的批判反应模式

网络媒介提供的所有信息也是一定的媒介传播体制运转的结果，是政治、经济、文化等多种因素相互作用的结果。因此，网络建构的空间与社会真实往往有较大距离。实施网络媒介素养教育就是要让女性受众认识到：我们生活在信息的"二手世界"里，要建立起对网络媒介信息的批判反应模式，提高辨别信息真伪的能力。

---

① 黄永宜. 浅议大学生的媒介素养教育. 新闻界，2007（3）.
② 卜卫. 媒介教育与网络素养教育. 家庭教育，2002（11）.

3. 提高网络媒介接触行为的自我管理能力

现实中网络的最大负面影响就是媒介接触行为不当——媒介接触的盲目性、网络信息的迷航以及对网络的沉溺等。网络媒介素养教育要求女性具备管理自己媒介接触行为的能力，争做网络的"主人"而非网络的"奴隶"。

4. 提高利用网络发展自己的能力

通过网络获取有价值的信息和通过主动传播信息来发展自己，是网络媒介素养的重要内容之一。女性要更多地掌握网络媒介传播的技术，从而为自己的成长和发展服务。

（二）第二重建构：女性网络素养教育的多方联动机制

女性网络媒介素养教育要得到体系化的开展，必须赢得国家、教育机构、网络媒体等多元资源的支持和整合，形成"国家—网络媒体—教育机构"的联动机制和实践合力，构筑女性网络素养教育的大格局。

1. 政府部门：顶层设计

在信息社会中，政府越来越多地依靠网络媒体来影响民众，民众也越来越多地依靠网络媒介来评价政府。在女性网络素养教育的过程中，政府应当加强宏观指导和管理，发挥其不可替代的重要作用。（1）完善相关的法律法规。政府有关部门应加强对网络的管制，实行"以法促教"，约束网络媒体的传播行为，规定网络传媒制作者的行为规范，创建女性提高网络素养所需要的良好社会环境。如开展互联网庸俗、低俗、媚俗之风的专项整治，审查视频"牌照"等。（2）建立网络传媒监测系统。加强网络"防火墙"技术手段的设置，严格过滤、切断有害信息，如色情、暴力、性别歧视等内容的传入。（3）给予各种形式的政策支持。政府应持续关注女性网络素养教育，除了给予一定的资金和人才支持外，还要加强政策引导，调动企业单位、民间组织等社会主体参与女性网络素养教育的积极性。

2. 网络媒体："把关人"

作为"形象设置"和信息传播的"把关人"，网络媒体尤其是以女性为主题的网络媒体应该努力克服在传统文化积淀中形成的性别歧视或性别盲点，从女性的角度出发，根据女性网民的需求提供信息，表达女性作为主体的感受，关注女性自身的问题，使女性网站作为"女性的网站"而不是"男性眼中的女性网站"，从而为妇女的发展做出均衡和非陈规性描绘而努力。在内容设置上，网络媒体要拓宽报道视野，增加对女性服务的适用性，更多注重女性心灵美善的展示。如尽可能通过众多平凡女性的经历、故事及感受，表现她们寻求自我、完善自我的理念，表现不失尊严与勇气的生存境界；邀请成功女性现身说法，深层次挖掘创业和实现社会价值的故事，张扬公共女性的责任意识，鼓励和启发更多女性；适当增加关涉女性发展的新闻时事报道，培养女性关注社会、参与政治的素养，增加女性在网络中的话语权。

3. 教育机构：远程教育

由于网络环境具有虚拟性和自由性，女性网络素养教育基本上是以女性网民为主体的自我教育。相对来讲，基于网络的远程教育是最适合的教学方式。教育机构要建立专门的网络素养教育网站，提供在线的网络素养专题研究成果以及学习资源，同时提供探究任务空间，以及在线对话讨论区，借助这些开放的平台资源，有针对性地实施开展体验式、互动式网络素养教育，让女性进行网络素养实践学习、研究。比如网站可以设置如下栏目："媒介素养""网络技术""专题学习""经典案例""交流空间""学习心得""电子杂志""娱乐休闲""心情日记""精神家园"等。栏目基本按照"知识—能力—文化"的培养策略逐步推进和深化，目的在于加强女性的自主批判思维能力和网络媒介实践能力。

（三）第三重建构：女性网络素养教育的归宿

"生活世界是人生存的一个基本事实。"① 女性网络素养教育的根本归宿就是通过对女性的培养过程，唤醒女性的自主意识，培养女性的自律意识，并回归真实的生活世界。

1. 唤醒女性的自主意识

网络素养教育的目的之一就是通过创造和谐、宽松、民主的网络教育环境，促进女性积极主动地内省，使女性将自己真正视为能动的、独立的个体，从而提高主体意识、发展主体能力和养成主体人格。女性要认识到，她们的形象不仅仅是网络中所限定的"消费主义＋传统女性美德＋性感"等基本要素的组合，她们还必须确立起对社会生活、政治生活、经济生活的主体地位之追求。只有这样，才能摆脱男人附属的角色认定。而且，女性在获得自身解放的同时，男性也将从狭隘的男权主义中解放出来。正如一句诗所说："只要有一个女人向自身的解放迈近一步，定有一个男人发现自己也更接近自由之路。"②

2. 让女性回归生活世界

通过网络素养教育，女性在网络中获得的并不仅仅是对世界的认识，还有与世界有意义的关系的构建。它使女性与网络世界的关系超越"利用、操纵、控制"的取向，而走向"理解、欣赏、悦纳"的和谐关系；从"我—他"关系，走向"我—你"交互主体间的理解关系。更进一步地，在网络素养教育给女性带来有意义的网络生活的基础上，它关照妇女的现实生活，回归她们的生活世界，使女性的生活变得更美好。这才是女性网络素养教育的最终归宿。

参考文献：

［1］曹晋. 媒介与社会性别研究：理论与实例［M］. 上海：上海三联书店，2008.

［2］刘利群，曾丹娜，张莉莉. 中国媒介与女性研究报告（2005－2006）［M］. 北京：中国传媒大学出版社，2007.

［3］唐娅辉. 网络时代的媒介环境对妇女教育的影响与对策［J］. 中华女子学院学报，2002（1）.

［4］身体的狂欢：女性形象在网络视觉文化中的困境［J］. 潍坊教育学院学报，2012（5）.

---

① 王振林. 当代实践哲学与生活世界理论. 学习与探索，2005（2）.
② 罗慧兰. 女性学. 中国国际广播出版社，2002：1.

远程继续教育选择问题的分析与研究
——社会性别理论视角

南京师范大学金陵女子学院　敬少丽

[摘要] 随着科学技术的发展及其在教育中的广泛使用，远程继续教育面临着新的挑战。当前远程继续教育已为人们获得现代教育提供了更多的机会，远程继续教育正逐渐走进人们的日常生活中，并发挥着重要作用，其教学模式逐渐成为世界各国实现教育机会平等的"均衡器"。本文以社会性别理论为视角，从三个方面分析了远程继续教育中的社会性别问题，即远程继续教育选择问题的性别分析，远程继续教育专业和学科的性别选择问题的探索，远程继续教育中男女学生学习方法和态度的性别差异问题的分析，等等，使人们充分认识远程继续教育在实现教育公平中的价值和作用。

[关键词] 远程继续教育　教育机会　女性　社会性别

《国家中长期教育改革和发展规划纲要（2010—2020 年）》对我国进一步发展现代远程继续教育予以高度重视，并提出大力发展现代远程继续教育，建立以卫星、电视和互联网等为载体的远程开放继续教育及公共服务平台，为学习者提供方便、灵活、个性化的学习条件；开展高质量高水平的远程学历教育；加快发展继续教育；构建灵活开放的终身教育体系。当代远程继续教育正在发挥其重要的功能作用。因此，反思现代远程继续教育发展中的社会性别缺失问题，思考现代远程继续教育知识传授过程中性别忽视和女性话语缺失，以提高女性有效运用现代科学技术手段的信心和能力，公平获得高质量、高水平的远程继续教育的机会，促进女性积极参与社会知识建构。

一、人类追求社会平等的理念——现代远程继续教育发展之重心

古今中外，人类一直没有停止对社会平等的追求和向往，追求社会平等业已发展成为人类社会的永恒命题，更是人类不断追求的理想之一。历史发展到今天，平等成为现代社会文明进步的象征，更是现代社会精神的实质。平等缘于人类社会的需要，更是通过人类的理性思考并实践于人类的各项活动中。平等是一种社会力量，更是一种推动人类社会走向未来和更加文明的精神理念。女性主义社会性别理论作为当代西方社会发展中颇具影响力的社会思潮之一，在 20 世纪末及 21 世纪初的社会实践中形成了独特的价值、观念、思想和方法原则，更为社会文化、教育、思想等领域带来新变革。女性主义社会性别理论的发展进一步强调作为社会处境的性别在认知过程中的重要作用，并对性别和社会性别做了有益的区分，认为性别主要是男女两性在生理上的差别，而社会性别是社会文化建构的，诸如社会性别角色、社会性别规范、社会性别特征和社会性别意义等，都是由社会文化所塑造、所建构的。

现代科学和技术的发展及其在现代教育领域中的广泛运用和实践，不仅为人们获得更多更好的教育机会提供了可能性和必要性，也促使现代远程继续教育的发展面临着新的更高的挑战。现代远程继续教育正在逐渐进入正规的教育教学系统中，并发挥其独有的重要价值和作用，特别是现代远程继续教育的教学模式和教学手段已经发展成为世界各国实践教育机会平等的"均衡器"，以确保人们接受平等教育的机会。当前，现代远程继续教育的实践和发展并没有更多地关注有关社会性别的问题，远程继续教育的实施对女性教育和女性成长影响的研究被忽视。以女性主义社会性别理论为视角，分析和探索远程继续教育中的社会性别问题，分析远程继续教育选择问题的社会性别，探索远程继续教育学科和专业选择的社会性别问题，分析远程继续教育中男女学生学习方法和态度的社会性别差异，等等，使人们充分认识和理解现代远程继续教育在实现我国教育公平和教育机会均等中的价值和作用。

二、反思现代远程继续教育的哲学基础

（一）对科学技术问题的认识与反思

始于 16 世纪的文艺复兴及科学革命，一方面推动了现代化进程，另一方面也阻碍了人类文明和进步。20 世纪 70 年代以后，批判理论思潮渗透到科学技术领域，许多社会学者和教育学者开始思考科学技术的社会影响，特别是女性主义教育学者开始质疑科学技术的社会功能，反思人类社会是如何面对急速发展的科学和技术的。传统认识论总是认为科学是客观的，是价值中立的，科学与社会文化并无关联，科学是普遍的真理性认识。对此，女性主义学者认为科学技术是由生活在一定的社会文化意识环境中的人类所创造的，而社会文化和意识总是不断影响人类思维方式和行为方式，因此科学技术并非价值中立，科学技术具有社会文化建构性，科学技术领域充满男性中心话语。在女性主义学者眼里，权力和统治是科学技术的社会功能，是对自然和女性的控制和支配。正如美国著名女性主义科学家凯勒认为，在科学技术和知识的叙述中，始终存在科学与男性的对等，而这种对等关系无须证明。因此，在人们的日常生活和科研活动中，科学与男性的对等关系不仅得到社会认可，而且时常体现于这些活动之中，从而进一步强化了科学技术领域的男性中心和男性职业的认识，广大女性便被排除在科学技术领域之外。科学技术领域的男性中心文化的社会建构，不仅体现男女不平等的社会关系，也致使女性在科学技术领域处于竞争弱势。所以，女性主义学者认为，科学技术领域中的男性中心和男女不平等的竞争，促使女性在社会活动实践中处于弱势和不利地位。

（二）对传统知识论问题的认识和反思

有关"什么是知识"的问题早在古希腊哲学中就被广泛关注。"美德就是知识"充分体现了苏格拉底的知识论的基本思想。柏拉图在《泰阿泰德篇》中提出知识就是得到证实的"真"信念，并首先提出了什么是知识的问题。之后，诸如笛卡儿、斯宾诺莎、洛克等著名哲学家也都开始关注知识论问题的研究，并将思考的重点集中于知识论的内容，自此开始了西方哲学认识论的转向发展。20 世纪初，女性主义学者开始反思哲学及传统知识论，认为自笛卡儿以来的哲学知识论认为女性是没有理性的，是情感性的，只有男性才是社会结构的重要者，只有男人才是社会知识的创造者和知识的主体，知识的价值是中立的。女性主义学者还指出，传统知识论中的二分法模式，将事物人为地划分为对立双方，诸如理智与情感、男性与女性、客观与主观、客体与主体等，并赋予理智、男性、客观、客体具有更高价值和社会地位；而且这种二元分离模式认为，客观知识优于主观知识，理性优于情感，男性优于女性。对此，女性主义学者进行了反思，并认为人的行为受社会文化影响，由社会文化所决定，社会性别是社会文化建构的，传统知识论本身构成了社会性别不平等的重要部分。同时，女性主义学者还认为所有的知识进程和认知者都处于一定的境遇之中，都是具有主观意识的具体人，都带有其自身或所属团体或群体的态度和旨趣，每一认知者的"境遇"都会影响其认知方式、认知过程以及认知结果。因此，人的知识反映了作为认知者的社会历史背景以及文化价值理念，知识是社会文化构造的，而不是发现的，个人在以自己的解释框架来解释事实时，参与了对事实的建构。任何具体的、具有特征的人或认知者，其认知过程都要受到时间、空间、社会和情感等因素的影响，不存在任何超验的、普遍性的认知特权。所以，人人都是其认知过程和认知结果的一部分，科学知识建立在创造知识的社会群体的利益之上。由于传统知识论并没有完全公正地诠释人类知识产生与创造的境遇性，因而也就相应地产生了以男性为中心、为主体，且不利于女性发展的知识和知识系统。

（三）对教育基本权利问题的认识和反思

18世纪的英国著名女性主义者沃尔斯通克拉夫特在其著作《女权辩护》中指出，女性是能够自己决定自己的，女性是自主之人，女性实现自我的重要途径就是接受平等的教育，特别是接受平等的高等教育；并强调社会应为所有的女童和男童提供义务教育，使所有的社会人都有平等的机会发展道德和理性，充分实现个性。20世纪美国著名女性主义学者贝蒂·弗里丹在其著作《女性的奥秘》一书中明确提出，男女无论在家庭责任、社会就业上，还是在教育上都应该有平等的机会，女性不仅应该接受教育，也应该平等地从事社会公共事物以及平等地参与社会生产活动。女性主义者的这些观点和看法有力地推动了女性主义教育思潮在20世纪末的进一步发展。因此，女性主义教育学者始终认为现代学校教育的基本关系就是男女之间的平等关系，男女都应拥有平等的接受教育的机会，学校教育应该积极为男女学生平等发展创造健康环境，消除阻碍女生发挥潜力潜能的各种偏见和障碍。在21世纪的社会发展过程中，尽管广大女性有了一定的受教育机会，但是距离教育机会均等的目标仍然有差距。学校教育中仍然存在性别的刻板印象，部分教师的行为和态度仍带有性别角色的刻板观念，学校中的学科教学中也存在性别的隔离现象，致使男女生形成了不同的成就模式，使学校教育在一定程度上扩大了已有的社会性别差异。因此，女性主义教育学者主张进行教育改革，改善女性的学习环境，消除学校教育中的性别刻板和不平等，消除传统的文化价值观念，提高女性的自我意识和信心，建立健全一定的教育法律制度，为广大女性创造机会均等的教育环境。

三、远程继续教育的选择问题探析——社会性别理论视角

近些年来，许多无法进入传统高等教育结构中的女性选择了现代远程继续教育，一方面表现了在这样的教育模式中女性的参与率不断增加，另一方面也说明远程继续教育中的性别问题应该成为人们关注的教育问题之一。众所周知，从某种意义上说，进入高等教育就已经意味着成功，但在研究通过远程继续教育以获得教育机会问题的过程中，人们需要重视如下问题，即参与远程继续教育的人是谁，为什么要选择远程继续教育，如何完成远程继续教育学业以及她们的成功是什么，等等。当今科学技术在教育领域的使用已为广大女性接受高等教育提供了更多机会，使用互联网的现代远程继续教育作为一种比传统教育方法更便利且便宜的教学手段，将教育机会扩大到各社区和成年人。特别是那些来自发展中国家的女性，她们因传统、宗教或社会文化约束，接受高等教育往往受到限制。因此，有必要研究和分析远程继续教育过程中女性学习者的参与率和成功率，尤其是被忽略的女性群体的成功。

（一）远程继续教育学习方式选择的理解和思考

教育社会学原理认为，一定社会的教育在本质上是一种社会价值导向和社会控制，学校教育从来都不可能价值中立地传播社会知识和传授社会文化。随着社会现代化发展，学校逐渐成为社会文化和知识再生产的重要场所之一，并不断复制社会文化和知识，包括社会性别的刻板印象。从社会性别理论出发，传统学校课堂教学通常以男性化话语阐述世界、社会和自我，阐明各学科的理论及其框架、课程学习内容、学习的思维方式与交流方式等，面对面的课堂教学也传递着一种女性气质和男性气质、女性感性和男性理性的观点。由于很少为学生提供个性化沟通的机会，也影响了部分女性学生的课堂参与。有研究表明，女性在传统课堂教学中倾向于保持沉默和较少地参与。也有研究显示，在不同水平和不同层次的课堂教学中，女性在课堂上很少发言或不发言。

近年来，现代远程继续教育中的社会性别问题，特别是与性别有关的学习方式问题开始受到关注。女性主义教育学主张创建一个有利于女性学习及其学业成功的学习环境，而远程继续教育的发展正是消除传统课堂教学中性别问题的重要途径之一。女性主义教育学者试图打破传统课堂的权力中心，主张教学协作，互动性和参与性，致力于激发网络课堂中个人特别是女性的声音。良好的网络课堂教学环境可以有效地支持男女学生网上学习的平等互动和讨论的友好协作。在远程继续教育的课程学习中，更多的女生热衷于远程学习过程中的合作与协商，更喜欢包容、接纳，更喜欢网上学习、网上讨论以及网上交流中的互相帮助和提高。所以，远程继续教育学习中，女生比男生更多地运用互动和相互交流的形式，重视合作和建立共识，发展认同感，也更倾向于选择个性化的沟通方式；参与远程继续教育课程学习的女性的学习成绩也明显优于男性。但是，由于受社会文化、观念和传统意识影响，有些女生不愿意接受网上辩论和争论，所以，远程继续教育工作者应运用有效教学法，鼓励女生参与网上讨论，以确保女性参与网上学习和交流。

（二）远程继续教育选择及其学科选择的思考

女性主义教育者认为，传统的课堂教学和传统的学校教育不仅复制了社会性别的刻板观念、性别角色意识和社会文化观念，而且再现了社会劳动的性别角色分工。为了培养和打造自己在社会和未来劳动力市场中的合适位置，女性不得不依其自身的社会阶层和背景去选择属于自己的教育、培训和训练。近些年来，许多教育和科技领域里的专家都认为现代远程继续教育形式是教育机会平等的"均衡器"，也积极主张扩大和发展现代远程继续教育的机会。特别是随着科学技术的快速发展和社会市场经济发展需求的不断提高，现代远程继续教育得到了迅速扩张和发展，许多无法获得传统教育的女性更愿意选择接受和进入现代远程继续教育学习。从全世界的远程继续教育发展来看，一些国家已经形成了以女性为主体的远程继续教育，也形成了一些"女性主导"的学科与专业领域，诸如人文、教育、社会科学和行为科学等；而且在部分国家，远程继续教育领域中的女性人数也已经占到全部注册远程继续教育的学生人数的50％以上。虽然各国远程继续教育发展的"女性主导"存在差异，但是现代远程继续教育中女性数量逐渐增多的现象，各国几乎相同。

在社会快速发展的今天，许多女性特别是职业女性不得不将自己的事业、工作和家庭责任结合起来，以挑战新的社会环境和教育环境。现代社会大多数女性既有自己的事业又有照顾家庭的责任，女性整天在校园里学习几乎是不可能的。因此，女性学生更倾向于选择那些既能照顾家庭，又能承担事业和工作责任的远程继续教育方式。远程继续教育不仅给更多女性提供了更灵活的课程选择方式，也为女性安排了多样的课程时间表。这些因素促使更多的女性参加远程继续教育课程。

然而，随着科学技术和信息技术的不断发展，教育资源的分配却也加深了远程继续教育中的不平等并加剧了社会阶层的划分，远程继续教育中技术获得和运用领域内的性别差距始终存在于所有的教育层次，有些人能够轻松地拥有机会以获得信息技术，而另一些人却不容易或没有机会获得信息技术。"数字鸿沟"作为远程继续教育在信息技术使用中存在性别差距的现象日益凸显。同样，笔者在对参与远程学习的部分男生和女生进行访谈时发现，在对计算机和计算机使用的态度上存在性别差异，女性不十分愿意接受技术，并对自己有着较低的期望值；而男性在完成学习任务时，比较喜欢运用技术。一些女生认为远程继续教育课堂中"攻击和骚扰"的问题也影响她们坚持或继续远程学习。所以，扩大现代远程继续教育机会的同时，应关注有关现代远程继续教育中学生的成功率，特别是女性学生在远程继续教育中的成功率和失败率。

（三）我国现代远程继续教育中性别差异问题分析

在社会历史的发展过程中，传统文化和意识通过一定的制度和系统将男女两性置于社会不同的领域，所以男女两性在接受学校教育之初，就被置于不同的知识系统中，接受不同形式的教育。传统学校教育教学中，不同专业和学科的选择所表现出的社会性别差异，不仅反映了其不同的社会意识形态和文化观念，而且反映了社会利益群体在学校各个专业学科领域中的结果,以及社会对男女两性不同的社会价值观念,因而学生选择学习什么学科,进入什么专业领域,都是社会文化建构的。纵观远程继续教育的发展历史,由于科学技术的使用,远程继续教育领域中的学科都是以男性为中心的学科,尽管当时人文学科有着一定的社会作用和意义,但女性还是被远程继续教育所排斥。随着社会科技的发展,现代远程继续教育的地位和作用越来越重要,与科学技术相关联的学科和专业发展成为教育中非常重要的知识系统,远程继续教育中的学科和专业选择也成为社会文化选择和社会分工的再现,也反映了男女有差异的社会性别和文化观念。因此,女性选择远程继续教育学科和专业的学习,也是女性在社会市场经济下的劳动力市场及其社会经济收入的反映。尽管现代远程继续教育发展增加了女性平等接受教育的机会,但在社会竞争中,仍留有传统文化和价值观念的影响作用,与社会文化相关的社会性别不平等现象仍然存在。通常认为远程继续教育中男女学生选择不同专业和学科的学习及训练,之后在社会分工系统中获得相应的职位,这完全是一个自我选择的问题。但是若思考这些学科和专业的社会性别属性、社会职业地位及社会收入,不难发现远程继续教育学科和专业选择的性别差异及性别隔离现象,远程继续教育发展中所形成的"女性主导"课程和"男性主导"课程,更是男女两性社会分工和收入的缩影。因此,在现代远程继续教育体系中,女性学习什么学科,选择什么专业,无论是自我选择还是社会选择都受到社会文化观念和社会价值认同的影响,而远程继续教育中专业和学科中的性别倾向和分层也再现了当今社会发展中的社会性别分工。所以,远程继续教育中学科和专业选择的性别差异和性别隔离不仅是个人的选择问题和教育选择问题,也是一个复杂的社会问题。因此,应深入研究该问题,以使人们更加深入认识远程继续教育领域中的性别差异以及劳动力市场上的性别歧视。

总之,科学技术的发展与进步促进了新技术的不断产生和运用,但同时也带来了远程继续教育中学科的性别隔离现象。特别是在远程继续教育中,适应科技发展的新技术、新专业不断涌现,男性有了更多的机会接触新的科学技术、知识以及新的专业领域;但同时远程继续教育过程中学科的性别隔离现象越来越明显,男生更多地选择自然学科、计算机等学科学习,而女生更多地选择教育、医护等专业学习。这一现象值得人们深思和探讨。

参考文献:

[1] 国家中长期教育改革和发展规划纲要(2010—2020年)[EB/OL]. http://www.gov.cn/jrzg/2010—07/29/content_1667143.htm.

[2] SALLY HASLANGER(2000). Gender and Race:What Are They? What do We Want Them To Be? [J]. Nous. Vol. 34 Issue 1:31-55.

[3] ROACH, R. The higher education technology revolution [J]. Black Issues in Higher Education. 1999(16):92-96.

[4] EVELAYN. F. KELLER. Reflections on Gender and Science [M]. Yale University Press,1985:32-36.

［5］雷·兰顿. 认识论中的女性主义［C］.//女性主义哲学指南. 肖巍，宋建丽，马晓燕，译. 北京：北京大学出版社，2010：139-178.

［6］HELEN E. Longino, Feminist Epistemology［C］.//in The Blackwell Guide to Epistemology. edited by Dancy & Sosa. Oxford：Blackwell Published. 1999：338-345.

［7］玛丽·沃尔斯通克拉夫特. 女权辩护［M］. 汪溪，译. 北京：北京商务印书馆，1995：29-38.

［8］贝蒂·弗里丹. 女性的奥秘［M］. 程锡麟，等，译. 成都：四川人民出版社，1988：27-30.

［9］CARNOY. M.. Globalization and Education Reform：What Planners Need to Know［M］. UNESCO, International Institute for Education Planning, Paris，1999.

［10］HANNAH FORSYTH. JENNY PIZZICA，RUTH LAXTON AND MARY JANE MAHONY. Distance education in an era of eLearning：challenges and opportunities for a campus—focused institution［J］. Higher Education Research & Development. Vol. 29，No. 1，February 2010：15-28.

［11］JOHN B. BUERCK，et. al. Learning Environments and Learning Styles：Non—Traditional Student Enrollment and Success in an Internet-Based Versus a Lecture—Based Computer Science Course［J］, Learning Environment Research，2003，Vol. 6 Issue：Number 2：137-155.

［12］LYNNA J. AUSBURN. Course Design Elements Most Valued By Adult Learners in Blended Online Education Environments：An American Perspective［J］. Educational Media International，2004，Vol. 41 Issue：Number 4：327-337.

［13］FURST-BOWE，J. & DITTMAN，W. Identifying the needs of adult female students in distance learning programs (On-line)［EB/OL］. Retrieved July，24，2001. www. uwstout. edu/provost/jfb/proposal. htm.

［14］KRAMERAE. The Third Shift：Women Learning Online［M］. Association of American University Women，Washington，D. C.，2001.

［15］吴刚. 教育社会学的前沿议题［C］. 上海：上海教育出版社，2011：134-171.

［16］NATASHA PATTERSON. Distance Education：A Perspective from Women's Studies［J］. feminist theory & culture，volume 9，issue 1，2009.

拓展职业女性个性化继续教育路径的思考

上海市妇女干部学校　张　蓓

[摘要] 知识经济引领了人类文明的新进程，终身教育是知识经济时代的需要，而继续教育作为终身教育的主要组成部分，其重要性日益显著。重视女性继续教育，为女性提供更多接受教育的机会和条件，是促进妇女发展的重要课题。本文探讨了职业女性接受继续教育的困境，认为传统性别角色、多重角色的压力、观念上的误区、机会不均等的因素阻碍了职业女性接受继续教育。反思继续教育的现状，本文认为继续教育除了考虑人的工作和职业需要之外还应该重视铸造人格、发展个性，使个人潜在的才干和能力得到充分的发展。通过开放的教育资源、互动的远程教育、灵活的认证体系为职业女性提供个性化的继续教育。

[关键词] 职业女性　继续教育　困境　个性化

知识经济引领了人类文明的新进程，终身教育是知识经济时代的需要，而继续教育作为终身教育的主要组成部分，其重要性日益显著。发展女性教育有利于女性人力资源的开发，也有利于女性自身的发展和经济社会的可持续发展。重视女性继续教育，为女性提供更多接受教育的机会和条件，是促进妇女发展的重要课题。

一、职业女性继续教育的重要性

人才是推动社会经济发展的主要力量，大力开发和培育人力资源已是提升国际竞争力的普遍共识。开发女性人力资源的手段就是发展女性教育，包括职前教育和职后教育。第三期中国妇女社会地位调查主要数据报告显示，18～64 岁女性的平均受教育年限为 8.8 年，其中城镇女性 10.1 年，农村女性 7.1 年。青年女性的受教育年限明显高于中老年女性。女性中接受过大学专科及以上高等教育的占 14.3%，接受过高中及以上教育的占 33.7%。城镇女性中，25.7% 的人受教育程度在大学专科及以上，54.2% 的人接受过高中及以上教育；农村女性上述比例分别为 2.1% 和 11.6%。女性接受过高中阶段和大学专科及以上教育的比例明显上升，分别比 2000 年提高了 5.5 个和 10.7 个百分点；城镇女性中有 25.7% 拥有大学专科及以上学历，比 2000 年高 13.3 个百分点。2010 年，18～64 岁女性平均受教育年限比 2000 年提高了 2.7 年，相比男性，女性平均受教育年限提高的幅度更大，性别差距已由 10 年前的 1.5 年缩短为 0.3 年。可见，女性教育结构明显改善，男女两性受教育差距显著缩小。进一步开发女性人力资源关键在于继续教育。

联合国教科文组织出版的《职业技术教育术语》称"继续教育是指那些已脱离正规教育，已参加工作或负有成人责任的人所接受的各式各样的教育。继续教育对某个人来说，可能是接受某个阶段的正规教育；对另外的某个人来说，可能是在一个新领域内探求知识和技术，也可能是在特殊领域内更新或补充知识；还有的人可能是在为提高其职业能力而努力"。我国《教育大辞典》给出的定义是："继续教育是学历教育的延伸和发展，使受教育者不断更新知识和提高创新的能力，以适应社会发展和科学技术不断进步的需要，是现代科学技术迅猛发展的产物，是对已获得一定学历教育和专业技术职称的在职人员进行的教育活动。"继续教育的内容是新知识、新技术、新理论、新方法、新信息、新技能。

职业女性是指有固定工作和收入的女性。当今社会，女性的发展空间更加广阔，职业女性充分参与社会生活的各个领域，越来越多的女性参与和管理以往由男性统治的金融、高新技术产业等领域，为社会发展做出了卓越的贡献。面对日益激烈的竞争，职业女性想要适应社会的变化，发展自己的职业生涯，一次性的学校教育远远不能满足这种需要，只有通过"二次教育"，不断更新自己的知识、技能，培养创新能力，才能具备适应时代发展的竞争力。继续教育正是发掘职业女性潜能和增强竞争力的有效途径。

二、职业女性继续教育的困境

（一）传统性别角色的影响

随着时代的进步，女性在思想观念、生活方式、行为方式等方面有了新的改变，但是传统女性角色观仍然限定了女性期望模式，影响职业女性的职业选择，也是职业女性继续教育的障碍。调查显示，有 61.6% 的男性和 54.8% 的女性认同"男人应该以社会为主，女人应该以家庭为主"的观点，与 2000 年相比，男女两性分别提高了 7.7 个和 4.4 个百分点。对于在社会上引起广泛关注和争议的"干得好不如嫁得好"的说法，有 44.4% 的被访者表示认同，与 2000 年相比，男女两性对此认同的比例分别回升了 10.5 个和 10.7 个百分点。一方面，职业女性容易受到传统性别角色的影响，首先考虑家庭责任和家庭关系的维护，父权文化色彩在女性头脑中根深蒂固。职业女性自觉或不自觉地迎合、接受社会与家庭对女性的定型与期待，自主或被迫地扮演照顾者角色，满足社会、家庭对女性的期待，忽视自我发展。另一方面，职业女性又追求事业的进步，自我素质的提升。但是社会衡量男性和女性成功的标准不一，职业女性要接受双重标准的检验，必须在事业和家庭两方面同样成功。正是因为这样的不公正、不合理的传统偏见，职业女性承受舆论和心理的压力，容易放弃接受继续教育、专业深造的机会。

（二）多重角色的压力

职业女性除了追求事业发展和自我价值的实现外，又扮演着"家庭主妇"的角色。在职场，职业女性面临不可推卸的社会责任和竞争压力。在家庭，职业女性是妻子、母亲、女儿，承担了生育、家务和教育下一代、照顾长辈的责任。调查显示，72.7% 的已婚者认为，与丈夫相比，妻子承担的家务劳动更多；女性承担家庭中"大部分"和"全部"做饭、洗碗、洗衣服、做卫生、照顾孩子等家务的比例均高于 72.0%，而男性均低于 16.0%。女性承担"辅导孩子功课"和"照料老人"主要责任的占 45.2% 和 39.7%，分别比男性高 28.2 个和 22.9 个百分点。18.9%的在业母亲"有时"或"经常"为了家庭放弃个人发展机会，比男性高 6.5 个百分点。可见，女性家务劳动负担较重，家庭和社会的双重角色已经占据了职业女性几乎全部的时间和精力，以致无暇顾及个人继续学习和自身能力的提高，职业女性平衡工作和家庭需要社会支持。

（三）观念上的误区

很多人把"男女平等"视为男女一样，而漠视了男女性别的差异，这恰恰造成了男女的不平等。继续教育应该根据对象的不同采取不同的课程设置、教材编写。若是采取统一的标准，没有将性别因素纳入考虑范围，那么女性群体的发展需求将得不到很好的满足。继续教育的质量得不到保证必将影响女性继续教育的发展。

（四）机会不均等

社会上重男轻女的现象普遍存在，职场女性容易受到"天花板效应"的影响，使得一部分职业女性在就业、进修、晋升等方面的机会比男性少。

三、职业女性个性化继续教育途径

继续教育固然要重视使人适应工作和职业需要的作用，然而，这绝不意味着人就是经济发展的工具。除了人的工作和职业需要之外，继续教育还应该重视铸造人格、发展个性，使个人潜在的才干和能力得到充分的发展。

（一）开放的教育资源

2012 年，mooc 运动引起了新一轮的学习革命。Massive Open Onlines Courses（大规模开放网络课程）掀起在线学习浪潮，由美国的顶尖大学陆续设立网络学习平台，以"将世界上最优质的教育资源，传播到地球最偏远的角落"为理想，在网上免费提供课程。和以往的网络公开课不同的是，mooc 学院大多数课程是定期开课，有作业，有考试，老师和同学可以在线交流，结业时可以拿到证书（有些课程没有证书），这些证书虽然没有高校的毕业证书及职业考试的证书那样实用。但是对学习者来说，这里有世界上最好的学校的最好的课程，哈佛大学、斯坦福大学、普林斯顿大学、中国台湾大学、清华大学等；可以和全世界的人做同学，他们可能来自全世界任何国家，可能是小学生，也可能是耄耋老人，可以和他们交流，有时还必须和他们合作完成作业；光看课程就足够吸引人，哲学、烹饪、人类简史、心理学、统计、考古学、化学、计算机、生物技术等课程，几乎感兴趣的课程都会由世界顶尖老师主讲。借鉴这种开放的教育理念，拓展继续教育的深度和广度，要挖掘社会资源，动员各方力量，形成教育合力，营造多元化的社会教育环境。

第一，拓展政府、高校的继续教育资源，如已建立女子开放大学、女子教育联盟等，这些都是拓展教育资源的有效尝试，还可以依托高校开办针对女性的培训班，如复旦大学的馨然荟女性幸福学堂，专为高端女性量身打造女性课程，课程模式以课堂教学和实修体验为主，师资力量汇聚国内外女性研究领域顶尖专家学者。馨然荟女性幸福学堂还会举行主题论坛和公益讲座，为女性提供更开拓的视野、更智慧的思想、更精彩的人生。

第二，构建社会大课堂，鼓励行业协会、社会组织等提供不同类型的继续教育资源。社会分工愈来愈细，大量的社会组织逐步发展壮大，孕育了专业协会、联谊会、培训机构、志愿服务队等社会组织，这些组织以自身特征和高效灵活的方式逐渐成为社会管理的重要力量。解决继续教育中政府、高校不能提供的个性化的教育需求，就要采取不同的供给模式，实行多元化继续教育主体，通过汲取外部环境中的资源，加强优质资源的辐射和共享，提升教育资源的效益。如由《申江服务导报》发起的"人生大不同"公益行动，通过会馆活动、大型演讲、优质学院帮助年轻人寻找梦想，发现自己，成为自己。无论是麦克尔·桑德尔、金士杰、王伟忠、曹启泰、金星、林奕华等海内外名人的人生经历分享，还是涉及阅读、旅行、探险、育儿、艺术、职业、两性关系等诸多领域的沙龙活动，都能让年轻人在广泛涉猎后发现自己的兴趣，继而展开个性化的学习。若能多挖掘这样的社会资源，那么继续教育体系将不断发展，形成百花齐放、彰显特色的良好局面。

第三，引导企业支持继续教育发展。近年来，越来越多的企业意识到自身的社会责任，通过在各大高校设立奖学金来实现增强企业影响力、招揽人才的愿望和需求。"企业奖学金"已成为高校继人民奖学金、国家奖学金之外的扶持高等教育、培养人才的重要力量。但是，奖学金普遍限制专业和学科领域发放，也较少涉及继续教育。通过引导企业为继续教育设立奖学金，使职业女性获得更多的接受教育的机会，同时也减轻职业女性继续教育的成本。

（二）互动的远程教育

互联网、人工智能、多媒体信息处理、云计算等信息技术的快速发展给在线教育的发展提供了坚实的支撑，远程继续教育面临着一个非常好的发展空间。各学科的教学软件大量开发运用，为职业女性提供了更多、更便捷的教育机会，创造了随时随地学习的条件和知识资源共享的环境。通过互联网，职业女性可以按自己的节奏、进度和方式学习。目前，新媒体技术可以轻松实现同步和异步的通信，使教与学更加开放、灵活和多样化，但是远程教育单向传送和灌输较多，互动性较少。要提高远程教育的智能化水平，课程设计在内容和形式上不仅要满足不同受众的个性化和差异化需求，还要考虑受众的参与度。通过大数据分析每个学生学习过程的各个环节，教师能随时掌握每个学生的学习状况并能及时反馈指导和提供学习资源。从教育大数据中总结提炼教学规律，使课程教学内容和教学环境设计得以持续改进，针对每个学员因材施教，提高教与学的质量和效率。通过追踪百万名学生学习的过程，实现更个性化的服务。

（三）灵活的认证体系

目前，职业女性接受继续教育可以通过正规教育，也可以通过非正规教育。正规教育指由教育部门认可的教育机构（学校）所提供的有目的、有组织、有计划的，由专职人员承担的，以影响入学者的身心发展为直接目标的，全面系统的训练和培养活动。如为了获得更高的学历文凭，职业女性可以通过高校的学历教育，花费时间和精力攻读学士学位、硕士学位、博士学位。或者为了考级、考证参加技能鉴定培训等。非正规教育指正规教育制度以外的、为学员有选择地提供学习形式的有组织、有系统的活动，包括各种岗位培训、讲座、文化活动、现场教学、座谈、社区教育等，形式内容丰富多样，可以是短期或长期，脱产或不脱产。正规教育在时间、空间上相对狭隘。远程教育、在线学习、弹性学制、开放式学习模式等灵活的学习供给机制方便了职业女性接受继续教育。越来越多的新知识、新技能可以通过非正规教育获得，但是这些能力却很难得到专业认证。这就需要建立一个灵活的认证体系来接轨正规教育和非正规教育。建立统一的能力评价体系，借鉴在学位与研究生教育工作中经常出现和使用的"同等学力"概念，通过"同等能力"评价来证明个人在正规教育体制以外所学习到的知识和技能，并给予正规教育同等含金量的证书。或者可以针对机构整体认证，主要针对机构的宗旨、课程、师资等做整体性评鉴，确定该教育机构能够达到某种标准，凡从该机构结业或毕业的学员因此得到同等资格的认可。

非正式教育挑战传统教育的有限时间、有限空间、社会阶层的结构公平性，非正式教育认证激励个人持续学习，也会改变教育体系的改革，促进整个社会的改变。所以，非正式教育认证只有秉承公平、公开、维持质量的要求严谨进行，才能获得社会的认同与支持。

参考文献：

[1] 庞学铨．面向二十一世纪的继续教育［M］．杭州：浙江大学出版社，2008．

[2] 李方．职业女性继续教育问题探析［J］．湖北大学成人教育学院学报，2010（4）．

[3] 全国妇联．第三期中国妇女社会地位调查主要数据报告［J］．妇女研究论丛，2011（11）．

[4] 杨家俊．论职业女性继续教育之矛盾与化解［J］．继续教育研究，2010（3）．

[5] 黄明月．非正规教育认证之探讨［J］．研习咨询，2008（3）．

制约女性农民工素质提升的因素及对策分析

山东女子学院经济管理学院　江苏芬

[摘要] 女性农民工作为一个特殊群体，在我国经济社会发展中发挥着巨大作用。本文通过调查问卷以及个别访谈的方式，对不同领域、不同行业、不同职业、不同工种的女性农民工个体进行实地调研，利用 SPSS 软件对调研数据进行了统计分析。分析结果表明：女性农民工作为弱势群体中的"弱势群体"，其素质整体偏低，不能适应经济社会发展的要求。造成女性农民工素质偏低的因素相当复杂，既有外部因素，也有女性农民工自身因素。针对这些因素本文提出了相应的解决方案，并通过构建女性农民工素质提升的新路径，进而提高女性农民工的整体素质，加快女性农民工发展，充分发挥广大女性农民工在社会主义现代化建设中的重要作用。

[关键词] 女性农民工　素质提升　制约因素　对策

（本文为山东省"十二五"高校人文社科研究项目，山东省女性人力资源开发与管理研究基地开放基金项目"女性农民工素质提升路径及其优化研究"研究成果的一部分，课题编号为：YB02）

女性农民工作为一个特殊群体，规模很大，数量很多。据国家统计局《2012年全国农民工监测调查报告》相关数据显示，截至 2012 年年底，全国农民工总数达到 26261 万人，其中女性农民工数量约占农民工总数的 33.6%，占据了男性农民工总数的"半壁江山"。她们在促进城市经济发展、构建和谐社会、子女教育、和谐家庭构建等方面发挥着不可替代的作用。随着城镇化进程的加快，女性农民工在社会各领域各行业的作用更加凸显，这就要求女性农民工具备较高的综合素质与能力。但就目前来看，女性农民工素质普遍较低，制约了她们自身发展和对社会的贡献。因此认真分析制约其素质提升的因素并找出相应的对策意义重大而深远。

一、女性农民工素质现状

女性农民工素质是指女性农民工所具备的从事某项社会活动的基本能力或品质。包括身体素质、能力素质、心理素质、文化素质以及职业道德素质等，这些素质状况如何直接决定女性农民工的就业竞争力，进而影响她们作用的有效发挥。因此女性农民工必须具备较高的素质与能力，但从目前看，女性农民工素质状况不容乐观。

（一）身体素质欠佳

"身体是革命的本钱"，不管从事何种职业，何种岗位，身体永远都是首位。但女性农民工的身体素质状况却令人担忧。绝大多数女性农民工没有定期查体的习惯，对自己的身体状况不关注；当身体不适时，能挨就挨，能扛就扛，实在撑不住了，一般选择到附近药店买药，不到正规医院检查。因为正规医院高昂的医药、检查费用，让她们望而生畏；加上较低的工资收入水平，所以她们更不会考虑对自己的身体进行投资,从而严重影响了身体健康状况。

（二）文化素质低

女性农民工学历层次普遍偏低,文化素质不高。绝大多数只有初中文化程度,很少部分有高中及以上学历,还有一部分小学毕业,甚至小学没毕业的都有。这在很大程度上制约了她们的就业领域,只能从事一些技术含量低、工作简单重复但劳动强度大的体力劳动,同时向上层职业流动的机会几乎没有;另一方面,较低的文化水平也影响她们人际交往的圈子,加大融入城市的难度。

（三）心理素质弱

由于特殊的成长环境、工作环境、生活环境与居住环境,女性农民工普遍存在"自卑心理",总觉得低人一等。在她们心中有"城里人""乡下人""农村人"之分,并自觉地把自己划归到"乡下人""农村人"之列。在城市工作和生活中,遇到一点小挫折就难以承受、抱怨连天。自卑带来的直接后果就是工作不努力,得过且过,甚至会引发一系列心理健康问题。

（四）职业道德素养不高

女性农民工职业道德素养普遍不高。一方面由于她们的文化素质低,导致职业技能低下;另一方面绝大多数女性农民工思想保守,小农意识强烈,很多人并没打算一辈子在城市生活,到了一定年龄还是要回农村老家的。这就导致她们职业责任意识淡薄,对工作缺乏责任感,对单位缺乏忠诚度,频繁跳槽,严重影响用人单位工作的顺利开展。

（五）能力素质差

女性农民工不仅文化素质不高,其他能力素质也普遍偏低。如沟通协调能力、人际交往能力、组织指挥能力、工作胜任能力、解决问题能力、创新能力以及社会适应能力等都亟待提高。能力素质低使其在就业竞争中明显处于劣势,只能从事一些技术含量低、劳动强度大且工资收入水平低的工作,社会地位低下,不仅影响她们个人的成长与发展,也影响她们的城市社会融入度,不利于更好地促进经济社会发展。

二、制约女性农民工素质提升的原因

制约女性农民工素质提升的原因极其复杂,有客观因素也有主观因素;有外部因素也有女性农民工自身内在因素,这些因素错综复杂地交织在一起,成为女性农民工发展的障碍。

（一）外部制约因素

1. 制度与体制方面

我国长期实行的城乡二元分割的户籍管理制度、城乡分割的劳动力市场体系、社会保障制度、女性农民工权益保障制度等体制与制度的障碍与缺失,以及对社会性别因素的忽视,导致女性农民工在各个方面始终处于弱势地位,得不到社会的尊重和认可,不能平等享用各种社会资源,因此自身的成长与发展受到严重影响。

2. 社会偏见与习俗方面

女性农民工作为弱势群体中的弱势群体,并没有真正融入城市,而是游离于城市体系之外，她们在很多方面得不到社会的尊重和关爱，甚至还存在被歧视的现象。加之长期以来受城乡二元分割的思维方式和传统观念习惯的影响，社会各界普遍缺乏对女性农民工素质的教育与培训，对她们的成长与发展也极少关注。这在很大程度上严重制约了女性农民工素质的进一步提升。

3. 用人单位方面

多数用人单位忽视对女性农民工的培训，他们认为女性农民工特殊的生理反应、生育使命以及承担着大部分的家务劳动，如教育子女、照顾老人等，这些都会影响她们全身心地投入工作。因此出于人力资源成本的考虑，用人单位尽可能少地雇用女性农民工，加之女性农民工比较高的流动率，所以更不会考虑对她们进行系统、全面、定期的培训，这样一来女性农民工的素质很难得到真正提高。

4. 家庭方面

在我国，传统"男主外，女主内"的家庭观念以及传统文化中"男尊女卑"的影响深入人心，女性的主要任务被定格在生儿育女、相夫教子方面；而抛头露面、外出挣钱养家，那是男人的事。受这种观念的影响，在家庭进行教育投资时，最先考虑的是男性和男孩子。因此女性丧失了接受教育和自我发展的机会与权利，这必然影响女性农民工各方面素质的提升与发展。

5. 社会关系网络方面

一个人所处的社会关系网络对他的成长与发展影响很大，所谓的"近朱者赤，近墨者黑"。女性农民工的社会关系网络局限于以血缘、亲缘、地缘等为基础构成的相对封闭的关系网络。在这个社会关系网络中女性农民工接触与交往比较密切的人大多和她们一样，具有大体相似的价值观念、文化程度、生活背景、成长经历与工作环境等，因此很难从这个社会网络中获得有价值的资源和信息，想要借助这样的社会网络实现自身的飞跃式发展与进步也是不现实的，可见女性农民工生存的这个社会关系网络大大制约了她们的发展。

（二）女性农民工自身制约因素

女性农民工素质整体水平不高，除了外界客观因素影响外，也受女性农民工自身因素的制约。

1. 思想观念落后

女性农民工相较于农村留守女性而言，其思维观念、生活方式等方面都发生了很大变化，是农村女性眼中的"城市人"，在她们看来，女性农民工有了城市生活的经历，视野开阔、思想开放，文明程度极大提升。但是作为女性农民工，她们虽然在城市打工生活，却没有完全摆脱落后思想观念的束缚以及社会偏见与习俗的影响，这对于她们追求更大的发展来说无疑是一大禁锢。

2. 自我开发与发展意识淡薄

女性农民工受教育程度比较低，就业能力差，就业层次低，就业领域狭窄，因此大多没有强烈的事业心，往往安于现状。外出打工目的非常明确，就是增加收入，改善生活水平，所以比较容易满足，自我开发与发展意识淡薄，自主学习动力不足。

3. 女性农民工工资收入水平低

她们大多不舍得花钱自我投资以提高自己的物质生活水平，而是投资在提高整个家庭的物质生活水平以及孩子的教育学习方面，追求自身的发展与提高并不在考虑之列，因此更不会投资自己的学习教育。

4. 女性农民工非常辛苦

她们大多从事体力劳动，劳动强度大，非常辛苦，没有更多精力去学习提升自己；再加上女性农民工特殊的生理以及家庭中的角色定位，导致没有更多的时间去接受新知识、新技能。

三、提升女性农民工素质的对策

女性农民工群体是推动我国经济社会发展的一支重要力量，提升女性农民工素质对于提高我国整体人力资源水平、加快城市化进程、统筹城乡发展、促进和谐社会构建等方面具有重要的战略意义，因此要切实采取有效措施做好女性农民工素质提升工作。女性农民工素质提升是一个系统工程，需要全社会各方面共同努力才能做好。

（一）女性农民工自身方面

1. 积极转变观念

女性农民工应该转变观念，从思想上认识到提升自身素质的重要性和必要性，增强自我开发与发展意识，从内心愿意并在实际行动上投入时间、精力与财力去提升自己的综合素质与能力。

2. 树立自信、自立、自强的人格魅力

女性农民工要摆脱依赖心理和自卑心理，在工作中踏实肯干，勤奋学习，积极进取，不断充实完善自己，塑造良好的女性农民工形象，从而不断提升自己的社会地位。

3. 不断提高学习力

女性农民工应利用各种机会积极参加培训与学习，勇于接受新事物与新观念，不断提高自己的素质与能力，提升就业层次，扩大就业领域，为经济社会发展、家庭生活水平提高做出更大贡献。

4. 拓宽社会关系网络

女性农民工应不断拓宽社会关系网络，提高人际交往能力，学会与不同阶层的人打交道，从而获取各种有价值的社会信息资源，提升自己的发展空间。

（二）社会方面

1. 为女性农民工营造良好的社会环境

女性农民工的发展需要一个公平、合理、受人尊重的社会环境，在这种环境里她们才能得到最大限度的发展，所以一要不断消除性别歧视与就业歧视，改变传统观念对女性的偏见，逐步提高女性农民工的社会地位与身份；二要打破制度与体制障碍，大力推进户籍制度与社会保障制度改革，使女性农民工获得平等的发展机会与权利；三要设立女性农民工组织或协会，加强与女性农民工的沟通与交流，倾听她们的心声，关注她们的发展。总之通过社会各界共同努力，为女性农民工打造一

个良好的社会发展环境，推动她们实现全面提升和自我发展。

2. 加大资金投入，为女性农民工素质提升提供资金保障

女性农民工素质提升是一个极其庞大的工程，需要投入大量资金，单纯依靠用人单位的力量非常有限，因此应在全社会形成全方位、多元化的投资主体，政府、用人单位、家庭、个人共同出资，为女性农民工素质提升提供强有力的资金支持，确保素质提升工作顺利开展。

3. 为女性农民工素质提升提供制度保证

一方面出台专门的女性农民工培训法律法规，强制性地要求用人单位加大对女性农民工培训；同时要求女性农民工把接受相关培训当作一项义务，必须认真履行。另一方面，将女性农民工培训工作纳入国家和地方经济社会发展规划中，从政策上加以引导与重视。通过这些制度保证，使女性农民工能接受到系统、规范的培训，其素质自然可以得到提升。

4. 建立全方位、多层次的培训格局

女性农民工素质提升是一个社会系统工程，单靠某个单位、某个部门的力量很难实现，应在全社会构建一个全方位、多层次的培训体系。政府从政策上加以引导，比如对重视女性农民工培训的企业进行奖励或扶持，对热爱学习、积极进取的女性农民工进行表彰等；各职业院校、培训机构要充分利用各自的资源优势，开发出适应女性农民工的培训内容、培训手段以及培训方式与方法；用人单位应在女性农民工培训中发挥主体作用，把女性农民工培训工作纳入企业发展战略规划中。总之通过全社会共同参与，充分调动女性农民工的学习热情与学习愿望，强有力地推动她们素质的全面提升。

（三）用人单位方面

1. 高度重视对女性农民工的培训

女性农民工作为企业的一员，其素质状况如何直接影响企业的整体人力资源竞争力，进而影响企业的核心竞争力，因此企业应高度重视对女性农民工的培训，加大培训资金投入力度，不能因为性别差异对女性农民工差别对待。

2. 改善工作环境，提高女性农民工收入水平

作为用人单位要给女性农民工提供良好的工作环境与条件，合理安排工作时间，提高女性农民工收入水平。要通过举办各种形式的文化娱乐活动，丰富女性农民工的精神生活。这样不仅有利于提高工作效率，而且能增强女性农民工对企业的认同感和忠诚度，促进女性农民工身心健康。让她们在照顾好家庭的同时，激发学习的内在动力，积极进取，不断提高自身素质与能力。

3. 建立针对女性农民工的培训机制

针对女性农民工特点，建立一套科学、系统的，符合女性农民工的培训机制。如在培训内容上，除了业务技能培训外，还应开展职业道德素质、心理素质以及基础文化知识等全方位的培训；在培训方法与形式上应灵活多变，适应女性农民工文化素质低的特殊要求，从而便于女性农民工理解与接受。总之，科学合理、完善健

全的培训机制更加有利于激发女性农民工的学习热情，进而增强培训效果，提升女性农民工的综合素质与能力。

4. 注重对女性农民工的职业生涯规划

女性农民工社会地位低，在单位得不到重视，极少有晋升空间，这在很大程度上造成她们学习动力不足，进取心不强。所以用人单位应关注女性农民工的职业生涯规划，让她们看到自己的职业发展方向，及时肯定她们的成长与进步，尤其是在她们通过培训与学习掌握了新技能，提高了综合素质与能力之后，更应该对她们委以重任，安排更具挑战性的工作岗位，从而激励她们最大限度地提升自己的素质。

（四）家庭方面

女性农民工作为家庭一员，和其他成员一样，享有平等的个人进步与发展的权利与机会。其他任何成员不能以任何借口干涉、阻碍女性的成长与发展，而应给予大力支持与帮助，营造一种爱学习、共成长、同发展的和谐家庭氛围。

1. 提高女性农民工在家庭中的地位

家庭成员应与女性农民工共同分担家务，共同承担教育子女、照顾老人的重担。让女性农民工有更多的时间与精力去参加各种培训与学习，不断提高自己的素质与能力。

2. 家庭中应设立专项资金，专门用于女性农民工的自身发展

比如利用这些资金参加一些相关部门组织的技能培训与基础知识培训；订阅一些期刊、报纸、杂志供阅读等，这些都有利于提高女性农民工的自身素质。

3. 家庭成员的肯定与鼓励

所有家庭成员都应该给予女性农民工更多的鼓励与肯定，帮助她们树立自信、自强、自立的女性光辉形象。

结语：女性农民工作为弱势群体中的弱势群体，其素质提升不可能在短期内迅速完成，而是一个长期而艰巨的任务，需要全社会共同努力，给她们更多的关心与帮助，推动她们快速成长与发展，从而为我国经济社会发展、和谐社会构建做出更大贡献。

参考文献：

[1] 刘锋. 农村劳动力转移过程中农民素质问题研究 [J]. 中国成人教育，2009 (7)：159.

[2] 国晓丽. 我国女性农民工的就业特点与对策 [J]. 现代经济探讨，2010 (3)：67.

[3] 张红杰，刘凤阁，刘辉，孟祥红. 新形势下女性农民工生存现状及对策研究 [J]. 河北大学学报（哲学社会科学版），2012 (4)：(72).

[4] 向华丽. 女性农民工的社会融入现状及其影响因素分析——基于湖北三市的调查 [J]. 中国人口：资源与环境，2013 (1)：105.

[5] 沙占华，赵颖霞. 女性农民工就业能力问题探析 [J]. 湖北农业科学，2012 (11)：2392.

唤醒"草根"的求知欲：河北农村妇女职教模式的探索与发展

河北女子职业技术学院　徐爱新　胡英娣

[摘要] 河北省是环渤海地区的经济发展大省，是京津冀区域一体化发展的重要增长极。河北妇女教育事业的发展是河北经济社会发展的根基。面对当前河北农村妇女现状，河北女子职业技术学院立足自身办学优势和办学特色，在部分地市县开办农村妇女中专班和农村妇女讲习所，一场改变河北农村妇女前途的蜕变式教育正在探索、铺开和推广。

[关键词] 蜕变　河北农村妇女　职教　探索

"小康不小康，关键看老乡；发展不发展，看看半边天。"这是河北农村评价自身发展的顺口溜。农村经济社会发展，尤其是河北农村女性发展受到了社会的普遍关注。近年来，河北女子职业技术学院依托自身优势，发挥服务地方发展职能，在河北省部分地、市、县、乡调查摸底，了解农村妇女教育需求现状，率先在正定县、元氏县创办了省内首届"农村妇女中专班"。学院以新农村、新女性、新思想作为办学宗旨，以塑造"自尊、自信、自立、自强"、具有现代意识的新型女农民为培养目标；以送教下乡为平台，让农村妇代会主任、乡村女校校长、女能手、农村适龄妇女接受免费的中等职业学历教育，激发了农村妇女对精神生活的追求和对生活质量、品位层次提高的欲望，强化了农村妇女社会性别平等意识，增强了现代农村新女性投身新农村建设的信心，唤醒了农村妇女质朴无华的求知欲望。2013年3月1日下午，教育部副部长鲁昕视察了河北女子职业技术学院农村妇女中专班正定诸福屯教学点，对农村妇女中专班的办学成果给予了充分肯定。

河北女子职业技术学院在"送教下乡"农村妇女中专班的基础上，拓展了培训对象，丰富了教学内涵，延伸了教育触角，结合河北省农村面貌改造提升、美丽庭院妇女讲习所的创办，将对农村女性教育的关爱普照全省农村女性群体，充分发挥女性职业教育办学优势，深入推进河北省新农村建设及美丽庭院创建工作，为河北省科学发展、绿色崛起奉献智慧和力量。

一、农村妇女中专班的教育特色

农村妇女中专班现有学员 1300 名。学院组织专业教师、专家教授深入乡镇、农村为学员授课。经过城乡一体、上下联动、共同努力，逐步探索出"送教下乡"的农村妇女职业教育新模式，使整体工作呈现出良好发展态势，办出了特色，办出了成效，得到全国多家新闻媒体关注与报道。

(一) 贴身定制的中专班课程模式

为了办好农村妇女中专班，2010 年学院组织相关人员对全省农村妇女职业教育需求进行了广泛调研，对全国各省市农村妇女培训项目进行了收集研究，对全省送教下乡六个专业指导性教学计划进行了创新改造，本着"强调专业知识学习，重点进行专业技能培训，实践教学、女性特色课程教学和家政服务技能课程教学贯彻始终"的基本原则，课程设置在原有公共基础课、专业基础课、专业课、实践课的基础上，增加了女性特色课和家政服务技能课程两大模块。其中公共课模块主要是为提高学生科学素养、学习专业知识、掌握职业技能和进行终身学习奠定基础；专业课模块主要是使学生掌握蔬菜、果树、花卉种植业生产经营所必需的基本知识和基本能力；实践技能模块主要强化学生的专业技能，提高学生的职业素质，使学生在新农村建设中能够真正担当起种植业劳动者的模范带头人。

女性特色课程和家政服务技能课程模块主要开设马克思主义妇女观、社会性别意识、女性维权、农村妇女卫生保健、女性心理健康、家庭教育、家庭护理、家政烹饪、家庭礼仪习俗、服装整理熨烫技术、插花茶艺技术等课程，旨在培养广大农村妇女职业技能的同时，充分挖掘农村妇女的潜能，提高农村妇女的综合素质，塑造自尊、自信、自立、自强的，具有现代意识的新型女农民。这些女性特色课程受到农村妇女学员的如潮好评，听了还想再听。学后，她们对子女的教育由原来的简单粗暴型或溺爱型转变成尊重理解型，改善了亲子关系，学会了如何培养孩子的良好生活习惯和学习习惯，增强了健康意识，对女性在家庭中的地位角色有了更清晰的认识和理解，激发了农村女性对精神生活的追求和生活品位、生活质量提高的欲望，强化了农村女性社会性别平等意识，提高了农村女性幸福指数和投身新农村建设的信心。三年的农村妇女中专班的教育实践证明，改版后的人才培养方案，更具有吸引力和魅力，受到农村妇女学员的普遍欢迎。

（二）专心打造的特色教材平台

由于农村妇女中专班女性特色课程广泛受到学员欢迎，学院教师将在农村妇女中专班课堂教学中的教学点滴积累转化为教学成果。在教育厅职成处和省职教所的大力支持下，学院教师完成了送教下乡农村女性特色课程系列教材的编写，共计12本。其中有：《农村女性美德建设》《农村女性生涯规划》《农村女性形象管理》《农村女性权益保障》《农村女性健康教育》《农村婚姻与家庭》《农村优生优育》《农村家庭教育》《农村家庭护理》《农村家庭理财》《农村家庭饮食营养与配餐》《农村家居美化》。12本农村女性系列教材已经编审完毕，交由河北省教育出版集团正式出版。2014年教育部、农业部关于《中等职业学校新型职业农民培养方案试行》将在全国试行，学院编写的送教下乡农村女性特色课程系列教材将在全国推行。

（三）精心培育的师资队伍结构

专家、教授与中高职师资融合，构建高效课堂。根据农村妇女中专班教学模块设置，公共课、专业课、实践技能课程原则上由职教中心和职业中学教师任教，女性特色课程和家政服务技能课程由女子学院教师任教，农业和家庭教育等方面的专家由女子学院聘请。城乡师资融合，共同走进送教下乡农村妇女中专班课堂，大大提升了课堂教学的针对性、实效性。创新教学模式，构建高效课堂，增强了农村妇女中专班农村妇女学员学习的积极性。

二、依托河北农村政策，发挥引领效应

河北省农村面貌改造提升是落实习近平总书记考察河北重要讲话精神的实际行动，是河北省委、省政府的重大部署，是推动农村全面小康社会建设的重大举措。河北省妇联立足开展家庭工作的传统优势，动员广大妇女在河北省农村面貌改造提升中争创美丽庭院，为河北省美丽乡村建设贡献力量。学院立足自身办学优势，结合自身办学特色，尤其是充分运用近几年农村妇女中专班教育实践中所积累的办学经验，在河北省农村面貌改造提升、美丽庭院妇女讲习所创办中起引领作用。

（一）灵活多样的教学形式，适应了农村妇女需要。实施"送教下乡"打破了高职院校单一的办学体制，促进了高职院校实行开放式办学。"把学校办到了农民的家门口，把实践课上在田间地头、饲养场。"这种全新的办学模式在契合农村教育需求、培育新型农民、增强农村发展活力的同时，极大地拓展了职业教育空间，提升了职业教育资源配置效率。女子学院"送教下乡"的办学模式一经实践，就得到了广大农村妇女发自内心的拥护，使最渴望学习农业技术的农村妇女，能够接受职业学校的学历教育，真正体现了职业教育面向人人的理念。此外，河北省有行政村 5 万多个，农业人口密集，在实施"送教下乡"期间，几乎每月都有 20 余名女子学院的专家和教师奔走在农民家门口和田间地头，指导帮助农民解决技术难题。他们顶风冒雨，不辞辛劳，行程千余里，服务范围遍布上百个村庄。在此过程中，潜移默化地扩大了学院的社会影响力，使"女子学院"的品牌深入广大农民的心中。

（二）"五美"课程模式、专业教材体系，把知识送到了农村妇女心坎上。河北省"美丽庭院"创建指导标准的"五美"是指"人美""院美""室美""厨厕美""村庄美"，美丽庭院妇女讲习所课程设计上将"五美"转化成提升素质、清洁居室、绿化庭院、构建和谐家庭关系、树立良好家风的课程模块。美丽庭院妇女讲习课程设置，旨在引领妇女和家庭改变生活陋习，建立科学文明生活方式，树立良好家风，促进乡村文明，培育与文明富裕的新农村相适应的现代化新型女农民。

同时，学院还组织专家编写河北省乡土教材。在教材编写方面，由省妇联牵头，女子学院在充分调研和论证的基础上，针对河北省农村妇女教育的现实需要和未来发展，组织学院教师和省内外专家学者及农业技术人才，编写具有河北特色的农村妇女职业教育的各种教材，争取在 5 年内形成比较完备的教材体系，从而使河北省美丽庭院妇女讲习所具有基本的教材依据，提升河北省妇女职业教育的正规化水平。当前情况下，"五美"特色课程，可采用由教育厅组织女子学院教师编写的中等职业教育"送教下乡"农村女性系列教材，共计 12 本；农业类教材，可采用由教育厅组织职业院校教师编写的中等职业教育"送教下乡"涉农专业系列教材，共计 70 本。

在教师队伍建设方面，将由河北省妇联牵头尽快进行一次农村妇女职业教育教师队伍调查登记，摸清底数，在此基础上，根据教育教学需要，采取专兼职相结合的办法，从女子学院教师及高校退休教师，县乡职业教育中心、乡镇农技人员，应往届大中专毕业生，以及农村技术和创业能手中选拔聘用相应的教师，尽快配齐基本的教师队伍。

（三）打通短期培训与学历教育"关节"，农村妇女也能有学历。河北省是农业大省，农村妇女占农村人口的半数，是农村各项事业发展的主力军，也是社会主义新农村建设的重要依靠群体。广大农村妇女勤劳、智慧、富有创造精神和积极性，是一支伟大的人力资源队伍。美丽庭院妇女讲习所对农村妇女学员的培训应采取短期培训与学历教育相结合的基本原则，如经济发达的村镇，当地政府能给予高度重视，能提供较好的教学场地，有专人负责管理，可与河北省的中等职业教育"送教下乡"相结合，采用"2＋3"教学模式（即两天授课，三天农场田间地头实训）；而较贫困的村镇采用短期培训，根据当地农村妇女教育需求现状，以实用够用为原则，采用模块化教学。

依托河北女子职业技术学院建立美丽庭院妇女讲习所、河北省妇女职业教育网，利用网站推广全国各地的学习经验和先进典型，同时利用网站建立教学视频库，把全省优秀教师的授课录像转化成数字视频，放入教学视频库，定期进行维护，全省注册学籍的广大妇女和相关教师都可以登录视频库，进行网上学习。此外，还可以利用网站进行一对一的教学答疑活动，提升河北省农村妇女职业教育的数字化和网络化水平。

三、农村妇女职业教育取得显著成效

三年来，河北女子职业技术学院"送教下乡"直接培养农村妇女近 2000 名，她们学习各种知识技能、礼仪文化，不断激发创业激情。承安铺村李欣和李和敏，在学习了特色养殖课程后，学以致用，投资 10 余万元建起了土元虫养殖场，在获得丰厚的经济收益后，李欣深有感触地说："女子中专班让我们走上了致富路，没有女子中专班就没有我们现在的一切。"在她们的带动下，承安铺村的妇女们积极投身到社会主义新农村建设的热潮中，争当致富的领头人。赤支村的权娟用学到的教育孩子的知识，引导自己身边的孩子们树立正确的人生观、价值观和世界观，尊重父母、热爱祖国、奉献社会，收到了很好的效果，现在权娟已被村幼儿园聘为老师。有的妇女成了远近闻名的"教员"，在课堂上学了《农村妇女卫生保健》《女性维权》等课程后，回家就讲给周边的妇女听，把所学知识传播出去，使更多妇女受益。

实践证明，女子学院农村妇女中专班的开办和美丽庭院妇女讲习所的创办丰富了河北省"送教下乡"的内容体系，是河北省创新农村职业教育办学模式，实行开放式办学的又一次积极探索；是发挥职业院校专业、师资和技术优势，为河北省新农村建设提供最直接服务的有效途径；是落实男女平等基本国策，让改革开放成果惠及广大农村妇女的重要举措。学院将进一步深入探索和研究农村妇女职业教育新模式和新途径，通过有效形式，培育更多有文化、懂技术、会经营的新型农村女性，让科学技术就地转化为现实生产力，让广大人民群众增收、致富、奔小康的道路越走越宽广。

参与式教学方法是妇女岗位培训中的重要培训方式

黑龙江省妇女干部学院 关静杰 陈 为

[摘要] 在女性基层干部的培训中，我们惯用的方法通常是成人教育普遍应用的理论讲授教学方法和内容模块教学法，虽然起到了良好的效果，也达到了一定的培训目的，但是从现代培训理论角度来看，为了能够更好地在培训过程中起到全程指导的作用，参与式教学方法作为一种培训模式，促进了女性干部培训质量的提高和办学效率的提升。

[关键词] 基层女性培训 参与式教学 提高培训质量

一、基层女性干部接受培训过程中的需求及其学习特点

随着黑龙江省大力培训干部工作的开展，专门针对女性基层领导的培训工作也日益受到重视。基层女性领导干部，尤其是农村基层女性干部，她们既是干部队伍中的一部分，又是女性群体中的精英，对基层女性干部的培训有一定的特殊性，即在培训方法上不同于一般的男性干部培训，也不同于一般的女性技术干部培训。黑龙江省妇女干部学院作为黑龙江省女性基层干部培训的唯一基地，在对基层女性培训方面开展了一系列的探索和研究，在培训课程的设置过程中，除了应用成人教育理论、现代培训理论、社会性别理论、模块化内容设计之外，还重点研究如何将参与式教学运用到培训教学当中，并取得了很好的效果。

女性基层干部培训是成人教育的一部分，而成人教育的一个显著特点就是对象的特殊性。成人教育的培训对象已经不再是单纯的青年学生，而是有丰富生活经历的成年人，所以对他们的教育培训也有一定的特殊性。成人都是实用主义者，他们希望学到的东西马上能应用到自己的工作实际中去，即使是理论的学习，也希望学到能对现实中的各种问题作出解释的理论，他们需要能把现实经验和理论打通的理论学习。授课教师们也经常能够感觉到，对学员提出的一些社会问题，单靠一门学科、一个视角是很难圆满地解答的，有时解释一个问题可能同时需要哲学、社会学、文学和历史等学科知识来共同应对，这可能就是成人教育具有挑战性的一面。

在基层女性干部培训的整个过程中，作为一个特殊的成人教育群体，她们来自不同的地方，有些来自城乡结合部的现代郊区，有些来自贫困的农村，有些来自城市里的社区等组织，但是她们也有一些共性，很多都是妇女主任的身份，她们服务于社会发展大局，做各自所联系的群众工作。基层女性干部的文化水平大多都在高中和初中这个层次上，在农村的社会地位较高，在家庭和工作中都扮演着重要角色。她们对于学习与培训有自己内在的渴望与希冀，因此也对教育培训提出了特殊的要求。她们想从教育培训中获得的不仅仅是经济、管理等现代知识的补充与更新，她们更希望有能力上的提升，视野上的开阔，人生智慧上的启迪。通过深入交流发现，她们对继续教育的需求更多是心灵上的，对知识的需求更喜欢哲学层面

的。所以，摸清基层女性干部对培训的真实需要，是提高培训工作效率的关键，也是培训工作开始的第一步。

在更深入的培训需求调查中，我们发现涉及工作技能、知识和态度等方面的较多。在业务知识方面，培训重点是加强履行岗位职责所必备知识的培训，提高干部的实际工作能力。文化素养培训和技能训练按照完善干部知识结构、提高干部综合素质的要求进行。由于培训对象处于基层领导岗位，于是在培训内容上必须加强领导和管理能力培养。还有，针对基层女性干部较为普遍的性别意识缺乏的现状，加强社会性别意识部分的培训内容，并开展女性论坛等促使女性基层干部对理论知识的实际运用，也是必需的。

通过对这个特殊群体培训需求的分析，我们认为，仅仅用惯用的理论讲授教学方法和内容模块教学法是不够的，应该找到更新的教学培训模式来满足培训的需要。

二、参与式教学方法是一种值得推广的培训方法

"参与"就是介入、投入、卷入、融入在教学的状态中，是学习者对活动发挥能动作用的过程，是个体与其他个体间的互动、个体影响群体等外显行为的方式和程度，是民主、平等的意识和积极、主动的态度。

参与式教学就是在培训中，通过活动，让学生积极主动地参与学习，在参与活动中，师生之间的交流是平等的，学生的兴趣得到了激发，自信心得到进一步开发，学生得到发展。参与式教学突出"以学生为中心"的教育理念。学生在学习的过程中以活动为主，平等参与。

参与式教学遵循的三个目标是知识与技能、过程与方法、情感态度与价值观的相互融合。它的特点是主体性、互动性、民主性、合作性、激励性、开放性、发展性和反思性。

常见的参与式活动方法有分组讨论、案例分析、观看录像带、角色扮演、戏剧、模拟、填表、画图、访谈、座谈、观察、辩论、排序、打分、小讲座、游戏、练习、小组讨论、合作探究等。

在实施参与式教学活动中，教师必须做好精心准备，要有针对性、选择性，而且一堂课使用的形式必须符合教学实际需要，无论哪种形式，都一定要为教学内容服务。教师是组织者、引领者，更是参与者，在学生的活动过程中，教师要作适当的引导，要有一定的激励机制，使学生全体参与，人人得到提高；设计的参与活动必须具有以学生为主体的自主性、参与性、趣味性、创造性；而且教师注意及时总结，使学习者参与活动后能有所收获，在原有的知识上有所提升；合作、讨论和探究是参与式教学的基本学习方式。

参与式教学事先确定教学活动目标，需要事先准备材料，进行合理分组和活动小组的组织管理，参与式教学活动过程中有设计和教学评价。学生在课堂上主动参与的时间占整节课的大部分，一般要求学生主动参与的时间为 1/2 以上；学生参与程度比较高的课，学生主动参与时间应占 2/3 以上。小组学习和讨论不是停留在形式上，而是要确实起到交流想法、丰富见解的作用，学生通过讨论确实解决了问题或产生了新的认识。巧妙地创设情境，制造学生认知上的冲突，引发解决问题的需要，激发求知的欲望；恰当地提出有思维价值的问题，诱发学生的深度思考；适度的操作活动，强调学生的体验；组织有效的自主、合作、交流、探究、质疑、评价与小结活动，既需要发散（各抒己见），也需要聚焦（达成共识）。

参与式教学还有一个特点，就是更加注重合作能力的培养。参与式教学极为认同、赞赏和推崇合作意识，即使是在课堂讲授中，也会时时体现师生之间、生生之间的合作精神。一是学会倾听，不随便打断别人的发言，努力掌握别人发言的要点，对别人的发言作出评价。当别人发言时要神情专注地听，眼睛注视着对方，不东张西望，有时可以用微笑、点头等表示感兴趣或赞赏，先听后说，多听少说，不随意插话，不打断别人的发言，等等。二是学会质疑，听不懂时，请求对方作进一步的解释。三是学会组织、主持小组学习，能根据他人的观点，做总结性发言。使学生在交流中不断完善自己的认识，不断产生新的想法，同时也在交流和碰撞中，一次又一次地学会理解他人，尊重他人，共享他人的思维方法和思维成果。合作学习强调学生是学习的主体，强调学生自主探究，并不是不要教师指导，也不是说教师可以撒手不管。学生讨论时，教师以听、看为主，把注意力集中在了解上，在此基础上，迅速地加以思考，对于下一步的教学应该做哪些调整、哪些问题值得全班讨论、哪些问题需要教师讲解，教师要做出最恰当的选择。

参与式教学另一个特点就是合理地划分小组，组织学生讨论。首先，做好分组工作。教师在分组之前，对教学目标和学习任务进行充分的分析，思考小组成员的构成能否最大限度地发挥每个人的优势，以更好地完成学习任务，实现教学目标。其次，组织好小组活动。一是为了确保小组活动能够真正调动每个学生的学习主动性，小组成员之间要建立起真正的合作关系。二是实施小组活动时，教师要善于精心选择合作学习的内容，要根据学习任务和学生能力之间的关系，精心设计讨论问题，学生才会积极参与合作学习，才会收到相互启发的功效。再次，做好反馈环节的工作。通过反馈环节，教师既可以了解学生对知识技能掌握的程度，也可以对一些学习重点进行提示和总结，帮助学生梳理知识，这是完成小组学习目标的最终落脚点。反馈的方式应当是双向或多向的，反馈过程中教师要善于追问，要鼓励各组学生进行质疑，促使讨论的问题进一步深入，最终达成小组学习目标。

三、参与式教学培训方式为妇女岗位培训增添了新的活力

基层女性干部实践经验丰富，独立思考能力强，培训应根据她们的思维特点和学习心理，更多地采用有利于干部学员创新思维和创新能力培养的教学手段，利用她们已有的经验优势，调动学员课堂学习的积极性。女性领导干部来自基层，来自实践，她们关注现实，希望通过学习能对她们在工作中遇到的各种问题和困惑从理论上给出解释，其学习更注重实用性。她们希望和教师有更多的互动，也愿意把自己在实际中遇到的问题拿到课堂上讨论。

在培训教学方式上，教师们采用启发讲授、案例分析、专题研讨、情境模拟、

实地考察、拓展训练、小组辩论、角色扮演、经验分享等教学方法，部分课程采用"体验式"学习方法进行，这些以学员为中心的培训方式，对于保持学员的学习积极性具有重要作用。借助经典案例开展的教学不仅培养了学员分析问题、解决问题的能力，而且检验了她们运用相关理论、政策的能力。干部学员具有丰富的实践经验，也带有许多实践中遇到的问题，这使得案例更为丰富、新颖。参与式讨论教学法常常是就某一个热点问题组织学员进行讨论，这种教学方法有助于女性领导干部对妇女工作前沿问题的研究。

参与式教学改变了传统教学中的师生关系，教师尊重学员已有的经验，重视学员所关注的问题，在培训过程中注重利用学员已有的知识经验，围绕学员们的问题，联系实际与学员进行交流探讨，使课堂教学与问题、与学员的实际需求和个人的实际经验紧密联系起来，并在此基础上引导提升，师生关系比较轻松活泼，教师鼓励学员畅所欲言，大胆发表自己的看法，给学员提供平等交流的机会，营造了畅所欲言的教学氛围，这种师生平等交流更容易引发学员的积极思考。

可以说，女性领导干部培训设计中要有基本的理论指引，因为女性领导干部培训作为一种特殊的成人教育培训，不仅有成人教育的特点，有在职培训的任务，同时也有女性的特点。在教育培训过程中，更要符合教育教学的一些具体规律。实践表明，成人教育理论的基础性作用、教育培训内容设计中的模块化设计、现代培训理论对培训全程的指引、贯穿始终的社会性别理论唤醒了女性领导干部的性别意识，激发了她们积极从政的意识，尤其是以互动为核心的参与式教学方式更好地保证了女性领导干部培训效率的提高，使她们在几天的培训当中获得了真正意义上的提升。

加强继续教育在妇女教育领域的作用

湖北省妇女干部学校　吴玲芝

[摘要] 妇女是社会的细胞和基石，妇女的发展对于构建和谐社会具有十分重要的意义，而妇女的教育是一项重大工程，本文根据目前妇女的文化素质和知识结构的状况，探讨妇女因下岗、择业和就业存在诸多困惑及接受再教育机会的流失等原因，提出以提高妇女自身能力为突破口，拓宽继续教育领域为途径，使提高妇女综合素质的继续教育收到双赢效果。

[关键词] 促进　妇女教育　继续教育　终身教育

随着现代科学技术的迅猛发展，教育和受教育程度，越来越成为妇女具有参与社会能力和进一步发展潜力的基础；成为提高妇女社会地位，真正实现男女平等的重要条件。在中国过去几十年的封建社会中，受教育是男性的特权。广大女性长期被排斥在学校教育大门之外。据统计，旧中国90％的妇女是文盲，女童入学率只有20％。在各级各类学校中，女生所占比例都大大低于男生。

在中国，女性享有与男子平等的受教育权利和机会。中国的教育法、义务教育法和职业教育法等法律对女性受教育的权利和机会予以明确规定。国家采取切实措施和行动，保障女童接受九年义务教育的权利，增加女性接受中高等教育的机会，重点扫除青壮年女性文盲，提高妇女的终身教育水平和平均受教育年限。但经常受限于当地的条件无法完全实现妇女受教育的目标，因此拓宽妇女受教育的渠道尤为重要，而继续教育则以多样的教学方式拓宽了妇女受教育的渠道。

只有充分地了解妇女教育的现状和认识继续教育在终身教育体系中所发挥的作用及作用模式，才能有效地利用继续教育的方式促进妇女教育。

一、妇女教育

妇女教育指运用各种手段和方法，结合妇女本身的性别特点对其所进行的教育。

妇女教育的目的是提高妇女的职业技术水平和社会文化生活水平，为我国社会主义现代化建设和我国社会主义精神文明建设以及提高我国整体社会文化生活水平服务。在现代社会发展进程中，妇女地位的提高和妇女的历史作用日益被认识，促进了妇女教育的发展。人们不再认为"女子无才便是德"，而是纷纷采取措施对妇女进行社会文化生活教育，旨在提高家庭主妇、劳动妇女、孩子母亲的人格、文化教育水平以及家事方面的知识与技能。

妇女社会文化生活教育，其作用也是十分明显的：有利于教育妇女树立远大理想，增强自尊、自信、自立、自强的精神；全面提高素质，为我国社会主义现代化建设服务；有利于婚姻、家庭的稳定。长期以来，妇女的社会文化生活水平太低是我国婚姻、家庭不稳定的一个重要因素。妇女在家庭中的地位和作用没有得到应有的重视，进行妇女社会文化生活教育，便在很大程度上提高了妇女的社会文化水平，还有利于婚姻和家庭的稳定；有利于妇女树立正确的婚恋观、家庭观、生育观、教育观，创建文明家庭。

此外，进行妇女社会文化生活教育，还有利于提高我国整体的社会文化生活水平，促进我国社会主义精神文明建设。我国一直很重视妇女的社会文化生活教育，宪法规定："中华人民共和国妇女在政治的、经济的、文化的、社会的和家庭的生活等方面享有同男子平等的权利。"1992 年 4 月 3 日，七届人大五次会议通过的《中华人民共和国妇女权益保障法》也指出："国家保障妇女享有与男子平等的文化教育权利。"

二、继续教育

继续教育是指已经脱离正规教育，参加工作和负有成人责任的人所接受的各种各样的教育，是继学校教育之后面向所有社会成员特别是成人的教育活动，是终身学习体系的重要组成部分，是对专业技术人员进行知识更新、补充、拓展和能力提高的一种高层次的追加教育。继续教育是人类社会发展到一定历史阶段出现的教育形态，是教育现代化的重要组成部分。在科学技术突飞猛进、知识经济已见端倪的今天，继续教育越来越受到人们的高度重视，它在社会发展过程中所起到的推动作用，特别是在形成全民学习、终身学习的学习型社会方面所起到的推动作用，越来越显现出来。

继续教育是在 20 世纪 30 年代从美国发展起来的一个新的教育工程，称为 CEE（Continuing Education Engineering），目的是对一些工程技术人员再次进行必要的培训，以使其更快更好地适应迅速发展的生产需要，完成越来越难以掌握的新技术、新产业规定的任务。第二次世界大战后，特别是 20 世纪 60 年代以后，随着新技术革命的深入发展和终身学习教育思想的广泛传播，人们普遍地认识到继续教育工程的重要性，甚至有些国家开始利用政府的行政手段强有力地推动这一工程。

继续教育的发展经历了理论创始阶段和发展阶段。继续教育理论研究的创始阶段（20 世纪初至 20 世纪 50 年代末）在继续教育理论研究的创始阶段，个人和团体对继续教育的研究水平还比较低，处于刚刚起步水平，主要是在学习目的、学习能力、成人教育学等方面获得了初步成果。这一时期的理论研究主要表现出如下几个特点：第一，研究方法简单，逻辑不够严密，研究结果有较大的出入；第二，研究问题较为分散，不系统、不深入；第三，研究人员只重视成年人学习方面的心理研究而忽视了其他方面的研究；第四，研究成果大部分是由社会学家所取得的；第五，研究主要集中在少数几个国家；第六，研究规模不大，进展不快，还没有能够真正显现出继续教育理论研究的发展方向。其发展阶段，自 20 世纪 60 年代开始，继续教育理论研究进入了一个质的飞跃发展时期。由于世界经济社会对继续教育提出了更高的要求，继续教育实践领域不断发展，研究范畴也在不断地扩大和深入，特别是终身教育思想已经为越来越多的人所接受，对继续教育在经济、社会中的地位、作用、方法等都有一定的初步认识和实践，继续教育科学研究也有了重大发展，社会科学家和继续教育研究人员从不同的角度、不同的层次、不同的方面对继续教育的实践领域进行了深入的探讨，并出现了一批有影响的学者和学术成果。并且终身教育思想的传播对继续教育研究的深入开展起着重大的推动作用。

其教育形式有：自学考试，是对自学者进行的以学历考试为主的高等教育国家考试，是个人自学、社会助学、国家考试相结合的高等教育形式，是我国高等教育体系的重要组成部分。成人高等教育，是我国高等教育体系的一个重要组成部分，属于国民教育系列，列入国家招生计划，国家承认学历，考生在参加全国招生统一考试后，各省、自治区统一组织录取；考试科目实行标准化考试。参加成人高等教育学习的学生在所有的理论课（包括实践环节）考试成绩合格，完成专（本）科段实践课程的学习和考核，毕业鉴定符合要求后由各高等院校和国家教委颁发国家承认学历的专（本）科毕业证书，本科毕业可申请学士学位，与其他国家承认的大学专（本）毕业证书具有同等效力，在使用上也是相同的。目前，成人高考越来越受到社会的重视，每年参加考试的人数也越来越多。远程教育，是以互联网为教学工具的现代远程教育。学生只要具备主动学习的愿望和基本的上网知识，就可以不受地域和时间的限制，在工作之余随心所欲地安排学习。

继续教育的突出优势有以下几点。

1. 社会的发展是继续教育及其理论研究的外部需要和发展动力。现代社会，科技迅速发展，知识总量激增，应用周期缩短，半衰率加速，从而导致了社会产业结构、技术结构、职业结构等随之发生变化。这种变化要求从业人员重新形成的劳动力要有较强的职业应变能力和更高的智能结构。而一次性的学校教育远远不能满足这种需要，终身教育和终身学习被提到议事日程上来，变成从业人员工作的一个有机组成部分，继续教育作为学校教育向终身教育转变的重要阶段，在社会的发展中扮演着重要的角色。为了使继续教育更好地适应社会经济的发展，不断提高人民的受教育水平，不断改造各层次的人才结构，必然要求搞好继续教育及其研究工作。

2. 继续教育实践领域的扩大是继续教育及其研究的实践基础。纵观世界继续教育及其研究的发展历程，它是伴随着继续教育实践活动的发展而发展的。在继续教育发展初期，其研究活动是零散的、不系统的，只有极少数社会科学工作者从事此项研究。随着继续教育实践活动的不断深入和广泛发展，继续教育观念也越来越深刻，继续教育活动范围也越来越宽广，这必然要求对继续教育的概念、性质及其特点等本质问题进行探讨。继续教育的研究活动逐步成为一个专门的研究领域，继续教育研究的地位在不断地提升，其研究活动在广度和深度上得到了不断的拓展。继续教育理论来源于实践，其最终目的还是要用于指导实践。继续教育工作者就是在这种双向互动的过程中，在不断总结实践经验的基础上，不断地汲取相关学科的优秀研究成果，努力构建为实践服务的科学理论体系。丰富的继续教育实践活动为继续教育及其理论研究奠定了坚实的基础。

3. 各国政府的重视和支持是继续教育及其研究发展的外部保障。从世界继续教育发展的历史来看，继续教育的发展与各国政府的重视和支持是密不可分的。第二次世界大战以后，特别是 20 世纪 60 年代以来，继续教育的蓬勃发展引起了各国政府的极端重视，各国政府开始认识到教育机会均等不仅意味着同年龄组的人有同等的教育机会，而且也意味着不同年龄组之间受教育机会均等。各国政府都积极发展继续教育，建立各种继续教育机构，制定各种法律和规定，加大资金投入，不断完善继续教育的有效机制。许多国家设立统一的管理机构，加强对继续教育的管理。例如，美国议会设有继续教育委员会，专门负责向国会和总统提出有关继续教育的建议，向联邦教育部提出继续教育基金的发放建议等。1977 年法国成立了国家职业教育部，下设继续教育局，主管全国的继续教育工作。日本在文部省设有终生学习局和终生学习审议会，专门管理和审议继续教育工作。各国还在政策上和经费上对继续教育研究予以有力的支持，例如在瑞典的国家教育局研究与发展基金中，用于成人继续教育研究的份额从 1969 年的 1％ 增加到 1980－1981 年度的 20％。可见，政府的重视和支持对继续教育发展及其研究起了外部的保障作用。

4. 继续教育专业学科的建立和发展是继续教育研究的内部保障。伴随着继续教育的蓬勃发展，各国要求训练继续教育专业人员，一些国家有关继续教育的立法对继续教育教师的地位和培训作了规定，有些国家还明确规定继续教育教师必须持有教师证书或资格证明。世界各国的大学纷纷开设继续教育专业课程，进行成人心理学、教学法等方面的教学训练，以培养继续教育专业研究人员和实际工作人员。继续教育学科的建立大大推动了继续教育研究的开展，继续教育的科研工作主要在大学里进行，每年由硕士生和博士生完成的研究论文是继续教育研究成果的重要来源，有重大影响的继续教育专著也大多由继续教育专业的教授所撰写，并且有越来越多的继续教育专业人员希望掌握该领域的特殊知识和技能，以便确立其自身的专业地位，这种需要也成为继续教育研究的推动力。

5. 继续教育中心及专业研究组织的发展是继续教育及其研究的组织保障。继续教育中心及其专业组织的创立和发展对继续教育发展及其研究工作、研究成果的传播起着重要的作用。继续教育科研的国际性组织有三类：一类是国际政府组织，如联合国教科文组织；一类是国际非政府组织；还有一类是发达国家的继续教育组织。其中的第一类、第二类组织，从 20 世纪 60 年代以来在开展现代继续教育理论研究，促进世界继续教育的发展方向方面发挥了重要作用。这些组织通过会议、考察、培训、出版等活动积极推动了继续教育的研究工作。

三、如何发挥继续教育在妇女教育领域的作用

充分认识继续教育这种教育模式的优势，从多方面提高继续教育的教育模式在妇女教育，尤其是中高等教育领域的比率。

首先，提高认识，创新观念。伴随着科技、经济的巨大进步，人们的生产方式、生活方式等正在发生深刻变革。未来的竞争是实力的竞争，实力的关键在科技，科技的关键在人才，人才的培养在教育。要通过继续教育为 21 世纪的发展准备人才，就应把继续教育放到战略性地位，并使其发挥作用；就要进一步解放思

想、实事求是，用科学的理论、发展的眼光、超前的思维、求实的态度去观察、思考、研究、认识和指导继续教育实践活动，找到解决问题的新途径，创造出新成果，开拓出新局面。在当代科学迅速发展的情况下，大力开发人力资源提升其实践能力，以适应快速发展的形势，树立素质教育、终身教育的观念，增强压力感、使命感。

其次，优化课程设置，拓宽知识结构。在课程设置方面，应贯彻"学以致用"的原则，放弃低层次的技能和基础知识培训，围绕能力提升或有针对性地设计教学内容，提倡多学科的跨学科课程以及反映最新科技成果的课程，实现文理渗透、理工综合，基础与应用相结合，使参加继续教育的人员感到只要参加学习，就一定有收获，"用中受益"。通过继续教育，提高专业技术人员的整体素质，提升科技贡献率。

再次，严格管理，有效监督。创新继续教育的当务之急是建立起既适应市场规律，又符合教育规律的管理体系和运行机制，充分调动培训学校自主办学的积极性和专业技术人员学习的积极性。

在培训者管理方面：第一要加强监督与考评，选用有能力、有责任、有经验的教师担任培训者，防止滥竽充数、走过场。第二要建章立制，狠抓落实。采取有效措施从登记、评估、奖罚考核等制度入手，把继续教育工作统抓起来，避免流于形式，从根本上搞好继续教育。第三要解决好工学矛盾问题。在继续教育中体现多层次、多渠道、多形式的办学模式，比如一些高、精、深的理论知识，可采取面授与实际操作相结合方式以及引入自学考试机制或远程教育等方式，还可采用学分达标、水平达标等方式。

在对受训者的管理方面：第一要规范管理、严格考勤。第二要把专业技术人员接受继续教育的考核结果作为上岗聘用的重要条件，只有考核合格者，才能晋升或聘用。第三需建立有利于专业技术人员继续教育的人事、劳资、培训三位一体的人才开发管理机制，以便于各负其责，协调配合，为实现"培训—考核—使用—待遇"相结合的运行机制提供保证。

拓宽继续教育领域，拓展社区妇女的再教育空间。

第一，借鉴国外继续教育经验。美国和日本政府非常重视成人教育和继续教育，美国1966年颁布了《成人教育法》，后又制定了《职业训练合做法案》；日本制定了《社会教育法草案》后，至今不断地完善成人教育法及职业教育法，并形成了成人教育、成人职业教育、终身教育制度化。美国和日本随着经济、社会的需要，推动了成人教育和继续教育的发展，发展的成人教育和继续教育反过来又促进了经济和社会的进步。在我国至今尚无统一而全面的成人教育法规，在管理上很分散，灵活性与权威性不够，成为我国教育法体系的一个缺憾，要改进我国的成人教育，成人教育和继续教育立法势在必行。

第二，政府必须高度重视建立健全继续教育机构，设立专门的社区妇女继续教育学院，为妇女提供学习、娱乐的机会，建立妇女组织和文化中心等。为了拓展办学途径，政府和社区给予相关政策和配套资金，鼓励和扶持民营运作，采用中、小学校和普通大学的民营办学模式，来设立成人教育学校和继续教育学校，使目前的官方办学走入市场和社会。增加民营管理机制来开设长期和短期培训机构，满足社区妇女接受再教育的需求。

第三，继续教育要深入社区并和其他教育融合在一起，渗透到社区妇女中，渗透到社区和谐发展中，创造良好的学习环境和氛围，积极调动社区妇女的学习热情。继续教育应以其教育对象的广泛性和服务的开放性，为社区每一个妇女提供适合其需要的教育与培训。设置社区妇女学院需要政府部门的支持和社区部门的配合，需要各类教育部门或机构的相互衔接与协调，需要现代化教育手段与科学技术的大力支持。

继续教育的内容应具有多元化，满足社区妇女的个性化需求。

目前社区人员结构复杂，外来人员大幅度增多，各行各业涌入城镇构成一个个社区，所以决定了对教育内容的多元化需求和选择。继续教育必须针对一切具备生活、工作、学习能力的成人的不同要求，合理地进行人力资源开发、知识技能和文化知识的提高，更加注重社区妇女接受教育的多元化。妇女们学习不仅是为了谋生，更是为了创造生活，提高自身素质。继续教育必须满足社区妇女不同层次的需求，教育内容不仅具备大学教育，还应具备基础教育、老年教育、扫盲教育、残疾人教育、多种职业技能培训、岗位培训、下岗职工再就业培训，还应具备实用技能培训，比如：绘画、插花、歌舞、烹饪、保健、美容、礼仪等教育。提供不同的学习环境、学习时间、学习空间、学习方式、学习内容，为社区妇女们提供最佳的学习方案，继续教育内容根据妇女们不同职业、不同专业、不同家庭、不同婚姻等因素，满足不同年龄段的不同社会角色的需要，满足不同个性及自我发展来自由选择学习内容，让每个社区妇女都有学习、深造的机会。

加强继续教育力度，促进社区妇女将继续教育作为终身教育。

继续教育内容是基础教育和普通高等教育之外的一切教育，继续教育要满足各方面的需求，必须将继续教育推广和落实到社区妇女中；必须针对目前继续教育对象的局限性加以改革：加大继续教育对社区的宣传力度，鼓励妇女们自主选择和接受继续教育；创建适应社区继续教育的师资队伍，促使社区继续教育形成系统性和规模化；以实用技术培训和再就业培训为主，辅以道德文化和生活教育；优化继续教育层次结构，培养不同层次的女性人才；加强继续教育学院与社会、社区、企事业单位的联合办学，建立长期培训机构，在招生上采取免试入学模型，灵活调整专业；针对社区妇女的特点采取非学历教育，增加个性化的教育方法和课程安排。随着社会的发展，继续教育将成为社区妇女的终身教育，继续教育必须走进市场和社会，妇女们根据择业和再就业的需要有针对性地选择继续教育，继续教育也可以成为大学后的继续教育，成为高级人才型教育。受过高等教育的妇女经过大学后教育，不断更新知识，提高专业能力和业务水平。

参考文献：

[1] 朱小蔓．对策与建议［M］．教育科学出版社，2007.

[2] 黄济，郭齐宗．中国教育传统与教育现代化基本问题研究［M］．北京师范大学出版社，2006.9.

[3] 沈亦斐．被构建的女性［M］．上海人民出版社，2005.

[4] 杨昌勇，郑淮．教育社会学［M］．广东人民出版社，2005.

[5] 马元曦．社会性别与发展论文集［M］．三联书店出版社，2000.

[6] 罗叶青，任征．农村成人文化教育调查报告［J］．成人教育，2010（09）.

[7] 苏枝枝．关于大力发展农村妇女教育的几点思考［J］．科教文汇，2008（05）.

[8] 刘雅丽．发展我国农村继续教育的对策研究［J］．继续教育研究，2008（04）.

[9] 吴红．美国农村继续教育对我国继续教育的启示［J］．教育研究，2007.

[10] 单艺斌．妇女教育地位的内涵与作用［J］．大连大学学报，2006.

[11] 杨秀珊．继续教育与提高素质［J］．继续教育研究，2005（2）.

[12] 潘懋元，方晓．中国继续教育的现状［J］．中国知网 CNKI 数字图书馆．

关于构建妇女教育体系的思路

四川省妇女干部学校　青长蓉

[摘要] 教育可以改变人们的观念，通过提高人的素质，改善自身发展水平以及社会的关系。妇女受教育的水平不但制约其现实的社会发展水平，也影响到妇女的可持续发展。保证妇女享有与男子平等的教育权利，就是要保证女性和男性在享受教育方面的起点公平，这样可以缩小男女之间的发展水平差异，不断提高妇女的权利素质，有利于妇女更好地履行自己的权利和义务。

[关键词] 环境　体系　信息化　建设

我国历来重视妇女的教育，宪法明确规定，妇女享有与男子同等的受教育的权利。尽管在法规上规定了男女有着同样的受教育权利，但现实中妇女受教育的程度，尤其是受高等教育的程度明显低于男性。全国 12 岁以上文盲、半文盲有 2.23 亿，妇女为 1.56 亿，占 70%；5 亿妇女中，文盲占 38%。文化素质偏低不仅使妇女面对高速发展的生产技术表现出极大的不适应，而且也束缚了她们的思想和才能的发挥。因此，全面提高妇女的文化素质，构建一个长效的妇女教育体系就十分重要与紧迫。

一、营造有利于妇女受教育的良好环境

（一）加强领导。各级党委、政府对妇女教育培训工作要给予重视和支持，要把提高妇女素质作为一项长期的战略任务来抓，从经济上、工作上，多形式、多渠道地解决妇女受教育难的问题，在政策上和资金上给予必要的支持，并通过建立利益机制、激励机制，引导科研单位、大专院校等积极开展对妇女的培训工作。各级妇联组织要把加强妇女教育培训工作，特别是农村妇女教育培训工作列为新时期妇女工作的主要内容，多层次地为妇女受教育工作营造良好环境，真正实现有妇女的地方就有妇女教育。

（二）加大宣传力度。要充分利用各种舆论工具及妇女群众喜闻乐见的宣传形式，广泛宣传学习的重要性和知识经济的挑战性，帮助妇女更新观念，自觉破除自卑情绪和不求进取的小农意识，激发她们接受新事物、刻苦学技能的进取精神，从而提高妇女的整体素质。

（三）加强阵地建设。要逐步建立健全并强化妇女文化活动场所，为妇女创造一个能够自由学习活动的场所。目前承担我国妇女干部培训教育任务的机构主要是各级党校、妇女干部学校、各级妇联及部分高等院校。作为主要机构的妇女干部学校目前存在许多困扰——经费不足、师资队伍匮乏、教材编写滞后、办学条件落后等，影响了妇女教育，特别是妇女干部教育的健康发展。

（四）设立妇女教育培训专项经费。各级财政部门应加大对妇女培训资金的投入，各级政府应将妇女教育培训专项经费列入同级财政预算，加强对妇女教育培训

基础设施的配备，改善办学条件，扩充师资队伍，提高妇女教育培训效果，为妇女接受教育培训提供有力保障。建立妇女教育基金，争取有识之士对妇女教育基金的募集。

二、整合社会资源，积极推进妇女教育培训体系建设

（一）协助教育部门抓好基础教育，确保适龄女童顺利完成九年义务教育

女童教育是女性教育的基础，是提高妇女文化素质的关键。义务教育阶段，国家虽然免学费，但各地教育乱收费现象层出不穷，导致一些学龄儿童失学、辍学，其中70%是女童，这些都体现了教育不平等和性别不平等现象，对义务教育是一个很大的冲击。目前在城市中，女童教育已经得到普遍重视，性别歧视问题已经基本不存在，但是在农村，这一问题仍然比较严重，一些女孩受到经济等各方面的因素制约，即使很想读书也只能被迫辍学。

当前政府在妇女接受教育方面，没有显著的政策倾斜，表现为上学的学费、升学的分数线男女相等。而对于家庭来讲，特别是农村家庭，男孩子受教育的收益留在家庭内部，而女孩子受教育的收益在"流向"其他的家庭，因而农村家庭对男性受教育的投资积极性一般高于女性。另外，在个人方面，由于男女生理上的差异，女性在成年后同男性相比，其社会经历也受环境的限制较大，结果是女性在读完初中后，往往因为升学受阻或者经济约束而辍学打工。

社会要均衡发展，教育的均衡发展是基础，农村教育加速发展、重视农村女童教育符合教育公平原则，因此政府可以考虑在政策上给予倾斜。例如：减免部分女生的学习费用；在升学考试中，适当降低农村女生的分数线等。

（二）发展社区教育，提高社区妇女道德水平和文化素质

发展社区妇女教育，是构建终身教育体系和建立学习型社会及社会主义现代化建设的迫切需要，是社区妇女自我提高，自我完善的需要，是促进妇女再就业，促进家庭幸福的需要。社区妇女教育可以在"家"字上做文章，以创建"五好文明家庭"、学习型家庭为载体，把家庭教育与"巾帼建功"等结合起来，建立以"家"为主体的学习型兴趣性组织，引导妇女树立终身学习的理念。

（三）举办科技培训，增强农村妇女发展经济和致富创业的本领

抓好农村妇女的科技培训，提供科技的致富信息，是改善妇女生活状况，发展农村经济，提高农村妇女地位的有效途径。要充分利用各级各类农业、科技及技术推广、教育等培训的资源，大规模、多形式、多层次、多渠道地开展对农村妇女的教育培训。妇联组织要把帮助、引导妇女接受教育培训、增收致富作为首要任务来抓，积极主动地与教育、农业、劳动保障等部门联系协调，千方百计为妇女提供各种接受教育培训的机会。把农村经济发展、农村科技推广与妇女人才培养结合起来，进一步增强农村妇女教育培训的适用性和工作力度。同时，鼓励引导龙头企业和专业协会等社会力量，就近、就地开展对农村妇女的实用技术培训。继续鼓励科研、教育、涉农的事业和企业单位、妇女组织等创办农业广播学校，拓宽农村妇女接受教育培训的途径。

（四）强化干部培训，提高妇女干部综合素质和参政议政的水平

抓好女干部的培养与教育，从整体上提高女干部的素质是决定女干部参政议政水平的前提。各级政府应将女干部的培训纳入组织部门的培训计划中，在培训内容上注重时代形势与具体实际相结合，注重拓宽女干部的视野，培养女干部的能力，促进女干部整体素质的提高，从而使提拔任用的女干部都能胜任本职工作，并在各自的岗位上做出优异成绩。

（五）在妇女教育体制中注入终身教育的理念

终身教育是通过成人教育、继续教育等手段以回归教育和循环教育的形式，把教育贯穿每个人的一生，使女性获得基础知识和职业技能后，还能对其他学科有所了解，扩充知识面，开阔文化视野，形成社会知识体系的整体观念。在妇女教育体制中注入终身教育的理念，使各个阶段的妇女能够及时得到更广泛、更深入的教育，是中国妇女教育发展的当务之急。妇女要认识到终身教育的重要性，要树立终身学习的观念，那种"大学充电，一生放电"的时代已不复存在。终身学习是生存、发展的必然要求。今天的改革开放，为妇女参与社会和各方面权益的实现创造了有利条件，用终身教育的理念审视妇女教育现状，探索妇女教育发展出路，必将使中国妇女教育体系更趋完善。

（六）妇女干部学校在构建妇女教育体系中的作用

妇女干部学校担负着妇女教育的责任，要做好妇女的教育工作，除了内容要有针对性外，还必须改变妇联"单枪匹马""自我循环"的教育运行机制，建立横向到边，纵向到底，上下联动，贯穿全程的"大教育"机制。因为在新的形势下，出现了许多新的妇女群体，妇联原有工作对象的范围已不能覆盖这些新的群体。因此，妇女教育工作应当与时俱进，针对不同妇女群体，面向各界妇女开展教育，既要面向农村妇女，又要面向城镇妇女和外来妇女；既要面向企业，包括新经济组织、民营企业的女职工，又要面向党政机关、事业单位的女干部、女知识分子；既要面向高层的职业女性，又要面向下岗失业的弱势女性群体。把教育的触角延伸到各个领域，我们必须"越位思考，定位工作"，彻底走出以行政区划、行业单位为基础的组织制约与束缚，与不同行业、不同群体、不同层次的妇女建立起紧密而有效的联系。

三、建立健全网络教育培训，推进妇女教育信息化建设

科技、教育、农业、妇联、劳动保障等部门要合力推进妇女教育信息化建设，充分借助信息网络资源，向广大妇女，特别是城市待岗、下岗女工以及农村妇女提供科技知识和科技信息服务。有条件的地区，应帮助城市的待岗、下岗女工以及农村妇女学会运用信息网络，实现网上学习、网上交流、网上接受服务。

打造继续教育品牌　求实效促发展

上海市妇女教育培训中心　卞　文　郑　洁

[摘要] 妇女接受继续教育，对于整个国民素质的提高意义重大。作为致力于女性继续教育的培训机构，发展和完善教育培训体系具有重要的意义。本文从目前开展的继续教育工作入手，阐述了在打造女性继续教育品牌方面的一些想法和思路。

[关键词] 继续教育　女性　体系构建

上海市妇联在积极推动男女平等基本国策的同时，致力于发展和完善妇女继续教育培训体系建设，不断提高继续教育服务水平。着力打造多功能、多层次的女性终身学习平台，为社会发展提供女性人才资源支持。

上海市妇女教育培训中心是上海市妇联的直属培训机构，成立于1985年。在近30年的教育实践中，逐步确立了以突出公益教育、完善师资队伍、建设教育培训阵地为培训重点的战略思路。在发展继续教育过程中，完善了合理配制和有效利用资源的培训模式，推动了妇女继续教育培训工作的不断提升。

一、建设阵地，夯实继续教育培训的组织基础

上海市妇女教育培训中心借助上海知识、人才、信息和科技领先，以及高校云集、科研力量雄厚、人才荟萃、智力资源密集等优势，努力建设妇女教育培训阵地，夯实教育培训工作的组织基础。培训中心通过联办、获取公益赞助等形式，尝试对妇女群体包括妇联干部、妇女干部、白领女性以及外来务工人员进行终身教育。中心以"妇女与发展"系列讲座、各类干部培训以及职业技能培训为载体，以技能教育、能力教育为主要目标，以服务上海、融入长三、辐射全国为办学理念，建立了全国妇女人才培训基地。基地除了承担培训任务外，还兼具组织学员、实操实训、输送信息等职能，为外省市妇女教育培训提供直接帮助。上海市妇女教育培训中心自开办以来，已对各行各业、各个层次妇女群体有针对性地开展了各类教育培训，切实提高了继续教育的广谱性和实效性。

二、建设师资队伍，增强教育培训的智力储备

为满足各类妇女的不同需求，开展多功能的教育培训，中心逐步强化了三支师资队伍。一支是以女性教育、女性研究为核心的专业师资队伍，凝聚着一大批经验丰富，具有不同学科、不同专业背景的专家、学者和妇女工作者，为女领导干部、妇联干部进行专业理论培训，为基层培训提供理论支撑；第二支队伍是以法律法规教育、思想道德教育、婚姻家庭教育为核心的志愿者宣讲队伍，主要针对女性进行家庭教育、法律法规和政策宣传教育，提高妇女群众的思想道德素质和法律意识；第三支师资队伍是以各类实用技术人员为主体的师资队伍，主要对城乡妇女进行实用技能培训、职业技能培训，提高城乡妇女就业、创业能力。三支队伍在实际运作中根据不同对象，因人施教，突出重点，各具特色，资源联动，保证了教育培训的

效果。

三、注重实效，着力推进继续教育培训的三大重点

1. 提高女性和女干部的能力建设。上海市妇女教育培训中心依托上海市妇女干部学校具有女性教育、女性培训方面的优势，承担外省市妇女和妇联干部性别平等意识和综合素质培训的任务。中心按照加强党的执政能力和先进性建设对干部队伍整体素质的要求，承接外省市妇联干部教育培训工作，传授性别平等和当前社会建设中的最新理论成果，提高妇联参与构建和谐社会、解决社会矛盾和参与公共管理和公共服务的能力。

2. 满足现代女性对于提高生活情趣、提升自我修养的需求，使妇女在科学发展、和谐发展和率先发展中把握住机会，激活妇女的内在潜能和竞争实力。中心开展的中式烹调、西式点心、艺术插花、瑜伽、硬笔书法培训深受广大白领女性的好评。

3. 依托教育培训体系和公益资助项目，开展"金钥匙"金融知识培训。中心对外来务工女性对理财知识的迫切需求，启动了该培训项目。以此为切入点推动对外来务工女性的教育培训。通过"培训一个人，影响一家人"，使金融理财知识的影响和带动作用进一步延伸。

四、关于妇女继续教育的一些思考

上海市妇女教育培训中心应社会之所需，努力办学，努力打造妇女教育继续培训品牌，并取得了一定的成效。但还存在一些问题和不足，如：培训工作发展不平衡；培训工作机制不够完善；培训资金缺乏等。为此，我们也在做一些思考。

1. 加强女性继续教育培训工作机制、体制建设。以提高妇女的学习力、执行力、创新力为目标，制订好规划，为妇女教育培训提供政策、机制、组织、资金保障。同时，加大对妇女教育培训机构、师资、教材、课程以及评价机制的建设，量化目标、细化责任、强化管理，努力构建以社会需求为导向，广泛覆盖、按需施教的教育培训体制，使中心的妇女继续教育培训工作更加符合妇女人才开发规律，符合妇女自身发展需求，适合妇联组织优势发挥，推进妇女教育培训工作的科学化、制度化和规范化。

2. 加强对妇女教育问题和妇女培训工作的调查研究和理论研究。继续发挥我中心妇女教育的资源优势，对妇女教育培训的理论和实际问题进行深入调研，探索符合妇女特点和发展规律的妇女教育培训方法和途径，制订出切合实际的目标和措施。把握经济社会发展和妇女的双重需求，按需开展教育培训。

3. 整合社会资源，为妇女教育培训工作创造良好的社会环境。本着"提高、优化、完善、共享"的原则，推动建立政府主导、妇联协作、面向市场、多元办学的开放式、社会化的妇女教育培训格局。发挥妇联的政治优势、组织优势、工作优势和协调优势，参与社会教育，强化妇联教育。充分利用和整合一切女性教育和培训资源，开展形式多样、丰富多彩、贴近需求的教育培训，开发女性人才资源，提高女性整体素质，培养更多适应新形势发展需要的女性人才。

妇女干部院校发展现状分析
——以新疆妇女干部学校与内地四所妇干院校比较为例

新疆妇女干部学校　郭婧萱

[摘要] 随着党的群众路线教育活动的进一步深入，妇女干部院校在新时期的改革与发展中的问题愈加突出。在这种形势下，对兄弟妇女干部院校做出调研，分析新疆妇女干部学校发展的优劣之处，对新时期新疆妇女干部学校的科学发展具有重要的现实意义。

[关键词] 妇女干部院校　岗位培训　发展

2013 年下半年开展党的群众路线教育实践活动以来，新疆妇女干部学校党委广泛征求退休老干部、老教师以及在职教职工、学员对学校改革发展的意见和建议，对照检查后发现学校仍有需要不断改革创新之处。出于这个目的，2013 年 12 月底，新疆妇女干部学校党委书记带领三名教师分别赴湖南、广东、广西三地考察了四所妇干院校及女院，就妇女干部学校的改革发展情况做出了调研。

一、新疆妇女干部学校与内地四所妇干院校、女院情况比较

（一）基本情况

新疆妇女干部学校筹建于 1985 年，1989 年正式成立，是新疆维吾尔族自治区妇联所属事业单位，承担全区妇联系统干部及基层妇女干部的培训，并面向全区妇女开展各类职业技能培训工作。湖南省妇女干部学校 1950 年开始筹备，1953 年上半年正式成立，名为湖南省民主妇联妇女干部学校；1959 年并入省委党校，接受省委党校和省妇联双重领导，对内为湖南省委党校妇女业务教研室，对外为湖南省妇联妇女干部学校；2000 年 12 月更名为省委党校妇女理论教研部（对外称湖南省妇女干部学校）；2003 年 8 月，湖南省委党校、湖南行政学院整合后，更名为湖南省委党校、湖南行政学院妇女理论教研部（对外仍称湖南省妇女干部学校）。湖南女子学院前身是成立于 1985 年的湖南女子职业大学（由时任中共中央总书记胡耀邦题写校名），2010 年 3 月 18 日经教育部批准升格为全日制普通本科院校。学校是建国后第一所公办全日制女子普通高校，是全国妇联与湖南省人民政府共建的一所女子学院。广东女子职业技术学院是由广东省人民政府批准成立，由广东省妇联主办的公办女子高等学府。该学院的前身是广东省妇女干部学校，至今有 30 多年的办学历史。广西妇女干部学校成立于 1988 年，由广西壮族自治区妇女联合会主管，坐落于中共广西自治区委党校内，是以妇女干部教育培训功能为主的学校，也是全国唯一的对东盟各国进行妇女培训的教育交流基地。

（二）新疆妇女干部学校与内地四所妇干院校、女院情况比较

1. 占地面积。新疆妇女干部学校占地 4.5 亩，建筑面积 8817㎡；湖南省妇女干部学校占地 460 亩（党校）；湖南女子学院占地 577 亩；广东女子职业技术学院

占地 200 多亩，建筑面积约 12 万 m²；广西妇女干部学校占地 517 亩（党校）。

2. 人员编制。新疆妇女干部学校有行政岗 5 人，专业技术岗 20 人，工勤岗 4 人，共 29 人；湖南省妇女干部学校有专职教师 8 人；湖南女子学院共有教职员工 506 人，其中教授、副教授等高级专业技术职务人员 192 人；广东女子职业技术学院现有教职工 399 人，其中专任教师 242 人，外聘兼职教师 116 人，教师总人数达 358 人；广西妇女干部学校有行政岗 4 人，专业技术岗 9 人，共 13 人。

3. 师资队伍结构。新疆妇女干部学校教师中硕士 3 人，本科 10 人，其中副教授 1 人，讲师 2 人，助教 6 人，新进 4 人暂无职称；湖南省妇女干部学校教师中博士 3 人，硕士 1 人，本科 4 人，其中教授 3 人，副教授 3 人，讲师 2 人；湖南女子学院教师中博士、硕士共 287 人，其中教授、副教授等高级专业技术职务人员 192 人；广东女子职业技术学院教师中硕士以上学位 186 人，具有高级职称的教师 108 人，"双师素质"教师占 76.5%；广西妇女干部学校教师中硕士 3 人，本科 6 人，其中教授 1 人，副教授 3 人，讲师 4 人，助教 1 人。

4. 课程/专业设置。新疆妇女干部学校的干部培训课程设置三个板块，实事政治类、业务类、靓丽女性特色课程，职业培训包括计算机操作、美容、美发、服装裁剪与制作、刺绣、家庭服务员、中西面点、中式烹调、护理员、导游员、花卉工，以及礼仪服务的初、中级职业资格培训及创业培训。湖南省妇女干部学校的干部培训课程设置四个板块：提升理论素养、提升性别意识、提升职业能力、提升生活质量。湖南女子学院设 9 个系，2 个部，2 个学院，2 个研究中心，开设 30 多个本科专业。广东女子职业技术学院设 5 个系，2 个部，2 个研究中心（所）和继续教育学院，开设专业近 30 个。广西妇女干部学校的干部培训课程设置三个板块：妇女理论与性别意识、妇女工作与妇女发展、女性修养与生活艺术。

5. 取得成果。新疆妇女干部学校教师在公开刊物上发表论文、调查报告 42 篇，翻译出版著作 5 部，是"国务院扶贫办劳动力转移培训示范基地"、全国妇联"妇女培训基地""自治区下岗职工再就业定点培训单位""新疆妇女创业培训基地""自治区家政服务工程"承办单位。湖南省妇女干部学校的教师在公开刊物上发表性别研究论文、调查报告 280 多篇，出版著作 10 部，获得与完成《社会性别文化与女性发展》等省社科规划基金课题 13 项，2010 年以来获国家社科基金课题 4 项。是"湖南省妇女研究中心""湖南社会保障研究基地"、全国"妇女/性别研究与培训基地"。湖南女子学院承担国际项目 3 项，国家级课题 13 项，省级课题 260 余项，确立了校级课题 123 项；教师在国内外重要学术刊物上发表论文 2300 余篇，其中在 CSSCI 期刊上发表论文 200 余篇，在全国中文核心期刊上发表论文 300 余篇，出版著作、教材 100 多部；获省级以上科研教研成果奖近 20 项；是全国首批"妇女/性别研究与培训基地""湖南省公民礼仪素质研究基地""湖南省湖湘女性文化研究基地""湖南省高等教育（女性教育）学科研究基地""湖南省教育科学现代家政教育研究基地"，是"世界女子教育联盟"成员。广东女子职业技术学院共有 9 项关于女性教育研究的课题获得省级以上单位立项，其中两项课题获得全国教育科学规划教育部重点课题立项资助，编写和出版了《女性素质教育系列丛书》，是"广东省妇女/性别研究与培训基地"。广西妇女干部学校先后参与了全国妇联、中央党校、联合国、丹麦、中国香港等国内外各种涉及女性的重大课题与发展项目20多个，编写了一批有影响的教材和书籍，教师公开发表论文近300篇，并有几十篇论文获国家级、省部级奖励，是"中国—东盟妇女培训中心教学基地""广西妇女人才培训示范基地。"

6. 培训对象、培训方式与培训人数。新疆妇女干部学校的干部培训主要以村妇代会主任、社区妇女干部、乡镇妇联主席等为培训对象，采取校内培训与实地参观相结合的培训方式，年培训量可达2000人次，累计培训6万余人。职业技能培训主要以农村、城镇下岗失业或无业妇女等为培训对象，采取校内培训与送教下乡相结合的培训方式，年培训量可达2000人次，累计培训万余人。湖南省妇女干部学校主要以女处级干部；省直机关妇委会主任、县妇联正副主席、县直机关妇委会主任；乡镇妇联主席；女乡镇党委书记和乡镇长；民族党派女骨干等为培训对象，采取课堂教学与基地教学相结合的培训方式，年培训主体班2期100人；并结合市场需求办各类培训班，累计培训1万多人次。湖南女子学院主要培养全日制本科学生，现有在校生8000多人。广东女子职业技术学院以大中专学生和女干部为培训对象，现有在校生6000多人，累计培养大中专毕业生2万多名、女干部3万多人次，职业技能培训1.1万人次。广西妇女干部学校以党政机关、妇联系统女干部；企事业单位女性管理干部；女性专业技术人员；女企业家、城乡女能人为培训对象，采取课堂讲授、现场体验、送训上门相结合的培训方式，年培训量1000人次，累计培训12万人次。

二、新疆妇女干部学校的优势与不足

（一）新疆妇女干部学校的优势

1. 自治区党委、政府以及自治区妇联的大力支持是新疆妇女干部学校得以生存和发展的基础。

新疆妇女干部学校无论从软硬件的投入还是培训经费的支持上，都是其他任何一所妇干院校不可相比的。学校教学楼改扩建项目，政府先后投资2500万元，建成妇女教育大厦，为新疆各族妇女提供了良好的学习、实训、食宿场地。同时，在培训经费的投入力度上，自治区妇联村妇代会主任免费培训项目每年拨付270万元培训经费；自治区妇联"现代文化示范村（社区）项目"技能培训每年拨付100万元培训经费；自治区扶贫办劳动力转移培训每年拨付50万元培训经费，为提高基层妇女综合素质提供了资金保障。

2. 新疆妇女干部学校的自身优势。

一是综合性、复合性强。新疆妇女干部学校的培训覆盖到妇女干部、妇女理论、妇女发展的各方面，超过全国任何一家妇干院校。二是张力大，覆盖面广。新疆妇女干部学校把妇女干部的培训延伸到最基层的村妇代会主任，而且把妇女干部培训和妇女职业技能培训，妇女的社会责任感、家庭责任感的培训结合在一起，极大地提高了广大妇女群众的综合素质。三是突出重点，接地气。新疆妇女干部学校将干部培训、技能培训与新疆的社会实际、社会发展，新疆特殊的区情、世情，以及新疆妇女的生存和发展情况紧密地结合在一起，为新疆妇女的发展和新疆社会的稳定做出了积极的贡献。

（二）新疆妇女干部学校的不足

1. 重技能培训，轻干部培训。

近些年，新疆妇女干部学校在职业技能培训方面取得了很好的成绩，校党委对技能培训的重视和投入力度相对干部培训较大，导致干部培训方面没有新突破，习惯于按老经验办事，开拓创新意识不足，可持续发展后劲有待加强。

2. 师资队伍综合能力不强。

与考察的四所妇干院校比较起来，新疆妇女干部学校教师的学历相对低、职称相对低，师资队伍建设不完善。

3. 妇女理论研究滞后。

在事业单位岗位设置的过程中，从 2007 年开始新疆妇女干部学校不能招聘人员，在职人员少，行政管理工作量较大，教师需要承担许多行政工作，在教学和妇女理论研究方面实践机会少，没有取得突出成绩。

4. 教材建设成果少。

一直以来，新疆妇女干部学校在干部培训方面使用的教材都是国务院妇女儿童工作委员会办公室编写的《妇联干部教育培训参考教材》，学校编写、翻译的图书也以此教材为参考。目前针对新疆少数民族妇女教育培训方面的教材急缺，新疆妇女干部学校自主编写的相关教材少。

三、新疆妇女干部学校今后努力的方向

（一）加强师资队伍建设

建立健全师资队伍建设制度，制订师资队伍培养计划，建立一支专兼职相结合的师资队伍。为教师创造条件、提供机会、投入经费、搭建平台，采取请进来、走出去的方式，逐批逐次将新疆妇女干部学校优秀教师送往内地妇干院校进行学习培训，提升新疆妇女干部学校师资队伍整体水平。

（二）加强妇女理论研究

新疆妇女干部学校应不断加大经费支持力度，由培训部牵头，定期组织教师开展教研活动、集体备课、学术交流，积极申请和参与国家级、省部级相关妇女理论研究方面的课题，鼓励教师在相关刊物上发表有价值的学术论文，积极参与妇女理论研讨会等各项活动。

（三）加强教材建设

通过妇女理论研究，结合新疆人文地理实际，翻译内地妇干院校优秀图书资料，编写一系列适合新疆少数民族妇女群众学习的教材、资料及读本等，填补新疆少数民族妇女教育培训教材的空白。

（四）加强调研

一是要加强对其他省市妇干院的调研，通过相互了解，加强交流，达到相互借鉴、取长补短的目的。二是要加强对培训需求的调研，经常性地组织教师下基层，贴近妇女群众，对妇女的实际培训需求进行调研，对市场需求进行调研，并及时调整课程设置。三是加强对培训效果的调研。通过发放问卷调查表、电话回访、入户走访等形式，对学校的培训效果进行调研，不断提高教学质量和教学效果。

（五）加强制度建设和管理

健全完善学校原有的各项规章制度，尤其在教学管理和学生管理方面，参考内地妇干院校的先进经验，制定符合学校实际的各项规章制度，做到有章可循。

干部培训改革中教师的角色转变和飞跃

新疆妇女干部学校　伊和和

[摘要] 干部教育培训是建设高素质干部队伍的基础性工作，作为干部培训的执行者和积极建设者，教师的身份和作用是干部培训上个新台阶的核心因素。在干部培训革新过程中完成角色的转变与飞跃，是时代赋予教师的使命。

[关键词] 干部培训　教师　角色转变

"十二五"时期是全面建成小康社会的关键时期，是深化改革开放、加快转变经济发展方式的攻坚时期。落实好"十二五"时期发展的各项目标任务、推动经济社会发展再上新台阶，必须坚持用邓小平理论、"三个代表"重要思想和科学发展观教育和武装干部，加快建设马克思主义学习型政党，培养造就善于推动科学发展、促进社会和谐的高素质干部队伍。

干部教育培训是建设高素质干部队伍的基础性工作，必须紧扣科学发展这个主题和加快转变经济发展方式这条主线，联系实际创新路，加强培训求实效。作为干部培训的执行者和积极建设者，教师的身份和作用是干部培训上个新台阶的核心因素，本文试就培养造就善于推动科学发展、促进社会和谐的高素质干部队伍的教学改革中教师的角色转变做一探讨。

一、传统教育中教师的角色

传统教育中，教师被赋予多种角色期待，如教师是蜡烛、园丁、人类灵魂的工程师，教师给学生一碗水而自己要有一桶水，教师像警察，等等。

社会赋予教师的传统角色体现了四个强调和四个忽视。

（1）强调社会责任，忽视教师的个人生命价值与需求；

（2）强调教师的权威，忽视教师与学生的合作关系；

（3）强调教师的学科素养与教学技能，忽视教师促进学生成长的意识；

（4）强调教师劳动的传递性，忽视教与学的创造性。

教育是活生生的生命与生命之间对话，学生的灵魂所需的不是被"塑造"，而是被"唤醒""激发"和"升华"。教育是一个充满了不确定性的过程，需要教师运用自己的智慧去面对很多事先无法预料的新问题。教师和学生的关系应该是共同学习、互相促进、教学相长，教师在培养学生的同时发展了自身。教师在教学的环境，让学生全面、和谐地发展。

二、干部培训的动态发展对教师角色的要求

干部培训新的历史使命将促进新的课程因素的出现，从强调教材这一单因素到强调教师、学生、内容、环境四因素的整合。课程变成一种动态的、生长性的"生态环境"，是四因素之间持续互动的动态过程，同时也赋予教师以下五方面的"确定性与不确定性"。

（1）教学目标与结果的不确定性：容许学生在知识、能力、态度、情感、价值观方面有多元表现；

（2）教学对象的不确定性：不使用统一的规格和评价标准，针对学生的不同身份和职业特点进行个性化教学；

（3）教学内容的不确定性：课程的综合性加大，教材为教师留有极大的余地；

（4）教学方法与教学过程的不确定性：教师有较大的自主性，将更为灵活地选择与使用教学方法，教学过程中教师可支配的因素增多；

（5）教学评价的不确定性：考试得分大大减少和淡化，不再起支配作用，教师要花很多时间查找资料、补充教材内容。

三、干部培训改革中教师的角色转变

干部培训改革的动态性和生长性要求教师的教学具有多样性、变动性；要求教师是一个决策者，而不再只是一个执行者。在这种课程环境下，教师具有更多的创造新形式、新内容的空间。教师需要创造出特有的学习气氛和学习环境，设计教学活动，通过教学表达自己的教育观念，成为干部培训中的有效执行者和积极建设者，实现教学要素间的匹配，实现自己的成长与发展。因此干部培训革新过程中教师角色发生了重大的变化。

1. 由传统的知识传授者向新培训条件下的传授者转变

传授者不再是教师唯一的或常规的角色，教师要改变过于强调知识传播的倾向，努力形成让干训学生积极主动学习的态度，使学生在获得新知识、新观点、新理念的过程中坚定正确的价值观，完成七个转变。

（1）由重传递向重发展转变；

（2）由统一规格教育向差异性教育转变；

（3）由重教师的"教"向学生的"学"的转变；

（4）由重结果向重过程转变；

（5）由单向信息交流向综合信息交流转变；

（6）由居高临下向平等融洽转变；

（7）由教学模式化向教学个性化转变。

2. 教师成为干训学生的促进者

（1）帮助学生制订学习目标，并确认和协调达到目标的最佳途径；

（2）创设丰富的教学情境，激发学生的学习动机，培养学生学习兴趣，充分调动学生的学习积极性；

（3）为学生提供各种便利，为学生的学习服务；

（4）建立一个接纳的、支持的、宽容的课堂气氛；

（5）作为学习的参与者，与学生分享自己的感情和想法；

（6）与学生一道寻找真理，能够承认自己的过失和错误。

3. 教师成为研究者

苏霍姆林斯基说过："如果你想让教师的劳动能够给教师带来乐趣，使天天上

课不至于变成一种单调乏味的义务，那你就应引导每一位教师走上从事研究这条幸福的道路上来。"事实上，每一位教师都有能力对自己的教学行为加以反思、研究与改进。与外来研究者相比，教师处在一个极其有利的研究位置上，有最佳的研究机会。在教学实践中，教师对教学情境中的问题，有着自己的经验化的处理方式。对此教师也在不断地进行审视，以适应社会和教育的发展。这是教师对自己行为的分析与研究过程。干部培训的革新使教育情境中的问题增多并变得复杂。

干部培训革新过程中，由于加强了课程的综合性、活动性、实践性和情境性，倡导学生主动、合作、探究地学习，课堂问题会更加突出，教师需要不断地对问题进行研究，在教学中应与学生积极互动、共同发展，注重培养学生的独立性和主动性，引导学生质疑、调查、探究，在实践中学习，促进学生在教师引导下主动地、富有个性地学习。教师应尊重学生的人格，关注个别差异，满足不同学生的学习需要，创设能引导学生主动参与的教学环境，激发学生的学习积极性，培养学生积极掌握和运用知识的态度和能力，使每个学生都能得到充分发展。

四、未来教师角色发展的一般趋势

联合国教科文组织的报告认为，教师角色发展趋势有以下几种。

1. 在教学中更多地履行多样化的职能，更多地承担组织教学的责任；

2. 从一味强调知识的传授转变为着重组织学生的学习，并最大限度地开发学生新的知识资源；

3. 注重学习的个性化；

4. 实现教师之间更广泛的合作，改进教师与学生之间的关系；

5. 更广泛地利用现代教学技术，掌握必要的知识与技能；

6. 更广泛地参加校内服务与课外活动。

教育是一种培养人的活动。作为人才培养，教师不仅要通过自己掌握的知识影响学生，还要通过自己的人格和道德力量，去影响和感染学生。教师的这一角色特征要求教师注意自己的人格和道德方面的修养，以及实际的教学中对学生所起的影响作用。在干部培训革新过程中完成角色的转变与飞跃，是时代赋予教师的使命。

浅谈继续教育在提高少数民族地区农村妇女参政议政能力上的作用

贵州省紫云自治县妇女联合会　蒲翠英

[摘要] 本文着重论述我县少数民族地区妇女参政议政情况，主要从少数民族地区农村妇女参选参政的意义，贵州省紫云苗族布依族自治县妇女参选参政的基本情况，主要做法，特点，客观、主观方面存在的困难和问题，原因分析，建议等进行介绍。当前，我县当选女干部的整体素质有待明显提高。妇女群众参选参政意识明显增强，成功率提高。妇女竞争意识明显增强，原村妇代会主任当选率高。妇女参选的有利政策成就了妇女顺利进入村"两委"。但也存在着一些困难和问题，如：女性干部人选不足、担任实职的女性干部少、传统的性别观念影响农村妇女参选参政、女性自身竞争力不强。原因主要在于：受经济发展因素、领导重视力度不够方面因素影响；受旧思想、旧传统观念的影响；妇女受教育程度偏低，思想意识较落后；基层妇女组织建设不够完善；生活所迫等。建议：加大对农村妇女参政议政的宣传力度，努力营造妇女参选参政的良好社会氛围；加强学习，明确科学知识是改变农村妇女未来命运的基础；选任有能力的妇女代表干部；关心农村妇女的身心健康；进一步加强基层妇女组织建设的领导；注重提高农村妇女素质，加强妇女能力建设；广泛发动、组织广大农村妇女参与新农村建设；多措并举，建立促进农村妇女参政议政的长效机制。

[关键词] 县少数民族地区　妇女参政议政　促进　工作

一、农村妇女参选参政议政的意义

女性参与国家和社会事务管理、享有民主和自由的程度是女性的社会地位提高和在社会事务中发挥作用的重要标志，也是社会进步程度的重要尺度之一。多年来，女干部占一定比例一直作为一项正式规定写进党和政府的有关文件。但是，长期以来，女性参政是一个艰难的过程，不仅受制于我国当前有待变革的社会政治体制，更受制于我国传统文化的巨大惰性。千年传统文化所形成的男尊女卑价值观给女性的角色定位是"围着锅台转"，使得女性形成自卑、软弱、顺从、依赖的心理，在社会参与方面被动、压抑、胆怯，缺乏创造力和竞争力。因而，在公共生活领域，尤其是政治领域内占社会个体数量一半的女性的声音和身影甚少。妇女参政问题在农村尤其重要。一是现在农村剩余劳动力以男性为主，男性大量外出打工，妇女占现有农业劳动力60％以上，有的村子里除了村干部外几乎不剩什么男性劳动力，多数地区已形成农业劳动妇女化格局。在这一情况下，调动妇女参政热情、保证妇女在政治生活领域的发言权、提高女性干部比例是农村发展的必然要求。二是由于农村工作的特殊性，很多工作更适合由女性干部做。农村妇女参与村民自治实践是农村基层民主建设、落实男女平等基本国策的重要内容，是妇女参政参选、实现自身发展的重要手段。近年来，紫云自治县妇联以村支两委换届为契机，以提高村支两委女性比例为突破口，探索建立了"推动政策、创新机制、宣传倡导、教育培训"的工作模式。

二、基本情况

我县共 5 镇 7 乡，162 个行政村，6 个居委会，共有村级妇代会 162 个。进村支两委的女性有 50 名，其中支书 7 名，占 4.3％；副支书 4 名，占 2.5％。妇女进村委的共 194 名，其中主任 7 名，占 4.3％；副主任 13 名，占 8％。女性进两委的比例达 100％，女性进两委参政议政的机制得到了极大的重视。

从总体情况来看，紫云自治县村（居）两委班子成员中，妇女政治素质、文化结构有所提高，年龄比例结构下降。一批有文化、有才能、办事公道、热心为群众服务的年轻妇女脱颖而出，进入村级领导班子。这充分显示了各级各部门认真贯彻落实男女平等基本国策，保证妇女参政议政、促进基层民主政治建设的完善和发展。村"两委"会换届选举中，女性参选参政工作在组织动员、宣传引导和班子把关上都采取了一系列切实有效的措施，达到了顺应民意、组织相对满意的效果。

三、主要做法、特点

（一）出台相关文件政策支持

紫云自治县委、县政府高度重视，采取各种措施，做好妇女参选参政工作，将做好农村妇女参选参政工作纳入全县换届选举工作实施方案。2010 年，在第八届村（居）委会换届选举工作中，按照贵州省民政厅、贵州省妇联联合下发的《关于在全省第八届村（居）委会换届选举中做好妇女参选参政工作的意见》（黔民发〔2010〕34 号）的要求，为了更好地指导乡镇抓好妇女参选，县民政局、县妇联以紫民字〔2010〕143 号文件《关于转发贵州省民政厅、贵州省妇女联合会〈关于在全省第八届村（居）委会换届选举中做好妇女参政议政工作的意见〉的通知》下发到各乡镇妇联、社会事务办。文件传达了黔民发〔2010〕34 号文件精神，要求各乡镇遵照执行，认真做好农村妇女参选参政工作，提高妇女进入村委会比例，抓好文件精神贯彻落实。

紫云自治县在换届选举前，专门召开全县换届选举工作会议，会上安排部署全县的换届选举工作，在工作方案中，明确规定了各乡镇要将妇女参选参政工作纳入工作重点，确保妇女进入村委会的比例有所提高。成立换届选举工作指导组，县妇联一名副主席任指导成员负责一个乡的换届选举工作。在召开的指导小组会议上，紫云自治县妇联专门对黔民发〔2010〕34 号文件精神进行了传达，并要求各指导组切实按照文件精神指导乡镇做好农村妇女参选参政工作。各级部门齐抓共管，提高参选比例：县民政局、县妇联的分管领导也分别深入乡镇、村寨进行调研，了解乡镇开展妇女参选工作的开展情况，以及落实黔民发〔2010〕34 号文件精神。按安顺市、紫云县的相关文件精神，2013 年 10 月至 2013 年 12 月 31 日紫云县第九届村（居）级组织换届工作圆满结束。

（二）与以往相比有了较大提高

经过各级各部门的共同努力，紫云自治县的村两委换届选举选出了一批年富力强、有能力、群众信得过的优秀妇女干部，在村两委中分别担任不同的职务，掀开了农村妇女参选参政工作新的一页。

1. 农村女干部的整体素质有待明显提高。

紫云自治县村（居）两委换届选举选出的女支书、女主任、女委员，文化程度较上一届有明显提高，大专以上的 36 人，占 13%；高中（或中专）的 82 人，占 29.8%；初中的 67 人，占 24.4%；小学的 90 人，占 32.8%。年龄也趋向年轻化，30 岁以下的 43 人，占 15.6%，31～35 岁的 33 人，占 12%；36～45 岁的 152 人，占 55.3%；46 岁以上的 47 人，占 17.1%。

2. 妇女群众参选参政意识明显增强，成功率提高。

在换届选举中，由于妇女民主意识增强等原因，参与投票的女选民占到 68.8%。在选举前和选举中，县、乡、镇妇联主动参与，为农村妇女参政搭桥铺路，积极努力地开展了大量工作，提高了妇女群众的参政意识，增强了妇女群众参选信心，指导优秀人选参选，提高了成功率。

3. 妇女竞争意识明显增强，村妇代会主任当选率高。

随着女性参政意识的增强和农村干部待遇的提高，广大农村妇女竞争意识明显增强。在本次换届选举中，竞争激烈，涌现出很多优秀妇女参与竞选，村妇代会主任中有 162 名顺利进入村"两委"，占村总数的 100%。

4. 妇女参选的有利政策成就了妇女顺利进入村"两委"。

由于鼓励妇女参选的有利政策，激发了广大妇女参选的积极性，大批优秀妇女参与竞选，脱颖而出，162 个行政村中，有 194 名妇女顺利进入村支"两委"，其中，产生村支部书记 7 名，村委会主任 7 名。

四、农村妇女参政议政存在的困难和问题

（一）客观方面

1. 农村女性后备干部人选不足。

农村女性人才来源极度匮乏。随着市场经济的逐步繁荣发展，大部分农村女青年不愿留家务农守业，纷纷外出务工经商、打工挣钱，她们见识多、眼界宽、有思想，是发展农村经济的生力军，也是女干部队伍发展的重要后备力量。但由于城乡发展差距，她们大多不愿回乡，一心在外赚钱，很少考虑到村任职的问题，从主观上弱化了向党组织靠拢的积极性；而且由于她们长年在外，乡镇和村党组织看不到、管不着，也难以将她们作为后备力量培养。同时很多有一定资金和技术的女能人、女强人都在外地买了房子或者租了门面在做生意，虽然户口还在村里但是本人已经不会再回村里了。还有一种情况就是外嫁他乡。这使得农村女青年越来越少，有能力、有水平的更是凤毛麟角，客观上造成农村女干部后备力量面临"无人可备"的困境。同时由于政策法规的学习理解、把握和宣传存在误区，有的乡镇对《村委会组织法》中规定的"女性应有一定比例"没有给予充分重视，认为"女性名额要求"要符合"两推一选"，不敢理直气壮地宣传引导，怕违反组织法，工作中存在宣传不够、工作被动、措施不力的情况。

2. 担任实职的农村女性干部少。

一是领导不够重视，思想认识不够，没有切实增强推进妇女进"两委"的责任感和使命感。不能有效改善农村女性参政的现状，推进农村妇女进"两委"，提高村"两委"中女性比例，特别是女性正职比例，推动农村妇女参与村民自治的力度尚不够。二是提高妇女素质，增强村级女干部的竞争意识和参政能力不够。没有充分发挥农村家长学校、村妇女小组的阵地作用，没有提高广大基层妇女群众的知识层次、法律意识、参政意识、竞争意识。对一些年纪轻、文化程度高、头脑灵活、能带头创业的农村妇女，没有多给她们挑担子的机会，没有提高她们的组织协调能力和解决实际问题的能力。三是强化舆论宣传，积极搭建基层女干部创造展示才干的平台不够。各级党委政府对加大宣传力度，进一步宣传男女平等的基本国策，宣传党和国家法律关于培养选拔女干部的政策规定，为进一步提高女性进村两委和担任正职比例创造一个良好的社会环境尚做得不够。从进村支"两委"的 194 名女性看，担任村支部书记、村委会主任正职的少，大多数担任村支"两委"委员职务，主要负责一些妇女工作、计划生育、邻里纠纷调解等工作。

3. 农村妇女在经济生活中处于被动地位。

紫云自治县是个典型的山多地少的少数民族农业县，种养业的发展是提升县域经济的关键。少数民族地区农村妇女由于受经济条件和传统文化的影响，生活空间比较狭窄，思想比较狭隘，结婚生子后把所有的时间和精力倾注在了家庭和子女上，无法从以生育特别是生育男孩为人生任务的狭小天地中解脱出来。她们更多地依赖自然资源，从事着简单的劳动来满足生活需要，对家庭以外的社会资源，如现代的生产信息，各种政策措施、法规和相关技术的接受总处于被动地位，这导致她们在社会中普遍处于受支配地位，严重影响了农村经济发展。

4. 少数民族地区农村妇女受教育的权利未能全部实现。

由于家庭和经济条件的限制，许多农村小孩未能全部实现受教育的权利。特别是近几年来，随着人事制度改革的深入，大中专毕业生不分配工作和教育费的增加，导致农村学生失学面较大，有的初中一毕业便外出打工。此外，因受传统思想的影响，认为女孩迟早是嫁出去的人，泼出去的水，会写自己的名字和认钱，将来嫁个好人家就行了，读书只是浪费钱，因而女孩辍学率比较高，导致农村妇女整体素质低。农村妇女文化素质低，制约了农村妇女对职业的选择，出现了"三有四缺"现象："三有"即有劳力，有土地，有干劲；"四缺"即缺新的思想观念，缺现代科学技术，缺发展资金，缺市场信息和管理营销能力，导致少数民族地区经济发展整体水平不高，资源得不到合理的开发利用。

（二）主观方面

1. 传统的性别观念影响农村妇女参选参政。

由于受封建传统性别观念的影响，妇女中"男主外、女主内"的思想依然存在。男尊女卑传统观念的影响仍然制约着农村妇女的参政、议政意识。农村妇女自身解放思想认识不高。部分妇女因为参加竞选常常遭到来自社会和家庭多方面的讽刺和打击，造成农村妇女在参与村务管理面前，处于不敢想、不能想、想也白想的尴尬境地。新中国成立后，尽管妇女从封建思想的束缚中解放出来，思想观念发生了很大变化，但她们在处理各种复杂的社会问题和遇到外界各种压力时，心理承受能力差，自信心明显不足，依附男人处理和解决问题的思想较浓，往往自觉或不自觉地退回"男人以社会为主，女人以家庭为主"的习惯性性别分工模式，对新生事物接受能力差，不能完全适应传统农业社会向现代工业、农业社会转型的需要。社会解放了妇女，但妇女自身没有完全解放自己。

2. 女性自身竞争力不强。

农村妇女自身素质偏低，参政意识薄弱。农村妇女的整体素质虽然比以前有所提高，但由于受各种主客观条件的限制，在文化素养、法律素养等方面，整体水平不高，缺乏社会竞争力，跟不上形势发展的需求，在与男性的竞争中处于劣势，农村妇女自身主动争取意识不够，抱着被动等待的态度，主体意识、独立意识、竞争意识较差，增加了当选的难度。

五、原因分析

（一）受经济发展因素、领导重视力度不够方面因素影响

在调研中发现，在经济比较发达的地区，妇女参选积极性比较高；相反，较为贫困的地区妇女参选积极性较低。领导重视的乡镇，妇女推选较为成功；领导不重视的乡镇，妇女参选率低。

（二）受旧思想、旧传统观念的影响大

由于长期以来受传统封建思想的禁锢，在各乡镇农村妇女中形成了一种男尊女卑、男强女弱的封建思想，因而产生一种"事不关己"的意识，对妇女进村支"两委"不够热心，对妇联组织相关活动的重要性认识不足。

（三）妇女受教育程度偏低，思想意识较落后

由于生活水平不高，经济效益较低，加上重男轻女的思想还较严重，就造成了妇女受教育程度偏低，综合素质不高；另一个是与外界的接触过少，知识面不广，视野较狭窄；使她们的思想停留在了一个过于朴实而相对贫乏的层面上。

（四）基层妇女组织建设不够完善

尽管党委、政府对农村妇女工作一直很关心，但是重视力度仍然不够，乡镇妇联的工作开展力度也还不到位，致使乡镇妇联组织在妇联的工作建设中未充分发挥其作用，在工作的开展上存在一些困难。

（五）生活所迫

由于国家政策及乡财政等多方面的原因，村干部工资待遇并不高，一般是1300~1500元之间，而紫云自治县大多乡镇耕地面积较少，仅通过栽种粮食作物是很难让农户过上好日子的，因而大多数人都会选择外出务工，所以其积极性没有得到激发和调动。

六、县、乡两级妇联对推动农村妇女参选参政的几点建议

党委政府加强对妇联工作的重视，大力营造良好的妇女工作氛围。加强对妇女

儿童权益的法律、法规的宣传，重视紫云自治县村妇代会在党和政府联系妇女群众的重要纽带作用，重视各村妇女在新农村建设中的重要作用。

（一）加大对农村妇女参政议政的宣传力度，努力营造妇女参选参政的良好社会氛围

要利用各种时机，宣传马克思主义妇女观、男女平等基本国策以及《妇女权益保障法》，宣传国家出台的一系列鼓励支持农村妇女参与村民自治实践的法规政策，广泛利用电视、宣传车、宣传手册、标语等宣传手段，宣传男女平等基本国策和妇女参选的成功经验，通过各种新闻媒体大力宣传农村妇女身边的女能人、女带头人的先进事迹，宣传广大妇女在经济社会发展中的作用，唤醒女性的主体意识，引导农村妇女树立敢于发展、敢于竞争、敢于作为和自尊、自信、自立、自强的进取精神，鼓励广大农村妇女从关心周围的公共事务开始，逐步提高妇女参政议政的积极性、主动性。提高村民对妇女参与村民自治法规政策的知晓率，营造有利于妇女参选的社会氛围。

（二）加强学习，科学知识是改变农村妇女未来命运的基础

利用三八国际妇女节，三八维权周，送科技、文化、卫生"三下乡"宣传咨询活动，六一国际儿童节，七一建党节，八一建军节等节日契机组织相关职能部门开展宣传咨询活动，向广大农村群众尤其是妇女群众作参选参政的宣传，并到广大农村妇女同胞中组织学习《妇女权益保障法》和《妇女儿童发展纲要》，为广大妇女儿童提供维权保障，使她们能够切实了解到哪些是应该享受的权利，如何依法保障自己的权利，提高自身认识，摒弃男尊女卑的落后观念，实现真正意义上的男女平等，以消除性别歧视等问题。这项工作功在当代，利在千秋。多在女农户中开展教育培训活动，通过教育培训，可以增强广大妇女和妇女干部们参与基层工作与经济建设的能力，拓展她们的知识面，不断提高其综合素质。

（三）选任有能力的妇女代表干部

选任有代表性的妇女群众作为农村后备干部候选人，让她们能在广大妇女中起到很好的带头作用，对于妇女之间的交流沟通起到一个很好的桥梁作用，便于工作的开展。对各行各业、各条战线上的妇女英模人物进行表彰和宣传报道，充分发挥其榜样示范带动作用，达到鼓舞人心、激励上进的目的。

（四）关心农村妇女的身心健康

关爱妇女儿童身体健康是提高工作学习和生活水平的基础，通过健康体检，对早期疾病及时发现并进行有效治疗，对进一步树立妇女儿童的健康生活理念，提高其身体素质，具有重要意义。尤其是很大一部分农村妇女对健康重视不够，以致没有一个健康的体魄，更难以选择从政的道路。

（五）进一步加强基层妇女组织的建设工作

我们应充分认识到基层妇女工作的艰辛与劳苦，从村到乡（镇），到县等，应建立一个完善的妇女组织建设机构，以便于每一个环节的开展。

（六）注重提高农村妇女素质，加强妇女能力建设

首先要加强培训，有针对性地举办不同类型、不同层次的培训班，不断扩大培

训受益面，提高妇女的综合素质，让她们掌握必要的文化科技管理知识和政策法律知识，增强村务管理和村务决策等方面的能力。另外，还要有重点地培训妇女如何竞选，特别是要加强妇女当选后如何参政方面的培训，努力提高广大农村妇女的参选参政能力。其次要引导教育妇女干部正确看待和估价自己，保持自尊、自信、自立、自强的"四自"精神，努力增强自己的参政意识和能力。

（七）广泛发动、组织广大农村妇女参与新农村建设

农村妇女是推进农业和农村经济结构调整、维护农村社会稳定、建设社会主义新农村的重要力量。要继续深入开展"双学双比""巾帼示范村""和谐家庭"等创建活动，围绕党政中心工作，不断创新载体，拓展领域，组织引导广大妇女创家业、干事业、办企业，争做致富女能人、女科技带头人，提高她们的经济地位，为争取政治上的平等地位打好经济基础。

（八）多措并举，建立促进农村妇女参政议政的长效机制

改善农村妇女参政的状况，是一项巨大而复杂的系统工程，必须做好经常性的工作。首先要确保制定的各种促进农村妇女参政的政策和措施的连续性，既要制订近期目标，又要有中、远期规划。同时要加大培养选拔农村妇女干部的力度，对"双学双比"女能人、致富女能人等妇女典型，进行跟踪培养，逐步提高参政妇女的整体水平，从而促进女性进两委比例的提高。

总之，县、乡两级妇联要积极为妇女办实事、办好事。各级妇联组织既要选好定位，开拓、创新，积极探索服务基层、服务妇女群众的新路子，多做基层需要、妇联所能、妇女群众欢迎的工作；充分发挥桥梁、纽带作用，多为群众办实事，特别是要关注弱势群体。加强对妇女群众的培训，提高妇女就业、创业技能，实现再就业。为弱势群体的妇女排忧解难，加强横向联系，多提供就业岗位，解决妇女群众在生产生活中的困难；利用社会资源，多开展公益性女性疾病预防宣传。要切实维护妇女合法权益，维护妇女群众的根本利益，是妇女工作的出发点和落脚点，也是妇联组织的基本职能和首要任务。开展普法宣传、法律帮助等服务，增强广大妇女的法律意识和依法维护自身权益的能力。多开展"走村串寨"的法律常识宣传、生活常识讲解等活动，以增强妇女的自我保护意识、拓宽其知识面，同时要切实保障广大农村妇女合法权益不受侵犯。通过多措并举，切实保障农村妇女参选参政的意识得到提高，行动得到落实，真正体现男女平等的基本国策。

新型城镇化进程中民族妇女就业培训现状研究[①]
——以内蒙古西部牧区蒙古族妇女就业技能培训为例

内蒙古大学民族学与社会学学院　王红艳

[摘要] 随着我国城镇化的快速发展，大量民族妇女开始经历城镇化变化，表现在两方面，一方面是大量民族妇女改变原有生存方式进城就业，另一方面是留守家乡的民族妇女开始现代化种植业。然而，缺乏必要的就业技能培训使得进城民族妇女难以实现稳定就业，也使得留守家乡的民族妇女难以适应现代农牧业经营活动。因此，如何获取就业技能培训对于稳定进城民族妇女就业以及提升留守民族妇女发展种植业都具有重要意义。那么，新型城镇化进程中，民族妇女经历了何种技能培训，她们获取技能培训的渠道如何，获取技能培训中存在哪些问题，这些都是值得思考的问题。本文以内蒙古乌拉特后旗蒙古族妇女就业技能培训现状为例，对当前少数民族妇女就业培训状况进行分析研究。

[关键词] 民族妇女　技能培训

乌拉特后旗位于内蒙古自治区西北部，北与蒙古国接壤，边境线长 195.25 千米，面积 25 276 平方千米，是内蒙古自治区边境旗县之一。全旗现辖 3 镇，2 苏木，52 个嘎查村，2011 年年末总人口 6.55 万。

一、民族妇女所受技能培训现状

（一）在牧妇女就业现状与主要技能培训

居住于前山的或从后山转移到前山的在牧妇女主要从事现代牧业。与传统牧业相比，一方面，现代牧业体现为集约发展，通过种养结合的模式将牧民住房、棚圈、机具、青贮窖、沼气池、水、电、路、林田、井、渠等配套集合为一体，实现种养结合的现代模式。在现代牧业发展中，在牧妇女改变原有放牧模式，如有的妇女主要圈养二狼山纯种白绒山羊。另一方面，现代牧业突出特色养殖，部分妇女养殖獭兔、野鸡、南非雁、刺猬、七彩鸡、鸵鸟、沙地牧鸡等。此外，现代牧业更倾向于参与市场，牧业合作社与牧业协会在乌拉特后旗悄然兴起。在 2010－2014 年间乌拉特后旗就成立了 18 个与现代牧业相关的合作社与 6 个养殖协会，其中有 6 个专业合作社是在旗妇联推动下由妇女领办的妇女专业合作社。不论是作为妇女专业合作社的会员还是作为一般牧业合作社或养殖协会会员户的成员，加入合作社都

① 本文为国家社科基金重点项目《民族宗教文化的现代化调查研究》（11ASH007）的研究成果之一，同时也是教育部人文社会科学重点研究基地重大研究项目"内蒙古草原牧区工矿开发与和谐社会建设实证研究"（12JJD740001）的研究成果之一。

其中男性 3.35 万、女性 3.19 万，城镇人口 3.40 万，嘎查村人口 3.14 万，全旗人口中蒙古族占 27%。

随着退牧还草、生态移民工程的推进，加之随着矿产资源的开发、特色旅游与特色经营活动的带动，大量妇女从传统畜牧业经营中迅速转移出来，进入当地工矿企业或进入第二、第三产业，少部分留守妇女从事现代牧业经营。不论进城就业抑或从事新型农牧业活动，就业技能培训对她们而言都格外重要。

需要妇女从事种养殖活动，还需要从事与合作社运作相关的现代养殖、种植、管理、加工、销售以及参与一定的公司运作与管理活动。前山妇女就业技能培训集中于学习农牧结合的新型种养殖技能、特色养殖业、设施农牧业、农业风险规避等，具体培训涉及蔬菜大棚种植、温室育苗、小拱棚蔬菜种植、肉羊养殖、种公羊培育、饲料加工、生物微肥使用、温室大棚菜嫁接、覆膜玉米后茬免耕栽培、中药材桔梗示范种植、动植物疫病防治、农牧业风险规避与保险政策以及与农牧业产品流通、营销以及公司管理等培训。

居住于山后的妇女从事传统牧业生产劳动，主要放牧传统绵羊、二狼山白绒山羊、戈壁红驼，同时放养新引进品种大尾绵羊、杂交岩羊，居住于水库附近的牧民还从事鱼类养殖①，边境牧民采挖苁蓉②，草场内有风电、石油开发项目的牧民从事搬运劳动③。山后牧区妇女所接受的技能培训主要是传统畜种保种、二狼山白绒山羊养殖、戈壁红驼保种与养殖技能、传统畜牧业改良、牲畜防疫防病、布病防控常识、特色养殖业、草场林地保护、梭梭林防护、畜群优化、民间手工艺、奇石经营、货车驾驶员以及惠牧政策等。

在旅游开发与新牧区建设推进中，牧家游作为牧区在牧牧民新的经营方式快速兴起，山前、山后沿公路线或居住于旅游景点周边的女性牧民开始经营牧家游和家庭生态牧场，草原特色餐饮、草原一日游、休闲娱乐和家庭接待、礼仪培训开始推广。

（二）非在牧妇女就业现状与技能培训

乌拉特后旗非在牧妇女主要来源于牧区生态移民、退牧转产以及自行改变就业方式等从畜牧业经营中转移出来的女性劳动力，还有一部分是在牧区长大但在城市学习之后准备进入城市就业的青年女性。非在牧妇女大多居住于前山巴音宝力格镇、呼和温都尔镇、潮格温都尔镇镇内或山前新移民安置小区内，转移出来的妇女有的"打临④"，有的进厂矿企业或当地商场、餐饮店就业，有不少中青年妇女自己创业和做个体业主。与在牧妇女相比，非在牧妇女就业范围较为多样化，所经历的就业技能培训也具有多样化的特征。非在牧妇女就业内容大致有农牧业公司、合作社内等，一般中年妇女在此类公司中务工，多为临时性务工，接受的就业技能培训主要为较为简单和初级的培训，如采摘、保鲜、肉类加工以及与之相关的机械操作等。在当地厂矿企业中务工，如从事计算机操作、化验、化学分析、财务会计、统

---

① 集中于获各琦苏木的乌宝力格嘎查、前达门嘎查、查干高勒和萨如拉嘎查水库附近，2014 年共有 4 处鱼类特色养殖基地。

② 采挖苁蓉为边境妇女除牧业之外从事的主要生产经营活动，采挖苁蓉收入是当前边境在牧户和禁牧返回牧区牧户重要的收入来源之一，也有少数边境之外的妇女以住亲戚家等方式参与到苁蓉采挖中。当前苁蓉采挖受到政府禁止，在苁蓉采挖等方面未进行过相关培训活动。

③ 搬运送水是伴随山后牧区开矿、石油开采以及风电建设过程中逐步形成的在牧牧民从事的维持生计的主要非牧收入，是牧民为牧区企业提供送水、搬运机械设备、搬迁办公地点以及维修等服务，从事搬运的男性牧民居多，也有部分妇女加入搬运队伍，如开车拉水和开车拉货等。

④ 打临是当地方言，一般指做短工或从事按天计算工钱的苦力活，如临时搬运等。

计、测量、预算、管理、检测、监测等工作，能够从事此类工作的妇女不多，且多为中青年妇女，同时具有初中及以上文化程度。对于多数妇女而言，她们的就业范围主要是从事餐饮、客房服务、烹调与面点工作，从事家政服务、保健按摩、美容美发工作，充当服务员、计算机操作员、打字复印员、汽车驾驶员、商品营业员、保育员，或进行室内装饰设计、网页设计、市场营销、脱水菜加工、乳制品加工、奶食品与民族食品制售、特产流通、民族服饰交工、销售、奇石经营，也有的担任农产品经纪人、物业管理员，还有个别妇女进行个体经营或创业等。非在牧妇女在从事以上种类多样的工作中，或多或少经历过不同程度与不同形式的培训。

以上就业中，妇女所接受的技能培训大多数不是单独为妇女设立，在牧妇女以家庭成员、牧户成员或专业合作社社员或协会会员身份而接受技能培训，在培训中妇女所占比重不大。而非在牧妇女一般根据妇女本人就业工种接受培训。对于刚刚走出校门的年轻女性来说，她们选择进技术学校或培训机构学习专业技能，然后根据专业与个人爱好就业。

二、牧区妇女获取技能培训渠道及形式

当地蒙古族妇女获取就业技能培训的渠道主要有：政府部门、用人单位、合作社与行业协会、职业技术学校与社会培训机构。

（一）政府部门

政府部门所提供的就业技能培训是当地蒙古族妇女获取就业技能培训最为主要的渠道。提供或组织就业培训的政府部门主要有妇联、人力资源和社会保障局、农牧业局、科技局、工商联、农业综合开发办、扶贫办、残联等，以及苏木、镇政府相关部门。

妇联专门针对妇女提供就业培训，其中包括对在牧妇女提供致富培训、参与合作社培训、种养殖技术培训，为非在牧妇女提供的培训有妇女创业培训、务工培训。妇联在为妇女提供就业培训的同时还提供就业贷款担保，如2011年妇联为农牧区"4050"妇女、家庭负担重的妇女、走出去有困难的妇女，专门开展了技术含量低、周期短的实用技术培训和适应产业结构调整的农业新技术培训。妇联还依托当地妇女科技示范基地、科技指导中心，开展"畜牧兴家"活动，为当地妇女进行牛羊育肥、牧草种植、畜产品加工技能培训。

农牧业局、科技局和农业开发办公室主要为在牧妇女提供种养殖业类技能培训和科技推广培训，包括种养殖业、科技、新品种、新技术、新的种植模式推广和应用类培训。农牧业局和科技局举办的培训数量多，培训对象是所有在牧牧民。

人力资源和社会保障局以及工商联主要为非在牧妇女提供转移就业类培训，人力资源和社会保障局与妇联也会联合为非在牧妇女提供培训，如2010年乌拉特后旗妇联与人力资源和社会保障局联合为非在牧转移妇女提供65期创业与再就业培训，参加者达2 275人次。人力资源和社会保障局的技能培训对象主要是城镇与农牧区失业人员，其中包括少部分非在牧的蒙古族妇女。工商联主要为个体商户提供从商与经商类培训，蒙古族妇女只有经商并参加商会组织才能获得培训机会。

扶贫办与残联也是妇女获得就业技能的渠道，扶贫办主要以项目的形式对贫困家庭的妇女提供与脱贫相关培训，残联则对残疾妇女提供培训，争取到扶贫办与残联所提供就业技能培训的蒙古族妇女人数很少。

当地镇、苏木一级政府机构也是当地蒙古族妇女获得就业技能培训的辅助渠道，如巴音宝力格镇在2011年为了扶持农牧业专业合作社和养殖大户，共举办农牧民科技培训班12期，培训者达2 600多人次。巴音宝力格镇妇联与镇政府联合为当地妇女举办20期技能培训班，受训农牧民城镇妇女524人次；与旗就业局联合举办了13期创业就业培训班，受训妇女50多人次；发放创业培训贷款109万元，共33户妇女受益。再如巴音前达门苏木2011年举办肉羊养殖技术培训等各类培训班18场次，培训牧民1 440人次。

政府部门作为就业技能培训提供渠道，举办培训数目多，资金相对充足，展开的培训形式也多样灵活，受益人群比较广泛。然而，对于乌拉特后旗蒙古族妇女而言，政府部门是她们获取技能培训资源的主要渠道，不过政府部门提供的培训一般都具有较为严格的审批程序，只有符合培训资格的妇女才能参加。

（二）用人单位

用人单位是牧区妇女接受技能培训最普遍的渠道。工矿企业、酒店与餐饮行店、百货商场、物业公司乃至个体工商户，只要是招聘就业者的场所，对当地妇女而言都是就业场所。工矿企业、餐饮行业和物业公司是当地年轻妇女的主要就业场所，如乌拉特后旗大型工矿企业——东升庙矿业公司，对新入职员工会进行安全培训，大型工矿业公司一般都会编写如《安全操作规程》《岗位安全责任制汇编》等文本性培训资料，其培训体系相对完整，而且注重对员工进行持续的培训，能够获得此类技能培训的蒙古族女性非常稀少。

大型酒店、物业公司、商场是年轻蒙古族女性获得就业技能培训的常规渠道，如当地宝源酒店、国泰超市等对入职的员工举行不同的培训。中小企业和规模一般的用人单位也会采用灵活的方式对就业妇女进行技能培训。个体工商户也是妇女接受技能培训的常见渠道，如美发店、石馆经营店、打字复印店等为妇女提供一定的技能培训，民族服饰店经营户、蒙餐餐馆等商户以招徒弟、学员形式为妇女提供技能训练。这类培训零散，但对于刚刚走出牧区进入城镇的妇女来说，这是获取就业技能最为便捷的渠道。

个体工商户通过经销某种商品得到上级公司或总公司统一和后续培训，这类培训主要是为了提升个体经营户的经营能力、经营规模，或是为了培育品牌、把握市场需求，如2011年乌拉特后旗13家经营种子个体户得到种子公司统一的一对一销售培训，烟草专卖局与烟草公司对全旗249家零售户进行集中培训，培训内容包括店面装修、卷烟摆放、销售卷烟技巧、客户消费心理方面。这些培训对于非在牧经商蒙古族妇女来说是获得特定经营技能、快速获得经商技能的重要培训渠道。

工矿企业等规模较大的用人单位主要有培训班式、开会式、班前班后现场培训等，所提供的培训一般具有持续性特征，但参与其中的蒙古族妇女数量有限，一般用人单位、个体工商户提供的就业技能培训往往采用师徒帮带的形式。

（三）合作社、行业协会

农牧业合作社和民族文化协会是当前牧区新型的民间组织，合作社与行业协会是当地社员或行业会员进行相关专业技能培训的渠道，参与其中的牧区妇女也会作为社员或会员获取不同的培训。截至 2014 年 5 月，乌拉特后旗农牧民专业合作社达到 102 家。牧区妇女作为成员可以获取一定技能培训。

与专业合作社类似，行业协会也是乌拉特后旗妇女获得技能培训的渠道。协会为入会会员提供生产、技术、营销、信息、技术等培训服务。如乌拉特后旗民间艺术手工业奇石协会是经营奇石、民族服装、手工艺品、古玩、根雕、玉石、苁蓉等的批发销售贸易组织，通过聚集奇石爱好者、手工艺品制作者等方式对协会会员进行培训。

（四）职业技术学校与社会培训机构

职业技术学校是对初高中毕业之后未升入高一级学校的学生举办培训的机构，年轻的妇女一般可以在技术学校进行学习，如当地的水利技工学校，主要为当地工矿企业培训实用技能劳动者，主要培训电工、化学分析工等，进入水利学校参加培训的以当地男性为主，女性较少。职业教育中心和职业中学是牧区妇女接受技能培训的主要渠道，这些培训学校大都开设适合牧区妇女学习和便于就业的培训课程，如开设餐厅服务、中西式烹调、中西式面点师、家政与客房服务、保健按摩、计算机操作、美容美发等适合妇女学习的课程。公办培训机构一方面通过接受政府培训任务，即当地政府机构将牧区转移就业培训的任务与培训内容外包给公办培训机构，参加培训的牧民通过在当地劳动部门进行申请而获取培训资格，对于首次就业或不懂当地劳动法规的女性牧民来说，往往不知晓如何通过这一渠道获取培训。

三、牧区妇女获取就业技能培训的障碍因素

（一）技能培训资源总体短缺

随着当地产业结构快速调整，不论是从事牧业的在牧妇女还是从事非牧业生产的妇女，其知识需求与技能需求都不断增加，但是没有太多技能培训资源来满足她们获取培训需求是一个现实问题。虽然当地政府部门和社会机构一直在为当地牧区妇女提供培训机会，但就业技能培训资源整体缺乏是牧区妇女获取技能培训的主要障碍。以 2011 年为例，由旗政府举办的职业技能培训班 18 期 1 137 人，农牧区剩余劳动力转移就业培训 4 111 人次；由旗人力资源和社会保障局提供职业技能培训班 21 期，培训人员 1 331 人（大专 216 人），其中城镇失业人员 687 人，农牧民 644 人；旗工商联举办培训班 12 期；旗科技局举办科技培训 68 期，培训农牧民 5 087 人。在这些培训中，妇女参加人数所占比重并不高。2011 年乌拉特后旗妇联与农牧业局联合举办 75 期科技培训班，与就业局联合举办 38 期妇女"SYB"创业技能培训，受训妇女达 839 人次；与呼和镇政府、就业局举办家政服务技能培训班，有 100 名 30～50 岁妇女接受培训。用人单位、合作社、行业协会以及个体工商户虽然也在为牧区妇女提供某方面的技能培训，但限于用人单位资金有限以及培训成本、企业运行成本，实际上提供的机会整体不多。当地培训机构和职业技术学校整体偏少，师资和培训所能提供的培训种类有限，整体上培训资源的缺乏限制了妇女获取培训技能的机会。

（二）技能培训缺乏针对性

当前技能培训较少考虑培训资源的平衡分配。对于牧区妇女而言，一方面表现为培训中忽视民族或牧区因素，另一方面更容易忽视培训中的性别因素。这就造成牧区妇女这一群体在接受技能培训上，面临既缺乏民族或地域特性，又缺少性别特性的双重障碍。

牧区妇女技能培训缺少针对性，不仅体现为没有体现牧区特色，同时也体现为没有考虑妇女性别因素。以在牧妇女科技培训为例，培训中很少单独进行牧区培训，科技推广往往是涵盖全旗所有从事农业与牧业的劳动者。但是在实际调研中，笔者发现这种农牧全涵盖的培训方式虽然范围广泛，但是存在种植方面以及放牧方面都流于浅显层面等问题。而现实中，居住于山前和山后的妇女所从事的在牧生产经营存在很大区别，缺乏针对性的培训是在牧妇女不能深入掌握培训资源的障碍。再以非在牧妇女培训为例，政府部门提供的非在牧培训往往是整合再就业转移或与城镇再就业培训结合进行的，企业与用人单位培训往往是针对某个工种所进行的特殊培训，这些培训往往忽略妇女从事牧业的特征或文化甚至语言的特殊性。忽略牧区因素，造成参加培训的妇女面临语言、传统文化方面的障碍，从而影响她们参加培训的质量与参训意愿，同时也限制她们自身潜力的发挥，如有的妇女具有从事蒙餐以及民族文化用品方面的优势，但是缺少此类培训使得不少女性选择师徒帮带方式获取此类培训技能。与汉族或农村妇女相比，牧区妇女所获得的培训机会就更少。

缺少性别针对性也是当前牧区妇女培训技能的一个障碍，不论是政府提供的科技培训还是非科技培训，往往不是专门针对女性开展的，只有妇联提供的培训是专门针对妇女而举行的，但是妇联举办的培训很少，也无力举行专门针对牧区的培训。多数培训班中妇女的参与率都比较低，与男性相比，牧区妇女接受培训的机会较少。

（三）培训机制不完善

虽然妇女技能培训受到国家和社会各界的重视，但是到目前为止还未出台比较完善的培训机制。乌拉特后旗政府也在不断整合各类培训资源，但是当前培训资源分散、缺乏持续的或成体系的培训机制也是制约牧区妇女参加培训的深层障碍。如政府举行的培训多为完成培训任务服务，在年限和纵向发展上缺少持续性，往往与是否就业挂钩，如果就业则不再参加培训，而用人单位提供的培训往往是入职训练。

第三部分　家庭教育与妇女发展

以妇女教育深入推进家庭教育的思考

四川省妇女干部学校　魏智燚

[摘要] 教育是社会公平的基础，妇女教育是基础的基础，妇女的素质决定着家庭教育的品质。随着经济社会的发展，互联网时代的到来，"留守儿童"、单亲家庭子女逐渐增多，社会就业压力增大，家庭教育也面临着空前的突出问题，必须通过妇女教育推动家庭教育健康发展。

[关键词] 妇女教育　教育问题　家庭教育

教育是社会公平的基础，妇女教育是基础的基础。家庭作为社会的细胞，是最基本的生活单位，是人类较为古老的社会组织形式的根基。家庭是儿童与社会最早的接触点，是教育的重要阵地，是儿童成长的第一所学校。家庭教育作为整个大教育体系的组成部分之一，是学校教育与社会教育的基础和延伸。《国家中长期教育改革和发展规划纲要（2010—2020年）》明确指出："充分发挥家庭教育在儿童少年成长过程中的重要作用。家长要树立正确的教育观念，掌握科学的教育方法，尊重子女的健康情趣，培养子女的良好习惯，加强与学校的沟通配合，共同减轻学生课业负担。"习近平总书记2013年10月31日在中国妇女第十一次全国代表大会闭幕当天下午，在同全国妇联新一届领导班子集体谈话时指出："要注重发挥妇女在弘扬中华民族家庭美德、树立良好家风方面的独特作用。"总书记还殷切寄语广大妇女："要自觉肩负起尊老爱幼、教育子女的责任，在家庭美德建设中发挥作用，帮助孩子形成美好心灵，促使他们健康成长，长大后成为对国家和人民有用的人。""要发扬中华民族吃苦耐劳、自强不息的优良传统，追求积极向上、文明高尚的生活，促进形成良好社会风尚。""一个好的母亲抵得上一百个学校的老师。"时代在发展，社会在进步，处于互联网时代的今天，家庭教育也面临前所未有的问题和挑战，对家庭教育的研究和发展提出了新的课题。充分认识并注重发挥妇女在家庭教育方面的作用，积极稳妥处理家庭教育与妇女发展的关系，以妇女教育推动家庭教育的整体发展，不仅关系每一个青少年的健康成长、快乐成长、幸福成长，而且维系着家庭和睦和整个社会的和谐稳定。

一、当前家庭教育面临的突出问题及成因分析

随着经济社会的发展，电子信息技术高速发展，"留守儿童"、单亲家庭子女逐渐增多，社会就业压力增大，家庭教育也面临着空前的突出问题，需冷静分析，溯本清源。

（一）突出问题

综观我国当前家庭教育，主要存在着以下几个方面的主要问题。

一是家庭教育失"位"。改革开放以来，我国广大农村大多数父母外出打工，造成目前农村"留守儿童"逾6000万人，这些"留守儿童"大多由爷爷、奶奶抚养或寄养在亲戚家中。父母长期在外打工，他们给予孩子更多的是金钱而不是关

爱。由于"隔代教育"缺少了许多亲情的关怀，成长的心理无法得到满足，不少孩子孤独、自闭、过于敏感、过分自尊、盲目交友、沉溺于电子游戏网络等，甚至让个别孩子产生仇视心理。而对于富家子弟，同样存在着相似的问题。父母是名人，是公众人物，这样的家庭，父母为了自己的发展很少关心孩子的成长，总是给孩子用不完的钱。孩子在用钱方面没有任何计划和节制，缺乏理财和自控能力。而且他们过分依赖父母的社会地位，以为无论做错什么自己的名人父母都会善后、处理，可以不需要对自己的错误行为负责，"李某某事件"就突出地反映了这一问题。还有一种离异家庭的单亲孩子，孩子在家庭中不能获得完整的、来自父母的爱，这对孩子的人格塑造、良好品德的树立和行为习惯养成等都有着极大的影响。

二是家庭教育失"范"。"望子成龙""望女成凤"作为一种美好的愿望，本无可厚非，然而部分家长把"成龙""成凤"的概念仅仅理解为考上什么"名牌大学"，将来成为各类高级专门人才，而不包括普通工人、农民和各类初、中级技术人才，重智育、忽视德育屡见不鲜。部分家长不是关心孩子的整体成长，只是关心孩子成绩单的分数，很少过问孩子的思想品德的形成。部分家长以"自己的工作忙"或者"文化低不懂教育"为借口，放松对子女的教育。更有一些家长，看不到社会存在的不健康思想和丑恶现象，对孩子过于溺爱，对孩子心灵被侵蚀麻木不仁、视而不见。更有甚者，对孩子的错误采取放纵、包庇的态度，结果只能是贻害孩子。同时，父母在家庭教育中也未能起到很好的榜样示范作用，严格要求孩子却对自己"网开一面"，比如教育孩子诚实，家长却经常说谎话；教孩子认真读书，家长却一直不学习，闲暇时间上网玩手机娱乐，父母的坏习惯无形之中对孩子产生了不良的影响。

三是家庭教育失"策"。一些家长对孩子过于苛求，忽视孩子的年龄和心理特点，在学习上要求过高过急，甚至"拔苗助长"，其结果适得其反，让孩子的心灵受到影响。一些家长信奉"棍棒底下出孝子""不打不成器"等封建教育观点，孩子一旦出现问题，轻则训斥，重则动用棍棒。甚至自己不顺心，也拿孩子出气。在这种简单粗暴的教育形式下成长的孩子，很容易形成一些不正常的心理状态，不是唯唯诺诺，就是脾气特别倔强，有的则常常说假话，当面一套，背后一套。更严重的是，个别孩子挨打后外逃，遇到坏人引诱，就会走上邪路。

四是教育合力失"链"。家庭教育是一种以血缘纽带联系在一起的教育，它重亲情，重娱乐，重平等，重兴趣，重培养孩子的独立思考和人格塑造，重身体的健康发育。家长需根据孩子的特性，培养其独有的特长，身教与言教并重。同时，在现阶段，家庭教育和学校教育、社会教育出现严重的断档、脱节，学校、家庭和社会不能形成良性的教育合力生态。一些家长片面认为，教育只是学校的事情，与家庭无关。因此，造成"5＋2＝0""白＋黑＝0"的现象，即孩子有5个白天在学校学习，回到家里通过双休日和过一夜又回到了原点。

（二）成因分析

认真分析家庭教育出现的突出问题，其原因主要在于以下方面。

一是社会转型时期的生活结构发生变化。主要是市场经济带来的思维方式的改变。家长们很多的改变是被动的，过去没有可以值得借鉴的经验，而自我认识又是一个缓慢的过程，远水解不了近渴，而未来暂时还看不到。而这时，如果个人的学习没有跟上，就会感觉处于一种"前不见古人，后不见来者"，两头茫然的境地。这应该是绝大多数家长感觉焦虑的根源。

二是妇女教育未能跟上时代发展的步伐。母亲在家庭教育中扮演着重要的角色。母亲的兴趣爱好、秉性、人生观和世界观及受教育情况在很大程度上影响着对孩子的教育，起着潜移默化的重要作用。但一直以来，妇女教育被边缘化，甚至缺位。特别是与孩子进行有效沟通，根据时代发展变化顺应孩子生命成长规律和教育发展规律教育孩子等，这些都需要通过对妇女的有效教育来实现。

三是地方产业发展严重滞后导致妇女外出。随着城市化进程的加快，在家务农已经不能完全支撑一个家庭的经济支出。由于地方没有为当地农民提供合适的就业岗位，妇女自主创业既无资金又缺乏专业技术，妇女不得不与丈夫外出打工挣钱"养家糊口"。因此，造成农村"留守儿童"教育问题突出。

四是社会竞争激烈引发家庭教育急功近利。社会心理学研究认为，竞争是挫折的重要来源之一。家长内心的竞争意识，学校营造的竞争环境，社会倡导的竞争文化都像山洪暴发一样呼啸而来，把家长和孩子一起卷进去。家长们把自身的竞争心理和压力投射到孩子身上，孩子们从幼儿园开始就进入了赛场。人们错误地以为所有的竞争都可以促进儿童的进步，事实上绝大多数竞争对绝大多数孩子会造成损害。当竞争焦虑成为普遍的思维方式时，带给成人的只是焦虑及相伴的损害，带给孩子的则是一生的无力感、自卑感和心理失衡，对孩子的损害是根本而彻底的。

二、妇女教育对于推动家庭教育的重要作用

妇女发展是社会公平的集中体现，关系着整个经济社会的发展，关系着和谐社会的建立，其中最直接的作用是家庭教育和青少年的成人成才。福禄贝尔曾说："国家的命运与其说是掌握在当权者的手中，倒不如说是掌握在母亲的手中。"这句话很有哲理性，它深刻指出了妇女在家庭教育中的重要作用。

（一）妇女教育是家庭教育的"指南针"

教育是成就人、发展人，使人成为人的社会实践活动。教育的目的是使人不断社会化，从而在进入社会时能够有立足之地，并通过不同角色的变化推动整个人类社会的发展。

然而，人的教育是一项系统工程，包含着家庭教育、学校教育、社会教育，三者相互关联且有机地结合在一起，相互影响、相互促进、相互制约，这项教育工程离开任何一项都不可能。在这项系统工程之中，家庭教育是一切教育的基础，是起点教育和基点教育。苏联著名教育学家苏霍姆林斯基曾把儿童比作一块大理石，他说，把这块大理石塑造成一座雕像需要六位雕塑家，即家庭、学校、儿童所在的集体、儿童本人、书籍、偶然出现的因素。从排列顺序上看，家庭被列在首位，可以看出家庭在塑造儿童的过程中起到的重要作用。

在家庭教育中，妇女的素质决定着家庭教育的品质，而妇女的素质取决于妇女受教育的程度。面对教育乱象，妇女在对子女的教育中需有自己的教育定力，懂得教育是一个"慢"的过程，教育是一个等待和陪伴的生命历程。通过妇女教育，提高妇女对家庭教育的策略，使妇女深知教育的正确方向，懂得生命成长的规律和教育发展规律，懂得每一个生命都是不同的个体，懂得每一个孩子在不同的生命阶段的心理需求和教育特点，根据规律对孩子施加教育策略，这样可以避免盲从和教育环境带来的不利影响，从而把准教育的核心和航向，为家庭教育拨开迷雾，助推孩子生命健康成长。

（二）妇女教育是家庭教育的"助推器"

母亲与孩子之间的血缘关系和亲缘关系具有天然性和密切性，母亲的喜怒哀乐对孩子有强烈的感染作用。

孩子对母亲的言行举止往往能心领神会，以情通情。在处理发生在身边的人与事的关系和问题时，孩子对母亲所持的态度很容易引起共鸣。在母亲高兴时，孩子也会参与欢乐；在母亲表现出烦躁不安和闷闷不乐时，孩子的情绪也容易受影响，即使是在孩子胎儿期也是如此。如果母亲缺乏理智而感情用事，脾气暴躁，就会使孩子盲目地吸收其弱点。母亲在处理一些突发事件时，表现出惊恐不安、措手不及，对子女的影响也不好；如果母亲处变不惊、沉稳坚定，也会使子女遇事沉着冷静，这样对孩子心理品质的培养起到积极的作用。

通过对妇女进行系统化的教育，能够进一步提高妇女的修为和素养，使孩子受到润物无声的潜移默化影响；增强母亲健康育儿、理性教育、科学教子的方法，使孩子在轻松、愉悦的环境中接受教育；变简单的说教为示范引领，让孩子在场景感化、心灵震动中获取正确的知识，形成良好的行为习惯，成就完美的人格。

（三）妇女教育是家庭教育的"加油站"

木桶理论告诉我们，要给别人一碗水，施教者必须有一桶水。妇女作为家庭教育中的重要角色，随着社会的发展和时代的进步，要解决家庭教育面临的众多新情况和新问题，必须通过妇女教育进行系统研究和学习，通过教育进行"加油""充电"，才能适应不断翻新的教育现实。

在家庭教育中，孩子从婴儿期步入幼儿期，随着年龄的增长，终将由家庭这个小环境步入大社会，接触家庭外的人群、事物。社会中那些真善美、假丑恶不时地进入孩子的视野，儿童特别是幼儿缺乏理性的辨别是非能力，但有着比成人敏锐的感受能力。他们对身边发生的事物敏感性强，而这种敏感性正是培养理性辨别能力的良好基础。家长应利用这一特点帮助孩子在这种感受能力的基础上，发展其对社会生活的辨别能力和心理承受能力，过滤社会信息，优化孩子幼小的心灵。如果家长在日常生活中能针对孩子年幼接受能力强的特点，抓住具体的日常琐事，帮助孩子认识辨别社会中发生的是是非非，不但可以让他们具体地感受到真善美光明的一面，也让他们体会到丑恶、卑鄙的一面，可以帮助孩子增强扬善除邪的正义感，从而抵制丑陋阴暗面对孩子心灵的侵蚀。例如，当今电视网络几乎进入每个家庭，孩子们几乎天天与它打交道，可以说是不出自家门便知天下事。从中可以接受到来自世界各地的各种信息。这里有政坛风云、科技进步、凡人俗事的各种内容，从中可以学习很多知识，了解国内外大事，家内外小事。但也不可避免地使一些凶杀暴力、荒诞下流的镜头映入孩子的眼帘。家长要针对这些问题进行及时指导，提高孩子的鉴别能力，同时还要随时检点自己的行为举止，为孩子树立正面形象，优化儿童心灵，预防儿童犯错误，甚至违法违纪。

因此，通过妇女教育可以大大增强妇女对子女的教育机智，优化教育手段，伺机对孩子进行教育，收到事半功倍的效果。

三、以强化妇女教育推动家庭教育健康发展

妇女教育是推动家庭教育健康发展的保障，必须摈弃对妇女教育的政策研究和消除教育性别歧视，搭建好妇女教育的平台，增加妇女教育投入，提高妇女教育的水平。

（一）更新观念，让妇女教育有"位"

1960年12月15日，联合国教科文组织通过的《取缔教育歧视公约》明确指出，"教育歧视"一词是指基于种族、肤色、性别、语言、宗教、政治或其他国籍及社会出身、经济条件或出身的任何区别、排斥、限制或优惠，其目的是取消教育领域的不平等现象，特别是：禁止任何群体或个人接受任何种类或任何级别的教育；限制任何群体或个人，使之只接受低标准的教育；对某些群体或个人设立或维持有区分的教育制度或学校；对任何群体或个人施加人类尊严的条件。

该公约所指的"教育"指一切种类和一切级别的教育，包括受教育的权利和机会、教育的标准和素质以及教育的条件等。而教育性别歧视则是指基于性别而发生的教育权利的限制和损害，包括基于性别原因对入学、升学的限制，也可以表现为基于性别的学校、学科和专业隔离等。以上领域的歧视，依然不同程度地存在于各国教育领域和妇女的生活之中。这些问题，涉及法律、权益和社会的公正和人类的尊严。但是，现行的市场经济的运行规则，不仅不能自行消灭教育差别与歧视，相反，这些规则在很大程度上默认或者鼓励差别教育的存在，甚至认为这些差别是公平的。所以，改变教育机会的性别不平等与差异，无疑需要运用法律和政策等诸多手段进行调节。

因此，必须更新观念，将妇女教育纳入整个国民教育体系的整体布局统一规划，分步实施。同时，各级各部门要共同关心并支持妇女教育事业，让妇女教育不仅仅成为妇联组织的事情，使其不被边缘化。真正做到妇女教育与其他各类教育同规划、同部署、同实施、同考核，让全社会重视妇女教育事业的发展。

（二）建好阵地，为妇女教育搭"台"

加强妇女教育，首先必须解决妇女有地方接受教育的问题。一方面，必须抓好妇女教育专业教育基地的建设，充分发挥女子学院、妇女干部学校、妇女广播学校等妇女教育培训机构的作用，促使转变办学方式和培训方式。把各级妇女儿童活动中心建设成为妇女素质提升阵地、文化活动阵地、权益维护阵地、就业创业培训阵

地。广泛开展"女性大讲堂""父母大课堂"等群众性教育培训活动。另一方面，深入开发建立互联网新兴教育阵地，建好妇女教育专门的网站、qq群、微信、微博、论坛等，为妇女教育提供更多平台。

同时，充分利用好普通院校天然的优质教育资源阵地优势。在普通院校中开设专门面向妇女或向妇女倾斜的专业与课程等，鼓励妇女更多地进入大学非传统学科学习。非传统学科，更多地涉及精英教育与创新人才的培养，因而在教育资源方面会拥有更多的份额，进入这些领域，不仅可以更好地开发妇女人力资源，也可以发挥妇女在创新能力方面的潜力。同时，接受这些专业与科目的培训，还可以使更多的妇女进入新兴部门，特别是高科技领域工作，从而拓展妇女的就业领域，增加妇女的收入，进而提高妇女在高科技领域的决策参与，推动科学技术为妇女发展和社会公平与和谐服务。

（三）灵活形式，让妇女教育有"方"

生动活泼、方法多样的教育形式，决定着妇女教育的吸引力、实用性和发展力。在妇女教育形式上，要坚持"方便实用、灵活机动、优质服务、常抓不懈"的教育思路，尽可能增加教育数量，提高教育质量。一是坚持集中教育与分散教育相结合。充分运用妇女教育专业院校开展集中培训。近年来，四川省妇女干部学校坚持培训妇联系统干部与培训全省女领导干部，培训妇联系统干部与培训企事业单位女工干部，妇联系统干部培训与举办女性高端论坛相结合，开展集中专题培训，每年教育培训妇女干部和女领导干部近5000人。通过妇女干部和女领导干部的教育培训，培养各地的妇女教育"种子"，达到"教育一个妇女干部，辐射一片基层妇女"的教育目的。同时，基层妇联组织可以根据当地妇女实际通过网络、现代远程教育资源开展形式多样的教育活动。二是坚持"走出去"与"请进来"相结合。妇联组织要充分发挥"桥梁"和"纽带"作用，组织妇女到县外、市外、省外甚至国内外知名高校参加各种专题教育学习活动；聘请高校、妇女教育专业培训学校的教师到本地开展专题教育活动，让不能到外地参加教育的妇女就地接受教育。三是现场情境模拟教育与专题知识讲座相结合。情境模拟教育重点是让妇女直观感受，提升处理各种事件的技能；专题知识讲座重点是要让妇女增加理论基础知识。四是坚持学历培训与非学历培训相结合。在抓好对妇女短期非学历培训的同时狠抓学历培训，鼓励妇女通过函授、自考等方式参加学历教育，提高妇女的知识文化素质。五是坚持妇女素质提升与就业创业教育和"女性魅力健康"教育相结合。近年来，四川省妇女干部学校与四川省农劳办联合举办了高级家政师资培训班，与四川省妇联组织部联合举办了"魅力女性，健康讲座"，与四川省人才服务行业协会联合举办了建筑评估师培训等妇女教育培训活动，取得了良好的效果。

（四）丰富内容，让妇女教育有"为"

把提升妇女综合素质、促进妇女成长成才作为一项基础性工程，革除短、平、快思想，真正让妇女学有所获、学而能用。因此，在妇女教育内容上：一是注重思想引领，加强对社会主义核心价值观的教育。进一步深化党的"十八大"精神学习宣传和"我与中国梦"等主题宣传教育，凝聚妇女精神力量，坚定妇女理想信念。组织开展形式多样的思想道德教育实践活动，引导妇女自觉践行社会主义核心价值观，做中华民族传统美德的继承者，社会主义道德规范的实践者和科学精神的传播者。二是促进妇女真正成长、成才，注重对妇女进行法律、经济、文化等方面的教育。深入研究女性人才成长规律，将女性成长成才纳入各地人才战略计划。全面实施女性人才开发工程，注重在农村扶持培养致富女能人，在城镇加强就业女性提升教育。积极推动组织人事部门加大选拔、使用女性人才工作力度，促进各行各业妇女提高能力，提高地位。三是推进家庭建设教育，转变妇女家庭教育观念。积极举办家庭教育座谈会、专家报告会、专题讲座等，帮助妇女树立正确的教育观、亲子观、育人观，不断提高科学教子水平。深入开展"五好文明家庭"创建教育，使妇女争做道德模范和好女儿、好妻子、好儿媳、好母亲、好婆婆，传播幸福理念，构建人文关怀。

（五）多方投入，让妇女教育有"钱"

一直以来，妇女教育都是"找米下锅"。因此，要变"找米下锅"为"备米煮饭"，提高妇女教育经费在国民收入中的比例，特别是保障妇女教育的专项经费预算。据相关资料显示，目前我国的教育经费已经超过国民生产总值的4%，虽然有所提高，但是仍然低于全世界平均水平。从教育现代化国家的情况来看，80%的国家比重都在5%以上。当前，我国对教育投入包括妇女教育投入不足仍然成为教育数量、质量不高的重要原因。同时，应广纳社会资金，政府和非政府组织还可以动员、募集更多的社会资金，用于妇女教育事业的发展。

总之，妇女教育是一个系统工程，只有加快妇女教育的发展，才能真正推动家庭教育的健康发展，促进社会的和谐稳定。

参考文献：

[1] 胡适学术文集·教育.中华书局.1998.

[2] 怀特海.教育的目的.庄连平，王立中，译.文汇出版社.

[3] 丁娟.对教育公正与女性发展关系的思考.

[4] 冉云飞.沉疴——中国教育的危机与批判.南方出版社.

[5] 21世纪教育研究院.中国教育发展报告（2014）.社会科学文献出版社.

试论教育培训对宁夏城市单亲母亲自我发展的意义

宁夏妇联　周慧琴　马凤仙　张海峰　陆少波

[摘要] 单亲母亲是一个弱势群体，她们在家庭中发挥着举足轻重的作用。单亲母亲的受教育程度不仅影响着自身的发展和进步，而且影响着家庭中未成年孩子的健康成长。本文通过对宁夏城市单亲母亲受教育程度的分析，探讨了单亲母亲受教育程度对收入水平、就业层次、健康水平、权益保护、家庭教育等的影响，发现单亲母亲的特点如下：受教育程度低，工作不稳定，主要从事临时就业，大部分家庭收入低，属低收入人群；对自身健康水平认识不到位，维权意识较弱，缺少家庭教育知识。因此，本文提出：在对单亲母亲进行物质救助的同时，还要重视单亲母亲的教育培训。提高单亲母亲素质是一个长期的过程，要把对单亲母亲的教育培训纳入妇女教育培训的整体，制订单亲母亲教育培训计划，体现教育公平、以人为本理念；结合单亲母亲实际需求和心理特点，安排培训的时间、内容和方式，增强培训的针对性和适用性；把扶贫与扶智结合起来，在物质救助的同时引导单亲母亲树立正确的思想观念，使其积极参加培训学习，主动参与社会劳动，实现自食其力，为自己和孩子撑起一片蓝天。

[关键词] 单亲母亲　发展　教育培训

1995 年，第四次世界妇女大会在《北京行动纲领》上列出了妇女发展的 12 个关注领域，即妇女与贫困、妇女的教育与培训、妇女与经济、妇女与环境等。妇女的教育与培训作为仅次于贫困的第二大行动目标，是提高女性素质，实现平等、发展与和平的重要手段。同时，《北京宣言》提出：通过向女孩和妇女提供基本教育、终身教育、识字和培训，促进以人为中心的可持续发展。然而，从全球范围看，女性教育并不乐观，妇女中的大量文盲仍是发展中国家的一大难题。

在过去的 20 年里，随着我国各项社会事业的不断进步，女性受教育程度越来越高。第三期中国妇女社会地位调查数据显示：18～64 岁女性的平均受教育年限为 8.8 年，比 2000 年提高了 2.7 年，女性中接受过高中及以上教育的占 33.7%，城镇女性中接受过大学专科及以上高等教育的占 25.7%，比 10 年前提高 13.3 个百分点。但是，目前的女性教育仍明显落后于教育事业的整体发展水平。女性受教育程度影响着女性进步与发展。第三次中国妇女社会地位调查显示，城镇在业女性的年均劳动收入仅为男性的 67.3%。女性受教育程度不高制约着女性的发展。

单亲母亲是弱势妇女群体的一部分，主要由离异或丧偶女性组成。党的十八届三中全会强调必须以促进社会公平正义、增进人民福祉为出发点和落脚点。宁夏妇联认真履行组织职能，在全区城市社区开展了关爱单亲母亲行动，整合各类社会资源，开展生活救助、健康体检、就业培训、心理辅导等各种帮扶活动，促进改革发展成果更多、更公平地惠及单亲母亲家庭。然而，受宁夏经济社会发展缓慢、妇女整体受教育程度偏低影响，宁夏城市单亲母亲群体中初中及以下文化程度的占63.3％，大专及以上文化程度占12.9％；而第三期中国妇女社会地位调查显示，宁夏地区初中及以下文化程度占39.2％，大学专科及以上高等教育水平城镇女性为22.3％。文化程度低导致单亲母亲就业层次低，家庭收入低。加强对贫困单亲母亲的教育培训，提高她们的整体素质，是实现单亲母亲家庭全面、和谐发展的主要途径之一。

一、问题的提出

随着经济转轨、社会转型，人们的家庭和婚姻观念发生了深刻转变，离婚率逐年上升，单亲家庭数量越来越多。据统计，在美国，单亲母亲家庭占单亲家庭的87％。在中国农村，受传统观念的影响，一旦离婚，孩子特别是男孩一般留在男方家庭，女方独自回到娘家居住，很难得到孩子的抚养权。在城市则更多由母亲抚养孩子，单亲母亲家庭多集中在城市。据中国社科院陈一筠调查，我国单亲母亲家庭占单亲家庭的85％，而且离婚5年后父亲再婚率高达80％，母亲只有22％。印度经济学家吉他·申指出：在家庭中，无论依据何种标准，女户主家庭总是最贫困的。离婚女性经济状况相对离婚前恶化的占65％。在单亲母亲家庭中，有近一半的家庭处于贫困状态。由单亲母亲家庭带来的一系列问题引发了社会各界的关注。

从已有研究成果看，有关单亲母亲家庭的相关研究也得到了重视，研究范围广泛，包括单亲母亲家庭贫困原因、救助政策研究等。但很少关注贫困单亲母亲受教育程度对单亲母亲及其家庭中未成年子女的影响。

本文通过调查，分析了宁夏城市贫困单亲母亲家庭现状及贫困原因，特别是受教育程度对单亲母亲发展的影响，提出在完善和健全贫困单亲母亲家庭救助机制时，要重视建立教育培训机制，为科学有效地解决贫困单亲母亲家庭问题提供一些思考和思路。

本次调查对象是因离异或丧偶导致家庭结构残缺、生活困难的单亲母亲家庭，有7397个单亲母亲愿意接受问卷调查。调查内容包括单亲母亲文化程度、收入状况和来源、就业状况、健康状况、子女基本情况以及帮扶需求。召开了市、县（区）、街道、社区妇联干部座谈会，抽取部分单亲母亲家庭进行入户访谈。通过调查，较全面地掌握了宁夏城市单亲母亲家庭的基本情况、贫困原因、生活状况和面临的问题等。

二、城市单亲母亲受教育程度与发展状况

这次调查完全是按照自愿的原则。从年龄分布来看，35岁以下的占2.2％，比例很低。可能是这个年龄段的单亲母亲认为通过自己的努力可以解决自己和孩子的生活困难，不需要外界的帮助。处于35～55岁年龄段的被访者数量最多，所占比例达92％（见图1）。这个阶段的单亲母亲是自身生存、抚养孩子压力最大的，是对外界帮助需求最多、愿望最迫切的。

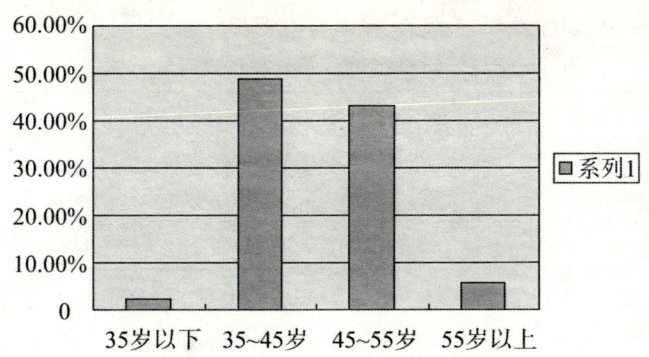

图 1 宁夏城市单亲母亲年龄分布图

（一）城市单亲母亲受教育基本情况

从受教育程度看，城市单亲母亲中文盲占 2.9％，小学占 10.2％，初中占 50.2％，高中占 23.8％，大专占 10％，大学本科及以上文化程度占 2.9％（见图 2）。从文化水平看，在城市基本实现了 9 年义务教育，但 87％以上的受访者接受的是高中以下的基础教育，大学本科及以上文化程度仅占 2.9％，接受高等教育的只占少数。

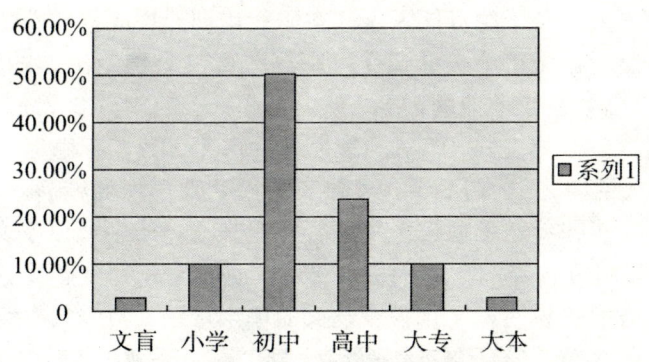

图 2 宁夏城市单亲母亲受教育程度

与中国第三次妇女地位调查城镇妇女受教育程度相比较，宁夏城市单亲母亲接受初中教育的比例高出全国近 20 个百分点，接受高等教育的偏低 13 个百分点。说明在教育市场化过程中，像宁夏这样的经济欠发达地区，女性接受高中以上教育仍面临诸多困难。

（二）贫困单亲母亲受教育程度对发展的影响

1. 受教育程度与收入水平差异

在单亲母亲家庭的收入构成中，本人有工资收入的占 63.8％，享受低保的占 30.6％，靠亲属资助、前夫提供抚养费的占 5.5％。

从受教育程度看，城市单亲母亲中大专及以上文化程度的家庭收入在 2000 元以上的占 55.7％，1500～2000 元的占 18.9％，1000～1500 元的占 15.3％，500～1000 元的占 6％，家庭收入 500 元以下的占 4％。初中及以下文化程度的家庭收入在 2000 元以上的仅占 4.3％，1500～2000 元的占 8.9％，1000～1500 元的占

28.8%，500～1000 元的占 32.6%，家庭收入 500 元以下的占 25.4%。（见表1）

表1　宁夏城市单亲母亲受教育程度与收入水平

文化程度＼收入水平	500 元以下	500～1000 元	1000～1500 元	1500～2000 元	2000 元以上
初中及以下文化	25.40%	32.60%	28.80%	8.90%	4.30%
大专及以上文化	4.00%	6.00%	15.30%	18.90%	55.70%

大专及以上文化程度的家庭收入在 2000 元以上的占到了一半以上，在低收入群体（家庭收入在 1000 元以下）中，初中及以下文化程度的占 58%，大专及以上文化程度的仅占 10%。可见，文化程度对家庭收入影响是很大的。文化程度越高，家庭收入越高。

2. 受教育程度与就业状况

调查显示，单亲母亲在就业方面明显处于劣势，61.8% 的受访者没有固定的工作，主要靠低保或临时性就业维持生活。虽然单亲母亲有提高收入的愿望，但她们大多数文化程度偏低（初中及以下的占 63.3%）、缺少专业技能，在就业市场上缺乏竞争力。此外，大多数单亲母亲在离婚时选择带孩子，她们不得不独自承担抚养、看管、教育未成年孩子的责任，这样在职业培训上投入也较少。

从受教育程度看，城市单亲母亲受过高等教育且有稳定工作的占 64.6%，临时性就业的占 19%，自谋职业的占 8.5%，无业状态的仅占 2.2%。初中及以下文化程度的，临时性就业的占 62.9%，自谋职业的占 18.3%，有稳定工作的占 9.4%，无业的占 9.4%（见表2）。在城市单亲母亲中，受教育程度越高，工作就越稳定；受教育程度越低，工作就越不稳定。从是否在业来看，初中及以下文化程度不在业的占 9.4%，受过高等教育不在业的占 2.2%，说明文化程度越高，就越容易找到工作。但从另一方面也说明，文化程度越低的单亲母亲，自强自立意识越弱。

表2　宁夏城市单亲母亲受教育程度与就业状况

文化程度＼就业状况	稳定工作	临时就业	不在业	自谋职业
初中及以下文化	9.4%	62.9%	9.4%	18.3%
大专及以上文化	64.6%	19%	2.20%	8.50%

3. 受教育程度与健康水平

在受教育程度与健康水平的调查中，文化程度的差异不大，有 56.5% 的单亲母亲自述是健康的；24.1% 的人认为自己处于亚健康状态，有记忆力减退、长期失眠、易怒悲伤、精神不振等症状；有 11.7% 的患有高血压、糖尿病等慢性疾病。在进一步的交谈中了解到：单亲母亲一个人要养育子女并独立承担生活压力，受经济条件限制很难做到例行体检和生病后及时就医，所以很多人生病后因担心治疗费用高，不去医院治疗，有病不看现象较普遍。同时，社会把单亲家庭归类为非正常的家庭结构，尤其把离婚女性视为人生失败甚至低人一等的女性，给单亲母亲造成了巨大的压力，单亲母亲多有精神焦虑。这些都与单亲母亲受教育程度不高有关，缺乏科学的卫生保健知识，没有养成良好的生活、卫生习惯，不能及时缓解精神压力。

4. 受教育程度与权益保护

在离婚阶段，因为怕失去孩子的抚养权，母亲一般会放弃合理的补偿。离婚后在对方不支付或不按时足额支付抚养费时，也很少通过法律程序维护自己和孩子的合法权益。在单亲母亲家庭中，仅有 0.82％的家庭能够及时、足额得到孩子的抚养费，多数情况下是一个人承担未成年孩子的生活费用和教育费用。这都与女性受教育程度有一定的关系。一些母亲由于受教育少，思想素质和心理素质低，易上当受骗而使自己和孩子的权益受到损害。一些单亲母亲由于不懂法律，不知道拿起法律武器保护权益，致使权益受损。

5. 受教育程度与家庭教育

调查显示，有80％以上的单亲母亲认为自己和孩子的关系密切，但是因为自己文化程度低，不能给孩子辅导功课，更多的是生活的照料。也有少部分因为自己文化层次低，对孩子的教育缺乏科学的方式，孩子不愿意和母亲交流，甚至是抵触；还有的受教育程度低，把离婚的原因全部归结于对方，认为自己是被抛弃者，迁怒于孩子，沉湎于低级趣味的生活方式，几乎不管孩子的成长教育。大学及以上文化程度的单亲母亲一般都注重为孩子营造良好的家庭环境。

三、结论

在宁夏，城市单亲母亲文化程度普遍偏低，受教育程度主要在初中以下，面临精神和物质双重贫困。

1. 文化程度低导致城市单亲母亲家庭收入低。家庭收入在 1500 元以下的家庭占 75％。大多数单亲母亲家庭生活困难，贫困的生活必然会影响未成年子女的健康成长。

2. 文化程度低导致城市单亲母亲缺少专业技能。在就业市场上缺乏竞争力，就业层次低。

3. 文化程度低导致城市单亲母亲缺少健康保健知识，影响了健康水平。

4. 文化程度低导致城市单亲母亲缺少法律知识，不能保护自己和孩子的合法权益。

5. 文化程度低导致城市单亲母亲缺少家庭教育知识，不能科学教子。

四、讨论

教育是实现平等、发展与和平目标的重要手段。如果要让更多的妇女成为深化改革的推动者，就必须通过各种途径让更多的妇女接受教育培训。作为母亲中的特殊群体，单亲母亲除了获得国家和社会的物质帮助外，还必须通过不同层次、不同形式的教育和培训，通过自身的努力，提高发展能力和各项素质，成为经济社会发展的积极力量，成为子女健康成长的表率。

（一）把提高单亲母亲素质作为一项长期任务

单亲母亲家庭的数量呈上升趋势，是影响社会和谐稳定的一个特殊群体。单亲母亲素质直接影响着自身发展水平和孩子的教育。单亲母亲素质越高，能力越强，在就业、晋升等方面竞争力就越强，获得的机遇就越多，地位也就越高。更为重要的是，单亲母亲素质对子女的影响也是不可代替的。要根据单亲母亲分布特点、地区差异等实际情况，把单亲母亲纳入各级妇联的培训计划中，坚持采取点面结合、上下结合的原则，采取集中面授、编印教材、送教入户与视频教育相结合的方式，对单亲母亲进行系统的培训，使单亲母亲树立起"自尊、自信、自立、自强"的精神。

（二）增强培训的针对性和适用性

单亲母亲分布广泛，需求多样，培训的方式和手段必须根据实际情况，多渠道、多形式、多层次开展。培训内容包括科学文化知识、职业技能、心理知识、家庭教育知识；培训地点应设在社区，方便单亲母亲在照顾孩子的同时参加培训；培训方式上把理论教学与实践操作相结合，使单亲母亲一看就懂，一学就会，学了就能用，切实提高培训的实效；要培育典型、示范引导，通过各种形式、各种途径向单亲母亲宣传成功的单亲母亲典型，提高单亲母亲参与培训的自觉性、主动性。

（三）建立单亲母亲家庭支持系统

由于受封建传统文化的影响，社会对单亲母亲家庭还存在一定程度的偏见。加上单亲母亲普遍文化程度偏低，社会生活圈子小，社交网络窄，有40％的单亲母亲虽然有再婚愿望，但没有合适的对象。通过成立单亲母亲互助组、单亲母亲俱乐部等，开展单亲母亲读书活动，成立学习兴趣小组，引导单亲母亲在互相学习中转变观念、克服自卑心理、体验学习喜悦。组织单亲母亲家庭参加社会活动，如表演、展示、参观、游览等，增强社会对单亲母亲家庭的了解，使其最大限度地得到社会支持。

（四）培养自立自强、自主创业精神

大多数单亲母亲都是通过自己的勤劳改善家庭和孩子的生存和发展环境。但也有部分单亲母亲不是缺乏工作能力，而是认为贫困了有社会救助，想不劳而获，懒惰、"等靠要"思想严重，缺少积极向上的努力。著名哲学家奥古斯特·倍倍尔说过"一旦人有目的地介入自己的发展，人的身体活力和精神生活就会结出最丰硕的成果"。应建立单亲母亲培训学习考勤制度。在开展救助活动的时候，把是否积极参加培训学习、主动寻找工作作为是否提供救助帮扶的前提条件，通过生活救助与教育救助相结合，引导单亲母亲树立正确的思想，实现自立自强。

参考文献：

[1] 宋秀岩. 新时期中国妇女社会地位调查研究［M］. 中国妇女出版社，2013.

[2] 离婚门槛低引发社会问题. http：//www. mzyfz. com/news/times/d/20080428/141528_2. shtml.

[3] 罗德里克·菲利. 分道扬镳：离婚简史［M］. 中国对外翻译出版公司，1998.

［4］崔岷．妇女贫困与精神扶贫［J］．山区开发，1997（11）．

［5］黑龙江省妇联．解决好城市妇女的贫困问题［J］．中国妇运，1998（4）．

［6］颜农秋．珠三角单亲家庭存在的问题及社会对策［J］．人口研究，2004（6）．

［7］庄平，毕伟玉．教育与城镇妇女就业相关性分析［J］．人口与经济，2003（1）．

［8］林亚男．单亲母亲的旅程［M］．昆仑出版社，2000（4）．

［9］刘畅．20世纪末中国妇女的教育程度与就业层次的相关性研究——基于五普资料的实证研究［J］．人口学，2005（5）．

历史与现实：当代社会新型母亲教育观探微

华东交通大学马克思主义学院　　李从娜

[摘要] 母亲教育在古代中国社会拥有深厚的传统，自 20 世纪以来却遭遇百年滑落，几乎毫无地位可言。而今母亲教育的错位与缺失则频频引发各种负面效应。基于历史与现实的双重考量，当代社会不仅需要母亲教育传统的回归，更需要探索与构建旨在提高母亲教育素养的新型母亲教育观。教育知识、教育能力、教育品质、教育观念以及某些教育原则等方面的探讨，构筑了新型母亲教育观丰富而具象的体系，进而提出了塑造"学习型母亲"的迫切任务。而践行新型母亲教育观，离不开母亲的身体力行与全社会的共同推进，任重而道远。

[关键词] 母亲教育　新型母亲教育观　学习型母亲

谈及母亲教育，中国自古有"母道"一说，教子是古代女性的重要职责之一。中国古代社会业已传承和延续着一系列对女性"为人母"的规范或要求，如母亲教子时要注意言行、注意环境等，正所谓要求女性"学养子而后嫁"。也因此，历代名母、贤母如数家珍，四大名母（孟母、陶母、欧母、岳母）的教子故事家喻户晓。而今，优秀的母教传统似乎离我们太过遥远。越来越多的母亲或主动或被动放任母职的滑落，流失母教责任感，缺乏必备的母教观念、知识、方法等。日益频发的青少年问题、犯罪者心理问题，覆盖面广泛且为数众多的留守儿童群体等，无不拷问着当前社会的母亲及母亲教育。

因此，如何做母亲，母亲应该具备怎样的教育素质，成为极具紧迫性和现实性的重要问题。本文则在历史与现实反思的基础上，探讨当代社会新型母亲教育观的构建，以求对母亲教育研究和母亲教育理念推广有所助益。

一、中国的母亲教育传统管窥

妇女史学者杜芳琴提出："母亲是一种社会建构……'母亲'是对女性的一种社会文化角色的指认派定，'母性'则是对母亲角色的界定、规范和塑造。"古代儒家文化氛围及其性别制度规范里，"'好母亲'需要在职分、气质和道德上接受文化的重重塑造，并不断加强'母性'修养，才会得到主流社会文化的认同"。而经过塑造的"好母亲"，大体满足能育善养、相夫教子、敬长恤幼、克己持家等标准。

大量的历史文献多为传统观念上的"正史"，对女性的记载体量甚微。而仅有的女性记述中，对于历代母亲及其母亲教子事迹的记述则占了相当大的篇幅。西汉时期刘向的《列女传》，首列母仪篇，列举启母涂山、周室三母、邹孟轲母等，占了全书 10％左右的篇幅。自明代以前，《列女传》成为记录母仪、母道、母亲教子典范的重要文本，慈母、严母、贤母等形象构筑了古代母亲群像。明代以后，士人所著的母亲传记多了起来，如归有光的《先妣事略》、徐渭的《白母传》等，多为赞扬母亲在其成长中的重要性以及教子的辛劳。清代西南巨儒、文学家郑珍在为母亲守墓期间，模仿母亲口吻，为后世留下《母教录》一书，记录其母生前教育子女的种种言行。《母教录》可以说是古代社会少有的专门记述母亲教育的著作。在书中，郑珍写到母亲如何重视对子女的人格教育与劳动教育，如何注重使用言传身教、因材施教、循循善诱、榜样作用等教育方法。这些教育理念直至今天，仍有深刻的教育价值，值得我们借鉴。

各种女教书中更是强调母教。唐代的《女孝经》（郑氏著）专列《母仪章》，著名的"女四书"——《女诫》（东汉班昭著）、《女论语》（唐代宋若昭著）、《内训》（明代仁孝文皇后著）、《女范捷录》（明代刘氏著）均不同程度记录了贤母事迹，尤其母亲如何教子的内容。如《女论语》言及母教，"大抵人家，皆有男女。年已长成，教之有序。训诲之权，亦在于母"。《女范捷录》则指出，与父亲相比，母亲对子女身心的影响更为重要，"父天母地，天施地生，骨气像父，性气像母。上古贤明之女有娠，胎教之方必慎。故母仪先于父训，慈教严于义方"。此外，女教书中对母教的论述，以明朝文学家、思想家吕坤所著《闺范》最具代表性。吕坤在《闺范》中专论"母道"，重视母亲的教训作用，强调"母道：母不取其慈而取其教，溺爱姑息，教所难也"。清人冯树森也在其著作《四言闺鉴》中论述母教，认为"教子心法，作母指归"。

由此可见，中国自古便是一个母教传统深厚的国家。不可否认，"男主外、女主内"不平等的性别分工使得女性接受教育成为奢望，社会也没有给予女性接受正规教育的资格和途径，但古代的中国并不缺乏"如何为人母"的教育。大量母教知识和经验的传授在非正式的、亲属间的口口相传得以实现。

即便到了19世纪末20世纪初，面临甲午危机和外邦瓜分中国狂潮，呼吁救亡图存的爱国志士仍在主张母教。以梁启超为例，梁启超极力推崇女学，与其对母教的认识紧密相关，"孩提之童，母亲于父，其性情嗜好，惟妇人能因势而利导之。以故母教善者，其子之成立也易……苟为人母者，通于学本，达于教法，则孩童十岁以前，于一切学问之浅理，与夫立志立身之道，皆可以粗有所知矣"。要实现"正人心、广人才"的目标，离不开母教，而要开展母教，则必须兴女学，"而二者（'正人心、广人才'）之本，必自蒙养始。蒙养之本，必自母教始，母教之本，必自妇学始。故妇学实天下存亡强弱之大原也"。也因此，梁启超在《倡设女学堂启》中，强调兴女学可以"上可相夫，下可教子，近可宜家，远可善种"。此时，母亲教育已经被赋予了强国保种的重大现实意义和政治意义。金天翮更是在其表达女权、女学思想的传世著作《女界钟》（1903年出版）里，首提"国民之母"的称谓，"国于天地必有与立，与立者国民之谓也。而女子者，国民之母也"。欲使国家民族富强，应首先塑造国民；欲塑造国民，则必先塑造国民之母。在此，以母教为核心的女学成为培养国民之母的当务之急。这种观点在当时占据了一定的市场，受到如《女子世界》《东方杂志》等媒体的推崇。

二、百年来母亲教育的尴尬境遇

然而，自 20 世纪以来，中国的母亲教育却遭到完全不同的境遇。20 世纪上半叶，女性解放运动渐兴，女性走出家庭、寻求社会价值，母亲教育被视作私领域活动而"无价值体验"，甚至出现儿童公育的主张。因此，母亲教育日渐受到贬抑或忽略。20 世纪 50—70 年代末，"去性别化"的女性解放和男性标准之下的"男女都一样"，促使广大女性满怀获得解放的愉悦心情投入社会工作。本是工作和育儿两难选择之际，工作当然成为绝大多数新中国女性的首选。不管城市还是农村，大批托儿所的出现是这一时期的特色之一。不得不说，此时的母亲教育已遭遇严重滑坡。改革开放至今，经济发展的大潮使得人们在观念上保留了自近代以来女性解放、争取社会价值的成果，母亲教育却依然没有得到应有的重视。国家正规教育体系之下，各种学科门类及课程不断发展完善，却始终没有给予母亲教育一定的位置。近年来社会上大量涌现的各种教育培训机构，也甚少以母亲教育为培训内容。

可以说，百年以来母亲教育始终被置于一个比较尴尬的境地：国家和社会不重视母亲教育，母亲教育严重断层；大多数女性对母亲教育不以为然，几乎没有接受任何培训便上岗。不可避免的是，由于母亲教育严重错位或缺失引发的负面效应似乎愈演愈烈，问题日益暴露。仅就母亲自身而言，主要有以下方面。

首先，忽略母职、母教。越来越多的母亲面对事业和家庭双重角色权衡时，往往将心中的天平朝向工作一方倾斜。而母亲直接将孩子托付给亲属照顾，自己外出务工的做法则直接催生了中国庞大的留守儿童群体。据《中国 2010 年第六次人口普查资料》样本数据推算，全国有农村留守儿童 6102.55 万，占农村儿童的 37.7%，占全国儿童的 21.88%；与 2005 年全国 1% 抽样调查估算数据相比，五年间全国农村留守儿童增加约 242 万。母亲陪伴、照顾和教育子女的时间大为减少，则导致其在子女成长中所起到的作用极其有限。不仅如此，母子互动的缺乏，还会强化孩子对母亲的冷漠感，为孩子的性格养成和未来发展种下隐患。值得注意的是，即便子女跟随在母亲身边，大多数的母亲也是习惯于关心和照顾孩子日常生活以及学习，认为所谓的"教"是学校的事情，学校应该提供更好的教育条件和师资等，为孩子的教育负主要责任。她们不仅没有认识到自己教育者的身份，更没有意识到自己在教育子女中所能起到的作用。

其次，母教知识匮乏。全球化、信息化迅猛发展的今天，各种教育理念、教育知识不断问世，更新愈加频繁。然而，相关母亲教育知识的推广和普及，却显得步履维艰。王东华曾在其著作《发现母亲》中强调："目前很多母亲还是'自然母亲'，即凭着感觉、本能来教育孩子，完全没有教育子女的经验。"农村母亲的文化程度普遍较低，教养子女的做法，多来自女性亲属长辈的经验传授。她们不仅缺乏教育子女所需的现代教育学、心理学等知识，而且对于各种教育知识的接受、学习能力也十分有限。在相对发达的城市地区，虽然母亲的文化层次较高，但其所具备的文化知识多为工作、实现社会价值所需。她们同样缺乏基本的教育子女的相关知识，不一定懂得孩子在各个发展阶段的生理、心理状况。

最后，施教不尽合理。就教育内容而言，受到当前应试教育大环境影响，母亲过于注重孩子的智力学习，忽视其非智力因素的培养和发展，对于孩子的道德品质、心理、性格、行为习惯甚至性别意识等方面的培养少之又少。就教育方法而言，有的母亲对孩子管教过严，惯于打骂；有的母亲对孩子"放养"，疏于关心和教育；有的母亲则对孩子习惯包办、代替，不问孩子喜好、兴趣，武断地为其做各种选择。更有不少母亲盲目照搬他人的成功教子案例，却得到相反的效果。自2010年以来，"虎妈"蔡美儿的严苛式教育进入公众视线后，曾激起美国社会巨大的震惊，中美有关家庭教育的争论也一时沸沸扬扬。然而单就蔡美儿两个女儿的优异表现来说，"虎妈式教育"仍可被视作成功的母亲教育案例。不少饱受教子焦虑的母亲们争相效仿虎妈，而实践结果却背道而驰，甚至出现某些极端事件，如武汉4岁男童因未完成作业在母亲要求下当众扇自己耳光。

母亲教育地位的滑落，诸如以上母亲教育存在的种种问题，某种程度上为近年来频频发生的青少年极端事件如弑母等，做出了注解。不得不说，母亲教育问题与其他教育问题一样，同样拷问着政府、社会以及每一个个人。

三、新型母亲教育观的构建

基于上述中国母亲教育历史与现状的梳理，在当代社会，重视母亲教育、构建新型母亲教育观便显得十分必要。关于母亲教育的研究，近些年来，学界已经有所展开，多从教育学、心理学角度切入，重点分析了母亲角色、母亲教育观念、母亲教育方式等内容，同时论及当前母亲教育现状的某些侧面。学者东子的《中国母亲教育批判》、宜萱与亚林合著的《母亲教育》等著作，则以大量案例的形式、通俗易懂的语言，剖析当前母亲教育的误区，阐释母亲教育的内容。王开敏的《母道：母亲文化与家庭教育》，则以亲身教子的经验体会，透析母亲教育的原则、方法等。

值得一提的是著名母亲教育专家王东华。他在其代表性著作《发现母亲》中，站在国家民族的高度，本着婴幼儿、青少年成长发展的现实需要，极力强调母亲教育的重要性，呼吁在全社会宣传和普及母亲教育观念。同时，王东华也对母亲教育提出了自己的独特见解——母亲教育有三层意思：教育孩子——母亲负有教育责任；教育母亲——母亲需学习教子知识；教育社会——社会应尊重和承认母亲教子的价值。为此，他首创全国第一家母亲教育研究所（即华东交通大学母亲教育研究所，成立于2000年），并率领其母亲教育团队多年来致力于母亲教育的研究、宣传与推广：多次再版《发现母亲》，发行《发现母亲文库》系列母亲教育、家庭教育书籍；不定期举办母亲教育研习班①；应政府、妇联、高校、电视台等机构邀请，奔赴全国各地开展母亲教育讲座或论坛，等等。

那么，新型的母亲教育观包含哪些内容呢？笔者以为包括以下方面。

第一，充分认识母亲教育的重要性。

日前，北京市人大代表王幼君提出："将女性产假延长至3年，由社保提供3年的生育津贴或由财政出资保障，以改善幼儿家庭紧张的生活状况"。王幼君提出此建议，旨在解决目前幼儿家庭生活缺乏母亲陪伴或母亲陪伴严重不足的问题。这一建议随即引发社会各界人士的热议和讨论，尤其并不被广大女性所认同。各种争论声中，几乎无人反对母亲应该照顾、陪伴幼儿的观点，这正是基于对母亲教育重要性的认知；然而人们却不得不担忧女性由于离开工作、脱离社会所带来的权益丧失。

就目前的社会现实来说，女性实行3年产假、阶段性"回归家庭"之举是不切实际的，女性并非只有回归家庭才能履行母职，但母亲教育应该引起高度重视。所以问题的关键不在于女性3年产假本身，而在于全社会以及女性自身对于母亲教育是否重视。只有重视母亲教育，女性尤其是职业女性才能够真正恰当处理母职和社会工作的关系。自近代女性解放运动以来，女性已在社会工作上找寻到价值存在。政府和社会也应该在性别平等的原则下，改变长期忽视女性家庭劳动价值的状况，让女性也可以在母职上拥有价值体验。而重视母亲教育，则会进一步促进母亲教育责任感的培养和树立，促使母亲在一切家庭教育实践活动中真正发挥正面、有效的作用。

第二，切实提高母亲的教育素养。

重视与开展母亲教育，最为主要的目标和任务就是提高母亲的教育素养，使其具备丰富的教育知识、足够的教育能力、优秀的教育品质、合理的教育观念。具体而言，教育知识方面，要求母亲不仅具备人文社科、自然科学等领域的基础知识，而且要具备儿童卫生保健、儿童生理学、儿童心理学、儿童教育学、家庭教育学等相关的专业教育知识。教育能力方面，既要具备观察、思维、表达、沟通等基础能力，还要具备如下关键能力：了解儿童的能力、指导儿童的能力、评价儿童的能力、协调教育关系的能力、分析问题的能力、处理和解决问题的能力、学习进取的能力、把握分寸的能力、控制自己情绪的能力以及创设优良环境的能力，等等。教育品质方面，要求母亲具备责任意识、教育意识、敬业意识、榜样意识、创新意识、科学意识等教育态度，以及慈爱、耐心、细心、信心、宽容、敏感、理智、威严等教育心理。教育观念方面，要求母亲树立正确的儿童观、人才观、亲子观以及教育观。儿童观上，认识到儿童发展具有差异性、阶段性、整体性等特征，认可儿

---

① 母亲教育研习班自2005年第一期开班以来，截至2014年7月已经举办了13期。

童拥有各种合法权利；人才观上，强调对儿童的期望要理智，建立人人可以成才的观念和科学的人才标准；亲子观上，要求在"儿童是独立的个体""儿童与成人是平等的"观念基础上，把儿童摆在恰当的位置；教育观上，要认识到教育尽管重要，但并非万能，母亲的教育责任和作用不可替代，并对儿童实施全面教育，促进儿童的全面发展。

第三，遵循恰当的母亲教育原则。

母亲在教育子女过程中，有一些原则也是应当特别注意的。如母亲教育是一种亲职行为，母亲必须在接受有关母亲教育培训和学习的同时，亲力亲为，对子女进行教育；母亲应认识到非智力因素与智力因素同等重要，并着重非智力因素如道德、生活、情感等方面的教育，以促进子女的身心健康全面发展；母亲教育是高度个性化的教育，母亲只能针对自己子女的身心发展状况与规律确定教育内容及方法，借鉴她人教子经验时切忌盲目照搬；等等。

此外，实现各种新型母亲教育观渗透于教子过程的目的，塑造"学习型母亲"成为首当其冲的举措。不可否认，没有一位母亲一开始就掌握教育子女所需要的全部知识、观念、理论等。心理专家陈会昌曾经在谈到素质教育时提出："在对下一代人进行素质教育之前，还应该有一个'前素质教育'，即对教育者进行教育。"推及母亲教育，母亲同样需要有一个"前素质教育"的过程。一名合格的"学习型母亲"，需要在不断的学习中更新教育观念、储备教育知识、提高教育能力。

四、结语

中国自古重视母亲教育，经典文献、女教书、士人传记中不时可见贤母及母亲教子事迹的记录。自20世纪以来，这一优良传统却在面临多次社会转型之际，遭遇百年滑落，母亲教育几乎毫无地位可言。而今母亲教育的错位与缺失，频频引发各种负面效应，某种程度上可以说是对母亲教育传统的呼唤与渴望。而面对日新月异的新形势、新情况，我们不仅需要呼吁母亲教育的回归，更需要探索、构建适合中国当前社会现状的新型母亲教育观。

诸如在教育知识、教育能力、教育品质、教育观念以及某些教育原则等方面的探讨，则构筑了新型母亲教育观丰富而具象的体系。对于中国广大母亲而言，"学习型母亲"的塑造势在必行。只有如此，她们才能在新型母亲教育观的指引下，切实提高自身的教育素养，并依据子女的特点和成长规律，给予子女适合其成长和未来发展的教育。而践行新型母亲教育观，绝非易事，不是一朝一夕便能实现的，离不开母亲的身体力行与全社会的共同推进，任重而道远。

参考文献：

[1] 杜芳琴. 母贤子孝："母道文化"的历史建构与实践 [J]. 文史知识，2003 (9):15-25.

[2] 衣若兰. 史学与性别：《明史·列女传》与明代女性史之建构 [M]. 太

原：山西教育出版社.2011，299-300.

[3] 金天翮. 女界钟 [M]. 上海古籍出版社，2003.

[4] 全国妇联课题组. 我国农村留守儿童、城乡流动儿童状况研究报告 [J].中国妇运.2013 (6)：30-34.

[5] 王东华. 发现母亲（图文本，上）[M]. 南昌：江西人民出版社，2010：101.

[6] 贾晓燕，彭赛男. 榜样家长并非"虎妈""狼爸" [N]. 北京日报，2012-12-26 (19).

[7] 王开敏. 母道：母教文化与家庭教育 [M]. 武汉大学出版社，2009.

[8] 王东华. 发现母亲（精华本）[M]. 北京：人民出版社，2008（序页3）.

[9] 邹乐. 人大代表建议产假延长至 3 年 [N]. 北京晨报.2014-8-11 (A12).

[10] 莫建秀. 学前儿童母亲教育素质及其开发研究 [D]. 上海：华东师范大学：49-60.

[11] 关注家长前素质教育 [FB/OL].2008-4-22.http：//www.jiaj.org/？action-viewnews-itemid-57870.

留守儿童家庭教育需求现状分析
——基于社会性别的视角

山东女子学院社会与法学院　李桂燕

[摘要] 随着我国城镇化进程的加快，留守儿童家庭教育问题越来越成为一个突出的重要问题。留守儿童家庭教育的需求很大程度上也得不到满足。从生理的需求到安全的需求，到社会交往的需求，到尊重的需求以及自我实现的需求，这些方面都得不到充分满足。同时这些需求在留守女童和男童之间还存在很大的性别差别。在调查差异的基础上，从政府、学校、社会和儿童本身找到具体可促进的措施。

[关键词] 家庭教育　留守儿童　社会性别

引言

随着城镇化建设进程的加快，留守儿童问题也越来越多地显示出来。目前我国学术界关于留守儿童家庭教育的研究很多，很多研究是涉及留守儿童家庭教育取得的成就，家庭教育缺失状况以及缺失对留守儿童的影响，发展留守儿童家庭教育的对策研究等。以上的研究对于解决留守儿童家庭教育存在的问题起到了一定的作用，但是少见从社会性别的视角来审视留守儿童教育的实证研究。留守儿童家庭教育随着男女平等基本国策的深入，表面看来男女童家庭教育是均等的。但是用社会性别视角分析后，我们会发现，留守儿童的家庭教育在很多方面存在着隐性的不平等。

本研究就是从社会性别视角重新审视留守儿童的家庭教育需求问题，在实证研究的基础上，找到发展留守儿童特别是留守女童家庭教育的策略，从而促进留守儿童特别是留守女童家庭教育的发展。

本研究采用定量和定性相结合的方法，通过文献法、问卷调查法、焦点小组访谈、个案深度访谈等方法收集资料，在此基础上进行数据分析，得出结论。以山东省统计年鉴中全省各地区的儿童总数以及留守儿童的总数为基点，从山东省城镇发展的四个层次（省域中心城市、区域性中心城市、中小城市、小城镇）入手对留守儿童家庭进行分层调研，依据这四个地市的经济发展情况和外出打工者的密集程度，又选取不同区县作为调研地，调查对象为父母不在和父母有一方在的家庭，用问卷调查的方式对留守儿童和对应的留守儿童的家长进行调查，获取留守儿童家庭教育的整体状况。并且辅助以焦点小组访谈和个案访谈，对问卷调查的结果加以充实和深化。最后访谈和调查一些非留守儿童及其家长，并进行比对研究。对所有数据资料进行统计分析，从而找出留守儿童家庭教育存在的问题，探寻促进留守儿童特别是留守女童家庭教育的策略。

本研究基本按照马斯洛的需求理论，将留守儿童家庭教育的需求分为以下几个部分来调查分析。用性别做交叉分析，基本分析情况如下。

一、家庭教育需求的现状

（一）生理需求

生理上的需要是人们最原始、最基本的需要，如空气、水、吃饭、穿衣、性欲、住宅、医疗等。若不满足，则有生命危险。这就是说，它是最强烈的、不可避免的、最底层的需要，也是推动人们行动的强大动力。在生理需求这个层次上，我们设置了两个方面、四个相关的问题。第一个是"您每个月都有多少的零花钱以及每个月的零花钱都花在什么地方"。第二个是"父母给您买什么样的礼物和您希望父母给您什么样的礼物"。在调查中我们发现，留守儿童的生理需求基本能得到满足。基本上每个孩子的零花钱都够用，并且都有基本的生活物质保障。但是在零花钱这个问题上，统计发现有明显的性别差异。在每个月有多少零花钱的数量方面，卡方检验的值为0.02，小于显著系数0.05。说明在零花钱数量这个问题上，男童和女童有统计学意义上的显著相关。同时在零花钱用在哪些方面这个问题上，回答"买学习用品""买零食"和"上网游戏"的卡方检验系数分别是0.000、0.0069和0.005，分别小于0.05。说明这三个问题在性别方面都有统计学意义上的显著相关。

在买礼物这个问题上，我们也发现有明显的性别相关。在"父母通常给您买什么样的礼物"问题上，选择买课程辅导材料、课外书、文具、衣服和玩具这几个选项都有明显的统计学意义上的显著相关。卡方检验值分别是0.032、0.02、0.004、0.000和0.006，都小于显著系数0.05。与此对应，在孩子希望父母给买什么样的礼物的问题上，也发现了几乎是对等的显著相关。在希望父母买课程辅导材料、课外书、文具、衣服以及玩具等选项中有明显的性别差异。卡方检验的值分别是0.001、0.000、0.02、0.000和0.048。

交叉表

			请大概算一下，您每月零花钱一般有多少					合计
			10元以下	10～20元	20～50元	50～100元	100元以上	
您的性别	男	计数	134	98	49	27	17	325
		您的性别	41.2%	30.2%	15.1%	8.3%	5.2%	100.0%
		请大概算一下，您每月零花钱一般有多少	56.8%	56.3%	43.0%	45.0%	58.6%	53.0%
		总数	21.9%	16.0%	8.0%	4.4%	2.8%	53.0%
	女	计数	102	76	65	33	12	288
		您的性别	35.4%	26.4%	22.6%	11.5%	4.2%	100.0%
		请大概算一下，您每月零花钱一般有多少	43.2%	43.7%	57.0%	55.0%	41.4%	47.0%
		总数	16.6%	12.4%	10.6%	5.4%	2.0%	47.0%

续表

| | | 请大概算一下，您每月零花钱一般有多少 | | | | | 合计 |
		10 元以下	10～20 元	20～50 元	50～100 元	100 元以上	
合计	计数	236	174	114	60	29	613
	您的性别	38.5%	28.4%	18.6%	9.8%	4.7%	100.0%
	请大概算一下，您每月零花钱一般有多少	100.0%	100.0%	100.0%	100.0%	100.0%	100.0%
	总数	38.5%	28.4%	18.6%	9.8%	4.7%	100.0%

卡方检验

	值	df	渐进 Sig.（双侧）
Pearson 卡方	8.626ᵃ	4	0.020
似然比	＃＃＃	4	0.071
线性和线性组合	＃＃＃	1	0.083
有效案例中的 N	613		

a. 0 单元格（0）的期望计数少于 5。最小期望计数为 13.62。

交叉表

| | | | 平时的零花钱您是否主要用于买学习用品 | | | 合计 |
			是	否	3	
您的性别	男	计数	245	81	1	327
		您的性别	74.9%	24.8%	0.3%	100.0%
		平时的零花钱您是否主要用于买学习用品中	48.6%	73.0%	100.0%	53.1%
		总数	39.8%	13.1%	0.2%	53.1%
	女	计数	259	30	0	289
		您的性别	89.6%	10.4%	0.0%	100.0%
		平时的零花钱您是否主要用于买学习用品中	51.4%	27.0%	0.0%	46.9%
		总数	42.0%	4.9%	0.0%	46.9%

续表

			平时的零花钱您是否主要用于买学习用品			合计
			是	否	3	
合计		计数	504	111	1	616
		您的性别	81.8%	18.0%	0.2%	100.0%
		平时的零花钱您是否主要用于买学习用品	100.0%	100.0%	100.0%	100.0%
		总数	81.8%	18.0%	0.2%	100.0%

卡方检验

	值	df	渐进 Sig.（双侧）
Pearson 卡方	22.563ᵃ	2	0.000
似然比	＃＃＃	2	0.000
线性和线性组合	＃＃＃	1	0.000
有效案例中的 N	616		

a. 2 单元格（33.3%）的期望计数少于 5。最小期望计数为 0.47。

交叉表

			平时的零花钱您是否主要用于上网玩游戏等娱乐				合计
			是	否	3	22	
您的性别	男	计数	15	312	0	0	327
		您的性别	4.6%	95.4%	0	0	100.0%
		平时的零花钱您是否主要用于上网玩游戏等娱乐	93.8%	52.3%	0	0	53.2%
		总数	2.4%	50.7%	0	0	53.2%
	女	计数	1	285	1	1	288
		您的性别	0.3%	99.0%	0.3%	0.3%	100.0%
		平时的零花钱您是否主要用于上网玩游戏等娱乐	6.3%	47.7%	100.0%	100.0%	46.8%
		总数	0.2%	46.3%	0.2%	0.2%	46.8%

续表

| | | | 平时的零花钱您是否主要用于上网玩游戏等娱乐 | | | | 合计 |
			是	否	3	22	
合计		计数	16	597	1	1	615
		您的性别	2.6%	97.1%	0.2%	0.2%	100.0%
		平时的零花钱您是否主要用于上网玩游戏等娱乐	100.0%	100.0%	100.0%	100.0%	100.0%
		总数	2.6%	97.1%	0.2%	0.2%	100.0%

卡方检验

	值	df	渐进 Sig.（双侧）
Pearson 卡方	13.050[a]	3	0.005
似然比	16.219	3	0.001
线性和线性组合	2.999	1	0.083
有效案例中的 N	615		

a. 4 单元格（50.0%）的期望计数少于 5。最小期望计数为 0.47。

交叉表

| | | | 父母是否通常给您买课程辅导材料 | | 合计 |
			是	否	
您的性别	男	计数	106	223	329
		您的性别	32.2%	67.8%	100.0%
		父母是否通常给您买课程辅导材料	46.9%	56.3%	52.9%
		总数	17.0%	35.9%	52.9%
	女	计数	120	173	293
		您的性别	41.0%	59.0%	100.0%
		父母是否通常给您买课程辅导材料	53.1%	43.7%	47.1%
		总数	19.3%	27.8%	47.1%

续表

| | | 父母是否通常给您买课程辅导材料 | | 合计 |
		是	否	
合计	计数	226	396	622
	您的性别	36.3%	63.7%	100.0%
	父母是否通常给您买课程辅导材料	100.0%	100.0%	100.0%
	总数	36.3%	63.7%	100.0%

卡方检验

	值	df	渐进 Sig.（双侧）	精确 Sig.（双侧）	精确 Sig.（单侧）
Pearson 卡方	5.114[a]	1	0.024		
连续校正[b]	＃＃＃	1	0.029		
似然比	＃＃＃	1	0.024		
Fisher 的精确检验				0.024	0.015
线性和线性组合	＃＃＃	1	0.024		
有效案例中的 N	622				

a. 0 单元格（0）的期望计数少于 5。最小期望计数为 106.46。

b. 仅对 2×2 表计算。

交叉表

| | | | 父母是否通常给您买课外书 | | 合计 |
			是	否	
您的性别	男	计数	156	173	329
		您的性别	47.4%	52.6%	100.0%
		父母是否通常给您买课外书	49.2%	56.7%	52.9%
		总数	25.1%	27.8%	52.9%
	女	计数	161	132	293
		您的性别	54.9%	45.1%	100.0%
		父母是否通常给您买课外书	50.8%	43.3%	47.1%
		总数	25.9%	21.2%	47.1%

续表

| | | 父母是否通常给您买课外书 | | 合计 |
		是	否	
合计	计数	317	305	622
	您的性别	51.0%	49.0%	100.0%
	父母是否通常给您买课外书	100.0%	100.0%	100.0%
	总数	51.0%	49.0%	100.0%

卡方检验

	值	df	渐进 Sig.（双侧）	精确 Sig.（双侧）	精确 Sig.（单侧）
Pearson 卡方	3.519[a]	1	0.061		
连续校正[b]	＃＃＃	1	0.073		
似然比	＃＃＃	1	0.061		
Fisher 的精确检验				0.065	0.036
线性和线性组合	＃＃＃	1	0.061		
有效案例中的 N	622				

a. 0 单元格（0）的期望计数少于 5。最小期望计数为 143.67。

b. 仅对 2×2 表计算。

交叉表

| | | | 父母是否通常给您买文具 | | 合计 |
			是	否	
您的性别	男	计数	120	209	329
		您的性别	36.5%	63.5%	100.0%
		父母是否通常给您买文具	46.5%	57.4%	52.9%
		总数	19.3%	33.6%	52.9%
	女	计数	138	155	293
		您的性别	47.1%	52.9%	100.0%
		父母是否通常给您买文具	53.5%	42.6%	47.1%
		总数	22.2%	24.9%	47.1%

续表

| | | 父母是否通常给您买文具 | | 合计 |
		是	否	
合计	计数	258	364	622
	您的性别	41.5%	58.5%	100.0%
	父母是否通常给您买文具	100.0%	100.0%	100.0%
	总数	41.5%	58.5%	100.0%

卡方检验

	值	df	渐进 Sig.（双侧）	精确 Sig.（双侧）	精确 Sig.（单侧）
Pearson 卡方	7.207[a]	1	0.007		
连续校正[b]	###	1	0.009		
似然比	###	1	0.007		
Fisher 的精确检验				0.009	0.005
线性和线性组合	###	1	0.007		
有效案例中的 N	622				

a. 0 单元格（0）的期望计数少于 5。最小期望计数为 121.53。

b. 仅对 2×2 表计算。

交叉表

| | | | 父母是否通常给您买衣服 | | 合计 |
			是	否	
您的性别	男	计数	144	185	329
		您的性别	43.8%	56.2%	100.0%
		父母是否通常给您买衣服	44.7%	61.7%	52.9%
		总数	23.2%	29.7%	52.9%
	女	计数	178	115	293
		您的性别	60.8%	39.2%	100.0%
		父母是否通常给您买衣服	55.3%	38.3%	47.1%
		总数	28.6%	18.5%	47.1%

续表

| | | | 父母是否通常给您买衣服 | | 合计 |
			是	否	
合计		计数	322	300	622
		您的性别	51.8%	48.2%	100.0%
		父母是否通常给您买衣服	100.0%	100.0%	100.0%
		总数	51.8%	48.2%	100.0%

卡方检验

	值	df	渐进 Sig.（双侧）	精确 Sig.（双侧）	精确 Sig.（单侧）
Pearson 卡方	17.900ᵃ	1	0.000		
连续校正ᵇ	＃＃＃	1	0.000		
似然比	＃＃＃	1	0.000		
Fisher 的精确检验				0.000	0.000
线性和线性组合	＃＃＃	1	0.000		
有效案例中的 N	622				

a. 0 单元格（0）的期望计数少于 5。最小期望计数为 141.32。

b. 仅对 2×2 表计算。

交叉表

| | | | 父母是否通常给您买玩具 | | | 合计 |
			是	否	22	
您的性别	男	计数	45	283	1	329
		您的性别	13.7%	86.0%	0.3%	100.0%
		父母是否通常给您买玩具	70.3%	50.8%	100.0%	52.9%
		总数	7.2%	45.5%	0.2%	52.9%
	女	计数	19	274	0	293
		您的性别	6.5%	93.5%	0	100.0%
		父母是否通常给您买玩具	29.7%	49.2%	0	47.1%
		总数	3.1%	44.1%	0	47.1%

续表

| | | 父母是否通常给您买玩具 | | | 合计 |
		是	否	22	
合计	计数	64	557	1	622
	您的性别	10.3%	89.5%	0.2%	100.0%
	父母是否通常给您买玩具	100.0%	100.0%	100.0%	100.0%
	总数	10.3%	89.5%	0.2%	100.0%

卡方检验

	值	df	渐进 Sig.（双侧）
Pearson 卡方	9.657ᵃ	2	0.008
似然比	＃＃＃	2	0.006
线性和线性组合	＃＃＃	1	0.872
有效案例中的 N	622		

a. 2 单元格（33.3%）的期望计数少于 5。最小期望计数为 0.47。

交叉表

| | | | 您是否希望父母给您买课程辅导材料 | | 合计 |
			是	否	
您的性别	男	计数	106	206	312
		您的性别	34.0%	66.0%	100.0%
		您是否希望父母给您买课程辅导材料	44.2%	57.2%	52.0%
		总数	17.7%	34.3%	52.0%
	女	计数	134	154	288
		您的性别	46.5%	53.5%	100.0%
		您是否希望父母给您买课程辅导材料	55.8%	42.8%	48.0%
		总数	22.3%	25.7%	48.0%
合计		计数	240	360	600
		您的性别	40.0%	60.0%	100.0%
		您是否希望父母给您买课程辅导材料	100.0%	100.0%	100.0%
		总数	40.0%	60.0%	100.0%

卡方检验

	值	df	渐进 Sig.（双侧）	精确 Sig.（双侧）	精确 Sig.（单侧）
Pearson 卡方	9.834^a	1	0.002		
连续校正^b	＃＃＃	1	0.002		
似然比	＃＃＃	1	0.002		
Fisher 的精确检验				0.002	0.001
线性和线性组合	＃＃＃	1	0.002		
有效案例中的 N	600				

a. 0 单元格（0）的期望计数少于 5。最小期望计数为 115.20。

b. 仅对 2×2 表计算。

交叉表

			您是否希望父母给您买课外书		合计
			是	否	
您的性别	男	计数	162	150	312
		您的性别	51.9%	48.1%	100.0%
		您是否希望父母给您买课外书	45.0%	62.5%	52.0%
		总数	27.0%	25.0%	52.0%
	女	计数	198	90	288
		您的性别	68.8%	31.3%	100.0%
		您是否希望父母给您买课外书	55.0%	37.5%	48.0%
		总数	33.0%	15.0%	48.0%
合计		计数	360	240	600
		您的性别	60.0%	40.0%	100.0%
		您是否希望父母给您买课外书	100.0%	100.0%	100.0%
		总数	60.0%	40.0%	100.0%

卡方检验

	值	df	渐进 Sig.（双侧）	精确 Sig.（双侧）	精确 Sig.（单侧）
Pearson 卡方	17.668[a]	1	0.000		
连续校正[b]	＃＃＃	1	0.000		
似然比	＃＃＃	1	0.000		
Fisher 的精确检验				0.000	0.000
线性和线性组合	＃＃＃	1	0.000		
有效案例中的 N	600				

a. 0 单元格（0）的期望计数少于 5。最小期望计数为 115.20。

b. 仅对 2×2 表计算。

交叉表

			您是否希望父母给您买衣服		合计
			是	否	
您的性别	男	计数	77	235	312
		您的性别	24.7％	75.3％	100.0％
		您是否希望父母给您买衣服	41.0％	57.0％	52.0％
		总数	12.8％	39.2％	52.0％
	女	计数	111	177	288
		您的性别	38.5％	61.5％	100.0％
		您是否希望父母给您买衣服	59.0％	43.0％	48.0％
		总数	18.5％	29.5％	48.0％
合计		计数	188	412	600
		您的性别	31.3％	68.7％	100.0％
		您是否希望父母给您买衣服	100.0％	100.0％	100.0％
		总数	31.3％	68.7％	100.0％

卡方检验

	值	df	渐进 Sig.（双侧）	精确 Sig.（双侧）	精确 Sig.（单侧）
Pearson 卡方	13.375[a]	1	0.000		
连续校正[b]	＃＃＃	1	0.000		
似然比	＃＃＃	1	0.000		
Fisher 的精确检验				0.000	0.000
线性和线性组合	＃＃＃	1	0.000		
有效案例中的 N	600				

a. 0 单元格（0）的期望计数少于 5。最小期望计数为 90.24。

b. 仅对 2×2 表计算。

交叉表

			您是否希望父母给您买玩具		合计
			是	否	
您的性别	男	计数	58	251	309
		您的性别	18.8%	81.2%	100.0%
		您是否希望父母给您买玩具	61.7%	50.0%	51.8%
		总数	9.7%	42.1%	51.8%
	女	计数	36	251	287
		您的性别	12.5%	87.5%	100.0%
		您是否希望父母给您买玩具	38.3%	50.0%	48.2%
		总数	6.0%	42.1%	48.2%
合计		计数	94	502	596
		您的性别	15.8%	84.2%	100.0%
		您是否希望父母给您买玩具	100.0%	100.0%	100.0%
		总数	15.8%	84.2%	100.0%

卡方检验

	值	df	渐进 Sig.（双侧）	精确 Sig.（双侧）	精确 Sig.（单侧）
Pearson 卡方	4.343[a]	1	0.037		
连续校正[b]	＃＃＃	1	0.049		
似然比	＃＃＃	1	0.036		
Fisher 的精确检验				0.043	0.024
线性和线性组合	＃＃＃	1	0.037		
有效案例中的 N	596				

a. 0 单元格（0）的期望计数少于 5。最小期望计数为 45.27。

b. 仅对 2×2 表计算。

（二）安全需求

儿童的安全是儿童生活中最重要的一个因素，安全是每个儿童及其监护人的心愿。近年来由于种种原因对儿童的性侵害案件不断增多，环境安全也是外出务工的家长最担心的方面。在调查访谈中，要是监护人身体没有大的疾病，外出的家长对孩子在家里的饮食等生活安全不担心。家长担心的主要是监护人知识有限，没有能力将孩子学习教育好，这是最担心的。其次是环境太复杂，担心孩子学坏，或者是被坏人欺负。所以关于性教育、关于人身安全的教育就显得尤其重要和突出。在调查中，我们对家长设置了一系列对性教育和安全教育的认识的问题；同时还问及家长要是自己的孩子被别人骚扰了，会怎么办。对儿童设置了一些关于性知识和安全教育知识的题目。

统计结果如下：55％的学生不知道怎样看待生理卫生知识；70％的儿童否认生理知识和其他知识一样；12％的儿童认为生理卫生知识羞于启齿；14％的学生认为生理卫生知识不敢接触；5％的学生很避讳；8％的学生很好奇。在性知识的教育方面，我们在调查统计中没有发现明显的性别差异。

在安全教育中，10％的学生平时根本没有接触过安全方面的教育。31％的学生没有接触过火灾教育。61％的学生没有接触过水灾教育。40％的学生没有接触过用电安全的教育。近70％的学生没有接触过防盗知识的教育。43％的学生没有接触过安全方面的教育。40％的学生没有接触过地震方面的安全教育。竟然还有将近10％的学生认为安全教育不重要。安全知识有70％以上是通过教师获取的，其次是通过监护人，然后是网络电视、报刊资料和同学或者朋友宣传。通过这些可以很清楚看到安全教育真的需要引起我们的重视。在安全教育方面的统计中，我们发现了一些明显的性别差异。比如在有没有接触过安全方面教育这个问题的回答中，卡方检验的值为 0.02，小于显著系数 0.05。同时在接触过哪些安全方面的教育中，火灾、用电和交通以及震灾中卡方检验系数分别为 0.008、0.000、0.000、0.00。说明在这几方面有统计学意义上的显著相关。

（三）社会交往

社交的需要也叫归属与爱的需要，是指个人渴望得到家庭、团体、朋友、同事的关怀、爱护、理解，是对友情、信任、温暖、爱情的需要。社交的需要比生理和安全需要更细微、更难捉摸。儿童的社会交往需求主要是指奉献爱心、得到精神安慰，遇到困难有人能第一时间帮助解决等方面的需求。儿童有爱别人和被别人爱的需求，父母外出务工，使得和父母之间情感交流缺乏，导致留守儿童更加渴望有人关心自己。他们渴望关心别人，更希望得到别人的关爱。特别是父母长期外出打工，被寄养在监护人家里的儿童，内心严重缺乏归属感。很多相关的研究表明，留守儿童长期与父母分离，缺少与父母的正常情感交流，性格变得内向、乐群性低、孤僻，在遇到烦恼或困难时不善于向周围人倾诉或主动寻求身边人帮助。

在访谈儿童中，我们问及孩子最想和外出的爸爸妈妈说的一句话是什么，很多孩子都说"快回家""多陪我几天"。在调查统计中发现，只有39%的儿童认为自己是快乐的。44%的人觉得自己不孤独。节假日只有22%的孩子能被经常带着出去玩或者走亲戚。这三个问题上都没有发现明显的性别差异。50%的孩子不经常和家长说周围发生的事情。在是否和家长说周围发生的事情这个问题上，有显著的性别差异。卡方检验值为0.012。在问及经常跟父母说什么事情的时候，统计结果如下：82%的孩子不会和家长说发生的困难，84%的孩子不跟家长说心中的烦恼，只有39%的孩子和家长说学习情况，65%的孩子不经常和家长说令人高兴的事情。在这个选项中有显著的性别差异。卡方检验值为0.000。85%的孩子不对家长谈及同学或者朋友。只有10%的孩子和家长说老师上课的情况。看得出来，孩子和家长沟通交流的事情很少。而有一半的同学没有记日记的习惯。

交叉表

			\multicolumn{3}{c}{您平时是否经常跟家长说周围发生的事情}	合计
			经常	不经常	3	
您的性别	男	计数	156	163	1	320
		您的性别	48.8%	50.9%	0.3%	100.0%
		您平时是否经常跟家长说周围发生的事情	46.0%	61.0%	100.0%	52.7%
		总数	25.7%	26.9%	0.2%	52.7%
	女	计数	183	104	0	287
		您的性别	63.8%	36.2%	0	100.0%
		您平时是否经常跟家长说周围发生的事情	54.0%	39.0%	0	47.3%
		总数	30.1%	17.1%	0	47.3%

续表

| | | | 您平时是否经常跟家长说周围发生的事情 | | | 合计 |
			经常	不经常	3	
合计		计数	339	267	1	607
		您的性别	55.8%	44.0%	0.2%	100.0%
		您平时是否经常跟家长说周围发生的事情	100.0%	100.0%	100.0%	100.0%
		总数	55.8%	44.0%	0.2%	100.0%

卡方检验

	值	df	渐进 Sig.（双侧）
Pearson 卡方	14.436ᵃ	2	0.001
似然比	＃＃＃	2	0.001
线性和线性组合	＃＃＃	1	0.000
有效案例中的 N	607		

a. 2 单元格（33.3%）的期望计数少于 5。最小期望计数为 0.47。

交叉表

| | | | 您是否经常跟家长说令人高兴的事 | | 合计 |
			是	否	
您的性别	男	计数	97	225	322
		您的性别	30.1%	69.9%	100.0%
		您是否经常跟家长说令人高兴的事	43.9%	57.8%	52.8%
		总数	15.9%	36.9%	52.8%
	女	计数	124	164	288
		您的性别	43.1%	56.9%	100.0%
		您是否经常跟家长说令人高兴的事	56.1%	42.2%	47.2%
		总数	20.3%	26.9%	47.2%
合计		计数	221	389	610
		您的性别	36.2%	63.8%	100.0%
		您是否经常跟家长说令人高兴的事	100.0%	100.0%	100.0%
		总数	36.2%	63.8%	100.0%

卡方检验

	值	df	渐进 Sig.（双侧）	精确 Sig.（双侧）	精确 Sig.（单侧）
Pearson 卡方	11.003[a]	1	0.001		
连续校正[b]	＃＃＃	1	0.001		
似然比	＃＃＃	1	0.001		
Fisher 的精确检验				0.001	0.001
线性和线性组合	＃＃＃	1	0.001		
有效案例中的 N	610				

a. 0 单元格（0.0%）的期望计数少于 5。最小期望计数为 104.34。

b. 仅对 2×2 表计算。

（四）尊重的需求

尊重包括自我尊重、自我评价以及尊重别人。尊重的需要很少能够得到完全的满足，但基本上的满足就可产生推动力。儿童也需要自尊和受尊重。家庭是儿童活动的主要场所。家庭幸福，家庭成员之间互相关心、互相体谅，是儿童得到尊重的重要条件。儿童需要得到监护人、父母、亲朋好友、同学、老师乃至全社会的尊重。家庭关系不和睦或者家庭暴力会给儿童的身心造成很大的伤害。有些监护人由于自己身体不好或者自己心情不好，或者是经济条件困难或者农活负担过重，会将不良情绪发泄到留守儿童身上。在访谈中问及留守儿童，"周围人有没有因为你是留守儿童，而对你更加尊重"，几乎所有的儿童都回答不尊重。

在访谈中我们还发现，有的学校竟然直接对这些孩子用"留守儿童"来称呼。在我们调查的一个学校中，教务主任在给我们挑选几个访谈对象的时候，直接去教室里面吆喝："留守儿童，跟着我过来！"然后后面就有十几个孩子出来。接着教务主任又很娴熟地让他们站成两队，分队的标准是"单独"和"双独"。

（五）自我实现的需求

自我实现的需要是最高等级的需要。满足这种需要就要求完成与自己能力相称的工作，最充分地发挥自己的潜在能力，成为所期望的人物。这是一种创造的需要。儿童自我实现是指能使他们感到自身是有价值的，感到生活比较美好。这么小的年纪不一定要为社会做出多大贡献，创造多大价值。只要他们专心做好他们的本职工作——学习，能做到自己的事情自己做等，在一定程度上也能使自我实现得到满足。例如拿着学校期中或者期末的优异成绩向外出务工的家长汇报，这也是他们自我实现的一种方式。在访谈儿童的过程中，有好多儿童特别懂事，都说自己家里没有电脑，也不经常看电视，而是写完作业就看课外书，也不出去玩，觉得爸妈在外打工挣钱非常不容易。访谈中问及儿童是否经常得到教师的表扬，半数儿童的回答是否定的。

二、对策

农村留守儿童心理问题的产生有其复杂又深刻的原因，解决也不是一朝一夕就能完成的，更不是一个部门能完成的。接下来主要从政府、社会、学校、社区、大众媒体和留守儿童本人等几个主体角度来分析解决问题的出路。

（一）政府方面

发展经济，加大投入，制定政策法规保障留守儿童的权益，这些工作远远不够。留守儿童的产生不是由单一的中国二元制的经济体制形成的，所以政府要做的工作很多。加快户籍制度、学籍制度、考试制度改革，让农村留守儿童享受平等的教育机会。加快城镇化建设，吸引有条件的农民工子女进城上学，真正落实对流动儿童教育问题的解决，从根本上解决留守孩子问题。

改变教育资源分布不平等的状况。统筹城乡教育差距。优化农村教育环境，提升农村办学条件，改善农村学校的教学水平和质量。

（二）学校方面

在农村，学校是教育儿童的主要和最有权威的场所。所以学校的教师、学校的环境、学校的教学设备对孩子都有巨大的影响。学校要开设符合青少年身心发展规律的心理课程。定期为学生举办心理健康教育讲座。普及心理健康科学常识，帮助学生掌握一般的心理保健知识，培养良好的心理素质，特别是生命教育、性教育以及安全教育都要开展。

（三）家庭方面

教育的更大空间是家庭，家庭是学生生活时间最长的地方。首先，父母必须转变教育观念，不要以为给孩子足够的金钱，满足孩子的物质欲望最重要。其实孩子缺少的不是钱，而是爱和优质的沟通。二是监护人要选择好，并与委托监护人保持定期联系，及时了解子女生活和学习情况，同时，还必须对委托监护人进行思想教育，让其真正负起代养人的责任。三是定期和儿童交流，增加交流的频率。儿童的心理成长很重要，要通过各种方式和渠道及时了解孩子的心理。

（四）社会方面

在社区中建立留守儿童监管、关怀和托管制度。农村基层组织可以组织一些大学生等志愿者，自愿成立关爱留守儿童爱心志愿服务队，组织留守儿童成立各种兴趣爱好小组，利用孩子周末或者放学时间，教给孩子一些基本的生活知识；还可以组织学校在职或者退休的教育工作者，承担留守儿童的课外教育工作，协助监护人共同教育管理好留守儿童。

（五）儿童本身

组建留守儿童互助合作小组。留守儿童作为一个群体，相同的经历和相似的条件使留守儿童之间更易拉近彼此心理上的距离，形成情感上的相互慰藉。教师通过对成长小组的关注和有计划的指导和参与，把一些家庭位置相近、情况相似的留守儿童组织在一起，使其自发交流，有问题一起想办法。留守儿童可以分享彼此的快乐，分担彼此的烦恼，分享成长过程中的困惑，分享成长故事，交流成长经验。这样，不仅可以丰富他们的课外生活，减少他们的孤独感，而且可以培养他们对集体的依恋和归属感，形成积极的情感体验。

育儿杂志建构的母职论述分析

——以《父母必读》为例

苏州科技学院社会学系　陶艳兰

[摘要] 本文聚焦婴幼儿的喂养、教育、消费以及母亲的育儿与工作之间的关系四个方面的母职内容，通过对当前流行育儿杂志《父母必读》2012 年全年 12 期中相关文本的分析，描绘了杂志中呈现的当前城市中的母职图像，即科学母职、消费母职及育儿与工作兼顾的母职。其中，科学母职和消费母职是杂志呈现的主要母职形象，育儿与工作兼顾的母职呈现较少。探讨了媒体如何建构母亲的特征和母亲角色，并在当前中国社会政治经济环境当中去理解和分析媒体建构的母职内容及母职意识形态。

[关键词] 母职　论述分析　社会建构

一、问题的提出

时常听到年轻的妈妈们感叹，这个时代对妈妈的要求太高了！这个感叹主要来源于各种媒介上对如何做一个好妈妈在理念上的传播、方法上的指导，以及规范上的要求，正在养育孩子的妈妈，对此或抗拒，或遵从，或与之协商，不论怎样，合乎一定规范的母职期待正在成为母亲育儿实践中的重要影响因素，母亲们因此会产生不同程度的焦虑。"当你烦一个孩子时，TA 会知道的""这样说，孩子才愿意听你的""做个构建孩子安全感的智慧妈妈""全职妈妈更容易养出这 3 种类型的孩子"……①这些来自媒介的文章在向读者传递怎样的信息和观念呢？为什么在当今时代媒体会传递这样一些特定的信息和观念？这个时代对妈妈高要求的内容和特征是什么呢？

与这些问题相关的研究议题是母亲角色期待或者说母职社会建构。为了更清晰地界定要研究的问题，本文先对母职这样一个在现阶段看来还比较模糊的概念做个界定，然后根据本文所要关注的概念内容对国内外的相关研究进行梳理。

首先，关于母职的概念，这里尝试着做一些说明。通过阅读相关英文著作和论文，笔者发现有关母亲的研究领域经常出现两个与"母亲角色"密切相关的重要概念：motherhood 和 mothering，motherhood 可以理解为母亲的特质、做母亲的状态、女性生命中的一个阶段；mothering 可以理解为作为一名母亲所从事的与孕产养育相关的活动及相关的生命体验。就如何翻译这两个概念的问题，笔者查阅了我国台湾地区一些学者的相关文献，发现我国台湾学界对这两个概念的翻译也存在一些分歧。大部分人将 motherhood 与 mothering 都译为"母职"。但也有人主张 motherhood 应该译为"母亲角色"，而不应被译为"母职"，母亲角色包含母职

---

① 选自静观育儿（jingguanyuer）微信文章目录第一期（100 篇）。

(mothering) 和相关的意识形态，母职指的是母亲所做的事，包括怀孕、生育和养育（俞彦娟，2005）。笔者认为 motherhood 和 mothering 都译为母职确有不妥，但是将前者译为母亲角色值得商榷。国内学术界社会角色的概念似乎更多地指涉微观层面问题的探讨，而女性主义将女性做母亲这件事放置在一个广泛和复杂的历史与文化脉络中进行分析，探讨文化对母亲角色的形塑与界定、女性自身的经历、感受与能动性，以及这些问题的变迁，也讨论做母亲是否、是怎样限制女性获得与男性平等的机会与能力。因此，如果将 motherhood 译成"母亲角色"，有时会导致表达不符合习惯，更重要的是限定了概念本身的含义。所以，在行文当中会根据上下文以及汉语的表达习惯将 motherhood 译为"母亲""做母亲""母亲角色"及"母职"。其次，关于本文聚焦的母职内容的限定问题。西方文献中，母职在内容上一般主要包括女性的怀孕、生育及子女养育等方面；而在女性主义领域，自由主义女性主义、存在主义女性主义、精神分析女性主义、社会主义女性主义等，虽然在母职（motherhood）概念内涵上各有侧重，但是总的来说，涉及理性、婚姻、家务、事业、生殖及养育 7 个层面（陈惠娟、郭丁荧，1998）。基于要探讨的问题，本文的母职论述主要涉及养育和事业两个方面。因此，下面在进行文献梳理的时候，也会比较偏重这两个方面及二者之间关系的研究线索。

女性主义认为，母职是一种社会建构，每个社会都有不同于其他社会的物质条件、文化资源以及限制，所以，不同社会里的母亲角色不同（Glenn，1994；Lewis，1990）。在很长一段时间里，西方文化塑造了一种所有母亲都渴望实现的浪漫化的母职理想，那就是待在家的、中产阶级的、通过家庭获得全部满足感的白人全职妈妈。这是一种占主流的传统母职意识形态，它产生于西方国家工业化进程以来的家庭内部角色的个体化以及童年观念的改变。20 世纪 70 年代以来，女性主义学者一直致力于挑战人们对于母亲以及母职的占主导地位的理解，坚持不懈地揭示不同时代各种母职迷思（myth）和母职意识形态背后隐藏的父权制、资本主义、科学技术及三者共同织成的权力之网。Ann Oakley（1974）认为当时社会的母职迷思有三点：所有的女性都必须成为母亲；所有的母亲都需要自己的孩子；所有的孩子都需要他们的母亲。她搜集各种证据证明了这些不仅是错误的，而且也对女性造成了压迫。女性大量进入劳动力市场之后，母亲角色的问题在更广泛层面成为一个重要议题。虽然后来的女性主义学者试图发掘母亲经验的优势，对母亲角色有了新的认知和定位，但是，流行文化和大众传媒不断地对传统的母职迷思进行传播、复制和强化，服务于特定的政治需求。

Kaplan（1990）基于对电影和小说的论述分析，发现在她选取的某部以职业女性为主题的电影中完全没有提及母亲和孩子，因为这些角色可能会影响到女性在工作中的满足。20 世纪 80 年代流行的母亲形象要么是职业取向的，要么是家庭取向的全职妈妈，很少是两者兼顾的。父权社会无奈地接受了女性大量进入劳动力市场的现实，但同时也充满焦虑，依然渴望将工作和母职限定在有区别的和分离的领域，婚姻之外的性以及家庭之外的工作都被建构为母亲角色和母亲特质的对立面。

作者认为，流行文化对母职的建构满足了对女性的性进行控制的社会需要，满足了当时美国社会对核心家庭的文化想象，也维持了父权规范。

Hays（1996）利用深度访谈的方法，并通过对育儿手册及育儿书籍的分析，研究了美国文化中母职的社会建构，结果表明，美国社会自 20 世纪 80 年代以来，出现了一种明确的"密集母职"的意识形态的观点。它延续和强化了前述 Oakley 提出的"所有孩子都需要他们的母亲"的母职迷思，包括三个方面内容，第一，母亲是儿童的主要且最佳照顾者；第二，育儿方式包括信赖专家指导、高度情感投入、劳动密集、花费高昂；第三，养育子女不应与资本主义价值、效率及个人主义混为一谈。在这种意识形态的影响下，好妈妈必须以孩子为中心，将孩子的需要放在母亲的需要之上，在专家指导下，投入密集的劳动、情感及高额金钱，培养孩子朝向理想方向发展。这种不现实的母职期望要求母亲对孩子进行长时间的奉献和不计回报的投资，与当代美国社会追求个人利益的主流价值观相冲突，呈现出一种深层次的文化矛盾，加剧了职业母亲在工作者和母亲角色之间进行选择和权衡的紧张和焦虑情绪。

在"密集母职"意识形态的影响下，职业母亲和全职母亲结合各自的优势和资源建构"好妈妈"形象，出现了相互竞争的母职意识形态，这被称为"母亲战争"（mother war）——发生在全职母亲与职业母亲之间的争论，它主导着 21 世纪之交的母职公共话语。由此产生了多种母职论述，比如，主张母亲要陪伴在孩子左右的"接近性"论述，主张孩子的发展和心理健康依赖于母亲的可得性和亲近性；母亲快乐孩子才会快乐的"快乐"论述，以及母亲要有自己的职业生涯以达到自我实现和自我满足的"独立空间"论述（Elvin－Novak ＆ Thomsson，2001）。很明显，"接近性"论述和"独立空间"论述之间存在矛盾。以上这些争论性的论述挑战了密集母职的文化规定。主流的母职意识形态发生了本质上的改变吗？媒体又是如何对再现和建构以上这些竞争性的母职话语的呢？

传播媒介通过有选择性地再现母亲形象，持续地建构、恢复或提升了传统母职意识形态。Johnston，D. ＆Swanson，D（2003ba）认为，母亲们因相互矛盾的母亲角色信息陷入双重束缚当中，这种现象加剧了前述的"母亲战争"。母亲战争是全职母亲和职业母亲为争取占优势地位的话语权而进行的互相指责的争论。但是媒体中双重束缚的矛盾话语让两种类型的母亲原本的优势不再重要，让这场"战争"两败俱伤，双方的自我效能感和自信心都受到损害。这种矛盾的话语限制使得父权制得以维持。

两位作者在另一篇文章中通过对女性杂志中母职意识形态与迷思的内容分析，验证了这一发现（Johnston，D. ＆Swanson，D，2003b）。杂志中的母亲几乎都是在家的白人中产阶级妇女；与以往一些研究发现不同的是，职业母亲总是忙碌的、累的、内疚的，并且常常忽略她们的孩子，这种对职业母亲的迷思没有得到再现，职业母亲更多地被呈现为快乐的和自豪的；全职母亲总是困惑的、混乱的，以及对肤浅话题感兴趣，这种对全职母亲的迷思得到再现。作者结合美国当前的政治经济环境抽离出媒体呈现背后隐含的暗示：职业母亲应该有限地参与公领域，全职母亲需要更加胜任养育及其他家庭事务，杂志通过建构这两种母职迷思，同时打击了两个类型的女性的自信心，让她们继续以家庭为人生要务，传统的母职意识形态得以维持和巩固。

Hadfield, L., Rudoe, N. 和 Sanderson-Mann, J.（2007）聚焦于英国报纸上出现的女性婚育选择的现象与问题，分析了媒体对母职的再现，结果发现，媒体论述并没有完全反映 21 世纪母职的重新界定与转变，女性在婚育选择上并没有人们想象的那样自由和自主，媒体上总是呈现那些挑战传统母职行为的女性形象，比如，青少年妈妈、推迟婚育的母亲，并暗示英国家庭因她们的选择而处于危机当中。媒体通过污名化这类型母亲形象强化和维持了传统母职意识形态。

综上所述，西方世界母职话语随社会政治经济环境的变化而不断地发生改变。在女性大量出现在劳动力市场并获得了更多社会权利的今天，在国家福利政策、家庭与女性三者的动力关系的影响下，母亲角色的议题充满争论，经由媒体建构的母职意识形态始终将女性与家庭紧密地联系在一起，母亲角色也被视为职业角色的对立面。这可能表明，女性主义在争取社会变迁的长远征程中，在母亲角色媒体再现的改变上收效甚微。女性主义在打破公私领域界限为女性争取更为实际的社会公民权方面的工作任重道远。

国内社会学界及女性研究领域对有关母亲角色的研究非常少。社会学对幼儿养育及亲子关系的兴趣较小，与儿童养育相关的研究包括社会化再生产及社会阶级，它们更注重社会结构层面的探讨，几乎不会关心母亲实际做了什么；对家庭领域的关注重点在于婚姻关系及更广泛的亲属关系，与母亲相关的研究主要包括育儿及家务分工（杨菊华，2006；张亮、徐安琪，2009）、妇女家庭地位（关颖，2006）、家庭性别角色（徐安琪，2010）等。关于女性发展的研究主要关注劳动力市场这一结构面向。它们没有关注到母亲角色的原因在于，育儿问题一直以来被认为没有影响到妇女就业，国内女性就业率曲线是高台型，而非很多西方国家的 M 型。强大的代际支持，以及母亲在孩子婴幼儿时期的作用不重要的角色意识，导致中国没有发生如西方国家一样普遍的妇女婚育离职（宫坂靖子，2011）。因此大量的文献集中讨论影响女性就业的非家庭因素，包括单位制度变迁（揭艾花，2003）、职业的性别隔离、劳动市场的性别歧视（李春玲，2008；唐灿，2009；佟新，2010）；促进妇女就业的主要途径在于形成性别平等的劳动力市场政策（蒋永萍，2007）。但是，劳动市场政策的调整没有很好地解决妇女就业问题（左际平、蒋永萍，2009）。这表示，还存在其他重要因素影响妇女就业。

近年来，一些学者关注到了市场化改革后母亲角色与职业角色冲突之下妇女承受的压力（佟新，2011），以及托幼机构体制改革对妇女就业的影响（和建花、蒋永萍，2010）。左际平和蒋永萍（2009）研究了探讨转型过程中妇女家庭性别角色的建构，分析了回归家庭型、兼顾工作家庭型、向工作和事业倾斜型这三种类型的妇女在工作和家庭领域面临的挑战和困境，表明当前中国社会存在着市场的发达与家庭建设之间的矛盾性。基于此研究结论，我们不禁会追问，在女性结合自身及家庭条件建构自己的家庭性别角色的过程中，哪一种类型的建构占主导地位呢？又有哪些母亲角色的意识形态在起作用？它们是如何发生作用的？宋少鹏（2011）通过梳理我国 20 世纪 80 年代以来 4 次"妇女回家"的讨论，分析了市场化过程中主流意识形态的转型，并提出女性主义理论需要对自由主义形成的对女性的结构性压迫进行批判。"妇女回家"的讨论涉及的主要问题是母亲角色与家庭之外的工作角色之间的冲突，主流话语试图影响女性的角色定位。沿此方向，本文将要探讨母亲角色的意识形态的内容和特征是什么，它们可能会对女性产生怎样的压迫和限制。

　　在女性研究领域，有几篇论文在生物性母职的概念上分析当前女性的主体性经验和"做母亲"的社会建构，主要涉及了女性孕期的身体体验（林晓珊，2011）、分娩经历（陶艳兰，2012）、孕妇形象（曹慧中，2012）。这些研究关注了（准）母亲在当前医疗科技、消费社会的话语和实践中的体验，描述了当前父权制、医疗科技与社会文化脉络中向母亲过渡是如何被呈现、被塑造的。这些社会机制是否也会经由媒体传播而同样作用于养育孩子的母亲呢？本文将对此问题进行探讨。

　　关于母亲的媒体再现的社会学研究比较少。沈奕斐（2013）分析了报纸文本中呈现的"辣妈"形象，结果显示，在过去的 10 年间，"辣妈"从女明星母亲的称谓逐渐演变为平民化的母亲的称谓，并最终成为一种母职话语和母亲角色的理想，即辣妈不仅外表美丽性感，更是一个多面手，可以处理好育儿及一切家庭事务。这项研究敏感地捕捉到了新近产生的一种母职话语，给相关研究提供了很好的启迪。在此基础上还可以进一步对辣妈话语产生的社会性别机制进行分析。李光玲（2011）将父母角色概念化为角色意识和角色行为，通过对育儿杂志文本的内容分析，探究了父母角色理想在 30 年间的变迁，结果显示，母亲的呈现比例高于父亲；对父亲的角色期待一直是"存在"和"亲近"，对母亲的角色期待有向传统母职回归的趋势。内容分析的结论说明，30 年来中国家庭发生了一些好的变化，但是传统的家庭性别角色分工仍在延续。这项内容分析从历史跨度上展现了父母角色理想的变迁，但是对母亲角色概念的界定偏向心理学，涵盖范围较窄，并且对母亲角色的媒体再现背后的权力运作的分析不够深入。

　　综上所述，国内社会学学界对母亲角色的研究纵然比较少，但是研究的必要性已经显现出来。西方社会中的相关研究显示，媒体对母亲角色的呈现可能有偏颇、有选择，甚至有扭曲，某些内容被过分强调，另一些内容又被忽略或淡化。通过这种论述策略，媒体再现和建构了特定文化中的母亲角色理想类型。母职是一种文化和历史的建构，在中国当前的政治经济环境下，母亲角色问题在 20 世纪 90 年代开始已经凸显。社会主流的母亲角色理想或母职想象是什么呢？流行文化中的母职再现能为我们提供一些证据。本文以当前流行的育儿杂志《父母必读》中的相关文本为对象，检视当前母职意识形态的延续、断裂或再制，并试图在当前的经济文化环境中理解母亲角色的媒体建构。

二、研究方法

1. 文本选取

本文选取国内流行的育儿杂志《父母必读》。它于 1980 年 4 月创刊，是中国最早创办的、知名度最高的一本育儿科学普及杂志。《父母必读》杂志曾连续三次获得国家期刊奖，是获得这个国家最高奖项的唯一育儿杂志。它关注准备怀孕的家庭及 0～6 岁的孩子和他们的养育者，涵盖儿童心理、教育、健康等内容，为父母提供专业的育儿资讯。① 目前市场上同类杂志还有《妈咪宝贝》《父母世界》《妈妈宝宝》等。以 2012 年上半年上海育儿类期刊销售排名情况看来，《妈咪宝贝》的销量排名占第一位，《父母必读》占第二位，② 但是《妈咪宝贝》的读者定位为孕妇及 3 岁以内孩子的父母。为了涉及更广泛的母职内容，满足问题分析的需要，本文选取《父母必读》为研究文本的来源。另外，考虑到杂志的易得性以及近年来不同年份的杂志在内容上的相似性，本文只选取 2012 年的杂志进行分析；同时，考虑到杂志的内容策划往往与季节或节日主题相关，为了保证内容的完整和主题的多样性，本文选取 2012 年第 1～12 期的全年期刊进行分析。由于本文聚焦于幼儿养育问题，"孕产之家"栏目的文本并不在分析之列。

2. 论述分析

本文采用质性资料分析方法对杂志文本进行编码与分析，这种方法关注文本在特定的文化及社会脉络下的运作情形。首先，在原始资料中找出与本文所界定的母职有关的概念，形成不同主题，包括喂养、教育、消费、职业母亲等，选择性地找出最能说明和呈现各个主题的资料个案，反复阅读，对资料做出确切的解释，清理出杂志文本中呈现的这些母职主题所涉及的历史与文化脉络。

三、结果与分析

（一）科学母职论述

Rima D. Apple 从 19 世纪末 20 世纪初的流行杂志上的广告、文章、政府宣传品、流行电影及学校家政课教材等资料中发现"科学母职"：做母亲的传统知识随着科学权威的建立逐渐受到排斥，男性医生所主张的科学的、现代的育儿观念受到推崇，因此，母亲只有听从专家的意见才能养育出健康的孩子（转引自俞彦娟，2005：17）。20 世纪初的科学育儿模型由之前的医学卫生学模型转变为发展模型，重视教育与认知，随后 60 年代脑科学取得的新进展，更加强调了 6 岁之前的早期教育和刺激影响孩子未来的智力与成就。（Turmel，2004；Wall，2004）中国自 19 世纪末经日本及欧洲引进西方意义上的科学育儿知识，母亲角色的作用在时代洪流中潮起潮落，直到今天，科学育儿又成为一种规范性母职话语。从杂志的文本内容可以看出当今的科学育儿规范对母亲角色的规定。

1. 医学介入婴幼儿喂养

杂志中"宝贝健康"和"营养与美食"这两大栏目内容涉及婴幼儿的喂养。这里将喂养主题细分为奶和食物 2 个子类别，根据主题的接近性在每一子类别下筛选出若干文本资料，从中发现喂养中的医学建议。

---

① 根据百度百科中的《父母必读》词条内容进行整理。
② http：//www.cnad.com/html/Article/2012/1226/20121226150606359.shtml.

（1）母乳喂养与配方奶粉喂养。关于母乳喂养的热点话题主要集中在母亲对母乳不自信，例如，"吃母乳的宝宝长得慢""怎么吃才能保证母乳质量""奶水到底够不够"，等等（10：42），以及科学地哺乳，如，"喂奶前如何做乳房消毒工作""是否要按需哺乳"等问题（1：28），我们发现医学专家对此的建议有三点。

第一，母乳最优，要尽可能哺喂母乳，并且尽早吃母乳、第一口吃母乳。"母乳是宝宝最佳的营养来源，目前没有一种配方奶粉能够与母乳相比拟。因为目前还无法弄清楚母乳中所含的所有营养成分，所有也无法模仿"（1：29）。第二，要科学地哺乳。母亲被假定不知道该如何哺喂母乳，需要专业知识的帮助，例如，"不要一哭就喂奶，适当哭一哭有利于宝宝肺部健康"（1：29）。母亲被认为是最重要的喂养者，但同时也被医学知识建构为不懂得如何喂养自己的孩子，凡事都需要参考专业意见。医学专业正通过知识的权力贬低母亲的育儿自信而使得母亲在过去被视为再自然不过的行为上依赖外部专家。通过这种方式，母亲成为医疗化的对象。第三，"母乳是最天然、最好的婴儿食品，但是由于某些原因，婴儿不能使用母乳或母乳不能满足其需求时，则应选择配方奶粉"（12：17）。所有的配方奶粉都声称自己"以先进的科技支持宝宝的成长"，这也是一种科学喂养的论述。在这两种相互矛盾的科学论述中，母亲陷入了一些不必要的困境，比如，觉得母乳没有营养或营养不够。另外，医学专家高度提升母乳喂养的重要性，可能会让一些受条件限制的职业母亲因无法继续哺喂母乳而深感不安。

（2）食物。这一主题包括辅食添加和为幼儿准备食物。辅食添加是现代科学喂养中的重要组成部分，它被认为能够促进幼儿的生长和健康。从添加辅食的相关文本来看，必要和适时是其主要的关切点。"辅食添加太早对宝宝是不利的，因为宝宝的胃肠道还不成熟，不具备消化这些东西的能力，很容易引起腹泻。喂果汁、菜汁、蛋黄还可能导致孩子过敏。但是宝宝都快满周岁了，还不添加任何辅食，也是不合理的。母乳中铁的含量是很少的，如果超过 6 个月不添加辅食，孩子就可能会患缺铁性贫血。"（12：117）除此之外，还要把握添加的质与量。所有的标准和原则都有充分的科学依据和道理，母亲被建构为不懂得如何照顾自己的孩子的人，喂养早已不是一件自然而然的事情。"营养与美食"栏目的主要内容是如何为孩子准备营养、健康、充满爱心的食物，其中的部分内容也充满了医学知识的指引，"春季 B 族维生素食谱"（3：60）、"宝宝加餐必修课"（3：52）、"补锌菜谱看过来"（4：52）、"细解胡萝卜的营养吃法"（5：58），这些内容要求母亲学习一些营养学知识，并期待母亲花费大量的时间通过食物喂养促进孩子的健康。孩子被塑造为食物选择的主动角色，母亲只要费心费时地为孩子准备就好。

总之，母亲们正在医生的建议下喂养自己的孩子。在当前风险社会中，医学专家知道吃什么以及怎么吃可以确保孩子免于加工食品及其他危险食品的伤害，母亲为了养育出健康的孩子，专家意见势必成为她们哺喂孩子的日常生活中重要的一部分。现代医学将婴幼儿的生长发育过程细分成不同的阶段，母亲被要求细心地观察孩子并提供科学喂养。

2. 心理专家介入儿童的教育

当前城市中年轻的家长除了关注孩子的健康之外，也开始被指引着重视孩子的认知和行为层面的发展。父母被要求懂孩子并控制和提升自己去更好地教育孩子。

（1）了解孩子的心理特点和发展。"你有多懂孩子的心？爱孩子不只是用我们自己的方式那么简单，还需要有一颗懂孩子的心，用孩子能接受的方式去对他好，了解他真正的需求"（11：111），"像儿童心理大师皮亚杰那样观察孩子，探寻孩子言行中所蕴含的认知规律，爱孩子就去细心观察他的一言一行"（2：76）。很明显，心理学专家及相关从业人员将父母对孩子的爱建立在对心理科学知识的了解的基础上。

（2）满足孩子的心理和发展需求。"专注力，送给孩子最好的成长礼物"中指出，高度集中的注意力决定了一个人在学习工作中的效率高低，而注意力的发展，在孩子很小的时候就已经开始了，作为父母，应该听听心理学专家的说法与建议（3：78）。文中给出了"指引""展示""演示"和"运动"这些专业的做法指导母亲去训练孩子的专注力，并特地指出，"妈妈这样的做法虽然辛苦，但对于孩子的成长是有好处的"。"安全型依恋模式，终生幸福的基础。对孩子，尤其是 0～3 岁孩子的幸福影响最大的是依恋模式。依恋模式分为 4 种：安全型、回避型、反抗型和紊乱型。安全型的依恋模式的建立，不仅关乎婴幼儿时期的幸福，而且是终生幸福的基础。这种依恋模式的建立，有赖于父母对孩子做出一贯的积极回应。"（11：70）很明显，心理科学知识将孩子的成长及终生幸福与父母，特别是母亲的投入紧密地联系在一起。

（3）母亲的自我提升。"做个有控制力的妈妈"（4：140）想要教会母亲在孩子发脾气时如何做到既不伤害孩子又能维持家长权威。"不吼叫的学问"（2：138）告诉母亲，养育孩子过程中各种吼叫可能在所难免，但是，习惯性吼叫会让孩子长期处于高度戒备的状态，进而影响孩子大脑的发育。在养育过程中，只要采纳专业的建议，可以避免吼叫，使得事情得到顺利解决，母亲还可以保留一丝优雅。"亲子沟通并不难"（8：109）强调了良好的亲子沟通对孩子当下和未来的发展有不可估量的影响，只要了解孩子的发展阶段及特点，自愿学习心理学知识和沟通技巧，比如聆听及同理心等，亲子沟通的问题就迎刃而解。

（二）消费母职论述

母亲在养育孩子过程中的消费被界定为可以满足孩子更好的成长发育需要，同时消费也具有一定的象征意义，母亲在商品和服务的使用上的所想所做关系到她们如何当妈妈以及他人对自己的看法和判断。买特定的商品便可以成为好母亲，作为一个好母亲就应该通过特定的商品让孩子健康、舒适，并为孩子的发展提供平台，同时，好母亲应该是能轻松搞定育儿问题的。

1. 育儿商品的消费对孩子的意义

（1）与生长发育相关的育儿商品。以孩子为中心的科学养育模式要求母亲为孩子提供安全又有营养的食物。母乳喂养被大力提倡，但是事实上，中国母乳喂养率比较低。2014 年 3 月，国家卫生与计划生育委员会公布的数据显示，我国 0～6 个月婴儿纯母乳喂养率为 27.8%，其中城市仅为 15.8%，远低于国家平均水平的 38%。而在 1998 年世界银行调查时，0～6 个月婴儿纯母乳喂养率为 67%。[①] 相较于 6 个月内纯母乳喂养率较高的国家，中国当代的母亲们正在大量地消费着配方奶粉。伊利金领冠珍护幼儿配方奶粉与母乳贴合度达 98%（12：3），剖宫产宝宝专用奶粉为宝宝提供有针对性的营养补充，比妈妈们按传统喂养办法，更容易做到营养全面和均衡，在一定程度上解决了剖宫产宝宝科学喂养的难题（12：17），宝宝 3 岁前的培育非常重要，尤其是大脑的开发，而大脑的迅速发育离不开关键的营养素 DHA，美赞臣 A＋高水平 DHA 配方助宝宝聪明更"飞"凡（6：52）……配方奶粉广告的"问题—解决"及"使用—成功"模式，成功地诱导着消费者。若要孩子的营养更均衡、更全面，孩子的大脑更聪明，配方奶粉是不错的选择。

孩子的生长发育被细分为不同的阶段，孩子的需求也被细分到极致。"6 个月后在母乳喂养的基础上添加食物……先从米粉开始添加，米粉是最为安全不易过敏的食物……磨牙棒只为磨牙，舒缓宝宝出牙期的不适，帮助乳牙的萌出。"（11：50—52）"喝水，从杯子到吸管"一文强调，用杯子喝水是宝宝成长过程中必要的生活常规训练之一，要耐心教会他，最好给宝宝购买两边带有握把的学习杯，使用起来更方便（1：24），"不同月龄的宝宝，足部肌肉、骨骼都处在快速变化与发育阶段，有着不同的特点，因此对鞋子的需求也是不同的。开始学习行走时，更需要精心地为宝宝选择一双好鞋"（12：144）。这些信息都向母亲传递：若想孩子舒适、健康以及得到科学的照顾，就得给孩子购买米粉、磨牙棒、吸管杯、训练杯、学步鞋等物品。

养育过程中的一些问题被放大，孩子和母亲的需求不断地被制造出来。"我是母乳喂养的坚定拥护者，但也许正因为这样，注定我要经受巨大的考验：先是乳头皲裂，让我痛苦不堪，但我马上想到用特细硅胶制成的乳头保护罩来减轻哺喂的疼痛……"（5：78）"我家宝宝比较容易胀气……夜间喂奶更麻烦，总是烦躁、哭闹，我和老公就要轮流抱着他走动，真是痛苦不堪，后来换了专门的防胀气奶瓶，宝宝吐奶和烦躁真是缓解了不少，我和老公也能睡个好觉了。"（5：78）

（2）小玩意，大作用。"玩具可以促进孩子某些能力的发展……理解了它们，我们也就学会了选择。好玩具背后的研发和设计是无可替代的，这让它从一开始就注定了优秀和与众不同。"（2：56）除了利用相关育儿产品确保孩子的营养与健康之外，母亲还被建议要提高孩子的各方面的能力。杂志中的玩具广告不断地强调，"我们的生活离不开真正的玩具，它永远是孩子的需要"（2：65），知名品牌玩具安全环保益智，父母应该懂得如何为孩子购买玩具。这种玩具迷思得益于脑科学研究的新进展：孩子在 6 岁之前接受早教和一定刺激，会有助于他未来的发展。事实

---

① 《南方周末》2014 年 4 月 12 日"二十年规定一纸空文，十六年喂养率剧跌 40 点，谁在阻碍中国妈妈母乳喂养". http://www.infzm.com/content/99686.

上，益智型玩具在 20 世纪 80 年代之后的美国日益边缘化，声望持续下跌，90 年代出现的幻想玩具日益成为孩子们生活的中心（加里，克罗斯，2010），玩具的形式和作用也是一种社会建构。在当下中国，一些益智玩具厂商借着这样的科学观点大力推销着他们的产品，在以孩子为中心、不能输在起跑线上、注重孩子认知教育的养育文化中，父母为满足孩子的发展需求已经深陷消费主义文化泥沼。

2. 育儿商品的消费对母亲的意义

"今天做妈妈，是更难还是更容易？……时代赋予新妈妈的从怀孕到新生儿、婴儿，直至养育生活中各个阶段丰富得让人难以想象的物质产品，却又让我们由衷地感谢今天。好的育儿产品经常会在不经意间给我们带来帮助……让我们发现，生活可以更美好，养育可以更轻松。"（5：78）

"一个人带孩子，这大概是现在很多妈妈想也不敢想的事。但事实上，一个人带孩子并没有多难，如果临时帮手都很贴谱，就会更加顺利，临时帮手除了老公，还包括很多好的育儿产品。"（7：124—126）

以上文本信息表明，好的育儿产品能够帮助母亲更轻松、更方便地养育孩子。正所谓，"新品、热品、潮品，帮你轻松搞定育儿"（10：133）。除此之外，消费特定的育儿产品能够让母亲感觉到自己遵从了专家建议和文化规定，建构"好妈妈"的身份认同。

（三）家庭与工作相关的母职论述

育儿与工作之间的关系这一主题被杂志所淡化、忽略、扭曲或转移重点。从文本数量上来看，全年 12 期的杂志中，只有 3 篇文章的主题专门聚焦育儿与工作，另有 2 篇文章涉及此问题。从文本内容来看，涉及职业母亲的育儿经验、全职母亲的育儿经验，以及重返职场的问题及其解决等。

《我选择这样做妈妈！》（6：108—111）是一篇对我国台湾著名童书出版人谢淑美的采访稿，讲述的是知名职业母亲的育儿经验。谈及的 6 个问题中，有 5 个问题是在讲她如何和孩子相处，如何教育孩子，有 1 个问题涉及对全职妈妈的看法。这位知名女士的经验告诉我们，"只要你不犹豫，就可能节省很多的时间和精力，做很多事情"，包括跟孩子相处，育儿和事业之间没有冲突，一切都安排得很好。我们可以从两个方面来理解这篇文章：第一，杂志试图利用名人妈妈的经验来传递一种关于如何做职业妈妈的观念，忽略了很多的现实因素；第二，多点时间跟孩子相处、平衡工作和家庭主要在于母亲处理事情是否高效率，这掩盖了很多结构性困境。

《重返职场，宝贝交给谁？》中呈现了一位休完产假即将重返职场的母亲对于孩子照顾安排的焦虑：要上班了，很想自己带孩子，可是条件不允许怎么办呢？看来只能用胸怀接受不可改变的事情了：让所有的变化都存在，就是别改变孩子对爱的感受。（7：106）这句话假设了所有的母亲都想自己带孩子，上班只是不得已而为之，并且，虽然人在上班，但是要一如既往地保证"孩子对爱的感受"。这篇文章还强调，"无论把孩子交给谁，年轻父母自己都要做养育的主要责任人，周末和节假日最好完全自己带孩子……只有全身心投入其中，才能更好地体验养育的辛劳与乐趣，建立起良好的亲子互动关系。"虽然这里的用语是"年轻父母"，但是其实主要指的是母亲。第一，文章以"如果您是一位职场妈咪，您一定会面临上班后谁来照顾宝宝的问题"开头；第二，文章主要分析了妈妈、婆婆和保姆带孩子的利弊，可见作者是不由自主地以职场妈妈为阅读对象的。所以，这篇文章其实是在讲，职业妈妈在上班时间内如何为孩子寻找"影子妈妈"以及应该如何给自己的角色定位。文本明确地传递了父母，尤其是母亲，是养育孩子的主要责任人的观念，就算在上班时间没有办法陪伴孩子，也要尽可能高效率地工作，留出时间给家庭和孩子，周末和节假日一定要全身心投入养育孩子的工作当中。否则，有可能不会让孩子感受到母亲的爱，或者难以建立良好的亲子互动关系。这种类似的表述隐含了妈妈在孩子成长过程中最重要、不可或缺的意识形态。

《揭秘重返职业潜规则》（6：132）中讲述了一位全职妈妈想重返职场找工作的心路历程。"得找一个离家近，下班时间别超过5点，还不能加班的单位，这样方便接孩子，可以工作、孩子兼顾。后来又觉得这太不现实了，哪有这样的好事儿？所以调整了心态，定下了找工作的原则：孩子第一，能找到合适的就去，找不到合适的就不做，不急。一定要在孩子适应了幼儿园的生活之后再考虑找工作，最好是孩子入园半年以后。定好自己的原则，事先谈好条件，比如和单位商量能不能早来早走，把工作时间凑齐就行，工资可以少要一点，但有孩子生病等紧急情况时可以随时请假。"这里涉及的问题是弹性工作时间及家庭友好的劳动政策等问题。在我国目前的就业环境中，缺少相关的劳动法规，因生育退出劳动力市场的女性想要重返职场，只有降低要求，并以个体的方式与用人单位协商。但事实上，这种个体化的协商所带来的结果并不总是如杂志中所建构的那般轻松如人意。在这篇文章之后，又刊登了某外企资深人力资源主管的专业观点，分析了重返职场的妈妈的优势，并说明许多行政、秘书职位越来越多地喜欢招聘重返职场的妈妈们。文本中列举的3条优势非常耐人寻味。既然已经做了母亲就不会再休产假了，而这是工作单位最不想碰到的事情之一；既然已经做了母亲就会变得更加包容和善于沟通；既然已经做了母亲、有了家庭，就不会像单身女性那样可能会让男上司或男客户有想法而产生麻烦。由此来看，女性在以男性为理想工作者的单位里完全是个"麻烦"，而母性能解除它。但是正因为母性解决的只是性别内部的麻烦，所以重返职场的妈妈也只适合做行政、秘书职位。

《新妈妈，正能量》（5：66—77）从不同的角度建议如何做新妈妈，其中涉及育儿与工作的主题的内容有以下几个方面。

第一，做全职妈妈还是职业妈妈是个人的选择，"每位妈妈和她身边的人都要尊重个体差异，妈妈要学会听从自己的内心，选择让自己最舒服，最适合自己宝宝的育儿方式……喜欢工作和家庭兼顾的忙里偷闲的生活，那就去上班，更倾向于阶段性的以家庭为主的生活，就选择做全职妈妈。"是否做全职妈妈的选择在此被如此轻描淡写：它不过是一种个人自主的选择，要尊重个体差异性。

第二，职场妈妈可以坚持哺喂母乳。文本综合母乳喂养专家、儿科保健医生以及营养专家的建议指出，"妈妈返回职场后也是完全可以坚持母乳喂养的。如果感觉自己乳汁量减少，这在很大程度上可能是心理压力造成的，这需要妈妈坚定给宝宝提供最好食物的信心，并且做到在放松状态下有规律地吸奶。"这种观点认为只要解决了乳汁不足的问题，就可以坚持母乳喂养，将职业母亲哺喂母乳完全地从现实中抽离出来。"只要相信宝宝和自己，付出更多的耐心，大多数妈妈都是可以坚持母乳喂养1～2年甚至更久的"，这种观点认为信心和耐心就可以让母亲坚持母乳喂养1～2年之久，也同样忽略了社会结构性因素，很容易让母亲因为自己不能坚持哺乳而深感内疚。

《第一个做妈妈》（9：130）中谈及杂志为一位"有了孩子就要强不起来了"的职业母亲给出的建议："你应该鼓励自己在工作时更加高效……如果孩子有事需要请假，可以及时和领导沟通，并且提出几种补偿方案，比如把一些工作带回家完成，或者把客户会议变成网络视频。如果你的态度足够积极，领导多半不会为难一个新妈妈。退一步说，暂时调换工作岗位也并非完全不可取，一方面可以照顾好孩子和家里，另一方面又不妨选择继续学习和进修，孩子大一些能够腾出精力时，这一阶段的蛰伏会让你更有爆发力。"从以上杂志给出的建议中不难发现，工作与家庭的平衡的实现取决于职业母亲的沟通及态度，如果无法平衡，可以换岗位，或采取阶段性就业，以此来照顾孩子和家庭。

综上所述，职业母亲被再现为，只要有信心，有耐心，有智慧便可以搞定一切工作和育儿的事情，一切都可以应对；全职母亲被再现为从养育孩子过程中获得成长的"幸福妈妈"。做职业妈妈还是全职妈妈是个人的选择，各有各的精彩。职业妈妈如果遭遇冲突，可以及时和领导沟通，或者调换岗位以照顾家庭。全职母亲可以在合适的时候重返职场，顺利找到工作的秘诀是降低要求，在工作中要争取弹性工作时间来照顾孩子，重返职场后也要以孩子为重。从这些论述中，我们可以看到，妈妈很重要，妈妈要以孩子及家庭为重的意识形态得以充分体现；职场与家庭的冲突被淡化；冲突也可以通过个人的努力轻易地获得解决；职业妈妈不再是具有双重压力的、忙乱的、不知所措的形象，她们可以很自信美丽，看起来"不像妈妈"，这样的形象可以帮助自己更好地做妈妈；全职妈妈放弃高薪工作在家带孩子的经历被美化成能使妈妈的生命更加完整，能让妈妈收获成长和幸福。

四、结论与讨论

本文聚焦婴幼儿的喂养、教育、消费以及母亲的育儿与工作之间的关系四个方面的母职内容，通过对当前流行育儿杂志《父母必读》2012年全年12期中相关的文本分析，描绘了杂志中呈现的当前城市中的母职图像，即科学母职、消费母职及育儿与工作兼顾的母职，其中，科学母职和消费母职是杂志呈现的主要母职形象，育儿与工作兼顾的母职杂志呈现较少。

1. 科学母职论述。当代母亲既要懂喂养孩子的基本医学知识、婴幼儿心理学，也要懂家庭教育学及沟通技巧；既要全面培养和发展孩子的素质，让自己的孩子健康、自信、多才多艺，也要全面提升自己的能力和素质。育儿杂志正在建构一种以孩子为中心的科学教养模式，在这种教养模式的指引下，母职范围的宽度及深度可以说是前所未有。

2. 消费母职论述。在科学论述的指引下，婴幼儿的生长与发展被细分为不同的阶段，其需求也被细分到极致。母亲必须不停地购买相关的育儿商品及服务，才能满足孩子的需求，让孩子得到科学的照顾和良好的发展。母亲角色已经成为消费主义的目标，导致了育儿过程中高昂的金钱投入。这与消费主义文化及以孩子为中心的养育模式紧密相关。

3. 母职与工作的多元论述。第一方面，杂志文本延续和强化了传统的母职意识形态，强调了职业女性要以孩子及家庭为重；第二方面，杂志文本建构了育儿与工作可以兼顾的母职图像，它淡化了育儿与工作之间的矛盾和冲突，职业女性被呈现为自信，有成就感，能处理好个人、家庭、育儿与工作等一切问题，就算碰到一些育儿与工作之间的冲突，也可以运用个人的智慧和耐心以及通过消费好的育儿用品得到顺利解决。这种媒体建构与现实情况有较大差距，并且隐藏和避开了育儿与工作之间的结构性矛盾。性别平等的官方追求与自由主义性别话语的矛盾。第三方面，杂志文本也强调了全职母亲对孩子以及母亲个人的益处，这一点与当前"让部分妇女回家"的论述相关。

杂志建构的母职与工作的多元论述反映了当前中国马克思主义的性别平等理论与自由主义理论之间的竞争与冲突，可以放在中国现代性的进程当中来理解。严海蓉（2010）通过对1980年出版的小说《人到中年》的解读和分析，解释了当时职业女性工作家庭双重负担问题不可能成为公众问题。虽然陆文婷的双重负担被刻画得琐碎细致，但这只是知识分子的问题，而非性别问题，因为当时的性别话语已经通过"拨乱反正"走向性别本质主义，使得妇女和家务之间的联系成为必然。笔者认为，1990年引发万人空巷的《渴望》中的刘慧芳的形象更是巩固了这种性别本质主义的话语，为进一步的改革措施做好了话语上的准备。20世纪90年代中期之后，母亲角色问题开始进入公共话语。市场化改革将与再生产有关的劳动私人化，以及单位制的解体和现代企业制度的建立，女性在就业过程中处于极大劣势。1995年北京世妇会前后，社会性别理论进入中国，妇女解放依然是中国追求现代性的重要途径，就业情况是妇女解放的重要指针，在女性处于结构性弱势的情况下，政府要尽力提升妇女的就业率。而实际上，女性自改革以来的双重负担问题在当前的社会背景中尤其凸显。最近三次"妇女回家"的提议都通过提升母亲角色的重要性和崇高性而达到让部分妇女退出劳动市场的目的。针对女性的自主自愿回家，女性主义失去了它对自由主义意识形态的批判性，任由母亲陷入消费的陷阱，重拾传统的母职迷思。正如本文通过杂志文本进行分析的结果所显示的那样。

参考文献：

[1] American medicine and divided motherhood: Three case studies from the 1930s and 1940s.

［2］Raising Baby by the Book：The Education of American Mothers.

［3］Tobin，B. F.（1990）"The tender mother"：the social construction of motherhood and the Lady's magazine. Women's studies. Vol. 18（2/3）：205-221.

［4］Kaplan，E. A.（1990）. sex, work and motherhood：the impossible triangle. The Journal of sex research. Vol. 27.（3）. 409-425.

［5］Hadfield，L.，Rudoe，N.，and Sanderson－Mann，J.（2007）Motherhood，choice and the British media：a time to reflect. Gender and Education，vol. 19（2）：255-263.

［6］俞彦娟. 女性主义对母亲角色研究的影响——以美国妇女史为例. 女学学志：妇女与性别研究，20：1-40.

［7］徐安琪. 家庭性别角色态度：刻板化倾向的经验分析. 妇女研究论丛，2010（2）.

［8］左际平，蒋永萍. 社会转型中城镇妇女的工作和家庭. 当代中国出版社，2009.

［9］张亮，徐安琪. 父职参与水平：夫妻配对资料的共识和歧见. 社会科学，2009（1）.

［10］曹慧中. 成为母亲：城市女性孕期身体解析. 妇女研究论丛，2014（1）.

［11］沈奕斐. 辣妈：个体化进程中的母职与母权. 南京社会科学，2014（1）.

［12］林晓珊. 母职的想象：城市女性的产前检查、身体经验与主体性. 社会，2011（5）.

［13］陈惠娟，郭丁荧. "母职"概念的内涵之探讨——女性主义观点. 教育研究集刊，1998（7）.

女大学生家庭美德教育的现状、原因及对策

中华女子学院女性学系　　于光君

[摘要] 女大学生作为女性中的精英，在弘扬中华民族家庭美德、树立良好家风方面起着独特作用。本文从学校、家庭和女大学生自身三个方面分析了目前女大学生家庭美德教育的现状及其存在的问题，认为社会转型所造成的学校功能、家庭结构的变化以及承载着厚重道德资源的优秀传统文化传承的断裂是家庭美德教育弱化的原因。新时期加强女大学生家庭美德教育，一方面要从优秀传统文化中汲取家庭美德的教育资源，另一方面要吸纳体现时代精神的道德要素，把家庭美德教育与弘扬"四自"精神和建设先进性别文化结合起来，构建学校、家庭和个人相结合的家庭美德教育体系。

[关键词] 传统文化　女大学生　家庭美德　社会转型

2013 年 10 月，习近平在同全国妇联新一届领导班子集体谈话时强调，要注重发挥妇女在弘扬中华民族家庭美德、树立良好家风方面的独特作用，这关系家庭和睦，关系社会和谐，关系下一代健康成长。女性作为现在或潜在的母亲、妻子和女儿这三重角色，对和谐家庭氛围的营造、良好家风的形成以及家庭成员素质的提高有着不可取代的作用。女大学生既是女性中的精英群体，又是现实家庭生活中的女儿角色和未来家庭生活中的妻子角色、母亲角色的扮演者，所以，加强女大学生家庭美德教育工作，对于充分发挥女性在弘扬家庭美德方面的独特作用具有非常重要的意义。

一、女大学生家庭美德教育的现状与问题

虽然现在党和政府已经认识到家庭美德教育的重要性，认识到女性在弘扬家庭美德中的独特作用，并极力倡导家庭美德教育，重视发挥女性在弘扬家庭美德中的独特作用。但是，无论从家庭、学校还是从女大学生自身来说，家庭美德教育并没有受到应有的重视，家庭美德教育只是停留在党和政府积极倡导的层面，并没有在学校的教育教学实践中得到落实，学校缺乏专门针对女大学生群体进行家庭美德教育的有效形式和途径，家庭美德也没有成为女大学生自觉进行自我道德修养的重要内容。

（一）学校没有承担起对女大学生家庭美德教育的重任

在目前的教育体制下，富有人文气息和丰厚道德元素的中国优秀传统文化不能通过学校的教育教学活动得到有效传承。无论是中小学还是大学，学校教育教学活动普遍采取源自西方的班级授课制形式，以传授科学知识为主要任务，以培养学生的科学素养为主要目标，承载着丰富道德资源的优秀传统文化的教育与传承受到挤压，而科学知识又较少承载道德内容，与优秀传统文化的教育传承同时也能实现道德教育和人文精神传承的使命不同，科学知识的教育不能同时完成道德教育和人文

精神传承的任务，学生的思想政治道德教育由专门的思想政治课来承担，思想政治课由于学科化、知识化的教学形式而难以实现其德育目标，由于缺乏传统文化内涵而显得苍白和乏味，因而思想政治课教学普遍缺乏实效性。另外，在思想政治教育代替具体道德规范教育，道德规范教育又侧重于以集体主义为核心原则的共产主义道德规范和社会主义道德规范教育、忽视微观层面的家庭美德规范教育的情况下，学校不能担负起家庭美德教育的重任，学校没有足够的时间和空间针对不同性别的学生进行家庭美德教育。在大学阶段，从理论上说，思想政治理论课教学依然是对大学生进行思想道德教育的主要途径，但是由于教学内容、教学方式等因素的制约，其功效并不强于中学阶段的思想政治课教学，思想政治理论课教学没有发挥其应有的作用，而对于准备研究生入学考试的同学来说，由于思想政治理论课是必考科目，所以，依然采取高中那种应试教育的方式学习思想政治理论课。校外各种考研辅导机构的思想政治理论课教学辅导更是以考试为目的而进行的，进一步弱化了其德育功能。另外，大学思想政治理论课包括《思想道德修养与法律基础》《中国近代史纲要》《马克思主义基本原理概论》及《毛泽东思想和中国特色社会主义理论体系概论》等课程，只是在《思想道德修养与法律基础》第六章"培养职业精神，树立家庭美德"中的"恋爱、婚姻与家庭中的道德与法律"这一节讲了家庭美德的基本规范。与社会公德和职业道德相比，有关家庭美德的知识内容在大学思想政治课教材中只占很小的一部分，而且，家庭美德教育无论是教材内容还是教学要求，都缺乏性别意识，没有考虑到男女大学生的性别差异以及男女大学生现在或将来在家庭生活中角色的不同而进行差异化教学。

以女子教育为特色的高校，如中华女子学院，除了开设国家规定的思想政治理论课等公共课之外，还面向全校所有专业学生开设公共特色课程《女性学导论》，课程旨在落实男女平等的基本国策，培养女大学生的"四自精神"，建设和弘扬先进性别文化。而且在《女性学导论》这门课程中，没有家庭美德的相关内容，也没有把培养女大学生的家庭美德作为课程教学的目标。

（二）家庭没有担负起家庭美德教育的责任

近代以来，特别是新中国成立后，在中国传统社会中长期存在的家族组织被瓦解，家族通过特定形式和途径对家族成员进行道德教化和家庭美德教育的功能被国家所取代，"法治"逐渐取代"礼治"，原子化的家庭直接被纳入越来越强大的国家管理系统，传统社会基于男女有别的观念所形成的专门针对女性家庭成员的家庭美德教育被否定和批判。随着计划生育政策的推行，家庭人口规模减小，出现了为数众多的独生子女家庭，家庭亲子之间的关系结构由于人口结构的变化而发生了变化，家长的权威由于家长对子女的过分宠爱而减弱甚至消失，家庭的道德教育功能弱化。由于优秀传统文化传承的断裂，作为优秀传统文化一部分的优良家风的传承也出现了断裂，作为铸造和支撑优良家风的家庭美德教育因为缺少文化资源的支撑而难以为继。在市场经济时代，家庭作为社会的基本单位被卷入市场经济中，成为市场的主体之一。在这种情况下，获取更多经济利益的价值取向容易成为家庭的主要价值取向，利益最大化的诉求使得家长更关注孩子将来的专业发展和工作问题，利益最大化的诉求也容易消解家庭美德的情感基础，尤其是在处理家庭财产问题的时候。在信息化时代，由于商业化的大众文化对家庭持续全方位立体化的影响，也对家庭美德的教育产生一些负面影响。作为家庭美德重要实践场所的家庭很难自觉地把家庭美德的教育与实践作为家庭文化道德建设的一项重要内容和家庭生活的一个重要组成部分，家长对孩子的家庭美德教育都是零散的、自发的、即景式的，而在零散、自发进行的家庭美德教育中，也缺乏明确的性别意识，没有对男孩和女孩进行家庭美德的性别差异化教育。大多数女大学生上大学后离开家庭在学校过集体生活，家庭对她们的影响减弱，而且父母更关注女大学生的专业发展、就业问题和婚姻问题，较少关注女大学生家庭美德教育问题。

（三）女大学生缺乏家庭美德自我教育的传统文化资源

在市场经济时代，大学教育的功利性彰显，作为未来的职业女性，女大学生更注重专业知识的学习、专业技能的提高和职业道德的学习，很少关注家庭美德知识的学习，也很少自觉进行这方面的修养。由于优秀传统文化传承的断裂，学校对传统文化教育缺乏应有的重视，学生自觉阅读传统经典著作的积极性不高，很难从优秀传统文化中汲取自我修养的道德资源，使得家庭美德教育由于缺乏历史感和文化内涵而显得空洞。

二、女大学生家庭美德教育弱化的原因

（一）社会转型所造成的优秀传统文化传承的多次断裂是主要原因

近代以前的中国社会总体上说是一个重农抑商的传统农业社会，与这种经济状况相适应形成了聚族而居的居住形态和家国同构的社会治理模式。在这种"王权止于县"的社会治理模式中，家庭是社会的基本单位，以父系血缘关系为基础的众多家庭组成的家族成为一种很重要的民间社会治理力量，以忠孝为核心的道德所支撑的"礼治"成为社会治理的主要手段。家族担负着道德教化和道德评判的使命，家族通常在一定的时间、一定的场所对家族成员进行以忠孝为核心的道德规范的宣讲和教育，父慈子孝、兄友弟恭、夫妻相敬如宾、互敬互爱等家庭美德规范的教育成为维护家族团结和家庭稳定的重要手段。

在生产力水平比较低下的中国传统农业社会中，男耕女织，男主外、女主内成为适应当时生产力发展水平的一种以性别差异为基础的社会分工模式。在这种分工模式中，女性生产和生活的空间主要是家庭内部，女性承担着"织"的生产任务和养儿育女、赡养老人的生活任务，女性在家庭生活中起着很重要的作用，女性的优秀品质和角色对于家庭的和谐稳定、家族的团结至关重要。古人云"修身、齐家、治国、平天下"。家庭和睦是关乎国家安定的大事，家庭是否和睦取决于家庭成员自身的修养。对于一个具体的完整家庭来说，无论是在时间上还是空间上，"家"始终充斥着女性活动的身影，女性的修养也是关乎国家安定的事情，所以，自古以来国家和家庭都非常重视女性的家庭美德教育。对晚辈女性进行的家庭美德教育主要是在家庭内部由长辈女性自觉进行的，并且在长期的历史发展中积累了很多对女性进行家庭美德教育的经典教材，如《列女传》《女论语》《女孝经》《女范捷录》《女诫》《内训》等，教育的宗旨在于培养女性贤惠的品质，女性贤惠的品质在生活中是通过孝女、贤妻、良母和善邻的良好社会角色表现出来的。

近代以来，肇始于西方社会的工业革命造成资本的全球性扩张。中国作为一个落后保守的农业国家，在遭受列强的侵犯时不断进行反思和变革，在试图寻找中国社会落后原因的过程中，经历了从器物到制度再到文化层面的不断深化的探索历程，在社会层面上表现为从洋务运动到戊戌变法再到新文化运动的变革历程。每次变革都是在以传统社会和传统文化为落后与反动的逻辑下进行的，承载着厚重道德资源的优秀传统文化也一同被否定和批判，扬弃的逻辑被全盘否定与批判的实践所代替。新文化运动和五四时期是中国社会转型的一个重要时期，这个时期的知识分子是在深知中外传统的基础上，对传统文化做了矫枉过正的否定；后来者则是既对西方文化知之甚少，又对传统文化近乎无知的盲目否定。传统文化传承的裂痕不断加剧。教育体制发生深刻变革，科举废，学校兴。源自西方文化语境的新式学校教育兴起，科学知识的教育成为学校教育的主要内容，优秀传统文化的传承路径出现断裂，西方社会的价值观作为一种先进的价值观被普遍接受。社会的主流价值观是鼓励女性走出家门接受新式的学校教育，参与社会活动，参加日益兴起的工业化生产劳动，旧式的对女性所进行的家庭美德教育被认为是落后的和反动的，而予以批判和抛弃。

新中国成立后，通过对生产资料的社会主义改造，实行了生产资料公有制，建立了人人平等的新社会，被认为与生产资料公有制和人人平等的新社会不相适应的传统文化和传统道德进一步遭到批判，优秀传统文化的传承出现进一步的断裂。政府主导的妇女解放运动鼓励女性走出家门，走向社会，参加社会主义新中国的建设，以集体主义为核心原则的社会主义道德和共产主义道德成为社会的主导价值观念，对女性的价值评判标准侧重于其对社会的贡献而不是其对家庭的贡献，以社会主义道德和共产主义道德而不是家庭美德的准则来审视女性。由于是妇女解放，其逻辑必然性是"传统社会中的妇女是受压迫的"，因而采用一种非历史主义的观点审视传统社会中的性别分工和对女性进行家庭美德教育。"男主外女主内""贤妻良母""相夫教子""三从四德"等被视为糟粕而遭到彻底批判。女性在弘扬家庭美德中的独特作用被忽视和湮灭了。

（二）西方女权主义在高校的传播及其误读是一个重要原因

改革开放以来，西方女权主义思想在中国高校的广泛传播，以及对女权主义的误读也不利于对女大学生进行家庭美德教育。西方女权主义是近代工业文明的产物，工业生产对劳动力需求的增加以及家庭生活需求被工业化所影响后，为了生计，女性被迫走出家门走向工厂，参与到工业化生产中。女性在前工业社会中的家庭角色和社会角色受到挑战，既要按照传统的性别角色要求照顾好家庭，又要适应新的职业角色的要求做好工作，家庭生活与工作的矛盾凸显，女性的角色冲突加剧，而男性的角色冲突则没有那么剧烈。同样是到工厂做工，而女性却同时承担着比男性更多的家务劳动。而且，前工业社会男性家长代表家庭行使社会权利的情况显然不适应工业化时期女性作为个体走出家门走向社会的现实，女性应该争取作为一个独立的公民所应该享有的权利。女权主义基于这样的社会背景而产生。女权主义思想尽管流派颇多，但共同点都是以男女不平等、女性是社会上的弱势群体为基本前提和基本假定。女权主义以一种抗争而非中庸的思维，强调女性应该通过抗争来争取平等的社会权利，颠覆具有隐性或显性性别歧视的制度与文化。从这个意义上说，女权主义具有一定合理性。但女权主义过分强调女性作为个体存在的意义，强调女性的社会价值，否定女性家庭生活的价值，否定女性作为一个家庭成员和社会成员自身所应尽的义务和担负的责任。女权主义认为传统文化是父权制的产物，是一种男女不平等的文化，是应该批判和否定的，应该建立一种男女平等的新型文化，不主张从优秀传统文化中汲取丰富的道德资源，认为对女性进行家庭美德教育是对女性的束缚和压抑。中国文化中的家庭美德既强调每个家庭成员作为个体存在的意义，又强调家庭作为一个整体存在的意义；既强调家庭成员个体的权利，又强调家庭成员个体的义务，是建立在平等、尊重、仁爱与协商基础上的处理家庭成员之间关系的道德规范。中国传统社会认识到女性在家庭生活中的重要作用，特别重视对女性进行家庭美德教育。在当时的社会背景下，这是女性过上和谐家庭生活的一种道德保障。在现代社会，进行家庭美德教育依然是家庭生活和谐幸福的道德保障。从维护女性利益的角度来说，西方女权主义的价值诉求与当下我们所提倡的家庭美德的价值取向存在着内在的一致性，都强调男女平等。但是，二者实现男女平等路径的主张不同，对待优秀传统文化的态度不同。在西方文化影响较深，优秀传统文化传承出现断裂的情况下，女大学生更易于接受西方女权主义思想的影响，不自觉地培养西方女权主义所否定而中国传统文化所认同的"贤妻良母"式的家庭美德。尤其是在就业市场出现供过于求的情况下，女大学生就业的性别歧视问题作为一个问题被社会关注，女权主义思想而不是家庭美德更容易满足女大学生的情感与心理需求。

三、加强女大学生家庭美德教育的对策

（一）从优秀传统文化中汲取家庭美德的教育资源

批判地继承传统文化，从优秀传统文化中汲取家庭美德的教育资源。中国是一个具有悠久历史的文明古国，经过几千年的发展和积淀形成了博大精深的文化体系。形成于先秦时期的儒家学说作为中国文化的正统，是中国传统文化中的主要元素，包含着丰厚的家庭美德教育资源。儒家文化从本质上说是一种道德文化，主张以德修身、以德齐家、以德治国、以德平天下，并依次阐述了它们之间的关系，"古之欲明明德于天下者，先治其国；欲治其国者，先齐其家；欲齐其家者，先修其身"。儒家很重视家庭美德教育，对不同角色和不同性别的家庭成员分别提出了慈、孝、友、恭、义、贤等不同的道德要求，"为人子，止于孝；为人父，止于慈""兄友、弟恭、夫义、妻贤"。

男女有别是中国最古朴的性别观念。女人在家中起着十分重要的作用，是家庭的"轴心"，中国古代就有"无妇人不成家"的说法。对女性家庭成员进行家庭美德教育是为了达到"内和"的目的，而"内和"则是进一步关系家庭、国家、天下和顺的大事情，"内和而外和，一家和而一国和，一国和而天下和"。所以，中国古代非常重视对女性家庭成员进行家庭美德教育。经过长期的积累，形成了针对女性家庭成员的、系统的家庭美德教育的教材、家庭美德的规范和家庭美德教育的方法和经验。这对我们现在进行家庭美德教育提供了可以借鉴的资源。

从先秦一直到鸦片战争，女子教育的途径、方法、内容和目标都与男子截然不同。女子教育就其主导而言，是以家庭为依托。家庭是女子接受教育的唯一场所，母亲是最重要的老师。女孩子出生后，母亲就要求按她们的年龄施以不同内容的教育，主要是进行家庭美德教育，教育的目标是把她们培养成"孝女、贤妻、良母"的家庭角色，具备贤惠的品质。女子在许嫁后到出嫁前三个月，要实施为人妻和为人母的教育。在没有出嫁前是女儿的角色，出嫁后到了婆家就是媳妇的角色。作为女儿对父母要孝，孝是发自内心的敬。"孝敬者，事亲之本也。""女子在堂，敬重爹娘。""莫学忤逆，不敬爹娘。"作为媳妇，对待公婆要像对待自己的父母一样孝敬。"妇人既嫁，致孝于舅姑。舅姑者，亲同于父母。""阿翁阿姑，夫家之主。既入他门，合成新妇。供承看养，如同父母。"作为媳妇，对于公婆的错误不是无原则地迎合，而是要积极地规劝使其悔过自新。范晔在《后汉书》中记述了乐羊子妻这个贤惠媳妇的作为。乐羊子妻院中有一只别人家的鸡走进来，她的婆婆"盗而食之"。在吃的时候，她"对鸡不餐而泣，姑怪问其故"。妻曰："自伤居贫，使食有它肉。"婆婆终于倒掉了鸡肉。乐羊子妻通过检讨自己的不是开导婆婆悔过自新。

作为妻子，怎样做才是"贤"呢？"夫刚妻柔，恩爱相因。居家相待，敬重如宾。同甘同苦，同富同贫。"贤惠的妻子并不是对丈夫言听计从、唯唯诺诺，对丈夫不合礼仪的行为举止并不是不讲原则地调和，而是有自己独立的见解，能秉义批评丈夫的不良做法，严格要求丈夫。"夫有恶事。劝谏谆谆。"范晔在《后汉书》中记述了乐羊子妻这个贤惠妻子规劝丈夫的故事。乐羊子尝行路得遗金一饼，还以与妻子。妻曰："妾闻志士不饮盗泉之水，廉者不受嗟来之食，况拾遗求利以污其行乎！"羊子大惭，乃捐金于野，而远寻师学。丈夫外出求学，历经一年回家，她"跪问其故"。丈夫说"久行怀思，无它异也"。她"引刀趋机"教育丈夫说："此织生自蚕茧，成于机杼。一丝而累，以至于寸，累寸不已，遂成丈匹，今若断斯织也，则捐失成功。稽废时日，夫子积学，当日知其所亡，以就懿懿；若中道而归，何异断斯织乎？"《女孝经》中明确提出了"诤"妻的观点。"敢问妇从夫之令。可谓贤乎。""夫有诤妻。则不入于非道。"丈夫如果有失，一定要据理力争，这种谏诤用心是好的，是与人为善的。一味百依百顺，对于家庭而言则是有害的。

什么样的母亲才是"良"母呢？良母一是要"教"子女，言传身教，以身作则；二是对子女要"慈"，"慈"不等于溺爱。"所以为教，不出闺门，以训其子者也。教之者，导之以德义，养之以廉逊，率之以勤俭，本之以慈爱，临之以严恪，以立其身，以成其德。慈爱不至于姑息，严恪不至于伤恩。""夫为人母者，明其礼也。和之以恩爱，示之以严毅。动而合礼，言必有经。""男子六岁教之数与方名"，"女子七岁教之以四德"。"慈者，上之所以抚下也。上慈而不懈。则下顺而益亲。""为人父母者。其慈乎。然有姑息以为慈。溺爱以为德。是自蔽其下也。故慈者非违理之谓也。必也尽教训之道乎。"在中国历史上，孟母是典型的慈母。

作为一个贤惠女性，不管是对于自己的亲兄弟姐妹还是丈夫家的兄弟姐妹要"和"，对于亲戚要"睦"，"仁恕宽厚，敷洽惠施。不忘小善，不记小过"。

合理汲取传统文化中这些丰厚的道德资源，对于女大学生进行家庭美德教育具有很重要的价值和意义。

（二）要把家庭美德教育与弘扬"四自"精神和建设先进性别文化结合起来

一方面，要从优秀传统文化中汲取家庭美德的教育资源；另一方面，家庭美德教育也要与时俱进，融合进新时代的道德要素，把家庭美德教育与弘扬"四自"精神和建设先进性别文化结合起来。男女平等是把它们结合起来的重要纽带，男女平等是新时期家庭美德的规范，是我国的基本国策，是"四自"精神的价值诉求，是先进性别文化的基础，是社会主义核心价值观的内在要求。从理论上说，家庭美德、"四自"精神、先进性别文化和社会主义核心价值观是统一的，要实现它们的结合并落实到家庭美德实践的层面上，就要充分发挥女子院校作为进行性别研究与教学的特色院校的优势，充分发挥女子院校在弘扬"四自"精神与建设先进性别文化中的重要作用，充分利用女大学生的性别优势，充分发挥女大学生作为弘扬"四自"精神和先进性别文化建设的主力军的作用。

（三）构建学校、家庭和个人相结合的家庭美德教育体系

建立优秀传统文化的传承机制，充分发挥学校在传统文化传承中的主渠道作用。高校，尤其是女子高校组织力量对传统文化进行研究，借鉴传统社会对女性进行家庭美德教育的方法和经验，从传统文化中汲取家庭美德的道德素材和道德资源，结合"四自"精神、先进性别文化和社会主义核心价值观的要求，密切联系女大学生的生活实际和心理需求，编写新时期女大学生家庭美德教育的教材，丰富和扩展思想政治理论课教学中家庭美德部分的内容。通过课堂教学等多种方式进行家庭美德教育，同时，把家庭美德教育与社会公德教育和职业道德教育结合起来。通过读书会等形式组织女大学生学习传统文化，阅读传统文化的经典著作，在提升自己人文素养的同时，深刻理解家庭美德的历史和文化内涵，深刻理解家庭美德的现实意义以及女大学生在弘扬家庭美德中的重要作用，增强进行自我道德教育的自觉性，由"知"到"情"再到"行"。

家庭是家庭美德教育和实践的重要场所。充分发挥各级妇联的作用，把女大学生组织起来，鼓励女大学生把传统文化带到家，带领家庭成员学习传统文化，鼓励女大学生引领家庭学习和弘扬中国的家训文化，根据自己家庭的具体情况制定具有

特色的家训，把家庭美德写入家训，形成家庭美德教育的良好文化氛围，发挥父母家庭美德教育的主导作用，使女大学生在家庭中能够受到良好的家庭美德教育，充分发挥女大学生在弘扬家庭美德中的独特作用。

参考文献：

［1］ 王国轩．大学中庸［M］．北京：中华书局，2006.

［2］ 熊贤君．中国女子教育史［M］．太原：山西教育出版社，2009.

家庭照料责任对女性的就业影响及支持对策

西安培华学院　吴　博　尤庆莉

[摘要] 家庭照料责任是家庭责任更是社会责任，一个国家能否解决好家庭照料责任是其文明进步的水平和标志。中国是一个有着明显家族取向的社会。在传统的中国家庭，家庭关系以亲子关系为主线，强调双向抚养模式。中国社会的现状是家庭照料责任逐渐呈现出女性家庭照料责任的倾向。因此探究家庭照料责任女性的就业支持对策，不仅为女性解决现实问题，更能促进现实社会的可持续发展、推动政治文明进步、提高女性社会地位、构建和谐社会。本文通过开放性问卷分析出家庭照料责任尤其是老人家庭照料责任和儿童家庭照料责任对女性就业有着显性和隐形的负面影响；同时对家庭照料责任进行了明确定义，从文化、社会、政策、人口等背景方面进行了分析，反映出女性承担主要家庭照料责任的形成原因及对人类发展、经济增长以及促进社会公平与正义的重要意义；在承认女性为承担家庭照料责任的贡献前提下，参考国外福利国家关于家庭照料责任承担者的支持政策，提出经济补偿、提供面向社区的社会服务、平衡工作—家庭关系支持、再就业支持、宣传提倡家庭照料责任家庭与社会共同承担等政策、加强对女性就业保障的监督与管理、社会保障体系设计倾向 7 个方面对女性就业的支持对策。

[关键词] 家庭照料　责任　女性　就业

一、家庭照料责任的定义

（一）家庭照料

家庭照料是指某个或者多个家庭成员对另外一个或者多个家庭成员提供的超出常规范围的支持和帮助，其责任包括日常生活照顾、心理帮助或经济帮助等方面。

（二）责任

责任是指一个人不得不做的事或一个人必须承担的事情，又叫作分内之事。一般将其分为社会责任、家庭责任、学习责任；按照层次又可将其分为角色责任、能力责任、义务责任和原因责任。

（三）家庭照料责任

家庭照料责任是指一个或者多个正常成年人作为家庭成员，对另一些不具备完全独立生活能力的家庭成员提供超出常规范围的支持和帮助的义务。其中包括老年照料责任，幼年子女抚育责任，家庭成员残疾、智障、严重疾病照料责任。与家庭关系间的支持和帮助不同，这需要承担家庭照料责任的人接受日常生活需要依赖的、非完全生活能力的家庭成员的照料责任。

二、研究背景

（一）文化背景

"家族取向"和"孝道"观念是构建家庭照料支持体系的深厚文化基础。与西方国家相比，中国是一个有着明显家族取向的社会（杨国枢，1992）。在传统的中国家庭，家庭关系是以亲子关系为主线的，它强调双向的抚养模式，特别强调"孝"的观念。在个人的角色扮演和社会的角色期望中，家庭成员尤其是儿子是赡养老人的主要承担者，老人晚年生活中所需要的经济支持、生活照料、精神慰藉等都由家庭负责提供。中国的家庭是一个较为封闭的系统，强调的是系统内的团结和忠诚，有强烈的"自己人"的观念。凡是在这个系统内的"家庭成员"都属于这个集体，成员内部的互助和协作都是合理并且是必需的。中国家庭强调的是系统内的团结协作，不在这个系统内的统称为"外人"。家庭内部的事情一般是不去找"外人"解决的，有什么困难主要依靠家庭内部的力量化解，而不会轻易地寻求外界的帮助。这种几千年来根深蒂固的强烈家族取向观念和家庭养老传统，依然使家庭照料支持体系的构建有着深厚的根基。所以家庭养老仍然在很长时间内是老年养老模式的主体，而家庭养老照料的主体多为女性。

（二）人口背景

中国至 2000 年就已经步入老龄化社会，60 岁以上人口达 1.3 亿人，占总人口的 10.2%；65 岁以上老年人口已达 8 811 万人，占总人口的 6.96%。据联合国预测，1990—2020 年世界老龄人口平均年增速度为 2.5%，同期我国老龄人口的递增速度为 3.3%；世界老龄人口占总人口的比重从 1995 年的 6.6% 上升至 2020 年 9.3%，同期我国由 6.1% 上升至 11.5%，增长速度和比重都超过了世界老龄化的速度和比重。到 2020 年我国 65 岁以上老龄人口将达 1.67 亿人，约占全世界老龄人口 6.98 亿人的 24%，全世界四个老年人中就有一个是中国老年人。到 2025 年，预计 60 岁以上老人将达到总人口的 20.2%。

（三）政策背景

随着计划生育政策的调整，2014 年我国各省陆续开始了"单独二胎"政策的实施。在这项国策得到人民正面的肯定发挥积极意义的同时，也有专家担忧"单独二孩影响女性就业"。究其原因，除了产假之外，照料子女占用女性更多的精力和时间，影响女性就业。

（四）社会背景

在结构调整、减员增效、人员分流过程中，女性率先下岗。尽管女职工为企业的发展做出了很大贡献，但是，一些企业首先辞退的仍然是女职工，致使在失业人员中女性占很大比例，女职工失业人数逐年增加的比例高于男职工。特别是一些女职工较为集中的劳动密集型行业，大批的女性下岗失业，造成了女性结构性失业。据统计，近几年结构调整和企业关停并转而产生的下岗失业职工中，女性占 60% 以上，这大大高于全国职工总数中 36% 的女性比例。女性再就业要比男性更加困难，这不仅造成了女性困难就业群体的增加，更深层次上还引发诸多社会矛盾，造成社会不稳定。

三、家庭照料责任对女性就业的影响

目前，照料责任主要由家庭成员承担，尤其是女性家庭成员在家庭照料中扮演着重要角色。千百年来，女性在家庭照料方面做出了巨大的牺牲和奉献。在家庭成员目标一致的假定下，贝克尔认为，家庭内部丈夫从事市场劳动，妻子从事家务劳动的专业分工是由男女之间的比较优势决定的。由于在劳动力市场上男性的工资比女性高，而在家务劳动上女性的劳动生产力比男性高，因此家庭内部的专业分工优化了家庭资源配置。贝克尔同时指出，女性的家庭责任对女性劳动力市场参与有负面影响。同市场劳动相比，照顾孩子更耗费精力。由于人的精力有限，照顾孩子会减少女性在工作上的努力程度，为了便于照顾家庭，女性往往会选择时间灵活的工作。这些都会减少女性的工资，影响女性就业发展。

（一）老人照料责任对女性就业的影响

随着我国经济社会的快速发展，人口以及家庭结构的快速变迁，女性尤其是职业女性在照料老人方面面临着越来越严峻的困难和挑战。一是生育率持续下降，家庭规模逐步缩小，目前我国平均每个家庭只有 3.1 人，家庭规模的小型化趋势致使老年照料来自传统大家庭帮助的可获得性资源日益减少。二是伴随我国经济的快速发展和人们收入水平的普遍提高，职业女性照料老人的机会成本大大提高；在激烈的市场经济竞争条件下，女性既要追求职业发展，又要承担家庭照料重任，两者之间的矛盾越来越突出；对老年人提供长期照料，需要付出大量的时间、体力、精力、费用等。所以承担了老人照料责任的女性在单位中的工作时间投入、精力投入相对减少。有调查显示女性家庭照料责任在时间和精力上有冲突，其中工作与家庭的冲突在时间上是显性的，在有限的时间内，从事家庭照料就不能从事工作。在精力上的冲突则是隐性的，过多的家庭照料耗费大量的精力与体力，使女性在单位工作时间减少，周工作时间在 48 小时以上的，男性为 46.69%，女性为 41.42%，男性比女性高 5.27 个百分点；而周工作时间不到 40 小时的，女性（14.41%）比男性高（8.8%）5.61 个百分点。然而根据对于中国公众劳动时间的调查结果显示，女性平均每天用于家务劳动的时间为 4.2 小时，为男性从事家务劳动时间（2.02 小时）的两倍多。因为家庭照料责任的影响，女性无法精力充沛地从事工作。

（二）儿童家庭照料对女性就业的影响

许多发达国家的学者估计了妇女因生育和照料孩子减少就业或丧失职位晋升机会而造成的收入损失，在文献中常被称为"妈咪税"（Crittenden，2001）。研究显示母亲们的小时工资收入低于其他女性（Fuchs，1988）。Waldforgel（1997）估计，在英国，男性和没有孩子的女性的收入差距为 16%，但是男性和有孩子女性的收入差距是 38%。在 20 世纪 90 年代的英国，育儿母亲收入水平低的主要原因是她们倾向于从事兼职工作或暂停工作（Josh，Paci 和 Waldfogel，1999），而母亲们的工资仅是男性的 70%。Budig 和 England（2001）揭示，在美国过去的几十年中，美国男女性别收入差距一直在缩小，但是有孩子女性和没有孩子女性的收入差距却在拉大。她将这两个相悖的趋势归结于美国政府的政策，美国政府采取了一些措施促进两性的报酬平等和机会平等，但是没有采取措施来解决女性所面临的工作和提供幼儿看护的冲突。我国目前生育女性能否继续就业很大程度取决于家庭幼儿照料责任的承担是否有其替代者，如老人、亲友、保姆等。一旦替代者缺失或无法承担又或者女性本身的劳动待遇，即工资水平低于替代代价，如工资与保姆工资相当或更低，那么女性被迫放弃工作的可能性加大，很多女性不得不承受选择、对比的冲突，以及放弃工作机会的压力。对此我们询问了孩子家长关于儿童照料对女性就业的影响的看法。我们对24位不同行业的家长进行了开放问卷调查，以下是对几个重要问题的总结。

1. 母亲照料的替代与女性就业

调查中我们了解到，几乎只要家里有老人，且老人身体健康状况没有严重问题，孩子父母就都在外就业。但是照顾孩子依然对母亲工作有影响，例如职场中的女性如果有家庭儿童照料责任，则不能够根据需要为工作额外付出，外出培训交流、出差无法满足而影响升迁，孩子教育、生病住院及其他情况也使其无法正常工作；从事小型商业活动的女性如果有照料儿童责任的，中午要给孩子准备午饭，孩子午休时要照顾；从事小型买卖活动时，如果在高峰期孩子哭闹对业绩会有影响。偏远的村子，如果家里有年纪不是特别大的（外）祖父母可以帮着带孩子，母亲可以去打工，否则母亲就无法出去，只能留下来带孩子。而在村里很少有农业以外的其他就业机会，也只有很少的私营活动。

2. 携带孩子就业困难

在城市，尤其是一线城市，很多女性工作地点离家较远，一般早上出发，到了晚上才能回家照料孩子，一天至少平均有12小时在外，无法陪伴照料家庭儿童。现代企业已经不像改革开放之前的国企，承担起很多社会责任，专门设立育儿室、保育员，开设幼儿园等形式。现代企业追求员工工作效率，一些单位明确严禁带儿童到单位来。很多女性提出请求：如果能带孩子上班该有多好。

在农村地区，儿童随父母外出务工的比例为17%，由母亲一方在家抚养的为34%，而其余48%是由（外）祖父母在家抚养。如果带孩子进城打工，所能从事的工作要受到限制。有些工厂要求工人在厂里集体宿舍居住，或者工作时间不规律，都没有办法带孩子；即使上班时间规律而且与幼儿园时间吻合，但如果工资收入偏低，还要支付孩子的幼儿园费用，城市幼儿园的费用又普遍很昂贵；如果不能工作，居住在城市生活费用较高，这样还不如留在农村家里带孩子。有一些家庭是带着孩子和（外）祖父母一起进城，老人帮着照看孩子，母亲则出去工作。

3. 就业与孩子的数量

通过调查，我们也收集了一些信息以解决实证分析中所关心的问题，即养育孩子和女性就业之间的潜在的反因果关系。国家全面开始的单独二胎政策，对女性就业影响很大。尽管有些人因为生孩子影响工作，选择只要一个孩子或生完第一胎之后延长下一胎的生育间隔时间，将孩子的数量视为女性就业选择的外生变量是可行的。一些用人单位在女性招聘时明确提出问题："是否还想要二胎?"如果该女性已经育完二胎或者明确表示不要二胎，又或者已经超过育龄，则更容易获得工作机会、升迁机会。

四、家庭照料责任对女性就业影响及支持对策

尽管照料对人类发展、经济增长以及促进社会公平与正义有重要意义，社会性别视角的研究仍然是一个有待发展的领域。主流经济学家对照料儿童和老人对女性劳动力市场参与和工资的影响做了许多研究，但是他们把时间配置看作个人的理性选择，没有从制度的层面上来研究女性工作与家庭照料之间的矛盾，这对指导制定性别平等的照顾公共政策有很大的局限性。女性主义经济学者认为有偿劳动与无偿照顾劳动的性别分工是社会构筑的，妇女家庭照料责任限制了她们参与家庭以外的经济、社会和政治活动，是导致社会性别不平等的主要原因。一个国家如何解决家庭照料责任对这个社会性别平等有非常重要的影响，公共政策既能增强男性和女性的能力，拓宽他们的选择，也能强化把照料提供看作女性天然责任的传统性别观念。

（一）世界上其他国家对家庭照料责任女性的支持政策有益经验

1. 其他国家对老年家庭照料责任女性的支持政策有益经验

对老年家庭照料者，尤其是女性老年家庭照料者提供政策支持和帮助，已经成为国际社会制定老年家庭照料支持性政策的重要关注。西方国家的社会福利政策越来越转向对家庭的关注，在强调家庭责任的同时更加重视从战略发展的角度给予家庭积极的支持，而不是简单地将政府原来承担的责任转移给家庭；妇女就业率的提高以及妇女就业现象的普遍化，迫使许多国家不得不正视职业妇女的大量存在，所以妇女就业压力加大与老年家庭照料之间矛盾日益凸显，女性传统照料者角色正在经历重大变迁。因老年家庭照料而减少的女性劳动力供给，不仅将影响女性个人和家庭，还会影响到国家和企业的利益。因此，许多国家和地区认为缓解妇女的工作与家庭生活之间的冲突这一公共议题非常重要，不断制订出支持女性老年家庭照料者的"工作—家庭"平衡计划。例如美国国会于 1993 年通过了《家庭与医疗休假法》，规范了企业的家庭照顾责任。美国联邦有关"家庭照料假期"（Family Care Leave）的法律规定，任何员工可以因产假、照顾产假、照顾家庭成员生病等原因，向雇主请长达 3 个月的假期，而雇主仍必须保留员工的职位。澳大利亚政府也针对老年人的家庭照料者推行了相应的支持性项目，包括国家寄宿服务项目、针对照料者的补助和津贴。日本老年长期照料项目开始于 2000 年，由日本的卫生部、劳动部和福利部门联合实施。项目的四个目标之一就是减轻老年家庭照料者尤其是女性照料者的负担。换句话说，项目是推动国家和家庭共同承担老年照料责任。

2. 其他国家对幼儿家庭照料责任女性的支持政策有益经验

俄罗斯一项新的法律草案规定，育儿假的最长期限将由原来的三年增至四年半。若一对夫妇产下第三个孩子，母亲还能获得休业保险费，保障日常生活开销。并且在新生儿母亲休产假期间，政府会每月发放育儿津贴 1.1 万卢布。瑞典带薪育儿假共有 480 天，由母亲和父亲共享，另外还能领取报酬，前 390 天的薪水为原工资的 77.6%，后 90 天为固定薪水，即每天补助 180 克朗。另外孩子出生时，父亲还有额外的 10 天带薪假期，育儿假期间生病可以获得带薪病假，两者是分开算的，

并不重叠。在捷克和斯洛伐克，每生一个孩子就能享受 3 年的育儿假。而且这个假期可以让父亲来休。如果孩子出生就身患残疾，育儿假可延长至 6 年。休假期间有补助。头两年的补助为每月 256 欧元，此后为每月 164 欧元。在加拿大，为帮助职工尤其是女性职工平衡工作和家庭的冲突，政府推出了"时间购买计划"，即所谓的"四一工作计划"（职工每工作四年可休假一年），可自愿参加：职工若同意加入，银行为其开设专门账户，在四年工作期间，职工每月领取工资的 80%，20% 存入专户，这部分延付工资和利息将是第五年休假时的收入来源。

（二）我国家庭照料责任女性就业的支持对策

在妇女发展这盘棋上，就业的分量举足轻重。而对女性个体来说，经济独立又是人格独立的重要前提，建立新的伦理关怀，这是文明至今应该并且能够开拓的一条道路，因此，探究承担家庭照料责任的女性的就业政策支持，不仅是为女性解决现实问题，更是促进现实社会的可持续发展、推动政治文明进步、提高女性社会地位、构建和谐社会的重要步骤。

1. 对照料提供者的家庭照料责任给予充分的承认并进行适当的经济补偿

德国、瑞典、瑞士、英国、日本等已普遍实行"家庭照料补贴"政策，在养老保险体系中，对家庭成员因家庭照料责任而导致的养老金损失进行补贴。我国北京、上海等地也在进行家庭养老补贴的试点。基于中国国情，为长期从事家庭照料者按月提供照料津贴，有利于肯定家庭成员长期照料的社会价值，缓解其因承担家庭照料责任而不得不放弃工作或收入减少或陷入贫困而产生的压力。

2. 提供面向社区的社会服务

目前我国大多数劳动者在农村和城市的非正规部门就业，提供面向社区的社会服务可能会比其他缓解工作与照顾矛盾的公共政策更为有效。由于我国仍然是个发展中国家，经济力量有限，社会服务投资应向城市低收入社区、民工集中的社区和农村地区倾斜。

3. 制定政策平衡工作和家庭关系

还应该制定政策鼓励男女共同承担家庭照料责任，鼓励企业对员工提供有偿或无偿的照料家庭的假期，允许灵活的工作时间，制订有利于职工承担家庭责任的工作安排，如家庭休假制度和弹性工作时间等。这样既可以使在职者有时间参与家庭照顾，也可以减轻家庭照顾者的压力。当职工遇有紧急家事时，可以请假处理家务，也可以缩短工作时间，帮助员工平衡工作和家庭的关系。

4. 对于家庭照料责任的女性完成照料责任后重返社会提供相应的政策支持

女性在完成家庭照料责任后重返社会寻找工作的过程中，往往会遇到重重困难。在一项调查中，36% 的离职女性承认，决定重新就职会感到有些矛盾，但 70% 的人仍对这项决定持积极态度。当研究人员请她们描述重新寻找工作的经历时，50% 的女性表示体验到了挫折，18% 的女性认为这种经历令人沮丧。专家指出女性们解决这个问题的最好方法是不断学习新的技术，并在离职时与外界保持联系。所以政府应该制定相应的专题项目对女性再就业进行帮扶，包括职业指导、就业训练、创业能力培训、税费减免等具体措施，为妇女就业提供优惠和便利，扶持女性发掘自身潜力和特长，主动创业和就业，以便重返社会。

5. 社会应大力宣传提倡家庭照料责任由家庭与社会共同承担政策

家庭照料工作占去女性劳动力相当多的时间和精力，是影响女性就业质与量的一个重要原因。各国的实践证明，解决这一问题的有效途径是促进提倡家庭照料责任由家庭与社会共同承担。政府应积极采取措施，发展各种形式的社会化的家庭服务，例如家政公司、托儿所、早教中心、婴儿生活馆、幼儿园、爱老中心、餐馆等的设立和钟点工、洗染、缝纫、修理、保姆等服务的提供，既为广大女性创造大量就业岗位，又使女性的家务劳动被家庭、社会所肯定，从而降低女性人力资本投资的机会成本，为妇女广泛、更多地参与市场经济活动创造条件。

6. 进一步加强对女性就业保障的监督与管理

劳动保障部门对各单位贯穿实施女性就业保障的各项规定进行监督检查，并列入主要职责之一；行业管理部门应对本行业各单位的用人问题进行管理，对用人单位在招聘中存在的严重歧视女性、侵害女性就业权益的行为进行检查和查处，并责成改正；在外资、私营等非公有经济组织建立起工会，充分发挥工会和妇联依法代表劳动者对用人单位贯彻实施女性就业权益保障情况进行监督的作用。

7. 社会保障体系设计应该充分体现对女性家庭照料贡献的承认

国家的社会保障体系设计应该充分体现出对女性家庭照料贡献的承认，减少妇女由于照顾家人而导致的就业经济脆弱性。例如女性的平均预期寿命比男性长，妇女在自己进入人生最脆弱阶段之前通常是在照顾老伴或者孙辈幼儿，而我国的养老金制度并没有规定在养老金领取人去世后对其配偶进行支付，医疗保险也不保配偶。国家还应该加大在照顾儿童和老人方面的社会服务投入。

参考文献：

[1] 朱成个，崔绍忠. 社会性别分析方法论与女性主义经济学研究——对新古典主流经济学的挑战. 上海财经大学学报（哲学社会科学版），2006，8（5）.

[2] 贾根良，刘辉锋. 女性主义经济学述评. 川外社会科学，2002（5）.

[3] 崔绍忠. 新古典经济学的价值论、本体论和认识论研究——女性主义经济学. 思想战线，2011，37（2）.

[4] 全国老龄工作委员会办公室. 中国人口老龄化研究论文集 [C]. 北京：华龄出版社，2010.

[5] 袁小波. 构筑家庭照料者社会支持体系 [J]. 社会福利，2010（6）.

[6] Gibson M J. "Public health and social policy," in H. Kendig, A. Hashimoto, and L. C. Coppard（eds.），Family Support for the Elderly: The International Experience. Oxford: Oxford University Press，1992.

[7] 何勤，陶秋燕，刘宇霞. 工作—家庭平衡问题国际比较研究 [J]. 北京联合大学学报（人文社会科学版），2010（1）.

[8] Naohiro Ogawa，Robert D. Retherford. Shifting Costs of Caring for the

Elderly Back to Families in Japan: Will It Work? Population and Development Review, Vol. 23, No. 1, 1997.

[9] Chikako Usui and Howard A. Palley. "The Development of Social Policy for the Elderly in Japan". The Social Service Review, Vol 71, No. 3, 1997.

[10] 香港社会福利署网站. http: //www. swd. gov. hk.

[11] J Millar, A Warman. Family Obligations in Europe. London: Family Policy Studies Center, 1996.

试论美国女作家凯特·肖邦的成长[①]
——以管窥家庭教育对妇女发展的影响

江苏大学外国语学院　万雪梅

[摘要] 美国女作家凯特·肖邦的成长有其独特之处。她幼年丧父，刚过而立便接连遭受丧偶、失母之痛，独育六子，年近不惑开始创作，短短十年成长为美国经典作家，其经历成了美国文学史上引人注目的成功故事。本文探析不分国界、弘扬爱的培养德行、教导伦理的家庭教育，在促使她恪守"孝道"、传承家风，从而能够在文学艺术创作方面富有成就的过程中所发挥的作用，以管窥家庭教育对妇女发展的根本性影响，以期对当下的家庭教育有一定的借鉴意义。

[关键词] 凯特·肖邦　成长　家庭教育　妇女发展　影响

美国女作家凯特·肖邦（1850—1904）的成长有其独特之处。她幼时失怙，便由孀居同堂、女性意识独立坚强的母亲、外祖母和曾外祖母抚养长大。从小受到严格的家教，养成了爱好阅读和独立思考的习惯，精通英法双语，喜欢文学艺术创作，在痛失数位亲人之后、年近不惑之时，一个人独自抚养六个孩子的情况下才开始创作，大约十年时间（1889—1899 年），便赢得了"杰出的地方色彩作家"的声名，死后大约半个多世纪后又逐渐被追认为美国的经典作家，其经历成了"美国文学史上比较引人注目的成功故事之一"。本文将以她的成长故事为例，从三个方面逐一说明她的家庭教育对她成为一名经典作家的意义，以管窥家庭教育对妇女发展的根本性影响。

一、恪守"孝道"

回溯历史，东西方文化虽有差异，但在弘扬"爱"这一点上有其共通之处。如东方儒家文明的核心可以说是"仁"，而西方宗教的核心价值则是"爱"。孔子曰："孝弟也者，其为仁之本与！"可见，东方的"仁"落实在"孝悌"上，所以有"百善孝为先"的说法，而孝的根本是德，通过教育而养成，"夫孝，德之本也，教之所由生也"。再看凯特·肖邦成长的环境——西方，"虽然没有形成类似中国这样完备的孝的体系，即孝道"，但"西方有孝的概念"。如《圣经》中《旧约·出埃及记》部分《摩西十诫》里就有，"当孝敬父母，使你的日子在耶和华——你神所赐你的土地上得以长久。"教导道德伦理的《旧约·箴言》里也有"敬畏耶和华是知识的开端，愚妄人藐视智慧和训诲。我儿，要听你父亲的训诲，不可离弃你母亲的指教"，可见"孝"在西方伦理中的地位。抛开西方"神"的地位不谈，可以说，"孝"在东西方文化中，都为"人伦之首"。

---

① 本文为江苏省哲学社会科学指导项目"凯特·肖邦作品研究"（11WWD014）和江苏大学高级人才科研启动基金项目（11JDG196）的阶段性成果。

凯特·肖邦,生于密苏里州的圣路易斯的一个富商家庭,父亲托马斯是虔诚的天主教徒。肖邦自幼受到了典型的维多利亚时代的礼仪训练和严格的天主教教育,不难发现,终其一生,她都恪守长辈传承给她的"孝道"。肖邦四岁多的时候,她的父亲在一次火车首次通航的意外事故中丧生,这使得本来因他的风趣和幽默而充满欢乐的家,一下子成了伤心之所,不得不由几名寡妇——同样是虔诚的天主教徒的曾外祖母、外祖母和母亲来支撑,但是对母亲的爱,以及对外祖母和曾外祖母的孝敬却在幼小的肖邦心灵里深深扎下了根。

凯特·肖邦虽然不是她父母所生的唯一的孩子,但后来从某种意义上可以说她成了家中的"独女"。肖邦的父亲共有过 5 个孩子,其中第一个为前妻所生(前妻死于难产)。肖邦的生母是她父亲的第二任妻子,他们生有 4 个孩子,可是除肖邦外,都没能活到结婚生子。因此,多年以后,当她的母亲老了的时候,加上她的丈夫不幸早逝,她毅然带着 6 个孩子从夫君种植园所在地路易斯安那州搬回圣路易斯娘家,陪护自己的母亲和外祖母,给她们养老送终。

30 出头就不幸孀居的肖邦此后便没有再婚,在这方面,与她独立坚强的母亲、外祖母和曾外祖母一样,好似传承家风一样。从肖邦的作品中我们可了解到,她对那些孀居后仍保持着对丈夫坚贞之爱的女性持肯定态度,如她的短篇小说《牛轭湖圣约翰女士》(A Lady of Bayou St. John, 1893)就向我们描绘了这样一位女性形象,这很可能就是她以及她的母亲、外祖母和曾外祖母孀居后内心情感的真实写照。《牛轭湖圣约翰女士》中德莱尔夫人的丈夫不幸在南北战争中丧生,当她的邻居再次向她求婚时,她却断然拒绝了,因为她的全部感情已倾注到亡夫的身上,"我丈夫对我来说从来没有像现在这样活生生的。我身边的每件物品都在提示他的存在……啊!我有记忆,哪怕我活一百岁,这些记忆也会填满我的生活!"故事的结尾宁静安详,庄重圣洁:多少年以后,德莱尔夫人还住在圣约翰,她成了"一位非常标致的老太太,守寡多年,从未受过任何责备。对丈夫古斯塔夫的记忆依然充满了她的生活,她感到心满意足。一年一次,她从未间断,为古斯塔夫的灵魂安眠举行一次隆重的、高规格的弥撒。"

肖邦的长者,不仅注重激发她对长辈的敬爱之情,同时还注意对她美德的培养,如教导她养成独立坚强的意志和直面人生的勇气,并向她传授语言及音乐艺术等方面的知识和技能。当肖邦的父亲意外丧生的时候,她的外祖母带着"顺从上帝意旨"的想法接受了这个事实,而她的曾外祖母当时已 75 岁,她也接受了这既定的不幸,并且怀着坚定的决心引导孩子、帮助她理解充满悲欢离合、旦夕祸福的人生,她的教育理念在一百多年后的今天都没有显得过时,"她的教育理念在当时显然是独一无二的。她教这个女孩有意识地、毫不犹豫地、不带一丝羞涩地直面人生和人生充满的种种艰难。她坚持让这个孩子对她说法语,而同时她还热切地监督着她每天的音乐学习。"

肖邦的曾外祖母名叫维多利亚·查尔维尔,在圣路易斯和新奥尔良之间拥有一线航船,她的母亲来自法国,虽然生过不少孩子,但也只有她一个人有自己的子孙

（后来肖邦之于家庭，也是如此）。或许正因为查尔维尔本人后来成了家中的"独女"，所以她的独立意识和对家庭的责任感格外强烈。她不仅教肖邦如何面对人生的种种坎坷和语言音乐技能，而且还把她长期积淀下来的人生智慧作为家风一样传承给肖邦，"她不断地给她增强对父亲高贵和慷慨的印象；她教她在今后的人生路上不要凭外表长相，而她正确的道路是靠美德。"

除了言传身教以外，肖邦的曾外祖母还通过讲故事的方式激发她对人生的感悟力，"她还给她讲圣路易斯以往的故事。这些被重复了一次又一次、带着忧伤和通俗解释的故事，生动形象地吸引着凯瑟琳·奥弗莱厄蒂（肖邦婚前的姓名），激发了她对人们的生活、思想和道德的亲近感和洞察力"。正是曾外祖母的影响唤醒了肖邦探究人物性格的敏锐兴趣，特别是在探究那些独立的、有坚强毅力的女性时，表现得尤其有洞察力。曾外祖母还塑造了她思想行为的方方面面：她的语言、她的习惯、她的品德、她待人接物的方式等，使得她自幼就"学会了面对一切问题不忧不惧、淡然处之——她变得独立自强、冷静专注，并且迅速成了大人眼中引以为神奇的'谜'。既不虚荣也不自以为是成了她天性的一部分"。

总之，肖邦所接受的这种不分国界、弘扬爱的培养德行、教导伦理的家庭教育，就使得"孝道"自幼在她的内心深深地扎下了根，而她所回报长辈的也绝不是一般的小孝，而是智慧的大孝。这一点从她 1889 年 6 月创作的第一个短篇小说《智胜神明》（Wiser than a God, 1889）中也可略见一斑。《智胜神明》中女主人公波拉出身贫寒，并且父亲已故、母亲病重，但她却勇于面对现实，独立自强，通过为人弹钢琴维持家人生计并为母亲治病，理性拒绝富家子弟的求婚，不懈努力终于实现父母的遗愿，从而成了一名著名的钢琴家。而此刻，波拉一生的爱情幸福也将毋庸置疑，因为天才的作曲家康兹拉教授，也是波拉的声学老师仍然和数年前一样，以顽强的毅力和坚强的耐心等待着波拉接受他的爱。可见，《智胜神明》这则故事不仅充分体现了波拉对其父母在身、心、志、慧方面所尽的孝道，也让我们管窥到肖邦在这方面与中华传统相通的"孝道"观。如果说《智胜神明》中的波拉是通过钢琴演奏立身行道，那么肖邦则是通过博览群书、精心创作来扬名于后世，以告慰父母的在天之灵。

二、博览群书

在家风方面，凯特·肖邦不仅继承了她父亲的聪明、机智、明辨及具有活力的冒险精神，而且继承了她曾外祖母、外祖母、母亲的安详、优雅、自信及泰然自若的气质。更为重要的是，"良好的家庭熏陶不只培养了她过人的音乐艺术才能和熟练的英、法双语能力，而且养成了她从小就爱读书、爱学习、爱思考的习惯"。她很小便开始广泛阅读，起初主要读一些英国作品，比如，她 6 岁时读英国著名历史小说家和诗人瓦尔特·司各特的作品，7 岁读苏格兰诗人和小说家詹姆士·霍格的诗。

如果说肖邦父亲的亡故，使曾外祖母成了她心灵和精神的庇护之所；那么当时曾外祖母以及同父异母的哥哥离去，对 12 岁的她而言打击则是巨大的。接下来大约有四年时间她不怎么出来，也不去上学，只把自己关在阁楼上，在那儿，她"熟读储存在那儿的成堆的诗歌和小说"。其中包含一系列名著，如：英国约翰·班扬的《天路历程》；德国雅各布·格林和威廉·格林两兄弟的《格林童话》和英国批判现实主义文学的奠基人查尔斯·狄更斯的作品等。总之，当时文学成了她的精神家园。她不顾一切地阅读各种各样的小说、诗歌，还有百科全书、宗教书籍等，并专心研究它们，以忘记周围的世界和自己的悲痛。4 年后，她终于从伤痛中挺了过来，从 1866 年到她 1868 年毕业这两年的时间内，她返回学校，认真学习，积极参加学校的各项活动，最后，因为具有"绝妙的讲故事的天才"而闻名。

后来，在她的书单中又增加了长长的一串书名，如但丁、塞万提斯、高乃依、拉辛、莫里哀、斯塔尔夫人、夏多布里昂、歌德、柯勒律治、简·奥斯丁、夏洛特·勃朗宁、拜伦、莫泊桑、都德、福楼拜、左拉等欧洲各国如意、法、英作家的文学作品。在美国本土，玛格丽特·富勒的思想，以爱默生、梭罗为代表的超验主义以及惠特曼的诗，均对她有所影响，都可从她的作品中找到痕迹。

她勤奋苦读，从各国的名著中摄取思想精神的精华，继而溶化为自己的思想。她注重语言的学习和思想的采撷，不满足于掌握英语，法语，还学了德语。当年凯特的好友基蒂，后来还回忆说，她们在圣心学院读书时，还曾秘密地学习过意大利语。肖邦认为："用法语、德语表达的观点和思想与用英语表达的是如此不同——当它们在被人用很实用的语言翻译的时候，原来天真纯正的风味不见了。"

肖邦还注重心灵的力量、内心的强大，非常善于从成堆的书中发现并抽取那些能够提高她心智、给予她心灵力量的书籍与话语。肖邦热爱读书，珍惜时间，为的是提高自己的心智。书籍就是她的知己，书籍就是她的最爱，她认为，"我的书是我多好的、多亲爱的知己。如果它没有消除我的疑虑，至少它也不与我的观点发生矛盾或反对我的想法。你是唯一的，我的书，我可以与你自由倾心而谈"。

肖邦不是不懂得娱乐，但是总有一个理性的声音会提醒她：要适度、要有节制、有限的时间要做更有意义的事，所以当她被邀请参加聚会的时候，她会借故悄悄逃脱。罗马皇帝马可·奥勒留在《沉思录》里写道"不同无知的人作无谓的交谈"，肖邦在日记里也流露了她不愿与无智的人跳舞的心迹，因为她要和她的思想在一起，她在日记中还写道："我是一个热爱娱乐的人；我热爱智慧、热爱生活、热爱幸福、热爱阳光。但是我问我自己：把黑夜变成白天、毁坏健康，这是理性的娱乐吗？"

1870 年，凯特·肖邦嫁给比她大 7 岁的棉花代理商奥斯卡·肖邦，婚后生活非常幸福，肖邦依旧保持着她爱好阅读的习惯。1882 年 12 月，奥斯卡突然病逝（肖邦才 32 岁)，留下她一个人带着 6 个孩子，还有经营农场生意失败后欠下的大量债务。这对肖邦身心的打击与影响可以从她自费出版的长篇小说《过错》(1890) 中读到。在《过错》中，她借女主人公泰蕾丝之口，这样诉说痛失丈夫、年轻守寡的心情，实际上也表达了自己痛失丈夫奥斯卡的心境："泰蕾丝想和她的杰罗姆一起去死，没有他的生活她感觉一切皆空，没有什么能够使她忍受这越来越深刻的伤痛。有好多天她就一个人和她的悲哀相处……毫不留心周围的一切已经是多么凌乱。"

　　而每到她生命中的关键时刻，就能发现阅读对增强她身心健康的影响。她很快从她所阅读过的作品中获取了正能量，让一种责任感将她从悲哀的昏睡中唤醒，使得她继承杰罗姆的事业，使家庭种植园正常运转下去："她立即感到信任的神圣和分量，它带来了抚慰，惊醒了意想不到的行动力量"，"她拒绝了所有来自好心的亲人们的帮助，着手管理种植园，获得了作为一个女商业人士的许多能力"。"就算她在经营种植园期间，她也从来没有放弃过阅读。"

　　三、精心创作

　　1885 年 6 月，肖邦的丈夫去世还不到 3 年时，她的母亲又突然病逝，这对她身心健康的打击又是巨大的。她"的确因为悲伤而忧郁了"。从当时拍的一张照片上来看，她"目光无神、离群寡言、苦楚无依"，时隔 9 年后的 1894 年 5 月 22 日，肖邦依然无法忘怀对丈夫和母亲的深深眷念，并在日记中写道："假如我的丈夫和母亲能够复活，我觉得自己会毫不犹豫地放弃他们去世后进入我生活的每一样东西，而与他们的生存重新结合在一起。"

　　那段时间，如果不是肖邦娘家长期的家庭医生与朋友弗雷德里克·科本霍依埃尔（Frederick Kolbenheyer）鼓励肖邦创作，很难设想肖邦能否挺过这人生再一次的巨大磨难。当年，在肖邦还没有回到圣路易斯时，科本霍依埃尔就从她写给母亲的信件中看出她文笔很好，开始鼓励她写作。而此刻，科本霍依埃尔又增添了作为一名有思想的医生的神圣的使命感：他（科本霍依埃尔医生）是唯一似乎可以能够帮助处于悲痛中的肖邦的人。过了一段时间后，他开始给她读她从路易斯安那州给他寄来的信，并力劝她开始写小说。他这样做是因为她描述事物的文学素养，也许也因为他知道带着 6 个孩子、生活来源相当有限的她也可以很好地用自己的所长挣点钱贴补家用。但医生鼓励她创作的主要原因很有可能是因为他希望写作能帮她减轻丧母、丧夫之痛，能够让她从一次次失去亲人的空荡、绝望中走出来。

　　凯特·肖邦的整个生涯都处于亚瑟·叔本华（Arthur Schopenhauer，1788—1860 年）"告别古典"美学的影响之下。而科本霍依埃尔也远非一般的家庭医生，一方面，他了解肖邦在文学创作方面的潜质，并欣赏她的智慧，同时对她的身心健康充满热望；另一方面，他还是一个"康德、黑格尔和叔本华哲学的专家"。他引见她进入圣路易斯的知识分子的生活，而他是中心成员。他鼓励她读哲学和当前的科学著作。除使她转向艺术寻求安慰外，还使她从唯意志主义哲学中寻求安慰。科本霍依埃尔最熟知的非理性主义思潮，是有关叔本华的哲学，而叔本华的作品认为艺术有一种安抚人的力量。

　　不难设想，在一次次痛失亲人后，肖邦很可能想到过自杀，如 1889 年肖邦首次公开发表的文学作品是诗歌《如果可能》（"If It Might Be"）［芝加哥《美国》（America）杂志第一期，1889 年 1 月 10 日］，诗中表达的似乎是对亡夫奥斯卡无尽的思念：

如果可能你需要我的生命，

那么瞬间我将结束希望和恐惧之间的抗争；

最终欢欣我只遭遇奇迹，

发现死亡是如此甜美。

但很可能，就因为在科本霍依埃尔的帮助下，她从叔本华的哲学中获得了启迪，因此打消了这个念头。虽然在《作为意志和表象的世界》（The World as Will and Idea，1977）的开篇，持悲观主义观点的叔本华就已表明物质、时间和空间没有绝对的存在；过去和将来就像梦一样虚无，现在也同样具有虚无性，但是他明确拒绝自杀是自我否定的适当形式，"自杀否认的仅仅是个体，而不是物种。我们已经看到生命总是确保意志的存在，正如悲痛与生命不可分割一样，自杀，个体现象存在的意志毁灭，是徒劳的和愚蠢的行为，因为物种本身仍然不会因此受到任何影响"。

因此，自杀就完全被陷于由意志发出的幻想中，以保持个体服务于它的需求，而不是意志本身的要求。这样对失去至爱的肖邦而言，叔本华的哲学给她提供了慰藉，因为叔本华的哲学认为痛苦是人生必需的部分。但是怎样才能减轻和避免人生的痛苦，成为自由和有道德的人呢？"叔本华提出的根本办法是抑制人的欲望，否定人的生命意志。他提出的主要途径是研究哲学、进行艺术直觉以致达到佛教所说的涅槃。"于是，肖邦遵循科本霍依埃尔的明确建议，尝试进行文学艺术创作，并将自己对哲学的思考艺术化地呈现于自己作品之中。

1888 年，当凯特·肖邦已经 38 岁的时候，她首次公开发表的是音乐作品钢琴曲《莉莉娅波尔卡》（Lilia Polka），次年开始发表诗作和短篇小说，在她为时不长的文学创作生涯里（主要从 1889 到 1899 年这十年间），"除了被毁坏的或无法找到的一个长篇《年轻的戈斯医生和西奥》（Young Dr. Gosse and Théo，1890）和 6 个短篇外，凯特·肖邦还写出了 2 部长篇小说《过错》（At Fault，1890）和《觉醒》，100 多部短篇小说，以及一些散文、诗歌、剧本、儿童文学和文学评论等"。在她生前，她就被公认为跨入了"杰出的地方色彩作家"的行列，1899 年她的《觉醒》的出版，在美国当年的大事年表上（文化读本），为 6 件大事当中的一件；时过半个多世纪后，《觉醒》得到进一步挖掘，以至逐渐被认可为美国女性文学史上的开山之作和经典，凯特·肖邦也因此进入了美国经典作家的行列。

综上所述，美国女作家凯特·肖邦的短暂一生虽历经亲人之痛失，而能挺过悲伤，保持身心和谐，在文学艺术创作上富有成就，与其自幼就受到严格的家教是分不开的，"无孝不成教"，这种家教以爱为核心，培养她的德行，教导她懂得伦理，使得她终其一生都恪守这种"孝道"。首先，她养好自己的身体，"身体发肤，受之父母，不敢毁伤，孝之始也"。当生的痛苦与悲伤多于欢乐时，自杀可谓一种解脱，但是她没有这么做，而是极力通过阅读与写作、从事文学艺术创作等活动为自己疗伤。其次，她勇敢地承担生之责任。"立身行道，扬名于后世，以显父母，孝之终也"，她在独立抚养 6 个子女、帮丈夫归还经营农场失败所欠巨额债务之余，还赡养母亲和外祖母，并博览群书，汲取知识，精心创作，传播善思想，终于在死前获得了社会的认可，而死后半个多世纪以来，更见其作品充满爱与美的思想光芒。她在立身行道方面，可谓我们后世之人的楷模，她以此来显其父母长辈，从而达到了孝的最高境界。总之，肖邦所受的家庭教育对她后来能够往立身行道方面发展，发挥了根本性的作用。

古德云："闺阃乃圣贤所出之地，母教为天下太平之源。"天下之本在国，国之本在家，家之本在身。而女子之身，乃是贤才诞生之所，故尤为重要。一个民族的女性，正是该民族的文明之花，是该文明国家的国家之花。女性所受的家庭教育与妇女发展，关系着个人与家庭的幸福、子孙的贤良，也影响着国运的昌隆与世界的和平。她们推动摇篮的双手，也将肩负着"推动整个世界"该往何处发展的抉择与重任。换个角度来看，一般来说社会的安定繁荣、国家的强盛和世界的和平，建立在四方面教育的基础上：家庭教育、学校教育、社会教育和宗教教育。据此，我们也不难发现，家庭教育是根本。所以，期待本文所谈论的凯特·肖邦的成长对当下的家庭教育有一定的启示作用。

参考文献：

［1］Skaggs, Peggy. Kate Chopin, Ed. David J. Nordloh. Boston：Twayne Publishers，1985.

［2］Petry, Alice Hall. "Introduction." Critical Essays on Kate Chopin. Ed. Alice Hall Petry. New York：G. K. Hall & Co. An Imprint of Simon & Schuster Macmillan，1996.

［3］刘永祥. 近代中国孝道文化研究 ［D］. 山东师范大学，2009.

［4］Holy Bible. Nanjing：China Christian Council.，2002.

［5］Rankin, Daniel S. Kate Chopin and Her Creole Stories, Pennsylvania：Philadelphia，1932.

［6］Chopin, Kate. "A Lady of Bayou St. John." Trans. Shen Dan. The Complete Works of Kate Chopin. Ed. Per Seyersted. Baton Rouge：Louisiana State University Press，1969.

［7］Seyersted, Per. Kate Chopin—A Critical Biography. New York：Octagon Books，1969.

［8］万雪梅. 美在爱和死——凯特肖邦作品赏析 ［M］. 北京：中国社会科学出版社，2012.

［9］Schuyler, William. "Kate Chopin", Writer, 1894，Aug. VII.

［10］Chopin, Kate. The Complete Works of Kate Chopin. Ed. Per Seyersted. Baton Rouge：Louisiana State University Press，1969.

［11］［古罗马］马可·奥勒留. 沉思录 ［M］. 何怀宏译. 北京：中央编译出版社，2008.

［12］Chopin, Kate. Kate Chopin's Private Papers. Ed. Emily Toth，Per Seyersted， and Cheyenne Bonnell. Bloomington：Indiana UP，1998.

［13］单世联．西方美学初步［M］．广州：广东人民出版社，1999.

［14］Schopenhauer，Arthur. The World as Will and Idea. 3rd ed. Vol. I. Trans. R. B.

Haldane and J. Kemp. New York：AMS Press，1977.

［15］刘放桐．新编现代西方哲学［M］．北京：人民出版社，2000.

从"虎妈"看中国式家庭教育的缺失

关岭自治县妇联 杨胜莉

[摘要] 本文从近年来备受关注的"虎妈"式教育现象出发,深入剖析中国家庭教育普遍存在的缺失,探讨这些缺失对孩子造成的不利影响,寻找弥补中国式教育不足的方式方法。

[关键词] "虎妈" 中国式家庭教育 缺失

"虎妈",本名蔡美儿(Amy Lynn Chua),女,美籍华人女教授,以一本《虎妈战歌》在美国高调宣扬自己的中国式严教,迅速点燃了中西方关于父母教养方式的论战。论战中蔡美儿对两个女儿严格地执行她所规定的每个细节的教育被称为"虎妈式"教育,这些规定有:"不准夜不归宿;不准参加小朋友的小组娱乐活动;不准参加校园演出;不准抱怨没有参加校园演出;不准看电视或玩电脑游戏;不准自己选择课外活动;不准成绩拿不到 A;不准除体育和戏剧外,每科拿不到第一名;不准学钢琴或小提琴以外的任何乐器;不准不学钢琴或小提琴",并自称"采用咒骂、威胁、贿赂、利诱等种种高压手段,要求孩子沿着父母为其选择的道路努力"。这些规定迎合了中国式家庭教育"望子成龙"的功利化心理,"虎妈"两个女儿保持门门功课皆"A"的全优纪录,17 岁的大女儿蔡思慧被哈佛和耶鲁录取。

在中西家庭教育论战中,"虎妈式"教育俨然成为中国式家庭教育的形象代言。那么,"虎妈"蔡美儿的中国式家庭教育,是否真的代表了具有几千年优秀传统的中国家庭教育理念?是否以偏概全,导致在教育内容的选择上,以知识教育为主,而忽略缺失了以健康、情感等为主要内容的生活教育?本文主要就"虎妈"式教育探讨中国式家庭教育的缺失。

一、教育目标只有成败,没有幸福快乐

"虎妈"出版的《虎妈战歌》一书,2011 年在美国引起了轰动。该书介绍了她如何以中国式教育方法管教两个女儿,她骂女儿垃圾,要求每科成绩拿 A,不准看电视,琴练不好就不准吃饭,等等。"虎妈"的教育方式有点中国传统上"棍棒教育"的意味,她这样教育孩子的本意是打破美国亚裔移民有"富不过三代"的魔咒,即:一代移民终于实现了"美国梦",省吃俭用将所挣的每一分钱和巨大的精力投资在孩子的教育上。第二代移民因父母的巨大投入而相对优秀,但他们教育孩子也因此不太严厉了。第三代移民的生活很舒适,有一群成绩 B+ 的朋友,认为个人权利受宪法保护,不愿付出辛苦,于是就会走下坡路。对于一些中国"虎妈"式家长来说,打破"富不过三代"的魔咒又何尝不是他们的目的呢?因此,在当今中国应试教育的大背景下,许多家长在"望子成龙""望女成凤"的功利驱使下,常常在不征求孩子意愿的情况下,给孩子报这样那样加强学习的培训班,给孩子安排课程,导致孩子在完成学校布置的功课外,还要疲于应付各种课余学习。考试考不

好，怕家长失望、批评或打骂，孩子们大多怕拿成绩单给家长签字，出现了孩子自己代父母签字、编造父母不在家等情形。在网上有一项针对孩子《父母最让你不能忍受的行为》的调查报告，其中得票最多的一项是"经常打骂羞辱孩子"，之后是"拿别的孩子刺激子女"和"总认为自己正确"。可见接受调查的这些孩子对父母的教育方式是多么的不满，多么的不快乐。

"虎妈"蔡美儿的本意及对当代孩子成才的忧虑是好的，但从孩子的身心健康发展来看过于极端和严苛。她"以大学为目标，把自己的意志强加给孩子，过多关注孩子获取知识上的不足，忽略了孩子自身精神世界的进步，为了既定的成功目标，抹杀了孩子的个性和尊严"。学习本是一件快乐的事情，然而在家长的各种殷切期盼下，学习成绩是否优秀已经成为衡量孩子成功与否的标准，孩子幸福快乐与否在大多时候根本不是家长考虑培养孩子发展的目标。苏联教育家瓦西里·亚力山德罗维奇·苏霍姆林斯基（1918－1970年）从多角度论述了教育目的，其中最集中的也最深刻的一个观点是要把青少年培养成为"幸福的人""全面和谐发展的人，社会进步的积极参与者"。关于德育，他明确指出，"和谐全面发展的核心是高尚的道德"。他特别强调要使学生具有丰富的精神生活和精神需要，认为"精神空虚是人的最可怕的灾难"。要求教师和家长尊重儿童的人格，全面关心儿童。《中华人民共和国教育法》中规定的教育目的也是家庭教育的总目的。即：教育必须为社会主义现代化建设服务，必须与生产劳动相结合，培养德智体等方面全面发展的社会主义事业的建设者和接班人。"虎妈"式家庭教育目标的缺失在于，将孩子全面和谐发展的教育目标割裂，过多地强调和追求成功，并将这种成功极端化为"分数"或"大学"，忽略了孩子的个性、尊严、情感等。这种以偏概全的教育目的，对于一个心智发展还不成熟的孩子来说会造成的危害是难以想象的，他们不会了解父母的良苦用心，可能会误解父母家长不喜欢自己，产生怨恨父母等情绪，甚至因怨恨和误解造成一些家庭的悲剧。虽然"虎妈"的女儿考上了哈佛大学，但是她的女儿们难道一点也不怨恨她吗？要克服当前家庭教育的缺失，必须摈弃以成功为唯一目标，将分数视为成功唯一路径的家庭教育观，使孩子在接受教育的过程中获得幸福快乐的感觉，树立"幸福快乐比成功更重要"的家庭教育目标。

二、教育方式拔苗助长，缺少因材施教的魄力

"虎妈"这样严厉苛刻的家长形象并不是一个独立的个体，他们就是中国传统家长的化身。为了实现"望子成龙""望女成凤"的梦想，在优质教育资源恶性竞争的现实窘境中，家长更是想方设法地为孩子的未来发展提供五花八门的帮助，使出浑身解数拔苗助长，却因此缺少因材施教的魄力。"虎妈"教育出来的两个女儿精通钢琴、小提琴，也许的确要归功于"虎妈"严苛的暴力式的逼迫，但是我们必须看到这种教育方式所取得的成效是有局限性的。

教育是一项长远的投资，孔子提出的"因材施教"观点到今天仍然适用。如果孩子五音不全，父母逼迫他学习音乐，他也不可能成为优秀的声乐家。逼迫太多有时反而不好，会造成孩子的怨学情绪等，后果更加得不偿失。音乐、美术这类的艺术学习不是光靠努力就可以的，天赋也是必不可少的。每年各大艺术院校招生，首先都要对学生的艺术专业进行考评，有艺术细胞、有天分的，才会被名牌学校收入门下，甚至破格录取，然后因材施教，培养各类艺术人才。因此，家长教师应该要根据学生的特点、优势、认知水平来选择教育方式，进行有针对性的教学，而不应该是以简单粗暴的逼迫来教育孩子。

家长应该做到善于观察，扬长避短，尽量发掘孩子的优势并适当地加以引导，而不是为了和别的孩子攀比逼着孩子学习不擅长、不喜欢的东西。家长如果觉得孩子在某方面存在不足，可以通过比较轻松的方式来加强和弥补，不一定要通过制定简单粗暴的规矩来逼迫孩子，毕竟人无完人，理解和接纳孩子的缺点是为人父母所应该做的。为了不输在起跑线上，有的家长在孩子2岁多时就将其送进幼儿园，就过早地让孩子进幼儿园，也不管孩子身体、心理发育是否能适应。孩子聪明点，能比其他孩子早认识几个字或英语单词，有的家长就觉得高人一等，完全忽视了孩子是否有一个快乐的童年。有的孩子一到周末和寒暑假，根本没有时间停下来休息一下，就被家长安排学习钢琴、舞蹈、画画，强迫孩子每天要练多久多久。如果孩子做不好就加以指责，甚至拿其他的孩子作比较，这样做有时会在无形中刺激孩子的叛逆心理，造就了现在许多问题青少年的存在。

家庭教育中，往往需要角色互换。严厉的"虎妈"当太久了，孩子往往看到的不是你"慈母"的一面。承担家庭教育重任的父母一方面需要在孩子的成长过程中纠偏改错保驾护航，另一方面需要给予孩子属于他们的时间和空间。所以"虎妈"在适当的时候，还要给予孩子一些鼓励，一点笑容，一点爱心，孩子就觉得家庭是温暖的，父母是爱他们的，他们才能成才。张弛有度，宽严互补，不仅利于孩子的自然成长，健全人格，还有利于孩子自主发掘兴趣爱好，规划和设计人生，培养独立生存的能力。所以，在教育孩子的方式上，是因材施教还是拔苗助长，家长的选择一目了然。妄想将孩子彻底地改造是不切实际的，因为教育方式永远只是一种手段而非目的。

三、教育理念注重父母权威，缺少一套合理的现当代家庭教育原则

根据湖南师范大学一份研究生论文报告《家庭教育对未成年人价值观形成的影响》总结，家庭教育应遵循的主要原则包括：①主体人格性原则；②示范导向性原则；③理性施爱原则；④一致养成性原则；⑤因材施教原则。该报告中提到"家庭教育的原则是指在家庭教育活动时，为了达到目的应遵循的法则和准则。它是家庭教育中必须遵循的，对于家庭教育具有普遍指导意义的基本要求和指导原理，是教育子女和家庭成员互动教育的过程中，处理与解决问题或矛盾的依据，对家庭制订教育计划和选择内容及其教育方法，都具有指导作用"。这些原则贯穿于家庭各项教育工作中，只有正确地贯彻了原则，才能达到家庭教育成员共同提高、子女身心和谐发展的目的。

每个肩负教育孩子重任的父母都应该有一套教育子女的理念，如何将这套理念付诸实践，还需要有一套合理的现当代家庭教育原则。家长的教育理念不能盲目地

去实施，必须把握正确合理的原则才能达到家庭教育成员共同提高、子女身心和谐发展的目的。正确地运用家庭教育原则，是家庭教育理念顺利进行并取得理想效果的保证。教育并不是一件简单的事情，1000个孩子有一千种教育方法，但不管采取什么方法，孩子都是接受家庭教育的主体。包括"虎妈"在内的中国家长们，大多缺少一套合理的教育孩子的原则，而偏重于以父母权威影响孩子的学习和生活。有的家长认为，孩子还小，还未成年，在学习和生活中，缺少对客观世界的认识，什么是对的、什么是错的，什么有利于孩子、什么不利于孩子，孩子们根本就不明白，需要父母指引。"虎妈"蔡美儿表示，"如果让10岁的孩子去选择，他/她永远会选电脑游戏"。于是，在作为母亲的权威指导下，两个女儿被严格地要求执行她的规定。"我国的传统教育理念是优秀的，以父母的权威支撑的家庭是教育的起点和基础，所有的教育目标都指向'家国天下'，重点培养的是责任意识和危机意识，培养标准也是较为明确的，如'仁义礼智信、温良恭俭让'、'德智体美劳'等，只是在不同的历史阶段有不同的标准而已。"这里"不同的标准"笔者认为就是指原则的不同。父母的权威性引导教育固然重要，但在实施过程中遵循一定的教育原则会取得事半功倍的效果。"虎妈"的教育方式之所以成功，原因还是在于她执行了一套严苛的规定，遵从了家长对子女的示范导向原则、理性施爱原则、一致养成性原则，尽管这些规定不合理、过于严格、剥夺了孩子的主体意识及因材施教选择的权力。

"虎妈"教育孩子的规定不合理之处主要表现在，不尊重孩子的主体人格性原则，这项缺失恰好也是多数中国家庭缺少的。主体人格性原则主要包括树立正确的儿童观、爱子观，加强家庭成员之间的交流。家庭中的每一个人在人格上是完全平等的，应该相互尊重。长辈尊重和信任孩子是对子女的真诚关怀与爱护。"虎妈"对女儿的关怀和爱护用心良苦，这在她逼迫女儿们学习的程度上就能看出来。但是缺少人格上的相互尊重。有的人或许会说，孩子是她的，她怎么骂孩子是垃圾，怎么体罚孩子都行。但是除了知道女儿们的成绩优秀外，女儿们的身心是否健康，人格是否健全，又有多少人真正去关注呢？

长辈对孩子的爱应该既建立在亲子之爱的基础上，又建立在把孩子培育成对社会有用人才的基础上的一种理智的爱，是对孩子的尊重、关怀、信任和严格要求相结合的爱。当以爱孩子的名义去伤害孩子的自尊、自信时，对于孩子的身心健康发展更是隐忧重重，容易造成反叛心理。反叛分为两种，一种是外露型的，一种是内隐型的。"虎妈"的小女儿就属于第一种外露型的反叛，最突出的表现是对父母的强制性教育方式很反感，并以行动和语言做出反抗。这样很容易出现父母和子女吵架的现象，对于家庭的和睦氛围势必造成影响，甚至使父母与子女的关系变得疏远、不信任等。我的妹妹和父母之间就有这样一段经历：妹妹读初中时，学习成绩优秀，后来认识了许多社会上的朋友，常常晚上一两点钟才回家，学习一落千丈。因此老爸老妈常常强制妹妹不许外出，要求在家里看书学习。妹妹性格外向，但过于以自我为中心，常常拍胸脯保证好好学习后又犯同样的错误，加上处于青春期叛逆期，老爸老妈围绕学习、不要学坏等问题，与妹妹经常吵架，有时出现咒骂、打骂等情况，严重时妹妹还拿刀威胁父母，导致父母对妹妹的信任减少，多年后无论妹妹做什么事，父母都持怀疑态度。当孩子在思想上、学习上、生活上遇到难关时，能首先想得到父母的帮助，而父母也能在这时给予正确的指导，帮助他们有效地解决问题。如果当初父母与妹妹能够坐下来加强沟通，相互尊重，采取有效的方法化解双方的矛盾，而不是强制采取措施限制妹妹这样做、那样做，那么太多次的吵架和不愉快就不会发生，妹妹就不会那么叛逆。

当父母权威与家庭教育原则相背离时，势必发生教育上的冲突。我们利用父母权威去教育孩子"仁义礼智信、温良恭俭让""德智体美劳"，培养孩子的责任意识和危机意识，忽略孩子自身的性格、人生发展阶段及主观能动性等问题，要求孩子做这样做那样，势必对孩子和父母造成伤害或冲突。在倡导民主、自由、人生观、价值观的今天，以父母权威为原则的家庭教育标准已经不适应社会的发展，应该加以改进，以人为本，结合家庭教育原则，利用父母权威正确引导孩子，使孩子在接受家庭教育的过程中健康成长。

综上所述，我们可以看到，中国式家庭教育在教育目标上缺少考虑孩子是否幸福快乐，在教育方式上缺少因材施教的魄力，在教育理念上没有遵循一套合理的家庭教育原则。尽管"虎妈"教育孩子的方式是个案，但是其教育方式方面存在的缺失，放在传统中国式家庭教育中来查找也普遍存在，只不过"虎妈"将其更加升级严格化了。我国的传统教育观念一直在持续发展，持续发挥着强大的作用，所以不存在落后的问题，只是在执行操作和社会应用层面存在一定的缺失，可能是与时代的发展有些不合拍，需要进一步改革来解决。就中西论战"虎妈"教育方式这事件本身来说，"从表面上看，可能只是一种商业推广手段，但从深层次来看，可能是西方社会对于近年来我国迅速发展的忧患意识，是对其自身教育观念的一种反思"。因此，我们也应该反思，我国的传统教育观念到底缺少什么，该如何落实和发展，如何才能将西方教育与我国传统教育观念兼容并蓄、取长补短，充分激活教育对象的能动性，让孩子在快乐生活中接受教育，在教育中体验幸福快乐。

参考文献：

[1] 蔡美儿. 我在美国做妈妈（《虎妈战歌》中文版）[M]. 张新华，译. 北京：中信出版社，2011.

[2] 朱江. 从"虎妈狼爸"看家庭教育的功利化 [J]. 攀枝花学院学报，2012 (8).

[3] 袁霞. 家庭教育对未成年人价值观形成的影响 [J]. 湖南师范大学硕士研究生论文，2012（5）.

[4] 胡军. "虎妈教育""赏识教育"各有所长 [J]. 中国消费者报，2011 (2)，第 A04 版.

母亲对儿童发展的潜移默化作用

新疆妇女干部学校　热娜古丽·艾买提

[摘要] 母亲是孩子的第一任教师。她对儿童发展起到极其重要的作用。母亲的素质决定孩子的未来，在很大程度上影响社会和谐、家庭稳定、祖国富强。提高母亲素质是全社会的重大责任，不仅仅是母亲们应努力提升自己，社会也要大力支持母亲的教育发展。

[关键词] 母亲素质　儿童发展　潜移默化作用

近几十年来，对家庭教育的研究蓬勃发展，对父母在家庭教育中的作用的研究也经常见诸报刊资料。然而，查找资料，发现人们往往习惯于把父母亲的素质作为一个整体因素来说明其对儿童发展的影响。实际上，父亲素质与母亲素质在儿童发展过程中各有其独到的作用，而不能笼统地加以阐述。在儿童发展上，母亲的素质起到决定性作用。但母亲素质也存在一定程度的不同。因此，本文从家庭教育视角来探讨母亲素质在儿童发展过程中潜移默化的作用。

母亲素质决定孩子的未来，在一定程度上影响社会发展。孩子总是自觉或不自觉地模仿与自己接触最多、最亲密的——母亲。作为儿童早期最主要的抚养者和促进儿童社会化的代理人，母亲的素质对孩子的影响是最直接、最深刻的，甚至会影响到整个社会的发展。德国教育家福禄倍尔曾说：国民的命运与其说是操控在掌权者手中，倒不如说是握在母亲手中。

提高母亲素质对于从根本上提高家庭教育质量，促进儿童全面健康成长，具有重大意义。

一、母亲在儿童发展过程中潜移默化的作用

1. 母亲的仪表言行

母亲通过自身"看不见，摸不着"的东西来影响自己的孩子。随着孩子的成长，母亲和孩子相互反应，母亲潜移默化地影响孩子，孩子也自觉或不自觉地模仿母亲的仪表言行。母亲的喜怒哀乐，孩子往往能心领神会，以情通情。孩子的眼里，母亲的一举一动都是正确的，不假思索地模仿它，学习它。因此，作为父母，可以通过孩子的一举一动、一言一行及时掌握他们的心理状态，发现孩子身上存在的问题，通过教育使不良行为习惯消灭在萌芽状态之中。这对孩子的健康成长也起着十分重要的作用。

2. 母亲的品德思想

母亲自身的品德在孩子成长过程中起到决定性的作用，为孩子成为有理想、有道德、有文化、有纪律的好公民奠定基础。母亲的人生观、价值观以自己的一举一动表现出来影响孩子的思想。要是母亲爱祖国，爱人民，爱社会，尊老爱幼，孩子会体会到，也会逐渐形成跟母亲同样的品德思想。

3．母亲的修养

"修养"这个名词在每个人身上的体现，就是一个人的品质，一个人的品质优秀似乎又能成就他的事业。其实大多数的修养还是由母亲点点滴滴"浇灌"的。母亲尊老爱幼，孩子自然就会上行下效；母亲节俭有度，孩子自然就会拒绝奢华；母亲彬彬有礼，孩子自然就会谦虚不傲……

4．母亲的文化知识

有文化的母亲绝对会影响孩子的思维，如果是文化底蕴深厚的母亲似乎就更能影响孩子的深刻思考，就像一个还不会走路的孩子在大人手牵手的带领下慢慢学会走路一样。有文化的母亲从孩子出生那天起，就在每一天的生活里，一点点地影响孩子，让他们拒绝粗俗；让他们远离简单；让他们知道深刻……

母亲对孩子的影响往往是全方位的。母亲不仅影响到孩子的身体素质，而且对孩子的心理、道德、修养以及文化素质等方面都会产生影响。

二、提高母亲素质是提高家庭教育水平、加强社会和谐发展的保障

母亲提升自身素质需要做到以下方面。

1．学习科学文化知识

母亲要想从传统观念的禁锢中解放出来，必须积极地学习科学文化知识。虽然文化水平的高低并不能简单地与素质高低画等号，但不可否认，文化水平是一个人素质的基础。母亲接受现代文化知识教育有利于消除或减轻传统文化诸如"男尊女卑""男主外、女主内"等消极思想给母亲精神上带来的压力，增强母亲自身解放的自主意识，加强对自身角色的理解判断，提高参与社会经济活动的勇气和能力。所以，母亲们应努力提高自身素质，科学地调整自己的心态，正确对待自己的孩子，克服来自外界的各种干扰，扮演好母亲的角色。

2．具备教育孩子的科学方法

母亲对孩子的爱要在科学理论指导下，上升为科学的教育活动。要教育孩子，母亲自己首先受教育。要通过各种方式，学习新知识，更新自己的知识结构，使家庭教育从知识上适应时代的要求。

3．更新观念，建立新的儿童发展观

在儿童教育问题上，母亲要转变教育观念，不能再用陈旧、落后的教育思想和观念来衡量、束缚当今的孩子。要学会尊重孩子。孩子不是家长的附属品、私有财产。孩子是独立的人。尊重孩子才是最深刻的爱。因为尊重才能使孩子产生自尊，而自尊才能使孩子产生内部动力，得到主动的发展。

可怜天下父母心，每位母亲的期望都是同样的——希望自己的孩子能健康、聪明，能为祖国的发展、社会的和谐做出一份贡献。

社会为提升母亲素质需要做到以下方面。

1．深化教育改革，加强母亲教育

随着我国教育事业的日益发展，对母亲教育的需求也越来越紧迫。人们深深意识到在教育事业上母亲的被教育是第一要素。母亲的受教育程度越高，下一代的各方面水平就越容易提升。因为母亲是孩子的第一任老师。学龄前的孩子吸收的知识基本上都来自母亲。相关部门发挥科学研究作用，加强对母亲素质的研究力度，编写母亲培训教材和提高素质的辅助教材，组织她们定期学习，让母亲们大开眼界，了解外面的世界，为提高自身素质，培养优秀人才提供环境。

2. 大力开展社会办学，创办有特色的母亲教育培训基地

社会大力提倡提高母亲素质是加强社会稳定发展、有效提高家庭教育水平的前提和必然要素。着力开展社会办学，创办各地方特色"母亲教育培训中心"。让广大母亲们聚集在一起，互相学习、互相讨论，为培养优秀人才、当一名合格的母亲而一起努力。

什么样的母亲就会培养出什么样的孩子。母亲在孩子的意识形态里是一个榜样，一个里程碑。说孩子的未来在母亲的手里并不过分。母亲通过自己的一言一行、思想品质、文化知识、自身修养对孩子起到潜移默化的作用。因此，我们要认识到大力提高母亲素质的深远意义，虽然这是一个漫长的过程，但相信会因为付出努力而成功。

参考文献：

[1] 张晓宁. 家庭教育中母亲角色意义及制约因素的初步探讨 [D]. 武汉：华中师范大学，2006.

[2] 王东华. 发现母亲 [M]. 北京：中国妇女出版社，2003.

[3] 宗立. 母亲受教育程度对子女素质的影响 [J]. 江西教育学院学报，2001（10）.

浅析资助农村女生中的价值观教育

北京师范大学附属中学　崔瀚允

[摘要] 本文主要针对当前对农村女生资助过程中的价值观教育问题进行了研究。针对在资助过程中出现的"重资金资助，轻思想沟通"问题，进行了网上讨论和沟通，汇总了资助人在资助过程中遇到的问题，分析了产生问题的原因，并就今后的资助工作提出了建议。建议在今后资助农村女生的过程中，在进行资金资助的同时，要高度重视价值观的教育，使其树立自尊、自爱、自立、自强的精神，更好地帮助受助农村女生全面成长。

[关键词] 资助　农村女生　价值观

寒假期间，发生了一件让我很困惑的事情。一个受我资助的四川农村女生暗示我多给她些资助，她想买些化妆品。实事求是地说，我有些生气，觉得她不应该提出这样的要求。我一度想放弃继续资助她，觉得这样的同学不值得去资助。过了一些时间，我冷静下来，我想既然我已经在资助，如果半途放弃，会伤害这个女生，不管怎样，我还是应该坚持下去。但这件事情的发生，使得我开始了对农村受资助女生价值观教育的研究。

一、现象与困扰

我把我遇到的事情，用化名在论坛的资助吧里写了出来，没想到，迅速变成了热帖。原来，很多捐赠者碰到了同样的事情。有的说受助女生把考试成绩单寄来，希望能有额外的奖品；有的人说去农村资助，请了当地的孩子带路，说好了价钱，但半途要求多给钱；有的说带去了书笔等文具，但是当地的孩子却不愿要学习用品，开口要钱；不少女孩要化妆品，要漂亮的衣服；有的受助者接受了资助，但长年没有信或电话联系，等等，不一而足。

在众多的帖子里，资助人表达着自己做资助后的困扰。有的人认为我们不应该再去资助他们。有的人心肠软，明明知道是过分要求，虽然很不情愿，但还是寄去了钱或东西。有的人很迷茫，不知道该不该继续做下去。有的人认为再做下去就是鼓励贪婪。也有些人表达了一种无奈，就是不愿再做类似的慈善资助活动，感觉很受伤。

看来，在资助活动的进行过程中，此类现象非常多。那么，产生此类现象的原因是什么呢？

二、原因探析

带着这些困惑，我与二十余个资助者、受助女生进行了多种方式的沟通，查阅了一些案例，分析原因如下。

（一）简单的资金给予不是理想的资助方法

如果你去农村做过调查，一定会碰到这样的现象。有些农村司机的收费收得比当地人还贵，尽管司机知道你是在帮助他们的孩子读书，但还是想多收点钱。因为在他的眼里，你是有钱人，你是来给孩子们送钱的，所以多收你点钱，也没什么。一些受助者也是这样认为：您是来送钱的，我通过各种表现，被选择上后，可以获得金钱的资助。

常规的资助贫困学生，就是去当地教育部门选择一些成绩好又家庭比较贫困的学生，每年给一定的费用，最高的目标就是争取考上大学，走出农村。这样的资助带给贫困学生的可能是一种错误的价值观，认为考上大学就是目标，给钱就是我们的手段。受资助者只要读书好、家里穷就可以拿到金钱的资助。其实，很多资助者并不是很富有，只是有一颗爱心。但现在的资助方式，只是简单的金钱给予，缺乏心灵的沟通，缺乏资助形式的提升，缺乏爱的传递，导致一些受助者和周边的人产生了对资助的错觉，反而助长了一些人"不要白不要"的心理，很容易搅乱当地人的心态。

（二）缺乏对受助女生价值观教育的关注

在和我资助的女生进行深入的沟通后，我明白了她想要化妆品的原因。她言语中，表露出努力学习的目的是将来找到一个理想的老公。现在，她和一个男同学关系很好，想买些化妆品，希望让自己更漂亮些。我听了她的话，既很惊讶又觉得很沮丧，为什么一个有知识的女生仍然把自己的未来寄托在找一个理想的老公上面呢？

和很多资助者沟通后，发现这并不是一个特例。很多受助女生，虽然学习成绩很好，但从价值观上，却继续延续"嫁汉嫁汉，穿衣吃饭"的传统观念。接受教育的目的是找到一个更好的老公，这不能不说是一种悲哀。而我们作为资助者，仅仅是把钱提供给她们，往往就认为是完成了资助任务，并没有从思想深处去关注她们，没有帮助她们建立正确的价值观。

（三）资助者与受助女生之间缺乏思想的沟通

有个资助者聊起一件事：他资助的女孩，用很贵很漂亮的纸给他写了一封信。他收到信后，感觉这孩子太浪费了，既然经济困难，怎么还用这么好的纸给他写信。后来，和孩子谈起来，孩子说给资助者写信是她心目中最重要的事，要用能找到的最好的纸、用最工整的字来写信。当资助者明白了缘由后，非常感动，也很庆幸当时没有责怪女孩的浪费。

虽然，我们资助了受助者，但是我们与受助女生之间并没有进行真正的沟通。很多资助者都有这种感受，当你来到他们的家，他们会把他们眼里最好的东西送给你，与此同时，他们也会自然地认为你也可以把最好的东西送给他们，这同样是理所当然的。

也许，这种想法在我们看来是好笑的，但这却是很多受助女生的真实想法。她们还在交通不畅的山区里读书，她们的思维能力和对人、对事物的判断能力，和生活在城市中的人不同，我们不能要求她们像我们一样去思考、去判断，这恰恰是我们之前在做资助活动中所缺失的，我们认为她们缺少的是钱、是物质，其实资助者和受助女生之间并不真正地互相了解，她们更缺乏的是心灵的沟通和对现代社会的了解与认识。

三、一些建议

每个人所处的文化背景，决定了其为人处世的方式。我们不能要求受助女生具有和我们一样的世界观和价值观。就像中国古代历史上的一位皇帝，当他听说老百姓没有粮食吃时，他问为什么不吃肉。在不了解老百姓现状的情况下，怎么可能有同样的认识和行为准则？

受助农村女生一般家境贫寒，很多父母在外打工。长期以来，没有人真正与她们谈心，没有人与她们进行思想和文化的交流，她们做出不合时宜的事情来，我们应该理解。在我们的资助中，除了给她们经济上的资助，更需要开展思想和文化之间的交流。而这种交流，是一个非常漫长的过程，需要我们比金钱帮助投入得更多，需要我们与受助农村女生之间逐渐建立起相通的思想、相通的文化，这有可能更有益于受助农村女生成长、成熟起来。

（一）授人以鱼与授人以渔

读过一个故事，讲的是一个外国老太太，面对上门的乞丐，要求乞丐帮忙把门口的木头从门左边搬到门右边，然后付给了乞丐 10 元报酬。每个乞丐上门，她都如法炮制，家门口的木头，从左边搬到右边，又从右边搬到左边。邻居问老太太为什么要这样，老太太答道：每个人都有资格有尊严地生活。

反思我们的资助行为与老太太相差甚远。比如：对于受助女生想要的可选品，我们能不能通过一定的方式，让她们通过她们自己的劳动来挣钱购买；我们是不是可以不再简单地给予金钱，而是将她们的本地资源更好地变为收入？授人以鱼不如授人以渔，在进行基本资助的过程中，我们应投入更大的爱心与努力，让受助女生通过自己的双手获得自己心爱的物品，通过自己的努力获得理想的未来。在实现每一个小目标的同时，逐渐形成正确的价值观和生活理念。

（二）用合适的方式说"不"

一些贫困地区的人误认为做资助的都是大款，于是，出现了本文女生写信要化妆品的情况。碰到这种情况时，有些资助人心肠比较软，觉得也不值多少钱，就买了；有些资助人觉得太过分，就很不高兴，有时甚至出现不欢而散的现象。

其实，出现这个问题的原因，还是缺乏正确的沟通。我们应该和孩子说明白，哪些东西是必需品，是可以资助的，像学费、书费、文具、作业本等；哪些东西是可选品，虽然也需要，但应该靠自己的努力去获得，比如化妆品。农村的孩子和外界沟通不足，他们中的大多数并不清楚外面的社会规则和文化，这需要我们在进行资助的过程中，传递现代社会的文化与交往规则，给应该给的，不给不应该给的。在资助的过程中，需要我们学会用合适的方式说"不"。

（三）把爱传递出去

我的外婆常年资助一个姐姐，这个姐姐现在已经成家立业，是上海一个大医院的医生，每年她都要和家人一起来看我外婆。每次见到我外婆，她都会说说她这段时间都做了什么，她在医院里怎样帮助了其他人。每次她走后，外婆都特别高兴。

把爱传递出去，是我们进行资助时应坚守的理念。每当外婆资助的学生走上工作岗位时，她总是念叨着："社会上又多了个有知识的人，她会去帮助更多的人。"每当听到她的喃喃自语，她那平静的态度让我发自内心地感动，也让我明白了在进行金钱资助的同时，更要灌输把爱传递出去的理念。资助比自己弱的农村女生，是希望帮助她自立自强起来，希望她能从今天的受助者，变为明天的帮助者，让爱一棒一棒地传递下去。这是资助人在资助过程中需要始终践行的理念。

由此，我们在进行资助的同时，不仅要在资金上去帮助他们，更要注重深层次的思想沟通和文化交流，需要我们在精神层面上，与受助农村女生一道，共同建立起正确的价值观，共同成长为自尊、自爱、自立、自强的新时代女性。

《中西日报》所载"教科书"式小说与晚清之际的女性的阅读实践

陕西省委党校文史教研部　刘颖慧[①]

[摘要] 晚清之际女性读者、阅读史及其在当代借鉴意义的研究，近年来成为女性教育研究的一个新热点。特别是小说创作的历史和女性读者阅读的历史是分不开的。小说书籍不仅有作家创作层面的构成因素，还有小说被印刷、被出版，最终到达读者手里等层面的因素。其中少不了女性读者的参与。通过对女性读者及其阅读史的考察，我们就有可能知道，那个时代的女性喜欢什么，阅读什么。这些问题不但是阅读史研究的关注点，也越来越成为女性教育研究的关注点。而女性读者作为晚清小说读者群体中不可忽视的一个重要部分，参与了当时小说市场的运作，也影响了当时女性社会的启蒙和教育，对当前女性教育更有启示和借鉴意义。

本文选择《中西日报》小说作为考察晚清小说与女性读者关系的切入点，首先是基于晚清之际小说家和出版商在报刊上刊载小说的普遍性。《中西日报》及其所载之女性教育小说迎合流行风尚，受读者欢迎，既是出于报纸销路考虑，"以便确保大量迅速地销售"，又可传播科学观念，启蒙和教育女性读者，在晚清时期海内外报刊界都有重要意义。

对晚清小说做"教科书"式的解读是女性读者参与的结果。晚清小说发展中多插图、重写情等走向，是市场对女性读者的重视的体现。但晚清新小说出现在众声喧哗、多元杂陈的论述空间，难免成为各种思想论述、现实利益互相争夺的对象，尤其在女性读者的阅读实践中，甚或产生大相径庭的阅读价值及附加意义，是晚清小说发展中不应忽视的环节，也是晚清之际女性教育研究的重要内容。

[关键词] 晚清小说　女性读者　阅读实践　意义

近年来，史学家的眼光已经越来越向下，寻找那些被忽略的人的历史已经成为一种趋势。对晚清之际女性读者及其阅读史的关注即是其中之一。小说创作的历史和女性读者阅读的历史是分不开的。小说书籍不仅有作家创作层面的构成因素，还有小说被印刷、被出版，最终到达读者手里等层面的因素。其中少不了女性读者的参与。通过对女性读者及其阅读史的考察，我们就有可能知道，那个时代的女性喜欢什么，阅读什么，她们的喜好对作家的创作有多大程度的影响。这些问题不但是阅读史研究的关注点，也越来越成为文学史研究的关注点。因为在晚清小说发展过程中，作者之创作，报馆书局之印刷及刊行，读者之阅读，乃是一个有机的整体。在这个整体的运作过程中，读者是核心，作者的创作及书局的印刷刊行都以此为中心，遵循市场规律，在小说市场中运行。而女性读者作为晚清小说读者群体中不可

① 刘颖慧，女，陕西商洛人，陕西省委党校文史部副教授，陕西师范大学文学院博士后流动站科研人员，中国小说史博士。本项目为国家社科基金项目（12XZW017）。

忽视的一个重要部分,参与了当时小说市场的运作,也影响了晚清时期女性的社会启蒙和教育,对当前女性教育更有启示和借鉴意义。

一、《中西日报》及其所载之女性教育小说

本文选择《中西日报》小说作为考察晚清小说与女性读者关系的切入点,首先是基于晚清之际小说家和出版商在报刊上刊载小说的普遍性。晚清报纸、杂志上的小说及其广告非常之多,时人云:"近来报纸流行每出一书,长篇广告,灿然满目。"① "新出书籍,非广登启事,购者无从知悉。"② 小说书籍的广告尤其多,它将作者、出版者的写作与出版动向传达给读者,使新出小说的情况为读者知悉。其次,报载小说广告作为小说作者与读者之间的传播媒介,既反映广告主(作者)的意图,又体现广告受众(读者)的集体意向。对于女性读者来讲,小说作者与出版商通过小说广告提升女性读者的消费欲望,将新出小说销售出去,顺利地获得利润。但女性读者也并非被动,她们有自己的阅读嗜好与鉴别能力,广告必须打动女性读者,才能获得最大效果,就此而言,读者的集体意向又主导了小说广告的内容。故而,对晚清《中西日报》所载女性教育小说及其广告的分析,可以揭示晚清之际女性读者购阅趣味对小说市场的影响,以及女性读者消费心态对作家小说创作的影响。

《中西日报》于 1883 年创刊于纽约,原名《美华新报》;1900 年迁至旧金山,改名《中西日报》;1950 年停刊。作为晚清时期北美主流华文媒体,《中西日报》为中西文化提供了固定的交流、传播的媒介,是珍贵的晚清科技研究文献,在西学东渐的过程中意义重大。但是,这个在美国持续时间达半个世纪、影响巨大的《华文日报》,竟然长期沉寂于加州大学伯克利分校图书馆,仅有少量文献从其与辛亥革命的关系等方面做过零星介绍。

《中西日报》由美国长老会第一位华人牧师伍盘照创办,办报主旨为"希望中国的进步"、为启蒙华侨的爱国、新知而呼吁③。为了更好地发挥报纸的舆论宣传效果,伍盘照随后聘请了办刊经验丰富、对中西方国情都极为熟悉的傅兰雅出任编辑助理④。由于傅兰雅在中国期间积累了大量翻译并出版书籍、杂志的经验,加之其对华人世界和西方世界都相当熟稔,于经营华文媒体颇有优势,伍盘照聘请傅兰雅助其经营《中西日报》,无疑是一次非常成功的用人选择。《中西日报》非常重视报刊之受众,对女性读者也一视同仁。傅兰雅认为报刊以传播新知、启蒙开智为目的,但只有以读者喜好为中心,使用符合中国文风的通俗文体,才能为读者所接受,起到"互动化民"的效果。1906 年《中西日报》曾发表社论《论阅报者今昔程度之比较》⑤,专门对报刊读者的特征进行分类,并对每一类读者的今昔需求、特点、变化进行分析。该报认为

① 孙毓修. 图书馆. 教育杂志,1910 (12).

② 姚公鹤. 上海闲话. 商务印书馆,1917,136.

③ [菲律宾] 陈烈甫. 华侨与华人学总论 [M]. 台湾"商务印书馆",1987:337.

④ [美] Hyung-chan Kim. Distinguished Asian Americans:a biographical dictionary [M]. Greenwood Press, 1999:57.

⑤ 论阅报者今昔程度之比较 [N]. 中西日报,1906-03-10.

"报馆进步之程度，与国民进步之程度，有互相联合之势"。

作为晚清北美的大型日报，《中西日报》附章所载文学作品是用力甚多之处。据统计，该报具有在晚清华文小说界中排名第一的小说刊载量与转载量，这应该得益于文学顾问傅兰雅的推动①。35 年的中国生活经验，让傅兰雅意识到中国必须启蒙民众、革除弊端，弘扬科学文明，才能摆脱困境。他比康有为、梁启超二人早一两年认识到小说在启蒙民众、革除弊端等方面的社会功用价值，"窃以为感动人心，变易风俗，莫如小说"②。他 1895 年曾在上海《申报》等媒体刊登广告，举办"时新小说"竞赛，许以 50 元头奖的重金，鼓励国人写作以反对积弊、弘扬文明的时新小说，但因风气未开，征文的结果并不尽如人意③。数月后，傅兰雅带着遗憾离开中国，但他并未放弃自己的努力。1900 年傅兰雅在美国的一次以中国小说为题的演讲中，从启蒙的便利性角度指出了小说等通俗文体的优势。小说与新兴媒体结合无疑能在启发蒙昧、"变易风俗"方面会发挥更大的效果。有此背景，就不难理解傅兰雅受聘《中西日报》文学顾问后该报刊载小说的数量为何如此巨大。

晚清之际，启蒙与革新乃是北美华埠发展也是中国发展的当务之急。傅兰雅欲借小说"感动人心，变易风俗"的理念也与该报宗旨不谋而合。多年前征文竞赛中未能征求到的那些以革除积弊、启发蒙昧为主旨的小说类型，大量出现在《中西日报》副刊。特别是女性家庭教育的落后，如令女子缠足是傅兰雅痛恨的一大积弊，《中西日报》刊载大量相关题材作品，欲借缠足之害，倡导家庭教育，呼吁国人革弊维新。如《凌波影》写才貌双全的女子丽娘，因缠足而死，令人叹惋，作者在篇末告诫世人：女子之通翰墨，女子之幸福也。乃因缠足之恶习，而惨遭巨劫，伊戚自贻，是可为当世之未暗（谙）家庭教育者鉴。

此外，彼时海内外华人特别是女性的鬼神迷信思想较为严重，既有碍于文明程度的提高，又常为外族人所耻笑。于是，反对迷信，传播新知识，启牖愚昧，便成为《中西日报》小说的一大主题。例如《观风记——山西风俗之迷信》④ 等小说不但表达了反对迷信、倡导科学的基本立场，还注意到破除迷信后若文明教育无法及时跟进，反而可能因失去对鬼神的畏惧之心，导致道德人伦愈加堕落的问题。作者的这些思考，对当时如何处理反迷信与道德教育关系问题，具有一定的现实意义。倡导新小说既迎合流行风尚，受读者欢迎，是出于报纸销路考虑，"以便确保大量迅速地销售"，又可传播科学观念，启蒙华侨民众，特别是补充对女性读者的家庭教育，实现傅兰雅此前未了之夙愿，因此，大量刊载相关题材的小说也成为《中西日报》副刊的重要特色。

二、"教科书"式的小说及女性读者阅读实践的意义

在小说生产的过程中，作者、出版者、印刷者、运输者、发售者和读者形成了

① ［美］James P. Danky，Wayne A. Wiegand，Print Culture in a Diverse America，University of Illinois Press，1998：86.

② 傅兰雅. 求著时新小说启. 申报，1895-05-25.

③ 傅兰雅. 时新小说出案［J］. 万国公报，1896：第 86 册.

④ 观风记——山西风俗之迷信［N］. 中西日报，1906-12-17.

一个互相影响的循环式链条，读者最终完成了这个循环，因为读者的参与，会影响作者的书写活动；小说作者通过阅读与读者建立联系，并形成关于作品内容、主题、情节等问题的想法，作者、读者借此建立起一种互动关系。这一过程被西方阅读史称为书籍的"交流循环"（communication circuit）。① 从书籍生产到播散，从书商的出版策略到读者的阅读实践，都存在这样的"交流循环"。女性读者是晚清时期小说消费的一个重要的群体，通过对这一环节中女性读者及其阅读的考察，可以更客观地了解女性读者对晚清小说发展历史的影响。这一方面的研究，较早有美国学者周绍明的《中国书籍的社会史：晚期中华帝国的书籍与文学文化》②、潘光哲《〈时务报〉和它的读者》③，特别是周叙琪的《阅读与生活：恽代英的家庭生活与〈妇女杂志〉之关系》④ 以及潘建国的《明清时期通俗小说的读者与传播方式》⑤ 等都关注了女性读者对晚清时期小说传播的影响。

小说阅读的深层特征，在晚清时期表现为小说作为生活中的"教科书""指南书"的功能。这一点，对于女性读者尤为显著。晚清之际，小说是颇受读者特别是女性读者欢迎的。出版家、教育家舒新城回忆他在县立高等小学求学时，"发现小说的一种宝藏，在那里三年，除去前一两个月外，无日不看小说"⑥。即便是对于那些文化知识层次较低或者是文盲的女性读者，话本、绣像、插图本小说也是她们的主要阅读活动。⑦ 有人总结道："下流社会中，虽不能读经史等书，未有不能读小说者；即有不读小说，未有不知小说中著名之故事者。"⑧ 观戏、看小说、听书已经成为大众特别是女性日常生活不可缺少的部分。大众信仰往往首先来自小说。周作人曾在回忆录中记载他母亲看《七剑十三侠》《三国演义》、新出的章回小说之类的书⑨。清代李廷翰就回忆说："我九岁时，始看小说，吾母为我讲解。"⑩ 到他十一岁之时，已经读了包括《水浒》等在内的一百多本小说。狄楚青则认为，应将《天雨花》《笔生花》《再生缘》等作为教科书。这些教科书式的小说，是足不出户的女性读者了解外部世界的窗口。她们的子女也凭借其母亲从小说中得到知识，完成了最初的启蒙教育。这些教科书式的小说其实是一个端倪，泄露了一线天机。虽然下层民众特别是女性读者并没有留下太多关于自己生活、思想和信仰的记载，但是，晚清时期的小说拥有大批的女性读者。从阅读时的角度来看，揭示这些没有历史的女性读者的历史，使得人们对小说以及其所凝聚的大众文化的历史书写有了新的思

① Robert Darnton. What is the History of books? [M]. Cambridge Polity Press，1994：25-60.

② Joseph P. McDermott（周绍明）. A Social History of the Chinese Book：Books and Literati Culture in Late Imperial China，Hong Kong University Press，2006.

③ 潘光哲.《时务报》和它的读者. 历史研究，2005（4）.

④ 叙琪. 恽代英的家庭生活与《妇女杂志》之关系. 思与言，2005（9）.

⑤ 潘建国. 明清时期通俗小说的读者与传播方式. 复旦学报（社会科学版），2001（1），118-124、130.

⑥ 舒新城. 我和教育. 中华书局，1946.

⑦ 康有为. 日本书目志. 康有为全集. 上海古籍出版社，1992.

⑧ 论小说之教育. 新世界小说社报. 二十世纪中国小说理论资料.

⑨ 周作人. 知堂回想录. 安徽教育出版社，2008.

⑩ 李廷翰. 教育丛稿. 上海：中华书局，1921.

考和实践。

三、女性读者的介入及其对晚清小说走向的影响

晚清之际小说的出版是一种商业行为，出版商、小说家在实际出版、写作过程中难免有重利轻义、哗众取宠的取向，亦表明读者阅读新小说过程中存在的选择性、功利心等人之常情，以及小说在被女性读者阅读和接受过程中具有的开放性和复杂性。插图数量的不断增加和写情小说的繁荣甚至泛滥都是女性读者介入之后对小说走向的重要影响。

首先，插图数量的增加一直是晚清书局在广告中大肆宣传的卖点之一。作为一种直观的艺术，插图本身就是对小说的一种广告，它既是小说内容的一部分，也是对小说的一种宣传。作为一种软性的广告手段，插图对小说的宣传比一般的广告更为奏效，对女性读者的吸引力也更大。它不但能吸引原有的小说读者，还能够使那些原本不读小说的潜在读者加入小说读者群中来。鲁迅先生曾在《南腔北调集》中指出："书籍的插图，原意是在装饰书籍，增加读者的兴趣的。但那力量，能补助文字之所不及，所以是一种宣传画……那目的，大概是在诱引女性读者的购读，增加阅读者的兴趣和理解。"[1]　在鲁迅先生的另一篇文章里，曾提到晚清颇有影响的一部插图本小说《详注聊斋志异图咏》[2]："欢迎插图是一向如此的，记得 19 世纪末，绘图的《聊斋志异》出版，许多人都买来看，非常高兴。"[3]晚清之际最有影响的小说杂志《月月小说》《绣像小说》更迎合女性读者的趣味。杂志名称、广告中特别提及的"插图"也是当时小说刊载中的时尚因素，大量的、生动的插图能改变小说杂志的抽象化特点，将抽象的故事和具体的图画结合起来，帮助识字不多、理解能力较低的女性读者理解小说内容。而且，《月月小说》中的"中西名胜名人图画"插图也是"寓教于乐"、增加可读性、吸引普通读者的有效方式。《月月小说》创刊时的宣传广告开篇就把目标锁定在"女界""学界""商界"，其实意在争取最广阔范围内的读者群——"深闺秀女，学界商界，均可人手一编"。其广告语言通俗平常，既无宏图大略，也无引经据典，但是却有的放矢，将小说的读者群定位于女性、学界、商界。和《绣像小说》以及《新小说》的读者定位相比较，《月月小说》从创刊伊始就坚持通俗化、娱乐化的风格，不但和别的小说杂志一起争取学界读者，还将读者群定位扩大到女性读者。获得了比其他小说期刊更为广泛的读者支持，是《月月小说》成功发展的重要因素之一。

如果说插图数量的增加是女性读者介入之后，带给晚清小说、小说杂志的一股清新之气，晚清小说发展最终以鸳鸯蝴蝶派等以写情小说为主流之一，则常为后人所诟病。晚清"小说界革命"之际，虽然梁启超在《新民丛报》上刊载的《新小说社征文启》强调以启蒙为己任，带有强烈的政治目的，但在征文标准上强调"本社

---

① 连环图画琐谈［M］. 鲁迅全集（第六卷）. 人民出版社，1982.
② 光绪十二年（1886 年）广百宋斋出版的《详注聊斋志异图咏》。
③ 《鲁迅书信集》（下）. 人民出版社，1982：920.

所最欲得者为写情小说"这一点就更易于理解。"惟必须写儿女之情而寓爱国之意者，乃为有益时局"，是梁启超对自己征求"写情小说"的解释。因为这个解释并不具有很强的说服力，很多学者不理解为什么以倡导"小说界革命"为目的的《新小说》，强调其最欢迎的小说是写情小说而不是政治小说。其实从市场角度来看，之所以将写情小说列为"最欲得"之小说，乃是因为这一类小说在当时最受读者特别是女性读者欢迎。不但《新小说》如此，以后的《月月小说》更是将写情小说作为其杂志刊载小说的最主要部分，并将写情小说细分为写情、痴情、侠情、苦情等类，占据了其杂志的大量篇幅。另外其所刊载的心理小说、诙谐小说、游戏小说、滑稽小说等都更接近普通民众尤其是女性读者的品味。之所以如此，仍是以读者趣味为标准，以小说杂志畅销为目的。《月月小说》的畅销说明了这一标准的确行之有效。个中原因，多因主流社会所倡之教化类小说空言说教、内容陈腐，不合民众特别是女性读者的阅读趣味。针对这一现象，《月月小说》曾撰文批评道："今试问，萃新小说数十种，能有一焉如《水浒传》《三国演义》影响之大者乎？曰无有也。"① 小说家创作不出足以抗衡旧经典的新作，出版商又滥竽充数、为利而来，读者的阅读趣味自然会移向他处，启蒙关怀在此状况下自然会被边缘化、空洞化，致使小说越来越走上艳情、黑幕之路。新小说的倡导者梁启超感慨道："今日小说之势力，视十年前增加倍蓰什百……其什九则诲盗与诲淫而已。"② 但将此时社会风气之堕落归咎于小说，未免过激。晚清新小说出现在众声喧哗、多元杂陈的论述空间，难免成为各种思想论述、现实利益互相争夺的对象，倡导者、评论者利用其宣传启蒙，改造大众文化；报纸、杂志利用其吸引读者、增加销量；作家则借其获得稿费；商人靠之谋取利润，导致小说在不同阅读者群中呈现出不同价值，尤其在女性读者的阅读实践中甚或产生大相径庭的阅读价值及附加意义，这一特点虽不掩盖其艺术价值，但也是清末小说发展中不应忽视的环节。

---

① 天僇生．中国历代小说史论．《月月小说》第 1 卷 11 号（光绪丁未十一月），第 5 页．
② 梁启超．告小说家．《饮冰室合集》．文集之三十二，第 4 册，第 67 页．

保护女童，建立家庭性教育与性监护意识

上海市妇女干部学校　周美珍

[摘要] 女童受性侵害的事情时有发生，而且处于非常隐蔽的状态。中国家长性监护的意识差，没有对幼童进行这方面的教育。在遭遇性侵时，有些年龄小的女孩很懵懂，无法确认这种行为的性质，只是觉得这是一种喜欢和亲昵，但是好像又不太正常，不知道应该反抗还是应该接受，反复受到侵害。有些特别缺乏父母之爱的孩子并不反感身体敏感部位被抚摸这样的身体接触，等到懂事以后才知道这是性侵害，于是觉得自己很傻，觉得自己很恶心，觉得性也很恶心。有些人在心理层面形成了严重的性阻抗，甚至婚后无法过夫妻的性生活，造成婚姻的悲剧。也有些懂事的孩子遭遇性侵害时，因为受到恐吓，不敢求助。

中国年轻一代的家长意识到需要对孩子进行性教育，苦于找不到教材，无从入手，面对孩子的性问题总是尴尬地支支吾吾。一方面，主流文化对性教育话题回避，孩子很少能够得到正面清晰的性教育；另一方面，网络色情泛滥成灾，不健康的性信息毒害青少年，造成青少年性意识和两性关系的混乱。

中国亟须完善对孩子的性教育，尤其需要帮助家长建立家庭性教育和性监护的意识。

[关键词] 女童　性教育　性监护

我从事心理咨询已经有20多年了。在最近5年的心理咨询中，我接到过十几个女性童年受到性侵害的案例。她们找我咨询都是因为童年性侵的遭遇成为她们挥之不去的阴影，也成为她们恋爱和婚姻中的障碍。在这些案例中我发现，在遭遇性侵时，有些年龄小的女孩很懵懂，无法确认这种行为的性质，只是觉得这是一种喜欢和亲昵，但是好像又不太正常，不知道应该反抗还是应该接受，反复受到侵害。有些特别缺乏父母之爱的孩子并不反感身体敏感部位被抚摸这样的身体接触，等到懂事以后才知道这是性侵害，于是觉得自己很傻，就一直问自己为什么会这么傻，为什么会接受引诱，为什么不反抗，然后觉得自己很恶心，觉得性也很恶心。有些人在心理层面形成了严重的性阻抗，甚至婚后无法过正常的夫妻性生活，造成婚姻的悲剧。也有些女孩父母不在身边，受到亲属的性侵不知道向谁求助，在恐惧中一再受害，父母来了也不敢告诉，怕引起亲人间的严重冲突。她们一方面怪罪父母的监护不力，一方面又觉得父母不知道真相无法负责，互相矛盾的想法引起严重的心理冲突，耗掉了心理能量，走不出受害者的角色，内心充满怨恨又不知道向谁表达。有些遭到亲生父亲的性骚扰，向母亲求助时表达得很隐晦，母亲并不理解；也有些女孩向母亲求助时，母亲回避，或者解释成是喜欢的行为而不是性侵行为，让她们倍感困惑。无助、沮丧、绝望、自卑的情绪一直延续到成年也无法摆脱。

大多数女孩遭遇性侵害时有些因为不懂，有些因为受到恐吓，都不会及时告诉

父母。中国很多父母也没有对孩子性监护的意识。媒体曾报道一个小学班主任性侵了班级十多名女童，有些家长都看到自己女儿内裤上的精斑，因为没有性监护的意识，还以为是孩子吃了上火的东西。所以中国家长亟须补上家庭性教育这一课，建立性监护的意识。人生最初的性观念是在家庭早期社会化过程中无意识完成的，家长对性事件的议论、使用的语言、态度，以及阻止孩子谈论性话题，都会传递性观念。性能量是一种特别的生命能量，它是一种创造的能量，有激情、有创造性的性能量都很充沛。性也是婚姻中的潜藏动力，直接影响婚姻的质量。所以童年得到良好的性教育，一生都会受益。家长应该在孩子每一个关键年龄段传递正确的性观念，给予正确的性教育，让孩子在健康的性环境中成长。

孩子的性教育应从什么时候开始？也许很多人以为孩子性成熟才需要进行性教育，这是极其错误的理解。性教育第一关键年龄是 2 岁左右，2 岁的性教育重点是建立孩子的身体界限，在孩子开口说话时就告知，哪里是身体的敏感部位，任何人都不能有意识地触摸，只要有人触摸就报告父母，尤其是报告母亲，因为有时父亲也会骚扰女儿。让孩子从小就建立性保护意识，在遭遇性侵害时就会非常清楚、明确地进行反抗。

第二个性教育的关键年龄是 4 岁左右。4 岁左右是儿童性社会化的关键年龄，弗洛伊德称为"性器期"。孩子开始发现不同性别拥有不同的"性器"，并且对自己的"性器"很有兴趣，喜欢抚摸、玩弄自己的"性器"，人其实是在这个年龄段初次品尝了"自慰"的快乐。儿童还会互相观看"性器"，有些特别的"性游戏"。儿童"性器期"的自慰行为与成人的自慰行为有本质的区别，它只是一种对自己身体的探索，没有成人性行为的意识和意义。很多家长把它视为下流行为加以制止，导致孩子成年后产生性的罪恶感。"性游戏"是儿童性社会化过程中的重要活动，孩子很纯洁，没有色情意识，家长不要把自己的色情意识投射到孩子身上。6 岁左右，儿童的快感不再通过躯体的某一部位而获得，而是转向外部，自慰行为和"性游戏"自然结束，直到性成熟，人会自然重拾自慰，这个时候追求的才是性快感，才有色情的意义。

4 岁左右也是性别认同的关键年龄，儿童意识到性别的差异，学着把自己归于某个性别。这个年龄段，家长不要把孩子装扮成另一性别，阻碍孩子的性别认同。

4 岁左右的儿童对"孩子是从哪里来的"这一问题特别有兴趣，我们小时候大多被告知是从垃圾桶里捡来的。我们的文化历来回避这个问题，因为这个问题会涉及性。有个家长试图给孩子一个科学的答案，回答孩子宝宝是从哪里来的，是爸爸的精子遇到妈妈的卵子，宝宝就出来了。孩子有时会继续问：爸爸的精子怎么会遇到妈妈的卵子？是它自己飞过去的吗？问得家长瞠目结舌，败下阵来。

4 岁的性教育不讲科学、不讲性行为，4 岁是浪漫爱情教育的关键时刻，应该用童话般的语言回答孩子是从哪里来的。

1. 强调父母相亲相爱

从小灌输给孩子爱情神圣和浪漫的观念，了解爱情和幸福的联系，在幼小的心灵里种下爱情理想的种子。现在年轻人缺乏爱情理想和从小缺乏爱情教育有关。中国的孩子很少有机会看到父母相亲相爱的行为，却经常看到父母争吵打架，长大后可能才理解父母的感情。

2. 强调结婚

因为父母相亲相爱，无法分离，想生活在一起，所以就要结婚。孩子会从亲友的婚礼上知道，结婚需要一个热闹的仪式。不强调结婚环节，会让孩子误以为只要喜欢异性，孩子就自然来了，造成异性恐惧症。

3. 强调被祝福

父母结婚就会有天使来祝福，孩子就是给父母送祝福的天使，所以所有的孩子都爱父母，所有的父母也爱孩子。让孩子有天使的感觉，就会使孩子产生被爱、被珍惜的感觉，奠定一生的安全感。

4 岁的性教育重点是多次强调身体的界限，4 岁的孩子开始有可能遭遇性侵害，家长应该有性监护的意识。男孩和女孩都有可能遭遇性侵害，而对女孩的性侵害更为普遍。童年性侵害大多来自熟人——亲属、邻居、老师等，大多发生在最安全的地方——自己家、亲属家、邻居家和学校等。家长要留意孩子周围的不安全因素，留意女孩的内裤，发现异常要询问。孩子受到恐吓也许不敢报告家长，但是询问是很容易问出来的。

孩子一旦遭遇性侵害，家长一定要谨慎处理，控制好情绪，不要增加孩子的恐惧感。我在心理咨询中发现，很多人在童年遭遇性侵害时不懂事，心理上并没有形成创伤感，成年后认识了性侵害才形成心理的创伤，尤其是看到别人的家长在孩子遭遇性侵害时激烈而绝望的表现、呼天抢地地号哭、指责罪犯毁了孩子的一生，这才意识到事情的严重性，非常极端地看待性侵害，觉得自己的一生也被毁了，再也无法从绝望中走出来，有些人会因此患上抑郁症。童年遭遇性侵害会有后遗症：有些人自暴自弃，有些人乱性，有些人产生异性恐惧和性恐惧。所以性侵害是一种对人生影响久远的身心伤害。孩子一旦遭遇性侵害，必须进行心理咨询。

第三个性教育的关键年龄是青春期，重点是两性关系教育和避孕方法传授。这两个重点对中国的家长都是个挑战。随着性成熟，青少年对异性产生爱慕是很自然的。中国很多家长热衷于预防孩子的早恋，严格限制孩子的异性交往，这根本无法浇灭已经熊熊燃烧起来的青春火焰。孩子一旦恋爱上了，就转入地下，意外怀孕后也不敢向家长求助，家长完全无法指导孩子的异性交往。那些开放的、能和孩子平等讨论的家长才能真正指导青春期孩子的异性交往。

西方的青春期避孕教育很直接，给孩子发安全套，在模具上直接操作，实实在在地学会避孕技术。这在很多中国家长看来像是一种教唆行为，很难接受。现代社会婚前性行为已经非常普遍，而且不断向低龄化发展。很多人第一次发生性行为时完全没有避孕知识，或者陷入避孕尴尬，尤其是青少年的性行为大多是一时冲动，并没有事先计划，西方的青少年可以很自然地从书包里拿出学校发的安全套避孕，中国的青少年要是拿出安全套，绝对会被视为流氓行为。医院做人流手术的 50% 以上是未婚的女孩，有一部分是青少年。很多女孩把人流当作避孕的方法，反复人流对女性的身体造成很大的伤害。有些女性婚前多次人流，婚后失去生育能力，吃尽苦头接受各种高科技治疗依然无效。有些女性婚前反复人流，身心疲惫，婚后恐惧性生活，陷入性冷淡，严重影响夫妻关系。在中国家庭中，经常会出现人流经历依然在影响夫妻关系的状况，让女性心灵备受煎熬。我们的文化把人流看得太轻描淡写，青春期没有人告诉女孩人流的伤害后果，等亲身经历已经来不及了。

青春期的性教育对家长来说是一种特别的挑战，现代社会性观念已经开放，西方社会经历过性解放运动，我们正在经历性混乱，两性关系正在经历前所未有的挑战。处理不当，对女性造成的伤害更严重。一方面，主流文化对性教育话题回避，孩子很少能够得到正面清晰的性教育；另一方面，网络色情泛滥成灾，娱乐场所也没有对青少年特别的保护性限制，未成年人常常受到成年人的性诱惑，造成青少年性意识和两性关系的混乱。我们如何在复杂的现代社会给孩子创造一个健康的性环境？如何保护青少年免遭成人的性干扰和性侵害？家长要深思，社会要深思。

当今受过良好教育的一代年轻家长已经具有对孩子进行性教育的意识，尤其是家有女儿的，面对社会上的性混乱非常焦虑，渴望得到这方面的指导，但是他们不知道到哪里去获得这样的指导。目前，社会上有些民间机构在提供这方面的指导，妇联也有些项目是致力于女童性保护的。这些是远远不够的，我们要制作适合不同年龄的家庭性教育读本，利用各种社会平台如媒体、网络、各种教育资源，对家长进行宣传和教育，帮助家长建立性监护的意识；还可以充分利用现有的学校资源，把性教育纳入学校的基本教育中，分年龄、分内容进行恰如其分的性教育，帮助孩子建立自我保护意识。同时对不同年龄孩子的家长进行切合实际的家庭性教育指导，让全社会都来关注孩子的性健康，尤其关注女童的性环境，让孩子在安全的环境中健康成长。

第四部分　妇女教育相关问题

公正与公平、平等差异辨析

中共广东省委党校哲学部　吕艳红

[摘要] 公正、公平、平等这三个概念并不完全等同。从理想和价值的角度出发，公正是对社会现实的评价性反映，包含人类社会对真、善、美的追求；而公平关乎日常生活操作层面，侧重工具性，要求遵循同一标准的相待；平等则是侧重不同社会主体在社会生活各个领域中要享有同等的权益。三者相比较而言，公正高于公平、平等，公平、平等应以公正为归依和导向。社会平等具有相对性，绝对的、原初的社会平等不存在。不能用公平取代公正，否则就会产生负面社会效应。合理地区分三者，为我们构建一个公正和谐的良性发展的社会提供一定的启示。

[关键词] 公正　公平　平等　差异

公正、公平和平等是人类社会的基本价值追求和社会理想，也是现实社会发展过程中需要妥善处理和解决的问题。在现代社会中，公正、公平与平等，由于有很多相近的地方，人们很多时候把这几个概念等同起来，甚至在一些文章中把它们混淆。而实际上，从严格意义上说，这几者是有差别的，每个范畴都有自己深刻的内涵。如果把这三个范畴不加区别地等同起来，对社会和谐与发展都可能产生负面影响和误导。对于公正、公平、平等这三个概念的辨析需要从三个不同的层面来把握。从理想和价值的角度出发，公正是对社会现实的评价性反映，包含人类社会对真、善、美的追求；而公平关乎日常生活操作层面，侧重工具性，要求遵循同一标准的相待；平等则是侧重不同社会主体在社会生活各个领域中要享有同等的权益。

一、公正与公平

公正一词虽然也包含公平尺度的含义，但其侧重点是公正、正义的价值观；公平一词的侧重点则在于公平尺度。

第一，公正与公平是两个不同层次的范畴。在理念层面上，公正等同于正义，是一个关涉人的价值、人的社会理想以及人的发展的根本问题的范畴，它历来就有神圣、崇高与尊严的意思，体现着真、善、美的全部内涵。在此层面上，公正本质上就是人对人自身内在本质的确认和理解。作为一种理念的公正，它体现了人们在社会生活的各个领域和层面所寄托的理想和价值，在这个意义上，追求公正是人之为人的真正意义。因此公正应有这样的内涵：人追求自身发展的最高理想；人的世界、人的关系以及人行为的最高准则与公理；人类发展与完善的价值真理所在。公正的实质是把人的全面发展、人的价值，视为人的世界、人的关系以及人的行为所追求的根本目标。人在其历史发展过程中对于权力、财富、功能、权利、美德等生活价值的追求，只有在符合人对自我的内在本质追求时才是公正的，否则就是不公正。① 而公平则侧重于"工具性"，它强调的是衡量标准的"同一尺度"，处理事情合情合理，不偏袒，防止社会生活中对待问题的双重标准。这是公正与公平最重要的区别。

罗尔斯的"公平的正义"实际上说明了公正与公平的具体区别。罗尔斯为了寻求"旨在建立一种公平的程序，以使任何被一致同意的原则都将是正义的"②，为了寻求社会公正的最终实现，他通过建立"无知之幕"的公平程序，以公平的手段来达到公正的目的。虽然在我们现实社会中，无法真正做到"无知之幕"，但这种为了实现社会公正而采取的"公平"的方式，正说明了公平是为公正服务的、公平在方法和手段上是从属于公正的。

公平强调的是工具性的标准，为了达到公正的目标，要求程序公平。也就是说，公平相对于公正而言，更注重操作层面，它强调的是客观性。一方面，存在着人类对社会公正的永恒追求，公正作为一种观念而存在，这种公正是以人类的发展需要作为尺度而确定、规定应然社会的状态，这体现了人类追求美好的本性，体现了人类摆脱客观世界的限制和束缚、自由地发展自身的愿望；另一方面，公正虽然是一种理想性的价值，但它不是虚构的乌托邦理想，而是以一定的社会现实状况为基础的，是人们在以往社会实践基础上，通过合乎价值理性思考之后而构想的理想化社会。社会公正是对社会现实的评价性反映，它以理想完满的方式来把握社会现实，它以理想完美的方式在理念中存在，通过对不完满的社会现实的批判和评价，来规范、要求和指导现实，从而促进社会现实向理想的公正方向发展，进而推动社会的发展和进步。从这个意义上说，公正的价值取向决定公平的价值取向。也就是说，没有公正的基本价值取向，真正意义上的公平就无法实现，因为公平是为公正服务的。

第二，就社会发展的现实层面来说，虽然公正和公平的实现都是一种历史的过程，但只有在现代社会中才会有真正意义上的公正，而传统社会则只是在一定程度上、一定范围内存在着公平的可能性。

在传统社会里，是以统治阶级为本位的，社会发展是为了更好地维护统治阶级的利益，而且由于社会资源的极端稀缺，权力决定资源的分配，此时社会完全不可能存在真正意义的平等和自由，只能以自上而下的金字塔式的社会层级结构的方式来分配资源。虽然统治者为了维护其统治，也会尽力为普通老百姓谋求一定的生存机会，努力避免大范围的饥荒和社会动乱，但在这种社会状况下，普通社会成员的基本权利和人格尊严会被随意践踏，且人们依附人格有余而独立人格不足。长期以来，以权力为基础的等级观念在人们头脑中就成了根深蒂固的观念。这样，一方

---

① 洋龙. 平等与公平、正义、公正之比较.《文史哲》，2004 年第 4 期，第 148 页.

② ［美］约翰·罗尔斯. 正义论［M］. 何怀宏，何包钢，廖申白，译。中国社会科学出版社，1988：131.

面，自由、平等理念缺乏现实社会基础；另一方面，虽然人们也会在受到极端压迫的情况下反抗，提出一些平等的要求，但是这种要求很大程度上更接近一种平均主义观念，而且这种要求有明显的自身阶级局限性和历史局限性，没有公正存在的社会基础，当然也就没有真正意义的社会公正。

只有在当代社会中，才有社会公正赖以存在和实现的现实社会基础，才存在真正意义上的社会公正。在现代社会里，生产力水平有了根本性的飞跃，社会物质财富也较为丰富，因而存在着人们得以实现社会公正理想的基本物质基础；人本思想和理念的不断确立和发展，使社会不断向人性化社会前进，共享普惠的社会价值理念也在不断地形成，人们之间的社会关系也正向平等的方向前进；社会个体自身的尊严和权利得到了法律的基本保证，社会保障制度正不断健全，个人也正通过各种机会寻求自身的发展。从这个意义上说，在现代社会中，通过合理的社会制度安排，社会公正的基本目标具有得以不断实现的社会基础。而且，我们也正通过现在的社会事实，不断地发现，社会公正理念不仅是社会个体的价值追求，也是政府政治理念得以实现的价值目标。

第三，就范畴本身而言，公平的实然程度更多些，公正的应然色彩更浓些。

公正与公平相比较，公正更侧重于它的社会基本价值取向的作用，而公平则侧重于人们在日常生活的各个方面存在的具体差距，社会公正的实现过程很大程度上要借助于公平这一具体的、有效的、可操作的工具。社会公正以一种理想的方式，切入现实人的生活，无论是在社会生活领域还是个人的信仰方面，理念的公正都随时以它所包含的理想性贯穿于其中，并通过社会实践不断转换为社会现实。在现实的社会生活过程中，由于公正的宏观性，人们在处理具体事务过程中，就需要用公平的原则来弥补公正原则失效的地方，因为公正是针对社会中的大部分人和事情而言的，所以对于具体的事情和情况，就需要公平原则来解决公正失当的问题。而且，总体上而言，公正强调的是对社会现实的批判性，而公平则强调对社会现实的肯定性。所以，相比较而言，公正的应然成分多些，而公平的实然意义大些。

二、公正与平等

公正和平等有一定的联系，真正的平等必须以公正为前提，没有公正，也就没有真正意义的平等；公正的实现包含平等的要求，公正理念的实现是以社会成员权利和义务平等和分配合理为前提的。但公正和平等不是两个完全等同的概念，是存在差异的。公正和平等的差异主要体现在以下几方面。

第一，公正与平等所强调的内容不完全相同。

人类社会历史告诉我们，公正和平等如同自由和民主一样，是社会发展的核心价值目标，平等和公正虽然都是现代社会中非常重要的价值理念，但二者强调的内容不尽相同。平等所强调的内容可以从两个角度理解。从个体层面看，平等强调的是不同社会个体在一定社会历史条件下，在社会交往过程中需要处于同等的社会地位，享有同等的社会权益，即强调的是权利和义务的等同性以及人格的独立性和主体性。从社会角度来看，它所强调的也是所有社会成员的均等性，社会是由无数个个体构成的，离开了个体，社会就不存在。从这个意义上看，平等强调的是社会每个成员的贡献和地位的均等性，强调人在人性上的平等。人生来就有相同的尊严，也就是人都是人，个体人的基本权利是相同的，平等侧重的是等同性，而不是差异性。

公正则是强调一定社会范围内社会成员通过合理分配后每个社会成员得其应得。公正相对于平等而言。首先，它强调的不是个人范畴，而是一个关系范畴，它不是针对个人而言的，而是就社会成员人与人之间关系而言，强调的是社会成员之间的内部平衡性。其次，它虽然也关注成员的权利和人性的平等性，但公正总是侧重社会成员之间的起点、过程和结果的合理性，它具有分配的性质。公正要求人们在必要的条件下，在一定的范围内进行适度的调节，使人们各得其所，和谐相处，这是公正的根本内容所在。再次，公正总是和社会资源相联系，强调有限的社会资源的分配问题，强调社会成员之间的权利和义务的问题。

第二，相比较而言，公正倾向于对社会现实的认同性，而平等更强调理想，存在着对现实社会的排斥性。

公正虽然作为一种价值理念的方式而存在，但它从来都是与一定的生产力水平相适应的，并在一定社会竞争经济结构所允许的范围内而存在。社会公正是一个矛盾的统一体，既是一种理念也是一种规范，既具有价值取向性也具有客观的历史性。社会公正的出发点和终极目标都是人，因此它是作为一种价值判断而提出来的，是具有主观色彩的人的自我完善的精神价值目标；同时它又是一种客观性存在，社会公正归根结底是由特定的社会生产方式所决定的，是与一定的社会发展阶段相联系，并适应于一定的生产关系的。社会公正更多的是对社会现实的肯定，因为公正是对现实社会存在的种种不完美和不平等社会现象的一种适度调适，使人们的行为限制在社会允许的范围内，公正与社会现实是密切相关的，并且主要目标是为了维护现存社会，而且社会的现代化程度越高，社会公正就与社会政策和制度联系得越紧密。

平等则更多地侧重理想性一面。平等理念强调的是未来社会的美好性，更多的是指人类社会的永恒理想和追求，更侧重对现实社会中不平等和不美好社会现象的批判。平等往往更看重自身的理念性和理想性，它并不关注和考虑自身的现实操作性和可行性，因此人类的平等观念往往过于理想化和精神化，很难与社会现实相融，甚至往往与社会现实相抵触，也经常出现平等与公正之间的排斥。

第三，公正和平等相比较，公正范畴所涉及的更宽泛些，而平等则较窄。

平等在微观层面上主要是针对公民的权利、义务以及利益方面的等同。公正则包含了社会生活中的方方面面，不仅涉及社会价值目标，而且还涵盖了社会主要制度、社会规范、社会行为规则以及政府政策等。从外延来看，公正主要是围绕着人展开的，是关于人的价值方面的，随着社会不断向前发展，公正的范围和应用领域也不断拓宽，覆盖了整个社会各个领域，包括政治、法律、经济和道德等各个领域。从这个意义角度来看，平等从属于公正，是公正在具体社会层面的体现。

三、启示

通过以上对公正与公平、平等差异的分析，我们就厘清了这几个概念的区别、各自的适用范围，就可以在一定程度上避免以公平、平等来取代公正的一些错误思想和做法，也为我们构建一个公正和谐的良性发展的社会提供一定的启示。

第一，社会平等具有相对性，绝对的、原初的社会平等不存在。

一般而言，社会平等是一种理念上的追求，是社会大多数成员对未来的美好理想化、精神化的追求。平等是"我们所有理想中最不知足的一个理想。其他种种努力都有可能达到一种饱和点，但是追求平等的历程几乎没有终点，这是因为，在某个方面实现的平等会在其他方面产生明显的不平等。因此，如果说存在这一个使人踏上无尽历程的理想，那就是平等"。① 绝对的平等在现实社会中无法实现。一方面，平等更关注理念层面，而往往容易和现实经济、政治和社会基础脱节。"论述平等问题的作者们，在发布陈情书抨击不平等的罪恶时，都是雄辩滔滔、循循善诱的。但是他们在处理如何实现平等理想这一问题时，其论据却日渐空洞和缺乏说服力。"② 平等理念强调的是等于、等同和相等。理念上的绝对平等，由于过分强调理想化和美好化而在现实社会中很难实现。另一方面，在所有的现实社会中，每个社会个体都面临着原初状态的事实不平等。每个特定的社会成员继承的前人所创造的社会客观基础是不完全一样的。而且每个现实的社会个体一出生就拥有不同的天然禀赋和家庭环境，个人的体力和智力也不完全相同，从而就拥有了天然的不平等的条件。这种不平等是客观存在的事实，是我们无法否认和选择的自然差别。所以说绝对的社会平等在哲学研究中，就如同绝对零度在自然科学中一样美好但难以实现。基于平等的这种本性，我们如果过分强调理想化的平等，而忽视社会现实，就会造成平等与公正的抵触，就会成为实现社会公正的一种障碍。"权利的分配强调平等，甚至不惜以公正和自由为代价。统一地对待人们不同的能力、兴趣和爱好，至少，按某些标准来衡量便不是公正的。"③ 而这种天然的差距对人将来的发展有着无可否认的重要作用。对于这种我们无法否认的天然的不平等，我们要承认其客观真实性。这种事实对某些人尤其是社会弱势群体的发展有很大的负面效应。而要改变这种状况，一方面需要政府作为主体并组织一定的社会力量，加强义务教育制度，从而为弱势群体提高自身素质和能力，增强社会竞争力创造条件和机会，以便他们有更多的平等参与经济和社会竞争的机会；另一方面，弱势群体本身也要转变观念，弱化先天不足增强后天作为的思想和理念，只有这样才能为从根本上转变自身的命运奠定基础，只要这样才能为开发自身的能力和潜能，才能在现实社会中具备享受相对起点平等的条件。

第二，防止以公平取代公正而产生的社会负面效应。

---

① ［美］乔·萨托利. 民主新论［M］. 冯克利，阎克文，译. 东方出版社，1993：380.
② ［美］乔·萨托利. 民主新论［M］. 冯克利，阎克文，译. 东方出版社，1993：380.
③ ［美］A. 奥肯. 平等与效率：重大的选择［M］. 王奔洲，译. 华夏出版社，1999：8.

公正是一个社会全体成员相互之间恰当关系的最高概念。社会公正作为一种社会价值取向，简单地说，就是在一定社会范围内通过对社会所有成员的公平合理分配，使得每个社会成员最后得其应得。而公平则指"处理事情不偏不倚，合情合理"。公平强调的是客观性，不具有明显价值判断。公平在具体事情的操作层面上体现得更多，而公正则包含公平。公正是针对人与人之间关系而言的，在一个社会内部，则包含所有社会成员在内。在涉及价值判断，涉及处理全体社会成员之间关系的较高社会层面上，不能用公平取代公正。比如，在社会主义市场经济条件下，如果仅仅把公平作为市场经济的导向，就会加大市场的负面效应，就无法保证人们在市场竞争中享受到真正的公正待遇，也就无法真正体现社会主义市场经济的优越性。在社会主义市场经济中，公正这一基本的价值导向不应缺乏，否则虽然会暂时出现较为有效率的社会，但这种社会是完全以市场为导向的，长此以往，必然会加大社会成员之间的差距，这并不是社会主义社会所需要的。因为这样的社会必然会在一定程度上违背社会发展的人人共享、普遍受益的基本宗旨。只有以公正而不是以公平作为社会主义市场经济发展的基本价值取向，才能减少或者消除市场经济自身的缺陷。只有以公正作为市场经济的基本价值导向，才能为市场经济运行中的起点公正、过程公正和结果公正创造条件，才能遵循社会调剂原则，才能使市场经济发挥其最大的积极效应，才能真正使社会呈现一种良性健康和谐发展状态。

在现实社会生活中，以公平取代公正也有很消极的影响。在现实社会中，普通人民大众往往认为公平和公正是一个概念，要求在处理任何事情上都做到绝对的公平，因为社会需要进行适度的调节，这样往往又很难达到其所要求的理想的公平状态，因此就认为社会不公正。其实，这实际上就忽略了公平和公正的差异，把作为工具的公平等同于价值取向的公正。公平侧重的是等同和平均的工具性意义。社会公正作为一种价值导向，它的实现程度总是受现实社会发展状况制约的，也就是说社会公正的实现程度是一个历史过程，是同一定的社会制度相联系的。社会公正要求从社会整体的角度，在一定条件下，对某些社会成员（比如社会弱势群体）进行有倾向性的适度调节分配，以保证每个社会成员都能得其应得，共享社会资源和社会发展成果。公正的价值导向性是公平不具备的，也是公平无法取代的。

第三，公正高于公平、平等，公平、平等应以公正为归依和导向。

公正是人们对现实社会的评价性反映，更多的是社会层面上的一种价值判断；公平侧重日常生活方面的具体的同等对待，具有工具性质；而平等则更多地强调社会成员在基本权利和权益方面的无差异性和无歧视性。虽然公正、公平和平等三者都是现代社会非常重要的理念，但就现代社会的价值导向和价值取向而言，公正应该是更为根本的。公正作为社会基本价值取向，可以为公平提供一个方向指导。如果不以公正为社会导向，只片面强调公平的客观性和同一尺度性，就很容易对社会整体协调发展产生负面的消极作用，使社会发展失衡。平等也要以公正为价值导向，因为平等强调人的基本权利和基本尊严，而要实现这种人类的追求，就需要以社会合作等为前提条件，没有了社会公正的价值导向，平等的目标在现实社会中也无法得以实现。总之，公正是公平、平等的价值导向，公正是公平、平等的价值论的统一。公平、平等应以公正为归依和指向，失去了公正这一合理的价值导向，公平和平等也无从谈起。

女性教育发展困境分析

湖南省委党校　湖南省妇女干部学校　王郁芳

[摘要] 教育是促进社会公平的主要手段，教育的重要性和公平性得到全民的广泛认可。然而，造就社会公平的教育背后，仍然蕴藏着传统性别文化与国家制度带来的受教育机会的不公平，造成女性教育发展中面临种种困境。教育的不公平性与女性教育发展中所遭遇的困境表现为：法律上的平等教育权与现实中的教育机会非均等共存；女性教育程度与教育回报率背离；女性人力资本追加与劳动参与率互相悖；现行教育体制与教育期望对传统教育理念互构。

[关键词] 女性教育　教育公平　教育机会

教育是促进社会公平的主要手段，教育的重要性和公平性得到全民的广泛认可。然而，造就社会公平的教育背后，仍然蕴藏着传统性别文化与国家制度带来的受教育机会的不公平，造成女性教育发展中面临种种困境。在西方女性运动的第二次高潮中，教育成为女性主义者特别关注的领域。她们认为，传统教育无处不表现出性别化的明显特征，因此，在理论上必须突破"以男性为标准"的传统性别角色理论和社会分工理论，在实践上建设性别公平化学校，进行社会公平化教育。然而，目前学校教育仍然在维持女性传统的家庭角色，强化男女在家庭中的性别分工。

一、法律上的平等教育权与教育机会非均等性共存

教育乃是一项基本人权，是人的发展必须具备的条件，赋予女性平等的受教育机会，不仅是一种利益权衡，而且是对其能力发展的一种尊重。前文已经介绍了我国从法律上赋予了女性平等受教育的权利，女性教育也得到前所未有的扩展，女性受教育的总体水平得到大幅度提高，但事实是女性与男性相比在教育机会上仍然存在不平等现象。武汉科技大学基金会研究所副教授汪忠杰认为关注女性教育，不能单单考虑量，更应该注重质。所谓量，是指受教育机会在男女两性间的分配平衡程度；所谓质，是指教育本身是否考虑到了女性参与者的需要，对女性参与者是否投入了足够的关注。女性社会地位的提高，不仅要将原有分配不平衡的教育机会扩展到女性群体中去，而且还要改变原有的教育理念，使女性真正得到平等的受教育机会。

女性主义认为，现实社会中的性别关系实际上是男人控制女人的权利关系，而这种不平等的关系也存在于教育领域之中，处于父权制社会中的现代教育，也不可能完全做到性别平等、公平。现代社会与以往的社会历史文明一样，是一个父权制社会，政治、经济、文化和教育等大都掌握在男性的手中，而女性根本没有或很少介入其中。我国传统的性别文化和制度严重制约和影响女性教育机会，男女教育机会呈现出不均等性。"女子无才便是德"的传统观念是套在许多中国女性身上的精

神枷锁，女性自古以来就被拒于教育的大门之外，被剥夺了受教育的权利，也就失去了获得独立经济权和发展自身能力的资本。即便是在新中国成立后，收费教育也让许多贫困家庭为了节约有限资源，而把受教育的机会给了家中的男性，而令居于弱势地位的女性失去了同等读书机会。"在家庭中，女比男强好景不长"的传统性别文化，"相夫教子是女人最重要的工作""男人以事业为重，女人以家庭为重"的传统性别分工制度，以及容易产生"反正长大都要嫁人，何必进行教育投资"想法的"男婚女嫁"与"男高女低"的传统性别婚嫁制度，导致在家庭中有意识地形成向男孩倾斜的教育资源配置机制，最终导致女性教育机会的减少。

而我们习惯于从女性教育程度对社会与家庭的贡献和意义来思考或呼吁重视女性教育，忽视女性的主体的需求，疏于从人的权利和尊严的角度来思考女性对教育的需求。宪法和其他法律一定意义上可以说是最大、最根本的公共政策，但是其对于女性享有与男性同等受教育权利之规定过于笼统，缺乏实际的可操作性。从现实的角度来考量，我国的公共政策在指导和促进女性教育的发展方面有着明显的缺失。其一，缺乏支持女性教育的专门具体政策、制度和支撑女性教育发展的财政政策；其二，政府部门同样忽视教育领域中的性别意识，人为忽视男女教育发展的不平等，导致宪法和法律的原则精神无法落实，长年累月，致使我国农村女性教育困难重重，积重难返。"其实，目前义务教育中的众多不公平问题最终都可以还原为政府政策和制度问题。其本身就是政府层层卸责或所制定的政策、制度缺失或不健全所造成的。"因此，还必须从政府的政策角度出发，从公共治理的层面分析女性教育缺失。同时，精英等级化的教育体系也成了索罗金所说的使社会"贵族化"和分层化的机器。教育的市场化导致了地区之间和不同家庭经济背景的学生之间的教育机会分配的不平等，女性更是这些制度的牺牲者。

从整体来看，中国女性教育发展呈现出两个值得关注的性别缺陷，一是女性受教育的平均年限偏短。女性与男性受教育机会的非均等性仍未从根本上得到改变，女性成为文盲的几率更大，文盲中女性占70%，同时教育层次越高，性别差异越大。2010年第三期中国妇女社会地位调查显示，18～64岁女性的平均受教育年限为8.8年，比2000年增加了2.7年，性别差距由十年前的1.5年缩短为0.3年，但与男性相比差距仍然显著。二是教育分布不够均衡，城乡之间、经济发达与不发达地区之间、不同学科专业之间差异明显。不适应农村女性需要的教育体系、贫困与传统的性别观念交织在一起，导致贫困地区的家庭常常要做出艰难的抉择，最终的结果往往是对女性不利的，尤其是在教育费用高涨而即期收益减少的情况下，女性更可能成为牺牲品。在市场经济下，贫困与接受教育的性别不平等间的关系可能会更加紧密。在职业领域，女性本身的文化程度低，使她们获取教育资源的机会少。女性集中于非正规就业领域或从事与家务劳动性质相近的社会劳动，这种劳动的技术含量不高，这对于女性获取培训机会来说也是不利的。

二、女性教育程度与教育回报率背离

雪莉·蒂尔曼认为对女性的低期望造成的危害比歧视女性的危害更大，是造成

女性人力资本薄弱的直接原因。对女性人力资本投资少，主要表现为社会和家庭对女性人力资本投资不足，而造成这种投资差异的直接表现又与女性教育收益率低于男性有关。虽然转型国家中男女的教育投资回报率都在不断上升，但是研究表明，女性教育投资回报率的增长速度要低于男性。这也是转型国家中女性受教育程度普遍较高，但是她们与男性的工资差距却仍在不断加大的一项重要原因。

女性教育回报主要源于两个方面：一是有能力从事更体面、更有发展和更多工资报酬的工作，二是有条件建立一个理想的婚姻。然而，在传统的性别文化和制度下，教育的两个主要回报来源受到限制，回报率低，甚至可能是零回报或负回报。这是因为女性教育投资只意味着受过更高教育的女性比受过较低教育的女性有更好的经济状况，而并不能说明受过教育的女性在职场上可以比受过同等教育的男性得到更好的工作。根据劳动力市场分割理论，该模型假设制度和政策在决定雇用、提升和报酬等方面起着主导作用，同时假设劳动力市场本身被分割为两大非竞争性部门：核心部门和边缘部门。歧视是一个市场"买方"因素，雇主聘请劳工时排斥妇女。由于核心部门的工作要求高，同时由于雇主存在"统计歧视"，女性劳动者（因生育或其他家庭责任的缘故）往往比男性更加容易退出工作，从而会增加替换或培训成本，雇主们假定妇女的平均生产力低于男性，所以偏好教育水平比较高、工作经验比较丰富的男性。核心部门相比边缘部门晋升机会多，工资待遇要好。许多调查研究的结果已经证实了这一点。女大学生在劳动力市场遭遇比较严重的性别歧视，不仅就业机会比男生少，而且拟付的月工资也比男生少。即便在同一行业，在职业发展中女性还将遭遇"玻璃天花板"现象，导致女性职业下沉。"市场分割"解释，落脚在社会歧视与性别社会化过程。市场的竞争性和资本趋利性做出这样选择，使得在教育资源有限的情况下，影响家庭对女性的教育投入。女性提早退休制度也对教育的就业回报产生负面影响。此外"高学历"女性在婚姻市场上也面临"高处不胜寒"的尴尬，中国"男高女低"的斜坡婚配模式，导致增加教育不仅不能产生婚姻红利反而降低教育回报。

三、女性人力资本追加与劳动参与率相悖

女性受教育程度的提高是女性发展的一种能动力量，一个人所受教育程度的高低直接影响其素质与能力，也直接影响女性参与构建和谐社会的能力。教育用知识、技能武装女性，使女性有能力同男性在各个领域进行竞争，从而通过参加公共领域的劳动实现经济独立，改变传统的社会性别分工，彻底摆脱依赖男性生活的局面，从根本上改变自身的社会地位。而目前中国女性教育的状况仍然比较落后，构建和谐社会迫切需要女性人力资本的追加。这里自然就出现一个悖论，一方面女性为了增加经济活动参与能力，必将不断追加人力资本投入，增加教育资本，从而使女性在经济活动中竞争力增强，就业层次与就业人数所占比例不断提高；另一方面，因为女性提高了增加人力资本的意识，重视教育投资，使得一定时期内女性参与经济活动人口数量下降。我国的女性经济活动人口数量从整体上看，的确在不断减少，而与此同时，高校女生人数却在不断增加，并且高校女生增加的人数在女性

经济活动人口减少的人数中占了相当大的比重。教育部公布了 2012 年教育统计数据，在各级各类学校女生人数统计中，全国女大学生人数已连续 4 年超过男生。2012 年，全国大学普通本专科生一共有 2391 万余人，其中女生人数超男生 64.78 万人，占 51.35%；全国硕士研究生人数 143 万余人，女生比男生多了 4 万人，女生人数连续 3 年超过男生；全国成人本专科生一共 583 万余人，女生比男生多 50 多万人；女博士的比例也每年在递增。虽然没有关于我国女性经济活动人口变动情况更详细的数据，但是可以肯定的是，在校女生人数如此大幅度地增长，必然会造成这一年龄段的女性劳动参与率大幅下降。因此女性劳动参与率的下降，不仅反映了部分妇女回家的现象，更加反映了年轻女性更多地追求人力资本投资的趋势。

那么为什么在市场化改革进程中，随着男女工资差距的拉大，女性会比男性更有增大教育投资的积极性？教育和劳动参与实际上应该是双向互动的关系，不光教育程度可以影响劳动供给决策，教育决策的做出也是建立在对未来劳动供给的预测上的。特别是就年轻女性而言，她们考虑的不仅仅是当前的分工收益，还要考虑生命周期内的预期收益。如果预期未来有更大的劳动归属，那么加大教育投资就成了理性的选择。反过来，假设在一个性别歧视极端严重的劳动力市场上，女性所能获得的工资相当低，绝大多数家庭遵循传统的方式进行分工，女性就会预期未来有较低的劳动归属，这种情况下我们就很难想象女性还会有足够的热情来追求高等教育。从这一角度看，教育就成了生命周期内劳动供给最优决策的内生变量了。

教育内生的动态劳动供给理论对我国现有情况可以这样解释，在我国经济转型的过程中，女性劳动参与率的下降，高校女生比重的增加，以及婚姻稳定性的下降等现象是同时发生的。前面我们谈到女性教育回报率，其中有一个主要的原因是有条件建立一个理想的婚姻，当外部世界的离婚率升高时，就给家庭发出信号：婚姻和家庭越来越不稳定了。对女性而言，如果她们仅考虑当期的分工利益，而放弃市场劳动，那么在一个婚姻越来越不稳定的社会里，她们一旦离婚就很难重新工作或是只能以低工资工作，在家庭分工收益的分配上也处于不利地位。考虑到这个不安全的因素后，女性就会选择更多地参与劳动，其形式是推迟进入劳动力市场时间，接受更多的教育，提高未来就业能力。虽然预期未来市场工资和就业状况恶化，但是只要婚姻的不稳定状况不能缓解，就女性生命周期内的最优决策而言，进行更多的教育投资仍是其理性的选择。从人口结构上看，我国女性劳动参与率的下降就应更多体现在就业年龄结构的变动上。预期到家庭稳定性下降后，理性的女性将会选择进行更多的人力资本投资，提高其未来的冲突收益。其后果是年轻女性的劳动参与率出现了明显下降，而她们未来的劳动力市场归属则会加强。但是未婚女性面临的另一个矛盾是：越是提高人力资本的投资，越有可能难以实现其人力资本的女性教育回报的一个愿望——建立一个理想的婚姻。由此可见，女性即便具备了与男性竞争的实力，依然要承受着来自市场资本的歧视和来自传统斜坡婚姻模式的约束。使女性陷入一种新的困惑之中，不想被市场淘汰就追加人力资本，不想被婚姻挤压就减少其人力资本投入，归根结底，还是受男权文化的影响和制约。因此当离婚率升高时，婚姻契约的可执行性就变差，联合决策的家庭分工模式就很难实现。已婚的女性也可能不再遵循传统的分工模式，以达到婚姻内效益的最高，在一个动态的婚姻家庭里，即使个人人力资本积累不能够提高未来家庭的总效用，只要教育能够使个人在家庭决策过程中处于更有利的博弈地位，那么进行更多的教育投资也将是其必然的选择，即个人对人力资本投资量的理性选择将会导致对家庭来说过度的人力资本投资。

四、现行教育体制与教育期望对传统教育理念互构

传统观念的存在仍是 21 世纪女性教育发展面临的挑战。尽管在今天的教育中，男女具有了所谓的同样入学权利，但伴随着各级各类学校中女性的数量和比例的不断增加，我们不但没有发现社会实践中男女平等理念的具体体现，相反却加固了女性的从属地位。现代教育仍贯穿了男性中心的价值体系，教育中的性别偏见，以及男性"霸权"，实际上也是父权制意识形态倾向性在教育中的一种反映。学校教育的内容也都只是选择社会主流文化的一部分，即学校里选择的是以男性文化为中心的知识、观点和价值，所传授的知识也都具有男性化的特点，并且潜在地传递着这样一种观点，就是男性的气质要优于女性的气质。学校教育的男性化特点使男女学生更加认同了女性对男性的从属地位，更不利于男女平等的发展和实现。所以我们经常发现一些这样的情况，虽然许多女性获得了接受各级各类学校教育或非正式教育的权利，但是，她们所接受的学校教育的信息也都只是让女性认同男性的主体性（大多体现在教学内容和方法中），用男性的话语来解释世界和自我，这明显不利于所有接受教育的女性自身特征的发展和保持自身女性的特征。因此，女性主义者认为，接受男性化教育的女性面临着一个两难选择，是获得学校教育的成功，还是保持传统的女性主义特征。而社会的发展则要求她们维持两者之间的平衡。

现行教育体制和教育理念对于不同性别主体的教育意义的阐释和关注程度的不同，使得男女两性在享有了平等的入学机会、平等的学业奖惩之后，并不能保证可以带着相同的态度、目标、期望进入学校。来自学校、家庭及工作中的性别角色会影响他们的教育经历，改变他们的态度、目标和期望。女性的就业选择面相对狭窄、期望值较低，女性职业期望更多在传统的所谓女性行业，她们期望稳定的工作，回避技术领域。职业领域的性别区分又映射到了教育领域，从而使性别定位更加根深蒂固，这些过程和结果，使女性在学校中被制度性地边缘化了。教育体系对于不同性别主体需求的关注程度也是不同的，甚至"通过教师、教材以及学校中一些制度与非制度的形式复制了'男尊女卑'的性别文化"，如教师对于男女学生的定型、高等教育专业方面存在着的性别隔离等，对性别平等实现"软性约束"。这种约束在于人们对不同性别主体的教育意义的阐释，在于对教育所抱有的动机与态度，在于教育对不同性别主体需求的关注程度等，这些远远不是男女两性在教育上量的平等所能涵盖的，而是一个质的问题。

参考文献：

[1] 史静寰．现代西方女性主义的教育理论与实践［J］．山西师大学报（社会科学版），2000，3.

[2] 汪忠杰．当下中国女性教育差异问题分析．武汉科技大学学报（社会科学版），2009，8.

[3] 郑新蓉．进一步加强妇女教育的理论研究［J］．中华女子学院学报，1997，1.

[4] 韩传龙．从公共产品供给看农村义务教育的困境［J］．宿州教育学院学报，2005，5.

[5] 姚先国，谭岚．中国经济转型中城镇女性劳动供给行为分析——兼论动态博弈框架下教育决策的内生性问题．经济论坛，2005，8.

[6] 敬少丽，卢红．女性主义视野下的教育机会均等．教育理论与实践，2006，1.

[7] 吕亚军．欧盟家庭友好政策的性别视角分析［J］．妇女研究论丛，2008，1.

教育公平是女性发展水平的定位坐标

——以广西女性教育地位调查为例

广西妇女干部学校　贺　敏

[摘要] 在唯 GDP 论渐渐褪去其本不该有的虚幻绚烂色彩的今天，在总结国家发展经验、十分强调"顶层设计"的今天，妇女发展的衡定也需要与时俱进，从主要以物质水平衡定，提升到妇女教育水平衡定，从女性教育地位的"顶层"坐标厘定妇女发展的"设计"方向与实施框架。

"教育是实现平等、发展与和平目标的一个重要工具"，女性受教育水平是衡量女性社会地位、社会发展水平以及社会文明程度的一个重要指标和重要内容。在当今的知识经济时代，女性所受教育的程度及其质量，对人口发展质量、女性劳动力的质量及其技能、女性的社会角色和家庭角色及社会地位有着直接而重大的影响。可以说，人类社会发展到今天，女性的发展将越来越明显地取决于女性所受的教育，女性的教育地位将成为表明女性地位的一个根本方面，主要是通过对女性接受教育的状况进行观察，通过对各级各类教育中女性人口所占的比例、女性接受教育的程度以及与男性受教育状况的横向对比差异等来反映。

本文以 2013 年广西女性教育地位调查的数据分析为基础，从女性在不同时期受教育状况的对比、发展状况对比入手，试图阐明女性教育公平应成为衡量妇女发展水平的坐标这一观点。

[关键词] 教育公平　妇女发展　坐标

女性受教育水平即女性接受教育的程度，既是衡量女性发展和社会参与能力的前提和条件，也是衡量女性社会地位、社会发展水平以及社会文明程度的重要指标，在现代社会，更成为直接影响女性地位和发展的重要因素。教育对女性的经济、政治、社会参与能力和女性的生活质量有直接或间接的影响。可以说，女性受教育地位是现代社会女性地位的核心内容。在唯 GDP 论渐渐褪去其本不该有的虚幻绚烂色彩的今天，在总结国家发展经验、十分强调"顶层设计"的今天，妇女发展的衡定也需要与时俱进，在充分认识妇女发展历史与现状的基础上，从主要以物质水平衡定，提升到妇女教育水平衡定，从女性教育地位的"顶层"坐标厘定妇女发展的"设计"方向与实施框架。

一、女性教育地位发展中存在的主要问题及制约因素

（一）农村女性受教育水平提升缓慢

对比城市女性受教育水平的结构性变化特征，乡村女性受教育水平提升较为缓慢，明显滞后于城市女性教育地位发展，没有呈现出明显的结构性变化。调查显示，1990—2000 年，农村女性就学状况的变化主要是小学就学与初中就学之间的变化比较明显（见图1）。小学就学率从 1990 年的 49.7％下降到 2000 年的 41.4％，初中就学率从 1990 年的 23.0％上升到 2000 年的 34.3％，高中就学状况持平。而 2000—2010 年间，农村女性就学状况并没有明显改观，除了大专以上就学状况有点变化外，小学、初中、高中就学情况均呈下降趋势。这说明农村女性教育地位的变化并没有随着经济、社会的快速发展而明显改观，需要采取有针对性的措施予以提升。

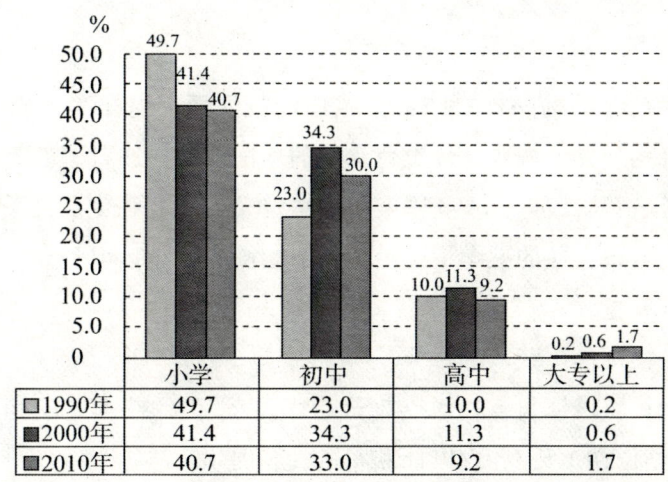

	小学	初中	高中	大专以上
1990年	49.7	23.0	10.0	0.2
2000年	41.4	34.3	11.3	0.6
2010年	40.7	33.0	9.2	1.7

图1　1990 年、2000 年与 2010 年农村女性入学状况历史比较图

（二）非义务教育阶段的女性教育差别明显

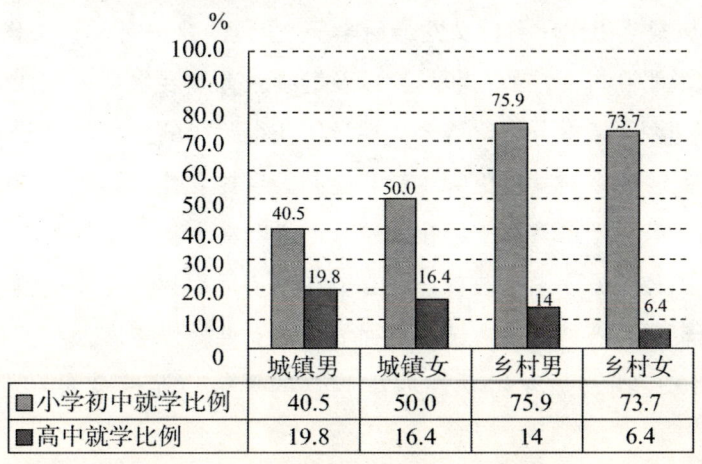

	城镇男	城镇女	乡村男	乡村女
小学初中就学比例	40.5	50.0	75.9	73.7
高中就学比例	19.8	16.4	14	6.4

图2　义务教育阶段与高中阶段就学变化比较柱状图

义务教育的全面实施，特别是免费义务教育的实施，对于保障有着几千年男女不平等文化的我国女性受教育权利，意义重大，效果明显。它不仅保障了女性平等接受教育的基本权利，更是通过义务教育提升了女性的发展能力。随着教育总体水平的不断提高，义务教育的性别差距在显著缩小。但是，本次女性教育状况的调查数据表明，义务教育阶段的性别差异缩小的同时，非义务教育阶段与义务教育阶段相比较而言，女性受教育比例大幅度下降。城镇女性就学比例从小学、初中的50％，下降到高中阶段的16.4％；乡村女性就学比例从小学、初中的73.7％，下降到高中阶段的6.4％，非义务教育阶段的女性受教育水平差异明显（见图2）。说明女性受教育水平明显受到男女两性教育投入不平等的影响，必须从教育投入的制度保障方面提升女性受教育水平。

（三）城乡女性教育水平均衡性差

与我国二元社会结构一样，在女性教育地位方面，同样表现出十分明显的城镇、乡村二元结构差异，城乡女性教育水平的均衡性差，违背了教育本质上的均衡性要求。在义务教育阶段，由于我国实行了法定义务教育和免费义务教育，乡村女性的就学情况与城镇女性的就学情况处于相对均衡的状态，但是到高中及大专以上阶段的差距表现明显。

（四）城乡女性学历获取的路径差异

如图3所示，将城镇与乡村以女性最后学历/学位的获得时间相对比，城镇女性的最后学历/学位在工作/务农以前获得的比例是83.7％，乡村女性的最后学历/学位在工作/务农以前获得的比例是94.8％；城镇女性的最后学历/学位在工作/务农以后获得的比例是16.3％，乡村女性的最后学历/学位在工作/务农以后获得的比例是5.2％。与城镇相比，乡村女性最后学历/学位的获得时间在工作/务农以前的比例较高，这说明乡村女性的在职教育以及继续教育发展水平远远低于城镇。结合女性后续教育的调查情况分析，城乡女性学历获得路径的差异，说明城镇女性的后续教育机会和路径比乡村女性更为广泛和便利。乡村女性后续教育明显落后，这与乡村经济结构、就业结构具有直接相关性，也说明在乡村，女性人力资源、教育文化的资本转化路径等方面亟待改善，有必要在开拓远程教育、乡村劳动力适应性提升教育、职业资格教育、网络考试等方面为乡村女性提供更多便利、灵活、可行的方式，以拓宽女性特别是乡村女性后续教育的渠道，促进乡村女性教育水平的提升。

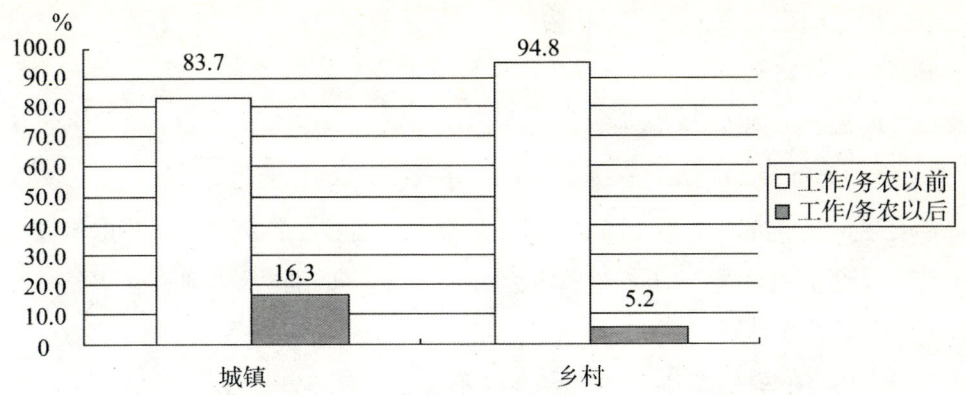

图3　最后学历/学位的获得时间与工作/务农开始时间的关系

（五）女性后续教育发展滞后

进入21世纪以来，伴随着知识经济的快速发展，国家、民族、社会的方方面面乃至每个人都不可避免地面临着知识更新、信息更新的现实课题。从国家的角度而言，继续教育是提升国家核心竞争力和推进创新型国家建设的必然要求，是促进我国经济发展方式转变和产业结构调整的重要支撑，是构建终身教育体系和建设学习型社会的迫切需要，是持续开发人力资源和满足广大社会成员日益增长的多样化教育需求的重要举措。从个人角度而言，继续教育也有至关重要的作用，特别是在信息时代，没有继续教育，人的知识难以跟上时代的发展。可以说，后续教育不仅应作为个人的终身教育内容存在，更应成为国家民族终身教育的必然。女性作为社会群体的重要组成部分，其参与继续教育无论是对女性自身的职业发展还是对社会的政治、经济和文化发展都至关重要。这不仅是出于女性自身发展的需要，更是女性所肩负的家庭幼儿培育的使命之需要，也关乎民族和国家未来人口素质的重大使命。

在本次调查中，后续教育主要是指学校学历教育之外的再学习、职业培训、技能培训等。对女性后续教育的调查，主要设计了"您的最后学历/学位是工作/务农以后获得的吗""近3年来您参加过培训或进修吗""您没有参加过培训或进修最主要的原因是什么""参加过培训或进修的次数是多少""最长一次培训或进修的时间有多长""最长一次培训或进修是以下哪一种""这次培训或进修的经费""您目前最想学的知识或技能是什么"8个方面的问题，足显女性后续教育的现实性、重要性。

从调查数据可以发现，影响女性参加培训或进修的原因包括主观原因与客观原因。其中，认为"没必要"的比例为27.4%，认为"没有钱"的比例为8.8%，认为"没时间"的比例为11.6%，认为"文化基础差"的比例为9.5%，认为"没有信息和机会"的比例为26.0%，认为"单位不支持"的比例为0.4%，认为"家人不支持"的比例为0.1%，认为"学习内容与方式不合适"的比例为1.2%，认为"没想过"的比例为14.6%，认为"身体不好/有病"的比例为0.2%。

结合培训经费方面的调查情况分析，后续教育经费全部免费或报销的城镇女性为64.3%，农村女性为89.0%，平均达到76.6%；实用技术培训占有明显的高比例，特别是农村女性达到了72.7%。

（六）经济因素仍是影响女性教育水平提升的主要因素

通过对初中及以下学历者的调查数据显示，影响城镇（内）与乡村（外）女性初中及以下学历者未能上学/继续升学的主要原因有些许差异：城镇女性因为家里没钱供的比例为55.3%，因为家里需要劳动力的比例为8.6%，因为家长认为上学没用的比例为1.8%，因为自己认为上学没用的比例为4.9%，因为成绩不好/没考上的比例为20.6%，因为没有学校可上的比例为0.3%，因为不喜欢学校的学习的比例为2.5%，因为想挣钱的比例为1.7%；乡村女性因为家里没钱供的比例为60.0%，因为家里需要劳动力的比例为14.7%，因为家长认为上学没用的比例为0.9%，因为自己认为上学没用的比例为3.9%，因为成绩不好/没考上的比例为15.4%，因为没有学校可上的比例为0.3%，因为不喜欢学校的学习的比例为2.7%，因为想挣钱的比例为0.9%。这表明经济因素是影响城乡女性继续上学的主要原因。但是这一原因在实施免费义务教育之后，应当不会成为影响在义务教育阶段未能上学的主要原因。结合未能在完成义务教育后继续上学的城乡男女高中阶段就学比例大幅下降的统计数据，可以形成两个推论：一是义务教育特别是免费义务教育为城乡女性的受教育权利提供了制度和经济保障，较为明显地改变了女性义务教育阶段受教育水平，并较为明显地消除了义务教育阶段男女两性的教育差别；二是经济因素直接影响了女性继续获得高中及高中以上教育的机会。因此，经济欠发达地区的女性教育支持政策与发达地区的经济支持政策应当有所区别，否则也是一种女性地区教育地位的不公平。可以考虑优先在不发达地区实施免费义务教育年限的高中阶段延伸，或在西部地区实施与其他地区有差别的向高中阶段延伸，也可以率先给予欠发达地区学历阶段继续受教育女性以远程教育扶持、学历教育认证等帮扶的支持政策，从教育经济资源的公平配置角度推进女性受教育水平的提升和发展。

（七）教育的不均衡投入成为女性受教育水平不均衡的重要原因

从女性教育与经济资源的支持分析来看，义务教育阶段的国家投入有法律的强制性保障，投入比较到位，则两性教育水平的差距较小。而到了非义务教育阶段，两性教育水平的差距明显拉大。而且在非义务教育阶段，不仅女性受教育比例大幅下降，男性受教育比例也同样下降，只是降幅没有女性那么大。这种情况说明，过去因为劳动力原因、重男轻女思想原因在义务教育阶段女性教育问题上的影响大大减弱，而国家教育经济资源的投入成为影响两性教育水平差距的主因。

（八）性别教育观念的深入不够，性别歧视观念根深蒂固

一直以来，我国各级党和政府以及妇联组织，围绕贯彻落实男女平等基本国策，积极引导未成年人从小树立以"男女平等"为核心的先进性别观，为保障女性儿童合法权益，促进女性儿童发展，在性别观念教育方面倾注了大量的心血，特别为马克思主义女性理论增添了新的内涵，最具代表性的就是顺应世界发展潮流，将性别意识纳入决策主流。但是，面对强大的历史惯性和社会生产力发展历史阶段的限制，性别教育观念不断深入还有很长的路要走。

当前我国的性别文化中，既有以性别平等为核心的先进性别文化，也有歧视女性的落后甚至腐朽的性别文化。这需要扭转和消除几千年来形成的性别偏见，使男女平等成为人们普遍遵循和认同的主流价值观。必须不断深入推进男女两性的人格和尊严受到同等对待，保障男女两性参与政治、经济、教育、社会、文化和家庭生活的权利和机会平等，提倡男女两性在社会和家庭生活中平等相待、和谐相处、良性互动、共同发展的文化。并且通过在社会大众中树立性别平等的价值观念，传播体现性别平等和谐的语言和知识，创造表现性别平等和谐的物质和非物质文化形式来构建先进性别文化。

不论是从调查结果分析，还是从我们对现实生活中女性在诸多方面受到差别待遇的深切感受分析，性别歧视观念仍然根深蒂固，并深刻影响着女性教育地位的发展和提升。比如同样是大学毕业，甚至很多比男生更优秀的女毕业生，在就业市场上往往会遭受歧视。这也会直接影响到某些女孩家长从小学开始就对女童教育方面存在一定的性别偏见。特别是经济条件本就落后的乡村，对女童教育的不利影响更加明显，加上性别实际差异的客观因素，如女性在家庭制约、性别适应性制约等方面存在与男性的客观差别。这些都在一定程度上影响了女性就业，进而影响到了女性的教育发展。不可否认，女性承担着照顾家庭、为社会再生产的重任，其生理特

征及怀孕、哺乳会在一些领域特别是以体力劳动为主要特征的农业、工业领域，存在比较直观的、影响工作的不利情形。对于个体的某些用人单位而言，其拒招女性，算盘的确打得很精。从女性平等的法理上讲，亵渎了女性的就业平等权利和法律法规的尊严。然而问题的根本远不应当到道德与法理批判为止，而应从人类社会发展根本问题的角度，用实际措施与行为寻求切实解决因女性怀孕、哺乳等生理差别而不利于企业某些方面利益诉求，而不仅仅是道德批判或法理讨伐。比如招收女工可以减税、获得扶持政策与补贴方面的优惠与便利等。这样不仅能以劳动法与女性权益保障法等法律规定的规制功能促进和保障男女平等、同工同酬、充分保护女职工合法权益，也能从社会和自然发展规律的人文、道德、伦理等更深层次直面和批判一切性别歧视观念和歧视行为，更能以符合市场本身特性的有效平衡措施降低性别差异导致的负面效应。

二、女性教育公平的对策建议

女性受教育地位的提高，不仅在提高促进女性就业、提升女性经济创造价值、促进家庭经济改善与家庭教育发展等诸多方面对女性自身经济参与权形成直接影响，而且相较于男性教育而言，"对一个男人施教，是教育一个人；对一个女人施教，是教育一个民族"，女性教育更是关系子孙后代、民族兴亡、国家兴衰的大事。占中国一半以上的女性自身素质的好坏、文化水平的高低，势必对 21 世纪中国科技、经济、社会、民族和国家的走向具有巨大的影响。

（一）根据教育投入与发展的需要，将义务教育延伸至高中阶段

根据女性教育程度在义务教育阶段、非义务教育阶段的明显差异。在小学、初中的义务教育阶段，城镇、乡村女性的受教育程度基本相当；但是到高中阶段，城镇女性急剧下降到仅为 16.4%，而女性的高中教育更是直线下降到 6.4% 的客观情况。再结合"未能上学/继续升学的主要原因是什么（首先）""您未能上学/继续升学的主要原因是什么（其次）"的调查统计，"家里没钱供"继续上学升学的比例平均达到 56.7%，城镇女性因此未能继续上学的为 55.3%，乡村女性因此未能继续上学的高达 60.0% 等调查情况分析，教育经济资源对广西女性在非义务教育阶段受教育的影响比较明显。因此，从教育经济资源的投资、保障角度切实保障女性平等接受适龄义务教育，提高乡村女性高中教育普及程度，显得更为紧迫。

目前，发达国家大多已实现了义务教育由九年向十二年制延伸的历史性转变，大大增加了全社会公民的平均受教育年限，提高了这些国家的人类发展指数

(HAI)。在我国义务教育延伸的实践中，珠海市已从 2007 年秋季开始，对珠海户籍的中小学生实行十二年制免费教育，其中九年义务教育阶段免学费和书费、杂费，高中教育阶段免学费。陕西省神木县也于 2008 年实现了免费的高中教育，并出台了"神木县 12 年免费教育实施细则"规划，对高中阶段的免费项目及补助标准做了具体规定，实现了将义务教育延伸到高中阶段。这一举措不仅是提升女性教育地位的一个很重要的途径，而且是义务教育延伸的大趋势。在具体的策略上，由于广西的城乡之间经济发展水平、人口规模、办学条件等方面客观上存在一些差异，可以考虑采取分阶段、分地方、分内容的办法推进义务教育向高中阶段延伸。

（二）教育经济资源以人为配置单位进行均衡配置

一直以来，政府教育投入城乡不均衡，严重向城市倾斜，全社会的教育支出，城市使用了绝大部分。城乡教育差距明显，城乡女性教育水平的差距尤其明显。这是教育经济资源配置不均衡而影响城乡教育水平差距的一个表现。

调查显示，18～64 岁女性的平均受教育年限为 7.9 年，其中城镇女性为 9.5 年，农村女性为 6.6 年。18～34 岁青年女性的受教育年限明显高于 55～64 岁的中老年女性。女性中接受过大学专科及以上高等教育的占 9.4%，接受过高中阶段及以上教育的占 25.7%。城镇女性中，19.9% 的人受教育程度在大学专科及以上，46.4% 的人接受过高中阶段及以上教育；农村女性的相应比例分别为 1.4% 和 10.9%。近三年来，有 16.0% 的女性参加过各类培训和进修，在业女性参加培训和进修的比例为 18.5%。

目前对教育经济资源的区域配置方式，主要源于我国的财政管理体制、分区域发展模式。但是教育发展与经济发展有着根本不同的规律和本质。教育的均衡性发展不仅事关人的个体基本权利，更关系民族的整体基本素质、国家的整体综合实力，教育财富不能像经济财富一样均衡到整体中去。在本质上要求以公益性、公平性为基本出发点和归宿，对教育经济资源进行均衡配置，方能促进教育的均衡发展。城乡女性义务教育阶段受教育程度大致相当，而高中阶段的受教育程度上，城镇女性是 16.4%，乡村女性仅为 6.4%，差距十分明显。从比较情况可以发现，教育经济资源如能以人为单位进行配置，而不是按属地进行配置，那么，乡村女性将享有与城镇女性同样的教育经济资源，将有利于乡村女性的教育地位提升和城乡教育资源的均衡发展。

另外，教育经济资源在均衡配置的基础上，可以考虑按性别实施适当的差异化配置。比如，可以在非义务教育阶段的女性教育安排方面，给予鼓励女性教育的差异化政策，如让此类企业、家庭的女性教育支出适当抵减有关税费，在评定给予有关扶持政策、资金时，纳入评分考评指标中，并产生一定权重的影响，等等。实施适当适度的差异化政策，既有利于男女平等基本国策在历史基础与现实现状下的更好贯彻实施，也有利于扭转非义务教育阶段女性教育水平的明显失衡。

（三）从实效性方面着眼，注重女性后续教育

我国教育中的性别不公正，女性教育意识的缺失由来已久，在农村地区更加明显。例如，调查数据显示，近3年内参加过培训类后续教育的女性，城镇户籍的仅为16.0%，而84.0%的女性没有参加过，农村女性中87.8%的没有参加过。而在没有参加后续教育的原因中，认为没必要的城镇女性为37.9%，乡村女性的比例为20.6%，一方面是后续教育的内容、方式、成本等存在不适应女性后续教育的原因；另一方面，作为一种思想意识，性别公正意识的普及贯彻显然不够。

现代女性教育是开放的教育，本质上应当使女性的潜力得到充分发挥，能力得到充分施展，价值得到充分体现。新时期女性终身教育体系的内容理所应当涵盖青年、中年、老年女性的教育和培训。但是一直以来，对于女性的后续教育，往往停留在文件上的多，配套具体措施的少，针对点的具体措施相对多，针对面的制度性措施相对少。比如，对提供女性后续教育的企业，除直接抵减收入外，还可按照后续教育投入的一定比例申请减免相应税费，形成税收抵减申报的制度性安排。

当前，特别是面对农业女性化、老龄化对农业和农村建设带来的巨大挑战，提高女性的文化素质显得较为迫切。因此，有必要尽早着手从公共政策的视角寻求女性后续教育的解决之道。一是可以充分利用电大、夜大、职大等各级各类教育培训机构，不断完善多渠道、多层次、多类型的女性教育培训网络，对女性开展针对性强、实用性高的实用技能培训、职业教育培训和继续教育培训，帮助女性增强自我发展能力。二是需要尽早顺应城镇化大发展的趋势，不断提高城镇社区女性学校的组建率，探索灵活多样的办学模式，创新培养方法，切实加大对进城女农民工职业技能、职业道德和文明素养的培训，推动她们真正融入城市，成为新市民。三是着眼产业结构调整升级的迫切现实需要，根据新兴产业、升级产业对职业、技能、素养等方面的客观需要，分类型、分不同教育基础群体，加大女性技术技能人才培养力度，完善科技人才政策，探索建立多层次、多渠道的女性科技人才培养体系。依托科研项目，聚集、培养女性专业技术人才和技能人才，在培养、研究、工作中加

强女性后续教育培训。四是需要均衡配置女性教育经济资源，不宜在教育资源的分配上产生严重的两极"贫富分化"。可以立足教育公益性的本质，考虑采取后续教育学分制的方法，为女性接受较高层次文化教育培训创造条件，为提高女性后续教育提供更广泛的选择。五是提高女性终身教育水平。构建灵活开放的终身教育体系，打破传统后续教育的固有形式，充分运用远程教育、网络传输教育、电子数字认证等方式，提高女性利用新型媒体接受现代远程教育的能力，为女性提供多样化的终身教育机会和资源。鼓励女性接受多种形式的继续教育。六是促进女性参与社区教育。整合、优化社区教育资源，发展多样化社区教育模式，丰富社区教育内容，满足女性个性化的学习和发展需求。大力发展社区老年教育，为老年女性提供方便、灵活的学习条件。

（四）立足女性个人和社会的发展转变，强化社会性别理念

社会的发展跨越和升级转变，既要求个人的发展转变，也要求社会整体有意识地开拓新的发展领域和路径。个人的发展转变离不开教育。女性作为人类再生产和婴幼儿家庭抚育的主要承担者，必须首先得到良好的教育，才能更好地在个人发展转变的基础上履行好教育下一代进而更好发展转变下一代的功能职责。因此，必须十分关注女性个人成长的教育问题，在教育改革与发展过程中，切实转变女性教育观念，实施教育内容和教育过程的性别评估，在教育主管部门、教育实施的学校载体中，特别是培养教师群体的高等院校相关学科，应开设女性学课程并进行女性学教育，在课程和教材相关指导机构中增加社会性别专家，强化教育管理者的社会性别意识，在教育内容和教育方式中充分体现社会性别理念，将性别平等教育纳入教育政策，引导全社会树立正确的性别观念。

（五）提升乡村女性后续教育水平

农村城市化、城市现代化和区域国际化已经变成了广西社会发展的现实以及发展方向。在农村城市化的进程中，由于社会经济发展，对知识、技能的要求程度越来越高，对于女性教育特别是农村女性的教育提升提出了极大的挑战。根据调查情况，女性后续教育中"什么都不想学"的城镇女性占到 25.5%，乡村女性占到 32.6%。认为"没有必要"的城镇女性占到 37.9%，乡村女性占到 20.6%。这主要是受到城乡女性后续教育的自觉学习意识较低、农村女性后续教育培训转移就业率低的负面认识影响。而且在现实中，再教育费用偏高，时间偏长，影响农村女性正常生活，后续教育培训的针对性不强、短视行为偏多、注重形式不注重实际效用的培训形成了不良影响，导致乡村女性认为培训浪费时间精力，培训后得不到就业保证，拿证书没有实际

效用，不愿意参加培训。一部分农村女性对培训就业存在一定的盲目性，导致农村女性转移就业率低。受传统性别歧视影响，农村女性仍存在"女人不如男人"的思想陋习，用人单位不愿意聘用农村女性等原因，限制了乡村女性通过教育途径寻求自身发展的通路和空间。因此，在强化乡村女性后续教育，提升就业转化能力、城镇适应能力方面，一要坚持实用原则，教育培训内容要与女性需求结合，根据女性的培训需求，开展分类培训、分层培训，提高女性培训的参与度。重点开展创业培训，引导女性发展壮大，提升农村发展内生动力，加强务工技能培训和种养加实用技术培训，促进女性转移就业、增强女性发展现代农业的能力。还要结合现代电商市场渠道发展形势，增强乡村女性将特色农副产品搬到网上寻求市场的能力。二要坚持实际原则，培训形式要与乡村女性实际情况相结合，方便女性参加培训，降低培训成本。注重把理论与实践操作结合，把抽象的理论变为具体的技能技术，学了能用。三要坚持实效原则。通过搭建各类就业平台，为农村女性的教育培训提供就业机会、就业转化资源，形成具有现实效用的后续教育。四是加强对农村女性的职业教育，以适应农村人口产业结构调整，农业现代化、农村城镇化的现实要求。

（六）强化终身教育理念与时代的深度融合

随着经济、社会、文化的不断发展，教育的影响远远超出了对人本身的影响，而是直接深度影响到经济社会形态、经济社会结构、经济社会层次的发展与提升，精神文化结构与层次的发展与提升。这对教育理念向终身教育的全面深化提出了更为直接的要求，也对终身教育的实践安排提出了更为直接的要求，需要更多、更广泛地深入每个人、每个家庭去安排教育。应当顺应社会发展变革的趋势和现实需要，从女性教育不仅是女性个人的教育与素质发展和提升，而且更深入影响家庭子女教育，从而影响女性教育对社会教育贡献水平的角度，大力提高女性受教育水平，努力提高女性的终身教育程度。

随着社会、经济、人口及产业结构的升级发展，特别是农业现代化、城镇化的快速推进，女性教育也面临诸多新的挑战，如产业结构的升级，女性的经济地位、政治地位的发展与提升，必将对女性的受教育水平构成挑战；文化的资本化必将影响到受教育水平处于劣势的女性文化的资本化程度和水平；参与社会经济与政治文化的方式更加多样化、现代化、信息化，必将影响到受教育水平相对低下的女性参与社会的方式与程度及参与水平等。所以，从女性教育公平的"顶层"坐标厘定妇女发展的"设计"方向与实施框架，对于妇女事业的发展意义重大。

浅谈和谐社会与教育公平的关系

贵州省安顺经济技术开发区环境卫生管理处　赵莲凤

[摘要] 构建社会主义和谐社会，是我国经济社会发展的重要目标和保障。社会主义和谐社会是民主法治、公平正义、诚信友爱、充满活力、安定有序、人与自然和谐相处的社会。实现这一共同目标，需要从解决人民群众最关心、最直接、最现实的利益问题入手，而这些问题涉及政治、经济、文化等各个方面。公平、公正是和谐社会的重要内容和基本特征，教育公平作为社会公平的一种，也是社会公平的标志，而且直接反映和影响着社会公平。

[关键词] 和谐社会　教育公平

一、公平的含义

想要研究和谐社会中的教育公平，第一个问题就是：什么是公平？什么是教育公平？也就是说，公平的定义是什么，教育公平的定义是什么。中国社会科学院语言研究所词典编辑室编的《现代汉语词典》对"公平"一词的定义是"处理事情合情合理，不偏袒哪一方面"。1997 年版《汉语大词典》中的定义是"公平而不偏袒"，并且引用了《管子 形势解》："天公平而无私，故美恶莫不履；地公平而无私，故小大莫不载"来解释。而《辞海》中的解释为"公平即公正，①是人们从既定概念出发对某种现象的评价。亦指一种被认为是应有的社会状况。反映社会生活中人们的权利和义务、作用和地位、行为和报应之间的某种相适应关系。公正观念和标准受社会历史条件的制约，具有时代性和阶级性。②一种道德要求和品质。指坚持原则，按照一定的社会标准（法律、道德、政策等）实事求是地待人处事"。综合来看，公平属于伦理范畴，体现了一种价值判断。"公平"的基本词义应该是"合情合理""无偏袒"，并不是"无差别"。由此可见，公平既是一个静态概念，也是一个动态概念；既是目标，也是过程。

公平的概念经历了一个发展的过程，古代的公平和现代的公平有着一定程度的不同。早在公元前 3000 年以前古埃及人就形成了公平的观念，其他民族在其文明之初也都有了明确的公平观念。公平问题一直吸引着思想家们的注意，历史上曾出现过许多有价值的公平理论。《礼记》中提出的大同社会理想集中反映了中国传统文化对社会公平的追求。在古希腊，公平主要被认为是一种均衡与和谐，毕达哥拉斯认为公平是数的某一种推理，是天平秤上的平等；苏格拉底认为公平是这样一种美德，它知道在特定的环境下如何行动是最好的；柏拉图认为公平就是每个人必须在国家里面执行一种最适合于他天性的职务；亚里士多德认为公平是"百德之总"，它体现在一切均衡的关系中，即行为的中庸；伊壁鸠鲁认为公平是人们为把社会生活过得更好，彼此快乐和谐，而共同制定、共同遵守的社会契约。

在历史上，西方曾出现过四种类型的平等观，即本质平等、机会平等、条件平等、结果平等。这四种平等观的依次出现，反映了西方对平等与公平的认识和研究不断深入及发展。早期是基于宗教意义和道德观上的平等，即公正就是平等，平均分配是公平，这就是"上帝面前人人平等"的绝对平等思想。随着经济的发展和生产力的提高，一些西方经济学家与自由主义者开始关注收入和财富的平等以及对个人福利的衡量问题。哈耶克在《自由制度》一书中指出，公平的分配应该是不平等的分配，个人的能力天生不平等，对有能力的人提供平等的机会才是公平的。源于个人能力差异而不是机会差异的不平等是可以接受的。然而一些社会学家发现，个人的成功是由个人的文化水平决定的。由于家庭的影响、遗产的继承，富人的后代能够得到更好的教育，获得成功的机会也就更多。这样的天生不平等对机会平等的建立形成了障碍，所以，西方学者又提出条件平等的观点，要求竞争者站在同一起跑线上参与竞争，认为这才是公平的。随后，一些社会民主主义者又提出国家应该采取必要的措施保证结果平等的观点，即用政治手段和税收、福利等制度来增加弱势群体的竞争力。西方新福利经济学也主张通过国家宏观政策和调整税收等措施，按照补偿性原则，改善社会中贫困成员的地位，实现社会福利函数的最大化，以此来建立公平的标准。

在现代，不同的学科对公平有着不同的理解，从伦理意义上讲①，公平指的是社会财富分配中的公正、合理，要求每个人都拥有平等的生存、发展的权利。从法律意义上讲，公平指权利和义务的对称，即人们的获得应该与他们所承担的责任以及所做出的贡献相一致。从社会意义上讲，公平是指社会成员之间的社会地位、经济收入、消费水平等比较接近，而不是过分悬殊，且收入分配能保证每个社会成员最基本的生活需要得到满足。从经济意义上讲，公平主要包括三个方面的内容。一是起点公平，即社会成员经济竞争起点的均衡和合理。由于社会成员的天赋、才能、机遇及努力程度不同，个体之间的差异是巨大的。因此，这里所说的经济起点公平不是说所有社会成员一视同仁地在经济起点上对劳动资源和生产资料等笼统地实行"平等"或"平均"，而是指那些智力和劳动能力等大致等同的社会成员，即享有平等地接受教育的权力、公平地竞争工作岗位的权力、平等地分享社会资源和信息的权力。二是过程公平。过程公平主要是指每个社会成员在追求物质利益的劳动过程中，要严格遵守各种行业已制定或约定俗成的规范、制度和法律，即社会成员在整个劳动过程中的竞争要讲"规则"，实行"平等竞争"。三是结果公平。结果公平是指每个社会成员利用自身智力和能力进行诚实劳动和平等竞争之后，有权获得相应的劳动报酬或收入，而且所得的劳动报酬或收入相对于其付出来说应是合理的、公正的。也就是说，劳动报酬或收入与劳动付出应该是对称的。公平的概念在教育中的体现即为教育公平，对教育公平内涵的理解也是有着很多的不同方面。

二、教育公平的内涵

教育公平是公平理念在教育领域的延伸，对公平的多角度理解也同样早就有了

---

① 李良明. 我国分配领域的效率与公平问题研究 [D]. 华中师范大学硕士毕业论文，2004.

对教育公平的不同方面的理解，从不同角度来理解教育公平会有不同的看法，对教育公平的理解也就不一样。

（一）受教育权利的公平

教育公平从法学视角看，就是受教育权利的普遍化问题，是一个基本人权问题。受教育权利的公平发展经历了从平等到不平等，又趋于平等的演变过程。在原始社会，受教育的权利是平等的，每个人都享有同等的受教育权利。原始社会的教育虽然仅限于长辈传授的生活知识，但每个人都有同等的接受教育的权利。在奴隶社会和封建社会，教育权利是不平等的，受教育只是统治者的权利，是一种特权。被统治者不能接受教育，愚民政策使其永远处于社会的最底层。在西欧，只有僧侣才能读书认字，教育成为教会的权利，民众没有机会受教育。在我国，孔子就说过"民可使由之，不可使知之"。在资本主义社会里，受教育权利成为普遍的公民权利，受到法律的肯定和保护。最早把受教育作为权利写进法律的是 1791 年的法国宪法。"二战"后，受教育逐渐发展为一种普遍的法律权利。联合国 1948 年通过的《世界人权宣言》首次把"受教育权"确认为一项基本人权，并且规定，不论社会阶层、经济条件、父母居住地，一切儿童都有接受教育的权利。1990 年世界全民教育大会通过的《全民教育宣言》明确宣布："每一个人，无论他是儿童、青年还是成人，都应能获益于旨在满足其基本学习需要的受教育机会。"这个《全民教育宣言》已成为各国发展的目标和共同的行动纲领。在社会主义国家，教育是每个公民的权利，我国在教育法中明确提出每个公民都享有同等的受教育权利。受教育已经从一种自然权利发展为法律权利；从一种不平等的特权发展为普遍的平等权；从一种义务性规范发展成为以权力为本位的、权利与义务统一的法律规范；从一种个人权利发展成为民族的、国家的乃至全人类的共同权利。

（二）教育资源分配的公平

教育资源配置的公平包含学生获取教育资源的公平以及居民负担教育经费的公平。教育资源配置的公平经历了三个阶段。奴隶社会和封建社会是权利不公平阶段。因为教育资源的短缺，教育资源只能配置给统治者，即教育资源的分配是以父亲的社会地位和整治权利为依据。在现代社会里经过了能力公平以及能力公平与金钱公平相结合的两个阶段。能力公平是指教育资源的分配把学生的学习能力作为依据，即以学生学业成绩为依据，将教育作为公共产品由国家完全负责供给。在 20 世纪中期，各资本主义国家纷纷加大对教育的投入，根据学生能力分配教育权利。但随着资本主义经济发展速度的减缓，以及教育发展带来的巨大压力，在 20 世纪末期，各国减少了对教育的投入，并将能力公平与金钱公平结合起来。金钱公平是指接受高等教育的人应分担教育的成本，金钱也成为获得教育资源的依据。因为高等教育是个人投资后获得社会声望和经济利益最高的领域之一，具备私人产品的特征，因此将其列为准公共产品，除了国家投入外，受益者也应相应承担成本。

到目前为止，较为公认的教育资源分配的公平原则有以下五项：①资源分配均等的原则。这是一项起始性、横向性公平的原则，主要是保证同一学区、税务区域内对所有学校和学生实施基础财政公平。②财政中立的原则。它的基本定义是"每个学生的公共教育经费开支上的差异不能与本学区的富裕程度有关",这项原则保证上一级政府能够通过对下级政府、学校不均等的财政拨款,克服辖区学区间、城乡间的教育经费差异,保证学生获得均等机会。③调整特殊需要的原则。对少数民族(种族)学生、非母语学生、偏远地区及居住地分散的学生、贫困学生、身心发展有障碍的学生和女童,给予更多的关注和财政拨款。④成本分担和成本补偿的原则。遵循成本应该由所有获益者分担的原则,要求在非义务教育阶段,对学生收取一定的教育费用,并对部分学生采取"推迟付费"的办法,是一种纵向性公平。⑤公共资源从富裕流向贫困的原则。这是现阶段各国学者判断教育资源分配是否公平的最终标准,是教育财政公平的最高目标,也是实现教育机会均等的最根本的财政要求①。

(三)对待和评价教育对象的公平

怎样公平地对待和评价教育对象?教育公平经过了从人人享有受同等条件的教育到可选择性教育阶段。同等条件的教育是指要使每个学生学习的学校条件趋于相同,以免使有些学校好些,有些学校条件差些,导致教育不公平。在同等条件充分实现后,人们又发现,因为人的个性、才智不同,学校用统一标准要求学生,有可能这种条件的教育适合于这个人,却并不适合于其他人,这又是不公平的,因此,要求实行可选择教育,即不是划一的,而是不同的,以适合于不同学生的发展的教育,并对不同的学习效果做出合理评价。

目前对教育公平的理解更多是认同瑞典著名的教育学家胡森的看法,他认为教育公平主要包括教育起点的公平、教育过程的公平和教育结果的公平。

(1)教育起点公平。起点公平是教育公平最基本、最明显的标志。教育起点的公平,包括受教育权利和受教育机会均等两个方面。有人主张把机会平等分为平等进入和平等起点,"平等进入就是在进去和升迁方面没有歧视,为平等的能力提供平等的进入机会……平等起点的概念则提出了一个完全不同的基本问题,即如何平等地发展个人潜力"。

(2)教育过程公平。教育过程的公平体现为能否有公平的机会接受教育,更体现为接受何种质量的教育、如何接受教育以及接受教育之后有何用。它强调的是任何人在受教育的年限、接受的教育内容、设备条件、教师水平等方面应该是公平的。在教育过程中,教育公平涉及对教育对象的对待和评价的合情合理;涉及课程中的公平问题,如课程知识的选择;涉及课程门类的设置以及选修课程的安排;涉及教育活动中的公平问题,如教学组织形式和教育方法的不同;涉及学生应有的人格和权利是否得到了尊重,他们的学业是否得到公正评价,以及他们是否公平分享了学校的教育资源。教育公平的理念在过程中的体现不仅仅是教育资源,如教育经费、师资力量、教学设施的公平投入,也指教师的态度、教学方法、责任心和师生

---

① 翁文艳. 教育公平的多元分析 [J]. 教育发展研究,2001 (3).

关系等对学生人格、心理、学业成绩等的重要影响。

（3）教育结果公平。亦即学业成就均等，是指最终体现在学生成就上的实质性的公平，即学业成功并被社会所接纳的机会均等。它以承认个体差异为前提，可以理解为每个学生都能在经过某一教育过程后，大体上获得一致的学识水平、能力水平、道德发展水平，符合培养目标的要求；同时个性得到全面的发展，潜能得到充分的发挥。

因此我们可以看出，法学视角的教育公平更多地指公民受教育权利的平等，每个人都有平等的受教育权；经济学视角的教育公平指的是教育资源配置的平等。

而教育学视角的教育公平更多地指个人受教育过程的平等。当然其他的学科对教育公平也有着相应的理解，在这里不作过多论述。不同的视角导致了对教育公平的理解不同，而这些不同的视角在下面的论述中都有所提及，因为对当前的教育公平的剖析必然牵扯到政治、经济和教育本身，教育的不公平也是在这些方面的不公平，政治、经济和教育本身的不公平是造成教育不公平的根本原因，而要消除教育不公平，也只能从这几方面出发，做到相对公平。

三、和谐社会与教育公平的关系

（一）教育公平是和谐社会的重要内容

中国共产党在十六届四中全会的《决定》中提出了"构建社会主义和谐社会"的思想，标志着中国共产党对建设中国特色社会主义事业有了新的认识。它表明，中国现代化建设事业的总布局已经由发展社会主义市场经济、社会主义民主政治和社会主义先进文化的三位一体，提升为包括社会主义和谐社会在内的四位一体，并从科学的发展观高屋建瓴[①]。由此可以认为，构建和谐社会既是一个理论概念，又是一个实践命题，是理论联系实践的又一次新举措，是与时俱进的表现。

构建和谐社会首先需要构建和谐政治、和谐经济、和谐文化与和谐教育，这是一项全社会的系统工程。这四个方面可以说缺一不可。没有这四个方面的和谐而去谈论和谐社会只能是一种美好的愿望。这四个方面是成功建设和谐社会的基石，和谐的教育在和谐社会的构建中起着相当重要的作用，这种作用是一种"非此无彼"的作用，没有和谐的教育，就没有和谐的社会，和谐的教育是和谐社会的基石。而教育公平问题作为在教育中的体现，也是和谐社会建设中的一个重要命题，和谐的社会需要教育的公平，就像没有和谐的教育就没有和谐的社会一样，没有教育的公平就没有教育的和谐，也就没有社会的和谐。

从前所述可以看到，教育公平是一个涉及政治、经济等社会各方面的问题，在很大程度上教育公平不仅仅是一个教育的问题，从法学上讲，也是公民是否依法享有基本人权的问题[②]。教育公平原则已经成为世界各国教育制度、法律和政策的基本出发点之一，公民的受教育权利被视为基本人权的重要组成部分。从社会学上

---

① 钱民辉. 建设和谐社会离不开和谐的民族教育 [J]. 西北民族研究，2005（4）.
② 朱磊. 教育公平是和谐社会的基石 [J]. 安庆师范学院学报（社会科学版），2006（2）.

讲，教育公平作为现代教育的基本理念，具有鲜明的价值指向，主要是改变处于不利地位的社会阶层的教育状况。从经济学上讲，它牵涉到国家教育资源的分配等问题，因此教育公平是一个系统的概念，影响着社会的各个方面。教育上的不公平，会影响到政治、经济和整个社会的不公平，而和谐社会的建设则要求这几个方面都达到和谐，所以教育公平的问题是一个能直接牵涉到和谐社会建设的大问题，对和谐社会的建设有着至关重要的作用。一个国家的教育状况如何直接关系国家的发展和民族的兴旺，而教育公平与否也直接决定了这个国家的教育状况。正是出于这样的考虑，世界各国政府一直致力于从政策法律、财政保障、教育制度等方面去保障公民平等的受教育权利。

从教育的作用上讲，我们也可以看到教育公平与建设和谐社会的内部一致性：我们知道"人的全面而自由的发展"是教育追求的目标，而努力促进人的全面而自由的发展也是社会主义的本质要求，人的全面发展与社会全面进步互为前提、互相补充。教育的目的在于培育人们自我生存和发展的能力，为人的全面自由的发展奠定基础，进而促进人与社会的和谐。而人的全面发展是以教育公平为基础的，只有教育的公平，才能最大限度地做到每个人的全面发展，在教育不公平的情况下谈全面发展，只能是少数人的特权，而不是全社会意义上的全面发展，教育公平是指全体社会成员在教育起点、教育过程和教育结果上尽可能的平衡。公平的教育才能造就人的全面发展，人的全面发展也为和谐社会构建提供了条件。而且教育公平有利于全面提高我国的人口素质，落实"以人为本"的科学发展观。从这点上我们也可以看到教育公平和和谐社会之间的内部一致性。

一个和谐的社会是社会各个阶层可以流动的社会，不是一成不变的社会，从教育可以促进社会阶层流动上来看，它是建设和谐社会的必要条件。我们知道教育除了能促进人的发展之外，其基本功能之一，就是缩小贫富差距，促进社会平等。教育公平可以促进社会各个阶层成员公平合理地流动。在社会中，人们能够在不同阶层中垂直流动，这种流动性是社会活力的源泉，也是公平效率的保证。要让社会各个阶层成员能够公平合理地流动，尤其底层成员能够有机会向上层流动，公平的教育资源分配极其重要。美国著名教育学家贺拉斯·曼曾指出：教育是实现人类平等的伟大工具，它的作用比其他人类文明都要大得多。有了入学机会的均等、受教育过程的公平和教育结果的公平，弱势群体才有可能享受到与社会其他阶层同等待遇，社会各阶层才有正常流动的可能，全社会才能稳定团结、安定有序，而不至于让弱势群体走投无路、铤而走险[①]。所以从教育的社会功能上来讲，它也是建设和谐社会必不可少的条件，而其中教育公平的意义是显而易见的。

（二）教育公平与和谐社会之间的互动关系

就像所有的事物之间都是相互联系相互作用的一样，教育公平与社会之间的关系也是多方位的，在某种意义上甚至可以说教育公平是和谐社会的基石。但并不是

---

① ［美］约翰布鲁贝克. 高等教育哲学［M］. 王承绪等译. 杭州：浙江教育出版社，1998.

说和谐社会的建设高高在上，它和教育公平之间也是一种相互作用、相互影响的关系。实现教育公平直接关系社会主义和谐社会的建设，而在和谐社会建设的过程中也可以促进教育公平，两者关系不可分。简而言之，一方面，教育若不公平，则社会无法和谐；另一方面，公正、普及的国民教育，是中国通往和谐社会最重要的一座桥梁。从这句话我们也可以看出，公正、普及、完善的国民教育已经是完整意义上的教育公平，教育公平是通往和谐社会的一座桥梁，和谐社会的建成也是教育公平的终极目标，目标对于当前的社会活动具有相当大的指引作用，指引着教育该往怎样的方向发展。

综上所述，和谐社会的建设是一个庞大的系统工程，涉及社会的各个方面，教育公平是和谐社会的主要内容，但不是全部的内容。和谐社会除了教育上的和谐之外，在政治、经济、文化、自然等各个方面都要达到和谐的程度，才能称得上真正和谐的社会。我们都知道和谐社会是我们当前建设社会主义国家的目标，这个目标需要分解成各个子目标，只有全部的子目标都实现才能实现这个总目标，各个子目标之间也是相互影响的，经济政治的和谐可以促进教育的和谐，教育的和谐也可以促进其他目标的实现。只有实现包括教育公平在内的社会公平，才能协调各方面的社会关系，才能有利于调动人民群众的积极性，实现社会的和谐。也只有各方面的和谐才能促进教育的和谐，从根本上做到真正的教育公平。因此可以看到，教育公平与和谐社会之间，除了前面所述的关系之外，两者的互动关系也是相当重要的关系。

参考文献：

[1] 马和民．教育社会学研究 [M]．上海教育出版社，1998．

[2] [美] 约翰·布鲁贝克．高等教育哲学 [M]．王承绪译．杭州：浙江教育出版社，1998．

[3] 罗尔斯．正义论 [M]．北京：中国社会科学出版社，1998．

[4] 教育部．2001 年全国教育事业发展统计公报 [N]．中国教育报，2001．

[5] 杨东平．对建国以来我国教育公平问题的回顾和反思 [J]．北京理工大学学报，2000（4）．

[6] 郑新蓉．现代教育教学应体现的教育价值观 [J]．学科教育，1999（1）．

教育性别公平　推动宁夏经济社会和谐发展

宁夏妇女干部学校　王红艳

[摘要] 男女性别平等和教育公平是社会和谐的前提和基础，必须高度重视。现在男女平等接受教育的权利在法律上得到认可，但在现实教育中仍然存在着诸多不和谐因素：女子基础教育陷入恶性循环，高等教育中男女不平等现象，女性就业面临性别歧视等，都会阻碍和谐社会建设进程。宁夏是处于中国西部的少数民族地区，回族人口占到 40% 左右，女性人口接近 50%，只有高度重视女子教育，才能促进教育性别公平，实现真正的社会和谐。

[关键词] 教育　性别　公正　宁夏　妇女教育

宁夏回族自治区位于祖国西部，面积 6.64 万平方千米，是一个以回族为主、汉族居多数的民族自治地区。新中国成立以来特别是改革开放以来，宁夏经济社会发生了翻天覆地的变化，GDP 增速与全国 GDP 增速基本相同。1978 年，宁夏人口总量只有 355.58 万，2010 年达到 632.32 万人，增长 0.78 倍，其中回族人口占总人口的 34.77%，而南部山区回族人口又占回族总人口的 57.51%。2010 年全区人口男性为 322.30 万人，女性为 310.02 万人，妇女占到总人口的近一半。由此可见，解决两性和谐，尤其是民族人口两性和谐，已成为构建和谐社会的基础。而实现两性和谐，教育公平是前提。

一、宁夏教育性别不公平的主要表现

（一）受教育程度性别差异大

民族发展的关键是民族人口素质的提高。人口素质通常指人口的文化素质和健康素质。而受教育程度既是反映人口文化素质的重要内容，也是一个地区社会经济发展实力和潜力的体现，对国民经济和社会发展有着重大的影响。宁夏人口受教育程度近几年虽有所提高，但女性受教育程度仍明显低于男性。

1. 性别分析

表1　2010 年宁夏 6 岁及以上按性别人口受教育程度

	小学		初中		高中		大专及以上	
	人数	比重（%）	人数	比重（%）	人数	比重（%）	人数	比重（%）
男	86 324	47.69	113 890	55.81	40 636	54.89	30 950	53.89
女	94 672	52.31	90 160	44.19	33 398	45.11	26 480	46.11
合计	180 996	100	204 050	100	74 034	100	57 430	100

数据来源：《宁夏 2010 年人口普查资料》，中国统计出版社，2002 年 11 月。

从表1来看，宁夏 6 岁及以上接受教育者 516 510 人，其中男性有 271 800 人，女性有 244 710 人，比例相差不大；未上过学的女性 31 802 人，超过男性 19 197 人，是男性的 1.5 倍。6 岁及以上女性辍学人数为 4 475 人，占总辍学人数的

51.18%，高于男性。15 岁及以上文盲人口 387 178 人中，男性只有 113 808 人，女性却有 273 370 人[①]，占到比例的 70.61%，远高于男性比例。而受过高等教育的女性约占 46.10 %，低于男性。由此可见，学历层次越高，女性所占比例越小。

2. 性别年龄分析

年龄结构变动是一定人口发展的结果，如果不考虑人口流动的影响，在一个相对封闭的人口里，年龄结构的变动反映了人口自然变动的程度。在此依据 0～14 岁、15～64 岁、65 岁及以上三个年龄段分组，分析宁夏性别人口年龄构成变化（见表 2）。

表 2　宁夏人口年龄构成

	2000 年						2010 年					
	0～14 岁		15～64 岁		65 岁以上		0～14 岁		15～64 岁		65 岁以上	
	人数（万人）	比重（%）	人数（万人）	比重（%）	人数（万人）	比重（%）	人数（万人）	比重（%）	人数（万人）	比重（%）	人数（万人）	比重（%）
合计	155.7	100	368.4	100	24.6	100	134.8	100	455.1	100	40.3	100
女性	75.18	48.29	180.44	48.98	11.67	47.44	64.14	47.58	223.07	49.02	20.19	50.15
男性	80.49	51.71	187.96	51.02	12.93	52.56	70.67	52.42	231.98	50.98	20.09	49.85

数据来源：(1)《宁夏 2000 年人口普查资料》，中国统计出版社，2002 年 11 月。

(2)《宁夏 2010 年人口普查资料》，中国统计出版社，2012 年 5 月。

由表 2 可看出，2000—2010 年，0～14 岁人口，女性人口占同龄人口比重由 48.29% 下降到 47.58%，男性人口比重由 51.71% 上升到 52.42%，女性人口增长慢于男性，出生人口性别比增加。15～64 岁人口，女性人口比重由 48.98 % 上升到 49.02%，男性人口比重由 51.02 % 下降到 50.98%，说明女性劳动力供给超过男性，就业压力较大。65 岁及以上人口，女性人口比重由 47.44% 上升到 50.15%，男性人口比重由 52.56% 下降到 49.85%，可以预测出宁夏女性老龄化问题比男性突出，养老压力大过男性。

3. 民族性别分析

2010 年，回族女性各类受教育人数为 80.86 万，占受教育人口总数的 47.12%，比 2000 年"五普"的 44.74% 高出 2.38 个百分点。女性人口中各种受教育程度的人数明显增加，但与男性人口相比，还存在明显的差距。一是各种文化程度构成中，除小学外，女性比重明显低于男性。2010 年，接受小学及以上教育的人口性别比（以女性为 100）为 112.24，其中，接受小学教育的人口性别比为 93.41，初中教育的人口性别比为 142.23，高中教育的人口性别比为 129.67，大学人口性别比为 118.76。变化趋势与全区性别人口教育程度相同。二是女性平均受教育年限低于男性。2010 年，6 岁及以上人口平均受教育年限男性为 8.29 年，女性

---

① 《宁夏 2010 年人口普查资料》，中国统计出版社，2002 年 11 月。

为 8.08 年，女性比男性低 0.21 年。

（二）就业形势严峻

1. 受教育程度影响，宁夏女性就业困难，从事职业层次低，收入少（见表 3）

表 3　2010 年人员和性别构成

受教育程度性别	16 岁及以上人口（人）	经济活动人口		非经济活动人口（人）
		就业人口（人）	失业人口（人）	
总计	467 164	327 094	7 838	132 214
男	235 500	183 433	3 853	48 214
女	231 646	143 661	3 985	84 000

资料来源：《宁夏 2010 年人口普查资料》，中国统计出版社。

2010 年宁夏女性就业人员约为 14.37 万人，占 16 岁及以上人口女性从业人数 23.16 万人的 62%，低于男性 77.89% 的就业比例。从事非经济活动人口占到 36.26%，高于男性 20.47% 近 16 个百分点。同时，就业普遍存在性别隔离现象。从行业来看，女性从业人员大部分集中在教育、公共管理和社会组织、卫生社保和社会福利等行业。从就业岗位看，男性就业多选择技术含量高、权威性强、报酬高的岗位，如企业管理人员、高级公务员、高级工程技术人员等。而女性多从事技术含量低、竞争压力小的工作，如服务员、秘书、清洁工、家政服务等，这种情况制约了女性潜能的发掘、提升。

2. 职业教育缺位，女性高技能人才短缺

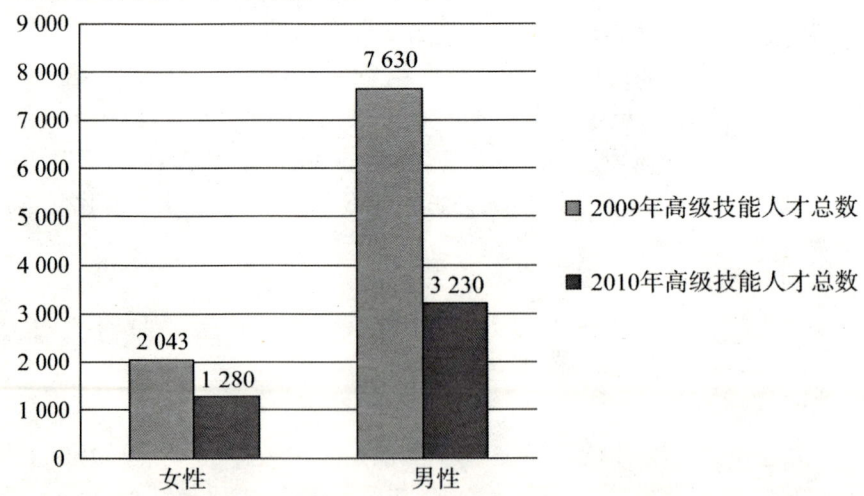

图 1　2009 年与 2010 年宁夏分性别高技能人才数

作为内陆民族地区，经济欠发达，人们的思想认识较封闭，对女性在外就业，尤其是从事技能型工作一直存在偏见。2010 年宁夏全区进行职业技能鉴定的女性人才不足技能人才总量的三分之一，而高技能女性人才比男性所占比重低 43.24 个百分点（见图1）。① 且女性高技能人才中有超过50％进入中老年，35岁以下年轻型技能人才严重缺乏，女性专业人才队伍建设处于边缘化境地。

（三）教育发展滞后于经济发展，投入严重不足

截至2012年，宁夏全区共有普通高等学校16所，中等职业教育学校34所，普通中学314所，国家民委所属高校1所。教育发展已进入速度最快、改革亮点最多、城乡教育面貌变化最大的时期，基本形成了具有区域特征和民族特色的现代国民教育体系。针对全区民族学生比例达39.05％的现状，宁夏还先后制定了一系列优惠政策和倾斜措施，目前已建各类回族学校206所。但宁夏教育发展水平与发达地区相比差距仍然较大，与地区教育发展速度、规模严重不相称。资金不足成为制约地方教育发展的瓶颈。2012年财政性教育支出占的比重达到4％的目标，但投入领域主要集中在中小学校舍安全工程，基础教育阶段，对于解决城乡差异过大、高等教育资源分布不均衡、教育性别公平问题涉猎较少。

（四）女性参与社会的意识面临着严重挑战

女大学生主体意识呈滑坡趋势。"干得好不如嫁得好""相夫教子"的观念固化了人们意识中传统性别角色的定位，使女性接受高等教育的成就动机降低。在严峻的就业形势面前，女性定位偏低，就业信心不足。加之对女性事业、家庭难以两全的渲染，使不少女性对事业望而却步，不敢过多追求。"妇女回归家庭"的思潮，成为女性高等教育公平进一步提高的阻力。

二、宁夏教育性别不公平的原因分析

（一）文化因素的影响

受传统思想的影响，加之地区经济发展缓慢，在宁夏不重视女性教育的问题依然存在，基础教育和高等教育中仍然存在着男女不平等的现象。

1. 传统文化的影响

首先，生育问题在人们日常生活中关注的焦点之一。"男主外，女主内"的性别分工格局，加之"传宗接代""多子多福""男尊女卑"的生育观根深蒂固地影响着一部分人，制约教育公平发展。在这种观念的支配下，人们普遍遵循男性继嗣的原则。其次，传统婚育习俗的影响。传统男娶女嫁习俗刺激着人们对男孩的偏好，尤其是农村部分育龄群众的生育行为。据银川市人口计生委育龄群众生育意愿调查问卷，想生男孩的人是想生女孩的两倍，生育男孩仍是他们的偏好。再次，家庭技能型人力资本性别投资的偏好。传统社会性别文化影响着中国家庭人力资本投资。技术作为稀缺资源，在过去的家庭传承过程中具有严格的性别选择性，存在着"传男不传女"的传统习惯。女性被排除在技术传授之外，被剥夺了接受家庭技术教育的机会。现代社会，家庭对孩子的技能具有不同的性别期望：男孩承担家庭主要经济责任，需要"一技之长"投入；而女性的社会角色主要是照料家庭，需要情感投入。在专业教育选择上，则更多地支持男孩学习应用科学和工程技术类专业，希望

---

① 自治区人力资源与社会保障厅2009年、2010年相关资料。

女孩学习人文社会科学和管理、教育类学科。女孩学习技术的需求多数得不到家长的支持，家庭在提高女孩技术素质和能力上的教育投资明显低于男孩。

2. 民族宗教文化的影响

宁夏具有较强的民族特色优势。2010 年常住人口中近 40% 是回族人口。全区现有清真寺 4 000 余座，宗教信仰氛围浓厚，伊斯兰文化作为广大穆斯林民众千百年来相互交往中形成的普遍共识，通过润物细无声式的潜移默化方式影响着回族群众的生产、生活方式，目前已成为宁夏回族的主体文化形式。由于历史和社会原因，伊斯兰教在兴起之前，为减轻负担，阿拉伯人会把女婴活埋。尽管后期禁止了这种罪恶做法，但女性地位的缺失在现实生活中仍随处可见。受伊斯兰教的影响，回族群众早婚、早育现象较为普遍，也降低了女孩接受教育的机会。

（二）政治因素的影响

教育公平的法律执行与政府政策制定显现不足。我国于 1992 年制定了《中华人民共和国妇女权益保障法》，其中第三章"文化教育权利"中明文规定："国家保障妇女享有与男子平等的文化教育权利。""学校和有关部门应当执行国家有关规定，保障妇女在入学、升学、毕业分配、授予学位、派出留学等方面享有与男子平等的权利。"而 1995 年通过的《中华人民共和国教育法》"总则"第三十六条第二款也清楚写明："学校和有关行政部门应当按照国家有关规定，保障女子在入学、升学、授予学位、派出留学等方面享有同男子平等的权利。"可以看出国家基本教育方针和教育法律指向是提倡公平，但在执法中却存在着男女不平等现象。而且在具体教育政策的制定和执行中也存在性别偏见倾向。目前，国家还没有出台更具体的政策进行高等教育性别区分，解决、改善女性在高等教育中的不公平问题，在实际操作中导致性别不公平或性别歧视的后果是必然的。另外，在就业分配方面，过去的"统包统分"的高校毕业生就业方式改革为"双向选择、自主择业"，使女大学生的就业弱势表现得更为突出。《妇女权益保障法》在用人问题上对女性权利保护在实际操作中存在漏洞。新制度增加了用人单位的自主选择权，出于单位效益考虑，企业会全面衡量使用劳动力的"性价比"，而女性就业享受的生理、婚姻以及生育保险费用和女工劳动保护费用等各方面的照顾，会使女性就业者的"性价比"远低于男性就业者。其结果就是一些单位不顾《劳动法》，对女性求职者实施性别歧视。

（三）经济条件的束缚

1. 经济对教育的发展起着决定性作用

宁夏是一个内陆欠发达的少数民族地区，经济发展缓慢，致使其不能把更多的资金投入教育，教育发展滞后，教学质量偏低。具体表现：作为农业省份，农村落后的生产方式和交换方式，形成单一经营、广种薄收、粗放管理、靠天吃饭、人工灌溉的局面，直接导致地区农业产业结构的单一农业以种植业为主，以低层次平面垦殖为主，表现为低素质的劳动者凭传统简单的农耕技术和经营方式，以人口数量的增加和体力劳动为主同自然界进行简单的能量交换。农业生产没有完全摆脱对体力的依赖，"凭力气吃饭"仍是农民的生存方式，男女体力上的差别决定了农民对生育男性的选择在一段时期还将存在。农村社会保障体制尚不完备，传统家庭养老模式还占绝对主流，"养儿防老"是他们做出的无奈选择。

2. 城乡收入水平差距大，制约了家庭教育投入

家庭收入及其所处的社会阶层决定了家庭对子女受教育程度，尤其对高等教育的接受能力。从小学到一般的职业大学、普通高校再到重点高校，家庭环境优越的学生能够继承家庭文化资本，甚至可以选择出国深造。而对于普通家庭来讲，在受教育方面一旦面临家庭子女的性别选择，一定会首选男孩，而放弃女孩受教育机会，这种情况在宁夏南部山区还是较为普遍的。2009年，中南部8县（区）农民人均纯收入仅为2 916元，只有全区农民人均纯收入的71.9%，全国平均水平的56.6%，与区内川区农民收入差距从2005年的1 896.98元扩大到2009年的2 360.09元，与全国农民收入差距从2005年的1 567.89元扩大到2009年的2 237元。2010年该地区人均GDP为宁夏平均水平的31%，为川区的24%；农民人均纯收入为全区平均水平的73%，为川区的57%。在这样的地区，对于大多数普通家庭而言，考虑较多的是孩子读书是否划算问题，学习突出且估计能考上好大学的孩子就让其读书。在这种思想意识的熏陶下，大多农村女童也并不像城市女童那样重视学习，间接放弃了受教育的权利与机会，选择外出打工。而在农村中"女子无才便是德"等传统性别文化思想还存在，导致女性自我接受教育意识差。这种性别文化思想直接或间接影响着教育资源的分配，农村女性获得教育的机会和权利均受到限制。大量的女童辍学事件足以说明教育成本的增大给当地群众造成的压力。

（四）社会因素的影响

1. 人才培养和使用的社会认同度偏低，降低了女性对接受高等教育的预期

长期以来，由于传统观念的影响，在社会上普遍存在着重学历文凭，轻职业技能；重男性人才培养、使用，轻女性人才培养、使用的现象。女性人才在社会上得不到应有的重视和尊重。这种价值观的扭曲，导致许多女性不愿意当工人，更不愿意学技能。在高校教育中，一些理工科教师对学生存在着明显的性别期待，重视男性培养，使男学生的专业教育具有明确清晰的职业目标，而女学生的专业教育则模糊不确定。男性拥有了比女性更多的获取社会资助去扩大其文化资源的机会。这向有生育意愿的父母传递了一种信号：要想实现更多理想，最佳选择是生男孩。

2. 用人单位对女性的选择阻碍女性教育回报

企业作为技术创新的投资主体、研发主体和利益分配主体，其人力资本投资是技能型人才成长的关键。在大多数企业和组织中，男性成为组织生存和发展的中坚技术力量，支配技术创新。而女性在技术创新中普遍处于边缘地位。男性在职业发展、职业培训和技术培训中占据优势地位，女性能够得到的在职培训机会极少，最终在技术创新中难以与男性对话。

三、实现民族地区教育性别公平的策略选择

实现教育性别公平，需要从女性自身与社会两个领域寻求对策。女性受教育权的平等实现对家庭和谐有重大的意义。作为母亲，一个家庭中有什么样的母亲，孩

子就有什么样的未来，应赋予女性教育特权，尤其是高等教育特权。这样其才会在结婚生子后更好地教育子女。在教育子女问题上，女性承担了人类社会前进方向的责任。

（一）转变观念，营造有利于教育性别公平的良好氛围

1. 加强宣传引导，构建性别平等的社会文化

女性人才开发需要得到全社会的关注、支持与女性主观意识的觉醒和参与。要将性别平等意识纳入政策主流，促使性别平等意识进入技术领域，逐步缩小和消除性别差异。考虑到作为社会发展主体之一的女性的现实状况和发展需要，积极创造条件为她们提供和男性相同的资源和机会，达到社会的和谐发展。首先，利用广播、电视、报纸、杂志、网络等媒体，大力宣传女性在经济社会发展中所起到的不可替代的作用，通过政策引导和舆论宣传，树立正确的性别意识。从制度、政策、资源以及社会舆论等各个方面为女性人力资源的培养和开发奠定良好的社会基础。其次，在高校加强女大学生性别意识教育，突出女性主体地位，营造两性和谐校园。最后，加强女子院校的建设发展，为女性高等教育开辟新领域。

2. 发挥宗教人士特殊作用，促使回族青年转变生育观

宁夏有"穆斯林省"之称，宗教人士在穆斯林群众当中享有极高的威望，他们具有很强的感召力和影响力。伊斯兰教提倡"两世兼顾"的人生观。教义中规定婚姻的成立应以男女双方相互爱慕为基础，而不是以传宗接代为单一的目标。通过宗教人士宣教，结合《古兰经》和《圣训》中有关提倡适龄婚育及维护女性权利的章节，从科学的角度诠释《婚姻法》《妇女儿童权益保障法》中关于尊重妇女、关爱女性、男女平等、女性享有受教育的权力等相关内容，树立符合现实情况的生育与教育观。

（二）调整和完善公共与教育政策，保持人口性别均衡发展

公共政策和教育政策是现代政府管理教育活动的基本手段，也是现代政府保障社会公平和教育公平的基本手段。宁夏要努力改变教育政策的城市偏向、高等教育偏向以及精英教育偏向，努力提高教育性别公平性。落实过去若干重要政策与制度，调整重点院校专业，重护和扶持弱势地区、弱势学校和处境不利的女性人群的利益。一是实施积极的性别保护政策。全面贯彻落实《妇女儿童权益保障法》，落实教育系统各项妇儿权益保障工作，保障妇儿享受应有的各种权益。二是政府继续承担推动女性就业的主导角色。抓住妇女就业过程中的关键环节，确定推动妇女就业的公共政策目标。三是充分发挥妇联等机构的功能、作用。教育、引导广大妇女发扬自尊、自信、自立、自强的精神，提高综合素质，促进妇女全面发展。四是深化改革开放，加大财政对教育的支出，形成多元投资格局。继续完善以政府投入为主的经费保障机制。针对教育存在的城乡"倒挂"、区域"倒挂"、性别"倒挂"问题，加大省级政府对贫困地区基础与高等教育经费的转移支付力度，千方百计吸纳各种社会资金的投入和支持，提高资金使用效益。加大调整教育资源内部分配、城乡分配，逐步把教育经费均衡分配，并把工作重心面向农村、向边远山区转移。通

过扩大教育规模，为女性提供更多的受教育机会。五是继续坚持"少生快富"等行之有效的激励政策，探索和创新民族地区计划生育工作的新模式、新措施、新办法，使人口增长由数量型向质量型转变，增强家庭对子女受教育的支撑能力。

（三）优化教育结构，形成各类教育良性发展格局

教育的核心是基础教育，突破口是高等教育。只有均衡发展教育，教育机会均等才能切实提高公民素质，保障社会和谐稳定。应根据宁夏年出生人口数、年龄结构、地区分布及变动特点和趋势，调整现有教育层次结构，正确处理基础教育、高等教育、成人教育和职业教育的发展关系。

首先，加大基础教育投入，重点扶持南部山区义务教育的发展，关注女性弱势群体。各级政府和教育主管部门应根据现有人口分布状况和变动趋势对基础教育网点进行科学规划，逐步优化农村教育网点分布。针对女性人口自身特点及增加趋势，通过提升中小学院校的录取比例，采取多种手段减少女同学辍学率。

其次，积极稳步发展高等教育和成人教育。提升我区高等教育层次和水平。根据自己的服务条件、服务领域和服务定位，以社会需求为导向，不断调整和优化学科专业结构，完善人才培养目标，改革人才培养模式，着力培养女性大学生的创新精神和实践能力。在政策措施上向入学、就业倾斜，突破我区高等教育性别无优势、发展能力不强的瓶颈。

再者，从社会需求角度考虑，大力发展职业教育。身为"半边天"的妇女在经济建设中发挥着重要作用。宁夏当前技能型人才缺乏，应大力发展职业教育，构建符合地区产业发展和劳动力转移需要的区、市、县三级和学校教育、企业培养、政府推动的三位一体的女性技能人才教育培养体系。第一，在全区组织实施女性高技能、紧缺技能人才培养计划和首席技师、金牌工人计划。对参加培养计划，年龄在18～45岁之间的女性技能人才，经培训、考核取得职业资格证书的，给予鼓励性培训补贴；对评为金牌工人、首席技师的女性人才，给予比例高于一般水平的奖励津贴。第二，增强职业教育的社会吸引力。在职业教育中加大女性学员的录取比例，并针对市场需求与女性特点设计更多适合女性发展的专业，适当加大教师行业的女性比例。第三，对培养使用女性技能人才的企业，在扶持政策上予以倾斜。为女性技术人才提供更多的就业岗位。在薪酬、福利、培训等方面向女性技能人才倾斜，建立有利于女性高技能人才队伍形成的激励机制。第四，增强女性的实践能力，鼓励女学生自主创业。

（四）加快地区经济发展速度，改善妇女生产生活条件

加快培育发展新能源、新材料、先进装备制造业、生物产业等战略性新兴产业，改造提升化工、冶金、建材等传统产业，高标准建设引黄灌区现代农业示范区，重点发展优质粮食、特色林果、绿色有机瓜菜、清真牛羊肉等特色精品高端农业。大力发展文化旅游、现代物流、商务会展等现代服务业。以交通基础设施建设、生态环境保护和治理、产业合理布局为突破口，加快推进沿黄城市同城化步伐，逐步实现沿黄经济区与中南部地区及能源化工"金三角"区域一体化。组织实

施中南部生态移民规划，转移农村劳动力，使城镇居民人均可支配收入和农民人均纯收入有较大幅度的增长。重点改善山区回族群众的生产生活条件，降低群众对生男孩的强烈诉求。

（五）不断提高妇女自身素质

人的文化素质对人的观念具有决定性的影响，受经济条件和宗教意识影响。宁夏农村回族妇女受教育程度普遍较低，应进一步提高她们的文化素质，让受教育成为自觉的愿望和要求。首先，提高妇女认识自身的意识。让女性发现和把握发展机会，相信"知识能够改变命运"，通过培养独立的人格、主体的意识，拥有作为人应有的价值。其次，提高妇女参与管理的意识。作为女性，参与国家及社会的各项活动，既是女性的权利，也是女性应尽的义务，从根本上讲也是能否真正体现男女平等的内容之一。应通过教育资源的合理分配提高宁夏妇女参与社会管理的水平。再者，提高妇女参与竞争的意识。在市场经济中，女性要立于不败之地，必须提高参与竞争的意识。通过发挥主观能动性，了解市场、了解行情、了解自身特长和不足，提升自己适应社会发展的能力。

农村留守妇女社会支持体系的建构研究

湖南省妇女干部学校、湖南省妇女研究中心　陈飞强　刘　艺

[摘要] 农村留守妇女在生存发展中存在诸多困境，需要建立多方参与、通力合作的社会支持体系以帮助她们克服困难。在这个社会支持体系中，要充分发挥政府的主导作用、村组的依托功能，形成全社会共同参与的合力。

[关键词] 农村留守妇女　社会支持　政府主导　村组依托　全社会参与

农村留守妇女现象是社会转型过程中伴随我国城市化和工业化的迅速发展和农村劳动力的大量转移而产生的独特社会现象，并引起了学术界的广泛关注。研究者们已经注意到农村留守妇女在生存发展过程中面临的难题和困境，如劳动强度加大和家庭负担加重、婚姻感情受到影响和婚姻满意度低、社会支持网络规模偏小，等等。农村留守妇女的生存与发展状况，不仅仅关系她们自身的幸福，也关系农村家庭和睦、社会主义新农村建设乃至整个农村社会的稳定，因而必须得到全社会的高度关注和重视，并帮助她们切实解决生存与发展所面临的难题。

农村留守妇女现象的出现，是当前我国社会结构转型的必然产物。当前农村留守妇女面临的困境，既有社会结构层面的原因，也有制度和政策的原因；既有组织层面的原因，也有农村留守妇女家庭自身的原因，等等。因此，要解决农村留守妇女生存发展过程中的难题，需要建立多方参与、通力合作的社会支持体系。所谓社会支持，是指人们从社会中所得到的、来自他人的各种帮助。这种社会支持，既可以是正式支持，也可以是非正式支持。正式支持，主要是指来自政府等正式社会组织的支持，如给予留守妇女政策支持和经济支持等；而非正式支持主要指来自家庭、亲友、邻里等的支持，如亲戚邻里之间的互帮互助。因此，建构农村留守妇女的社会支持体系，要充分发挥政府的主导作用、村组的依托功能，形成全社会共同参与的合力。

一、发挥政府在农村留守妇女社会支持中的主导作用

目前，我国农村留守妇女数量"已达 6000 至 7000 万之多……且人数还在逐年递增"。这样一个庞大群体所面临的各种难题，单靠哪一个组织或者个人都是无法解决的，必须发挥政府的主导作用。各级政府必须将农村留守妇女现象纳入重要议事日程，坚持政府主导主抓，建立起集政策支持、财政保障、服务提供、制度变革、法律保护于一体的政府支持体系。

（一）建立健全农村留守妇女的政策支持体系

1. 做好农村留守妇女工作的整体性设计

首先，各级政府要做好农村留守妇女工作的总体部署。各级党委、政府（尤其是在留守妇女集中的地区）应当高度重视农村留守妇女工作，将其纳入党委政府的重要议事日程中，特别是要将其纳入地方经济社会发展的总体规划中，做好总体工作部署，并出台专门的关爱和扶持农村留守妇女的政策。

其次，要建立有效的领导机制。要在政府层面成立"农村留守妇女关爱服务工作领导小组"，各级政府的"农村留守妇女关爱服务工作领导小组"负责本行政区域范围内农村留守妇女工作的总体部署和协调。

再次，要明确责任主体，建立有效的分工合作机制。各级党委和政府工作部门（如组织部门、人社部门、民政部门和财政部门等）都应当在本级"农村留守妇女关爱服务工作领导小组"的统一领导和协调下，明确各自的责任和义务，在农村留守妇女工作中有序分工合作。

最后，要建立起健全的监督考核机制，将农村留守妇女工作纳入政府日常工作考核体系中，确保农村留守妇女工作的各项政策措施能够落实到位。

2. 落实城乡统筹发展战略，加大农村发展的政策支持力度

农村留守妇女现象的产生，根源于我国特殊的城乡"二元结构"。城市发达的工业经济与农村落后的农业生产，现代化的城市与落后的农村并存的社会现实环境所形成的拉力和推力，吸引无数农村劳动力进城务工。因此，落实城乡统筹发展战略，实现城乡协调发展，大力推动农村经济社会发展，吸引进城务工人员回乡工作或创业，才是解决农村留守妇女现象的根本之道。要推动城乡协调发展，提升农村经济社会发展水平，各级政府必须进一步加大政策支持力度。

第一，优化农村经济政策，大力发展农业经济。各级政府要进一步优化支农、扶农、惠农政策，并积极贯彻落实，从而增强农业生产的吸引力，使农民感受到国家对农业的重视和对农民的尊重，并能切实从农业生产中获益。要大力发展农民合作组织并给予政策支持，从而提高农民组织化程度，走产业经营化的道路，加强农民应对市场风险的能力，提高农业的比较效益，吸引和留住农村男性劳动力在农村发展。

第二，大力发展乡镇企业，促进农村剩余劳动力就地转移。发展乡镇企业，是就地就近转移农村劳动力的主要渠道。各级政府应充分挖掘当地的资源优势，通过招商引资、创办乡镇企业等模式，积极吸引各地客商特别是沿海发达地区客商前来投资兴业，大力发展乡镇经济和农村经济，拓宽农村居民的就业门路，吸纳更多的农村劳动力就地就近转移。

第三，制定优惠政策，鼓励进城务工人员返乡创业。例如，政府应制定免税、贴息贷款、项目培训等优惠政策，并建立起完善的执行机制，支持返乡创业的农民因地制宜地发展适合自己的创业项目，如养殖、种植、园艺、手工业以及农副产品精深加工业等，实现家门口就业。

（二）建立健全农村留守妇女工作的财政支持体系

当前，各地开展农村留守妇女工作的一个重要障碍就是资金有限，因此，必须整合资源，建立健全农村留守妇女工作的财政支持体系，为建构农村留守妇女的政府支持体系提供资金保障。

1. 在公共财政体制中建立专项经费支持。

地方政府，尤其是农村留守妇女密集地区的政府，应当在政府预算编制中将农

村留守妇女群体纳入考虑范围，对农村留守妇女工作给予专项的经费支持。

2. 建立起合理的财政分担机制。

从全国层面到地方政府，都应当重视对农村留守妇女工作的公共财政支持，并建立起合理的财政分担机制。考虑到农村留守妇女大多集中在那些经济欠发达的地区，因此，上级政府要加大对这些地区农村留守妇女的公共财政支持力度，提高财政分担的比例。

3. 保障农村留守妇女关爱服务阵地的经费。

各级政府要加大财政支持力度，切实保障农村留守妇女关爱服务阵地（如"妇女之家"）的建设经费和运行经费，如，保障农村留守妇女关爱服务阵地的基础设施建设、队伍建设和日常运行等所需经费。

（三）建立健全面向农村留守妇女的能力培训机制

当前，农村留守妇女大多文化程度偏低，生产发展技能相对缺乏。因此，农村留守妇女密集地区的政府要积极组织和开展农村留守妇女的学习教育活动，加大培训力度，提高其文化素质和综合能力，提升其自我发展能力。

1. 着力提高农村留守妇女的文化水平。

"文化素质低不仅制约了留守妇女参与社会、经济生活的能力，也束缚了她们看世界，求发展的能力和心态。"因此，有关部门要利用各种渠道向农村留守妇女宣传科学文化素质的重要性，使她们真正认识到科学文化知识对自己生活和命运的重要意义。同时，要采用适宜农村留守妇女的教育方法，积极开展文化教育培训。如根据农村留守妇女的接受能力和生产生活状态，实行集中学习和分散学习相结合的方式，采用她们喜闻乐见的方式传授文化教育知识。

2. 强化农村留守妇女的实用技术培训。

推动农村留守妇女掌握并应用现代农业技术，提高农业综合生产水平，是提升农村留守妇女生产能力和发展农村生产经济的重要举措。农业部门等有关部门要有针对性地开展农业技术培训，采用合适、有效的培训方法，开设灵活多样的培训课程，引导农村留守妇女积极参加。

3. 强化农村留守妇女的就业创业能力培训。

许多研究都发现，一些农村留守妇女除了从事传统农业生产外，也有着非常强烈的就业创业意愿，希望向非农业生产领域的第二、第三产业转移就业，但受自身素质、信息渠道、项目定位、资金支持等各方面的制约，难以实现新领域的就业创业。因此，劳动就业部门等有关部门要积极协调、组织和开展农村留守妇女创业培训活动，通过送教上门、定向培训的方式，为农村留守妇女提供创业理念、信息咨询、项目定位、政策法规等方面的智力支持和培训指导，提升她们的创业能力。

4. 建立农村留守妇女教育培训工作的长效机制。

我国农村留守妇女现象不仅目前广泛存在，而且在今后相当长的一段时间内都会存在。因此，农村留守妇女的教育培训工作不是一时的权宜之计，而应当形成一个制度化的长效机制。因此，农村留守妇女密集地区的党委、政府及有关部门在开展农村工作时，应充分考虑农村留守妇女的特殊利益和需求，把对农村留守妇女的教育培训纳入农村劳动力培训的整体规划，在培训指标和经费上向女性倾斜，提高农村留守妇女的受益比例。

（四）完善面向农村留守妇女的卫生服务体系

由于生产劳动和家务劳动任务繁重，缺乏与进城务工丈夫的沟通交流等，农村留守妇女在身心健康等方面往往受到影响。因此，加强惠及广大农村留守妇女的公共卫生服务体系建设是极其必要的。

1. 进一步加强农村卫生服务机构和服务队伍的建设，加强农村疾病预防和控制。

2. 建立农村留守妇女健康档案，普及农村留守妇女定期体检制度，及时了解农村留守妇女健康信息。同时，要重视农村留守妇女心理健康的普查，并将检查结果记入农村留守妇女健康档案。

3. 加强卫生保健宣传的力度，提高农村留守妇女的自我保健意识。

4. 积极开展妇幼保健服务活动，比如"两癌"筛查、妇科病检查等。

5. 普及新型农村合作医疗，完善医疗救助制度，进一步加大面向家庭贫困的农村留守妇女患者和有重大疾病的农村留守妇女患者的医疗救助力度。

（五）改革户籍制度及建立在户籍基础上的相关制度

农村留守妇女现象是我国长期形成的城乡二元结构带来的新情况、新问题。由于城乡壁垒的客观存在，流入城市之后，农村进城务工人员及其家庭成员在户籍管理、住房、教育、就业、医疗和社会保障等方面往往会遭遇到与城市居民不一样的差别化对待，甚至是"歧视"，因而许多农村家庭不得不放弃举家迁徙到城市生存的念头，而选择丈夫外出打工、妻子和孩子留守农村的做法。因此，在当前全国及各个地方大力倡导和推进城乡一体化的大趋势下，改革户籍制度以及建立在户籍政策基础上的城市居住管理制度、教育体制、住房保障制度和社会保障制度等，是社会发展的必然要求，也是开展农村留守妇女工作的重要制度性支持。

1. 改革现行户籍制度。

我国现行户籍制度将公民分为农业户口与非农业户口，公民的升学、就业、居住、社会保障等都与户口挂钩，关于两类户口在上述方面的规定具有显著区别对待的特征。这种户籍制度及与之捆绑在一起的其他制度，对农业现代化及农村人口的转移形成体制性障碍，造成了城乡割裂，阻碍了城乡统筹，加剧了社会分化。因此，必须打破户籍制度的束缚，取消农业户口和非农业户口的制度性划分，统一为居民户口，建立起全国统一的居民户籍登记制度。

2. 消除对农民的制度性差别对待。

在打破户籍壁垒的基础上，要进一步改革现有的与户籍捆绑在一起的其他制度，如住房、教育、就业、医疗、社会保障等制度，消除对农村进城务工人员及其家庭成员的制度性差别对待，提倡城乡居民平等居住、平等就业、平等就学政策。

3. 给予农村进城务工人员制度性补偿。

对农村进城务工人员的制度性补偿，指的是通过制度重建和政策倾斜的方式，给予农村进城务工人员在住房、就业、教育、医疗和社会保障等方面的制度支持。例如，政府可以出台政策，明确规定哪些由公共财政支持和资助的教育单位、企业和其他公办机构在农村进城务工人员及其家庭成员的就业、教育、住房、医疗和社会保障等方面所必须承担的责任和义务，明确禁止上述机构对农村进城务工人员及其家庭成员采取选择性歧视的做法。同时，对于切实履行了上述责任和义务的机构，给予政策上的优惠并提高财政支持力度。

（六）建构保障农村留守妇女合法权益的法律保护机制

当前，我国已形成以宪法为基础，以《中华人民共和国妇女权益保障法》为主体的一整套保障妇女权益的法律体系，其中并没有专门针对农村留守妇女的条款；在当前的法制建设中也尚未发现针对留守妇女的需要来完善有关法律或进行专项立法的声音。在这种情况下，就必须强化既有法律中有关维护农村留守妇女合法权益的有关条款的执行力度，为其提供法律保障。如，对于农村留守妇女的婚姻家庭权益，虽法律并无专门规定，但其中一些法律规定实际上与农村留守妇女婚姻家庭权益的维护有着密切的关系。其中最突出的就是《中华人民共和国劳动法》等法律法规关于带薪休假的规定，该法第四十五条规定："国家实行带薪年休假制度。劳动者连续工作一年以上的，享受带薪年休假。"《职工带薪年休假条例》和《企业职工带薪年休假实施办法》等法规则对带薪年休假制度进行了更为具体的规定。

按照上述法律，只要农村进城务工人员符合法律规定的条件，他们也享有带薪休假的权利。这一权利与农村留守妇女的婚姻家庭权益密切相关。这是因为，当前农村留守妇女在婚姻家庭生活中的一些困境（如婚姻生活满意度低，甚至出现婚姻危机）就是源于与丈夫长期聚少离多的生活状态；如果外出务工丈夫也能享有带薪休假的权利，就能够与留守妻子增加生活在一起的时间和机会，从而更好地维护留守家庭的婚姻稳定性。然而，对于农村进城务工人员而言，国家关于带薪休假的法律规定很难落到实处，"带薪年休假"制度在实际执行过程中遭遇困境。一方面，对于用人单位而言，出于利益最大化的考虑，他们可能以各种理由拒绝对进城务工人员执行法定的带薪年休假制度，或者以规避法律的手段（如不与进城务工人员签订劳动合同）使得进城务工人员缺乏享受带薪年休假的资格，或者以其他手段（如辞退的威胁）迫使进城务工人员不得不放弃享受带薪年休假，等等。另一方面，现有的法律法规关于带薪年休假的规定"由于没有严格的处罚措施和明晰的处罚标准"，且现实的执法力度也有限，一些用工单位即使没有很好地贯彻施行带薪年休假制度也没有受到应有的处罚，这也进一步加剧了用工单位贯彻落实带薪休假制度的消极性。由此，在现实生活中，很少有企业给予符合法定条件的进城务工人员带薪年休假的待遇，从而形成了"带薪年休假"制度在实际执行过程中的困境。

基于上述分析，在农村进城务工人员中依法推广带薪休假制度的过程中，必须强化法律执行力度。一是执法部门要加强监督检查，增强依法监督检查用人单位执行带薪年休假制度的积极性和主动性；二是要依法严格处罚，即对用人单位拒绝执行带薪年休假制度的违法行为，按照法律法规进行严格处罚，从而切实维护农村进城务工人员的合法权益。保障农村进城务工人员的带薪休假权益，对于提高其回家频率、增进与留守妻子的共同生活机会、促进夫妻情感交流具有十分积极的意义，从而可以更好地维护农村留守妇女的婚姻家庭权益。

二、强化以村组为依托的农村留守妇女社会支持工作

农村社区是农村留守妇女生产和生活的最主要场所，在农村留守妇女的社会支持体系中有着特殊的地位。因此要充分发挥农村社区的功能，以村组为依托，进一步完善农村留守妇女社会支持体系。

（一）加强村级妇代会建设

村级妇代会是基层妇女组织机构，它直接面向包括农村留守妇女在内的广大农村妇女，对农村留守妇女有着最直接的影响力，是农村留守妇女社会支持体系的重要一环。加强村级妇代会的建设，一是要优化班子结构，优选村妇代会主任，并确保村级妇代会主任进入村支两委班子；二是要明确任职条件，选那些热爱妇女事业、热心为妇女群众办实事的妇女进入村妇代会；三是要加强指导支持。上级妇联组织和村支两委要加强对村级妇代会的工作指导，并提供必要的经费和场地，保障村妇代会的正常运作。

（二）加大农村留守妇女关爱服务阵地建设力度

"妇女之家"等关爱服务阵地是为农村留守妇女提供社会支持的重要阵地之一。农村社区要为"妇女之家"的建设提供必要的支持，比如活动场地、设备设施、管理人员等。同时，积极争取政府部门、企事业单位和非营利组织的支持，整合社会资源与"妇女之家"结对共建，推动"妇女之家"建设向标准化、规范化方向发展。要支持"妇女之家"定期开展活动，吸引和鼓励农村留守妇女积极参与。

（三）积极建构留守妇女互助平台

在丈夫缺位的留守家庭中，妻子成为家庭的顶梁柱，繁重的劳动负担使得她们往往难以独自应付。因此，推动农村留守妇女在生产生活中组成帮扶网络和形成互助平台，不仅有助于她们应对各种生产和生活中的压力和难题，也有助于她们拓展人际关系资源。农村社区要积极整合社会资源并结合当地实际，引导农村留守妇女就近就便、自愿组合成立互助合作小组。如，建立生产互助小组，在发展生产上互助，增强农村留守妇女应对生产劳动压力和风险的能力；建立生活互助小组，适时开展邻里守望、安全互帮、文明创建等活动，增强农村留守妇女与他人之间的相互交流，缓解心理压力，促进邻里团结；建立教育互助小组，开展子女教育互助活动，相互交流教育心得，增加农村留守妇女家庭教育的知识，改善教育方法，缓解教养子女的压力。

（四）建立村级农村留守妇女档案

村支两委及村妇代会要摸清本村所有留守妇女的基本情况，建立村级留守妇女档案，形成村级留守妇女动态监测体系，为建立地方各级政府农村留守妇女动态监测体系提供实时数据。

（五）优化农村社会治安环境

农村村支两委要积极争取上级政府和有关部门的支持，如在公安机关的支持下夯实村级警务室的工作，建立村庄治安巡逻队伍，加强农村社会治安综合治理工作，加大对农村违法犯罪行为的打击力度，优化村中的社会治安环境，减轻乃至消除农村留守妇女的安全威胁。

（六）加强村庄文化生活建设

农村社区应根据本村特点，充分挖掘地方健康文化娱乐资源，拓展乡村文化阵地和组建乡村文化网络，打造乡村文化品牌等精神文化创建活动，用文化生活来凝聚、教育、引导留守妇女，丰富她们的文化娱乐生活。

（七）推动农村留守妇女参与村务管理

让农村留守妇女参与村务管理，可以增强农村留守妇女的主人翁意识，增强她们的责任感和使命感，提高她们应对生活、生产、情感困境的信心和能力。因此，农村社区的村支两委应鼓励农村留守妇女积极参与村庄公共事务的管理，提升农村留守妇女参与村庄公共事务的意识和能力。特别是要抓住村委会换届选举的机遇，大力宣传，鼓励和吸引农村留守妇女参与换届选举和投票，发挥农村留守妇女参政议政的主人翁意识。

三、建构全社会共同参与的农村留守妇女社会支持体系

农村留守妇女群体面临的生存困境，不仅是她们个人及家庭的问题，也是一个突出的社会问题。因此，开展农村留守妇女服务工作，需要全社会的积极参与，其中，妇联、大众传播媒介、流入地政府、用人单位等都应当发挥各自的优势，履行服务和支持农村留守妇女的职责。

（一）充分发挥妇联组织的作用

妇联组织是妇女的"娘家"，在农村留守妇女工作中，各地妇联组织发挥着极为重要的作用。从职能上来讲，一以贯之地关注妇女是妇联开展农村留守妇女工作的一个显著优势，妇联组织应该利用这种优势完善相关机制，最大限度地为农村留守妇女提供社会支持。

1. 加强农村留守妇女调查研究，提供决策参考。

妇联组织作为党联系群众的桥梁与纽带，要通过广泛而深入的调查研究，了解农村留守妇女家庭的困难和问题，切实把握农村留守妇女的实际需求，反映广大农村留守妇女的意愿和呼声，并提出有针对性的政策建议，为政府解决农村留守妇女问题提供决策服务。同时，妇联要联合统计部门、民政部门、公安部门，准确掌握农村留守妇女的基本信息，建立农村留守妇女动态监测体系。

2. 加强对基层妇女组织的指导，夯实组织平台。

各级妇联组织要加强对基层妇女组织如村级妇代会的指导，充分发挥村级妇代会的引领和服务作用，提高村级妇代会服务农村留守妇女的能力和水平。

3. 加强服务维权工作，建立帮扶机制。

要通过建立健全"农村妇女儿童维权站"，切实维护农村留守妇女合法权益。通过加大"妇女之家"示范点创建，使其成为农村留守妇女交心谈心的场所，规避矛盾风险的安全港湾。

4. 组织开展多元培训，促进创业就业。

妇联组织可以联合人社、民政等部门联合开展农村留守妇女创业就业培训，为农村留守妇女送政策、送科技、送信息，并协调落实小额担保贷款等各项优惠政策，促进农村留守妇女创业就业。

5. 加强留守妇女互助平台的指导工作。

各级妇联要与农村社区充分合作，引导农村留守妇女就近就便、自愿组合成立互助合作小组，并加强对互助小组日常活动的指导，并可以联系相关的非政府组织提供专业服务。

（二）大众传播媒体的社会支持

在现代信息社会，大众媒介在公众认知和价值取向的建构上起着很大的作用。在对农村留守妇女的社会支持活动中，媒体起着至关重要的作用，它能创造互动的空间，让更多的人、群体和组织都参加到关爱农村留守妇女的行动中来。

1. 深入开展宣传活动，形成有利于农村留守妇女发展的舆论环境。

农村留守妇女现象将在我国社会发展过程中的长期持续存在，是一个在短时间内难以完全解决的社会问题，因此，要在全社会形成关心和支持农村留守妇女的社会格局，必须通过大众传媒的积极宣传，在全社会范围内形成关注和重视农村留守妇女的社会氛围。大众传媒应当通过电视、报刊、网络等各种途径，深入开展农村留守妇女群体的宣传活动，唤起全社会对这样一个群体的关注，为支持农村留守妇女群体形成强大的舆论基础。同时，要积极宣传与农村留守妇女相关的法律法规、政策措施等，使社会公众特别是农村留守妇女都感受到党和政府的人文关怀。

2. 坚持积极务实的舆论宣传导向，强化媒体的社会责任。

大众传播媒体在报道农村留守妇女现象以及各地开展农村留守妇女服务活动时，要坚持实事求是的原则和辩证分析的思维，要防止将农村留守妇女"问题化"和"标签化"、农村留守妇女服务活动"夸张化"的报道倾向，从而建立起自己的公信力，积极履行自己的社会责任。尤其是要通过对农村留守妇女典型事件（如农村留守妇女创业事迹）的大力宣传，形成积极宣传和正面引导的舆论氛围。

（三）流入地政府的关爱服务

流入地政府要通过破除户籍壁垒、加快配套制度改革、加强执法监督等方面给予农村进城务工人员人文关怀，参与到农村留守妇女的社会支持工作中来。

1. 响应国家倡导，破除户籍壁垒。

从当前户籍改革的现状来看，小城镇的户籍改革相对成功，公民的居住和迁徙自由在小城镇可以实现，但大城市和特大城市的准入门槛仍然太高，户籍制度基本没有松动，而农村进城务工人员的集中地恰恰就是大中城市。因此，当前户籍改革的重点和难点就在于城市（特别是大城市）。作为农村进城务工人员流入地的城市，必须响应国家的倡导，破除户籍壁垒。流入地城市要把农村进城务工人员的管理和保护纳入自身的工作职责，积极推进户籍管理制度改革，对于达到一定条件的农村进城务工人员及其配偶、子女，允许在城市落户。同时，要完善暂住户口登记制度，积极探索建立和推广居住证制度。

2. 加快配套制度改革。

农村进城务工人员及其家庭成员要在流入地生存，不仅有赖于户籍壁垒的破除，还需要城市住房、教育、就业、社会保障等相关制度的完善。因此，流入地政府必须加快配套制度的改革，切实保障农村进城务工人员及其家庭成员享受应有的权益。例如，对于在流入地居住和工作一定年限的农村进城务工人员，流入地政府应当保障他们能够享受与城市居民同等的住房政策，如享有租住廉租房或购买经济适用房的权利；对于农村进城务工人员的非成年子女，流入地政府应当认真执行《中华人民共和国教育法》的有关规定以及其他政策规定，做好基础设施建设和教育资源配置，为其提供平等接受义务教育的条件，保障他们在城市接受义务教育的权利；同时，要严格规定他们入读的学校不得收取高额"借读费"。

3. 加强有关法律和政策执行情况的监督。

随着农村留守妇女和农村进城务工人员日益受到广泛关注，中央和地方各级政府为解决这些群体所面临的困境，相继出台了一些法规和政策，但在执行过程中，依然存在"有令不行"的现象。特别是在流入地的城市，政府出台的一些法规和政策往往由于既得利益的阻碍、城市财政压力的增大等种种因素的影响，而难以落实到位，从而使得流入地的农村进城务工人员难以享受到政策规定的权利。因此，流入地政府必须加强对有关法律和政策执行情况的执法监督，对违反的单位、责任人应当予以相应的处罚。例如，要加强对用人单位贯彻落实国家关于职工带薪年休假法律规定的执法监督，要加强对流入地学校在接纳进城务工人员子女入学情况的执法监督，对违反规定的用人单位或学校应当责令改正，并依法处罚。

4. 组织开展互动活动。

流入地政府有关部门可以联合用人单位开展亲情互动活动，组织农村进城务工人员与留守妻子"零距离"相会，增加双方互动的机会，增进夫妻情感。

（四）用人单位的社会支持

用人单位可以通过对本单位的农村进城务工人员提供人文关怀，来履行其在全社会参与的农村留守妇女社会支持体系中的义务。

1. 贯彻落实国家关于职工带薪休假的法律规定，保障农村进城务工人员享有探亲假的合法权利。

由于很多农村进城务工人员很难享受到带薪休假的法定权利，加上其工作地往往离家较远，他们出于节省路费、保留职位等方面的考虑，被迫减少回家的时间和次数。因此，用人单位要全面贯彻落实《劳动法》等法律法规，切实保障农村进城务工人员的合法权益，使符合法定条件的农村进城务工人员能够切实享有带薪年休假的权利，并为他们回家探视留守妻子和子女提供便利。

2. 为留守妻子进城探视丈夫提供便利。

比如，用人单位可以为农村进城务工人员提供廉价的出租房屋，或在条件许可的情况下在员工宿舍设置"夫妻房"，为农村进城务工人员夫妻相聚创造条件。这种做法不仅可以为农村进城务工人员提供人性化的服务，还是用人单位开展农村进城务工人员文化生活建设内容的一种延续。

3. 加强对农村进城务工人员的责任引导。

用人单位在条件许可的情况下，可以在日常活动或业务培训中纳入婚姻法等有关法律的内容，增强农村进城务工人员的法律意识，引导和帮助他们自觉履行家庭责任与义务，遵循婚姻法律法规和伦理道德，维护家庭稳定。

总之，留守妇女是当前新农村建设和农业生产的重要力量，同时也面临着多方面的问题和困境。只有得到社会各界的关注和关爱，建立起政府为主导、村组为依托、全社会共同参与的社会支持体系，才能解决她们生存发展中存在的突出问题，使这一群体也能共享社会发展成果，营造新农村和谐稳定的发展氛围。

参考文献：

[1] 石芳，黄羽翼，韩淑静，刘欢欢，王泉. 河南农村留守妇女状况调查研究 [J]. 西北人口，2007（6）.

[2] 黄安丽. 农村留守妇女生存现状的调查及思考 [J]. 安徽农学通报，2007（3）.

[3] 方伟明，孟广宇. 对黑龙江省农村留守妇女状况的调查与思考 [J]. 学术交流，2012（12）.

[4] 陈飞强. 农村留守妇女的生存困境及其对策——基于湖南省的调查 [J]. 山东女子学院学报，2013（6）.

[5] 沈菊，龚娜. 农村留守妇女社会支持网络研究 [J]. 乐山师范学院学报，2012（2）.

[6] 刘巍. 西北农村留守妇女社会支持网络对其心理健康的影响：来自甘肃省的调查发现 [J]. 妇女研究论丛，2012（5）.

[7] 张文宏，阮丹青. 城乡居民的社会支持网 [J]. 社会学研究，1999（3）：12-24.

[8] 江晓红. 农村留守妇女群体生存状况与可持续发展的研究——基于宁夏南部山区的调查 [J]. 贵州大学学报（社会科学版），2012；3：92-97.

[9] 钟斌. 农村留守妇女生存现状及思考 [J]. 湖南社会科学，2013（5）.

[10] 骆向明. 记者调查：带薪年休假离农民工究竟还有多远（N）. 四川工人日报，2013-02-20（1）.

女性教育公平

北京市妇女干部学校　张桂云

[摘要] 教育公平是指国家对教育资源进行配置时所依据的合理性的规范或原则。这里所说的"合理"是指要符合社会整体的发展和稳定，符合社会成员的个体发展和需要，并从两者的辩证关系出发来统一配置教育资源。教育公平不等于平均或者相同，公平是在承认差异的基础上，对处境不利群体的特殊支持与帮助；教育公平是以人为中心的，考虑女性和男性在社会中享有相同的资源和机会，才能够真正实现社会的和谐发展。女性教育有利于社会公平，有利于经济的长期可持续发展，所以推进女性教育是"教育公平"的关键所在。但事实上女性并没有完全得到公平的教育机会，导致这种不公平现象的原因主要在于重男轻女思想，经济条件的束缚和女性就业困难。所以倡导整个社会真正、充分地尊重认可女性，从思想上教育引导，从法律上约束，高度重视女性的教育问题，提高女性的综合素质及社会地位，使女性与男性享有同等受教育权利，这样才能实现真正的教育公平及社会地位的公平竞争。

[关键词] 女性教育　公平

一、女性教育的公平

党的"十八大"以来，习总书记针对妇女干部培养教育的理论与实践的探索、发展与创新，做了重要批示，全国妇联应进一步做好妇女工作，为更好地服务大局、服务妇女指明方向，推进具有妇联特色的家庭工作，进一步深化家庭道德文明建设、深化家庭教育工作、推进家庭服务工作，充分发挥妇女在弘扬中华民族家庭美德、树立良好家风方面的独特作用，进一步提高新形势下妇女工作的能力和水平。

妇女的教育权利包括依法享有的求学、入学、升学、扫盲、职业教育、成人教育等方面的权利。女性能否受到与男性平等的受教育机会是衡量一个社会教育公平与否的重要指标之一，也是构建和谐社会的必要条件。女性教育对国家、民族发展具有重要作用。在经济收益方面，女性受教育水平提高能明显增加家庭收入。而对于下一代，母亲的受教育程度极大地影响着子女的身体健康、学习成绩、心理素质等各方面。妇女教育权利的多少并不完全取决于政治、经济和社会因素，也与社会文化传统密切相关。妇女是创造人类文明的一支伟大力量，只有提高妇女的教育水平，挖掘妇女的智力资源，发挥妇女的智慧潜能，才能实现和解决人类的平衡全面发展，促进社会的和谐发展与进步。

二、女性教育的问题

教育公平是针对每个社会成员在享受公共教育资源的同时应该得到公正和平等的对待，没有种族、性别、地域和年龄的制约。由于女性教育的匮乏为教育不公平的滋生提供了温床，家庭暴力、虐待妇女，折射出妇女在家庭中的不平等地位，更揭示出多方面的原因，其中最重要的就是经济地位的不平等，经济的不平等造就了事实上的不平等。而要消除差异，提高妇女的经济地位，对妇女受教育权的保障是必不可少的。

1922年颁布的"新学制"，取消了男女中学之间的差别。至此，妇女享有与男子平等的教育权，在教育制度上得到了肯定，从此"教育公平"得到很大的发展。我国的《宪法》第2章第48条规定，中华人民共和国妇女在政治、经济、文化、社会和家庭生活等各方面享有同男子平等的权利。《教育法》第5章第36条也规定，受教育者在入学、升学、就业等方面依法享有平等权利。在具体的实际工作中，应当切实贯彻法律规定，使女性充分享受到公平教育。除了政府和法律方面的措施，女性自身还应当自尊、自信、自立、自强，努力争取接受教育的机会。但由于中国封建传统教育思想流毒甚深，经济发展状况不均衡，不重视女性教育的问题依然存在。女性在家庭中所获得的教育资源远远低于男性。这种性别文化思想直接或间接影响着教育资源的不平等。

有统计显示：2006年全国15岁及15岁以上文盲人口共90564人，其中男性有23560人，女性有67004人，占到总数的73.99％。女性在家庭中所获得的教育资源远远低于男性。在资源有限的情况下，父母往往不愿投资女孩教育。女性受教育程度低，文盲率高，限制了女性选择与发展的机会，直接影响了家庭生活，不利于对子女的教育。在成年女性教育上，职业技术、农村生产技术的培训上，女性是很少享受到这种教育机会的，这种状况严重损害了教育公平。主要有两个方面原因，一是严重的重男轻女思想。按照传统的婚嫁观念，女性结婚后即成为婆家的一员，其接受的教育所带来的收益也将由婆家获得。因此，从娘家的角度，支付的成本和预期的收益不成比例，娘家自然不愿意为女儿的教育投资。二是经济条件的束缚。家庭必须衡量为女孩进行教育投资所付出的成本和收益。除了教育所必需的学费、杂费、课本费这些显性成本以外，家庭付出的成本还包括女孩辍学打工带来的机会成本等。

受传统文化的影响，封建历史的束缚，女子无才便是德这句话流传甚久，直接影响了女性在社会及家庭中地位的发展。这一文化的产生，使男权主义至上，使女人成为男人的附属物。但是女性在扮演好家庭角色的同时，也需要扮演好在社会中职业的角色，与男人平分秋色。几千年以来，妇女在家庭中的绝对贡献决定了她们还必须处理好家庭关系，扮演好家庭角色，而且受传统观念的影响，家庭主妇一职成为评价女性成败的最主要的标准。因此，很多女性就失去了在社会中的角色，同时也失去了接受教育的权利，与社会和家庭对女性的要求相比，她们所接受的教育是不对称的，也是不公平的。

一个国家女性受教育程度的高低，直接反映了女性在这个国家的社会地位。女性思想的解放，同时也是这个国家女性地位提高程度的突出表现形式。女性教育最大的意义在于可以教好她们的孩子，不管是男孩还是女孩，树立客观正确的世界观和价值观，整个社会真正、充分地尊重女性，高度重视女性的教育问题，才能实现真正的教育公平。

作为一名妇女干部培训工作者，在多年的工作中，深深地体会到女性对知识的渴求，尤其是基层妇女工作者，无论在工作和生活中都在积极努力地扮演好自己的角色，将家庭和工作关系处理得当，也充分显示了女性在这一方面的独特魅力。近年来党和国家进一步提高对女干部的培养力度，这是加强对妇女干部培养教育的重要理论依据。妇女干部既是广大妇女中的优秀分子，也是党的干部队伍的重要组成部分，中国共产党历来重视对广大干部的培养和教育，特别是女性干部的教育培训，男女平等思想是马克思主义妇女理论的核心内容，妇女的发展程度是衡量一个国家文明进步的重要环节。中国是具有中国特色的社会主义国家，在妇女发展的道路上具有中国特色，但追求男女平等则是横贯东西的基本原则和最终目标。顺应人类历史发展，根据国情在中国革命和建设的各个不同历史时期采取不同政策，措施积极推进男女平等的历史进程，加强对妇女干部的培养教育，也是推进男女平等历史进程的重要途径和有效手段。现实依据是，在今天构建社会主义和谐社会的建设中，广大妇女的地位更加重要了、广大妇女干部的作用更为突出了。因此，加强对妇女干部的培养教育，既是实现妇女的中心工作，更是中心任务的必然要求，也是推进男女平等历史进程中的重要环节，构建中国特色社会主义和谐社会的重要途径和有效手段。对妇女干部进行特殊的培养和教育，是推进男女两性平等发展有机结合的重要战略举措，也是社会主义制度优越性的具体体现。在这一战略举措实施的历史进程中，女性教育在"教育公平"上既积累了宝贵的经验，也给我们留下了深刻的启示。教育公平要以人为中心，也要考虑到作为社会发展主体之一的女性的现实状况和发展需要；积极创造条件为她们提供和男性相同的资源和机会，才有可能实现社会的和谐发展。妇女受教育权的平等实现，不仅对妇女自身、家庭，而且对民族团结、国家的繁荣有重大的意义。

三、妇女干部教育培训的作用

妇女是创造人类文明的一支伟大力量，只有提高妇女的教育水平，挖掘妇女的智力资源，发挥妇女的智慧潜能，才能实现和解决人类的平衡全面发展，促进社会的和谐发展与进步。历史发展充分地证明，妇女的教育与发展程度已经成为衡量一个国家文明进步的测量尺度。妇女干部作为广大妇女中的优秀代表，在中国革命和建设中都发挥了特殊的引领作用，在中国革命和建设的各个重要的历史时期，都出现了各行各业的女中豪杰，同样，中国共产党也制定了培养教育妇女干部的方针政策、指导思想、具体措施，培养了大批德才兼备、敬业有为的妇女干部，她们在中国革命和建设、妇女解放和男女平等事业中发挥了模范带头作用，有力地推动了中国革命和建设事业的发展，有力地推动了妇女解放事业的发展及男女平等的历史进程。特别是在今天构建社会和谐、促进男女平等发展的历史进程中，两性平等、和谐发展也面临着一些新的问题和困惑，总结历史传承经验，让历史照亮未来的行程，就显得非常重要，也是历史赋予我们做好理论研究工作的，责无旁贷的重要任务。

深入学习贯彻中央关于发展教育事业的方针政策和男女平等基本国策，紧紧围绕妇联的中心工作，深化妇女素质提升工程，突出抓好妇联特色的家庭教育、中华民族的传统家庭美德教育，树立良好的家风方面的独特作用，完善妇女教育培训长效机制，提高妇女的整体素质水平。

1. 以女性终身教育为抓手，创新妇女教育培训工作。在现有教学方式的基础上，积极将现代化教育培训手段引入妇联干部培训中，为女性终身学习做好线上、线下工作。根据区县建议，加强区县一级中层妇女干部队伍的培训工作，突出专题性的培训。在做好骨干与示范培训的基础上，做好妇联系统干部的培训。

2. 重在推进。依托北京丰富的高校与研究机构的资源，吸收各类优秀人才，搭建首都妇女人才库，为广大妇女干部提升综合素质提供保障。同时，搭建培训平台，采取"走出去、请进来"和"菜单式、订单式"等多层次的培训方式。把培训作为提高妇女干部素质的重要工作来抓，着力培养妇女干部的决策能力、管理能力和创新能力，培养妇女干部健康的心理素质，使广大妇女干部成为新时代高素质妇女干部队伍。

3. 重在坚持。不断总结经验，按照"干什么学什么，缺什么补什么"的思路，送培训下基层，助推培训范围与力度。解决基层经费，分担培训任务，形成基层培训短、频、快的模式，有针对性地设置培训的班次，在培训内容的设计上不是单方面输送，要达到主动学习、学以致用、学以增智、学以创新、学以快乐的目标。

4. 结合首都妇女发展的形势和任务，不断提高全市妇女干部的能力和水平，增强基层妇联干部联系妇女、服务妇女的能力。达到终生学习的目标，实现七彩人生，共筑国梦的提升工程。

四、总结

随着社会的不断进步与发展，女性如今在社会及家庭中的地位得到了不断的提升，但这并不意味着教育的天平就偏向女性这一方了。女性是一个弱势群体的基本走向并没有得到真正的改变，社会、学校应更加注重女性的受教育问题。教育的公平性需要从儿童早期发展权、发展机会的公平性入手，面向全体的发展不仅仅是一种教育口号或教育理想，更可能成为一种教育现实！解决女性教育公平问题，必须走出历史文化的窠臼，吸引多方面力量的关注与参与。教育中的性别公平程度是判断一个国家义务教育和总体教育水平的重要尺度。我国女性在教育公平方面已经有了很大改进，但在一些方面，女性的受教育权利仍然没有完全实现公平。为此，政府应当从政策、法律、思想等方面促进女性教育公平，但应注意，性别歧视不等同于性别差异，不能追求教育上的男女绝对平等。男女在擅长的领域上存在差异，不应视为不公平。要从我国长期发展的战略高度，调动社会各类资源培养全面发展的女性，这对我国持久的和谐社会的建立具有重大意义。

新疆女性受教育情况调研

新疆妇女干部学校　相　虹

[摘要]　本次调研针对新疆地区的女性教育，调查 1100 余万各族妇女，调研包括女童的学前教育、初等教育、妇女职业教育等不同年龄段妇女的受教育情况，总结了新疆女性受教育情况的主要进步和新疆女性受教育状况进步的原因。然后从新疆各地受教育现状分析入手，探寻导致教育不均衡的问题及原因，在其基础上提出对策和建议。

[关键词]　新疆　女性教育　教育不均衡

新疆自古以来就是个多民族聚居的省份，总面积 166 万平方千米，周边与 8 个国家接壤，边境线长 5 600 千米，是全国面积最大、国境线最长、毗邻国家最多的省区。全区辖 14 个地州市、98 个县市区、858 个乡镇，总人口 2 202.7 万人，其中女性人口 1 080.9 万人，占总人口数的 49.07%。因此了解和考察新疆女性受教育状况，提高新疆人口素质，充分利用女性人力资源，对构建和谐新疆具有不可估量的意义。

一、新疆女性受教育现状及分析

（一）新疆女性受教育基本情况

根据全国妇联和国家统计局联合组织实施的第三期中国妇女社会地位调查显示，在新疆，18～64 岁女性的平均受教育年限为 8.89 年，其中城镇女性为 10.16 年，农村女性为 7.24 年。女性中接受过大学专科及以上高等教育的占 19%，男性占 16.9%。接受过高中及以上教育的女性占 36.9%，男性占 36.2%。城镇女性中，31.4% 的人接受教育程度在大学专科及以上，57.5% 的人接受过高中及以上教育，农村女性上述比例分别为 4% 和 11.8%。在 18～64 岁女性中，有 17.6% 的人通过继续教育方式获得自己的最后学历或学位。近 3 年来，有 24.5% 的女性参加过各类培训或进修，在参加了各类培训或进修的人员中，各类职业（专业）培训和实用技术培训所占比例最高，分别为 46.8% 和 42.3%，而且有 71.8% 的人接受培训或进修是全部免费或报销经费的。

（二）新疆女性受教育情况的主要进步

1. 女童入学率较高

在适龄儿童入学率上，女童入学率持续高于男童，且呈增加之势。十年来，女童入学率持续高于男童，而且这一差距由十年前的高出 0.03 个百分点，增加到高出 0.04 个百分点。

2. 女性本科及以上的高等教育好于全国平均水平

在接受过本科及以上高等教育的比例上，无论城乡，女性都明显高于男性。全国女性中接受过专科及以上高等教育的占 14.3%，城镇女性占 25.7%，新疆女性的相应数据分别为 19% 和 31.4%，分别高出全国平均水平 4.7 个百分点和 5.7 个百分点。

3. 女性在业和接受各类专业技术培训方面的比例稳步提高

2001—2010年，全区已有336.4万名妇女参加了职业培训，妇女持有职业资格证书和专项职业能力证书人数达130.2万。近三年有24.5%的女性参加过各类培训或进修，城镇占31.3%，农村占15.1%。有42.3%的女性参加过的最长时间培训或进修是实用技术培训。

（三）新疆女性受教育状况进步的原因

1. 不断加大的项目支持和资金投入，为新疆女性受教育程度的提高提供了有力保障

2001—2010年，在国家的大力扶持下，新疆先后实施了"国家扶贫工程"、世界银行贷款"贫困二"项目、"国家贫困地区义务教育工程""西部教育开发工程""希望工程"和"春蕾计划"等助学工程和"危房改造工程"等项目，使我区边远贫困地区学校的办学条件得到明显改善。2003年，国家和自治区投资1.9亿元，针对南疆四地州56个贫困县、边境县的205万名各族学生启动实施了边远、贫困地区免费义务教育工程。截至2010年年底，全区已累计投入资金近75亿元（其中中央投资55亿元，自治区本级投资14亿元，地县投入6亿元），用于实施农村义务教育经费保障机制改革工作。

2009年，全区所有农村中小学生享受了免费教科书政策，95%的农村寄宿制中小学生享受了生活补助；城市中、小学生全部免学杂费，部分城市低收入家庭学生同时享受免费教科书政策。从2010年秋季学期起，国家、自治区进一步提高了农村义务教育阶段学生公用经费及贫困寄宿制学生生活补助标准，切实保障了贫困家庭、少数民族聚居地区、边远贫困地区，特别是农牧区儿童的就学权利，积极为他们创造和改善就学条件，有力推动了我区贫困地区普及九年义务教育进程。

2. 妇联组织主动作为，开展女性职业技能培训和创业培训措施得力

自治区妇联依托新疆女子职业学校作为"国务院扶贫办劳动力转移培训基地""自治区下岗职工再就业定点培训单位""妇女创业培训基地"的有利资源，在2001—2010年间，先后争取专项经费625万元，累计培训全疆下岗失业女性、城乡待业女性及贫困农牧区女性9000余人，毕业学员双证合格率达100%，就业安置率达到85%以上。通过SYB（创业培训）的妇女自主创业率达到40%以上。争取资金2500万元，新建总面积达8717.99平方米的现代化综合教学楼——新疆妇女教育大厦，已于2010年6月正式投入使用，开启了新疆妇女教育事业的新篇章。

妇联系统不断创新和发展的"三学三比""巾帼建功"活动，重点围绕党委、政府"零就业家庭动态清零"工作，大力推进"女性素质工程""巾帼科技致富工程"，加大对各族妇女的双语、技能、"SYB"创业等各类培训，有重点地开展了"春风送岗位"和"妇女创业就业促进行动"、建立妇字号家政服务机构等工作。在全区已建立农村妇女学校2151个，培训妇女200多万人次，建立各类妇女就业服

务机构 300 余个，实现了农村妇女增收占当地人均增收份额 40％的目标。各级妇联组织积极实施的国际农发项目，使 4 个地州 10 个县近 30 万名贫困妇女受益。目前已落实项目资金 4 796.97 万元，建立妇女小组 884 个，协会 66 个，培训 21000 余人。

二、新疆女性受教育存在的问题及原因

（一）城乡女性受教育程度还有差异

根据第三期中国妇女社会地位调查数据显示，新疆城镇女性平均受教育年限是 10.16 年，农村是 7.24 年。城镇接受高中及以上教育的女性占 57.5％，而农村只有 11.8％。在通过继续教育获得最后学历或学位方面，城镇女性中有 25.4％是通过继续教育获得最后学历或学位，与男性几乎没有什么区别；而农村女性只有 3.4％是通过继续教育获得最后学历或学位，比城镇女性低 22 个百分点。随着城市化进程的加快，一定的文化基础和技术能力已成为每一位劳动者应有的素质。妇女和男性一样接受着社会的衡量和筛选，但是由于受"男尊女卑"传统观念的影响，农村妇女接受教育及再教育的机会明显低于男性。农村家庭对子女受教育的重视程度仍存在性别差异，父母对女性学习重视程度低于男性。由于家庭贫困，教育的成本对农村家庭来说仍是一项艰难的开支，当家庭经济困难或需要辅助劳动力以取得收入时，家长首先考虑让女孩弃学。

（二）少数民族女性受教育程度有待提高

在新疆，少数民族聚集地区女性受教育程度较低，突出表现为辍学率高、升学率低。新疆少数民族女性教育的发展，受地理区位、文化传统、自然环境、人口素质等多方面的影响。少数民族地区社会人文环境复杂多样，各个民族的价值观念、语言文字、宗教信仰、风俗习惯等不相同，少数民族群众愿意送子女进寺院接受宗教文化，而不愿送子女接受学校教育。贫困问题依然影响着少数民族的生存。贫困和教育是相互联系、相互影响的。贫困导致了教育落后，教育落后又反过来制约着经济的发展。少数民族家庭收入低，经济落后，没有能力支付孩子上学所需费用；少数民族学生知识基础差，自暴自弃；民族地区学校办学条件差，校舍简陋；师资水平不高，缺乏师资力量，引进人才困难；教学质量较差；家长观念落后，认为学校学习的知识不实用。加上少数民族女子早婚的习俗，使女孩受教育的前景暗淡。这些都影响了少数民族家长送女儿上学和民族学生学习的积极性。

（三）农村妇女受教育程度与城市化进程的要求还有一定的差距

在新疆，城市化进程的加快，为农村妇女发展带来机遇，也对农村妇女的文化素质提出了更高的要求。她们需要掌握更高的技术、技能以适应生存的需要。同时，对农村妇女的价值观念、道德修养、行为规范等方面也提出了更高的要求。农村妇女进城后，由于受城市先进文化、思想的熏陶，思想逐步由"家庭型"转向"社会型"，观念由"封闭型"转向"开放型"，意识由"依附型"转向"自主型"，愈来愈重视自身价值的实现。而且城市新事物、新知识、新信息层出不穷，大大唤起了农村妇女参与改革、参与社会、参与政治的积极性。可现实的农村妇女教育，还存在仅仅满足于认识几个字，能算几个数的情况，教育内容陈旧、脱离农村现实，缺乏一定的针对性，难以适应城市化进程的要求。即使开展一些教育活动，往往也只注重技能培训，而忽视农村妇女生活方式、娱乐休闲等多方面需求。在教学方法上往往采用灌输的方式，缺乏灵活性，教师与学员间的互动难以保证，使原本生动、有趣的学习变为枯燥乏味的理论灌输，影响教学的效果。

三、对策及建议

（一）加快推进男女平等进程，将性别平等意识纳入决策主流

消除性别歧视，弘扬女性自强精神。消除性别歧视，一是要"将性别意识纳入决策主流"，与法制化建设相结合。要根据我国社会转型及市场经济的需要，根据世界妇女发展潮流，借鉴其他国家的成功经验，审视现有立法和公共政策的缺陷，建立可操作的立法和公共行政支持系统。二是要增强决策机构的性别意识，使性别平等成为公共政策制订者的基本价值目标。充分发挥政府在女性发展中的宏观调控作用，增加公共政策决策结构中的女性决策者。三是要把女性教育作为新疆经济和社会发展的关键之一，把女性发展与社会发展紧密联系起来，创造有利于女性教育和发展的良好环境，消除不利于男女平等的因素，在全疆形成重视女性、尊重女性、保护女性的良好风尚。

（二）加快女性教育公平发展的法律政策是重要保障

女性承担着人类自身生产的重任，女性的学习将会遇到更多的困难和障碍，因而需要充分和完善的法律、政策加以保障。宪法和相关法律在一定意义上可以说是最大、最根本的公共政策，但是其对于女性享有与男性同等受教育权利之规定较为笼统，缺乏实际的可操作性。从现实的角度来考量，公共政策在指导和促进女性教育公平发展方面有着明显的缺失，导致宪法和相关法律的原则精神无法落实。因此，要不断丰富、扩充和完善《妇女权益保护法》的内容，为女性接受良好教育提供法律保障。同时，加大相应法律政策的执行力度，健全男女两性平衡协调发展的教育机制；建立干部责任制，实行目标管理，把女性受教育情况作为领导干部政绩考核的一项内容。继续制定和发展少数民族女性受教育的优惠政策，继续实施九年义务教育。

（三）加强教育投入是提高女性受教育程度的重要环节

争取国家财政的专项拨款，新疆地方政府也要想办法加大对教育的投入。尤其是在新疆农村，更应强化政府主体地位，明确国家对农村女性受教育权的保护义务，加大各级政府对农村增加投入的力度，扩大公共财政覆盖农村的范围，杜绝教育乱收费现象，合理有效地配置教育资源，消除因经济原因引起的地区和性别教育差异。另外，还要加大对边远、贫困地区的扶持力度。加大对落后农村地区的义务教育资金转移支付力度，实现教育水平均等化，为农村女性接受教育提供合适的物质条件和外部环境。同时，在保证政府投入力度加大的前提下，也应采取积极措施，启动社会资金对教育的投入，从总体上减缓女性劳动力受教育水平差异的扩大，提高女性劳动力的整体素质，为新疆经济的快速发展积累人力资本。

（四）各部门齐抓共管形成合力，助推新疆女性教育

根据新疆女性受教育程度、女性人力资本存量的现状和加大开发的需要，政府可采取应对性和操作性强的对策和措施，以尽快提升女性人力资源的整体素质。一是教育部门继续开展形式多样的扫盲活动，有效地降低女性成人文盲率。二是劳动、科技部门要以多种手段鼓励处于弱势的农村妇女学知识、学技术、学科学，依靠科技脱贫，依靠知识致富，在实现农业现代化过程中，起骨干作用，在参与中提高自身的素质。三是人大要加强监督，坚决清除妨碍女学生接受教育的任何人为障碍。取消与性别有关的入学录取分数差异政策，积极开展升学指导工作，拓宽女学生择校择业的视野，优化女性人才的结构。四是妇联组织要充分发挥自治区再就业工作联席会议成员单位的作用，加强与政府有关部门及社会各界的合作，争取社会资源，积极发展适应妇女特点的成人教育，帮助提高女性受教育程度和自身的竞争能力、应变能力。

（五）转变女性自身观念

一个问题的解决，往往最先需要的是观念的变革。加快发展妇女教育，确立妇女在教育中的地位，提高女性的自身素质，首先要解决的是一个自我认识、自我评价的问题。转变观念，树立男女平等思想是女性教育发展的第一步。就女性自身来说，首先要通过接受人生观、价值观方面的教育，树立自尊、自信、自立、自强的观念，改变过去那种依附性强、成就动机弱、自我评价低的局面。其次，要接受性别平等教育，认识到女性自身的优势，从思想深处去除男尊女卑的封建思想的束缚。作为新时期的新女性，更应该认识到自己就是未来的母亲，是孩子的第一任老师，自己的素质直接关系下一代的素质，为了孩子的未来也应该学习更多的知识。要以"四字"精神来认识和确立人生的自我价值，积极主动参与各类教育、培训活动，靠自己的实力不断提高政治、业务理论水平，参与市场平等竞争，成为市场需要的有用人才。在产业结构调整升级、经济转型过程中找准自己的位置，干出不凡的成绩。

陕西省妇女法制教育与权益保障调查研究
——以陕西省实施《妇女权益保障法》20周年情况调研为视角

西北政法大学　马钰凤　张　伟

[摘要] 陕西省妇女法制教育是陕西妇女教育与发展的核心内容之一，《妇女权益保障法》作为保障妇女权益的专门性立法，其实施20周年来的情况调研从一个角度反映了陕西省妇女法制教育的状况。本文以调研报告的形式从陕西省妇女对《妇女权益保障法》的认知程度、文化教育状况、人身和财产权益、婚姻家庭权益、劳动与社会保障权益等方面说明陕西省《妇女权益保障法》实施20周年来妇女法制教育和权益保障的状况。

[关键词] 陕西　妇女　法制教育　权益保障

1992年4月3日，第七届全国人民代表大会第五次会议通过了《中华人民共和国妇女权益保障法》，并于1992年10月1日起实施。2005年8月28日，第十届全国人民代表大会第十七次会议通过了《关于修改〈中华人民共和国妇女权益保障法〉的决定》，并于2005年12月1日起实施。1994年2月23日陕西省第八届人民代表大会常务委员会第五次会议通过了《陕西省实施〈中华人民共和国妇女权益保障法〉办法》，2006年12月3日陕西省第十届人民代表大会常务委员会第二十八次会议修订了该法。《陕西省实施〈中华人民共和国妇女权益保障法〉办法》较为全面地规定了妇女的政治权利、文化教育权益、劳动和社会保障权益、财产权利、人身权益、婚姻家庭权益以及危害妇女权益应当承担的法律责任。《陕西省实施＜中华人民共和国妇女权益保障法＞办法》实施至今的20年来，陕西省妇女权益保护工作取得了很多成就，陕西省妇女社会地位明显提高。2013年8～10月，我们对陕西省实施《妇女权益保障法》20周年来的情况进行了调查研究。调研采取问卷调查的方式，被调查者是随机选取的西安市和西安周边农村的648名普通民众，其中城市被调查者共321名（男性185名，女性136名），农村被调查者327名（其中男性190名，女性137名）。按照被调查者的性别、所处地域的不同，调查数据和汇总方式有所差异。

一、陕西省《妇女权益保障法》社会认知度的调查

对陕西省《妇女权益保障法》社会认知度的调查主要涉及社会大众《妇女权益保障法》的了解程度、立法必要性和立法实效的认知。具体情况如下。

（一）对《妇女权益保障法》了解程度的调查

对普通民众对《妇女权益保障法》了解程度的调查采取了单项选择的方式，问卷设计的问题为："你对《妇女权益保障法》的了解程度如何？"备选答案从"不知道"到"很了解"列出了不同层级认知度的四个选项，调查结果如表1所示。

第四部分　妇女教育相关问题

表　1

城市 (N=321)					农村 (N=327)				
性别	不知道	知道但不了解	有一些了解	很了解	性别	不知道	知道但不了解	有一些了解	很了解
男性 (N=185)	27 (14.6%)	149 (80.5%)	7 (3.8%)	2 (1.1%)	男性 (N=190)	55 (28.9%)	131 (69%)	4 (2.1%)	0
女性 (N=136)	13 (9.6%)	118 (86.8%)	5 (3.6%)	0	女性 (N=137)	38 (27.7%)	97 (70.8%)	2 (1.5%)	0

说明：所显示比例为占城市或农村被调查男性或女性各自总数的比例。

表 1 对 648 名城市和农村普通大众的调查表明，陕西省城市民众对《妇女权益保障法》的认知程度总体高于农村民众的认知程度。对《妇女权益保障法》"知道但不了解"的民众占绝大多数，这种情况在城市和农村的男性和女性中基本一致。有所不同的是，总体上，无论是城市还是农村，女性被调查者对《妇女权益保障法》知晓的程度略高于男性。对《妇女权益保障法》不知道的民众也占有一定比例，且农村不知道《妇女权益保障法》的民众比例明显高于城市。对《妇女权益保障法》"有一些了解"的民众所占比例较低，而对其"很了解"的民众所占比例则更低，仅在针对城市民众的调研中，有 2 名男性表示很了解，占被调查男性的比例为 1.1%。上表的调查表明，陕西省《妇女权益保障法》实施 20 周年来，普通民众知道《妇女权益保障法》的状况有明显提高，但总体的了解程度有限。

（二）《妇女权益保障法》立法必要性的调查

对《妇女权益保障法》立法是否具有必要性的回答从另一个方面显示被调查者对《妇女权益保障法》的认知状况及其对该法实施的心理预期。问卷设计的问题为单项选择："你认为《妇女权益保障法》立法有必要吗？"调查结果如表 2 所示。

表　2

城市 (N=321)				农村 (N=327)			
性别	有必要	没必要	不知道	性别	有必要	没必要	不知道
男性 (N=185)	173 (93.5%)	11 (6%)	1 (0.5%)	男性 (N=190)	168 (88.4%)	12 (6.3%)	10 (5.3%)
女性 (N=136)	129 (94.9%)	6 (4.4%)	1 (0.7%)	女性 (N=137)	117 (85.4%)	13 (9.5%)	7 (5.1%)

说明：所显示比例为占城市或农村被调查男性或女性各自总数的比例。

表 2 的调研数据显示绝大部分民众均认为《妇女权益保障法》的制定和实施是有必要的，该数据在城市的比例稍高于其在农村的比例，而对立法必要性的回答方面并没有体现出明显的男女性别所致的差异。由此说明，《妇女权益保障法》的立法必要性是基本得到社会普通民众认可的。

二、妇女法制教育和权益保障状况的调查

(一) 妇女的政治权益

《妇女权益保障法》中对妇女政治权益的规定主要是指妇女参政议政的权利，如参与管理国家事务的权利、选举权与被选举权等。以前述648名被调查者为样本，我们对妇女的政治权益是否受到侵害进行了调研。问卷设计的问题为单项选择："你的政治权益是否曾经受到侵害？"调查结果如表3所示。

表　3

城市（N=321）				农村（N=327）			
性别	没有	有	不知道	性别	没有	有	不知道
男 （N=185）	174 （94%）	5 （2.7%）	6 （3.3%）	男 （N=190）	184 （96.9%）	2 （1%）	4 （2.1%）
女 （N=136）	124 （91%）	4 （3.2%）	8 （5.8%）	女 （N=137）	129 （94.2%）	1 （0.7%）	7 （5.1%）

说明：所显示比例为占城市或农村被调查男性或女性各自总数的比例。

表3的调查结果显示：总体上，无论是城市还是农村，绝大多数被调查者不认为妇女的政治权益受到了侵害，认为妇女的政治权益受到侵害的被调查者所占比例总体较小，最高为城市女性的3.2%。部分被调查者对妇女的政治权益是否受到侵害表示"不知道"，其所占比例从2.1%到5.8%。虽然对该问题的调查结果在城市和农村总体状况相当，但是，农村的被调查者认为妇女政治权益未受到侵害的比例较高。依据此项调研，仅从被调查者的个人认知而言，陕西省《妇女权益保障法》实施20年来，妇女政治权益的保障效果较好。然而，被调查的城市女性认为个人政治权益受到侵害的比例较高，且城市和农村女性认为个人政治权益没有受到侵害的比例相对城市和农村男性较低，此种事实说明城市女性对个人的政治权益保障的追求较为突出。

妇女参政状况的汇总数据也从另外一个方面说明陕西省《妇女权益保障法》实施之后，妇女政治权益保障的状况。仅以2010年的数据为例，女性参政的比例较上届人大和政协的人员组成中的女性比例有明显提高。

表　4

2010年	人大女代表	人大常委会中女性	政协女委员	政协常委会中女性
省级	24.91% （提高3.14%）	25.86% （提高10.07%）	21.85% （提高0.35%）	17.5% （提高3.2%）
市级	22.7%	17.1%	21.2%	17.7%
县级	22.9%	19.6%	22.6%	18.6%

说明：在省级一项中第一个比例为该项人数占总人数的比例，括号中的比例为相较上届的增幅。

在培养选拔女干部方面，以2010年为例，陕西省配备女干部的情况为省级5名，市级28名。2006—2009年，陕西省配备女干部的人数在逐年上升，县（市、

区）配备女干部的人数从 2006 年的 130 名上涨至 2007 年的 241 名。至 2009 年，乡科级女干部 20764 人（正职 8802），占总数的 17.73％；县处级女干部 3331 人（正职 1076 人），占总数的 13.85％；厅局级女干部 152 人（正职 21 人），占总数的 10.83％；省部级女干部 5 人，占总数的 11.36％。农村妇女参选参政比例也在逐年提高，从 2005 年的 820 名女党支部书记（占总数 1.6％）、女村委会主任上升至 2008 年的 1193 名（占总数 2.2％）。

前述调研和数据汇总的结果表明，陕西省《妇女权益保障法》实施以来，陕西省妇女政治权益的保障有了明显的成效。政府在干部选拔和人员任用等方面积极重视女性政治权益的保障，整体发展呈不断上升趋势。

（二）妇女的文化和教育权益

《妇女权益保障法》对妇女的文化和教育权益有较为详细的规定，该法实施以来，陕西省妇女的文化和教育权益保障状况也发生了明显的改观。以前述 648 名被调查者为调查对象，我们对陕西省妇女的文化和教育权益保障中的主要问题进行了调研，问卷设计的问题是多项选择："你认为女性中断或终止受教育的主要原因是什么？"调研结果如表 5 所示。

表　5

原因	城市（N＝321）	农村（N＝327）
自己放弃	199（62％）	231（70.6％）
家人让放弃	94（29.3％）	146（44.6％）
升学考试未通过	202（62.9％）	165（50.5％）
没有合适的学校	18（5.6％）	21（6.4％）
其他原因	42（13％）	24（7.3％）

说明：所显示比例为占城市或农村被调查者各自总数的比例。

表 5 的调查显示，无论在城市还是农村，被调查者认为女性中断或终止受教育的主要原因是"自己放弃"和"升学考试未通过"两项，因"家人让放弃"而中断或终止受教育的比例排在第三位。"自己放弃"和"升学考试未通过"这两项所占比例大体相同，其中农村被调查者认为"自己放弃"是更为主要的原因，其所占比例为 70.6％。此外，认为因为"没有合适的学校"而中断或终止受教育的也占有一定的比例，且农村略高于城市。由此可见，除了自己放弃之外，"升学考试未通过"也是女性中断或终止受教育的原因之一，家人的原因已不是最为主要的原因，但仍占有相当大的比例。这说明，女性受教育权的保障已经有了明显改善，女性的自主选择意识更强，家人的意见已经不能成为阻挠女性接受教育的最主要原因。同时，女性及其家人在是否继续接受教育方面需要积极和正确的引导，从而帮助她们做出正确的选择。教育资源配备的适应性和合理性存在问题，逐渐排除因"没有合适的学校"而中断或终止女性受教育的状况也是未来需要进一步努力的方向。

就陕西省汇总数据来看，近几年来对妇女文化教育权益的保障力度不断加大。

自 2006 年起，农村义务教育阶段学生杂费被免除，并为农村贫困家庭学生免费提供教科书及补助寄宿生生活费。2007 年，陕西省率先实施"两免一补"政策。2009 年，陕西省制订了《进城务工农民工随迁子女接受义务教育财政奖励实施暂行办法》，简化入学手续、开通绿色通道，实现留守儿童受教育权的保障。截至 2010 年，陕西省小学适龄儿童入学率达到 99.5%，其中女童为 99.13%，女童辍学率在 0.15% 以下；初中毛入学率达到 99.8%，其中女生为 99.34%，辍学率在 1% 以下；女性接受成人教育和职业教育的比例平均达到 60% 以上。普通高校本专科在校女生占总数的 43.6%；女性平均教育年限达到 7.6 年，与男性基本持平。这些指标均超过规划目标。

（三）妇女的人身和财产权益

《妇女权益保障法》中对妇女的人身和财产权益的保障有明确的规定。妇女的人身权包括妇女的生命、身体、健康、人格尊严、自由、肖像、名誉和荣誉等方面的权益。妇女的财产权包括妇女的财产所有权、继承权、土地权益等合法财产权益。我们以前述 136 名城市女性和 137 名农村女性被调查者为蓝本，对妇女的人身和财产权益的保护状况进行了调研，问卷设计的问题均为单项选择，包括：在人身权益方面，"你是否曾因性别遭受歧视""你是否曾遭受性骚扰"；在财产权益方面，"你的继承权是否受到侵害""你的土地权益是否受到侵害"，调研结果如表 6 所示。

表 6

问题	城市（N=136）			农村（N=137）		
	是	否	不清楚	是	否	不清楚
是否曾因性别遭受歧视	120 (88.2%)	14 (10.3%)	2 (1.5%)	125 (91.3%)	11 (8%)	1 (0.7%)
是否曾遭受性骚扰	6 (4.4%)	124 (91.2%)	6 (4.4%)	4 (2.9%)	130 (94.9%)	3 (2.2%)
继承权是否受到侵害	8 (5.9%)	123 (90.4%)	5 (3.7%)	10 (7.3%)	121 (88.3%)	6 (4.4%)
土地权益是否受到侵害	11 (8.1%)	122 (89.7%)	3 (2.2%)	15 (10.9%)	118 (86.1%)	4 (3%)

说明：所显示比例为占城市或农村被调查女性各自总数的比例。

表 6 的调查显示，在人身权益方面，被调查女性遭受歧视的比例较高，遭受性骚扰的比例则不高。在财产权益方面，被调查女性的继承权和土地权益受到侵害的状况并不多，除农村女性外，均不超过 10%。这说明，《妇女权益保障法》实施之后，妇女的人身和财产权益总体保护状况较好，但被调查者认为受到歧视的状况较为普遍，因此，在未来立法中反对针对妇女的歧视也是不容忽视的重要问题，且此问题单凭《妇女权益保障法》的制定和实施并不能完全解决，需要其他立法的支持，如《反歧视法》的制定。

陕西省通过多项立法和执法措施保护妇女的人身权益。在拐卖妇女儿童方面，陕西省依据《中国反对拐卖妇女儿童行动计划》，制订了《陕西省反对拐卖妇女儿童行动计划》。仅 2009 年，陕西省破获拐卖妇女儿童案件 316 起，打掉犯罪团伙 74 个，依法处理犯罪分子 489 人，解救妇女 469 人、儿童 79 人，积极做好被拐妇女、儿童及其家庭的安置、救助以及心理疏导工作。在防治性骚扰方面，《陕西省实施＜妇女权益保障法＞办法》于 2006 年修订中对"性骚扰"做出了限定。

（四）妇女的婚姻家庭权益

妇女的婚姻家庭权益是《妇女权益保障法》的重要内容，妇女的婚姻自主决定权、生育权、监护权受到法律保护。禁止对妇女实施家庭暴力、夫妻应当相互忠实、相互尊重。以前述 136 名城市女性和 137 名农村女性被调查者为蓝本，我们调查了陕西省妇女婚姻家庭权益受保护的状况，问卷设计的问题为单项选择："你的婚姻自由是否受到侵害（包括结婚自由和离婚自由)?"

表 7

	城市（N＝136）	农村（N＝137）
是	5（3.7％）	11（8％）
否	125（91.9％）	122（89％）
不知道	6（4.4％）	4（3％）

说明：所显示比例为占城市或农村被调查女性各自总数的比例。

表 7 的调查结果显示，陕西省妇女婚姻自由受到侵害的状况总体较少，城市女性相对农村女性婚姻自由受侵害的状况更少。大部分女性认为自己的婚姻自由没有受到侵害，城市和农村的比例均在 90％左右。陕西省妇女的婚姻自由总体受到了保护，但农村地区侵害妇女婚姻自由的状况相对城市女性稍为严重。因此，在妇女婚姻自由总体保护状况较好的状况下，还应当特别关注农村妇女婚姻自由的保护。

陕西省在防治家庭暴力方面做出了较为突出的成绩。截至 2012 年，陕西省人大出台了《预防和制止家庭暴力的决议》，并在修订《妇女法》《未成年人保护法》实施办法时增加了反家暴条款。经省妇联、省公安厅两次联合发文，家庭暴力投诉已被纳入基层公安机关和 110 报警受理范围。为给受暴妇女提供庇护，全省市级民政救助站建立了 8 个"红雨伞"妇女之家。为给受暴妇女进行伤情鉴定、提供证据，陕西省设立了"陕西省家庭暴力致伤鉴定服务中心"。省司法厅在《陕西省法律援助条例》中，将家庭暴力受害者请求赔偿或者补偿作为法律援助的理由之一。省高院制定了《家庭暴力案件"人身保护令"实施规则》，并将"保护令"的适用案件范围拓展到离婚案件以外的赡养、抚养、继承等家庭纠纷案件。西安市人大出台了《预防和制止家庭暴力的条例》。同时，陕西省还建立了省、市、县、乡、村五级矛盾排查化解网络和妇女儿童维权机构，在情感支持、法律援助、心理疏导、医疗救助、困难补助等方面给受暴妇女提供帮助和服务。

（五）妇女的劳动与社会保障权益

妇女的劳动与社会保障权益是妇女权益保护中较能体现妇女社会价值、人格尊严和独立的方面，妇女的劳动权益和社会保障权益受到法律的保护。我们以前述648名被调查者为对象，问卷设计的问题为单项选择："你认为陕西省妇女的劳动权益和社会保障权益是否受到侵害?"调研结果如表8所示。

表 8

城市 (N=321)			农村 (N=327)			
性别	是	否	不知道	性别	是	否	不知道
男性 (N=185)	17 (9.2%)	162 (87.6%)	6 (3.2%)	男性 (N=190)	21 (11%)	158 (83.2%)	11 (5.8%)
女性 (N=136)	12 (8.8%)	119 (87.5%)	5 (3.7%)	女性 (N=137)	10 (7.3%)	112 (81.8%)	15 (10.9%)

说明：所显示比例为占城市或农村被调查男性或女性各自总数的比例。

表8的调研结果显示，对"妇女的劳动和社会保障权益是否受到侵害"这一问题的回答，城市和农村的状况大体相当，且大部分被调查者认为妇女的劳动和社会保障权益并未受到侵害，此比例均为80%以上。按照男女两性各自的回答，认为妇女的劳动和社会保障权益受到侵害的被调查者的比例从7.3%到11%，男女两性各自认为妇女的劳动和社会保障权益受到侵害的总比例最高为城市男性和农村男性比例之和，20.2%。由此可见，《妇女权益保障法》实施之后，陕西省妇女的劳动和社会保障权益的保护状况总体较好，但仍然存在一定比例的权益侵害状况，需要进一步完善立法和司法的诸多方面。

陕西省的有关汇总数据也说明了陕西省妇女劳动和社会保障权益的保护状况。2008年年底，全省城镇从业女性126万人，占总数的36.7%。2009年，全省有高校女毕业生11.67万人，占总数的49.3%，女生就业率83.75%，低于男生约3个百分点。截至2009年年底，共签订女职工专项集体合同1.53万份，覆盖企业2.13万家，占应签企业的86.7%，有121万名女职工直接受益。截至2009年年底，全省生育保险参保人数达164.38万人，妇女住院分娩费用纳入医疗保险基金支付范围。女职工特殊劳动保护方面。2009年，全省执行女职工禁忌规定的基层工会组织2.14万个，同比增加8833个；执行女职工有关特殊待遇的基层工会组织2.17万个，同比增加8289个。此外，2006—2009年，全省法院共受理劳动合同纠纷10680件，其中判决4368件，调撤5121件；劳务合同纠纷6063件，其中判决1767件，调撤4040件。总体而言，陕西省妇女劳动和社会保障权益保护状况正不断改善和提高。

三、陕西妇女法制教育与权益保障的思考

(一) 政治权益

在妇女政治权益保障方面，陕西省被调查的绝大部分民众认为妇女的政治权益没有受到侵害，妇女参政议政的比例不断提高，培养和选拔女干部成效突出，女干部的人数和比例呈逐年上升的趋势。值得思考的是，首先，虽然大部分被调查者没有认为自己的政治权益受到了侵害，但这并不能完全说明被调查者的政治权利得到

了有效和充分的实现。应当说，大部分的被调查者对妇女所享有的政治权益的范围和内容并不十分清楚，因此对"政治权益是否受到侵害"的回答也是较为笼统和模糊的。今后不仅需要保障妇女的政治权益不受侵害，更要保障妇女政治权益的有效实现。其次，陕西省培养和选拔女干部工作虽颇有成效且女干部人数逐年上升，但女干部的比例仍然较低，相对人数仍然较少。可见，对于未来妇女参政议政的权利还需要持续和积极的保护，所涉及的内容并不限于女性参政的人数和其所占的比例，还包括保护女性在参政议政中权利的实现状况。

（二）文化和教育权益方面

陕西省妇女和女童的受教育权基本得到保障，从费用减免、生活补贴、多渠道教育模式等方面对妇女和女童的受教育权进行了较为全面的保障。依据调研结果，未继续接受教育的原因中，个人选择成为最主要的原因，家庭原因则不成为女性放弃接受教育的主要原因。这一方面表明女性受教育权保护状况明显改善，且女性受教育选择权得到尊重；另一方面也表明超过60％的女性自主选择放弃继续接受教育的状况并不利于女性文化和受教育权的保障和教育水平的提高。应当说，女性自主选择放弃继续接受教育的原因是多方面的，但自身教育水平有限、对受教育的意义认识不足是其重要的原因之一。此外，因没有合适的学校而放弃上学的女性也占有一定比例。因此，对女性文化和教育权益的保障除了经费、人员和政策的支持之外，还需要对女性及其家人予以积极和正确的引导，并在类型化、区域化和层级化的学校配备方面做出努力。

（三）人身和财产权益方面

陕西省在妇女的人身和财产权益保护方面有多项立法和执法措施。但妇女因性别遭受歧视的状况并不乐观，反对针对妇女的歧视将会是一个长期且具综合性的课题，这也是我国反歧视立法的重要部分，反对针对妇女、少数人、弱势群体的歧视均是其主要内容。除了《妇女权益保障法》细化反对针对妇女的歧视之外，还需要其他立法和司法的综合治理。

妇女的继承权和土地权益是妇女财产权益中重要且矛盾较为突出的部分，目前陕西省妇女财产权益中的继承权和土地权益基本得到保障，受侵害的比例约为11％以下。然而，妇女继承权和土地权益的纠纷解决中《妇女权益保障法》发挥作用的状况并不十分理想，法院少以《妇女权益保障法》直接作为判案依据，而是援用《继承法》《物权法》《民法通则》《合同法》等法律法规作为判案依据。《妇女权益保障法》在司法审判实践中作用发挥的有限性是未来需要克服的问题。

（四）婚姻家庭权益方面

妇女的婚姻家庭权益所涉内容较多，婚姻自由和家庭暴力问题是婚姻家庭权益中较为突出的两个问题。陕西省妇女婚姻自由权益的保障效果较好，对家庭暴力的防治也有诸多举措。然而，面对家庭暴力这个全国性和世界性的难题，不是单凭《妇女权益保障法》的制定、修订和实施就能够完成的。现今，针对家庭暴力的单行法正在积极的讨论中，且已经公布了立法草案，学界和司法实务界对已有的立法草案进行了广泛的探讨，有关家庭暴力的执法调查也同时展开。但最终立法的通过和在司法实践中的实施效果还需要持续的关注和探讨。

（五）劳动与社会保障权益方面

随着女性就业水平的提高，劳动与社会保障权益的保护已经成为妇女越来越关心的问题，陕西省就妇女劳动和社会保障权益保护的举措已有成效，依据调研结果，大部分被调查者不认为妇女的劳动和社会保障权益受到了侵害。然而，认为妇女劳动和社会保障权益受到侵害的被调查者的比例也不容忽视，最高已达11%。目前劳动和社会保障方面的矛盾较为集中。除了相关劳动法的完善之外，《妇女权益保障法》作为保护妇女权益的专门性立法，需要对妇女劳动和社会保障权益的保护有更为细致具体的规定，同时还需要避免与其他相关立法的冲突，实现立法协调。

创新"农业家政"，开发农村女性人力资源

菏泽家政职业学院　闫文晟①

[摘要]"农业家政"就是农村中的剩余劳动力自发组织起来，应农民的需求，成群结队到缺劳力农户家中进行有偿帮助，处理一些农活的农业组织。但是，目前它还处于自发的无组织的状态，处于未成熟、不完善的初级阶段。随着农业生产力的不断发展，它已经不能很好地适应农业现代化的进程和农业市场的需求。我们通过自上而下的政府宏观管理、顶层设计，对"农业家政"加强正确引导和大力扶持；通过创办农业家政公司，实现农业家政"公司化经营、员工制管理"；通过实行"企业＋农户"模式，实行差异竞争、错位发展、特色发展等途径，创新"农业家政"经营模式，开发好农村女性剩余劳动力。

[关键词]　农业家政　女性　员工制管理　"公司＋农户"模式　错位发展

【基金项目】山东省"十二五""高校人文社科研究基地——女性人力资源开发与管理研究基地"开放基金项目《家庭服务业女性人力资源开发与管理研究》（课题编号：ZD201201）。

一、问题的缘由

2013 年中央一号文件提出，"鼓励和支持承包土地向专业大户、家庭农场、农民合作社流转"。这标志着农业规模化、集约化、商品化、机械化经营不断涌现。这样一来，农村就出现了大量的剩余劳动力。

笔者为了更深入地了解区域农村剩余劳动力情况，特别制作了《单县农村剩余劳动力调查问卷》，问卷共设计了年龄、性别、文化程度、从业业态、接受培训情况等 12 个问题，对单县终兴镇、徐寨镇、黄岗镇、郭村镇等镇的农村剩余劳动力开展了调查研究，通过走访、填写问卷、电话咨询等方式，再对调研结果梳理分析后发现，剩余的男性劳动力大部分流到城市成为新生代农民工；将近 75％的剩余女性劳动力大都继续留在农村成为留守妇女，除了农忙时间外，大都是闲着，要么闲聊天，或者打牌打发时间。

所以，如何开发和管理好这部分女性剩余劳动力，就成为我们着重思考和研究的问题。那么，怎样才能找到一个新的途径，既能让这部分剩余女性劳动力不用外出打工就能挣到钱，又能使其照顾家里的老人和孩子呢？最近几年，农村悄然兴起的"农业家政"不失为一个两全其美的好办法、好途径。

二、"农业家政"的悄然兴起

所谓"农业家政"就是农村中剩余的劳动力自发组织起来，应农民的需求，成群结队到缺劳力的农户家中进行有偿帮助，处理一些农活的农业组织。

---

① 闫文晟，男，汉，硕士研究生，菏泽家政职业学院副教授，主要从事家政职业教育理论和实践研究。

"农业家政"的出现促使一种新的行业——"农业职工"诞生。它有别于过去劳动力互换性质的互助组，更和封建社会的"长工""短工"和"佣人"有着本质的区别。它体现了农业经济发展的必然趋势和农村农业发展的客观规律，促进了市场经济对传统小农经济的渗透和改革。农村天地广阔，"农业家政"应大有可为。

但是，目前它还处于自发的无组织的状态，处于未成熟、不完善的初级阶段。加快规模农业发展，解决农业季节性用工短缺，光靠农村自发形成的"农业家政"服务队还远远不够。随着农业生产力的不断发展，它已经不能很好地适应农业现代化的进程和农业市场的需求，这就要求我们不断创新"农业家政"服务模式。

三、创新"农业家政"的新途径

（一）创新"农业家政"服务模式，实现自发、无组织到自觉、有组织的转变

由于"农业家政"形成的自发性，往往存在着服务形式单一、专业性不强、组织无序等问题。特别是随着广大农村市场的日益发展以及农村城镇化的飞速发展，这种低层次的"农业家政"已滞后、落后和不适应农村市场的需求。而且她们大都没有培训经历。就全国范围来看，我国现有 2 400 多万家政服务人员，90％为女性，主要为女农民工和城市下岗职工，文化素质偏低，服务质量不高，普遍缺乏上岗前培训。

因此，迫切需要我们改变"农业家政"自下而上的无组织涣散状态，将其转变为自上而下的政府宏观管理、顶层设计、正确引导和大力扶持。一方面，乡镇政府所在地要派遣专门的管理人员做好农村留守妇女的信息注册工作以及农村的用工需求信息，经常下乡调研，及时做好这部分人的管理工作，改变涣散状态。在"农业家政工人"与用户的需求对接、农民劳动技能的提升、特色"农业家政"服务项目拓展等方面做好服务；另一方面，政府要在"农业家政工"技能培训、政策倾斜、资金扶持等方面做出顶层设计，地方政府要从农业家政工人的实际情况出发，按年龄、性别和工种对她们分类、分层培训，建立专业化农业家政队伍，打造诸如"技术家政""销售家政""科技家政""信息家政""农村留守老年护理家政""农村留守儿童教育家政""农村月嫂家政"等特色农业家政项目，改变"农业家政"服务形式单一的现象，丰富"农业家政"服务内容。

（二）创办公司，实现农业家政"公司化经营、员工制管理"

目前农业家政工人存在着职业认同感缺乏、责任心不强、服务质量不高等问题，还仅仅局限于"出卖劳力"式的服务，缺乏"提供服务"式的服务意识。

因此，创办"农业家政"公司，对农业家政工人实行"员工制"管理是有效的方法。农业家政工人统一进入家政公司管理，实行统一管理、合同化经营，实行统一的社保、医保、养老待遇，做到薪酬统一发放、劳动保险统一上缴、统一管理。这样，"农业家政工人"就成为有组织、有身份的"单位人"，无形之下，就提高了其身份地位，提升了其幸福指数，实现了规范化管理的突破。一方面，这有利于从业人员的稳定性，并且能够有效实施规范化管理，有利于产生职业认同感，增强工作责任感。她们会工作得安心，服务得用心。另一方面，实行员工制是职业化的标

志，将其纳入职工系列。她们不再被边缘化，不再是"保姆""佣人"，而是光荣的"劳动者"，这是一场观念和体制的变革。

因此，政府一要在农业家政公司成立方面给予政策倾斜和资金扶持，要积极创新"农业家政"服务模式，鼓励建立"农业家政"中介组织，探索成立"农业家政服务公司"，在政府的引导、支持、管理下成立公司，并且制定相应的管理条例和管理办法。而且政府要制定和完善相应的法律体系，做到有法可依，形成常规机制，走上健康发展道路。二要搭建"三位一体"人力资源开发平台，助力"农业家政"健康发展。"三位一体"是指以农业家政公司为主体，以农村市场需求和农业家政服务团队为两翼。农业家政公司要根据农业市场的真实需求，有针对性地组织农业家政服务人员，必要时可以组织相应的培训和学习，可以组织人员到高职院校进行培训，以适应实际需要。三要充分利用电话、QQ群、短信、微信、博客等现代化交流方式，积极搭建农业家政公司和用工大户之间的"信息桥"，解决用工者和农民之间信息不对称的问题，向需要用工的大户进行推荐介绍，让双方握上手，实现用工与找工紧密对接和有效衔接。实现"农活有人干，农民有活干"，解决农户用工荒、农民找活难的瓶颈。

（三）实行"公司＋农户"模式，开发农村剩余女性劳动力

"公司＋农户"模式是20世纪90年代风靡一时的全新的农业产业化经营模式，它是将分散的、相对独立的农户和市场联系起来，实现农户企业"双赢""双丰收"的经营模式。目前，"农业家政工"也是一群分散的、相对独立的农民工人，我们不妨借鉴"公司＋农户"这种经营模式、经营理念，把它嫁接到农业家政经营模式中去，把目前农村中剩余的女性劳动力开发好、利用好、管理好。

笔者通过在单县的一些乡镇走访发现，目前，在广大农村存在着很多这样的"公司＋农户"的经营企业，终兴镇高楼行政村帽子厂就是一个典型的例子。它吸纳了周围村庄的女性剩余劳动力，她们或者在工厂内劳动，或者把原料拿回家中做工，然后将成品交回厂内。通过这种方式，她们在家门口就能挣到钱，不用外出打工，空闲时间还可以照顾家里的老人、孩子和土地，真是一举两得的好办法。只是他们没有上升到理论高度，经营模式还比较单一，还缺乏顶层设计、整体规划和系统谋划。

但是这种做法毕竟为我们更好地开发农村剩余劳动力、探索"农业家政"经营模式提供了一种新思路，在一定程度上也可以说是对"公司＋农户"经营模式在新时期农村现代化建设中的继承和发展。

当然，开发农村女性剩余劳动力，创新"农业家政"经营模式，不仅仅局限于帽子厂，还可以延伸到适合农村现代化发展的、适合新农村建设的、适合农村城市化建设的多个领域。

（四）实行"错位发展"和"特色发展"

农业家政的发展毕竟受市场、人力本身的综合素质、组织能力限制，与城市比较成熟的人力资源大公司不可同日而语，所以要想脱颖而出，必须另辟蹊径，必须

实行差异竞争、错位发展、特色发展，才能更好更快地发展起来。这就要求我们必须充分挖掘农村大市场中有别于城市的资源，利用好农村土地集中经营需要大量劳动力的广大空间，利用好农村老人护理的薄弱环节，利用好农村幼儿教育中的不足之处，利用好新农村建设中社区医疗的欠缺等，这些不足和困难正是农业家政发展的广阔舞台，正是农业家政发展的强大机遇。

参考文献：

［1］何东霞．全国女职工岗位创新技能大赛家政服务决赛落幕［N］．工人日报，2012-11-12．

［2］周文．家政管理"员工制"：在利益博弈中前行［N］．中国妇女报，2012-11-21．

［3］高阔，甘筱青．"公司＋农户"模式：一个文献综述（1986-2011）［J］．经济问题探索，2012（02）：109-115．